2024
中国税制改革论文集

中国税制改革与发展编辑部◎编

光明日报出版社

图书在版编目（CIP）数据

中国税制改革论文集 . 2024 / 中国税制改革与发展编辑部编 . -- 北京：光明日报出版社，2024.11.
ISBN 978－7－5194－8139－1

Ⅰ . F812. 422－53

中国国家版本馆 CIP 数据核字第 2024P2P367 号

中国税制改革论文集 . 2024
ZHONGGUO SHUIZHI GAIGE LUNWENJI. 2024

| 编　　　者：中国税制改革与发展编辑部 |

| 责任编辑：杨　娜 | 责任校对：杨　茹　李海慧 |
| 封面设计：中联华文 | 责任印制：曹　诤 |

出版发行：光明日报出版社
地　　　址：北京市西城区永安路 106 号，100050
电　　　话：010-63169890（咨询），010-63131930（邮购）
传　　　真：010-63131930
网　　　址：http：//book. gmw. cn
E － mail：gmrbcbs@ gmw. cn
法律顾问：北京市兰台律师事务所龚柳方律师

印　　　刷：三河市华东印刷有限公司
装　　　订：三河市华东印刷有限公司
本书如有破损、缺页、装订错误，请与本社联系调换，电话：010-63131930

开　　本：185mm×260mm	
字　　数：971 千字	印　　张：40
版　　次：2025 年 1 月第 1 版	印　　次：2025 年 1 月第 1 次印刷
书　　号：ISBN 978－7－5194－8139－1	

定　　价：318.00 元

版权所有　　翻印必究

《中国税制改革论文集（2024）》编辑委员会

顾问
卢仁法　国家税务总局原党组副书记、常务副局长

主任
李永贵　国家税务总局原党组成员、总经济师

副主任
刘　佐　国家税务总局税收科学研究所原所长、中国税务学会原副秘书长
靳东升　国家税务总局原巡视员、中国国际税收研究会原副秘书长

委员
李文涛　国家税务总局税务干部学院党委书记、院长
张有乾　国家税务总局北京市税务局党委书记、局长
齐志宏　国家税务总局天津市税务局党委书记、局长
曹杰锋　国家税务总局河北省税务局党委书记、局长
任　征　国家税务总局山西省税务局党委书记、局长
李俊珅　国家税务总局内蒙古自治区税务局党委书记、局长
李宁国　国家税务总局辽宁省税务局党委副书记、副局长
田玉山　国家税务总局吉林省税务局局长
王跃伟　国家税务总局黑龙江省税务局党委书记、局长
程俊峰　国家税务总局上海市税务局党委书记、局长
许光烈　国家税务总局江苏省税务局党委书记、局长
孟　军　国家税务总局浙江省税务局党委书记、局长
张　健　国家税务总局安徽省税务局党委书记、局长
杨　勇　国家税务总局福建省税务局党委书记、局长
范扎根　国家税务总局江西省税务局党委书记、局长
胡苏华　国家税务总局山东省税务局党委书记、局长
孙　群　国家税务总局河南省税务局党委书记、局长

白　渊　国家税务总局湖北省税务局党委书记、局长
曾光辉　国家税务总局湖南省税务局党委书记、局长
江武峰　国家税务总局广东省税务局党委书记、局长
刘　虎　国家税务总局广西壮族自治区税务局党委书记、局长
刘　磊　国家税务总局海南省税务局党委书记、局长
黄树民　国家税务总局重庆市税务局党委书记、局长
姜　涛　国家税务总局四川省税务局党委书记、局长
丁习文　国家税务总局贵州省税务局党委书记、局长
何大状　国家税务总局云南省税务局党委书记、局长
任　伟　国家税务总局西藏自治区税务局党委副书记、局长
王宏伟　国家税务总局陕西省税务局党委副书记
管振江　国家税务总局甘肃省税务局党委书记、局长
袁继军　国家税务总局青海省税务局党委书记、局长
张　津　国家税务总局宁夏回族自治区税务局党委书记、局长
孙书润　国家税务总局新疆维吾尔自治区税务局党委书记、局长
闻传国　国家税务总局大连市税务局党委书记、局长
于　光　国家税务总局宁波市税务局党委书记、局长
张国钧　国家税务总局厦门市税务局党委书记、局长
郑　钢　国家税务总局青岛市税务局党委书记、局长
张鹏飞　国家税务总局深圳市税务局党委书记、局长
李宁国　国家税务总局沈阳市税务局党委书记、局长
吕　徽　国家税务总局长春市税务局党委书记、局长
刘晓辉　国家税务总局哈尔滨市税务局党委书记、局长
陈　筠　国家税务总局南京市税务局党委书记、局长
黄　英　国家税务总局武汉市税务局党委书记、局长
杨绪春　国家税务总局广州市税务局党委书记、局长
李杰生　国家税务总局成都市税务局党委书记、局长
王宏伟　国家税务总局西安市税务局党委书记、局长
杨　庆　国家税务总局杭州市税务局党委书记、局长
董国辉　国家税务总局济南市税务局党委书记、局长

目 录

税制改革

数字经济背景下税收制度与管理国际比较研究………… 国家税务总局北京市税务局课题组（3）
中国式现代化背景下优化税制结构的思考……………… 国家税务总局广州市税务局课题组（8）
牢记国之大者　践行人民至上　高质量构建新时代人民税务建设新图景
　　——推进"人民蓉税"基础性工程建设的
　　　　实践与思考 …………………………………… 国家税务总局成都市税务局课题组（16）
中国特色的绿色税制研究 ……………………………… 国家税务总局广州市税务局课题组（27）
助力上合示范区高质量发展的税视建言 ………………… 赵福增　刘　琳　展永福　周　晓（33）
对标世界银行新一轮营商环境评价体系，持续优化我国税收营商环境研究
　　——以税务管理数字化和基于风险的税务
　　　　审计为视角 ………………………………… 国家税务总局广州市税务局课题组（37）
关于"新三板+北交所"助力企业发展税收
　　层面的研究与思考 ………………………… 国家税务总局北京市西城区税务局课题组（46）
信托业涉税问题研究
　　——以北京市信托企业为例 ……… 国家税务总局北京市税务局第一税务分局课题组（51）
北京大兴国际机场临空经济区税收治理优化研究 ……………………………… 王海鹏（59）
从税收数据看廊坊现代商贸物流产业发展情况
　　——基于"税比析"场景下的发展分析 ……………………… 刘　伟　康小青　刘　鑫（63）
从税收调查数据看渭南民营经济发展现状 ……………………………… 李晓梅　严晓鸽（69）

1

对新中国"农业税"史的研究………………………………………………………殷 然（72）
发挥重大战略性平台税收职能作用 助力大湾区
　　建设的路径研究………………………国家税务总局广州市南沙区税务局课题组（77）
构建税务监管新体系的实践与思考
　　——以丹徒税务局为例…………………………………………丁东生 文 涛（83）
关于完善绿色税制助力绿色发展的思考……………………………张之乐 冯 杰（87）
合规治理视野下大企业集团税收遵从评价的实践和思考………………张法德（93）
即墨区税收营商环境调查检视及优化策略………………………………徐 伟（98）
落实积极财政政策 助力中小微企业减负纾困……………………王 静 于 洋（102）
宁波市绿色发展税收指数体系研究
　　——基于熵权法的指数体系建立及应用评价……………………………刘洋洋（106）
税收视阈下驻地开放经济发展研究……………………叶 华 夏 雨 吴伟夫（114）
税收视阈下"一带一路"强支点建设研究………………………………虞华荣（118）
税收视阈下驻地绿色经济发展研究……………………………杨长春 吴伟夫（123）
税收现代化背景下税务媒体融合发展的路径探析………马剑华 林志斌 焦婉平（128）
税收现代化服务中国式现代化研究………………………………………郭亚男（131）
推动大企业高质量可持续发展的税收政策研究………冯光泽 张梦谦 刘建明 张 婧（135）
推动小微企业高质量发展的税收政策研究……………孙 敏 孙安邦 孔祥超（139）
现行税收政策对促进就业的实践与思考………………………赵廷喜 程 艳（144）
新质生产力驱动下的税收政策研究…………………………………………董丽萍（147）
信息时代下加强税务机关档案管理工作的路径探析………任 林 沈 童 陈 畅（151）
研发费用加计扣除政策调研报告…………………………………………熊德翔（155）
以ChatGPT为代表的人工智能技术在税务
　　领域的应用及风险研究………………国家税务总局广州市花都区税务局课题组（158）
以一流营商环境赋能县域经济高质量发展………………………………冯慧超（163）
智慧税务背景下大企业税收风险管理问题研究
　　——以广州市大企业税收服务和
　　　　管理部门为例………………国家税务总局广州市税务局第一税务分局课题组（166）

坚持以人民为中心理念服务中国式现代化的

  税制改革研究……………………………………国家税务总局宁波前湾新区税务局课题组（172）

增值税

沣西新城软件产品增值税即征即退政策研究………………………………思望龙 张海东（179）
浅析土地增值税清算中存在的问题

  和对策……………………………………国家税务总局西咸新区秦汉新城税务局课题组（183）
增值税发票虚开骗税行为的新特点以及应对研究…………………………贾 军 许 伟（187）

所得税

完善我国个人所得税专项附加扣除制度的理论研究与实践探索……………王志平 王 静（193）
RCEP协定下完善我国企业所得税制度与征管的建议……………………………………符少花（199）
促进共同富裕 个人所得税调节收入分配制度的国际借鉴………………………………关 芯（202）
个人所得税反避税制度建设研究……………………………………………………………杨善词（206）
个税改革五年回顾与思考

  ——以西咸新区秦汉新城税务局个人

    所得税征收管理分析为例………国家税务总局西咸新区秦汉新城税务局课题组（209）
完善高净值高收入自然人风险管理的建议

  ——高净值高收入自然人税收管理

    国外经验探究…………………国家税务总局广州市税务局第四税务分局课题组（217）
关于资产证券化企业所得税有关问题的调研………………………………………………于永勤（222）
平台经济下直播带货的个人所得税问题治理研究……国家税务总局宁波前湾新区税务局（228）

房地产税

新时期不动产交易税收管理的研究与思考…………………………………………………解蕙宁（235）

征收个人住房房产税政策分析及构想……………………………………………刘　越（239）
征管视角下的房地产税累进税率思考………………………董战山　展永福　刘　琳（243）
浅谈做好房地产行业税种联动管理工作的
　　问题和对策………………………………国家税务总局梅州市梅县区税务局课题组（247）

消费税环境保护税及其他

"统模式"下社保缴费争议处理机制问题研究及
　　路径探寻…………………………………………国家税务总局金华市税务局课题组（251）
不同税种对共同富裕的促进作用以及改进建议………………………………唐　敏（259）
关于社保费申报缴纳流程优化调整的思考………国家税务总局高邮市税务局课题调研组（263）
浅议白酒消费税税制改革……………………张剑虹　谢　华　马可可　张桓玮（267）
我国成品油价格和税费改革对汽车销量影响的灰色综合评估………………陈森森（272）
延庆区自然人社保费征缴现状、问题及建议…………………………………丁　振（278）
关于优化社保费申报缴费服务　提升缴费人满意度工作的调研报告……………姜　淼（282）

税收征管

对高收入高净值自然人税收征管的国际比较研究………………………………杨玉杰（289）
关于运用随机森林算法预测纳税人未来行为的实践与思考……张　弓　张　婧　张少榕（294）
PPP（政府和社会资本合作）项目运作模式税收政策与征管研究
　　——基于广州永庆坊旧城微改造案例……国家税务总局广州市荔湾区税务局课题组（299）
从"营商"到"宜商"谈税收宜商环境的新变化及其优化…冯蔚耕　许建国　殷国斌（305）
搭乘"金四"改革东风　助力以数治税起航……………………………………李　沛（309）
大数据税收风险管理及应用研究
　　——以河南省周口市税务局以数治税为例……马松伟　崔晨涛　汪　洋　崔玉亮（312）
对加强和推进基层智慧办税服务厅建设的思考……………庞　斌　陆　琦　殷　然（325）
对县（市）局加强税收监管智慧税务建设的研究和思考……袁　镇　赵廷喜　杨广胜（329）

非接触式办税存在的问题及对策研究 …………………………… 朱志兵　汪　洋（334）
构建税费皆重同征同管工作格局研究 ………………… 辛正平　于　坚　冀　超（337）
优化税务机关税费征管资源配置的思考
　　——基于巴彦淖尔市税务局"征纳数"一体化运行的实践分析 ………… 张培森（341）
关于加强对水晶跨境电商新业态税收征管的思考
　　——以江苏省东海县跨境电商为例 …………… 王绪友　汤郑军　傅亭华（346）
关于推进"枫桥式"税务所建设发展新时代枫桥经验的研究 ……… 李　阳　聂振华（350）
关于优化"供要管用"税收大数据体系在税务基层的实践与探索 …………… 凌　慧（354）
对当前县（市）局税收监管中的问题分析及措施建议 ……… 袁　镇　赵廷喜　陈小军（358）
建立完善财行税税收共治体系　营造公平法治税收营商环境 ………… 何　磊　鲁思远（363）
流量经济商业模式的直播行业税收监管研究 … 国家税务总局镇江市税务局稽查局课题组（367）
深化税收征管改革背景下以税费大数据服务
　　提升国家治理效能的探讨 ………… 国家税务总局广州市越秀区税务局课题组（373）
深化税收征管数字化转型的实现路径 ……………………………………… 濮　璐（380）
税收促进数字经济发展研究 ……………………… 谭　伟　王军燕　谭婷元（384）
探索数字化转型背景下的非税收入征管方式发展路径
　　——以广州市白云区税务局为例 ………… 国家税务总局广州市白云区税务局课题组（388）
完善平台经济个人从业者税收征管的对策与建议 ……………………… 侯章迪（396）
智慧税务赋能税收征管现代化路径研究 ………………………………… 孔庆勇（400）

税务稽查

税收现代化建设中的"说理式执法"探索与实践路径 ……………… 王秉明　翟　敏（407）
基于稽查角度的新形势下打击和防范
　　出口骗税违法行为研究 ………… 国家税务总局上海市税务局第二稽查局课题组（411）
以"征风稽"联动机制为依托推动跨
　　部门数据共享融通的研究 ………… 国家税务总局广州市税务局第三稽查局课题组（419）

医疗美容行业常见涉税问题及稽查

  方法分析……………………………………国家税务总局上海市税务局第二稽查局课题组（429）

关于加强稽查案件全过程管理的思考……………………………………李　俊　张　婧（439）

关于推进管查互动扩围提升的实践与探索……………………………………………张　毅（442）

关于在税务稽查中深化税收大数据共享应用的研究与思考………………刘艳阳　李　莹（446）

因势利导，齐抓共管　综合治理虚开发票行为………………李国庆　刘少芳　张艳伶（450）

浅谈税务稽查智慧办公平台建设………………………………………………孙为民　丁　乙（455）

强化稽查监管　进一步深化税收征管改革…………………………………………………胡　颖（458）

税务稽查过程中检查取证存在的问题与相关建议………………………杨忠云　赵圣卓（462）

涉外税收

我国非居民企业机构场所税收管理探讨

  ——基于北京市的调查………………………………………北京市税务学会调研组（469）

关于健全出口退税服务监管新机制

  的探索………………………………国家税务总局广州市税务局第二税务分局课题组（475）

从离境退税业务看北京国际消费复苏

  入境消费市场潜力需持续挖掘………国家税务总局北京市税务局第二税务分局课题组（485）

国际碳税实践经验及对我国碳税政策

  体系构建的思考………………………………………江苏省淮安市国际税收研究会课题组（489）

"防止双重不征税"的税收实践与思考……………………………………苏　剑　汪　霞（495）

全球最低税对我国"引进来"企业的影响与应对……江苏省淮安市国际税收研究会课题组（499）

以基层视角浅谈新形势下出口退税专业化人才队伍建设……………………陈　芳　苏　晓（505）

税收法治建设

关于开展非强制性执法方式的调查研究

  ——以税务行政执法为例………………………………………………………………陈　曦（511）

多样化税务司法协作同向发力
　　——推动税收执法改革和优化税收营商环境研究⋯⋯⋯⋯⋯⋯⋯伊彩红（515）
基层税务机关破解同级监督难题的思考⋯⋯⋯⋯⋯⋯⋯⋯⋯⋯⋯⋯董李冬（517）
基于深化税收征管改革环境下对提升税务执法水平的研究⋯⋯⋯⋯⋯蓝　绽（521）
浅谈税务机关在企业破产中的涉税实务⋯⋯⋯⋯⋯⋯马　凯　周　宇　武　剑（525）
税务人员"八小时之外"监督困境及对策研究
　　——以丹徒区税务局为例⋯⋯⋯⋯⋯⋯⋯⋯⋯⋯⋯⋯浦陆燕　谭　珍（529）
税种联动
　　——监控防范涉嫌接受虚开发票税前扣除风险⋯⋯⋯⋯⋯⋯⋯李义祥（533）

职工队伍建设

中国式现代化目标下推动税务系统离退休干部
　　工作高质量发展研究⋯⋯⋯⋯⋯⋯国家税务总局北京市税务局联合课题组（539）
推动政治能力建设向基层延伸的思考与实践
　　——以广州税务系统为例⋯⋯⋯⋯⋯⋯国家税务总局广州市税务局课题组（543）
新时代推进西部地区税务干部能力素质提升的路径研究
　　——以巴彦淖尔市税务系统实践为例⋯⋯⋯⋯⋯⋯⋯⋯⋯⋯张培森（546）
遴选青年干部现状分析及培养对策研究
　　——以第二稽查局遴选青年干部
　　　　队伍为例⋯⋯⋯⋯⋯⋯国家税务总局上海市税务局第二稽查局课题组（550）
持续加强县级税务局政治机关建设的探究和思考⋯⋯⋯⋯⋯⋯⋯⋯刘　玮（559）
从"实战化"角度看税务稽查人才培养⋯⋯⋯⋯⋯⋯⋯⋯⋯⋯⋯⋯肖　俊（563）
以"未病先防，即病防变"的中医理念谈"四种形态"的力度和温度⋯⋯⋯马　达（567）
党建引领税收高质量发展的实践研究⋯⋯⋯⋯⋯⋯⋯⋯⋯王春生　任　强（571）
对基层税务部门绩效管理改进的思考⋯⋯⋯⋯⋯⋯⋯⋯⋯⋯⋯⋯杜　宏（575）
高素质税务人才培养模式探索与实践⋯⋯⋯⋯⋯胡永华　管　震　笪　靖　何　瑶（578）

关于对数字人事个人绩效的探索研究
　　——以北京经济技术开发区税务局办税服务厅为例 …………… 韩　明　刘雪芯（582）
关于开展"督考合一"工作的
　　思考和实践………… 北京市税务局考核考评处、北京经济技术开发区税务局课题组（587）
关于强化基层税务干部思想政治能力建设的探索 ………… 王　军　丁子昂　王　勇（591）
涵养廉政生态　践行税务精神　不断厚植新时代税务廉洁文化根基 ………… 李云鹏（595）
基于结果深度应用加强绩效智慧考评的思考 ……………………… 嵇立勋　徐亚军（598）
加强人才队伍建设，推动稽查高质量发展 ………………………… 张　皓　查婷婷（602）
聚焦青年思想引领　凝铸税收奋进力量
　　——关于新时代加强和改进青年思想政治工作助力税收现代化
　　　高质量发展的研究 …………………………………………… 张之乐　张晓华（606）
试论税务领导干部的亲和力 ……………………………………………………… 王晓刚（611）
顺义区税务局党建引领"接诉即办"向"未诉先办"转化的实践与思考 ……… 王庆祥（615）
学思悟行新时代　凝聚发展新动能
　　——以"人才兴税"为服务税收现代化发展提供有力支撑 ………………… 武　琼（619）
党的创新理论"青年化"阐释的价值内涵与税务实践 ………………………… 姜云峰（623）

税制改革

数字经济背景下税收制度与管理国际比较研究

国家税务总局北京市税务局课题组

一、数字经济背景下我国税收制度与管理面临的挑战

数字经济的快速发展，改变了传统商业模式和价值链，对世界各国税收制度与管理产生了较大影响。当前，我国税制改革需要面对和解决的关键问题包括三方面：一是数字资产以及数字产品和服务的课税对象、课税方式不明确。二是针对高度依赖数据要素和数字技术的新兴经济活动，尚缺乏相应的税务处理规定。三是征税要件的既有规定是否适用经过数字化升级的传统产业。

税收管理也面临三个挑战：一是适应共享经济、零工经济等新兴业态的特点和变化，确保税务管理的公平性与有效性。二是数字经济高度依赖的数据资产、数字资产及数字衍生业态存在着确权和定价的难题。三是相关的税收制度和征管制度缺位，使部分数字产品和服务的交易游离在税法的"灰色地带"。

二、数字经济背景下税收制度国际比较

本文围绕数字产品和服务、典型数字资产，从征税对象、征税要件两方面开展税收制度比较。

（一）征税对象的定义和分类

目前，世界各国对数字产品和服务的分类尚未达成共识，如美国就存在同一项数字产品和服务在不同的州归属不同的税目现象，欧盟则将数字产品和服务统一归为服务。当然，美国和欧盟也试图通过法案明确数字产品和服务的定义与税务处理方式，大体思路是通过拓展传统产品和服务的概念，将数字产品和服务纳入现行税制框架内，以使传统的税收制度在数字经济中依然适用。

相较于数字产品和服务，一些数字资产更加脱离传统税制，其中以加密资产和非同质化通证（NFT）为代表。各国对加密资产的税收处理存在差异，如美国、日本、英国等国家将加密资产定性为财产，而欧盟将加密资产的相关交易视为服务。NFT 同样争议很大，美国将其分为未经注册的证券、收藏品等；欧盟从增值税角度将其分为产权证明、代金券、捆绑销售或数字服务等多种类别；印度、新加坡和韩国等将其归为财产。总体上，各国更愿意按照性质相近原

则对 NFT 进行分类，并参照已有的税收政策进行管理。

（二）征税要件

欧美在数字产品和服务的税率、税收优惠以及征税时间和地点等征税要件上做出了明确规定，如美国的销售税税率和优惠税率因州而异，从 1% 至 7% 不等；欧盟通常使用标准增值税税率 15%，但对医疗、文化和建筑等特定领域有关的电子服务实施 5% 的优惠税率。在征税地点上，美国国内和欧盟都遵循消费地（目的地）原则，欧盟还规定数字服务提供商需要代收增值税。澳大利亚通过扩大征税对象的边界和降低起征点标准，进一步拓宽了商品税的征收范围。巴西、菲律宾和希腊等国将软件服务（SaaS）交易及其他与数字服务相关的交易纳入预提所得税的征收范围内；欧盟各国对提供特定数字产品或服务且达到一定收入门槛的跨国数字企业征收数字服务税，目前虽然因双支柱方案的进展按下暂停键，但未来仍有不确定性。总体来看，各国基于自身利益和立场的考量选择适应数字经济发展的税制改革切入点，很难形成系统性的、统一的规则。

对加密资产，一种做法是在对其性质进一步细分后套用现行的税制，如欧盟将加密资产的兑换及交易行为按照金融服务免征增值税；英国对加密资产征收所得税和资本利得税，同时根据加密资产是否与产品、服务、金融证券或土地有关，可能涉及印花税、增值税、印花土地税（Stamp Duty Land Tax）和印花储备金税（Stamp Duty Reserve Tax）等。另一种做法则采取更为模糊的处理方式，一律归入"其他收入"类的兜底收入项下，如日本将比特币出售或使用所得的利益作为"杂项收入"征所得税。

NFT 的争议更大，税务处理中非常重视实质交易内容的判定，包括金融属性、产权证明、代金券、购买意图、持有期限、交易量、出售理由等因素，如在美国，使用加密货币购买 NFT 的交易被视为先出售加密货币，再用获得的法币形式的收入购买 NFT，前者涉及资本利得税，有的州还涉及销售税，后者无须纳税；在欧盟，对产权证明类 NFT 是属于产品还是服务，需要根据 NFT 代表的资产性质进行区分，并按照相应的产品或服务进行增值税处理，对代金券类 NFT 的增值税处理应参照代金券的相关规定。

三、数字经济背景下税收管理国际比较

随着税收制度的不断调整与完善，税收管理也需要适时地进行改革与创新，来适应数字经济发展形势。

（一）着力公关数字身份验证和数据安全问题

许多国家针对数字身份验证和数据安全采取系列创新措施。一是在数字身份建设中使用区块链技术，如欧盟的自主权身份（SSI）体系。二是通过加强与第三方合作，提高数字身份验证的效率和扩大使用范围，如美国国内收入局与第三方凭证服务提供商合作构建了安全访问数字身份计划（SADI）。三是整合已有的数字身份资源，简化数字身份管理的流程，如加拿大制定泛加拿大信托框架（PCTF）。四是为特定人群或企业提供专属身份识别码，提高税收监管效率，如加拿大的董事身份识别码（DIN）。

（二）推进电子发票在税收管理中的应用和普及

许多国家的电子发票改革策略包括三点：一是考虑区域差异和行业特点分阶段推进电子发

票的使用范围，如法国2021年的法令要求纳税人在B2B交易中使用电子发票，实践中，自2024年7月1日起，适用于大型企业，2025年1月1日起，适用于中等规模企业，2026年1月1日起，适用于中小微型企业；二是加强电子发票的数字技术支持，确保电子发票系统的安全、稳定和高效，如意大利税务局（IRA）的"FutterAE"免费应用程序；三是将税收规则前置到发票系统中或者嵌入纳税人的日常经济活动中，简化纳税流程，贯彻"以设计促遵从"理念。

（三）加强跨境税收征管

数字经济进一步促进全球经济一体化，跨境税收征管日益成为各国政府在税收领域关注的焦点。一些国家根据不同的商业模式和交易类型制定了差异化的税收征管策略，如针对B2B跨境数字交易，大部分欧盟国家实行"逆向征收机制"，少部分成员国如意大利和波兰采取分割支付机制；针对B2C交易，欧盟创建进口一站式服务机制（IOSS）。另一些国家正在积极探索跨境税收征管的新模式，如澳大利亚的共享经济报告制度（SERR），积极推进以双支柱为代表的多边税收合作机制等。

（四）创新数字经济新兴领域的税收监管

许多国家对数字经济新兴业态采取了新的监管方案。比如，加拿大对电商平台，明确其代收代缴和披露卖家信息的义务，美国劳工部于2022年发布了《公平劳动标准法》（FLSA），其对灵活用工，围绕身份认定制定雇佣标准；对加密资产，加强对纳税人和交易平台的双向监管，强化部门间的税收协作，创新监管制度等；对NFT，强化交易者和创作者自主申报，采取实质重于形式原则，通过"透视"NFT的本质来套用不同的监管方式。

四、促进我国数字经济发展的税收制度与管理改革建议

通过国际实践的梳理可知，目前对数字经济的税收制度和管理还未有定论，每个国家的改革方案都是根据自身国情和经济发展状况精心构建的。对我国来说，简单地模仿或复制皆不可取，必须将借鉴国际经验与尊重我国国情协调考虑，有选择地借鉴。因此，我国数字经济背景下的税收制度改革应坚持统筹建设原则和循序渐进原则，税收管理改革应遵循因地制宜原则和简便易行原则。

（一）税收制度改革建议

1. 进一步明确数字产品和服务的定义和分类

目前，我国对数字产品和服务还没有明确定义，可以参考其他国家经验，从以下三个方向尝试划分数字产品与服务的界限。一是对部分传统行业数字化转型生产的商品，按照相近原则划分为货物。二是合理拓展传统货物和服务的概念，采用列举法和兜底条款相结合的方式，逐步将数字产品和服务纳入现有的税制之内。三是在综合研判行业特点的前提下，对部分即便采取相近原则仍无法适用现行税制的新兴数字业态归为服务。

2. 进一步明确征税要件

一是探索数据资产的估值和定价。我们建议国家数据局牵头出台数据资产的价值评估和交易规则。一方面，利用数字交易所的媒介优势和借鉴经济与合作发展组织（OECD）《知识产权产品资本测度手册》中从供给端或需求端进行估价的方法，探索形成市场化数字资产的公允价

值交易模式；另一方面，对非市场化的数据资产，采用重置成本法、市场价值法等方法进行估值。

二是基于 NFT 的收藏属性制定税收策略。在我国，非同质化通证更多地被看作具有收藏属性的数字产品或数字资产，建议尽快将其纳入现行税制框架内。在增值税方面，我们可根据国家新闻出版署科技与标准综合重点实验室发布的《数字藏品应用参考》的定义，将其归类为数字出版物，并依照《增值税暂行条例》中关于电子出版物的规定征收增值税。在所得税方面，我们可借鉴国际经验，按照将 NFT 作为数字资产征收资本利得税的思路，针对企业出售行为，按照转让财产收入所得的规定缴纳企业所得税。针对个人出售行为，如果是原作者出售其创作的 NFT，视为个人著作权的转让或许可行为，按照特许权使用费所得缴纳个人所得税；针对个人的转售行为，可视为财产转让所得缴纳个人所得税。

三是研究和制定数据衍生业态的相关税收政策。我国目前对数字藏品、数字货币等数据衍生业态的交易严格限制，但随着技术的进步和全球经济格局的变化，仍应提前研究相关的税收政策以应对未来政策调整和国际规则的协调。我国将数据衍生业态按照交易实质进行分类管理，如对投资性数字藏品征收所得税，将用于交易代币性质的数字货币视为金融兑换服务征收增值税等。

3. 探索数据要素相关税制

数据税制的设计应当依托数据产权制度、数据要素流通和交易制度、数据要素收益分配制度、数据要素治理制度等基本制度，且应符合公平、效率和中性等税收普遍原则。另外，因为数据更容易衍生出许多新型业务模式和多样化的产品，所以税制设计必须具有更强的灵活性和适应性。长期看，我国应密切关注数字服务税、软件服务税、数字资产税和知识产权税等新型税种的国际实践。

在探索建立"数据税"体系过程中，我们应以数据交易实践为抓手，建议积极呼吁构建更加规范的数据交易环境，充分利用全国已有的 48 家数据交易机构，逐步统一和规范数据的交易标的、交易方式、交易价格。我国应优先针对那些在数据交易所中已经具有公允价值的数据进行数据税试点，再逐步推广至那些数据富集型的平台企业，如电商平台、社交媒体、在线搜索引擎和其他大数据公司，此外还应配套建立全国统一的数据交易登记系统来加强监管。

（二）税收管理改革建议

1. 加强数字身份认证建设与应用

我国应通过完善身份验证机制、建立跨境身份认证合作等方式增强税务数字身份认证的安全性和可靠性。技术上应引入电子签名、面对面识别以及视频识别等多重验证手段，还可以尝试使用区块链等数字技术，利用区块链去中心化的特点，保障纳税人的信息安全，降低数据泄露和被篡改的风险。同时，我国应加强与第三方合作，与银行、电信运营商、社保部门以及其他具有大量用户基础的第三方机构深化合作，使纳税人可以使用统一的数字身份凭证来访问不同参与机构的应用程序。另外，参考欧盟的《电子身份识别和信托服务条例》，我国要加快数字身份认证的法律法规建设。

2. 加快推动"数电票"的发展与应用

一是推进电子发票标准的统一和国际互通，确保电子发票在跨境交易中的安全、高效和便捷。二是强化电子发票的集成功能，着力整合公共采购服务、跨境贸易、供应链管理等关键领域的各类交易信息，逐步实现一票式集成。三是将开票规则前置嵌入到开票系统中，逐步实现发票由"前置审批"到"实时开具"。四是遵循整体规划、逐步推进、分步实施的原则，稳步推进电子发票在不同省份、不同行业的试点推广的同时，还应注重先从 B2G 领域展开，逐步拓展至 B2B 领域，最终推广到 B2C 领域。

3. 根据交易模式采取不同的跨境增值税征管策略

针对 B2B 跨境交易，我国采取国际上较为一致的逆向征收机制或探索增值税的分割支付机制，对高风险行业或大额交易进行试点，商品价款支付给卖方的同时，税款直接汇入税务部门账户。针对 B2C 跨境交易，一方面，借鉴欧盟的 MOSS 经验，利用大数据和人工智能等技术设计跨境增值税征管系统，同时引入智能分析和监测功能，实时跟踪和分析跨境交易数据；另一方面，加强与其他国家和地区税收征管合作的深度与广度，逐步扩大"一带一路"税收征管合作和 RCEP 等多边税收合作范围，与更多的国家和地区建立税收征管合作关系。针对 C2C 跨境交易，我国应继续完善第三方支付平台或电子商务平台的代收代缴税收制度。

4. 完善平台经济税收征管的建议

一是明确纳税主体身份。我国可以通过考察工作者的工作是否涉及平台的核心业务、工作者在完成任务时是否有较大的自主权以及工作者是否可以为多个平台同时工作等因素，来明确平台与员工间的关系，进而明确纳税主体身份。二是明确平台的税收义务。我国应赋予平台企业代收代缴或委托代征的权限，但同时应对其上述行为进行严格监管。我国可以在《委托代征管理办法》中规定平台企业的具体职责，明确其与税务、银行等相关部门的信息共享义务及细节，如交易额或交易量的报告门槛等。

5. 深化数字技术与税收业务的融合

一是利用数字技术驱动征管模式创新，将智能自动化技术、机器人流程自动化技术及机器学习模型等应用到税务登记、发票管理、纳税申报以及税务检查等关键环节中，来实现自动化、智能化的税收征管。二是充分运用数字技术采集、存储、加工和分析涉税数据和其他相关数据，深入挖掘大数据背后的运行规律，进而提高对纳税人行为的预测和分析的精确度。三是利用数字技术重构税收制度与管理。

课题组组长： 张有乾
课题组副组长： 岳树民
课题组成员： 邓荣华　谢波峰　冷文娟　王　庆
　　　　　　　　李红英　刘润哲　范　婕　谢思董
课题组执笔人： 谢思董　范　婕

中国式现代化背景下优化税制结构的思考

国家税务总局广州市税务局课题组

2023年9月,习近平总书记在黑龙江考察时进一步提出了"新质生产力"的概念,税制结构优化在生产力发展过程中起着最直接和最基础的作用,是当今世界各国共同关注的话题。各国税制结构的改革都与其所处社会形态和经济发展状况等因素息息相关。目前,我国正处于中国式现代化的建设阶段,对我国的税制结构建设提出了更多、更新的要求,这一时代背景赋予我国税务实践建设崭新的历史使命。税制结构优化作为税务实践建设的重要手段,对提高税收治理效能,助力中国式现代化的实现有重要的现实意义。近年来,业内学者关于中国税制结构优化问题的理论探索积累了不少符合我国国情的研究成果。我们梳理国内外最新的相关研究,可以发现:无论是国内还是国外,数字化税务管理都被视为税收建设的重要方向;环境税制在全球范围内受到关注,但如何平衡环保和经济发展仍是一个挑战;在全球化背景下,国际税务合作变得尤为重要,但如何实现有效合作仍有待探讨。基于对文献的梳理,本文的研究将对税制运行效率和税制结构进行深入探讨,为我国现代化建设下的税制改革和税务实践建设提供理论支持。

一、现代化建设背景下优化税制结构的机理分析

(一)理论框架:基于现代化建设背景下的税制优化模型

税收是国家财政的基础,优化税制结构作为中国式现代化的重要工作,有利于克服风险,助力重大战略任务的完成,既保障国家长治久安,又实现全体人民全面发展。本文尝试从经济学、法学两个维度,进行多学科融合式的税制优化模型建构。在经济学维度中,税制优化强调税制的适应性及弹性;在法学维度中,推进中国式现代化的税务实践应关注税收政策的合法性和执行力度。为了更好地开展税务实践建设,我们需要将这两个维度进行有机融合,不仅关注税制结构对经济体系的灵活性和适应性,还要注重税收体系与法律体系的协调。基于该理念,税制结构优化可以借助"效率—公平—合法性"三维模型(如图1所示)进行评估。在效率维度,我们关注税收的经济效率,其中包括存量与增量两种经济效率视角;在公平维度,我们关注税制的公平性,包括横向公平与纵向公平;在合法性维度,我们则考量税制的合法性以及法治体系下的执行力。概言之,该模型可用于综合评估现实税制对经济、社会、法律多方面的影响,有助于建立更稳健、公正和有持续性的税收体系,支持国家的经济和社会发展。

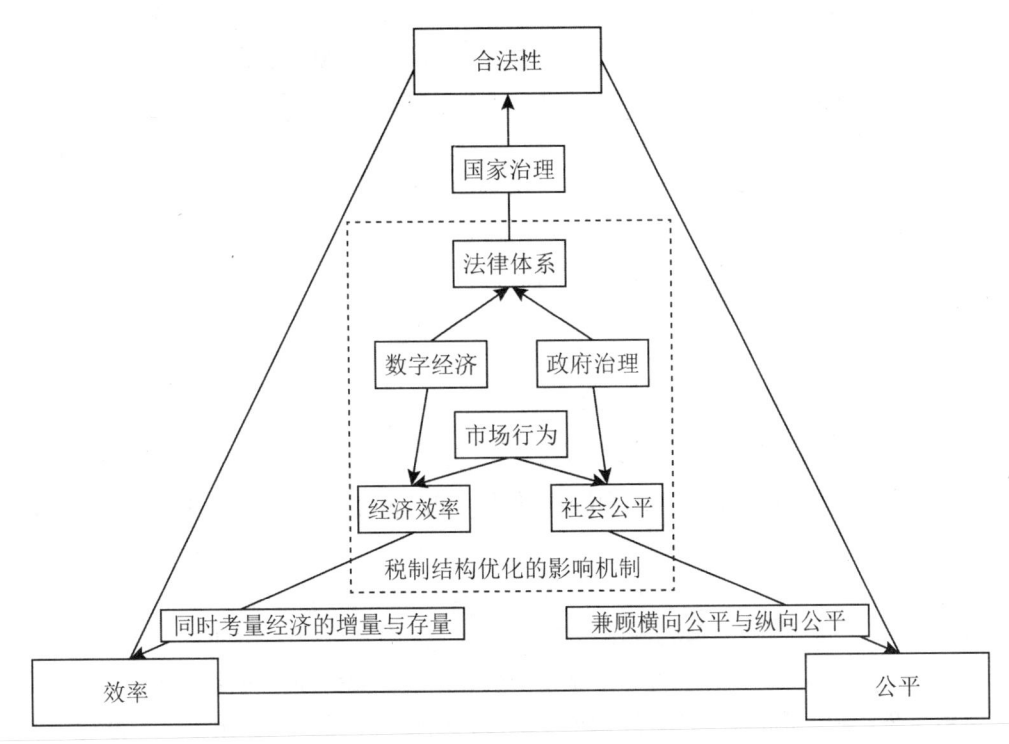

图 1 "效率—公平—合法性"三维模型

(二)作用机制以及经验识别

1. 经济效率方面。我们主要从经济的存量与增量角度分析：从存量视角出发，其关注的主要是评估已经存在的税收政策是否存在歧视性、扭曲性和浪费，主要以简化、再优化为主；从增量角度出发，其关注点主要是通过施行新政策，推动资源配置的再优化，主要以创新、激励为主，进而推动效率的提高。我们将效率维度分解成存量和增量视角，有助于我们更好地理解税制的动态性及其相对性，确保税制能够应对不断变化的经济条件和挑战。

2. 社会公平方面。我们主要从横向公平与纵向公平两个角度来看：从横向公平来看，其重点是面对经济水平类似的人群，避免歧视性对待，注重同一收入层级中的税负公平；从纵向公平来看，其关注在不同经济状况下的纳税人是否被合理对待，强调不同人群的负税要因"体"制宜、区别对待。

3. 国家治理方面。国家治理体系转型要求相应的税收制度与之相匹配，税收制度的变革必然导致税制结构的不断变化。法律体系为税制提供了有效的制度保障，其完善与否进一步直接影响了税制的执行效力。首先，完善的法律体系为税制的合法性以及公平性提供了坚实的法理基础。其次，完善的法律体系为税收的程序和流程的运行提供保障，提高了税收政策的执行效率。最后，政府征管水平的进一步提高，也能从多方面推进税制结构优化的外部性显现，进一步推动税制优化。

4. 市场行为方面。在行为经济学中，税收政策往往可以对经济主体的心理预期和行为产生直接影响。一方面，高税率可能会导致人们采取避税行为、产生抗拒心理，纳税人进一步减少投资和消费；另一方面，税收激励可以鼓励可持续发展的投资或能源效率提高，通过了解人们对激励的反应，可以更好地设计税收政策，来实现特定的社会和经济目标。同时，精确的征税方法也可以减少非理性扭曲。

5. 数字经济方面。数字经济是继农业经济、工业经济之后的主要经济形态，其快速发展深刻影响着税制的变革。一方面，数字经济活动呈现跨区域性、虚拟性等新特征，对现行税制的收入筹集与分配功能提出更高要求；另一方面，新形态的数字经济业务带来的纳税主体多元化、课税对象无形化、计税依据复杂化，要求现行税制的适配性进一步提高，来充分度量数字经济的价值要素。

二、中国现代化税制结构的特征事实

1994 年，我国实行分税制财政管理体制改革，建立了与社会主义市场经济体制相适应的税制体系。进入 21 世纪，按照简税制、宽税基、低税率的原则，我国陆续启动增值税转型，全面取消农业税、施行企业所得税法。党的十八大之后，我国为了促进创新发展、协调发展、绿色发展、开放发展和共享发展，为了税收法定原则加快落实，法治成为税收治理的基本方式，已有 12 个税种完成立法，现代增值税制度基本建立，综合与分类相结合的个人所得税制顺利实施，企业所得税制度不断优化，所得税占比逐步增加，以资源税和环境保护税为主体税种的绿色税制体系逐渐完善，减税降费政策红利持续释放，税收调节功能不断改善。在推动中国式现代化建设，服务经济社会高质量发展中，税务部门发挥的作用愈加重要，出台和落实了一系列税收政策，充分发挥了税收在国家治理中的基础性、支柱性、保障性作用。

（一）我国税制结构的结构特性和分配机制

1. 总体规模。党的十八大以来，我国经济发展质量不断提高，税收收入持续稳定增长，为国家治理提供坚实的财力保障。党的十九大后，我国经济转向高质量发展，减税降费效应不断释放，在促进"六稳""六保"和全面建成小康社会中发挥了重要作用，税收收入稳中有进。我国税收收入从 2012 年的 100614.28 亿元增长至 2023 年的 181129.36 亿元，在此期间，我国的税收增速从 2012 年的 12% 到 2023 年的 8.7%，维持在一个较为良好的增长区间（如图 2 所示），我国的税收总体规模呈现增长的趋势。

2. 组成结构与分级分配。我国目前已开征 18 个税种。按税负转嫁为标准可以划分为直接税和间接税，具体分为不易转嫁、累进税率征收的直接税，如企业所得税、个人所得税、房产税、契税、城镇土地使用税、耕地占用税、车船使用税、车辆购置税等，以及税负可以转嫁、比例税率征收的间接税如增值税、消费税、关税、烟叶税等税种。2023 年，我国国内增值税占比为 28.3%、国内消费税占比为 8.9%，企业所得税占比为 22.7%、个人所得税占比为 8.2%，基本形成了间接税与直接税的"双主体"税制结构。① 近 10 年来，随着税制改革的深入，直接税占比也呈现总体上升趋势（如图 3 所示）。

---

① 国家统计局. 中国统计年鉴：2023 [EB/OL]. 国家统计局，2023.

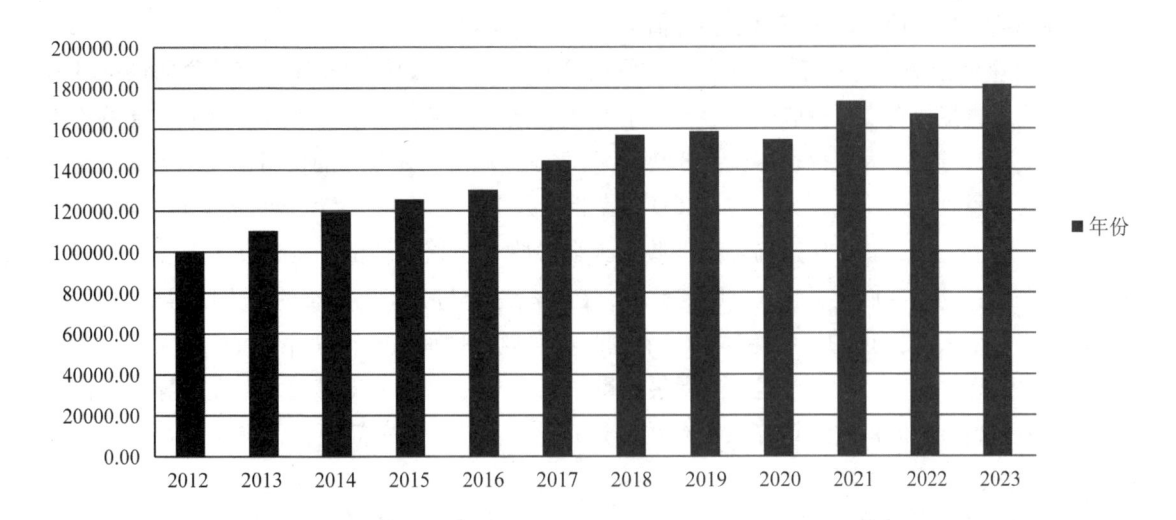

图 2　2012—2023 年我国税收收入的变化趋势（单位：亿元）

资料来源：

（1）国家统计局.中国统计年鉴：2023［EB/OL］.国家统计局，2023.

（2）财政部.关于 2023 年中央和地方预算执行情况与 2024 年中央和地方预算草案的报告：2024［EB/OL］.中华人民共和国财政部，2024-03-14.

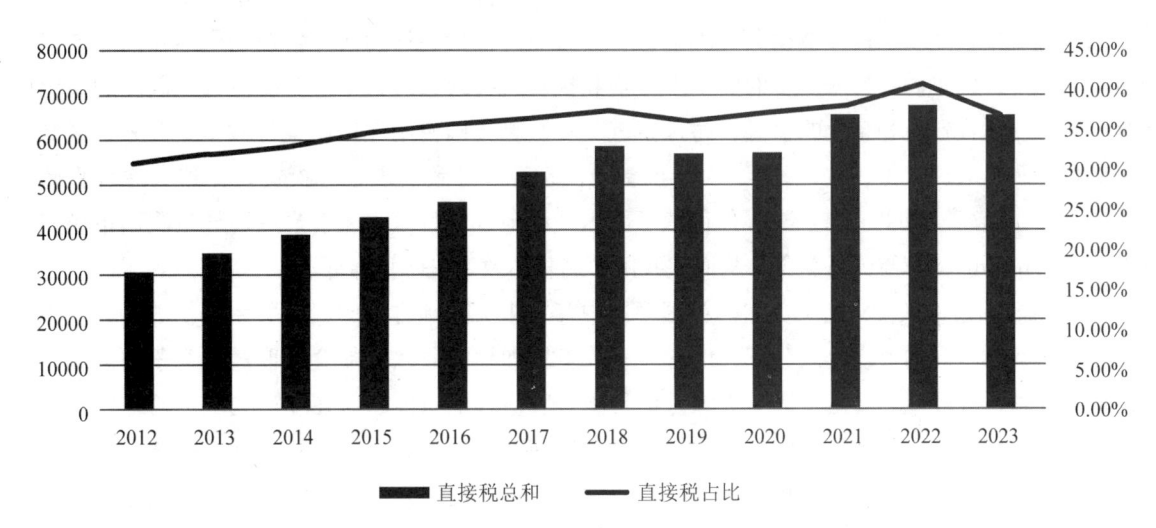

图 3　2012—2023 年我国直接税占比及税收收入总和变化图

资料来源：

（1）国家统计局.中国统计年鉴：2023［EB/OL］.国家统计局，2023.

（2）财政部.关于 2023 年中央和地方预算执行情况与 2024 年中央和地方预算草案的报告：2024［EB/OL］.中华人民共和国财政部，2024-03-14.

（二）当前挑战与问题诊断

总体来看，中国的税制结构在税收政策、税种构成、税收优惠政策以及税制改革方面表现出多样性和灵活性，但同时透露出了些许值得关注的问题和缺陷。

1. 税制整体公平程度还有提升空间。在纵向公平方面，与间接税相比，直接税的税负不容易转移，这使直接税对实现税收负担公平具有更加重要的意义。当前，我国税制中直接税的比重仍有待提升，尤其个人所得税占比为8.9%，税收发挥调解收入差距的作用较弱。当前，我国增值税收入占税收收入比重较大，与OECD国家相比处于较高水平，又由于间接税的"累退性"主要体现在增值税中，其占比过高导致低收入人群税收负担相对较重，而高收入人群的实际税负相对较轻，一定程度加大了收入差距。此外，在现行综合与分类相结合的个人所得税制度下，工薪阶层成了个人所得税的纳税主体，与个税改革实现"中间大、两头小"的目标尚有差距，且综合所得最高税率（45%）与经营所得最高税率（35%）、资本所得等税率存在差异，综合所得边际税率较高，会因税收筹划等原因存在税目转化、税基侵蚀等问题，影响税收对高收入人群的调节作用。

2. 税制整体运行效率还需提高。一方面，税收法律体系还有待进一步完善。我国目前虽然已经有12个税种正式通过立法，但其余税种的立法尚待推进，不管是增值税、消费税、关税或是暂缓立法的房地产税，它们都是我国税收法治建设中缺失的一角拼图，这就导致税制的合规性、稳定性不足，影响税制的公平和有效性。另一方面，税收法治系统在实践中仍然有所不足。我国目前通过政策补充税法规定的情况较多，各税种的"政策补丁"越来越频繁，现行有效的税收优惠政策庞杂冗余，散见于税务总局公告等政策文件中。政策的碎片化增加了企业和纳税人的不确定性，导致人们谨慎投资和决策，同时增加了包括会计和法律咨询费用等在内的遵守成本。相关部门也需要投入更多的资源来管理和执行这些政策。这不但会降低税收制度的稳定性，影响国际投资者和企业的信心，而且会进一步影响我国税制整体的运行效率。此外，区域税收优惠政策会产生税收"洼地"，由于税基的流动性，导致出现企业投资人"追"着优惠政策"跑"的乱象。如此一来，这不但侵蚀了原本纳税地区的税基，还会进一步导致我国市场扭曲，影响市场的均衡与公平竞争，从而使我国税制整体效率进一步降低。

3. 税收治理的效能还有待完善。我国税制中存在中央和地方之间财政关系失衡的问题。由于是中央政府主导的财政收入分配，地方政府为了增加地方收入可能会采取过度竞争的区域性政策，导致税收环境不稳定，进一步降低了我国税收治理的效能，这在经济欠发达的地区表现更为突出。地方财政如果过于依赖转移支付，会抑制其发展本地经济的积极性，也进一步加大区域间的经济发展差距，形成恶性循环。地方财政依赖土地财政和房地产行业，这也是地方收入体系不够完善的体现。

4. 难以应对数字经济的高速发展。一方面，由于数字经济中的主体具有分布式和去中心化的特点，这使界定数字经济主体的地理位置和法律实体变得十分困难，也进一步导致了税收与税源的割裂，尤其在增值税方面。因此，确定哪些平台和用户应纳税并界定其经济活动范围，是我国税收结构优化有待解决的难点、痛点问题。另一方面，数字经济所涉及的数据、用户和技术都可能是数字经济的主要价值来源，由于税源呈现更强的隐匿性和流动性，税务机关在准确测算数字经济的税基，避免漏税和重复征税，界定数据价值的归属和转移等监管方面需要进一步加强。

三、优化中国税制结构的基本原则与战略方向

（一）服务高质量发展

税制结构的高质量发展导向意味着朝更加公平、高效、可持续的方向发展。这包括优化税收政策，提高税制的公平性，降低对生产力的不利影响，激发市场活力，激励创新发展和绿色发展，适应经济结构调整和社会发展的需要，推动经济的可持续增长。综合运用直接税实现对高收入人群的税收调控，实现纵向社会公平，兼顾好效率和公平的社会发展要求。

（二）提升税制的法定性和稳定性

税收法定原则是税法的核心原则之一。提高税收制度的透明度和确定性，降低制度性交易成本，营造法治化的营商环境，促进投资的发展。加强税收公平性和规范性，提高税收执法标准的统一性，促进企业合理纳税、资源自由配置，推动区域协调可持续发展。

（三）稳定税负

坚持税负水平与经济发展相适应的税收政策调控导向，保障落实国家重大战略和重点任务，推进中国式现代化。在保持宏观税负总体基本稳定、可持续的前提下，调整和优化各类纳税人的税负结构，减轻企业和居民的负担，增强市场活力和社会信心。

（四）提高税制竞争力

聚焦市场主体需求，针对税制结构存在的问题和不足有针对性地进行改革和完善，不断优化营商环境，使税制具有抵御经济波动的稳健性，能适应经济环境的变化，同时在一定程度上能够持续吸引国外资金、人才、技术等创新要素，促进可持续的经济增长和投资。

（五）增强与数字经济的适配性

根据数字经济不同发展阶段的运行模式及运行规律，合理确定纳税主体、征税对象、税率等税制要素和税收规则。现阶段应提高税制对数字经济包容度，加强现行税制的调整优化，做好政策衔接，重塑税收利益分配格局，强化规范有效管理。数字经济未来在国民经济占比趋于主导地位时，结合税制结构变动趋势，适时推动现行税种制度的改革，构建与数字经济协调发展的税收体系。

四、优化路径与政策建议

（一）短期措施

1. 合理分配直接税与间接税的比例。一是健全以两个所得税为主体的直接税体系。"十四五"规划明确提出要"要健全直接税体系，适当提高直接税比重"。在个人所得税方面，一方面加快综合所得制度的推进，在进一步明晰经营所得范围的基础上，将经营所得纳入个人综合所得范围，既可以调节低收入者个人所得税的税收公平问题，也可以平衡高收入者个人所得税的税收公平问题；另一方面可以降低最高边际税率，缩小与国际最高边际税率的差异，同时借鉴瑞士等国家给予高端专业人才特定税收优惠的做法，吸引更多高端人才。在企业所得税方面，一方面可以采用逐步降低法定税率的方式，调整幅度应与国际上的税负水平趋势相符合，使我国名义税率保持略微的优势，提高我国税制竞争力。加大对中小企业的扶持力度，继续在法定

税率的基础上进一步降低税率。另一方面，可以考虑改变企业发生亏损时的所得税处理方法，完善企业所得税亏损结转弥补制度，以确保企业能够受益于减税政策，如适度延长向后结转亏损的年限、增加企业亏损结转的方式。

二是优化增值税为主的间接税制度。按照"低税负、宽税基"的思路深化增值税改革，逐步下调增值税总体税负水平，来减少对市场的干扰和扭曲，提高资源配置效率。一方面，简化税率结构，可以先降低最高档税率，待条件成熟时可考虑取消最低档税率，将三档税率简并为两档。另一方面，扩大抵扣范围，将符合条件的餐饮服务、居民日常服务、贷款利息支出等逐步纳入抵扣范围内。

2. 有效发挥税收政策作用。一是合理用好区域性税收优惠政策。区域性税收优惠政策应立足区域特色，减少对其他区域的政策冲击。加强税收优惠政策对产业结构调整的引导，对产业类型相似、产业配套齐全、发展层次相同的区域，尽量赋予同类型税收优惠政策。在我国高端产业集中、产业配套好的区域，如珠三角、长三角、京津冀等，在鼓励类产业的企业所得税优惠、高端人才的个人所得税优惠等方面，尽量给予相同的优惠政策。试点成熟的探索性政策尽快推开，让市场主体有良好的心理预期。二是谨慎使用税收优惠政策的调控功能。逐步规范和精简税收优惠政策，减少行政对市场的过度干预。有序推进部分优惠政策的立法层次，对需要予以税收优惠的，尽量以税收法律法规、规章的形式，一次性将优惠政策规定到位，增强激励效果。逐步通过税制改革，降低相关税种的名义税率，建立与经济发展、财政收入相匹配的税制体系。

3. 深化地方税体系改革。积极稳妥推进地方税体系改革，合理确定地方税种，维持地方财政的可持续性。在消费税方面，改革消费税征收环节和分配方式，适当下放税权，通过后移征收环节并将新增的消费税收入下放至地方，增加地方税收入来源，激励地方政府发挥促进消费增长的积极性；推动对成品油、卷烟、酒等商品的消费税改革，适度提高地方政府的分成比例，确保地方政府之间的财政平衡。在绿色税收方面，推进水资源税改革试点，按税费平移原则对城镇公共供水征收水资源税，推动地方财政收入稳步增长，反哺水资源保护。

4. 完善数字经济税制设计。一是加强立法，促进数字经济税收制度的进一步完善。明确数字经济领域相关税收制度要点，如健全税务登记主体规定，要求从事数字经济活动的个人进行纳税登记，简化登记流程；对利用在线平台从事经济活动的纳税人，首次注册时可在平台上提交相关信息，由平台协助进行税务登记；明确规定平台企业作为扣缴税款主体的相关条款，强化其扣缴义务。二是推动区域间税收收益合理划分，促进地区间数字经济均衡发展。按照价值创造与区域税收分配相适应的原则，结合消费贡献度确定税收归属，解决税收与税源背离、收益区域转移的问题。借鉴目前总部企业汇总缴纳企业所得税或增值税的模式，对营业规模在一定标准之上，税源来源地与税收申报缴纳地具有明显地域差异性的数字经济企业，可由企业负责区分并申报经营收入的区域来源情况，在企业登记注册地汇总缴纳税款，然后根据企业在各区域经营收入比例进行税收收入分配。

（二）中长期展望

1. 增强税收的再分配效应。当直接税所占比重越高时，税制的累进程度越高，收入再分配效应越强。增强税收的红ISTRIBUT式效应，能够在一定程度上缓解社会不平等。从财富增量的角度看，进一步完善资本所得征税，通过税种的累进效应使纳税能力不同的人承担不同的税负，促进收入分配的公平，实现共享发展。从财富存量的角度看，通过完善财产税制度体系，使负税能力更强的个人承担更多的公共服务费用，但改革应当谨慎前进，来避免不严谨、不公平或与经济发展不适配的情况。

2. 税制与可持续发展。推进环境税、碳税等绿色税种的立法和实施，使税制与可持续发展目标相符合。第一，可以扩大环境保护税的征税范围，将更多污染物列入征税范围，来更有效地保护环境，如将流动污染源纳入环境保护税的范围内，减少有害气体对空气质量造成的威胁。第二，实施更为精准的税收优惠政策，深入企业的生产环节，来激励企业采取更环保的生产方式。第三，参考欧洲国家，如瑞典和芬兰的碳税制度，根据我国的实际情况制定税率，并设定逐年递增的计划。

3. 税制与国际的协同发展。加强与国际税法的接轨，积极参与更多的国际税务合作组织及国际税务规则的制定，逐步构建适应国际税制变化的立法和执法体系。立足全球视角，充分考虑国内国情，维护我国税收利益，同时坚定支持多边主义，发挥引领作用。一是积极深化国际税收合作，共享信息和最佳实践，共同应对国际税收挑战。二是在国际税务规则谈判中，积极提出创新性解决方案，打破传统利益格局，推动更公平和公正的国际税收秩序。三是深入研究技术性和细节性的税收问题，确保我国在国际税收事务中占有合法地位。四是积极处理地区间的税收差异，降低不当税收竞争，确保我国的税收政策不受不良影响。

4. 长期税制规划和动态调整。基于公共选择理论和行为经济学的考量，建立一套动态的税制评估和调整机制，来适应不断变化的经济环境。第一，利用大数据技术广泛收集经济和税收数据，并确保这些数据的及时性和高频性，以便更好地跟踪税收系统的运作和纳税人的行为。第二，基于数据和行为经济学的分析，评估当前税收政策的效果，确定政策是否达到了预期的经济和社会目标，以及是否存在任何不合理的税收规避或偏差行为。第三，建立定期审查税收政策的机制，来适应经济和社会的变化。

课题组成员：杨绪春　梁若莲　白春娟
　　　　　　　　谢丽文　江元萍　杨森平

牢记国之大者 践行人民至上
高质量构建新时代人民税务建设新图景
——推进"人民蓉税"基础性工程建设的实践与思考

国家税务总局成都市税务局课题组

坚持人民至上是习近平新时代中国特色社会主义思想的根本立场观点方法，贯穿党的二十大确定的强国建设、民族复兴中心任务的各个方面。税务部门更加积极投身高质量推进中国式现代化的税务实践中，切实发挥和拓展提升税收职能作用，必须始终牢记国之大者，把坚持人民至上的根本立场落到实处。成都税务扎实推进"人民蓉税"基础性工程建设，是体现税收人民性的有力税务实践，彰显了社会主义税收"为了人民、依靠人民、成果由人民共享"的鲜明特质。本文拟就"人民蓉税"建设实践开展背景、方式及启示进行一简单梳理。

一、直面矛盾：基层税务部门改革发展的"应为"与"实为"

中国特色社会主义进入新时代，经济社会条件发生诸多变化，准确领会矛盾的普遍性与特殊性，是科学认识事物和正确解决矛盾的基础。成都作为超大城市，其税收治理实践矛盾突出，主要表现为"四个不匹配"。

（一）税费征管能力与经济发展态势不匹配

成都是第三个经济总量突破2万亿、第一个常住人口超2000万的副省级城市，为探索超大城市税收治理奠定了现实基础。成都税务深入贯彻落实中共中央办公厅、国务院办公厅印发的《关于进一步深化税收征管改革的意见》（以下简称两办《意见》），以征管转型和智能化升级提升征管效率取得一定成效，但总的来看税收征管能力与发展要求仍不匹配。一是与经济规模比，征管力量相对薄弱。截至2022年年底，全市共有162.64万户企业纳税人、53.31万户单位缴费人、209.97万灵活就业缴费人、775.15万城乡居民缴费人，合计超1200万涉税涉费市场主体。成都税务以不足全省六分之一的人力，管理服务全省近三分之一的市场主体，实现了全省二分之一的税费收入。社保划转、征管改革加快推进，叠加税务干部"退休潮"影响，在传统征管模式下，有限的税收征管资源难以覆盖庞大的市场主体，征管力量相对不足的问题越发显现。二是与群众期待比，征管水平有待提升。税收自古与社稷民生紧密相连，税收治理水平在某种程度而言是国家治理水平的体现。征税的出发点和落脚点，都应统一于人民的幸福感和满意度之上。进入新时代，随着服务型政府建设逐步推进，人民群众对税务部门治理能力和治理水平的期待日益提升，税收征管成为影响群众体验的关键因素。从涉税舆情构成来看，2022年全市税费管理类及政策类舆情占比达60.54%，是同期税费服务类舆情数量的3.62倍。三是与上级要求比，征管质效相对较低。省局明确要求市局打造"征管质量标杆局"，但在全省系统绩效考评中，超四分之一的指标位居全省第二名及以后，个税监管、精确执法、欠税管理、专票管理质效等指标失分较多，其中欠税管理、委托代征等指标连续两年失分，严重拉低整体成绩。

（二）税费服务供给与市场主体需求不匹配

成都税务主动顺应新发展阶段税费服务需求重大变革趋势，持续优化服务布局，丰富服务供给，但服务供需不匹配的问题仍然显著。一是对照需求规模，供给数量有待提升。2019年以来，成都市场主体年均增长20万户以上，市场主体规模剧增、税费支持政策不断更新叠加，改革试点任务加快推进，税费服务需求规模不断攀升，但办税服务窗口数量相对不足，办税服务厅分布不够均衡，难以充分满足税费服务需求。二是对照需求内涵，供给层次有待提升。随着经济高质量发展，新经济新业态层出不穷，个性化服务需求从常规服务向税收确定性服务、税费争议化解、新就业形态人员权益保障等高层次需求转变，但一线服务人员对部分业务政策把握不够精准，政策宣传话语体系转变滞后，服务供给与纳税人需求存在偏差。三是对照需求时效，供给有效性不足。税收征管改革一定程度上对纳税人固有的办税缴费习惯形成冲击，税费服务触角延伸还有不足，多部门合作、引入三方服务力量等还有待加强，征纳双方信息不对称、互动机制不健全，难以及时满足服务需求。从内部看，智慧化服务仍有欠缺，风险提醒提示不到位；业务系统协同性不足，问办协同业务覆盖面不够广；内部业务统筹不足，造成对纳税人多头打扰，很大程度上影响了纳税人的体验。

（三）税收治理能力与城市发展定位不匹配

成都是国家中心城市，处于"一带一路"重要节点，也是中国经济增长第四极成渝双城经济圈的核心城市，经济规模、税收规模分别位于全国副省级城市第二、第三位，在全国经济版图中具有重要地位。对比这一发展定位，成都税务在推进超大城市税收治理中还存在较大差距。一是深化征管改革还有弱项。征管体制改革推进相对滞后，管户制向管事制转变进度偏慢，税收大数据安全治理体系和管理制度尚不健全，虽承担出口退税、新电局、数电票等全国唯一（首批）试点任务，但特色亮点经验在全国、全省尚未形成影响力，先行示范作用发挥不到位，特别是2022年纳税人满意度"断崖式"下滑，与成都营商环境建设要求及其在全国的地位极不相称。二是以税资政能力还有短板。在开展智能化税收大数据分析，不断强化税收大数据在经济运行研判和社会管理等领域的深层次应用等方面，其距离党政领导的预期要求还有很远，在主动服务国省重大战略、前瞻谋划未来产业布局、推动税收经济分析成果向产业发展政策转变方面还有欠缺。三是财源建设成效尚有差距。组织收入工作质效不够高，受经济发展总体趋势等影响，税收收入结构不合理问题较突出，统筹实现各级次收入目标任务仍面临一定困难。

（四）干部队伍建设与时代使命要求不匹配

新时代赋予税收新的职能定位，社保费划转进一步增强了税收工作的人民性，深化税收征管体制改革进一步提升对干部队伍实践能力的要求。对照新形势、新任务，我们的干部队伍建设还存在明显的薄弱环节。一是对标使命任务，干事创业能力相对不足。高层次、复合型人才相对缺乏，难以满足深化税收征管改革中的创新性、开拓型任务需求，加之圈层之间人力资源分布不均，郊区新城人力资源严重紧缺，基层一线急难险重任务推进滞后，审计巡察发现的一些问题屡查屡犯，一些历史遗留问题长期未得到解决，税收治理现代化进程仍滞后。二是对标组织要求，干部队伍作风有待转变。部分基层干部对管理与服务的关系把握不精准，作风转变不彻底，日常工作重管理轻服务，业务不精、服务效率不高，一些区域粗暴执法整而未治，征纳矛盾在局部激发扩大。从2022年舆情情况分析看，税务干部个人作风、服务态度差，办事效率低相关舆情位居前三。三是对标纪律安全，干部违纪风险仍然突出。部分干部纪律观念淡薄，自我监督意识不强，干部违纪违规现象时有发生，个人事项填报问题屡禁不止，2022年党纪政务处分人数占干部比重位居副省级城市前三，对全局工作造成严重负面影响。

二、成因剖析：基层税务部门的"困"与"难"

问题就是事物的矛盾。我们要真正认识问题，就必须深刻把握矛盾的一切方面，联系地而非割裂地、整体地而非局部地剖析根源，找准症结。上述"应为"与"实为"之间的矛盾，究其根本，我们可从理念、方法、路径与动力四个层面找到原因。

（一）从理念层面看，与时代要求、人民诉求和发展需求有差距，存在"不能""不愿"与"不敢"困境

只有从根源上找问题、明差距，才能从根本上解决矛盾、推动发展。上述矛盾最根本的成因，就在于成都税务及其系统内干部职工的理念落后于时代要求、人民诉求与发展需求，并在税收工作实践中体现为不能、不愿和不敢为民服务。

一是"不能"。基层税务部门不同程度地存在"走形式""搞过场"的学习风气，闻而不学、学而不思的情况长期存在。理论学习入脑入心有差距，通过对近1300名系统内干部职工的问卷调查发现，57.01%的干部认为理论学习形式单一乏味，缺少吸引力；27.57%的干部认为与税收工作实际结合不紧密。部分基层税务干部理想信念弱化，不能牢固树立为民服务的宗旨意识，部分党员干部对党的初心使命认知不到位。二是"不愿"。部分税务部门和税务干部仍然将自己定位为"管理者"，将纳税人、缴费人定位为"被管理者"，"重管理、轻服务"的思维定式长期存在。"税老爷"思想、不担当、不负责的"避祸"心理成为征纳关系冲突的重要原因。三是"不敢"。部分干部对税收在国家治理中基础性、支柱性、保障性作用认识不到位，无法理解税收"新三性"的重要性与紧迫性，认为"税务部门就是收税（费）的"，缺乏对税收改革、税费管理及税费服务的全局性考虑。部分干部担当意识不强，面对急难险重的改革任务，关键时刻不能挺身而出，重要关头无法迎难而上，缺少克难攻坚、改革创新的勇气与底气。

（二）从方法层面看，认识世界、改造世界的思想武器运用不到位，存在导向性、系统性与实践性欠缺困境

矛盾的成因同样指向基层税务部门和税务干部的工作方式与方法。马克思主义为我们提供了认识世界、改造世界的强大思想武器，用以分析基层税收工作现状，我们可以发现以下深层次原因。

一是缺乏导向性。问题导向不突出，部分基层税务部门和税务干部不能或不擅长以批判的眼光看待税收工作，无法从发现问题、分析问题、解决问题的角度把握税收工作，既无法提出

正确的目标指引，也不能有效凝聚力量。目标导向不明显，解决问题的目标意识不强，缺少"咬定青山不放松"的魄力与定力，税收工作因此容易出现变形走样、浮于表面、雷声大雨点小等现象。二是缺乏系统性。部分税务部门在推进工作中还存在大局观、前瞻性有所欠缺的情况，如税费服务资源分散在税费服务支持中心、征纳互动平台、12366热线、办税服务厅及电子税务局等多个渠道，职责边界不清、资源统筹不足、指挥调度不畅等问题明显。其改革过程缺少系统执行方案，缺乏"牵一发而动全身、一子落而满盘活"的系统思维，"单兵突进""东一榔头西一棒子"的情况时有发生。三是缺乏实践性。部分税务部门和税务干部缺乏实事求是、具体问题具体分析的能力，认识问题不清，分析问题不准，解决问题不实。有的税务部门和税务干部在想问题、办事情、做决策时不顾客观实际，对实践中可能出现的问题、面临的曲折、存在的风险等预判不准，导致"好心办坏事""说得好听，做得寒心"。有的工作经不起实践检验，工作思路和方法流于形式，对各项税收工作触动不深、改变不大、用处不多。

（三）从路径层面看，理论指导实践的执行力不足，税收实践中存在窄化、虚化与僵化困境

新时代赋予税收新的历史使命，推进税收现代化建设迫在眉睫，税收转型发展时间紧、任务重，税务系统由上至下均面临挑战与压力。

一是"窄化"问题。部分税务部门和税务干部习惯割裂片面看待工作，将整体布局中的工作路径"窄化"，纵向上缺乏长期考量，横向上缺乏深度整合，"唯指标论""唯结果论"，为完成任务而完成任务，工作成效因此大打折扣。二是"虚化"问题。部分税务部门和税务干部在工作方式方法上对实践性的忽视，必然导向工作路径上的"虚化"，即不能也不会调查研究，对基层情况一知半解或完全不了解，对问题把握不准确、不务实，解决路径不接地气，无视基层实际，高高在上、凌空虚蹈。三是"僵化"问题。部分税务部门和税务干部思维僵化、因循守旧，缺少创造性地解决问题的能力与魄力。具体而言，有的主观意愿上不愿创新、不敢创新，"多一事不如少一事"的求稳心态明显；有的在客观能力上不能创新、不会创新，也不擅长从人民的实践创造中总结新鲜经验、提炼创新成果；还有的"以创新之名、行因循之实"，有名无实搞创新、流于形式搞创新，根本都是思路、路径的僵化。

（四）从动力层面看，干部队伍建设有落差，税务干部干事创业存在凝聚力不强、成长性不足、获得感欠缺困境

干部队伍活力强不强、动力足不足，决定了税务改革发展的质效。调研发现，基层税务干部对工作的意义与价值普遍持认可态度，同时在三方面存在困境。

一是凝聚力不强。税务部门基层党组织战斗堡垒作用未充分发挥，党员先锋模范作用距离期待仍有差距，在动员群众、组织群众、凝聚群众上还不到位；精神家园建设未得到充分重视，基层税务部门文化阵地建设滞后，集体认同弱化，普遍缺少"拧成一股绳"的干事创业氛围。二是成长性不足。基层税务干部因缺少马克思主义认识论的有效指导，对"干中学、学中干"领悟不深、不透，导致实践与认识脱节，经验不能有效上升至认识高度，面临当前税收现代化建设的高要求，长期存在"本领恐慌"；"三个区分开来"保障措施落实存在现实制约，税收执法过错追责的确定性、科学性有待加强，干部创新意愿受限。问卷结果显示，42.55%的干部认为"容错机制还不够有力"是阻碍创新的关键因素。三是获得感欠缺。时代的变化折射到每个个体身上，反映到干部队伍中，体现为对个人价值和意义感的重新定位。调研发现，51.97%的税务干部认为工作满意度受"工作本身的意义与成就感"影响最大，22.19%的干部更在意内部管理模式是否科学合理。就工作成就感的来源看，76.84%的税务干部首选"能解决实际问题"，其次是"评定相应职级职称"（占比10.39%），选择评先评优、提拔任用的占比分别为5.36%和4.77%。同时，25.9%的干部认为当前实现个人价值的渠道过窄，标准过于单一，另有4.03%的干部认为"基本不能体现个人价值"。

三、应对举措：把握高质量推进税收现代化建设的"干"与"为"

善于抓住和集中力量解决主要矛盾，是无产阶级政党正确解决战略策略问题的重要哲学依据，也是我们党科学的领导方法和工作方法的一个重要原则。成都税务紧扣学习贯彻党的二十大精神这一中心主线，准确把握新一轮财税体制改革任务部署，聚焦贯彻落实两办《意见》，以实施"人民蓉税"基础性工程为总抓手，俯首躬行成都税收现代化的火热实践，运用党的创新理论系统塑造成都税务发展的思路理念、方法原则、路径选择、动力活力，统筹破解发展难题，推动"以人民为中心"的发展理念在成都税务落地生根，一年多来取得良好成效。

（一）思路理念上，始终坚持以习近平新时代中国特色社会主义思想凝心铸魂

坚持在讲清楚新时代党的创新理论的科学体系和核心要义，促进深化、内化、转化上下功夫，把习近平新时代中国特色社会主义思想转化为坚定理想、锤炼党性、指导实践、推动工作的强大力量。

一是坚持理论领航。要适应新形势新任务的要求，必须把握好理论学习的重点，以最鲜明的态度、最有力的措施、最果断的行动将习近平新时代中国特色社会主义思想贯穿成都超大城市税收治理现代化实践的全过程。成都税务坚持把理论学习作为第一要务，全面学习贯彻党的二十大精神，周密部署开展主题教育，压实党委、支部、党员"三个责任"，创新实施"五个一"学习模式，全面做实青年理论小组学习，指导每一个支部、每一名党员分别制订理论学习计划，加强执行监督，抓好源头教育，针对新入职公务员、窗口工作人员开展理想信念教育，巩固提升学习效果。进一步做实党委理论中心组学习，围绕习近平新时代中国特色社会主义思想体系"十个明确""十四个坚持""十三个方面"主要内容精心制定10个理论专题，作为市局党委会议"第一议题"的学习内容，每月一个专题，安排分管领导和相关部门重点发言，谋划贯彻措施，以习近平新时代中国特色社会主义思想透视两办《意见》，讲授专题党课，推动理论学习深入化、具体化。

二是注重党建融合。聚焦充分发挥党建对税收主业工作的引领作用，制定实施《培根铸魂育牌行动方案》，统筹建设书香机关和党员理论学习超市，打造"蓉税先锋"文化品牌，坚持基层单位"一局一品"，系统构建廉政文化"1+23"品牌矩阵，把坚定的党性和人民立场贯穿税收改革发展全过程、各方面，推动全体党员干部深刻领悟"两个确立"的决定性意义，增强"四个意识"，坚定"四个自信"，做到"两个维护"，厚植全市税收现代化的政治统领基础。进一步改进调查研究，紧扣成都经济高质量发展任务，与市政府研究室、市发改委等市级部门和行业协会、企业代表确立并推进共研重点课题4个，组织"关键小事"调研攻关、岗位大练兵、业务大比武等系列活动,持续提升税收服务发展的能力。进一步构建"党性锤炼+为民服务"机制,制定实施服务经济社会发展"蓉税80条",累计派出1400余名党员为成都大运会提供志愿服务,2名税务干部被选为火炬手,党建引领作用得到有效发挥。

三是加强融合转化。"理论的价值在于实践。"理论学习重在融合转化,也就是学以致用、指导实践、推动工作。坚持在理论学习转化上下功夫,努力把习近平新时代中国特色社会主义思想内化为价值准则,外化为工作实践。组织全市系统干部对成都税收治理中的问题进行大起底、大讨论、大反思,充分汲取这座人民城市"安逸""巴适"特质中蕴含的奋斗精神,从税收治理与治乱兴衰的历史脉络中寻求启发,深刻领会以人民性为根本特质的中国特色社会主义思想品格,讨论提出建设"人民蓉税"这一基础性工程,作为推进成都税收治理现代化的统领。全面梳理人民税收思想、新发展理念的思想体系和理论脉络,配套制定落实措施,集结编印《成都税务理论专刊》,指导基层一线干部学习实践,在全省系统形成良好反响。围绕组织收入等难题,制订实施收入量质双优等"6+1"行动计划,取得显著成效。问卷结果显示,67%的干部认为建设"人民蓉税"基础性工程在基层税收实践中"非常具有指导意义",另有27.55%的干部认为"有一定指导意义"。

(二)方法原则上,坚定践行习近平新时代中国特色社会主义思想的价值观和方法论

习近平总书记多次强调,要努力学习掌握科学的思维方法和工作方法。这启迪我们,会干事、干成事,而不是瞎忙活、走过场,思维方式和工作方式也要因时而变,因地制宜。

一是突出问题意识。坚持问题导向是马克思主义的鲜明特点。我们坚持以解决问题为目的、方向和指引,集中全部力量与各种有效资源攻坚克难,全力解决工作中的突出问题和主要矛盾。扎实开展干部教育整顿,常态开展干部队伍纪律作风问题专项整治,持续纠治干部队伍中不担当、不作为、乱作为的问题。聚焦主题教育"重实践、建新功"重点要求,实施基层党支部"攻坚克难"专项行动,构建"一支部一项目"工作机制,充分发挥基层党支部攻坚克难的作用,转化创新措施47项、制度成果19条,进一步打通基层工作痛点堵点。针对纳税人满意度大幅滑坡的问题,以刮骨疗伤的勇气深入开展"百万纳税人大走访"活动,通过问卷调查、"一把手"走流程、"蓉城先锋·对话书记——税企直通车"等多种方式深入开展走访问需,配套推出意见建议"码上提、马上办"服务,有效提升税企沟通效率和效果。以高度政治自觉坚决扛牢巡视巡察问题整改的政治责任,构建问题整改长效机制,以钉钉子精神推进"地毯式"整改,持续破解"顽瘴痼疾",下大力气解决房产优化、往来款项等重大历史遗留问题,坚决啃下土地增值税清算审核等"硬骨头",以实际行动诠释忠诚担当。

二是坚持系统思维。系统观念是马克思主义哲学重要的认识论和方法论,是贯穿习近平新时代中国特色社会主义思想的立场观点方法。成都地处西部中心城市,处在"一带一路"倡议交汇点,承南接北、通东达西,是成渝双城经济圈极核城市,也是全省"成德眉资"同城化发展的中心城市,是全球重要的投资目的地,是新一轮全球产业转移焦点区域,可谓是机遇叠加。我们主动融入国、省大战略,加快推进成渝两地税收执法标准统一、执法结果互认、税费业务通办,协同探索航空、汽车、新能源等行业领域协同监管服务,牵头推进"成德眉资"税收征管协同,持续构建覆盖范围更广、法治化水平更高的税收营商环境。聚焦税收服务共同富裕重

大课题,深入开展"税收促发展·同心话共富"主题调研,提出共同富裕和城乡融合发展的措施建议,进入人大和党委决策视野。推动出台《成都市税收保障办法》,建立《执行处置财产涉税事项合作备忘录》《企业破产程序涉税事项合作备忘录》,探索成立司法处置不动产一站式服务工作站,助推依法执行处置,提高破产审理质效,持续升级"税法""税检"合作机制,最大限度保障人民税收权益。充分发挥行业协会和税务师、律师等社会力量的专业优势和税企沟通的桥梁作用,开展涉税中介行业专项治理,支持第三方按市场化原则提供个性化服务,引导注册税务师协会、中小企业协会等社会团体共同完善税费服务机制,持续健全多方互动联系机制。

三是鲜明实践导向。实践性是马克思主义的显著特征。我们推进"人民蓉税"基础性工程,始终将在实践中解决现实问题置于最高目标,认真贯彻总局党委关于"更加注重创新驱动发展"的任务部署,制定《成都税务创先争优实施办法》,围绕税收现代化"抓好党务""干好税务""带好队伍"三大领域部署,聚焦基层一线痛点堵点问题,布局推进社保"统模式"、非税收入征管等领域98项创新举措,运用好成都超大城市税收治理资源优势,形成19项工作经验,在全国全省推广推介,为税收现代化贡献成都力量。深入研究税费业务系统横向整合,结合试点改革向上级党委研提系统优化建议300余条,部分建议已经纳入金四系统后期开发中。升级扩容12366服务热线,优化税企征纳互动平台,系统实施大走访、大调研行动,推动建立诚信征纳机制,创新推进以转观念、转立场、转作风、送思想、送理念、送政策为主要内容的"三送三转"专项行动,持续畅通征纳互动机制,积极构建与成都经济社会高质量发展相适应良性互动的新型税收征纳关系。

(三)路径选择上,坚定不移强基础活基层推改革

坚持感情向基层靠拢、思路向基层贴近。对基层做到政治上激励、工作上支持、待遇上保障、心理上关怀,有利于推动基层税务机关环境更加优良、氛围更加温馨、队伍更加和谐,改革更加稳健。

一是在夯实基础上聚焦。基层是税务系统组织体系的基石,是税务部门贯彻落实党中央、国务院决策部署的前沿阵地,是90%以上的税务干部的成长家园。我们始终将抓基层、打基础作为加快构建现代化税收征管体系的长期战略,牢固树立"大抓基层、大抓基础"的鲜明导向,聚焦夯实基层基础,研究起草《关于为基层减负的实施意见》,修订《干部职工请休假管理办法》《议事协调机构精简管理》等一系列制度办法,为工作高效运转筑牢制度保障。聚焦提升基础征管效率,进一步清理完善税收征管基础信息,常态开展漏征漏管户清理,通过户籍信息的核查和漏征漏管户的实地清理,摸清底数,健全户籍档案,巩固管理基础工作。在"政策找人"上持续发力,充分发挥税收密切联系广大群众的基础优势,以标签管理为基础,以线下走访和大数据比对为重点,实现"政策找人"与"企业画像"紧密对接,增强政策推送精准度,服务地方党政部门政策推送24批次,获得广泛好评。

二是在壮大基层上发力。认真贯彻总局"要在政治建设上有新作为"部署,深入贯彻政治巡察理念,针对基层税务部门党组织数量多、党员多、服务市场主体多的特征,创新开展基层党组织专项巡察,重点整治担当作为不力、服务群众不实等问题,持续提升基层党组织的组织功能和政治功能，确保党中央决策部署在基层一线落地落实。全覆盖建设"枫桥式"税务机关，形成一批有亮点特色和丰富成果的基层枫桥单位，实体运行"四川省税收法律服务中心"，推动基层服务力量下沉一线，形成"一分局两中心"税费争议多元化解体系，集成"税务+司法""税务+调解""税务+综治"涉税争议解决机制，调处较为重大税费争议261件，满意率100%，天府法务中心工作场景亮相中宣部等主办的"奋进新时代"主题成就展，习近平总书记现场观展。问卷结果显示，基层税务部门有71.52%的干部认为，本单位推进"人民蓉税"基础性工程建设，在提升税法遵从度、纳税人满意度、优化税收征纳关系等方面都取得了显著成效。对近2500名纳税人缴费人开展的调查问卷显示，纳税人缴费人对纳税服务、政策宣传、争议处置、信息化水平等方面的满意度均在95%以上。

三是在创新探索上成势。充分发挥成都超大城市税收治理的基础优势，积极为税收现代化探索可复制、可推广的成都经验。作为全国首个全面数字化电子发票整体扩围试点和唯一统一规范电子税务局试点城市，成都依托总局金税四期建设基地，以"全电"发票试点和"新电局"试点为驱动，深化"前店后厂"数据生产应用模式，形成一套"授信调整、发票风险防控、控制注销"的"成都打法"。不断强化税收大数据在经济运行研判和社会管理等领域的深层次应用，探索成立并实体化运行全国首个税收大数据服务城市治理办公室，做实做大微观数据实验室，创新开发14个税收经济大数据运用场景，紧扣成都"建圈强链"、成功举办大运会等重大发展战略，完善税收经济分析产品体系，构建大分析格局、塑造大分析品牌，分析报告从"想要领导看"转变为"领导想要看"，党政领导率相关市级部门负责人和23个区市县政府负责人来局学习调研，税务总局主要领导2次批示肯定。探索完善税费优惠政策执行落实闭环管理机制，坚持"一政策一策略"，配套完善政策措施，丰富政策应用场景，形成"政策+措施+场景"的优惠政策落实闭环管理机制，推动宏观政策在微观层面落地见效。在全国率先推行离境退税"即买即退""免携带"服务，打造离境退税主题街区，得到党政领导高度评价。以龙泉驿区税务局探索实践为基础，完善"税财协合作社"共治新模式，作为中国（四川）自由贸易试验区第七批制度创新成果在全省复制推广。持续开展税收确定性服务，成功完成全国首例集成电路企业预约定价安排，持续探索跨境股权转让税收管理，相关工作得到国家领导人肯定。

（四）动力激发上，以尊重税务干部主体地位充分激发担当作为

一是建好精神家园。坚持以文化建设为引领充实税务干部精神家园。围绕践行社会主义核心价值观这一主线，深入挖掘成都优秀传统文化中蕴含的思想观念、人文精神、道德规范，持续完善升级《成都税务》《成都税收研究报告》内刊，提升内容品质，打造为覆盖全市系统干部的精神文化阵地和学习交流平台。突出"人民蓉税"实践，把家园建设作为基层政治机关建设的突破口，贯穿主题教育全过程，不断提升干部职工"忠诚于党、人民至上"的家国情怀，凝聚"勇争一流、家和万事兴"的创业合力。双流区税务局获评"全国工会职工书屋示范点"，受到税务总局第四巡回督导组充分肯定。为干部职工全力打造一个弘扬主旋律、传递正能量、担当新使命的优质平台。制定实施税务干部尽职免责实施办法，健全容错纠错激励机制，为基层减压，为干部减负。

二是用好考核监督。持续健全"严管善待活基层"机制制度体系，深入实施家园工程，融入成都城市精神，深植爱税如家文化理念，落实党建引领、以人为本、分类推进、开放共建、规范有序"五个坚持"，推动向上向善、安居乐业、学习成长、健康活力、平安和谐"五个之家"走深走实，解决干部职工反映强烈的痛点堵点问题和历史遗留问题，切实把实事好事办到干部职工心坎上，提升干部职工的"幸福感""获得感"。进一步健全任务统筹机制，在市级层面实体化运行税费任务统筹中心，凡是面向纳税人的工单任务实行"统一扎口、部门协同、数据赋能、精准下发、跟踪问效"的税费任务统筹机制，任务应对量减少58%，有效减少对纳税人的反复打扰，工作经验在全省推广，税务总局数风局局长刘建国专题听取汇报并予高度评价，深圳、哈尔滨、济南等13家单位专程来蓉考察。

三是育好先进典型。注重从一线干部中发掘和培树正面典型，激发干部队伍奋斗精神。系统实施"树旗"行动，坚持实绩标准在全市系统选树5个类别50名先进典型，开展"蓉税先锋走基层"先进事迹宣讲活动，掀起学典型、树典型、育典型、成典型热潮，全面激发干部队伍干事热情。统筹推进成都市、德阳市、眉山市、资阳市、甘孜州、凉山州、阿坝州"四市三州"干部交流锻炼，选派优秀干部近百人次到征管改革一线和少数民族艰苦地区实践锻炼，推进少数民族地区税收治理协同发展，增强干部解决复杂问题的能力。选贤任能树导向，充分发挥党支部培养和近距离考察干部的优势，干部提拔优先参考所在党支部评鉴和推荐意见，坚持好干部标准，进一步明确选贤任能的用人导向。出台职级公务员管理办法，开展"50岁+"干部大讨论，切实加强职级干部管理。

四、推进"人民蓉税"基础性工程建设的几点思考

牢记国之大者，践行人民至上，就要坚持"一个根本"、贯彻"两大理念"、推进"三项建设"、把握"四个关键"，统筹处理好当前与长远、一域与全局、传承与革新之间的关系，持续推进"人民蓉税"基础性工程建设，不断开创高质量推进税收现代化服务中国式现代化的基层税收治理新局面。

（一）坚持"一个根本"，筑牢思想根基

没有高质量的党的建设，就没有高质量的税收现代化。要切实增强广大党员干部捍卫"两个确立"、增强"四个意识"、坚定"四个自信"、做到"两个维护"的思想自觉、政治自觉、行动自觉，引导广大党员干部自觉用党的创新理论武装头脑、指导实践，推动发展，尤其用以指导税收现代化建设实践，让党的二十大精神和习近平总书记对税收工作的重要指示精神在税务系统落地生根、开花结果。要守牢意识形态阵地，加强理想信念教育，引导全体党员干部牢记"全心全意为人民服务"这一宗旨，坚守为民初心，为推进以人民为中心的税收现代化注入理想之魂、信念之力。要引导广大税务干部充分认识社会主义税收鲜明的人民性特质，使其内化于心、外化于行，并自觉衡量工作质量、检验工作成效。

（二）贯彻"两大理念"，夯实奋进基础

全面贯彻"人民税务为人民"的理念。以"时时放心不下"的责任感，将"税收为了人民、税收依靠人民、税收成果人民共享"的理念贯穿税收工作始终，积极推进服务理念现代化、

服务手段智能化、服务过程规范化、服务目标效能化，最大限度适应纳税人、缴费人对税收工作的向往需求，不断提高纳税人缴费人的获得感、幸福感、安全感。全面贯彻落实新发展理念。坚持"跳出税务看税务"，准确认识和把握税收在国家治理中的职能定位，把创新、协调、绿色、开放、共享的理念贯穿税收工作全过程、税收治理全领域，体现于政策制定和政策落实中、体现于服务方法和服务方式中、体现在税收监管和税务稽查上、体现在内部控制和综合监督上，协同发力、同向同行，汇聚成税收服务经济社会高质量发展的强大合力。

（三）推进"三项建设"，把稳现实路径

进一步推进法治税务建设。践行法治理念，以执法精确规范行动为契机，回应纳税人缴费人呼声，着力破解税收确定性难题。深化"枫桥经验"在化解基层税费争议中的实践运用，将基层税务建成具有税务特色的"精确执法"法治标杆，促进税法遵从。加强执法监督，提升区域执法协同水平，严厉打击涉税违法行为。在落实税费优惠政策的针对性、精准性上下功夫，扛牢政策落实主责，打造优良税收营商环境。进一步推进智慧税务建设，抓住"人"这个改革的根本和核心，以技术变革引领驱动业务变革、组织变革，推动数电票、新电局的运用，做优做实数智治税中心，依托"数据+规则+智能"驱动，推动精确执法、精准监管、精细服务、精诚共治不断深化，以此厘清权责、再造流程、优化配置、完善机制，完成从技术、业务到组织的整体迭代升级。进一步推进人文税务建设。坚持不懈用习近平新时代中国特色社会主义思想凝心铸魂，唱响服务中国式现代化主旋律，主动适应新形势新要求，守牢宣传思想文化主阵地，建好基层税务部门"精神家园"。要着力发挥先进典型引领作用，用心培育新时代税务文化，不断增强基层税务部门文化品牌内生动力，提振干部职工干事创业精气神，打造一支敢想敢为、善作善成的干部队伍。

（四）把握"四个关键"，抓实具体举措

干好税收现代化，非一时之功，既要抓当下，也要谋长远。找准打开局面的"突破口"。要以解决问题为工作导向，瞄着问题去，追着问题走，善于把化解矛盾、破解难题作为打开局面的突破口。要善于从问题中倾听群众呼声，把握群众诉求，深刻领会党的群众路线的核心要义，在践行"四下基层"中解决实际问题，在推进整治整改中打开发展局面。谋划系统推进的"路线图"。注重前瞻性思考，做到"见微知著"，准确把握税收现代化建设的必然趋势，敏锐洞悉前进道路上可能出现的机遇和挑战；注重全局性谋划，对"国之大者"心中有数，善于把本地区和本部门工作融入党和国家事业大局中，主动高质量推进中国式现代化的税务实践；注重整体性推进，把税收改革发展战略的原则性和税收改革发展策略的灵活性有机结合起来，不断探索人民税务机关建设的新路径，把握推进税收现代化建设的主动性。夯实落地见效的"主阵地"。税收工作执行落实在基层，发现问题在基层，解决矛盾在基层，创新思路在基层，要更加注重强基固本、夯实基层基础，进一步增强基层党组织政治功能和组织功能。抓实新时代"枫桥式"税务所（分局、办税服务厅）创建，进一步突出化解矛盾纠纷、赋能基层治理，真正把纳税人缴费人急难愁盼问题解决在基层一线。锻造善作善成的"生力军"。要持续强化党建引领，切实增强税务干部政治意识，建强基层党支部，凝聚干事创业的精气神；要有"善思"的风气，培养干部形成敏于察、勤于思的习惯，善于从日常工作中发现问题、分析问题；要有

"善作"的氛围，引导干部将思考认识付诸实践，在基层税务实践中解决问题；要有"善成"的底气，细化制度安排，使行有所成、行而有效，以及时有力的正反馈推动干部成长、成熟、成才。

课 题 组 长：李杰生
课题组副组长：张　辉　文　仪
课题组成员：罗　莎　周泳江　冯靖文

中国特色的绿色税制研究

国家税务总局广州市税务局课题组

绿色税制目前更多是一个学术概念,且很多时候与绿色环境税收(Environmental Tax)等概念交叉混用,导致了一定程度上的理论混乱。本文拟从广义上定义绿色税制,即指以服务生态文明建设与绿色高质量发展为旨归,以低碳减排、资源节约、绿美生活、转型升级为价值导向与税收目标,由绿色税种、传统主体税种及其他税种中的绿色政策与规则及其征管制度构成有机统一的税收制度。同时,我们将绿色税种限定为现行5个资源环境税种(简称"资环税",下同),即环保税、资源税、耕地占用税、车船税和烟叶税,其税收制度构成绿色税制的第一部分内容。传统主体税种(本文专指企业所得税、增值税、消费税,下同)及其他非资环税种中的绿色税收规则构成绿色税制第二部分的内容。同时,绿色税收征管制度也是绿色税制的重要组成部分。

一、绿色税制现状及其存在的问题

(一)现行绿色税制实施现状分析——以广州实践为样本

1. 组织收入

2018—2022年,广州市共组织资环税入库206.29亿元,占同期全市组织税收收入总额的比重不足1%。其中收入规模最大的资源税入库超80亿元,年均增长36.3%;绿色税制核心税种环境保护税入库近4亿元,年均增长1.7%。

2. 绿色税收优惠政策落实情况

2018—2022年,广州市共减免资环税超40亿元,减免传统主体税种绿色税收优惠(包括对污染防治、节能节水、资源综合利用等行为和产品予以税收减免)超50亿元。从优惠项目来看,传统主体税种绿色税收优惠项目减免金额均相对集中,企业所得税中"从事环境保护、节能节水项目的所得定期减免"项目减免金额最多,"购置环保节能设备税收抵免"项目次之。增值税税收优惠中,"节能服务产业"和"资源综合利用产品"减免项目占比均达44%,消费税"特定涂料"和"特定电池"优惠项目分别占54%和42%。

3. 绿色税制效应

近年来,广州市生态环境持续改善,相关税收数据也可相互印证。一方面,环境保护税申报大气污染物排放总量整体温和下降,水污染物排放总量仅少量上升,清洁生产初步实现;另一方面,税收优惠政策正向激励效果显现,近五年广州市资环税减免金额整体呈快速增长趋势,

2022年是2018年的8.94倍，年均增长72.91%。

（二）当前绿色税制结构不太合理

1. 资环税种单一支柱结构存在固有缺陷

无论是理论界还是实务界，主流观点均认为资环税种是绿色税制的支柱或主体，形成了事实上的绿色税制单支柱结构。生态文明建设与高质量发展是一个系统工程、长期目标，需要各税种协同发力，单支柱的绿色税制受限于其收入规模、征税对象、征管难度、调控引导力度等，支撑能力不强。

2. 传统主体税种在绿色税制中占比过小，绿色化程度相对偏低

近5年，享受绿色税收优惠政策的不超过2000户次，与资环税种相比有较大提升空间，占广州市195万涉税市场主体的比例微乎其微。同时，企业所得税和增值税中绿色税收优惠规模在同期该税种减免总额中占比极小，分别只有0.14%和0.01%。值得关注的是，享受绿色税收优惠政策集中度较高，主要集中在"购置环保设备税额抵免""合同能源管理项目转让应税货物免征增值税""对特定涂料免征消费税"方面，其他政策享受减免企业相对较少。

3. 碳税缺位

目前，我国尚未正式实行碳税制度，仅开展碳排放权交易试点，无法覆盖所有或大部分的碳排放量，如我国目前的全国碳排放权交易市场仅把年度排放达到2.6万吨二氧化碳当量、约合能耗1万吨标准煤以上的企业包括在内，仍有相当比例的碳排放游离在调控范围之外。

（三）资环税种存在的制度缺陷

1. 征税范围相对有限

环境保护税方面，征税范围只有大气、水、固体废物、噪声四类污染物，原属于排污费征收范围的挥发性有机物（VOCs）、建筑噪声未一并纳入。据官方统计，2021年全国挥发性有机物占重点监测气体污染物排放量达24.69%，已成为重要的大气污染物。此外，光学污染等新型污染物未被纳入征税范围内，影响了税收调控的广度。

在资源税方面，其征税范围仅包括矿产资源和盐及试点地区水资源，森林、草原、滩涂等可再生资源未被包括在内，覆盖的自然资源类型明显不够。

2. 税率、税额标准和结构有待优化

目前，环境保护税对大气污染物、水污染物实行浮动税率且税额区间相对偏低，各省（区、市）设定的标准也与应税污染物的治理成本不相匹配，削弱了环境保护税防污控污的绿色效应。目前，广东省税额标准低于北京、上海、重庆，高于浙江，处于中等偏下水平。

资源税的整体税率偏低。原油、天然气的资源税税率均为6%，远低于科威特、美国等资源型国家。煤虽然实行2%~10%的幅度税率，但有一半以上的省份将税率设定在3%或以下。另外，税率结构未考虑各能源二氧化碳排放量系数的差异，其中煤的二氧化碳排放量系数明显高于原油和天然气的，但后两者的税率反而高于煤，税收负担的悬殊会产生能源消费的替代效应，不利于我国能源消费的低碳转型。

3. 部分优惠政策激励效果不强

应税大气、水污染物排放浓度低于规定标准30%、50%的，可相应减征环境保护税25%、

50%的应纳税额,来引导企业改进生产工艺,降低污染物排放的浓度。因该优惠政策只存在两档,未进行必要的梯度设计,在实际中可能导致激励效果不直接、边际效应递减的问题,突出表现为降低浓度值未超过30%的纳税人不能及时享受税收优惠政策,而降低浓度值超过50%的纳税人没有动力进一步降低排放浓度。

(四)传统主体税种正向激励有限

企业所得税方面,税收优惠政策仍有不足。一是"减负效应"不够明显,如为引导企业节能减排制定的"购置用于环境保护和节能节水专用设备投资额的10%可以从企业当年的应纳税额中抵免"政策与动辄几十万元的购置成本相比,10%的抵免比例激励力度相对较小。二是"扶小助弱"不够力度,如对从事环境保护及节能节水项目企业实施的企业所得税"三免三减半"优惠,优惠期起算时间是从项目取得第一笔生产经营收入所属纳税年度起,但企业需要获得盈利后才能真正享受到税额减免优惠。对前期投入大、回报周期长的环保节能行业来说,经营初期就盈利的企业凤毛麟角,因此该政策的受益面相对较窄。三是"政策跟进"不够到位。"十四五"规划将"绿色环保产业"列为"战略性新兴产业"之一,但相比起集成电路和软件等新一代信息技术产业企业所得税"五免五减半"甚至"十年免税"的税收优惠政策,其所获政策支持力度不够大。2021版的《环境保护、节能节水项目企业所得税优惠目录》(简称《优惠目录》,下同)项目数量虽然从2017版的18个增加到30个,但噪声与振动防治等在"十四五规划"中重点提及的项目仍被排除在外。

增值税方面,即征即退优惠政策仍有待改善。一是覆盖面不大,仅涉及资源综合利用产品、风力发电产品和节能服务,环境保护、节能节水设备等产品销售仍未纳入,不利于提高环保和节能设备生产企业的技术改造和生产积极性。二是比例不合理,目前按照资源综合利用率及其他经济因素设定了30%、50%、70%和100%四档退税比例。个别项目,特别是废渣、废水(液)、废气资源化利用项目的退税比例较低,对市场主体参与无害化、资源化改造项目积极性激励不够。三是效应受限,企业取得相关即征即退的增值税税款,需作为财政性资金计入企业当年的应纳税额所得额缴纳企业所得税。相关企业获得增值税优惠扶持的力度减小,激励效应打了折扣。

消费税方面,引导消费方向、提高消费者环保意识的作用不够明显。一方面,征税范围不够广。有害化学品、不可降解塑料、农药化肥等生产生活中常见的对环境有害的消费品并未纳入消费税征税范围内。另一方面,高能耗高污染消费品税率相对偏低,而且大多以生产环节的出厂价格作为计税依据,让相关消费品的终端消费者"税感"不强,无法产生较强的绿色消费引导效应。

(五)绿色税收征管还有短板

对照建设智慧税务的宏伟目标,绿色税收征管体制当前在深化税收大数据共享应用、提升税务执法精确度、加强重点领域风险防控等方面还存在一定的短板和不足,具体表现为数据共享不充分、数据标准不统一、后续管理难度大、共治合力不够强四方面。

二、绿色税制优化的建议

针对现行绿色税制存在的问题和不足,我们建议,基于绿色税制价值目标,遵循一定的原则,构建以资环税种与传统主体税种为双支柱的新型绿色税制(以资环税种为主体作为支柱一,对相关税种制度优化完善,同时设立碳税。传统主体税种不再仅以分散、不成系统的税收优惠政策形式作为辅助,而是以自身作为主体,通过全面绿色化构成支柱二),让绿色税制具有更科学、稳定的结构和更明确、更强大的力量。

(一)遵循"三个平衡"原则

1. 双支柱平衡原则

从组织收入规模、税收优惠覆盖面、绿色税制价值目标实现能力等方面综合考虑,并进行税制设计,通过设立碳税弥补支柱一长期以来的一个缺陷,大幅提升支柱二地位和相关税种对绿色发展和生态文明的引导力、保障力和推动力,达到双支柱平衡,促进绿色税制完善。

2. 税收中性与绿色导向平衡原则

税收中性要求税收除其本身外,不得对经济活动施加其他额外影响,而绿色税制有着鲜明的绿色导向。因此,我们必须在二者之间求得平衡,把绿色税制的设计当作一个系统工程,通过不同税种间税收要素的联动调整、税收规则的协同配合,让绿色税收的经济负担转嫁、负外部性抑制、绿色发展导向、资源配置影响等作用总体上处于一种调谐状态。

3. 双碳目标与经济发展平衡原则

我国绿色税制的优化,一个重要目标就是要推动按期实现"双碳目标"。由于国家的特殊国情,我们发展的任务还很重,实现"双碳目标"的过程还很漫长,不能搞"大跃进",也不能搞"一刀切"。我们要有统筹、有计划、有步骤,稳妥、谨慎、扎实,既不牺牲经济发展前途,又能高标准实现"双碳目标"。

(二)夯实资环税种在绿色税制中的主体地位

1. 拓宽征税范围

我们逐步将塑料污染物、挥发性有机物(VOCs)、建筑噪声、光学污染物等纳入环境保护税的征税范围内,通过税收手段抑制污染。抽样调查显示,这一点也得到大多数纳税人的支持。另外,我们逐步将森林、草原、滩涂等可再生资源纳入资源税征税范围内,将水资源税的征收扩展到全国,通过提高资源利用成本的方式,充分保障生态优势明显地区的合法权益,来更好地发挥税收的调节作用,提高资源综合利用效率。

2. 提高征税标准、优化税率结构

当前,环境保护税税额标准与企业排放污染物应承担的社会成本明显不符,也不符合人民群众保护生态环境的殷切期待。我们可综合考虑环境承载能力和企业承受能力,分阶段上调应税大气、水污染物的税额标准。

此外,我们建议在综合考虑我国资源储备情况、开采条件、下游产业承受能力等因素的基础上,优先实行分阶段、分步骤上调煤、原油、天然气的资源税税率。同时,考虑到二氧化碳排放系数的差异,煤的资源税税率应高于原油、天然气的,来减少煤的消费量,优化能源消费结构。

3. 完善优惠政策

当前,仍有部分纳税人认为绿色税费优惠政策减免力度不大,建议优化制度设计,形成环

境保护税梯度优惠档次，如对应税大气、水污染物排放浓度税收优惠从两档调整为四档（浓度低于规定标准20%、30%、50%、70%的，相应减征15%、25%、50%、75%的应纳税额），以激励企业持续降低排放浓度，扩大优惠政策的覆盖面和提高享受率。

4. 开征碳税

碳税作为应对温室气体排放的专业绿色税种，应加快开征。

制度安排上，需综合运用碳税和碳排放交易体系两种制度，并做好两者间的衔接，如对碳交易覆盖的企业给予碳税税收减免，借助碳税托底碳定价下限等，来更好地实现"双碳"目标。

征税方式上，建议采取资源税附加税的过渡模式，在《资源税法》规定的能源矿产税目下对煤、石油、天然气三大化石燃料附加征收碳税，具有立法成本低、源头管控、价格信号传导顺畅、助力能源结构优化诸多优势。

税率设定上，可采取"由低到高、差别税负"的税率结构，先实行较低的税率，再根据低碳转型发展情况，逐步提高碳税税率。同时，根据温室气体排放量系数的差异，对不同的化石燃料设置差别税率，重点控制煤炭的消费，加快清洁能源的有序替代。

（三）大幅加大传统主体税种的绿色化力度

1. 企业所得税的大幅绿色化

（1）鼓励绿色技术的研发应用。在初始投资环节，增加创投企业投资初创环保节能企业抵扣应纳税所得额比例；在研发环节，对企业利用留抵退税资金开展设备升级改造或技术创新的，叠加享受设备改造支出税前一次性扣除或研发费用加计扣除的企业所得税优惠；在成果转化环节，对绿色技术转让和特许使用权收入免征企业所得税。

（2）提高《优惠目录》的更新频率并对相关企业实施减计收入。建议与所得税汇算清缴年度相适应，将《优惠目录》更新频率改为至少一年一次，使更多、更先进、减排效果更好的设备及时进入目录当中，让更多企业及时享受所得税税额抵免优惠，鼓励企业节能减排。另外，建议对环保节能设备生产企业也实行减计收入的政策，鼓励相关企业开展技术升级改造。

（3）调整环境保护、节能节水项目的税收减免政策，将"三免三减半"的起算时间从"自项目取得第一笔生产经营收入所属纳税年度起"调整为"自项目获利的纳税年度起"享受优惠政策，并将减免优惠时限延长至"五免五减半"。同时，建议加大购置环保节能设备税收抵免政策的优惠力度，适当提高投资额抵免比例，并延长或取消抵免期限，进一步激励和引导投资。

2. 增值税的大幅绿色化

（1）扩大即征即退政策覆盖面。对环境保护、节能节水、新能源设备等产品的销售制定相关即征退税政策。同时，参考风力发电行业政策，对潮汐能等清洁能源电力产品纳入即征即退政策当中。

（2）简并即征即退政策退税比例。可在提高资源综合利用率和"三废"处理效果的前提下将30%的退税比例提高至50%或以上。另外，可考虑将合同能源管理项目的免税政策改为即征即退政策，允许用能单位进行进项税额抵扣，鼓励用能单位积极参与合同能源管理项目，有效促进节能减排。

（3）提高即征即退政策优惠实效。参照软件企业相关企业所得税政策，将环保节能产品即征即退增值税款纳入不征税收入范围内，进一步提高优惠激励效应。

3. 消费税的大幅绿色化

（1）优化征税范围，纳入更多高污染、高耗能或对野生动植物有害的产品，包括不可降解塑料袋、有害化学品、高耗能设备、皮草制品等。

（2）科学调整税率，对摩托车、游艇、高能耗设备等应税产品按照排量和能效等级设定差别税率，大幅提高电池、涂料、实木地板等产品的适用税率。

（3）逐步后移征收环节，将成品油、小汽车、电池、涂料等与环境保护关联度较大的消费品征收环节后移至消费终端，并在销售发票或其他消费凭证上列示消费税金额，促使消费者转向购买低能耗、低污染产品。

（四）完善绿色税收征管

针对当前绿色税收征管存在的不足，必须全面贯彻落实习近平生态文明思想和党的二十大精神，紧紧围绕"双碳"目标，加快推动绿色发展。进一步深化精诚共治、数字管税、风险管理，做好税源培植巩固、凝聚共治合力、提升信息化水平、推进便捷申报等各项工作，不断提升绿色税收管理质效。

课题组组长：韩流柱

课题组成员：龚志坚　高　原　于笑坤

蒙建东　王智伟　肖学渊

助力上合示范区高质量发展的税视建言

赵福增　刘　琳　展永福　周　晓

上合示范区是习近平总书记宣布、部署、审议、推动的"国之大者"。自2018年6月落户青岛以来，上合示范区作为全国唯一面向上合组织及"一带一路"共建国家开展地方经贸合作的国家级平台，扎实推进区域物流中心、现代贸易中心、双向投资合作中心、商旅文交流发展中心"四个中心"建设，着力打造"一带一路"国际合作新平台。税收作为财税体制的重要组成部分，在国家治理中有基础性、支柱性、保障性作用。如何进一步拓展提升税收职能作用，助力上合示范区突破发展，更好地发挥国际公共产品属性，是税收服务国家重大发展战略的重要实践，也是高质量推进税收现代化服务中国式现代化的有益探索。

一、税收助力上合示范区高质量发展的探索与问题

（一）税收助力上合示范区高质量发展的实践探索

在实践探索中，青岛税务部门坚持以党建引领、以改革破题，紧扣上合示范区建设总体思路、主攻方向、工作要求，顶格协调推进、汇聚优势资源，为上合示范区全面起势增添税务动能。

1. 探索体制创新，破解服务梗阻。组建上合服务站进驻上合管委大楼，其作为青岛税务服务上合示范区建设的"前哨站"，同时选拔精兵强将担当主力先锋，扎口对接上合示范区管委会，对上合示范区涉税需求提供全程跟踪服务和实时协调调度，改变上合示范区一对N、多头找的历史，做到"上合有需求、税务有回应"。在此基础上，上合示范区成立实体化运行的"上合示范区税收合作办公室"，明确综合协调、政策落实、服务创新三项职能，促进国际税收资源要素集聚耦合，为"引进来"的上合国家投资企业提供优质服务，为"走出去"的上合国家中资企业提供政策支持，在更深层次上推动上合示范区融入"一带一路"税收征管合作机制，助力打造合作共赢的国际税收体系。

2. 助力双向投资，厚植发展优势。发布"一带一路"护航行动，编译印制《上合示范区国别税收指南系列手册》，涵盖全部上合组织成员国。探索完善"一带一路"涉税争议解决机制，联合上合"法智谷"成立"中国—上海合作组织跨境涉税争议解决合作示范先锋工作室"，帮助"走出去"企业用好税收协定、消除双重征税、建立合理的关联交易定价原则。建立服务上合—中欧班列"税务通道"，与7家国际运输运营单位签订《税收护航行动计划书》，通过团队服务直联、业务通道直达、税务专家直办、风险关联直帮的方式，让企业轻装前行。为45家中

欧班列关联企业开具《中国税收居民身份证明》，辅导享受境外减免税额 1200 余。组建"语税上合"外语人才团队，先后参加上合博览会、中国—上海合作组织国家金融合作与资本市场发展论坛等 5 项盛会。积极推动上合经贸学院课程体系建设，协助搭建包括税收确定性、税收政策、涉税服务、中国税收改革 4 个方向、26 项内容的"税收+"课程架构，参与数字时代的信息化建设研修班等 6 个班次的双语援外培训。

3. 便捷税费办理，培育营商沃土。参与上合经贸综服平台建设，线上设置"智税引擎"，线下实体化运行"上合智税服务中心"，设立"智慧微厅"和发票申领代开自助终端，实现新办纳税人套餐等 32 项涉税业务办理。推出"上合融 e 办"办问协同先行样板，实行纳税信用 3A、5A 级企业白名单激励制度。优化出口退税服务举措，实行"即申即审""随报随批"，全力支持外贸企业畅通资金链、强化产业链。对重要产业、重点项目开展重大项目全生命周期跟踪服务，依托财源建设办公室，打造"智税上合·重点项目可视化平台"，推动项目数据互联互通、财源建设数据赋能，以"税动力"推动重点项目"落地生根"。发挥税收支持保障作用，助力省内首个空港综合保税区顺利完成申建、预验收工作，以"亩均税收"为硬指标，助力低效片区征迁工作，实现青岛空港综合保税区产业迭代升级。

（二）税收助力上合示范区高质量发展存在的不足

1. 税收优惠政策存在缺位。政策是引导行业和企业发展的重要杠杆之一，对资源加快聚集、企业加速发展具有重大的指引培育作用。对比海南自由贸易港、上海自贸区、横琴粤澳深度合作区等国内其他功能区，上合示范区运行 5 年来一直未获得国家层面的特殊税收政策和制度安排，无法更加有效地达到为企业降成本、提效益、增实力的目的，对招商引资和高端专业人才均不具备特殊吸引力，一定程度上影响了上合示范区"四个中心"高质量发展。

2. 税收服务机制有待完善。上合示范区涉外经济主体规模偏小，在市场分析和预测方面的能力明显不足。上合组织及"一带一路"共建国家各方制度和意识形态存在差异，部分国家仍存在营商环境不佳、税收监管不透明、政策稳定性差等问题，使企业在海外市场拓展顾虑重重。一方面，专门服务于上合示范区的税务机构尚未设立，出现人手不够、协调不畅等问题；另一方面，国际税收、外语等方面的专业人才相对短缺，在开展境外政策研究、外语服务等方面力量不足。

3. 税收监管水平相对滞后。当前，数字经济、平台经济等新业态蓬勃兴起，逐渐成为引领经济增长和推动社会发展的新引擎，对这些新业态的监管技术仍相对滞后，难以有效满足需要。叠加地方"内卷式"招商引资，暴露诸多涉税风险。从当前出口企业来看，一些涉税风险点亟待关注。例如，外贸企业备案户数大幅增长。2023 年，外贸企业备案户数反超生产企业备案户数，高出 15.4%，2024 年前两个月外贸备案户数高于生产的 188.89%。此外，2023 年上合示范区出口贸易额为 424.1 亿元，退税额为 30.1 亿元。青岛海关之外口岸出口贸易额为 60.96 亿元（占比 14.5%），退税额为 4.04 亿元，其中外贸企业贸易额为 21.7 亿元，退税额为 1.72 亿元。各部门信息共享、协同共治的机制体系尚未建立起来，部门壁垒尚未全方位打破。

4. 税收国际影响亟待提升。依托上合示范区开展税收领域国际交流合作还比较少，特别是作为"一带一路"国际合作新平台，上合示范区并未真正有效融入"一带一路"税收征管合作机制。我国虽然建立上合示范区税收合作办公室，但实质上更多侧重对"走出去"和"引进来"企业的服务层面，在深化国际税收认同、解决税收争议、开展跨境合作方面尚未有更多进展。

二、税收助力上合示范区高质量发展的对策建议

（一）争取国家税收政策支持，补齐政策短板

我们建议借鉴国内其他功能区成功经验，针对上合示范区国家功能定位，加大工作力度，争取国家出台专门税收优惠政策，充分发挥税收政策导向作用。例如，围绕上合示范区"四个中心"功能定位，将《总体方案》中鼓励发展的新一代信息技术、高端装备制造、新材料、生物医药、现代农业、服务贸易、文化会展商贸等行业纳入优惠目录中，对符合条件的企业（主营业务收入占比60%以上）按照15%优惠税率征收企业所得税。对符合条件的上合示范区企业新增境外直接投资取得的免征企业所得税，对在上合示范区工作的境内外高端人才和紧缺人才个人所得税超税负15%的部分予以免征。在国际物流方面，支持上合示范区试行陆路启运港退税政策（离境港为新疆阿拉山口、霍尔果斯口岸，上合国际枢纽港作为启运港）；在跨境电商方面，扩大9610无票免税、核定征收政策适用范围，如在上合示范区试点对RCEP成员国9710/9810/1210等模式小额出口的企业（限定贸易额）执行无票免税、核定征收政策。

（二）优化税收营商环境，促进投资贸易

建议由商务部门牵头，联合税务等职能部门和科研机构共同建立上合示范区国际营商环境研究中心，为"走进来"的国外企业提供全方位政策服务；常态化围绕上合组织国别，收集、整理、分析国外营商环境动态信息，扎实开展国别税收政策和税收营商环境调查研究，周期性召开政策讲座，编制政策指南，为全市有海外投资意向的企业开展辅导培训，力争为全市企业开展海外投资提供一站式智库服务解决方案；优化对海外仓模式等跨境电商新业态出口退税服务举措，放大上合纺织、制帽、假发、工艺品、家具家电、机械设备、汽车等产业集聚优势，培育一批跨境电商优质产品品牌。

（三）加强管税部门协作，维护税收利益

建议加大税务、海关、公检法等部门之间涉税领域的协同共治力度。一方面开展联合执法，对存在较高出口退税税收风险的服装等重点行业，农产品、电子产品、发制品等重点商品，开展经常性的联合检查，防范、打击出口骗税、逃税等违法行为，维护我市正当合法税收利益。另一方面开展联合监管，建立海关、税务"联合监管"工作机制，把各自管理中发现的疑点信息定期通报对方，实现进出口管理各个环节监管经常化，同时持续加大国际税收情报交换力度，构建与国际接轨的税收风控机制。

（四）深化税收领域国际交流，提升影响力

建议加大对"上合示范区税收合作办公室"的支持力度，充分利用上合示范区唯一面向上合组织和"一带一路"共建国家开展地方经贸合作国家级平台的特殊优势，策源打造一批具有上合特色的"一带一路"国际税收交流合作成果和品牌。例如，与国家税务总局协调联系，争取在上合示范区举办"一带一路"税收征管合作论坛等税务领域高层级、高规格的国际会议，

创新开展上合组织青年交流营、青年发展论坛等国际活动，多渠道、多领域增进上合组织国家人员间的了解和交流。依托上合组织经贸学院，建立上合组织国际税官实训学习基地。建立上合跨境涉税争议解决中心，高效解决跨境涉税争议，维护企业权益，增强企业海外投资贸易信心。

（作者单位：青岛市国际税收研究会）

对标世界银行新一轮营商环境评价体系，持续优化我国税收营商环境研究

——以税务管理数字化和基于风险的税务审计为视角

国家税务总局广州市税务局课题组

一、世界银行新一轮营商环境评价体系及纳税指标

2023年5月1日，世界银行集团正式发布了新一轮营商环境评价体系的指导手册和方法指南，新体系定名为 Business Ready（B-Ready）。该评价体系不仅对原有的 DB（Doing Business）营商环境评价指标进行了一定的继承与延续，还在评价核心、评价指标范围、评价维度等方面进行了创新与提升。

（一）世界银行新一轮营商环境评价体系概述

1. B-Ready 评价体系的评价指标范围

B-Ready 评价体系按照企业发展的顺序，即企业开办、企业经营、企业注销（或重组），在以下10个领域设置指标：市场准入、获取经营场所、市政公用设施服务、劳工、获取金融服务、国际贸易、纳税、解决商业纠纷、促进市场竞争、办理破产。本文将重点关注纳税指标及其评价要点。

2. B-Ready 评价体系的评价维度

B-Ready 评价体系通过关注法律法规的质量、公共服务、效率三个维度来评价经济体的商业环境。

（二）纳税指标及其评价要点

1. 税收法律法规的质量（12项指标）

（1）税收法规的清晰度和透明度

①税收法规的清晰度（2项指标）：税务指引及其提供渠道、约束性裁决以及合规后程序。

②税收法规变更的透明度（2项指标）：获得反馈及开展广泛的公众咨询、有关编制与发布未来税务规划的做法。

③简易记账方式和暂行规定（2项指标）：简易记账和归档、临时减税。

④税务登记和增值税退税（2项指标）：税务登记流程的透明度、增值税退税和登记。

（2）环境税

①一般框架（2项指标）：环保财政工具的存在、不存在补贴。

②管理方式（1项指标）：该指标由在开征环境税之前进行公众咨询、公布公众咨询结果、在线公布公众咨询结果、存在基于风险的环保监管机制四部分组成。

③过渡政策（1项指标）：该指标由调整机制、过渡期的沟通、在线发布过渡期的相关信息三部分组成。

2. 税务部门提供的公共服务

税务部门提供的服务是纳税指标的第二个维度，包括税务管理中的数字化、税务审计、争议解决机制和税务部门管理机构4个二级指标，还有更加细致的评价标准。

（1）税务管理中的数字化

①申报税费缴纳服务；②性别分类数据；③纳税人数据库；④数据协同共享。

（2）税务审计

①基于风险的系统：该指标的评价要点是国家年度税务审计计划和基于风险的机制。

②审计类型和统一做法：该指标的评价要点是存在不同的审计类型、在税务审计管理中的统一做法和对纳税人审计的监控。

（3）争议解决机制

①第一级复议机制；②第二级复议机制；③税收争议中的性别平等。

（4）税务部门管理机构

①透明度：该指标的评价要点是年度报告、绩效审计和外部审查结果的公开。

②公共问责制：该指标的评价要点是纳税人意见调查与结果公开、职业道德准则、建立独立公正的调查机构。

③税务部门工作人员的性别构成：公开员工和高级管理人员的性别是该指标的评价要点。

3. 税收制度在实践中的效率

效率维度包括遵守税务法规的时间与税收成本两个层面的要求。

（1）遵守税务法规的时间

①申报和纳税时间；②使用电子系统申报和纳税；③一般税务审计的持续时间；④获得增值税退税；⑤审核税务争端所需的总时间；⑥环境报告合规所需的时间；⑦完成环境税审计所需的时间。

（2）实际税率（ETR）

①利润税的实际税率：该指标指通过实际税率估值衡量的公司利润税的纳税成本，实际税率代表对企业利润征收的实际税款百分比。实际税率基于公司年度报告的税前利润及其同期的税费。

②就业税和社保费的实际税率：该指标衡量公司基于就业和社会保险的纳税成本。

③增值税或者消费税的实际税率：该指标衡量公司增值税或消费税的纳税成本。

二、税务管理数字化的国际比较

"以数治税"时代来临，税务管理数字化是世行营商环境评价体系中重要的指标之一。本部分研究的是税收机关提供的公共服务指标中的税务管理数字化部分，选择具有代表性的美国、新加坡、澳大利亚和欧盟作为国际对比的研究对象。

（一）申报税费缴纳服务

1. 美国

在美国，纳税人有四种数字申报方式，分别是 IRS 免费文件申报、在线申报免费服务、商业报税软件、经授权的电子税务服务商传输和处理电子申报表。美国大约 85% 的报税表是以电子方式提交的。美国每个州都可以自由创建自己的申报表，并可以要求纳税人申报缴纳税款所需的基本数据。美国国税局为纳税个人建立了线上账户，在线账户显示与个人相关的联邦纳税义务详细信息，但是对企业纳税人没有开发线上账户。

2. 新加坡

税务局搭建了一个专门的一站式个性化服务平台 MyTax，供纳税人在线办理各种税务电子服务并接收税务局的通知，纳税人也可以在 MyTax 平台上检索相关税务信息。纳税人必须通过该平台向新加坡税务局提交所得税申报表。新加坡的全国电子发票网络"InvoiceNow"，采用 PEPPOL 框架，该框架允许在不需要人工干预的情况下在财务系统之间直接传输电子发票。

3. 澳大利亚

澳大利亚推出了四大数字化服务系统。一是自助报税系统（MyTax），雇主、银行和相关政府部门需先行将相关数据传递到 MyTax 系统，MyTax 会根据这些数据结合纳税人实际情况预填部分信息，来帮助纳税人正确申报。二是一站式养老金信息系统（Superstream）。澳大利亚税务局除征收税款外，还提供养老金征收服务。澳大利亚税务局开发的 Superstream 系统实现了雇主、养老金基金、服务提供商、税务部门以及相关政府部门信息系统的无缝对接。三是供税务中介机构使用的申报服务平台（PLS）。四是一键式薪酬系统（STP）。STP 系统是雇主向澳大利亚税务局报告支付给雇员工资的一种简便报告系统，该系统包括雇员的工资、薪金、津贴、工资扣除金额、扣缴个人所得税和养老金等信息。

4. 欧盟

暂时缺乏统一的"数字申报要求"。

（二）性别分类

1. 澳大利亚

税务局发布了按性别、年龄范围、居民身份等划分的税收数据统计，该统计数据内容十分丰富，包括应纳税所得额、退休金收入、资本利得、营业收入支出等关键税收信息。

2. 欧盟

其发表《欧盟的性别平等和税收指南》（*Gender equality and taxation in the European Union*），其中 9.4 节探究的是"促进和开展关于税收的性别方面的研究，并确保提供适当的性别分类数据"。欧盟大多数成员国未能收集或评估有关性别的个性化所得税数据，有一些成员国，某些税收数据只在家庭一级收集。

（三）数据协同共享

1. 美国

纳税申报信息可与负责税务管理的州机构与社会保障管理局（SSA）等政府机构共享。其允许国家税务总局在官方税务管理调查过程中，在必要时向第三方有限披露纳税申报表信息。

2. 新加坡

根据《所得税法》和《商品与服务税法》的相关规定，新加坡税务局必须对纳税人的信息保密，只有在特定情况下才可以与某些政府机构共享这些信息。在未经纳税人同意的情况下，税务局可以向政府机构披露，可识别信息清单中规定的信息。涉税信息跨部门共享共治停留在有限的信息共享阶段。

3. 澳大利亚

税务局拥有广泛的公共和私人第三方数据信息来源，来源包括以下几方面：（1）银行、金融机构和投资机构提供的投资收入信息；（2）机动车登记机构提供的出售、转让或新注册的机动车辆信息；（3）不动产登记处提供的不动产销售信息；（4）澳大利亚交易报告和分析中心提供的外国收入来源信息；（5）在线销售平台提供的在线销售的数量和价格信息；（6）证券交易所和股票登记机构提供的股票交易信息；（7）加密货币指定服务商提供的购买和销售信息。

4. 欧盟

跨部门共享共治包括行政机构数据协同共享、区域间信息共享。根据2021年颁布的DAC7，平台运营商应当提供卖家的收入信息，并允许欧盟成员国的税务机关收集和自动交换此类信息。平台运营商需要收集和验证来自某些卖家的数据和信息，并向欧盟成员国的税务局报告。许多非欧盟成员国拥有广泛的数据协同交换关系。最经常交换的收入类型包括利息、股息、特许权使用费、依赖服务收入和养老金。

三、基于风险的税务审计的国际比较

税务审计（Audit）是世行营商环境评价标准中的重要内容，英美体系话语下的税务审计一般包括税收稽查和税额评定两部分。本部分选取美国、新加坡、澳大利亚和英国作为域外研究对象。

（一）美国

根据美国税务局官网的定义，国家税务总局审计（IRS audit）是对组织或个人的账户和财务信息进行的审查和检查。审计目的是确保报告的信息符合税法的规范，并且同时核实申报的税额是否正确。

1. 审计类型比较

美国国税局审计的类型包括现场审计和纳税人合规性衡量计划审计。

（1）现场审计

现场审计包括在纳税人住所或公司代表处或营业地点，与美国国税局审计师或代理人的面对面会议，通常会要求提供企业和个人的财务记录，以确保其纳税申报表的数据准确性。典型的现场业务审计包括审查财务、采访员工和参观组织的设施。

（2）纳税人合规性衡量计划审计

美国国税局要求提供完整的税务文件，以确保纳税人收入和支出在提交的表格上的有效性。在审计过程中，美国国税局分析申报表的每个细节，并使用准确的文件验证数据，通常要求纳税人提供银行对账单、合同文件、发票和收据等账簿。

2. 审计的机构设置

税务审计由美国国税局负责。

3. 审计的程序规则

美国国家税务局进行审计的流程一般包括审查纳税人的整个纳税申报单。国家税务总局会根据第三方的记录，来核对纳税人的每一项纳税申报。针对不同的审计类型，相应审计程序如下。

（1）办公室审计

国家税务总局会要求纳税人到当地的办事处，针对其纳税申报表的问题进行提问，并提供相关记录来解决与纳税人税收有关的全部问题。

（2）现场审计

国家税务总局可能会在纳税人的住所、公司或会计师办公室进行审计。国家税务总局会询问纳税人有关纳税申报表的问题，并要求纳税人提供具体文件，来排除一切可能的违规行为。如果国家税务总局认定案件可能涉及欺诈因素，现场审计过程中也可能涉及扣押文件和资产。

4. 审计的时限要求

一般而言，纳税人必须保留所有税收相关文件三年。大多数审计针对的是过去两年内提交的申报表。就审计时长而言，因审计类型、问题的复杂性、所需信息的可用性等情况，时限要求可能有所区别。

（二）新加坡

1. 审计机制

新加坡税务审计（IRAS audit）主要审查的是企业的商品与服务税申报表的准确性，涵盖个人所得税、财产税和印花税等税种，采用基于风险的方法来确定合规风险，并在所有行业进行基于风险的随机审计，来确保对整个企业群体的良好覆盖。

2. 审计类型和统一做法

税务审计手册和指南向纳税人公开提供，里面说明了审计目的、审计选择、审计方法和要求、审计结论等内容。税务审计可以通过电子邮件、信件、电话采访、访问经营场所、会见相关人员进行。

在审核过程中，税务人员将要求纳税人提供：①有关业务的资料；②销售和采购清单；③商业交易的证明文件；④自我审查清单。此外，税务人员也可能向纳税人的客户、供应商或银行寻求确认，来验证其报告的交易是否真实。

在税务审计过程中，税务机关可能检查对账簿和记录，也可能对涉嫌税务欺诈行为进行深入调查。

3. 审计的程序规则

当新加坡税务局发现企业税务数据存在风险时，其一般会选择先向企业发问询函，要求纳税人限期回复，也可根据疑点风险的程度直接进入税务稽查流程。大多数税务审计会在12个月内完成。

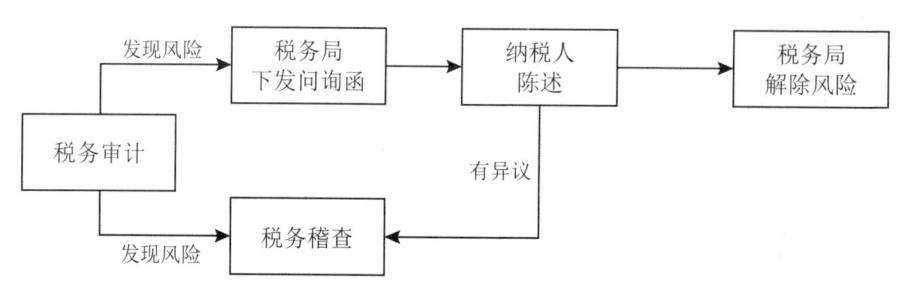

图 1　新加坡税务问询机制流程图

（三）澳大利亚

1. 审计的类型

（1）基础审计

①桌面审计。桌面审计主要针对个人税务进行审计。当税务当局对纳税人提交的报表有疑问或认为可能存在问题时，税务人员会电话通知纳税人到税务局进行面对面的交谈，如有需要则会要求纳税人补足税款，一般情况下以教育为主，没有其他惩罚。

②数据对照审计。数据对照审计的重要性在大数据信息时代逐渐凸显，其实质在于对纳税人的收入数据和费用进行数据审核。公司和其他部门的涉税数据信息被传送到税务局，税务局将会对纳税人的收入和费用进行严密的数据审核，并进行逐笔审计。

③税务代理审计。这种审计针对的是会计师或者税务代理机构，主要审查税务代理人是否在帮助纳税人申报税务时有协助纳税人逃税、瞒报税务的行为。

（2）完全审计

完全审计是针对公司的一种审计方法，并非所有企业都要进行审计，而是随机地对审计对象进行选择。计算机随机选择1%~2%的审计对象，选择的标准主要有是否出现大量退税现象、是否进行非常项目、是否纳税变化率大等。此外，税务局还会运用工业标准选择审计对象，澳大利亚对各行业确定了一个基本的利润率，即所谓的工业标准。同时，每年将会根据经济发展变化情况进行适当调整，倘若纳税人申报与标准相差太远，则会对该税人进行审计。

2. 审计的机构设置

澳大利亚税务局（Australian Tax Office，ATO）负责对企业和个人进行审计，来确保其遵守澳大利亚的税法。

3. 审计的程序规则

在澳大利亚，具体的审计程序主要是由税务人员对会议进行相关安排。首先通过电话方式安排合适的初次会议时间，并跟进书面确认，包括会议议程，概述讨论的关键问题和审计管理计划草案；其次在具体会议上，税务人员将会对下列信息进行公开：审计范围、审计期间和预计完成日期；税务人员的风险假设和评估该假设所需的信息；可供纳税人选择的信息的渠道；纳税人员进行审计的方式，包括审计中的关键和相关指导方针；自愿披露的优点和程序等。

在审计期间，税务人员将会保障纳税人能够充分了解审计的进展情况。税务人员如果在审计过程中发现了额外的风险，可能会采取扩大审计范围的措施，在审计的任何阶段，税务人员都可能通过替代性争议解决的方式来避免潜在的法律纠纷。

4. 审计的时限要求

对大多数事务简单的纳税人（如个人和小型企业）来说，审核期一般为两年。对事务较为复杂的个人或企业，审查期限一般为四年。时限从税务局发出评税通知书之日起计算。

（四）英国

1. 审计的类型

（1）税务查询（tax enquiry）

英国税务海关总署（HMRC）负责税务查询工作，无论是局部查询还是全面查询，都需要检查账簿、记录或文件，还有增值税的访问和检查（VAT visits and inspections）。税务海关总署专员可以访问纳税人的企业，检查增值税记录并确保纳税人支付或收回的增值税金额正确。

（2）转让定价的审计

英国税务海关总署的主要关注点是潜在的风险，而不是具体的转让定价问题。因此，英国税务海关总署对稽查人员的指导侧重外国集团公司或主要外资股东的存在以及所涉公司的税收属性。

（3）税务欺诈的调查

英国税务海关总署在系统中建立了针对税务欺诈的检查和控制机制，当欺诈行为特别严重时，英国税务海关总署将运用刑事调查能力。

2. 审计的机构设置

英国税务海关总署成立了专门的团队，将客户合规小组（包括欺诈与调查处）的技术和调查技能汇集在一起，来调查转让定价风险。这些调查将处理与国际合作有关的税务风险，包括但不限于转让定价。

3. 审计的程序规则

引起税务合规检查的情况：其一，纳税人在申报表中输入错误的数据；其二，纳税人在营业额较低的情况下申请高额的增值税退税；其三，纳税人在营业额较高的情况下申报少量税款。

在税务检查过程中，英国税务海关总署可能会要求纳税人发送检查所需的任何信息或文件，或者要求纳税人与其会面，讨论相关税务和记录，但如果纳税人不愿意，则无须会面。

如果纳税人具有营业场所或者在家经营业务，英国税务海关总署可能会要求访问相关场所，并对场所、资产和记录进行检查，若纳税人认为该要求不合理或与检查无关，可以将意见告知要求提供信息的官员。

如果英国税务海关总署无法与纳税人就发送信息或文件达成一致，英国税务海关总署可能会行使权力来获取这些信息或文件。为此，英国税务海关总署将向纳税人发送信息通知，若纳税人收到通知，则必须向英国税务海关总署提供其要求的信息，否则英国税务海关总署可能会向纳税人收取罚款。

4. 审计的时限要求

英国税务海关总署表示，一般而言，转让定价调查将在 18 个月内完成，只有最复杂的案件需要长达 36 个月的时间。在实践中，最复杂的案件调查时间远远超过 36 个月。

四、进一步持续优化我国税收营商环境的思考

（一）关于税务管理数字化的提升措施

1. 申报税费缴纳服务系统方面的提升措施

（1）提升电子税务局的服务水平

一是前置辅导服务。通过小视频、图文等形式为纳税人提供相关业务辅导，完善咨询平台，确保辅导的及时和有效。

二是跟踪问效服务。建立服务反馈机制，重视电子纳税服务相关评价，提升纳税人对电子税务局的信任度和使用率。

（2）稳步推动全面数字化的电子发票的发展

我国应当稳步推进全面数字化的电子发票的试点工作，促进区块链、云服务、人工智能、元宇宙等高新技术在电子发票领域的协调运用，保障技术的创新迭代与公平竞争。

2. 性别分类数据方面的提升措施

重视性别分类税务数据，提高性别分类数据的可得性，加强对性别分类数据的分析。

3. 数据协同共享的提升措施

（1）借鉴国际经验，拓宽涉税数据的获取途径，如在线交易数据、资产租赁数据、分包合同数据等，提高对来自各数字支付平台及线上现金系统等数据的重视。

（2）健全与人社、医保、银行等部门的数据共享机制。依托金税四期工程，接入人民银行的资金信息和涉税人员征信信息，实现税收风险"可防可控、识别精准、反应迅速"。

（3）充分发挥第三方涉税信息与税收征管数据相叠加的效应。搭建严密的网络监管系统实现跨部门协同监管创新，提高涉税信息数据处理及系统平台整合能力，健全涉税信息智能分析机制，尝试与第三方应用程序相融合，提高各部门之间涉税信息的互通性。

（4）税务机关应当对获得的数据进行妥善储存保管，并运用高级分析技术对数据进行分析。

（二）关于基于风险的税务审计的提升措施

1. 数据量化与人工相结合识别审计风险

（1）完善申报信息数据库建设

推进全面数据库的构建。完善的申报信息数据库将有助于提高审计的效率，减少税收漏洞，确保税收遵从性，增强国家税务体系的整体效能。

（2）建立科学的数据分析模型

利用数据量化分析来识别潜在的审计风险，应当对数据进行科学处理，结合算法技术人员的技能和经验，确保模型的质量和可行性，提高税务审计的准确性和效率。

2. 审计成效评价体系

（1）动态指标和静态指标相结合

坚持动态指标与静态指标相结合。静态指标反映了税务审计的成效，直接呈现某个阶段审计的现状。税务审计是一个不断演变和完善的过程，动态指标可以提供更有意义的信息。

（2）将纳税人的需求纳入评价体系中

适时公布年度国家（覆盖整个经济体）税务审计计划、公开税务审计质量信息等，世行评价要求也应当被纳入审计成效的评价考虑中。

课题组成员：黄智明　陈少波　姚月媚　尹萌萌
　　　　　　　　熊　睿　周彦君　叶文研　张　蕾

关于"新三板+北交所"助力企业发展税收层面的研究与思考

国家税务总局北京市西城区税务局课题组

2019年10月25日,中国证监会宣布启动全面深化新三板改革;2020年7月,新三板增设精选层,降低了投资者准入资产标准,明确企业转板及退市规则;2021年9月3日,北交所作为全国中小企业股份转让系统股份有限公司的全资子公司,正式注册成立,成为国务院批准设立的全国第一家公司制证券交易所;2021年11月15日,北交所正式开市,总体平移精选层各项基础制度,并定位于为"专精特新"企业提供资本市场支持,成为贯通场内市场和场外市场的关键纽带。目前,新三板基础层、创新层及北交所"层层递进"的市场结构正为创新型、创业型、成长型中小微企业发展服务。

一、从税收层面比较新三板、北交所、科创板、创业板发展

(一)税收政策比较

1. 证券市场主要税收政策

(1)股票发行环节

增值税:主要存在于证券代销与包销业务中,二者均依照《财政部、国家税务总局关于全面推开营业税改征增值税试点的通知》(财税〔2016〕36号)缴纳增值税。承销业务、代销业务需从业务实质进行判断,单纯的证券代销接近于"商务辅助——经纪代理服务(金融代理)"税目,如果代销与保荐、辅导是一揽子的合同,则更倾向"现代服务——咨询鉴证服务(咨询服务)"税目。包销业务本质上是证券买卖业务,属于"金融服务——金融商品转让"税目。以上税目的一般纳税人均适用6%税率。

(2)股票转让环节

增值税:根据财税〔2016〕36号文件规定,对证券市场的上市公司而言,发生股票转让即金融商品转让属于增值税应税行为,按照卖出价扣除买入价后的余额为销售额,应缴纳增值税。对一般企业股权转让,不属于增值税应税行为,无须缴纳增值税。对个人投资者,个人从事金融商品转让业务,免征增值税。

企业所得税及个人所得税:法人投资者除需缴纳增值税以外,应将股票转让所得并入当年度应纳税所得额,缴纳企业所得税。对企业法人而言,转让股票属于财产转让范畴,按照25%的税率缴纳企业所得税。

合伙企业转让股票，应按照金融商品买卖计算缴纳增值税。同时，对合伙企业的股票转让所得采取"先分后税"的原则，以每个合伙人为纳税义务人。合伙企业合伙人是自然人的，缴纳个人所得税；合伙人是法人和其他组织的，缴纳企业所得税。

个人转让上市公司股票属于应税限售股的，应就其转让所得，计算缴纳个人所得税，属于非应税限售股的，暂免征收个人所得税。个人转让新三板挂牌公司股票的，属于原始股的征收个人所得税，属于非原始股的暂免征收个人所得税。

印花税：在买卖、继承、赠予股票所书立的股权转让书据依书立时，实际成交金额由出让方按1‰的税率计算缴纳证券（股票）交易印花税。

（3）持有股票环节

个人所得税：个人投资者从公开发行和转让市场取得上市公司股票，按持股期限享受股息红利差别化个人所得税政策。持股1个月内（含1个月）的，就其股息红利所得，全额征收个人所得税；持股期限在1个月以上至1年（含1年）的，股息红利所得暂减按50%计入应纳税所得额，即减半征收个人所得税；持股期限超过1年的，股息红利所得暂免征收个人所得税。上述所得统一适用20%的税率计征个人所得税。

个人投资者如果持有的上市公司股票为限售股，解禁前取得的股息红利，继续暂减按50%计入应纳税所得额，适用20%的税率计征个人所得税，即减半征收。解禁后取得的股息红利，持股时间自解禁日起计算，实行差别化征收。

企业所得税：对法人投资者来说，可就其取得的符合条件的股息、红利，其享受免征企业所得税的优惠政策。根据《企业所得税法》及其实施条例的规定，符合条件的居民企业之间的股息、红利等权益性投资收益可作为免税收入，但要求投资应为权益性投资，且为直接投资，被投资方也应是居民企业，如果投资的是上市公司公开发行流通的股票，需连续持有12个月以上。

对境内合伙企业投资者，由于境内合伙企业不是所得税纳税义务人，而是以每个合伙人为纳税义务人，应单独作为投资者个人取得的利息、股息、红利所得，按"利息、股息、红利所得"计算缴纳个人所得税；对属于居民企业的法人合伙人取得的股息红利，由于并不是直接投资取得，不能作为免税收入，应缴纳企业所得税。

2. 新三板、科创板、创业板、北交所税收数据

如图1所示，2019年至2022年，从税收结构来看，新三板、科创板、创业板、北交所中的上市挂牌企业税收前两大税种趋于一致，一为企业所得税，二为增值税。第三位税种上科创板、创业板和北交所是个人所得税，新三板2020年与2022年第三位税收变为土地增值税，而土地增值税激增不具备可持续性。从税负变动趋势看，四个市场连续四年税负均为正增长，其中科创板、创业板、北交所涨幅明显，新三板市场四年内税负增长虽有降有增，但较为平稳。由新三板精选层衍变而来的北交所内企业税负，增长势头喜人。

新三板

	增值税	企业所得税	城市维护建设税	房产税	个人所得税	消费税	土地使用税	印花税	车船使用税	土地增值税	资源税
2019年	118.73	132.41	6.84	6.23	8.95	2.15	3.96	1.25	0.09	3.54	0.38
2020年	114.78	133.84	6.24	5.95	7.93	1.67	3.59	1.30	0.19	8.54	0.50
2021年	128.42	125.89	7.06	6.53	11.83	2.49	3.92	1.72	0.11	10.16	0.52
2022年	149.10	128.36	8.68	8.26	10.36	2.87	4.94	1.93	0.12	10.49	0.44

科创板

	增值税	企业所得税	城市维护建设税	房产税	个人所得税	消费税	土地使用税	印花税	车船使用税	土地增值税	资源税
2019年	6.71	11.27	0.35	0.15	1.31	0.00	0.08	0.11	0.00	0.00	0.00
2020年	18.05	30.29	1.13	0.56	3.46	0.13	0.27	0.46	0.00	0.03	0.00
2021年	45.30	67.26	2.66	1.29	9.97	2.96	0.59	0.88	0.00	0.19	0.00
2022年	65.35	86.97	3.50	2.48	12.49	1.61	0.93	2.53	0.00	0.08	0.00

创业板

	增值税	企业所得税	城市维护建设税	房产税	个人所得税	消费税	土地使用税	印花税	车船使用税	土地增值税	资源税
2019年	106.43	123.61	6.33	3.45	13.50	0.47	1.74	1.06	0.00	0.47	0.05
2020年	126.03	166.38	7.36	4.42	23.76	0.46	2.34	1.54	0.00	1.11	0.03
2021年	146.33	203.77	8.49	6.10	23.54	0.43	2.79	2.48	0.00	1.22	0.03
2022年	178.83	231.77	10.23	8.16	23.91	0.65	2.92	4.73	0.00	0.64	0.04

北交所

	增值税	企业所得税	城市维护建设税	房产税	个人所得税	消费税	土地使用税	印花税	车船使用税	土地增值税	资源税
2021年	8.54	8.86	0.52	0.35	0.60	0.01	0.16	0.60	0.00	0.00	0.00
2022年	15.63	15.61	0.98	0.69	0.95	0.01	0.35	0.46	0.00	0.00	0.02

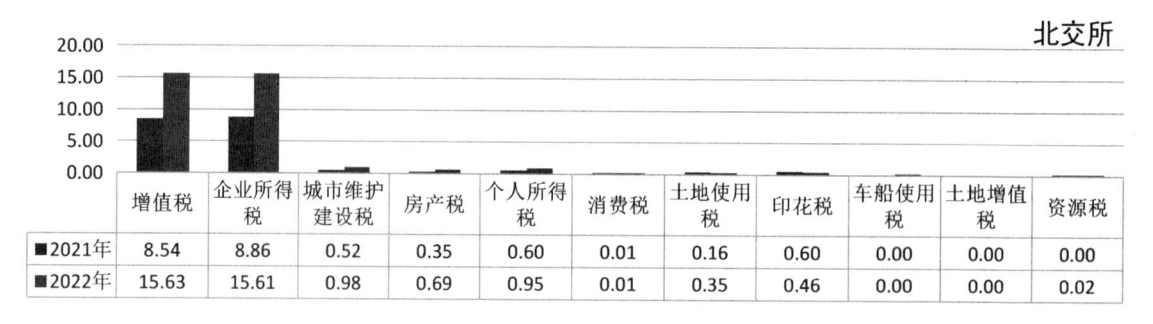

图1 2019年至2022年新三板、科创板、创业板及2021年至2022年北交所市场分税种数据

数据来源：wind

（二）税收返还、减免情况比较

从企业享受税收返还减免情况上看，2019年至2021年，科创板变化相对平稳，2022年科创板企业享受税收返还减免额骤增至1.33亿元；2020年相较于2019年，创业板、新三板在税收返还、减免体量骤增，但2021年受新冠疫情及国内外经济形势影响，除科创板税收返还、减免涨幅为30.26%，创业板、新三板整体下降，其中创业板降幅为88.27%，新三板降幅为39.86%。2022年较2021年，科创板增长了28.33倍，创业板增长了17.15倍，北交所增长了5.99倍，新三板涨幅为39.56%，当前，企业在科创板和创业板享受到的税收返还、减免力度更大。

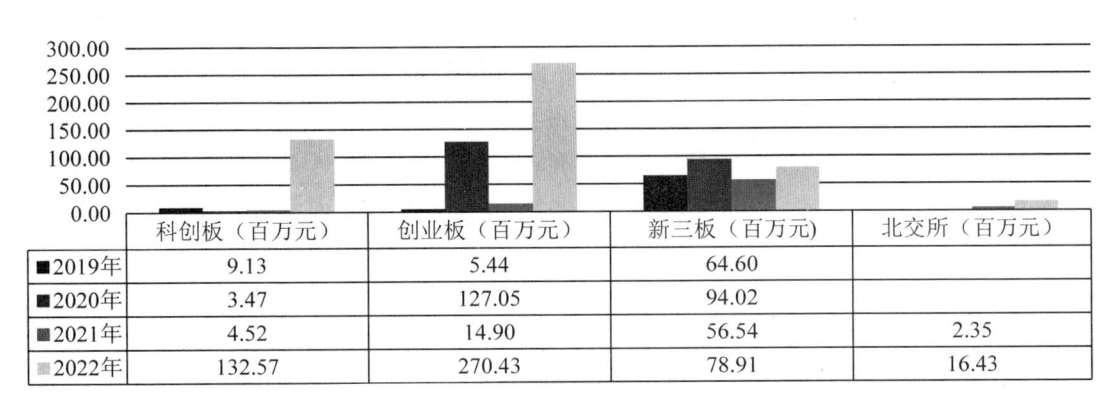

	科创板（百万元）	创业板（百万元）	新三板（百万元）	北交所（百万元）
2019年	9.13	5.44	64.60	
2020年	3.47	127.05	94.02	
2021年	4.52	14.90	56.54	2.35
2022年	132.57	270.43	78.91	16.43

图2　2019年至2022年新三板、科创板、创业板、北交所税收返还、减免情况

数据来源：wind

二、"新三板+北交所"服务中小企业发展模式中存在的税收政策问题

（一）转让新三板挂牌公司股份增值税适用问题

上市公司股票转让属于增值税应税行为，对一般企业股权转让，不属于增值税应税行为，无须缴纳增值税。新三板作为场外市场，企业持有的股份已经具有股票转让的诸多性质，又不完全等同于上市公司股票。财政部和税务总局并未就新三板税收政策明确具体标准，在实务操作中的原则上比照，并不能解决新三板税收管理的难题。在税收实践中，新三板存在地区性口径差异，税收政策亟待明确、统一。

（二）协议转让原始股或限售股的税收征管问题

个人协议转让新三板挂牌公司原始股时，转让价格明显偏低且无正当理由的，可"以股份过户日的前一交易日该股份收盘价计算或其他合理方式核定其转让收入"，但由于新三板二级市场交易不活跃，存在难以参考前一交易日收盘价的普遍情况，而"其他合理方式"也无文件明确规定，税收征管实践中一般考虑参照净资产核定法"以挂牌公司股票对应的净资产份额来核定其转让收入"，但存在执法风险。此外，对个人协议转让限售股、个人持有的限售股被司法扣划等情形，个税所得税申报需要向主管税务机关申报纳税，而对"主管税务机关"的认定未明确。

（三）优化证券交易印花税问题

证券交易印花税始终发挥着鼓励长期持有证券、维护资本市场健康稳定的调控作用，但当前由于缺少区分投机行为和长期交易的差别税率设计，证券交易印花税的金融调控作用欠佳。此外，从世界趋势看，美国、德国等西方国家有废除证券交易印花税的趋势。2022年，我国证券交易印花税占整体财政收入的1.35%，对国家税收影响整体较小，可探索减征该税来提高市场流动性，加大投资需求，配合证券市场的注册制改革，一定程度对证券市场起到正向激励作用。

三、发挥"新三板+北交所"中小企业主阵地作用在税收层面的建议

（一）以统一宽松的增值税政策引导企业在新三板发展

对新三板挂牌企业股权按照协议转让方式进行交易的，其交易方式属于线下非公开方式，与一般未上市公司股权转让交易无异，明确不予征收增值税；对挂牌企业股权交易方式采取做市交易方式，由于做市商的交易成本较高，做市商关注点不再是企业价值，而是取得库存股权的价格或折价率，与上交所和深交所做市交易显著不同，不宜参照上市公司的相关税收政策征收增值税；对新三板挂牌企业采取集合竞价方式交易的，不宜比照上交所和深交所的股票转让而征收增值税。

（二）明确协议转让原始股或限售股的税收政策适用

一是要明确个人转让新三板挂牌公司原始股时，建议交易价格高于净资产份额的不在税收征管中认定为价格偏低，同时明确规定净资产份额的判定参照国家税务总局公告2014年第67号文件。对上市公司协议转让限售股，符合市场规则且不低于净资产份额的，在税收征管中不判定为转让收入明显偏低，应视为有正当理由。二是对个人协议转让限售股、个人持有的限售股被司法扣划等情形"主管税务机关"的确定，应从便利纳税人角度，明确规定可选择在股票托管的证券机构所在地办理，抑或是被投资企业所在地办理。

（三）以差异化税率或减征方式优化证券交易印花税征收

从我国金融市场健康稳定发展角度出发，充分考虑优化证券交易印花税的市场调控功能，通过税收的特性引导资金合理流向与资源配置。我国当前可以新三板、北交所为试点，一是从税率上考虑进行差异化税率设计，对待投资损失、长期持股行为可以适当降低税率或暂免征收。二是在试点地区探索采用减征方式，降低资本市场股票交易成本，提高资本市场的投资需求，提高股票换手率，改善市场流动性水平，同时传递出国家支持中小企业通过"新三板+北交所"模式发展的政策导向。

信托业涉税问题研究

——以北京市信托企业为例

国家税务总局北京市税务局第一税务分局课题组

信托是一种理财方式，是一种特殊的财产管理制度和法律行为，同时是一种金融制度，简而言之就是"受人之托，代人理财"。信托与银行、保险、证券一起构成了现代金融体系。

1979年10月改革开放后，中国第一家信托机构中国国际信托投资公司（为中信集团的前身）成立。从最初的银行规避信贷计划管理的工具，到地方政府融资的渠道，信托公司的业务涉及委托投资、信托贷款、资金拆借、证券承销等多种业务，信托更像是"金融百货公司"。信托公司是作为唯一可横跨投资货币市场、资本市场、实业投行三大领域的金融机构。快速发展时期，我国曾同时存在700余家信托公司，在经历了多次整顿后，2007年起信托机构稳定为68家，2023年5月26日，新华信托被裁定破产，业内持牌信托机构随之降至67家。

一、信托现状

（一）管理规模2018年资管新规后持续萎缩，2021年止跌回升

2008年金融危机后，我国政府在年底推出了"四万亿"财政刺激政策来刺激经济，信托资产规模爆发式增长，地方政府为配套中央资金进行地方基础设施建设，纷纷成立地方融资平台，信托公司在基础建设项目上与地方政府合作屡见不鲜，同时信托公司也成为银行信贷的有效补充。2017年，信托规模达到峰值，高达26.25万亿。2018年"资管新规"发布后，资管行业进入过渡期，破除刚性兑付，压缩通道规模，向主动管理业务转型，逐渐回归信托本源，成为信托行业转型主旋律。

中国信托业协会发布最新数据显示，在监管部门持续压降融资类信托政策背景下，信托业管理的信托资产规模自2018年至2020年一直处于负增长的渐次回落之中，三年间规模分别降至22.7万亿元、21.6万亿元和20.49万亿元，同比降幅分别为13.50%、4.83%和5.17%。2021年年末，全行业信托资产规模余额实现自2018年以来首度止跌回升，截至2023年第三季度，全行业信托资产规模余额为22.64万亿元，同比上年3季度的21.07万亿元同比增长7.45%，资产规模总量持续增长。①

---

① 数据源于中国信托业协会。

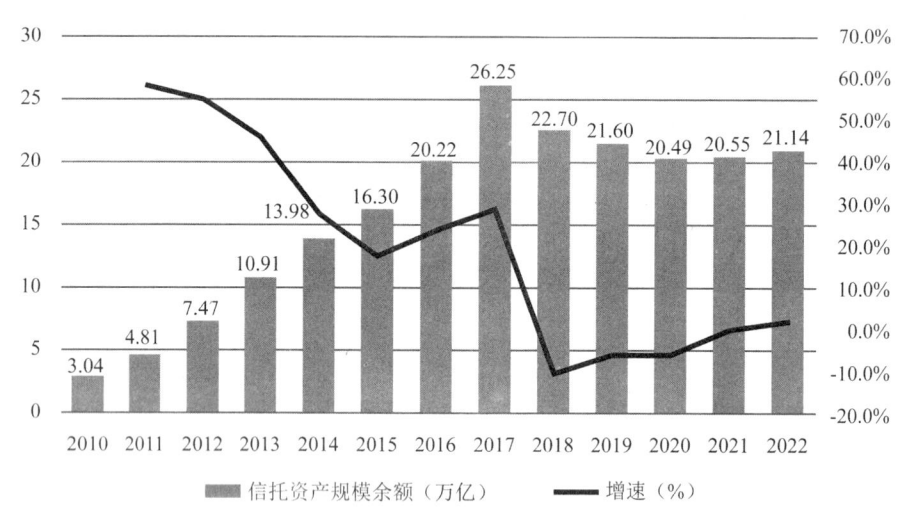

图 1 信托资产规模

（二）在北京注册的信托公司数量居全国第一

从注册地看，67 家信托公司分布在全国除广西、宁夏、海南三省区外的 28 个省区市，其中北京 11 家、上海 7 家、广东和浙江各 5 家、江苏 4 家，其他省区市 1~3 家。

表 1

序号	注册地	数量	信托公司简称
1	北京	11	中信信托、外贸信托、华鑫信托、民生信托、中诚信托、北京信托、英大信托、中粮信托、国投泰康信托、金谷信托、国民信托
2	上海	7	上海信托、安信信托、华宝信托、爱建信托、华澳信托、中海信托、中泰信托
3	广东	5	华润信托、平安信托、粤财信托、大业信托、东莞信托
4	浙江	5	昆仑信托、中建投信托、杭州工商信托、万向信托、浙江金汇信托
5	江苏	4	苏州信托、国联信托、紫金信托、江苏信托

北京市 11 家信托公司除民生信托和北京国际信托未公布外，2023 年平均实现营业收入达 22.5 亿元，高于已公布的全国 53 家平均值（18.69 亿元）。其中 7 家信托公司营业收入同比增长，2 家信托公司同比下降，平均实现营业收入同比增长约 1.87%，同期全国平均降幅 11.26%。

表 2

序号	信托公司名称	营收同比
1	国民信托有限公司	4.63%
2	中国金谷国际信托有限责任公司	29.14%

续表

序号	信托公司名称	营收同比
3	华鑫国际信托有限公司	30.23%
4	英大国际信托有限责任公司	19.03%
5	国投泰康信托有限公司	−10.67%
6	中诚信托有限责任公司	9.42%
7	中粮信托有限责任公司	43.15%
8	中信信托有限责任公司	−23.27%
9	中国对外经济贸易信托有限公司	7.26%
10	中国民生信托有限公司	未公布
11	北京国际信托有限公司	未公布

（三）信托业务分类新规释放信号

2023年3月24日，银保监会正式发布《关于规范信托公司信托业务分类的通知》（以下简称《通知》）。《通知》将信托业务划分为资产服务信托、资产管理信托、公益/慈善信托三大类25个业务品种，明确自2023年6月1日起实施。

1. 资产服务信托

资产服务信托是指信托公司依据信托法律关系，接受委托人委托，并根据委托人需求为其量身定制财富规划以及代际传承、托管、破产隔离和风险处置等专业信托服务。其按照服务内容和特点，分为财富管理服务信托、行政管理服务信托、资产证券化服务信托、风险处置服务信托及新型资产服务信托五类，共19个业务品种。

2. 资产管理信托

资产管理信托是信托公司依据信托法律关系，销售信托产品，并为信托产品投资者提供投资和管理金融服务的自益信托，属于私募资产管理业务，适用《关于规范金融机构资产管理业务的指导意见》（以下简称《意见》）。信托公司应当通过非公开发行集合资金信托计划（以下简称信托计划）募集资金，并按照信托文件约定的投资方式和比例，对受托资金进行投资管理。信托计划投资者需符合合格投资者标准，在信托设立时既是委托人，也是受益人。资产管理信托依据《意见》规定，分为固定收益类信托计划、权益类信托计划、商品及金融衍生品类信托计划和混合类信托计划共4个业务品种。

3. 公益/慈善信托

公益/慈善信托是委托人基于公共利益目的，依法将其财产委托给信托公司，由信托公司按照委托人意愿以信托公司名义进行管理和处分，开展公益/慈善活动的信托业务。公益/慈善信托的信托财产及其收益，不得用于非公益目的。公益/慈善信托按照信托目的，分为慈善信托和其他公益信托共2个业务品种。

《通知》明确，信托公司不得以任何形式开展通道业务和资金池业务，也不得以任何形式承诺信托财产不受损失或者承诺最低收益，坚决压降影子银行风险突出的融资类信托业务。对存量融资类信托，信托公司应按照前期既定工作要求继续落实。（自"两压一降"后，融资类信托业务逐渐压缩。《通知》的改革框架不包含融资类信托，未来将逐渐退出历史舞台。截至2022年年底，融资类信托资产规模为3.08万亿元，占比14.55%）

表3 信度分析-1

	现状	可持续性	可复制性	可规模化	可营利性	未来	
融资类业务	□	×	√	√	√	—	压缩清理
通道类业务	□	×	√	√	√	—	
资产管理	□	√	√	√	√	□	主营业务1
服务信托							
行政管理服务		√	√	×	√	□	差异化发展
预付类资金受托服务		√	√	×	√	□	
资管产品受托服务	□	√	√	×	√	□	
担保品受托服务	—	√	√	×	√	□	
年金受托服务	□	√	√	×	√	□	
资产证券化受托服务	□	√	√	×	√	□	
风险处置受托服务	□	√	√	×	√	□	
财富管理受托服务	□	√	√	√	√	□	主营业务2
慈善信托	□	√	√	√	×	□	社会责任

注：条框的长度表示业务收入规模。

二、北京市信托公司税源情况

（一）整体税源情况

2023年，在北京注册的11家信托公司合计纳税101.79亿元，户均贡献近10亿元。其中地方级税收收入为48.77亿元，户均贡献超4亿元。

从分税种来看，2023年北京市信托公司实际缴纳增值税同比下降10.71%，主要是信托行业转型、非标融资类业务规模持续压降的结果；企业所得税同比下降5.62%，主要是行业整体面临较大的经营压力，新的业务增长点尚未成熟；个人所得税同比下降9.79%，这与2022年8月财政部对国有金融机构发布"限薪令"，中国人民银行等金融监管机构带头降薪等相关。

图 2

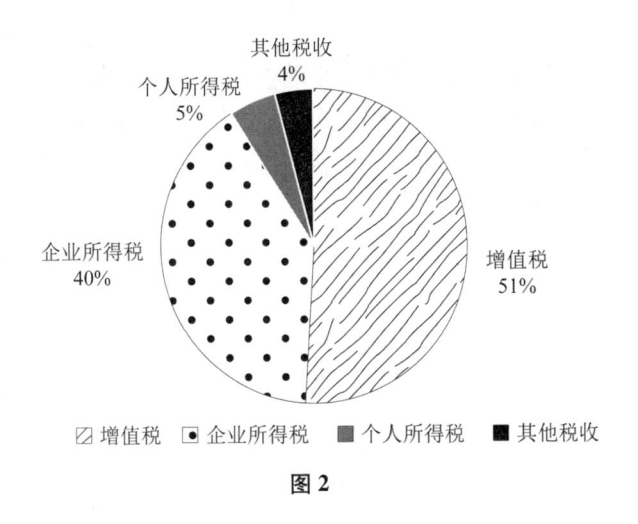

（二）详细税源情况

从分布区域看，在北京注册的 11 家信托公司主要分布在东城、西城、朝阳。从控股情况看，北京市信托公司主要由央企或金融机构控股，11 家信托公司中 5 家由央企控股，3 家由金融机构控股，2 家由民企控股，1 家由市国资控股，其中 9 家隶属于总部在京千户集团。

表 4　在北京注册的 11 家信托公司基本情况

序号	信托企业名称	控股股东（或第一大股东）	所在区	是否属于千户集团
1	英大国际信托有限责任公司	国家电网	东城	是
2	中国民生信托有限公司	泛海集团（民营）	东城	是
3	国民信托有限公司	深圳富德（民营）	东城	否
4	中诚信托有限责任公司	中国人保	东城	否
5	国投泰康信托有限公司	国开投集团	西城	是
6	中国金谷国际信托有限责任公司	中国信达	西城	是
7	华鑫国际信托有限公司	华电集团	西城	是
8	中国对外经济贸易信托有限公司	中国中化	西城	是
9	中粮信托有限责任公司	中粮集团	朝阳	是
10	中信信托有限责任公司	中信集团	朝阳	是
11	北京国际信托有限公司	市国资	朝阳	是

三、信托公司主要收入涉税情况分析

通过走访中国信托协会和部分信托公司，我们了解到信托行业模式和异地展业情况，结合北京市信托公司企业所得税、增值税申报表明细项目，系统梳理、分析了信托主要收入构成和纳税地点，具体情况如下。

（一）手续费和佣金收入是信托公司的主要收入

信托公司业务类型分为信托业务（主要取得手续费和佣金等收入）和固有业务（主要取得利息收入）。信托业务，是指信托公司作为受托人，按照委托人意愿，对信托财产进行管理、处分的业务，信托公司作为信托资产管理人，在投资人和融资人有投融资需求时作为中间商撮合交易，收取服务费、手续费和管理费等；固有业务，是指信托公司运用自有资本开展存放同业、拆放同业、贷款、租赁、投资等业务。

从 11 家北京市信托公司 2022 年度企业所得税申报表来看，手续费佣金收入占全部营业收入的平均比例为 97.04%，因此信托公司的信托业务收入是信托公司的主要收入。

（二）信托公司涉及多个税种，主要税收均在注册地缴纳

信托业务一般涉及 3 类资金流，2 个纳税主体（如图 3 所示）。

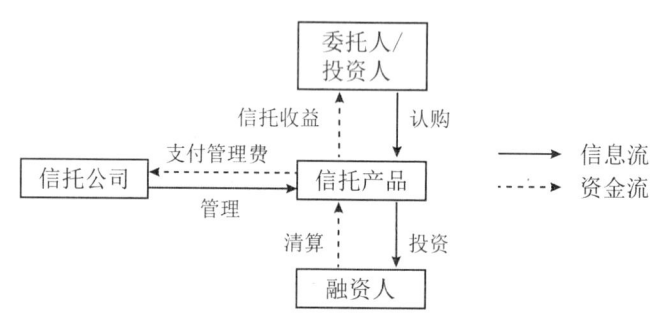

图 3　信托业务信息流和资金流示意图

从资金流来看，信托公司发行信托产品募集资金，委托人或投资人购买信托产品交付资金后，信托产品通过相应的方式为融资人提供资金，信托产品按一定期限运营，到期后进行清算，融资人支付费用，信托产品向投资人分配收益。

从纳税主体和纳税地来看，信托产品不是一个独立的纳税主体，信托公司和投资人在不同环节取得的收入需要缴纳相应税收。

信托公司：《信托公司管理办法》（中国银行业监督管理委员会令 2007 年第 2 号）第十一条规定："未经中国银行业监督管理委员会批准，信托公司不得设立或变相设立分支机构。"目前，国内没有任何一家信托公司设有分公司，但由于信托业务具有在全国展业的特点，各信托公司根据项目需要在各地派驻工作团队。在税收管理上，全国信托业务的管理费收入均由信托公司总部确认，管理费并入当年应纳税所得额在信托公司注册地缴纳企业所得税，按 6% 税率在信托公司注册地缴纳增值税。在信托项目运营和清算过程发生的增值税应税行为，由信托公司按 3% 征收率在信托公司注册地汇总缴纳增值税。由此可见，信托公司信托业务收入涉及的企业所得税和增值税都在信托公司注册地缴纳。

委托人或投资人：个人和企业都可以成为信托产品的投资人或委托人。实操中，信托协议条款明确产品收益对应的税款由委托人或投资人自行申报，大多数企业投资者能够按照税法相关规定确认信托收益，申报缴纳企业所得税，但是个人投资者往往分布在全国各地，税务机关

难以获得个人的信托收益情况，未缴纳个人所得税现象在国内普遍存在，信托业在该事项的税款流失问题较大。

四、存在的问题

信托产品由于其灵活性和创新性，在税务方面目前存在一些问题和潜在风险。

（一）未来信托产品差异化扩大，日常管理存在盲人摸象的困境

在信托三分类新规实施的大背景下，信托公司差异化发展将是未来行业发力的重点方向。2023年，各家信托公司创新推出多种信托产品，如家族信托、保险金信托、风险处置服务信托、预付类资金服务信托等，由于信托产品的私募性，公开披露信息较少，在税务管理上，不同类型信托产品的设计思路和架构搭建等信息获取难度大，对税务人员而言，信托产品成为"黑匣子"，日常监管存在较大难度。

（二）信托是受高净值人群青睐的税收筹划工具，但目前配套政策不完善

一般理财产品投资者数量众多但平均持有金额不高，而信托则不同，信托长期以来的定位是私募产品，主要面向中高端客群，与个人所得税高净值人群的监管重点高度重合。高净值人士持有大量可投资资产，常用于进行个人投资，同时高净值人士的财富分布和收入来源具有跨区域和国际化的特点，利用信托构建多层级跨地区的架构来避税或者降低税率是常见手法，而税法对这部分的配套政策还有待完善。

（三）慈善信托在税收领域处境尴尬

在我国，《慈善法》在第四章、第五章分别描述了慈善捐赠与慈善信托，确立了两种不同的从事慈善活动的形式。现阶段公众参与慈善事业还是以慈善捐赠为主。目前，慈善捐赠的税收政策散布于各种具体的税收法律法规中，主要体现在慈善组织的税收政策、捐赠者的税收政策以及受益人的税收优惠政策三方面。相比于慈善捐赠制度，慈善信托税收制度有缺失，慈善信托的实践存在一系列的课税问题。例如，在适用慈善优惠制度时，受托人如果是信托公司或不具有免税资格的慈善组织，则委托人就无法享受税收优惠；又如，慈善信托设立环节和最终向受益人转移信托财产环节，如果肯定慈善信托设立时，委托人的财产发生转移，产权发生变动，当受托人将信托财产向受益人转移时，可能出现此所得税、增值税、契税等重复征税的情况。

五、相关展望及建议

（一）信托产品的发展和创新，需要加强税务事项备案管理

由于信托产品涉及多元主体和多样化的诉求，差异化、专业化、本源化发展道路成为主流。信托产品的差异化导致受托人和受益人的税务不确定性大大增加，税务风险也随之加大，建议加强信托产品的税务管理，从政策层面加强产品相关条款、收费标准等税务备案，使税务机关掌握更多的信托产品数据及信息，走出信托产品日常监管的"黑匣子"困境，有效降低税收风险，促进信托行业健康有序发展。

（二）高净值人群参与信托项目逐渐增多，建议明确个人收到信托分红是否缴纳个税

个人投资者主要参与信托公司开展的契约型信托计划，信托公司按约定向个人投资者分配

现金红利。目前，我国没有明确的文件要求信托机构就分红收益代扣代缴个人所得税，且信托计划不具备个人所得税扣缴义务人资格。同时，在实际操作中，产品协议明确产品收益对应的税款由个人自行申报，信托公司无法代扣代缴个人所得税。因此，在此过程中，信托公司未就此代扣代缴个人所得税，在一定程度上存在税款流失风险。我们建议明确信托分红收益个人所得税征管制度，一并按照利息、股息、红利所得确认应税项目，并由信托公司作为实际支付人代扣代缴个人所得税。

（三）国家鼓励开展公益信托，建议明确信托为主体的捐赠行为的税前扣除资格

从欧美经验看，欧美国家对公益信托的优惠主要表现在税收优惠上。根据我国现行税收规定，符合条件的基金会、慈善组织等公益性社会团体，可按程序向财政、税务、民政部门申请公益性捐赠税前扣除资格。由于公益信托不具备法人资格且不属于社会团体，其无法申请公益性捐赠税前扣除资格，这在很大程度上也削弱了信托公司从事公益信托的动力。我们建议实行慈善信托的税前扣除资格认定，推进慈善信托设立、运行和支出环节的税收优惠政策，信托公司凭备案文件享受税收优惠。

课题组组长：万　东
课题组成员：彭建军　邵　强　喻欣欣　王秋月
课题执笔人：喻欣欣　王秋月

北京大兴国际机场临空经济区税收治理优化研究

王海鹏

2024年是京津冀协同发展10周年和北京大兴国际机场通航5周年。大兴机场作为国家发展新的动力源，在北京市"五子联动"新发展格局、"双自贸区"政策叠加优势下，税源税收发展潜力巨大。本文结合大数据分析和企业调研，探讨临空经济区税源布局、税收征管问题及对策，以期促进临空经济高质量发展和新国门开放，使其更好地服务京津冀一体化战略布局。

一、大兴机场临空经济区税源税收发展成效

涉税数据显示，大兴机场临空经济区在政策利好和投资带动下，发展步伐稳定较快。一是税源税收体量已初具规模。截至目前，税源企业6000余户，机场通航以来，税费收入年均增长超过60%。二是税源聚集形成临空产业生态。临空经济核心产业与关联、引致产业总户数之比约为1∶26.7；核心产业累计税收占比为76.8%，年均增长44.5%；关联产业、引致产业税收占比23.2%，年均增长128.2%。三是辐射影响力与协同效应开始显现。机场通航以来，临空经济税源企业以年均超过1100户的速度增加，目前总注册资本1151.2亿元，累计带动就业超过6万人。根据增值税发票信息，临空经济连接了全国相关上下游市场主体近8万户，京津冀户数占比超过四成。

二、对临空税源布局与税收征管问题的思考和探讨

（一）"双枢纽"视野下临空税源布局思考

大兴机场枢纽地位持续提升，2023年旅客吞吐量达到首都机场的约74%，与首都机场形成了"一市两场"格局。结合与首都机场临空经济区税源布局的比较，以下问题值得关注。

1. 从突出枢纽核心看，涉航税源有待"增量""强身"

一是涉航核心税源有待"增量上规"。按相同标准进行归类，大兴机场临空经济区企业户数不足首都机场临空经济区的50%，年纳税能力仅为其四分之一，飞机维修、地面服务等企业相对较为缺乏。二是转场航企降本增效问题不容忽视。我们调研了解人员增加，房产、水电能源费、内场车辆租赁等支出增加，以及飞机起降服务收费标准提高，这些均导致转场航空公司成本上升，特别是对廉价航空运营的挑战增加。

2. 从扩大辐射影响看,"引领""开放"效应不够突出

一是生命健康产业引领作用有待加强。生命健康产业是大兴临空经济区规划中的引领产业,目前引进的企业以基因诊断、细胞医学等领域为主,集中在产业链上、下游,全市同类企业普遍具有成果转化周期长、税源规模小的特征。与首都机场临空经济区相比,其税源规模梯度不够丰富,缺乏中游医药类税收龙头企业,不利于产业引领地位的突出。二是开放对税收的拉动力暂不明显。与首都机场临空经济区外资及港澳台资企业户数占比3%、税收贡献近半相比,大兴临空经济区外资企业户数占比近似,但税收贡献不足10%。

3. 从增强内生动力看,临空产业有待"补链""构链"

一是枢纽服务链条有待补充完善。例如,根据涉航企业取得的增值税发票数据,从航空服务的主要上游产业即现代服务看,大兴区与首都机场所在地服务提供方户数比不足1∶3,特别是商务辅助服务、物流辅助服务的很大比重仍留在原地。从机场及周边配套建设看,我们调研了解到2023年航班量快速增加,过夜停机位资源不足;通往市内的大巴和快轨等资源受运营时间限制,导致早晚航班客座率低。二是临空区与其他产业园区之间存在产业同质化风险。例如,医药与生命健康产业除临空区外,在大兴区生物医药产业基地、中日产业园以及全市范围内的经开区、海淀区、昌平区均有重点布局,园区间联动、协同发展挑战较大。

4. 从谋划税源价值看,总部和集团经验值得借鉴

一是现阶段总部经济特色不够突出。大兴临空经济区总部企业税收贡献率仅为10%,明显低于首都机场临空经济区(近50%);年纳税超过千万元企业数量约为首都机场的六成,头部企业与首都机场的航空运输、物流、医药、航材、飞机维修、金融、建筑、能源等多点支撑相比,行业结构相对单一。二是航空企业集团聚集效应不够明显。例如,中航集团以及东航、南航集团在京成员企业七成以上集中在首都机场周边,落户大兴数量远不足一成,缺乏聚集优势。随着2023年行业复苏,航企加快拓展业务结构、推出新增产品,若能抓住航空集团新增业务投资机遇,促进集团新设子公司落户,有望走出航空集团税源发展的新途径。

(二)临空经济区政策与征管模式创新的探讨

结合调研了解情况看,关于税收政策与征管模式创新,我们应关注以下问题。

1. 政策吸引力有待加快提升(以"1210模式"为例)

大兴机场临空经济区集国家级临空经济示范区、双自贸区、服务业扩大开放示范区、数字贸易试验区、跨境电商综合示范区等多功能、多优势为一身,亟待争取更多与其独特地位相适应的税收政策。例如,某电商平台企业拟在大兴机场临空区开展出口海外仓零售模式(以下简称"1210模式")业务,与传统的9610跨境电商(一般出口)模式的"先销售、后出境"不同,通过"先出境、后销售",可提高商品配送效率。企业反映,该模式下出口申报环节可提供进货凭证、享受出口退税政策,但境外零售收入与出口申报金额的差额部分无凭证,期望对该部分收入进行企业所得税核定征收。按照现行政策,在综试区注册,符合财税〔2018〕103号增值税、消费税免税条件等的9610模式企业,可按照收入总额的4%核定应纳税所得额。根据海关总署相关规定,1210模式适用于境内个人或电子商务企业经海关认可的电子商务平台的跨境交易,并通过海关特殊监管区域或保税监管场所进出的电子商务零售进出境商品,企业须注

册在海关特殊监管区域内（例如，大兴国际机场综合保税区）即"境内关外"。不属于增值税的纳税主体，无法适用企业所得税核定征收。未来，我们若能够补充完善现行政策或研究出台其他相关替代性政策，其将有助于解决1210模式下海外仓扣除凭证查验难、海外仓成本结转难，以核实等导致的征管成本高、执法和廉政风险大等现实问题。此外，相关企业认为，配合1210模式税收政策的完善，金融监管措施也应进一步加强，保障企业差额收入能够合法汇入国内、实现外汇合规核销。因管控不牢形成"热钱"进入国内的新途径，是其中的风险点。

2. 税收征管专业化团队有待加快建立

目前，临空经济区税源企业由北京市大兴区税务局榆垡税务所（正科级，在编干部13人）管辖。机场周边现代制造、仓储物流、会展商务、金融服务等不断壮大，形成了航空核心税源企业群体、外围临空产业圈层、综合保税区特殊税源聚集区域，出现了客运、免税、保税、离境退税、限制离境等外向特征明显的特殊业务，现有税务人员数量、专业化水平与涉税市场主体多样化、业务类型专业化间的矛盾逐渐突出。此外，北京市政府设立了北京大兴国际机场临空经济区（大兴）管理委员会（正局级）以及北京大兴国际机场综合保税区管理委员会（正局级），税务所作为税源管理机构，与上述部门沟通层级差距较大。

3. 地方税制一体化有待加快推进

大兴机场临空经济区核心区地跨京冀两地，两地部分地方税费种在税收政策、征收管理细则上存在差异。例如，房产税缴纳期限不同，北京市为全年分两次缴纳，河北省分季度缴纳；耕地占用税税额标准不同，北京市按照区域等级划分三档标准（大兴机场为每平方米42元），河北省为全省统一标准（每平方米35元）；环境保护税征税对象不同，北京市对项目建设主体征收，河北省对项目施工单位征收。上述差异可能影响临空经济区内跨省市经营企业纳税的便利性。通过促进地方税制一体化，这将更好地促进京冀两地实现临空经济区共商、共建、共管、共享，更充分发挥协同带动作用。

三、进一步促进临空经济发展的对策建议

（一）抓牢"点线面体势"，优化临空产业税源布局

一是壮大涉航核心企业税源群体，进一步促进航空公司和航空服务配套产业落户，加快提升国际货运物流、航空工业、涉航高端技术等领域的配套企业规模，加强核心产业与关联产业间的有机衔接。二是坚持强关联性、高成长性、可持续性相结合的理念，进一步寻找氢能产业、商业航天、生物医药等发展目标与临空经济的契合点，弥补高端制造业空白，健全优质临空工业"筋骨"。三是突出产业引领和链式布局，促进临空区生命健康产业与北部生物医药基地的协同，形成上游生命科学研究、中游医药与医疗器材工业、下游医疗健康服务紧密联系的产业链，在临空区安置有影响力的医药类链主企业。四是加快引进航空集团总部，积极关注新形势下主要航空集团新业务和新投资动向，发展更多新增的集团成员企业。五是根据临空产业圈层布局规律，突出发展先后顺序，制定不同圈层的差异化招商政策，将项目临空关联性纳入办公场所、土地等资源配置的考量标准内，确保内圈层临空关联度保持较高水平，实现临空资源效益最大化。

（二）聚焦京津冀协同，创新临空经济区税收治理

一是推动大兴机场临空经济区税收政策创新，来更好地适应新业态发展需要。例如，针对跨境电商海外仓模式，建议在国内主要综保区开展调研，了解该类业务规模和普遍性、具体业务流程、各地政策争议处理方式等情况，尝试比照现行政策进行核定征收试点或另行研究适用政策，更好地突出"新国门"政策示范效应。二是建议成立大兴机场税务分局，配齐专业人才，探索重大项目从投资建设到生产运营全流程管理，临空经济圈层式分级分类管理，涉航、涉外税收业务专人专组管理等专业化税收征管和服务模式。三是进一步推进同事同标。在现有税收支持和服务京津冀协同发展便利化举措基础上，加快梳理高频涉税事项，尽快推出一套业务标准、一套办理流程，做到无差别办理，进一步提升税收服务协同"标准化"水平。

（作者单位：国家税务总局北京市大兴区税务局）

从税收数据看廊坊现代商贸物流产业发展情况

——基于"税比析"场景下的发展分析

刘 伟 康小青 刘 鑫

廊坊地处京津雄"黄金三角"中心腹地，发展现代商贸物流业优势明显。按照河北省"十四五"规划，廊坊市将大力发展现代商贸物流产业确立为"一号工程"和转型升级的主攻方向。近日，廊坊市制定出台了《廊坊市2024年现代商贸物流产业上档升级专项行动工作方案》，明确了30余项重点工作任务，积极争列国家物流枢纽承载城市，加快打造世界现代商贸物流中心。本文基于国家税务总局"税比析"决策服务系统2021—2023年数据，选择浙江省嘉兴市、广东省中山市、四川省资阳市三个城市现代商贸物流产业进行比对分析。

一、关于现代商贸物流产业税收情况

（一）产业界定及分类

根据《廊坊市现代商贸物流产业发展三年实施方案》，商贸物流是指与批发、零售、住宿、餐饮、居民服务等商贸服务业及进出口贸易相关的物流服务活动，是现代流通体系的重要组成部分，是扩大内需和促进消费的重要载体，是连接国内国际市场的重要纽带。现代商贸物流产业泛指商贸服务与物流服务融合发展，为产业链的发展提供供应链一体化服务，形成畅通高效、协同共享、标准规范、智能绿色、融合开放的现代商贸物流体系。

廊坊市统计局《关于现代商贸物流产业增加值测算情况的报告》的有关界定：廊坊市现代商贸物流产业共涉及批发和零售业、交通运输和仓储及邮政业、住宿和餐饮业、租赁和商务服务业4个行业门类中的12个大类、45个中类、175个小类。其中：①批发和零售业涉及全部128个行业小类；②交通运输和仓储及邮政业涉及扣除客运以外的42个行业小类；③住宿和餐饮业涉及2个行业小类（餐饮配送服务和外卖送餐服务）；④租赁和商务服务业涉及3个行业小类（包装服务、企业总部管理和供应链管理服务，其中企业总部管理和供应链管理服务仅指涉及现代商贸物流的企业总部和供应链企业）。

（二）廊坊现代商贸物流产业基本情况

2023年以来，廊坊市聚焦"把廊坊打造成为世界现代商贸物流中心"这一愿景，锚定集聚、提升、国际化的目标，初步形成了铁路、跨国公路、境外铁路、水路相结合的国际多式联运模式。2024年以来，全市在谈现代商贸物流产业项目71个，计划总投资187.15亿元，签约落地项目18个，计划总投资73.25亿元。廊坊市以产业集聚带动现代物流产业集群发展，目前，该市初步形成了以京东、"三通一达"等为代表的快递区域总部产业集群，以国药科技城、熙麦智联网等为代表的供应链物流产业集群，以河北天环、万纬冷链等为代表的冷链物流产业集群，以国家管网集团北方公司、中国石油管道局等为代表的管道物流产业集群，以京津冀（固安）国际商贸城、永清云裳小镇等为代表的环京津商贸产业集散中心五大产业集群。《廊坊市2024年现代商贸物流产业上档升级专项行动工作方案》中明确了30余项重点工作任务，将依托廊坊经洽会等重点会展活动和廊坊国际现代商贸物流CBD等平台，招引标志性、引领性物流项目，加快打造世界现代商贸物流中心。

根据廊坊现有实际，结合"税比析"决策服务系统对行业的分类情况，廊坊市现代商贸物流业主要包括批发和零售业及交通运输、仓储和邮政业两大主体行业。截至2023年年底，全市现代商贸物流5.27万户。其中，批发和零售业市场主体4.91万户，交通运输、仓储和邮政业市场主体0.36万户。2021—2023年，廊坊市现代商贸物流业分别实现税收44.45亿元、32.75亿元、47.54亿元，占全市税收收入的8.85%、9.31%、11.30%。

二、选取浙江嘉兴、广东中山、四川资阳进行比较分析

（一）浙江嘉兴、广东中山、四川资阳网络货运平台相关行业扶持政策

1. 浙江嘉兴。《嘉兴市推动先进制造业和现代服务业深度融合发展实施方案（2024—2026年）》（嘉政发〔2024〕14号）强调，一是加大对供应链管理平台、工业互联网平台等新模式新业态的扶持力度，把制造业数字化、智能化投入纳入税收优惠政策范围内，充分发挥研发费用税前加计扣除政策作用，对企业开发两业融合创新平台、新技术、新产品（服务）等研发费用，按照100%比例加计扣除。对经认定的技术先进型服务企业，按15%的税率征收企业所得税。二是鼓励生产性服务业发展，对年主营业务收入首次超过1亿元、5000万元、2000万元的科技信息、物流运输、商务服务类企业，分别给予50万元、20万元、10万元的奖励。年主营业务收入首次超过20亿元、10亿元、5亿元的批零贸易类企业，分别给予50万元、20万元、10万元的奖励。从获奖次年开始，对年主营业务增速超过15%的企业，给予10万元的奖励，连续奖励3年。

2. 广东中山。在《中山市促进商贸服务业项目高质量发展实施细则》（中商务拓字〔2023〕12号、中商务规字〔2023〕2号）中，其对项目促进奖励和经济贡献奖励均有具体规定，如经济贡献方面，项目运营主体正式运营后的第一个自然年度，对项目运营主体若为限额以上批发零售企业且年零售额达5亿元（含）以上，以及若为限额以上住宿餐饮企业且年零售额达1亿元（含）以上的，给予项目运营主体100万元一次性奖励；对项目运营主体若为限额以上批发零售企业且年零售额达20亿元（含）以上，以及若为限额以上住宿餐饮企业且年零售额达4亿元（含）以上的，给予项目运营主体400万元一次性奖励。项目运营主体正式运营后的第二个自然年度，项目运营主体若为限额以上批发零售企业，按年零售额同比增长10%及以上，每增加1亿元，给予项目运营主体30万元奖励，累计奖励最高300万元；项目运营主体若为限额以上住宿餐饮企业，按年零售额同比增长10%及以上，每增加1000万元，给予项目运营主体30

万元奖励，累计奖励最高 300 万元。

3. 四川资阳。资阳市印发了《关于促进资阳保税物流中心（B 型）项目运营发展的若干政策》（资府办规〔2023〕4 号）的通知，在租金补贴方面，对入驻物流中心租赁物流中心办公楼、标准厂房（仓库）、保税仓库的企业，年进出口额达到 2000 万元或单位面积年进出口额达到 1 万元/平方米，给予前三年租金 100% 补贴。对在物流中心注册开展贸易业务的入驻企业，每户年进口额达到 1000 万元、3000 万元、5000 万元、1 亿元，一次性分别给予企业 10 万元、20 万元、30 万元及 50 万元奖励，对进口额超出 1 亿元的部分按照 4‰ 追加奖励。对在物流中心的入驻企业，根据年出单数进行奖励，最高可达 50 万元。此外，通关服务成本、四川省内口岸到物流中心的物流费用也有所降低，报关手续费用给予 150 元/票补贴。对从泸州港水运口岸、宜宾水运口岸、青白江铁路口岸、双流空港口岸、天府空港口岸运抵物流中心保税仓储的重车，按实际发生的物流费用给予全额补贴。

（二）四市现代商贸物流产业税收情况比较分析

1. 从企业活跃度来看，2021—2023 年资阳现代商贸物流业市场主体年增长率为 10.84%。中山、嘉兴、廊坊年增长率均低于 10%，分别为 8.35%、6.49%、6.23%。四个市具体市场主体变化情况如下。

表 1　　　　　　　　　　　　　　　　　　　　　　　　　　　　　　单位：万户

城市	年度	批发和零售业市场主体数量	交通运输、仓储和邮政业市场主体数量	现代商贸物流业市场主体数量	全市市场主体数量	现代商贸物流业占全市市场主体数量比
浙江嘉兴	2021	6.97	0.5	7.47	21.8	34.27%
	2022	7.38	0.52	7.9	21.8	36.24%
	2023	7.92	0.55	8.47	21.8	38.85%
广东中山	2021	5.45	0.43	5.88	25.71	22.87%
	2022	6.05	0.46	6.51	25.71	25.32%
	2023	6.42	0.48	6.9	25.71	26.84%
四川资阳	2021	0.52	0.05	0.57	1.88	30.32%
	2022	0.57	0.05	0.62	1.88	32.98%
	2023	0.65	0.05	0.7	1.88	37.23%
河北廊坊	2021	4.36	0.31	4.67	19.81	23.57%
	2022	4.61	0.34	4.95	19.81	24.99%
	2023	4.91	0.36	5.27	19.81	26.60%

2. 从行业税收贡献来看，2021—2023 年资阳现代商贸物流业税收收入年均增长率在四市中最高，为 119.34%，廊坊、嘉兴、中山年均增长率分别为 9.42%、5.11%、-9.76%。四个市具体税收收入及占比情况如下。

表 2　　　　　　　　　　　　　　　　　　　　　　　　　　　单位：亿元

城市	年度	批发和零售业税收收入	交通运输、仓储和邮政业税收收入	现代商贸物流业税收收入	占全市税收收入比重	占全市GDP比重
浙江嘉兴	2021	83.97	15.8	99.77	9.04%	1.57%
	2022	88.08	12.49	100.57	10.11%	1.49%
	2023	94.18	15.86	110.04	10.44%	1.56%
广东中山	2021	55.05	5.91	60.96	8.53%	20.05%
	2022	50.26	5.29	55.55	9.96%	15.36%
	2023	48.05	1.59	49.64	7.91%	16.30%
四川资阳	2021	9.39	1.04	10.43	14.79%	1.17%
	2022	8.85	-6.27	2.58	5.11%	0.27%
	2023	10.19	0.49	10.68	14.47%	1.05%
河北廊坊	2021	34.4	10.05	44.45	8.85%	1.25%
	2022	28.3	4.45	32.75	9.31%	0.92%
	2023	35.86	11.68	47.54	11.30%	1.32%

3. 从研发强度来看，以 2023 年度为例，该年度廊坊、资阳批发和零售业科研投入占比较小，分别为 0.04%、0；嘉兴、中山批发和零售业科研投入占比分别为 0.66%、0.24%。该年度廊坊、中山交通运输、仓储和邮政业科研投入占比均为 0.63%，嘉兴交通运输、仓储和邮政业科研投入占比为 2.06%，资阳交通运输、仓储和邮政业科研投入占比为 0。四个市具体研发强度相关情况如下。

表 3

城市	年度	批发和零售业科研投入占比	交通运输、仓储和邮政业科研投入占比
浙江嘉兴	2021	1.16%	1.01%
	2022	0.66%	2.06%
	2023	0.66%	2.06%
广东中山	2021	0.75%	1.93%
	2022	0.24%	0.63%
	2023	0.24%	0.63%
四川资阳	2021	2.31%	0
	2022	0	0
	2023	0	0

续表

城市	年度	批发和零售业科研投入占比	交通运输、仓储和邮政业科研投入占比
河北廊坊	2021	0.12%	0.94%
	2022	0.04%	0.63%
	2023	0.04%	0.63%

三、关于助力现代商贸物流产业发展工作建议

（一）释放临空潜力，提升战略层级

努力把廊坊绝佳的区位、良好的机遇转化为发展优势。一是争取战略新支点。加强同国家有关部委的汇报沟通，进一步明确廊坊在京津冀供应链保障、承担商贸物流功能等方面的定位，并争取纳入国家相关规划中。以此为支撑，引入国企战略合作者，深化资本运营、园区开发等务实合作。二是打造临空主战场。瞄准全球物流龙头企业，加速区域总部、全国总部集聚，培育总部企业发展集群。以航空物流为支点，重点围绕汽车及零配件、生物医药、装备制造等产业，突出引进"链主型"供应链企业，提高高质量物流供给能力。三是突出外贸新业态。依托临空经济区、自贸试验区、综合保税区、跨境电商综试区等"四区叠加"优势，加快建设全球航空物流枢纽，全力推动Ebay（易贝）跨境电商产业园和数字物流项目落地，提升产业国际化水平。

（二）深化资本合作，明确招商方向

要更加注重资本平台整合资源、优化布局的支撑性作用，着力在更高层级推动现代商贸物流产业发展。一是加强央企战略合作。加快引入中国物流集团、中远海运等央企战略合作者，我市可以由土地要素、现有基础设施等入股，并吸引部分民营资本入股，共同组建国有商贸物流建设集团公司，负责全市重大物流项目招商、重大物流设施布局等。二是加强国家物流功能。发挥大型国有企业集团的战略优势，加强与国家部委对接沟通，全力争取指导支持，推动国家物流功能布局在我市落地，更好地实施京津冀协同发展战略。三是加强全域统筹布局。树立全市"一盘棋"思想，坚持"商贸为主、物流配套"的招商引资原则，走"物流集约、商贸集聚、设施集运、模式集成"的发展路径，实现全域商贸物流项目的合理布局。

（三）实施创新赋能，盘活现有资源

加强政策引导，推动传统商贸物流企业提质增效。一是深挖仓储资源潜能。引导廊坊普洛斯仓储有限公司、宝湾物流园、中国邮政北方速递环渤海邮件集散中心等现有仓储物流企业，导入跨区域订单管理、区域结算中心、电商中心等新技术、新业态，建设智能仓储，打造现代化云仓，提升项目区位价值、产出效益和服务能力。二是提升商贸市场价值。鼓励域内商贸企业加强与会展、供应链、跨境电商等新兴产业融合，催生"商贸+"的功能复合型模式，发展集采集销、供应链金融等创新业态，助力专业市场升级，带动实体经济发展。三是打造冷链资源优势。整合现有分散的冷链仓储资源，延伸产业链条，提升价值链条，鼓励冷链物流企业与

农业经营主体合作，提升现有冷库对本地优质农产品的覆盖能力，打通"最先一公里"。依托大型冷链企业，引进"中央厨房""预制菜"等食品加工企业，提高分级分拣、初加工、产地直销等能力，提升冷链附加值。

（四）完善基础设施，拓展功能平台

加快物流基础设施建设，提升产业承载能力。一是打造国际港枢纽。加快成立国有控股的混合所有制公司，以里澜城铁路货场为基础，推进国际陆港项目改造升级，立足"冀北中欧班列集结中心"发展定位，打造廊坊国际陆港。二是推动多式联运。加强与天津港、黄骅港等区域口联动，实现大宗物资、机械装备等与国际船舶、国际班列的快速对接，畅通沿海港口与内陆腹地互动的通道。三是加快数字转型。推进物流信息化标准化建设，鼓励物流企业信息化改造和建设，建设智能物流平台和物流大数据中心，实现物流各环节的数字化管理和智能化决策。

（五）坚持融合发展，健全产业链条

切实发挥现代商贸物流的融合功能、带动效应，提升廊坊产业链整体水平。一是促进流通体系融合。大力实施"物流双循环"和"物流+"战略，推动现代商贸物流产业与市域主导产业、县域特色产业协同发展，积极培育"物流+商贸服务""物流+制造业""物流+科技""物流+农业"等新业态、新模式，构建融合发展新生态。二是推进线上线下互动。围绕食品、服装等快消产品，整合廊坊各县（市、区）及周边地区特色资源，以直播促进销售、以销售促进生产、以生产促进传统产业转型升级，打造线上总部经济集群，实现商贸物流资源的"线上线下"双聚集。三是带动优势产业转型。围绕钢木家具、板材制造、新型保温建材等县域特色产业，新一代电子信息、高端装备制造、生物医药大健康等主导产业，植入现代商贸物流高端业态，实现加工、贸易、展览、交易的融合发展，打造形成具有区域竞争力的商品集散地。

（作者单位：国家税务总局廊坊市税务局第一税务分局）

从税收调查数据看渭南民营经济发展现状

李晓梅　严晓鸽

民营经济是社会主义市场经济发展的重要成果，是推动经济社会高质量发展的重要主体，在促进创业就业、技术创新、税收增长等方面发挥着重要作用。本文主要通过对今年全市参与税收调查的739户有代表性重点企业中民营经济税收数据的分析，反映渭南民营经济发展的总体成效、主要特点，同时提出优化完善的建议，促进全市民营经济持续、健康、高质量发展。

一、民营经济快速发展，在税收调查工作中的主体作用不断凸显

在参与调查的739户企业中，内资企业占720户，占调查总户数的97.43%。其中国有企业27户，集体企业6户，股份合作企业5户，联营企业1户，有限责任公司470户，股份有限公司22户，私营企业170户。港、澳、台商投资企业以及外商投资企业19户，占调查总户数的2.57%。民营经济669户，占总调查户数的90.53%。

（一）税收总量持续提升，主体地位不断巩固

2022年，全市实现税收130.03亿元，其中民营经济税收达到80.23亿元，占全市税收比重为61.7%。参与税收调查的739户企业实现税收87.62亿元，占全市税收收入的67.38%。其中民营经济户数669户，占参与调查企业的90.53%以上，实现税收66.84亿元，占全市税收收入的51.4%，占参与调查企业税收的76.28%。民营经济纳税户数比重高，税收占比大，民营经济发展活力不断增强。

（二）批发零售、制造等行业民营经济占比大

从行业划分来看，批发零售和制造业所占比重较大。批发零售和制造业民营经济户数达到410户，占参与调查总户数的55.48%，占参与调查的民营经济户数的61.29%，其中批发和零售业247户，制造业163户。

（三）从分区域看，民营经济主要分布在临渭区、韩城、富平以及蒲城

在参与调查的民营经济户数中，临渭区201户、韩城市118户、富平县68户和蒲城县64户，分别占到调查户数中民营经济的30.04%、17.64%、10.16%和9.57%。这四个县市区参与调查的民营经济户数达到451户，占到调查总户数的61.03%，一定程度上能反映出全市民营经济在这几个区域的市场主体中的聚集程度。

（四）营业收入稳步提升，税负有所下降，创新投入不断加大，企业经营效益持续回升

税务机关对参与税务调查的739户企业进行了民营经济抽样分析，抽样的民营企业实现营

业收入 1658.74 亿元，同比增长 4.6%。抽样的民营企业综合税负为 2.86%，较上年下降 0.35 个百分点，低于国有及其他企业 0.83 个百分点。调查的民营企业实现利润 5.4 亿元，而调查样本 739 户企业总体亏损 1.66 亿元，其中 28 户国有企业亏损 14.23 亿元。669 户民营企业中有 41 户企业研发费用投入 30.1 亿元，较 2021 年投入增加了 26.6 亿元，增幅超过 30%，显示了民营经济自主创新意识不断增强。

（五）民营经济营业成本和销售费用下降明显，投资收益逐渐复苏

669 户民营企业营业成本为 1533.67 亿元，较上年同期下降 2.75%，占参与调查企业的比例为 62.64%；销售费用为 10.62 亿元，较上年同期下降 13.44%，占参与调查企业的比例为 67.24%。从民营经济参与税收调查企业的比重看，民营经济营业成本与营业收入总体持平，民营经济的销售费用所占比重略高，但是民营经济的销售费用今年下滑幅度明显。参与调查的民营企业投资收益 22.64 亿元，占到调查企业投资收益的 96.79%，民营企业投资收益好于国有企业及其他国有控股和外资经济。民营企业投资收益明显上升，从侧面反映出目前民营经济投资收益的效率不断提高，民营经济运行发展正在持续向好。

（六）民营经济偿债能力有所缓解，趋势逐渐改善

2022 年，民营企业的营运资金（流动资产—流动负债，用于分析企业短期偿债能力）为 29.21 亿元，而上年为-30.92 亿元，同比增加 60.13 亿元，民营经济偿债能力正在逐步好转，民营经济支持政策的效果在逐渐显现。

二、优化企业发展环境，推动民营经济高质量发展

从整体来看，我市民营经济还存在重点行业集中度过高的现象；从分行业情况看，全市民营经济税收贡献主要集中在煤炭、有色金属、化工、建筑以及房地产等行业。我市可持续发展动力不足，先进装备制造业、高端制造、材料、生物医药以及新能源等经济体的体量偏小，对经济的拉动能力不强。从对全市 669 户民营企业调查结果看，我市民营企业税费成本还有下降空间，民营企业经营受国内外大环境影响明显，企业融资渠道单一，还存在高端人才紧缺、营商环境仍需改善等问题，我们从税收视角提出如下意见建议。

（一）加快结构调整，引导民营经济转型升级

一是推动高端制造业发展。将发展先进制造业作为民营经济发展的稳定器。西安的民营经济门类齐全、工业基础较好，我们可以充分发挥渭南距离西安近的区位优势，通过产业优化升级，丰富或者延长产业链，加快发展以化工新材料、生物医药制造、新能源等产业为代表的高端制造产业，培育发展智能制造、绿色制造、服务型制造等新型制造模式。二是打造现代化物流体系。依托发挥西安陆空互动、多式联运的综合交通运输体系的优势，积极引导大中型民企参与搭建以西安为中心、延安、宝鸡、渭南、汉中为辐射点的物流枢纽建设和运营，逐步将渭南融入西安这个连接中西部、欧亚大陆桥的核心节点中，打造具有竞争力的现代供应链。三是推进能源化工基地建设。我市将推动煤化工产业发展作为民营经济发展的助推器。我市充分利用安全、环保、节能、价格等措施，推动落后和低效产能退出。

（二）完善内部管理，增强企业核心竞争力

一是大力支持民营企业提升自主创新能力。支持民营企业牵头或参与从基础研究的源头创

新到应用开发、从科技攻关到成果转化及产业化、从人才培养到科技服务能力建设的全链条创新活动。二是积极落实支持民营企业创新发展政策。我市通过产业创新等财政资金，支持国家和省级重点实验室、工程研究中心、企业技术中心等创新平台，面向民营企业提供大型仪器和科研基础设施的开放共享服务。三是大力推进民营企业人才队伍建设。加大人才培养力度，创新人才引进机制，进一步规范和完善人才引进相关机制和激励措施等，助推引进各类急需紧缺高层次人才。利用现有资源，注重培训开发人才，建立良好的人才竞争机制。

（三）优化营商环境，创造优良的发展空间

一是深化"放管服"改革。加快推进全市政务服务"一网通办"，加大相对集中行政许可权改革力度，落实"非禁即入""非禁即准"要求，在市场准入、审批许可、经营运行、招投标、军民融合等方面，为民营企业打造公平竞争的环境。二是解决融资问题。要继续坚持拓宽融资渠道，创新融资工具，深化多层次资本市场改革，支持更多小微企业开展股权、债券融资。加强金融机构服务民营企业评估工作，将小微企业贷款占比等与内部考核、薪酬挂钩，强力解决给民营企业不敢贷、不愿贷的问题。三是进一步推动减税降费。严格落实国家各项减税降费政策，以及困难企业缓交社会保险费、住房公积金等政策，精准施策、多措并举，实质性降低企业负担。

（作者单位：国家税务总局渭南市税务局）

对新中国"农业税"史的研究

殷 然

自 1949 年 10 月 1 日中华人民共和国成立，到 2006 年 1 月 1 日取消农业税，这意味着我国沿袭 2000 多年的"农业税"正式终结，其成为历史，告别了农民兄弟朋友。我们现对这一成为历史的税种进行必要的研究，并通过研究得出一些体会，这是一件很有现实意义和历史价值的事。下面，笔者就这一课题进行一定的研究。

一、简述"农业税"的基本概念及其存在的历史意义

在我国，"农业税"起源春秋时期鲁国（公元前 594 年）实行的"初税亩"，开始称"田赋""赋税""租庸调""租赋"等。新中国成立后，我国对农业税（也俗称"公粮"）的征收，有着一定时期的历史意义。一是国家参与农业产品分配，从农业方面取得财政收入的一种有效形式；二是调控国家与农民分配关系的一种手段；三是国家和地方调节土地级差收入的一种有效形式。不可否认，在 2006 年 1 月 1 日前，国家对"农业税"的征收，以上的历史意义和功能作用客观地存在着。"农业税"特别在为国家恢复战争创伤、支持国民经济建设、积累国家建设资金、支援抗美援朝战争、支援国家重大项目工程、统筹全国救灾物资等方面发挥着重大的作用，为新中国特色社会主义建设事业做出了巨大贡献，是功不可没的。它的"特殊功劳"已经载入了新中国的发展史中，更载入了新中国的税收发展史中。

二、新中国成立后，我国农业税的征管体制

（一）农业税的纳税人

根据我国"农业税"条例规定，下列从事农业生产、有农业收入的单位和个人，都是农业税的纳税人。其具体包括实行统一核算和分配的各种形式的农业集体所有制的生产单位（如农村的人民公社等）；有自留地的农村合作经济组织成员；国有农场、地方国有农场和公私合营农场；个体农民和有农业收入的其他公民；有农业收入的企业、机关、部队、学校、团体和寺庙等；实行农业生产经营家庭（或小组）承包责任制的集体所有制组织。

（二）农业税的征税范围

新中国的农业税征收范围：粮食作物和薯类作物的收入；棉花、麻类、烟叶、油料、糖料和其他经济作物的收入；园艺作物的收入；其他应纳农业税的收入。

（三）农业税的计算标准

自新中国成立以来，我国对农业税实行以下计算标准进行计征农业税。种植粮食作物的收入，按照粮食作物的常年产量计算；种植薯类作物的收入，按照同等土地种植粮食作物的常年产量计算；种植棉花、麻类、烟叶、油料和粮料作物的收入，参照种植粮食作物的常年产量计算；园艺作物的收入、其他经济作物的收入和经国务院规定或批准收农业税的其他收入的核定计算标准，由各省、自治区、直辖市人民政府根据具体情况而制定。对上述农业收入，一律折合当地的主要粮食，以市斤为单位计算，折合比例由各省、自治区、直辖市人民政府规定。上述所说的常年产量是根据土地的自然条件和当地的一般经营情况，按照正常年景的产量评定。对因积极采取增产措施或勤劳耕作、采用先进技术、经验使产量提高的，评定常年产量不宜过高；对怠于耕作而降低单位面积产量的，评定常年产量时不予降低。

（四）农业税的税率

新中国成立后，长期以来，我国农业税实行的是地区之间的有差别的比例税率，具体如下：1. 全国的平衡税率规定为常年产量的 15.5%。2. 各省、自治区、直辖市的平均税率，由国务院根据全国平均税率，并结合各地区的不同经济情况，分别加以规定。3. 各省、自治区、直辖市根据国务院规定的平均税率，结合所属各地区的经济情况，分别规定所属自治州的平均税率和所属县、自治县、市的税率，自治州所属县、自治县、市的税率，由自治州人民政府根据上一级人民政府规定的平均税率，结合本地区实际，分别加以规定。如果县、自治县、市所属各地区的经济情况悬殊，政府不宜按一个税率征收，则可根据上一级政府规定的平均税率，分别规定所属地区的税率，但需报上一级政府批准后执行。4. 县级以上人民政府（地方规定的农业税税率）对所属地区规定的税率，最高不得超过常年产量的 25%。5. 农业税地方附加。各地政府为了办理省、自治区、直辖市地方性公益事业，经本级人大通过，可以随同农业税征收地方附加。地方附加一般不超过纳税人应纳农业税的 15%。在种植经济作物、园艺作物获利较多的地区，地方附加最高不得超 30%。

（五）农业税税额的计征方法

应征入库农业税税额=课税土地面积（亩数）×税率-减免税额。农业税的征收，按照相关税法规定，除了小部分纳税人因交纳粮食有困难的可折征代金外，主要是采取实物形式，且一般以当地的主粮为标准进行征收的。

（六）农业税减免优惠、优待

我国对农业税的减免优惠、优待，概括起来，有三种类型：1. 鼓励发展生产的减免。为了鼓励扩大耕地面积，对依法开垦的荒地或用其他方法扩大耕地面积所得的农业收入，从有收入的一年起，免征农业税一至三年；对移民垦荒免征农业税三至五年；对新垦植或新垦复的桑园、菜园、果园和其他经济林木，免征农业税三至七年；对农业科学研究机构和农业学校进行农业试验的土地免征农业税。2. 对灾歉的减免。为了照顾因自然灾害导致农业歉收的地区人民生活，使之尽快恢复生产，国家有关农业税条例规定：对遭受水、旱、风、雹或其他自然灾害而歉收的，按照歉收程度给予农业税减免。减免的原则是"轻灾少减，重灾多减，特重全免"。具体减免办法，由省、自治区、直辖市规定。3. 实行社会减免。我国在开征农业税的过程中，还实行社会减免政策。一方面，对农民生产和生活有困难的革命老根据地，生产落后、生活困难的少数民族地区，交通不便、生产落后和农民生活困难的贫瘠山区，可以减征或免征农业税，具体减免办法由省、自治区、直辖市规定；另一方面，对革命烈士家属、生产的残疾军人和因缺乏劳动力或其他原因纳税有困难的，经县级人民政府批准，可以减征或免征农业税。除上述规定外，其他需要给予农业税优待和减免的，由国务院或省、自治区、直辖市人民政府规定。

（七）农业税征收部门

新中国成立后，我国的农业税一般由乡、镇人民政府直接组织征收，或可由财政部门组织人力征收，或委托当地粮食部门代征，也可由乡政府、财政部门与粮食部门联合组织征收，必要时，也可组织税务部门一同参与征收。

三、对新中国农业税重大历史时期的简要回顾

（一）新中国成立初期

在这段时期，我国实行两种农业税征收制度。一种是老解放区继续沿用解放战争时期各解放区制定的农业税征收制度；另一种是占全国农业人口三分之二的新解放区的农业税征收制度，即新解放区的农业税，在"土改"前按政务院1950年9月颁布的"新解放区农业税暂行条例"征收。这个条例规定农业税实行全额累进制，税率分为40级，第1级为3%，第40级为42%。1952年全国基本完成"土改"后，中央人民政府在"关于1952年农业税工作指示"中，对"新解放区农业税暂行条例"进行了重要的修改，对农业税实行差额较小的全额累进制，税率分为24级，第1级为7%，第24级为30%。1953年我国进入国民经济发展时期，为了促进农业的发展，政务院在颁发《关于1953年农业税工作的指示》中明确规定："今后三年内，农业税的征收指标，应稳定在1952年实际征收的水平上，不再增加。"实际上，在第一个五年计划期间，农业税的征收额都是基本稳定的。新老解放区不同的农业税征收管理制度一直延续到1958年。

（二）1958年6月《中华人民共和国农业税条例》颁布后

1958年6月3日，第一届全国人大常委会第96次会议审议通过并由国家主席颁布了《中华人民共和国农业税条例》，真正统一了全国农业税制度。至此，我国农业税进入全国统一的轨道上。这个条例，一方面从农业合作化以后的农村经济情况出发，对原来的农业税征收制度做了若干重要的修改；另一方面，总结了过去的经验，把多年来我国农业税制度中行之有效的办法保留了下来。这个"条例"一直沿用到改革开放初期（1978年12月），前后达20多年。其中，1961年，为了支持农业生产的发展，国家又大幅度调减了农业税，1971年根据中央通知规定，明确农业税征收任务继续稳定5年不变。直到改革开放初期，我国农业税基本上仍是按照1961年调整以后的征收额征收的。

（三）中共十一届三中全会后

1978年12月，中国共产党十一届三中全会召开，决定将全党的工作着重点转移到社会主义现代化建设上来，这是一个具有深远历史意义的转折。1979年9月，中央又召开十一届四中全会，通过了《中共中央关于加快农业发展若干问题的决定》，在决定中进一步明确："国家对社队企业，分别不同情况，实行低税或免税政策。"随后不久，我国广大农村普遍实行了家庭联产

承包责任制，农业生产、农村商品经济有了较快发展。国家对农业税的具体征收办法又进行了一定的修改和补充，同时实行了以大的减免农业税政策。1985年开始对贫困地区减免农业税，农业税的实际负担率是逐年下降的，来适应和促进新时期农业生产、农村经济的发展，充分调动农民迸发出的新的自主生产、自主经营的生产热情。

（四）1994年以后

1994年1月30日，国务院发布《关于对农业特产收入征收农业税的规定》，将原来的农林特产农业税改为农业特产农业税，这样农业税制实际包括"农业税、农业特产税和牧业税"三种形式。2000年从江西省开始试点农村税费改革，在扩大试点范围基础上，到2003年在全国全面铺开，其主要内容涉及取消乡统筹、农村教育集资等专门向农民征收的行政事业性收费和政府性基金、集资、摊派等，取消屠宰税，取消统一规定的劳动义务，调整农业税和农业特产税政策，改革乡提留征收使用办法。从2004年开始，中央决定免征牧业税和除烟叶以外的农业特产税，同时进行免征农业税改革试点工作，并不断扩大试点范围，对种粮农户实行直接补贴、对粮食主产区的农户实行良种补贴和对购买大型农机具户的农户给予补贴。当年，吉林、黑龙江等8个省份全部或部分免征了农业税。到2005年年底，28个省、区、市及河北、山东、云南三省中的210个县（市）全部免征了农业税，直接受益农民达8亿多。自2006年1月1日起，全国全面取消农业税。2005年12月29日，第十届全国人大常委会第19次会议经代表表决决定，《中华人民共和国农业税条例》自2006年1月1日起废止。这就意味着，在中国历史上存在了2000多年的"皇粮国税"被免征了，这是对广大农民的一次彻底解放，这是改革开放带来的一项巨大成果，这是对农村、农业生产力的又一次大的解放，对广大农民生产积极性和主动性是一次充分调动和有效激励。对此，国家邮政局在2006年2月22日还专门发行一张面值80分的纪念邮票，名字叫"全面取消农业税"，来庆祝和纪念这一特殊、具有历史里程碑的税制改革大事记。

四、对新中国农业税研究中应吸取的经验教训和深刻启示

我们研究税史，就是为了明鉴历史，就是为了以税史为后人所鉴。这也是笔者研究这个课题的初衷。通过研究，笔者认为，应从以下方面吸取教训和感受体会。

（一）对一种税收，要根据客观变化发展了的情况，及时或适时进行改革、调整、修改

从新中国农业税历史上看，我们没有根据客观变化、发展了的经济情况、社会情况、农业情况、农民心愿，及时对这一税收进行改革、调整、修订、完善，而是任其长期不变，沉于"旧样"，安于"老状"，即使进行了一点修改，但间隔时期较长，且力度不大，动作较小，适应不了时代和农民的要求，从而阻碍了农业生产力的发展，满足不了亿万农民的诉求和愿望，在一定时期或者说在一定程度上影响了农民朋友的生产积极性和主动性的发挥。对此，笔者认为对一种税收的存在和发展，一定要根据客观变化的情况和时代发展的要求，及时或适时进行必要的改革、调整、修改、补充、完善。这样才能适应时代，才能顺应时代，才能与之共同发展，发挥出其应有的税收功能作用。

（二）对一种税收的废止要适时且要及时，而不能过时、不能误时

从我国2006年1月1日全面取消（废止）农业税的事实来看，它给我们的经验教训的确是

深刻的。它告诫我们，对一种税收的废止或停止征收，务必要适时且要及时"动手"，要尽量提前"考虑"，不能耽误时机，不能贻误时机，不能让废止的时间"过时"了，不能让该停止的时间"超时"了，任其漫无期限地延续下去。否则，那样会阻碍时代的进步，影响社会的发展，造成经济的停滞，引起人民的不满，甚至反对。

（三）对一种税收的终结要有预见性、前瞻性

我国自2006年1月1日起，对农业税彻底终结，这给我们又一种启示：对一种税收的终结，不能盲目地让其存在、任其发展，长久地连续下去，对之不闻不问，不能不考虑其终结的可能，不能不考虑对其终结的时间表或时期路线图，要有对其终结的预见性和前瞻性，要适当地、适时地努力创造其终结的条件，使之"寿终正寝"。否则，让其无限期地存在下去，它对社会进步、对经济健康发展、对人民生活、对纳税人都不利，都会越发产生相反的副作用和消极影响。

（四）对一种税收的存在要过多地考虑惠民、利民因素

从我国开征的农业税历史进程中，我们不难得出这样的启示：一种税收的存在，一定要过多地考虑有无惠民、利民因素。不然，这种税收的开征或存在，就会失去它的意义。因为，只有广大人民从中受益、受惠，才能拥护、支持国家开征这种税收。我国农业税开征初期是比较合理、公平的。广大农民是拥护的。随着农村经济的发展和农民愿望的强烈表现，这种税收越来越减弱惠民、利民的因素，直至消退了它的正面因素，即到了失去它存在的条件和机会。农民和时代强烈要求它退出历史舞台。

农业税，承载多少代中国农民辛酸泪、辛酸事，曾给中国的各朝各代带去主要或丰厚的财政收入。如今，这一特殊的"赋税"在新中国发展史上彻底消失了，真正成了历史。我们作为后人不能不从中吸取该吸取的教训和启示。那就是，立税必须符合民意，消税（终止此税）更需尽早听取民意，采纳民意！

（作者单位：江苏省连云港市税务学会）

发挥重大战略性平台税收职能作用助力大湾区建设的路径研究

国家税务总局广州市南沙区税务局课题组

2022年6月6日,《国务院关于印发广州南沙深化面向世界的粤港澳全面合作总体方案的通知》(国发〔2022〕13号,以下简称《南沙方案》),赋予了南沙新的重大使命,对深化粤港澳全面合作,进一步完善国际一流营商环境,建成高水平对外开放门户具有重要意义。

税务部门作为参与国家治理和经济管理的重要力量,立足粤港澳大湾区"一点两地"的全新定位,积极发挥税收职能作用,集中体现在几个方面:一是充分释放《南沙方案》赋予的15%企业所得税优惠等12项重大政策红利,拉动高新技术重点行业、信息技术、先进制造等与科技创新密切相关的产业在南沙集聚,打造现代化产业高地;二是推动南沙协同港澳,创新推进规则衔接机制对接,助力湾区要素自由流动,打造一流营商环境;三是优化南沙税收法治服务协作,建设与高水平对外开放门户相匹配的法治保障体系;四是加强与世界的粤港澳全面合作,深化自贸区税收制度创新,以一流的开放型税收融入和服务新发展格局,助力南沙打造立足湾区、协同港澳、面向世界的重大战略性平台。

在开展主题教育过程中,按照全市税务系统大兴调查研究工作要求,我们紧紧围绕全面学习贯彻党的二十大精神,在调研过程中综合运用走访调研、座谈访谈等方法,分析南沙区税务局落实《南沙方案》、助力大湾区建设的实践探索,查找差距不足,进一步研究如何继续发挥重大战略性平台税收职能作用,助力大湾区建设的实现路径,为南沙重大战略性平台建设贡献"税务力量"。

一、落实《南沙方案》、助力大湾区建设的实践探索

南沙区税务局牢牢把握《南沙方案》重大战略机遇和明白支持港澳更好融入国家发展大局的重大意义,推动国家赋予南沙的"企税15%税率优惠、企税延长亏损结转年限、港澳居民个税优惠"三项税收新政加速落地,在此基础上,主动携手港澳,在产业政策协同、税收规则衔接、湾区法治保障等领域推进三地税收规制对接,助力优质企业扎根南沙,更好服务南沙社会经济高质量发展。

(一)全面释放《南沙方案》税收政策红利,助力打造现代产业高地

一是政策红利顺利兑现。积极编制系列政策解读、热点问答视频文章,推动制定《产业目录界定指引》,联合对外发布《实质性运营公告》,调整完善征管系统,实现南沙优惠申报功

能,全面顺畅政策享受通道,确保市场主体直达快享优惠。针对政策推行过程中的堵点、淤点、难点,我们先后撰写多篇工作建议呈报地方党政和上级税务部门,加快释放政策效应。二是集聚现代产业作用初步显现。南沙企税优惠产业目录涵盖的 8 大类 140 条产业目录中有 5 大类属于先进制造业、战略性新兴产业等重点新兴领域,占目录类别的比重为 62.5%,为产业要素加速聚集、解决科技卡脖子难题等提供驱动力。三是有效激发科创产业发展动能。《南沙方案》发布周年来,研发费用加计扣除享受金额增长明显,政策导向作用初步显现。以香港科技大学(广州)落户南沙为桥梁推出"产学研一体化"税收定制服务,倾力制定港澳企业享受研发费用加计扣除等优惠政策,助力港科大(广州)在穗港产学研基地学术成果投入转化,对更多港澳资企业入驻南沙、港澳居民到南沙创业就业起正面推动作用,同时完善会商机制,共同为科创企业提供政策和才智支持,助力南沙优化产业布局,提升科技创新能力。

(二)加强与港澳、国际税收规则衔接,助力打造国际一流营商环境

一是实现"税负计算"规则与港澳税制衔接。为解决南沙个税优惠政策"港澳税负"计算问题,积极争取国家税务总局支持,在全国首次实现省、区、市三级税务部门与香港税务局直接工作交流,确定得到广泛认同的"港澳税负"计算方案,打造港澳居民税惠快享"规则转换桥",实现"税负计算"等 10 余项规则与港澳衔接,建设"港澳居民优惠减免测算"系统,纳税人输入信息即可自动生成减免数据,助力快速、直接享受个税优惠。二是打造财税专业服务集聚区促进人才要素流动。推动粤港澳大湾区(南沙)财税专业服务集聚区挂牌,促进财税专业服务机构代表签约入驻;推动出台《港澳涉税专业人士在中国(广东)自由贸易试验区广州南沙片区、南沙新区执业管理办法》,降低香港税务师、澳门执业会计师到内地执业门槛,为南沙中国企业"走出去"综合服务基地建设提供接轨国际的设施服务,促进粤港澳涉税专业服务深度融合。三是创新试点衔接港澳规则的纳税服务承诺制。探索纳税服务承诺制度,对接港澳设定纳税服务承诺事项清单,包括"发票领用""退(抵)税办理"等在内的 11 大类 28 项纳税服务承诺事项及其处理时间和可以期望获得的服务水平。其中将"港澳居民个人所得税汇算清缴"服务时间从 20 个工作日压缩至 12 个工作日,大幅缩减了 40% 的办理时间。该项制度将大力推动南沙与港澳税收规则趋同、服务融合,为大湾区税务协作和融合打下坚实基础,助力南沙协同港澳营造一流营商环境。

(三)强化湾区税务法治保障,助力税务执法水平建设

一是探索湾区法治规则衔接。对南沙自贸区与前海、横琴、上海临港、海南等地的税收政策差异进行分析,梳理税收政策差异,报送促进南沙自贸区发展税收政策建议。参与南沙区法律条文修订工作,积极研究对接《区域全面经济伙伴关系协定》(RCEP)、综合保税区等税收政策,为政策储备库提供智力支持。二是强化湾区法治协同服务。服务中央法务区南沙国际片区建设,打造"三个服务平台+三个创新机制+三项资源保障"机制,联合广州税务服务粤港澳大湾区税收法治协作中心、广东天诺律师事务所、广州南沙企业家联合会开展"法治护航税务助力涉外法律服务平台建设"工作,为中央法务区南沙国际片区的企业、法律服务机构和法律专业人士提供细致的税收服务。加强与国际仲裁中心协同合作,为仲裁中心审理案件中涉及的税务问题提供前置咨询服务,为审结案件提供后置税务辅导指引,并为仲裁裁决履行涉税事项

提供便利化办税服务。三是探索涉税费争议解决新机制。设立南沙税务税费争议调解室，探索基层税务所调解员提前介入、区局法治部门和公职律师参与的调解制度；建立与政府部门及行业协会等联合开展社保争议调解的机制；参与湾区法治保障中心建设，与法院、有关政府部门就执行案件中欠税追缴、司法拍卖涉税问题、湾区纳税人权益保障问题等开展交流研讨，与司法所就社保争议等问题交流合作，切实保护纳税人、缴费人权益，为大湾区市场主体营造法治化税收营商环境。

（四）深化自贸区税收制度创新，助力打造重大战略性平台

一是持续探索税收制度创新。深化自贸区税收征管改革，以税收制度创新为核心，促进面向世界的粤港澳全面合作。多缴退税E管家、企业涉税风险智慧防控新机制等6项成果入选"广东自贸区第八批可复制推广改革创新经验"；港澳居民税惠快享"规则转换桥"入选"广东自贸试验区2022年最佳制度创新案例"；税收不确定事项事先消解机制入选"广东自贸试验区第六批制度创新案例"，为湾区企业发展提供稳定公平透明、可预期的税收环境。二是推进"走出去""引进来"税收服务。着眼服务南沙中国企业"走出去"综合服务基地建设，建立"'走出去''引进来'税收服务南沙分中心"；成立全市税务系统首个进出口企业直联基地，打造湾区外贸综合服务专窗，一站式办理税务、海关等120项外贸业务；扎实推进综合保税区增值税一般纳税人资格试点，持续优化国际化税收营商环境。三是建立自贸区税收制度创新联动机制。依托南沙毗邻深圳的地理优势，发挥前海、南沙重大合作平台作用，深化广深"双城联动"税务合作，建立自贸区税收制度创新联动机制，并在此基础上制定横琴、前海、南沙《三区联动税收合作框架协议》，探索推出若干"小切口、大成效"的自贸区税收创新服务措施，推进纳税信用结果联动运用，开展湾区跨境税收服务创新合作。

二、落实《南沙方案》、助力大湾区建设存在的差距

在梳理汇总调研情况的基础上，南沙区税务局坚持运用党的创新理论进行分析研究，找准问题"症结"。目前，南沙落实《南沙方案》、助力大湾区建设存在拉动产业经济动力不足、法治保障体系建设不够完善、税收制度型开放有待探索等问题，具体体现在以下几个方面。

（一）在拉动产业经济、营造一流营商环境方面还有差距

一是政策效应仍需进一步释放，产业集聚作用尚未充分显现。《南沙方案》出台一周年，新增落户先行启动区的企业享受15%企税优惠仍不够多，南沙区优势产业，如芯片产业初呈集聚态势，但由于南沙先行启动区未覆盖产业片区所在区域，或因企业处于投产建设阶段暂未产生盈利，导致部分优势企业暂无法享受新政，优惠政策效应未能充分释放。

二是配套制度措施仍有差异，港澳居民到南沙意愿不强。南沙与港澳在社保、医疗与养老待遇、生活方式等方面存在差异，影响港澳居民到南沙发展的意愿。此外，香港正发展北部都会区，推行高端人才通行证计划，吸引高薪人才及全球百强大学毕业生到港发展，将对南沙吸引香港企业、人才形成一定挑战。

（二）在税务法治保障体系建设方面还有差距

一方面，南沙在涉税法律问题研究、探索涉外规则对接等方面仍然处于初级阶段，在实际

税收执法过程中提出的众多做法，有待固定下来，形成行之有效的工作机制和工作指引，来作为执法参考和遵循，从而为湾区企业提供更加个性化、便捷、高效的服务；另一方面，制度环境的差异，南沙目前具备国际竞争力与专业服务技能、能够参与国际商事法律事务的法律机构不多，具有国际视野、通晓国际规则的高端法律人才不足，法律、税务等方面的专业服务市场不够壮大，法治化税收营商环境仍待完善。

（三）在税收制度改革创新方面还有差距

一是制度环境差异仍存在。南沙税收营商环境与《全面与进步跨太平洋伙伴关系协定》（CPTPP）和《数字经济伙伴关系协定》（DEPA）等高标准经贸协议还有差距，对照相关规则、规制、管理、标准，与国际接轨的配套服务不完善，各类要素难以完全自由流动。

二是服务区域协同发展仍有空间。南沙对自贸区新经济、新产业、新业态的税收政策研究、配套服务创新等力度还不够，与横琴、前海自贸片区税务部门在政策落实、纳税服务、数据共享等方面沟通程度还不够深入，尚未建立交流互动的常态化机制，在"黄金三角"产业合作与开放格局方面仍有空间。

三、落实《南沙方案》、助力大湾区建设的实现路径

我们要紧扣粤港澳大湾区的全新定位，全力推进《南沙方案》重大税收政策落实，坚持把调研成果转化为释放区域税收政策红利、助力大湾区建设的思路举措和扎实成效，为深化粤港澳全面合作贡献更多的"南沙经验"。

（一）提档落实税收政策，促进大湾区形成产业协同发展格局

一是积极争取扩大政策实施区域范围。我们建议地方政府把握好南沙先行启动区的功能定位和地块用途规划，确保"地尽其利、物尽其用"，利用好每一寸资源发挥更大的政策效应；持续向上反映，争取把开发成熟、配套完善、载体丰富的明珠湾区纳入南沙15%企税政策实施区域范围内，推动属地镇街牵头跟进落户载体等设施保障工作，加快形成连片开发态势和集聚发展效应。

二是推动精准招商加快形成现代产业格局。我们积极争取更高层级政府的统筹，参照横琴、前海等地政策，延长《南沙方案》政策执行期限，增强企业享受政策的确定性；加强对南沙科技创新企业的政策支持，加强与周边地区基础设施互联互通、产业协同和工作机制衔接，促进产业链上下游资源整合；结合产业目录找准目标企业，引导实体经济和鼓励类产业集聚南沙、扎根南沙，推动南沙迈向世界级科技创新策源地，成为大湾区高质量发展主阵地和新引擎。

三是优化吸引港澳企业和居民的举措。我们积极争取南沙个税政策实现"申报即享受"，以南沙个税"规则转换桥"等方式推进医疗、养老等待遇享受与港澳规则衔接。南沙着重加快庆盛枢纽建设，更好发挥推动港澳融入国家发展大局的载体作用。

（二）主动对接港澳、国际规则，服务南沙携同港澳打造一流营商环境

一是协同推进与港澳税收合作。南沙应加强与香港、澳门税务部门的沟通联系，积极探索港澳税收制度规则衔接，探索与香港税务学会、澳门会计师专业委员会建立港澳涉税专业人士涉税诉求和意见快速响应机制，促进粤港澳大湾区建立更紧密涉税专业服务贸易关系，共同推动粤港澳融合发展。

二是促进涉税服务交流融合。我们要创新港澳人士境内外无差别便利办税的渠道和方式，做好港澳人士在南沙执业的登记衔接、继续教育、服务保障等工作，为港澳涉税专业人士跨境执业提供更大便利。多地共同研究促进科研资金、设备和人才等创新要素跨域流动的税收支持举措，借鉴引入国际化办税规则，促进大湾区税收规则对接和深度合作。

三是深化自贸区税收制度联动创新。我们应在税收数据共享、服务互通、管理协作等方面密切沟通、紧密协作，在与横琴、前海自贸区共同探索税收政策确定性管理、共同打造智慧税费服务标杆、共同促进税费业务湾区通办等10余个合作方向上率先突破，推出更多具体的税收创新服务措施，进一步优化自贸区税收营商环境。

（三）加强税收法治建设，促进大湾区构筑税收共治共享体系

一是进一步扩宽法治区域协同范围。我们应充分发挥南沙粤港澳全面合作示范区、自贸区制度创新优势，广泛参与法治政府建设与湾区税收法治保障中心建设，进一步提升在涉税问题研究、政策宣讲、服务协作、探索涉外规则对接等方面的区域合作，与仲裁中心、司法局、法检、港澳律所事务所等机构协同开展粤港澳区域合作创新工作，助力南沙法治保障建设、提升南沙法治服务水平。

二是进一步健全法治创新机制。我们应充分发挥公职律师和法律人才的作用，积极参与湾区税收法治宣传讲解和重大改革创新工作，为有需求的跨境企业、港澳人士提供跨区域税收法治咨询服务。我们探索税费纠纷化解服务机制，加大社会联合服务力度，形成对标国际标准的税务法律机制。

三是进一步集聚法治专业人才。我们应制定国际化的涉税专业机构管理制度，积极推进港澳涉税专业人士在南沙执业，支持南沙引进更多高水平涉外法律服务机构。南沙组建湾区税收法治保障团队，扩展与"一带一路"域外法查明中心的合作，通过查明域外税法等方式，为市场主体走出去提供税务法律服务与指引。

（四）推进制度改革创新，保护和激发经营主体活力

一是深化制度型开放和创新。我们应对照世界银行营商环境评价新体系，对照CPTPP、DEPA等高标准经贸协议，研究相关规则、规制、管理、标准，支持自贸区、综保区等开放平台先行先试，积极探索研究税收领域的创新政策和配套措施，拉动自贸区新经济、新产业、新业态发展，把开放型国际税收升华到新水平。

二是共建税收常态合作机制。南沙应加强三区多向交流互动，举办多种税收服务粤港澳大湾区主题座谈会及研讨会，联合业界专家、香港税务学会、澳门税务学会、企业家代表和专业机构等参与，深入研究湾区发展经验，交流税收论点和优化诉求，通过区域协同发力进一步增强湾区税收竞争力。

三是深化高水平国际税收服务。我们应探索跨境涉税争议解决机制、税收政策确定性和可预期性机制，合作开展境外税收法律政策研究，抓好"'走出去''引进来'税收服务中心南沙分中心"建设。我们应持续开展国际税收事项联合事先裁定，协同探索涉外综合服务和"走出

去""引进来"双向投资税务咨询服务机制,助力南沙深化面向世界的粤港澳全面合作。

课题组组长:孙伟斌
课题组成员:张向东　林雪慧　赵　琳
　　　　　　　周　娜　葛茂青

构建税务监管新体系的实践与思考

——以丹徒税务局为例

丁东生　文　涛

中共中央办公厅、国务院办公厅《并于进一步深化税收征管改革的意见》提出，到2023年基本建成以"双随机、一公开"监管和"互联网+监管"为基本手段、以重点监管为补充、以"信用+风险"监管为基础的税务监管新体系。丹徒区税务局作为国家税务总局税务监管直联点，在构建税务监管新体系上先行先试，取得了初步成效。为此，本文结合丹徒构建税务监管新体系的实践，分析其存在的不足，提出相关建议。

一、构建税务监管新体系的基本情况

（一）突出实体运行，构建"三位一体"监管格局

一是加强系统推进，强化实体运行。按照税务监管运行方案要求，区局成立税务监管领导小组和监管团队，党委主要领导任监管小组组长，分管领导担任监管办公室和监管团队负责人，直接牵头开展重点领域税务监管，所有业务股室参与团队任务、执法支持、服务支撑、监管分析等事项，初步构建了税务执法、税费服务、税务监管"三位一体"的监管格局。

二是夯实主体责任，提升监管能力。丹徒税务局形成以监管办为中心、业务股室为半径、属地分局（所）为"横向到边、纵向到底"的立体化监管网络。业务股室负责做细日常监管和重点监管；纪检组和法治股负责将监督功能内嵌于监管流程中，全方位检视监管风险和廉政风险，提升了专业税务监管和重大风险应对处置能力。

三是坚持上下联动，实行综合治理。结合实际，融入市县两级监管框架和地方网格化治理体系，加强上下联动，及时收集监管线索，实行综合治理。2022年1月—2023年11月，通过上下联动获得有效涉税监管线索19类4600余条，累计开展监管任务189批次，形成监管工作报告24篇，实现监管成效2.5亿元。

（二）加强规范管理，创新"四化五有"监管方法

一是建立健全监管工作机制。建立专业化团队化运转机制、监管任务统筹机制、部门协同联动机制、监管效果评估机制和资料报备归集机制，按月下发重点监管任务，按季编印税收监管工作通报，将税务监管成果及时转化为日常监管工作要点。

二是积极推行"四化五有"监管法，即推行"任务清单化、风险精准化、管理规范化、评

价客观化",实现"监管事项有指向、监管对象有清册、监管实施有方案、监管操作有指引、监管结果有运用"。围绕"四化五有"监管方法,把全年监管事项纳入清单管理,严格按照标准实施监管闭环管理。

三是完善监管运行监督。制定《税务监管运行监督实施办法》《税务监管落实工作机制》等制度,厘清部门间的职责分工,压实监管链条,实施动态管控,确保监管工作平稳有序推进。

(三)强化团队建设,取得阶段性监管成效

一是组团队,聚合力。围绕监管事项组建"1+7"监管团队,即1个综合管理团队统筹协调专业监管团队运转,确保步调一致、协同发力,7个专业监管团队根据年度监管计划及操作指引,强化风险管理事项落实,协同开展重大复杂事项监管,形成监管合力。

二是抓统筹,提实效。制定《关于临时性、阶段性任务统筹管理实施方案(试行)》,成立任务统筹管理办公室,扎实统筹各业务部门临时性、阶段性工作任务,加强任务分析过滤、分类分级,优先开展区局层面批量化、流程化处理任务,对确需下发属地分局(所)的监管任务,依托任务统筹管理平台,推进任务按户归集、按需推送。

三是集数据,促成果。依托省局大数据管理平台资源优势和BIEE模块,定制本地化数据产品,加强监管分析模型建立、重要涉税数据加工、重点行业数据筛选,推进实施税费联动监管。2022年1月—2023年11月,已对137个监管事项清单化管理,排除无效监管信息5.2万条,核准下发风险信息14.78万条,发现管理问题49个,责任追究8人次。

二、监管实践中存在的不足

(一)部分干部不够主动,责任意识有待提升

一是监管理念不强。目前,部分干部仍对"以票控税"向"以数治税"分类精准监管转变,"管户制"向"管事制"转变的认知不够,传统管理思维或多或少存在。

二是监管水平不高。一些干部税收大数据应用能力和监管工作水平跟不上精准监管要求,在实际工作中遇到问题绕着,不敢承担具有重大复杂风险的监管事项,造成一些本应及时跟进处理的风险搁置不前。

三是监管责任不实。个别干部责任意识淡薄,工作中怕风险、求保险、搞变通、打折扣的现象较为突出,对上级布置的工作落实不够迅速、回应不够及时,导致一些监管风险疑点反复回弹。

(二)相关部门参与较少,联合监管有待深化

一是监管联动不够高效。从"双随机、一公开"监管来看,不少项目涉及稽查职能,县区局无法开展到位,联合监管效率不高。

二是信息共享不够及时。政府各单位信息化程度和重视程度不一,在信息共享中,一些主管部门存在不主动、不配合、不及时提供涉税涉费信息的情况,从而降低运用大数据进行税务监管的质效。

三是主动作为不够到位。虽然目前初步建立了税费网格化协作机制,各部门主动作为常态化协同共治还没有到位,与税收大监管格局的要求仍有一定差距。

(三)监管手段难以适应,数据运用有待加强

一是日常监管手段难以适应"以数治税"的要求。从目前实际工作来看,真正能完全掌握

现有 BIEE 等分析工具的干部仍然是少数，基层分局（所）作为税源监管的直接承担者更多的还是依赖金税三期信息系统实施电话问询或采取传统的实地查看手段，与"以数治税"的要求存在一定差距。

二是情报平台数据加工复杂难以应用。省局数据情报平台 BIEE 数据加工需要进行数据清洗、转换、整合等工作，不同的业务场景还涉及不同的数据分析方法，不同的用户对数据情报平台的掌握程度也不同，加上 BIEE 中不少专业操作要求也增加了平台应用的复杂性，不少干部很难达到上手就能用的目的。

三是外部数据缺少统一共享平台。构建税务大监管的格局在于各部门涉税涉费信息共享、数据增值应用，各个部门信息系统目前相对独立，对接不安全、不兼容等问题客观存在，使部门间信息无法实现真正意义上的共享。因此，各部门需要搭建政府统一的信息平台来实现信息共享和数据共用。

（四）监管统筹效果有限，基层减负有待推进

一是监管任务统筹规则尚不完善。省局层面虽然按照税费服务、税务监管和税务执法三大类制定了统筹规则，但在税务监管过程中受制于完成时限、任务要求、任务类别等因素的制约，区县局很难达到高度的多条线监管任务统筹协调，再加区县级监管过程中也会产生相应的任务，因此，仍需要上级完善任务统筹统一规则，切实减轻基层负担。

二是监管任务统筹存在技术瓶颈。目前，省局开发的任务统筹平台功能尚不健全，基层在应用时仍然存在为了统筹而统筹的现象，无法形成"任务池"或"风险库"按户归集、定期发送的任务统筹管理模式。在实际应用中，基层多为文字反馈调查核实结果，无法与现有金税三期、情报平台等系统实现数据交互，难以实现信息化手段的融会贯通。

三是监管任务统筹操作烦琐实施随意。区局按照任务统筹规则，制作相应操作指引、任务说明等资料，增加任务统筹、风险管理平台的应用，但在实际运行中，由于时效性要求、新情况出现、烦琐程度等因素，少数任务仍会绕过统筹任务模式，直接发送工作任务，有时还存在不经过数据去重新加工处理，就上级任务而转发任务的情形，导致基层税务分局（所）疲于应付。

三、构建税务大监管格局的几点建议

（一）抓好责任落实，强化队伍管理

一是要树牢监管理念。局领导要教育广大干部牢固树立大监管理念，充分认识构建税务监管新体系是深入推进税务执法、服务、监管的理念和方式手段等全方位变革，积极推动税收征管改革走深走实。

二是要提升专业技能。按照涉税大数据需求，税务部门常态化开展数据技术处理、数据分析应用、信息技术管理、智能分析工具运用等信息化技能的培训学习，使税务干部熟练掌握 BIEE 工具的应用，进一步提升干部税收大数据应用水平和精准监管能力。

三是要压实监管责任。政府要进一步明确专班负责重点领域税务监管，专业风险应对部门负责一般监管任务落实，基层分局（所）负责简单事项核实和监管线索提交。税务部门要压实干部监管责任，加大监管工作落实的督查督办和监督问责力度，切实推动精准监管效能提升。

（二）融入社会治理，推进联合监管

一是要强化部门联动。一方面要加强税务系统上下联动，提升联合监管效率。另一方面要加强与相关部门的监管联动，建立税收协同共治小组，细化政府各部门在税收协同监管中的职责分工和部门责任，确保税收大监管格局有序推进、如期实现，从而提升联合监管效率。

二是要深化信息共享。政府层面要建立统一数据共享工作平台，建立数据共享统筹协调机制，完善信息数据采集口径、共享标准、传递内容，促进税务部门和其他部门及第三方之间常态化、制度化数据共享，依法保障涉税涉费必要信息获取。

二是优化协同共治。税务大监管格局离不开政府、社会组织和公众等各方力量。因此，税务部门要主动作为，进一步加强部门协作和社会协同，构建网格化税收大监管格局，共同营造良好税收共治环境。

（三）加强平台建设，提升监管能力

一是要加强数据平台建设。政府相关部门开发通俗易懂、简便易行的 BIEE 分析工具，使大数据管理平台和 BIEE 工具在基层监管中会用、好用、实用、管用。

二是要优化数据分析模型。税务部门要进一步优化数据产品，研究行业监管指引、监管分析模型，采取"集中+分散"相结合的工作模式，依托大数据管理平台和 BIEE 工具开展深度分析，提高税务监管的有效性。

三是要提高数据应用能力。税务干部按照涉税大数据需求，搭建政府统一的信息共享平台，推进内外部涉税数据汇聚联通、线上线下有机贯通、税费数据增值应用，加快实现"一户式""一人式""一局式""一员式"智能归集，努力提高数据应用能力，来适应"以票管税"向"以数治税"分类精准监管转变的要求。

（四）全面任务统筹，提高统筹效果

一是完善任务统筹规则。税务部门要进一步明确任务统筹牵头部门，针对税务监管任务特点，结合所有业务部门接收的上级下发或本级产生的临时性、阶段性监管任务，统一形成"任务池"式的按户归集管理模式，由任务统筹部门定期（按需）推送落实，减少各部门不经统筹直接下发的乱象。

二是规范任务统筹实施。各业务部门是监管任务的接受和发起部门，首先需对任务数据进行分析筛选，形成处理意见和落实指引及建议，报任务统筹管理部门进行统筹管理。任务统筹管理部门参考业务部门建议，按照任务工作量、任务完成时限等要求确定任务分配方案，交由任务承办部门进行任务具体组织实施。

三是减轻基层工作负担。税务干部要进一步厘清机关业务部门和属地税源管理机构承担临时性、阶段性监管任务职责，按机关实体化处理、属地具体承接、组建临时性阶段性任务专班（团队）等形式组织实施监管应对。税务干部要严格基于大数据比对分析，确定好监管对象、应对策略和监管方式，对纳税人、缴费人实行无风险不打扰，从而减轻纳税人、缴费人办税缴费负担和基层税务人员工作负担。

（作者单位：国家税务总局镇江市丹徒区税务局）

关于完善绿色税制助力绿色发展的思考

张之乐　冯　杰

随着环境保护税已成功施行多年，以及各税种不断"向绿而行"，我国的绿色税制体系已经基本成型，并成为推动经济绿色低碳转型和可持续发展的重要手段。本文通过总结近年来绿色税制取得的成效，分析、总结绿色税制现状和问题并提出建议，为更好发挥绿色税制职能作用，促进整个经济社会绿色发展提供参考。

一、绿色税制现状

根据《IBFD 国际税收词汇》的解释，"绿色税收，又称为环境税收，是对投资于防治污染或保护环境的资产给予的税收减免，或对污染行业或使用污染物征收的税"。目前，我国已基本形成绿色税制体系，包括具有环保性质的税种形成的"多税共治"税法体系和以具有环保效应的税收优惠政策形成的"多策组合"政策体系。

表1　2016—2022年全国绿色税收收入情况　　　　　　　　　　单位：亿元

税种	2016年	2017年	2018年	2019年	2020年	2021年	2022年
环境保护税	——	——	151	221	207	203	211
资源税	951	1353	1630	1822	1755	2288	3389
耕地占用税	2029	1652	1319	1390	1258	1065	1257
车辆购置税	2674	3281	3453	3498	3531	3520	2398
车船税等	870	944	992	1121	1153	1236	1309
消费税	10217	10225	10632	12562	12028	13881	16699
绿色税收合计	16741	17455	18177	20614	19932	22193	25263

数据来源：国家统计局统计年鉴。

按照现行具有环保效应的税收优惠政策类别和具体政策目标，我们可将税收优惠政策分为三大类、九小类，如下表。

表 2 现行绿色税收优惠政策分类及部分政策汇总

政策大类	政策细类	主要税种	政策效应	政策依据
绿色生产	促进降污减排	环境保护税	保护和改善环境，减少污染物排放	《中华人民共和国环境保护税法》第四条
	推进清洁生产	企业所得税	鼓励购置环境保护、节能节水设备	《中华人民共和国企业所得税法》第三十四条
				《中华人民共和国企业所得税法实施条例》第一百条
	促进节能降碳	增值税	鼓励新能源	《财政部 国家税务总局关于印发风力发电增值税政策的通知》（财税〔2015〕74号）
		资源税	加强水资源管理和保护，促进水资源节约与合理开发利用	《财政部 税务总局 水利部关于印发〈扩大水资源税改革试点实施办法〉的通知》（财税〔2017〕80号）第十五条第四款
绿色生活	发展绿色建筑	增值税	鼓励综合利用资源或循环使用资源	《财政部 国家税务总局关于新型墙体材料增值税政策的通知》（财税〔2015〕73号）
	支持绿色交通	车辆购置税	鼓励新能源汽车发展	《财政部 税务总局 工业和信息化部关于新能源汽车免征车辆购置税有关政策的公告》（财政部公告2020年第21号）
	鼓励绿色消费	消费税	引导资源类产品绿色消费	《财政部 国家税务总局关于调整和完善消费税政策的通知》（财税〔2006〕33号）
绿色生态	促进资源合理开发	城镇土地使用税	提高土地利用效率，节约集约用地	《财政部 国家税务总局关于企业范围内荒山 林地 湖泊等占地城镇土地使用税有关政策的通知》财税〔2014〕1号
	促进资源综合利用	资源税	加强水资源管理和保护，促进水资源节约与合理开发利用	《财政部 国家税务总局 水利部关于印发〈扩大水资源税改革试点实施办法〉的通知》（财税〔2017〕80号）第十五条第二款
	提升生态系统质量和加强稳定性	城镇土地使用税	加强绿色生态系统稳定性	《国家税务局关于印发<关于土地使用税若干具体问题的补充规定>的通知》国税地字〔1989〕140号

二、绿色税制成效

(一)环境保护税:促进生态改善和企业绿色转型

环境保护税是我国第一部专门体现绿色税制的单行税法,自2018年1月1日起开征,全国年均税款稳定在200亿元左右,至2022年落实优惠减免累计达到564亿元,占环境保护税总税收的56.8%。环境保护税的生态涵养效应持续显现,2017年到2022年全国PM2.5年均浓度从43微克/立方米降至29微克/立方米。以首都北京为例,北京市万元GDP主要污染物环境保护税收入逐年降低,近三年来,每万元GDP计税污染当量数年均下降8%,应税排污企业户均污染物当量数年均下降3%。

(二)资源税:促进资源合理开发和可持续利用

2020年9月1日,资源税法正式施行,实行从价计征后全国资源税税收收入逐年走高,至2022年达到3389亿元,较2016年增长256.4%,近五年年均增速20.1%。为优化用水结构并有效抑制地下水超采,2016年起,我国开展水资源税改革试点,至2021年,北京、河北等10个试点省份地下水供水量占总供水量的比例为29.6%,较2016年下降了9.3个百分点。试点省份近万户纳税人不再抽采地下水,转用地表水或自来水,关停超万余眼自备井。

表3 水资源税试点城市2016年、2021年取用水情况对比   单位:亿立方米

水资源税试点城市	2021年 总供水量	2021年 地表水	2021年 地下水	2016年 总供水量	2016年 地表水	2016年 地下水
河北	181.9	96.2	73.2	187.2	48.7	133.6
北京	40.8	21.6	13.6	38.2	10.5	18.2
天津	32.3	23.8	2.7	25.7	17.9	4.9
山西	72.6	38.5	28.2	73.6	37.1	33.2
内蒙古	191.7	105.7	79	185.8	95.2	88.3
山东	210.1	128.9	66.8	212.8	122	83.1
河南	222.9	115.6	96.9	222.8	100.6	120.7
四川	244.3	236.4	6.5	265.5	250.4	13.3
陕西	91.8	57.7	29.2	91.2	56	33.4
宁夏	68.1	61.9	5.2	70.4	65	5.1
合计	1356.5	886.3	401.3	1373.2	803.4	533.8

数据来源:国家统计局统计年鉴。

(三)税收优惠政策:正向激励和杠杆调节作用

绿色优惠政策也起到了激励和杠杆调节作用。在促进绿色消费的政策中,2023年上半年,全国共免征新能源汽车车购税491.7亿元,同比增长44.1%。减免政策有力促进绿色消费,据中国汽车工业协会统计,2023年上半年,新能源汽车销售374.7万辆,同比增长44.1%,在全

部新增汽车销量中占比升至28.3%左右。在促进绿色生产政策中，2022年，北京市企业享受环保设备的投资抵免政策减免企业所得税金额超2亿元，是2019年的1.6倍。税收优惠政策引导并激励了市场主体进行设备升级和节能改造，进而产生良好的绿色发展效应。以首都北京为例，2022年，北京市规模以上工业企业综合能耗同比下降2.5%，万元地区生产总值水耗（按不变价格计算）同比下降2.71%，较2019年下降13.1个百分点。

三、当前绿色税制存在的问题

（一）绿色税收的逆向调节作用不够

近年来，环境保护税在我国绿色税收收入中所占比重均在1%左右，且仅针对四种污染物征税，征税范围较为狭窄。占比最大的消费税，征收品目多年未有更新或扩展，如仅对木制一次性筷子和实木地板征税，未纳入其他木制品，不利于抑制人们对森林资源新的使用需求。市场主体对矿产资源的刚性需求没有被从价计征方式抑制，反而使资源税收占比逐年走高。以上反映了绿色税收的逆向调节作用还未能完全发挥。

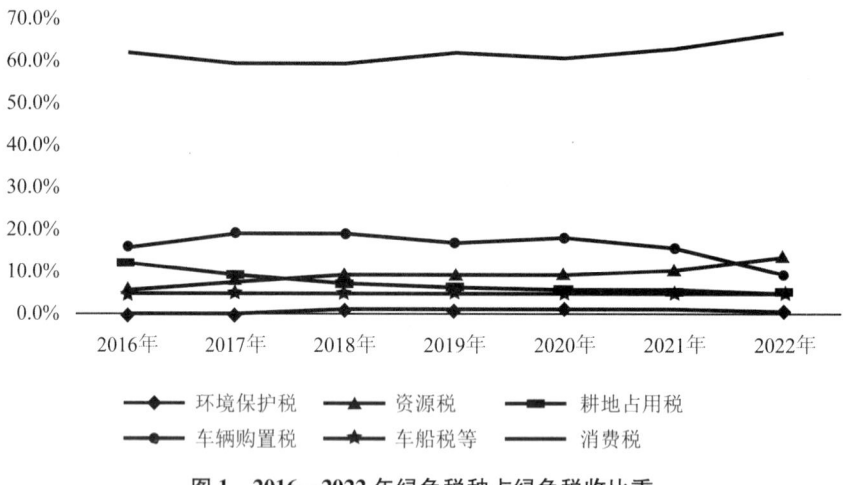

图1 2016—2022年绿色税种占绿色税收比重

（二）绿色税收政策的激励作用不足

一是部分优惠政策享受门槛高。其主要体现在政策力度偏小、不能解决实际问题，以及政策不够精准或门槛较高、企业享受不到等方面上。二是部分优惠政策未能兼顾区域间产业结构差异。全国各地区间的经济发展水平差距较大，产业布局各不相同，需要不同的绿色税收扶持政策去平抑地区间资源差异导致的绿色发展利益失衡。例如，中、东部较西部地区更加发达，二氧化碳排放量大；西部地区地广人稀更适合发展太阳能、风能等清洁能源。

（三）绿色税制设计环节不够完善

绿色税制可倒逼企业绿色转型，引导社会公众提高绿色发展理念、践行绿色消费行为。目前，绿色税制设计环节中，制定、执行相关机制较为完善，但反馈、评价和改进相关政策等环节还需完善，来切中市场主体排污减污的关键点，避免出现部分企业和社会公众滥用税收优惠等逆向结果。

(四)绿色税制制定缺乏广泛参与

目前,绿色税制的制定方主要是国家的立法机关,作为法律被执行者的企业和社会公众,在立法过程中参与度不够,导致绿色税制施行效果不佳。企业话语权有限,无法将其绿色发展的经验总结和诉求及时反馈给相关部门,造成政策或制度施行后个体利益和社会利益对冲的结果。目前,社会公众对绿色发展的正向印象不深,部分企业绿色转型失败引发就业减少等情况,使社会民众参与绿色税制制定的积极性不高。

四、完善绿色税制的建议

(一)完善"多税共治"格局

一是扩大绿色税收征税范围。首先,污染较重的挥发性有机物、热污染、光污染、电子垃圾等分批次纳入环境保护税征收范围内;其次,适度提高或扩大资源税、消费税等辅助税种的税率或征税范围。二是建立健全绿色税收征管机制。政府应理顺并强化税务部门同外部门间合作共管和协作效能,完整、准确、全面落实绿色税收设定的目标。三是适时开征碳税。按照与现有税种协调和互为补充、避免重复征税或变相提高综合税率的原则,我国制定开征碳税的短期目标和长期目标,如短期内可将成品油、煤、天然气等税目从消费税和资源税抽取出组成单独税种进行征收,长期内可根据碳汇领域的技术可行性、经济社会发展阶段,以及产业企业特点差异,适时开征碳税。

(二)扩大"多策组合"受惠面

一是增加政策享受门槛层级,扩大政策受惠范围。我国对科技创新型企业,根据企业生命周期配置企业所得税和增值税的差异性优惠政策,引导社会资本主动投入各类科技创新领域中。二是构建区域间优势互补、互利互惠的绿色税收协调机制。我国应充分利用税收减免的引导和激励作用,打破地区间经济发展差异、产业优势不同导致的绿色发展不同步现象,引导各地区政府部门、社会资本、社会民众都重视并践行绿色发展理念,形成各具特色、利益共享的绿色税制机制。

(三)完善绿色税制的评价体系

客观、科学设定绿色税制的评价指标,作为完善优化绿色税制的依据和方向。围绕绿色发展内在要求以及绿色税制的宏、微观影响,宏观评价指标可包括绿色税制的收益及其成本关系所反映出的税费标准合理性,绿色税制对居民收入和消费、就业和经济可持续发展等有积极意义。微观评价指标可包括绿色税制对企业绿色产品投入与产出影响,对绿色生产企业在人工成本、利润率、行业地位影响力等方面助益等。

(四)增强绿色税制的影响力

一是广泛走访调研,动员企业参与。有关部门在绿色税制制定或完善调整前,广泛走访、调研重点行业、企业对绿色税制的意见,获得贴近实际生产、符合发展需求的绿色发展建议。二是创新绿色消费形式,激发社会大众参与。我国借助数字信息化绿色线上产品加强企业与民众互动,激发民众参与绿色发展,并积极建言献策,对节能电气、绿色住宅等绿色消费行为给予税收优惠,在鼓励绿色消费行为的同时助推绿色生产。三是借鉴成功经验,参与国际绿色税制的制定。一方面借鉴他国成功经验,助力我国在绿色发展道路上稳步前行;另一方面积极参与制定国际绿色税制规则,提高我国在全球经济治理中的制度性话语权,并为形成有利于国内企业和在华企业转型升级发展的政策贡献力量。

(作者单位:国家税务总局北京市密云区税务局)

合规治理视野下
大企业集团税收遵从评价的实践和思考

张法德

打造税收遵从评价新格局,是国家税务总局大企业税收治理改革的重要取向。本文试从江苏省连云港市税企合规遵从共治新实践,以企业集团总部与成员企业之间的信用联动关系为基础,就如何立足大企业集团特点,初步构建大企业集团遵从评价指标体系、框架结构和实际效果,与大家商榷。

一、大企业集团税收遵从现状及存在问题的分析

大企业集团层级架构复杂,多子多孙分布,跨域跨业经营,集团化管理专业化运作,新业态新模式涌现,与西方市场经济发达国家相比,税收遵从管理不对称,存在"单兵对集团""以一域之局对跨区域企业甚至是跨国企业"等突出问题,主要在三个方面上。

(一)在职能作用发挥上有支撑,大企业集团促进经济税收增长的基础性、支柱性、保障性作用较为突出,但少数企业集团"破窗效应"频发高发反映了大企业治理形势仍然较为严峻

从1979年改革开放引进外资起,我国建立了国有、民营和混合所有制等现代企业。20世纪八九十年代,从无到有出现了现代企业群体。2001年,我国加入世贸组织以来,企业在融入经济全球化过程中成长壮大。2022年,在财富全球500大企业排行榜上,中国企业达到143家(含中国台湾地区8家),稳居排行榜首位(美国122家)。大企业违法违规(涉税问题)受到惩戒的案件引发持续关注,如滴滴、阿里、腾讯等龙头企业受到了前所未有的严厉监管处罚,典型的中兴通讯公司被美国罚款20多亿美元。因此,我国加强大企业集团合规治理,是当前税收治理改革纵深推进的首要课题。

(二)在遵从评价体系建设上有基础,大企业集团成员单户企业信用评价推进较快,但总部企业成员信用联动不够,且多数企业重遵从协议仪式轻执行、重形式轻内容

现行税收遵从评价体系建设主要以单户企业为基础。2014年10月1日,我国发布的《纳税信用管理办法(试行)》缺乏集团性整体视角。作为个性化服务的创新产品,税务机关较重视大企业税收遵从合作协议签订,但是对纳税人未进行税务内控有效性测试,出现了仅要求纳税人具有税务风险内部控制制度体系的"证明"便签署遵从合作协议的现象。

（三）在合规合作遵从上有引领，时至今日逐渐形成了具有中国特色的推进企业合规管理之路，但企业合规治理改革纵深推进尚需持续发力

目前，我国有一大批合规管理先进企业，既有中石油、中石化、中国中铁和深圳交易集团等国有企业，也有吉利汽车、东岳集团等民营企业。江苏恒瑞医药股份有限公司制定并完善合规管理制度，出台《江苏恒瑞医药股份有限公司合规管理实施办法》《江苏恒瑞医药股份有限公司全员合规手册（试行）》《恒瑞医药商业合作伙伴合规调查制度（试行）》等文件。2022年4月22日，其发布首份ESG（环境、社会和公司治理）报告，成立合规管理委员会，连续多年获上海证券交易所信息披露工作"A"级（最高级）评分。在引领遵从、促进遵从及辅导遵从上，在促进税企合作还责于大企业上，从单向管理向双向管理转变上，在企业合规改革上，我国还要持续推进，尚有大量工作要做。

二、大企业集团税收合规遵从管理的国际借鉴

简要归纳，国外大企业遵从管理的经验值得我们学习和借鉴。

（一）在基础管理上，大企业集团高度重视事前合规管理

2000年，联合国全球契约组织成立，在人权、劳工、环境和反腐败四个方面提出10项原则，标志着全球范围开始推进合规管理。目前，全球有15000多家大企业加盟全球契约组织，承诺遵守10项原则。例如，美国公司普遍将其合规管理目标确定为预防和发现公司犯罪行为，在较早的阶段发现错误，并促使公司迅速行动，将负面影响降至最低；倡导合法和道德的企业文化，形成重视合规氛围；编制诚信合规手册，作为员工普遍遵守的行为准则。

（二）在职能强化上，大企业管理部门较为重视集团性税收遵从管理

例如，美国LMSR制定并开始使用可以早期识别并解决遵从问题的方法：第一，根据具体问题对大企业进行有限检查（LIFE），利用风险分析方法确定的因素对审计范围进行限制；第二，填报纳税单前协议（PFA），纳税人和联邦税务局通过合作方式在填报纳税申报单之前就问题达成协议，涉及的问题一般都是事实性质的，而且是法律规定明确的问题；第三，行业问题解决方法（LIR），通常采取发布税收指南来解决这类问题；第四，快速解决问题的通道（FTS）。在税务机关和上诉部门的帮助下，纳税人可以使用一些调停手段来减短大企业的整体审计时间。

（三）在治理取向上，较为重视税企共治合作遵从双向奔赴"新型关系"的构建

例如，经济合作与发展组织（OECD）将纳税人分为"纳税人完全不遵从""纳税人可能不遵从""纳税人想遵从但实现难度较大""纳税人遵从"等四类情况，并根据综合评价后企业具体分值将其分为上述四类纳税人，并区别对待。税务机关应对前两类纳税人强化管理和惩处，对第三类纳税人采取教育、辅导、帮助等形式，对第四类纳税人重点向其提供纳税服务，通过奖励等手段鼓励自觉遵从者做得更好。

三、新时代对大企业集团税收合规遵从管理的连云港实践及路径初探

合规最安全，违规有风险。大企业集团税收合规遵从要坚持内外并重、培训引领、税企共

治、双向管理，努力探究合规共治新路径。我们重点从五个方面发力。

（一）以合规治理为引领，切实推动大企业集团自我管理自我约束

一要提站位、讲政策、明大势。大企业集团重点学习习近平总书记关于"一带一路"倡议和合规管理倡导等重要论述、国家标准委《合规管理体系要求及使用指南》和国资委《中央企业合规管理指引》《中央企业合规管理办法》《企业境外经营合规管理指引》、江苏省国资委《省属企业合规管理指引（试行）》，作为落实省市税务局实施方案、操作指引的突破口，通过培训引领，促进合规要求落地。

二要强内控、防风险、促合规。邀请我国合规管理学会副会长培训盛虹、恒瑞、华乐合金等连云港市100家重点税源企业和税务师事务所，吸取德国西门子合规事件经验。政府安排市税务局法律顾问和华乐合金董事长做"新形势下中小企业高质量增长之经营能力及合规管理提升"的讲座，帮助40多位企业家深刻理解、建立、使用合规系统思路。政府上线"合规管理与大企业税收治理改革、廉洁文化建设"班，培训连云港市大企业税收工作领导小组成员单位、各县区税务局条线，以及大企业和纪检监察条线涉规人员200名，打造大企业合规改革"连云港样板"。

三要树标杆、重示范、做榜样。江苏康缘药业集团成立合规部门，引进深圳合规专家担任公司总监，开发合规审计信息系统。例如，其重点关注企业销售费用支出：1. 业务是真实发生；2. 发票是符合规定；3. 证据链完整。其通过专家实名认证、合规支付、合规审查，促进销售费用管理从事后合规向自主合规转变。

（二）以纳税信用评定为基础，科学把握大企业集团税收合规遵从评价维度

一要把握税源基础管理维度。借鉴ISO37301及域外经验，我国建设大企业内部控制、合规治理和风险管理体系，还责于大企业。我国突出"机构设置和职责配置、合规遵从风险识别、合规遵从风险应对和持续改进、合规文化建设"四方面内容，构建大企业税收管理合作遵从业务体系，引导大企业合规管理。

二要把握分税分费管理维度。我国保持总部企业和重点成员企业遵从评分采纳的纳税信息与信用评价信息一致，即经常性指标信息—涉税申报信息、税（费）款缴纳信息、发票与税控器具信息、登记与账簿信息等纳税人在评价年度内经常产生的指标信息；非经常性指标信息—税务检查信息等纳税人在评价年度内不经常产生的指标信息，使缴纳税款的多少不影响纳税人纳税信用等级的高低，让按时申报、缴纳税款成为影响纳税人等级的关键因素。

三要把握数字化治理维度。对参与税企直连、推广应用税企共治的，强化政策激励和支持，促进大企业治理数字化转型。汇集整合纳税申报、增值税发票、财务账套、第三方数据等各类信息，支撑多源数据集成。串联企业、集团、行业数据"孤岛"，整合集团企业控制、关联、上下游等各类关系，清晰掌握集团全貌，支撑穿透式信息查询，同时打破税务人员的部门、地域、层级限制，根据任务性质、人员特长、地域分布等因素，建立智慧工作团队，支撑快速网络化编队作战。

四要把握税企共治等外部评价维度。融汇税企合规共治、党建联学联建、律师事务所、会计师事务所和税务师事务所等第三方参与治理信息数据、网络情报，尤其是相关部门年度评定

的大企业优良、不良信用记录。畅通税务管理系统，采集国家统一信用信息平台、相关部门官方网站、新闻媒体或者媒介大企业信息，核实、筛选、加工后再投入税务风险应对运用。随着税务评价信息的时间推移、空间变化，制定切实可行、有针对性的管理措施，提高大企业税收专业化管理质量。

（三）以协调员机制为抓手，建立常态化规范化大企业税收遵从评价体系

一要量化评价指标。主要采取分值累加、综合评定的方法，即在合理构建税法遵从度指标体系的基础上，科学设置各类指标具体分值和相应权重，根据纳税人实际情况测算出各指标得分后，再逐级加权汇总，计算确定纳税人税法遵从度的最终得分。

二要明确评价等级。大企业集团纳税遵从一个纳税年度评价一次，年度遵从评价指标得分采取扣分方式，并与纳税评级标准高度关联，根据企业内控机制建设和纳税义务履行等情况，对其税收遵从情况进行评定。参考信用评定，按照好、中、差，由高到低依次递减，信用等级和税收遵从度越高的企业，其纳税信用和遵从度也相对较好，企业会获得更多激励政策服务。

三要规范评价办法。首先，集团核心成员所在地主管税务机关对增值税、企业所得税进行按月按季预评和年度总评工作，对企业申报、发票、税款入库和财务报表等信息，要按季和按年对不同来源的信息、不同税种信息之间进行比对和分析，按企业财务核算、内控和税企沟通状况等形成分税种初评结果，提交同级大企业管理部门开展的复评，集团大企业协调员按年开展综合评分，由大企业税收工作领导小组审核确认遵从评价结果。其次，把评价贯穿年度全过程，融合日常管理与专业化管理，形成局内各单位与属地税源管理部门的合力，实现大企业管理常态化、专业化、规范化运作。

（四）以分级遵从管理为核心，积极构建信用+风险的新型监管机制

一要发挥大企业税收风险管理指引作用。归纳各地在实践中发现的典型风险，编纂《连云港石化行业税收合规风险遵从指引》《新医药行业税收合规风险指引》，提醒大企业予以重视和自查自纠，并告知税务机关对遵从计划中税收风险的理解和态度，促进税企合规遵从。

二要推广应用共性风险引导集群遵从。以税源、税基、税负监控为核心，进一步归并同类相似企业，优选监控指标，寻找合理区间，聚焦监控基准，树立遵从引导标杆。结合石化《大企业集团税收遵从分析报告》、新医药《行业税收遵从情况分析报告》等税收风险管理成果，总结区域特征或行业共性的税收风险点、典型案例，在同区域、同行业大企业税收风险防控中推广运用，推动税收监管质效双提升。

三要实施差异化服务管理策略。对被认定为低遵从风险的大企业集团，原则上三年内不调整税收遵从风险级别，在与稽查、数据风险等部门协商一致的基础上，三年内原则上不采取评估、实地调查等征管措施。以实时沟通、动态监控、重大交易和安排的税收不确定性解决、定制性服务为主，但发现反复申报与交税不及时、与税务机关不合作、内外信息反馈其从事明显避税活动、涉及偷税、骗税、信用级别评分出现大量问题时，及时进行等级调整评估，情况属实的，调整为非低风险，采取"一年评一次"。问题严重的，直接判定为D级纳税人，实行提级监管。增值税专用发票领用按辅导期一般纳税人政策办理，普通发票领用实行交（验）旧供新、限量供应。

（五）以税务检查协作为保障，以能动履职促进大企业税收遵从持续提升

一要发挥税务专业稽查职能作用。税务稽查除了查补大企业实现税收外，还要兼顾企业会计核算的合规情况、减税降费政策资金返还、国务院临时出台的税收政策措施落实效果等检查。事后，要积极向企业推送税收合规建议书，力争达到检查一次，收效合规一大片。

二要加大企业财务物价检查力度。统筹大企业特殊案情整改后续因素，重点对集团总部或涉案企业在财务审计、物价检查、反避税调查中发现有严重失信行为的、涉嫌税收违法被立案查处的、被审计（财政）部门依法查出其他违法行为的，税务机关要对高遵从风险 D 级纳税人，直接评作低遵从企业，实施一企一专班重点监管。

三要加大企业合规与刑事合规衔接力度。围绕大企业涉及或发生环境污染犯罪、发票犯罪、行贿、串通投标、假冒商标、重大责任事故等罪名，建立第三方合规监督、评估、制裁等机制。发现大企业一旦违规，迅速纳入一套严密的制裁程序，实行法定量刑。

（作者单位：国家税务总局连云港市税务局）

即墨区税收营商环境调查检视及优化策略

徐 伟

党的二十大报告提出要"营造市场化、法治化、国际化一流营商环境"。税收营商环境作为营商环境的重要组成部分，是评价一国或者一个地区营商环境的重要维度。我国税收制度改革不断深化以及《关于进一步深化税收征管改革的意见》的出台，为我们持续营造税收营商环境提供了体制机制保障。本文透视税收营商环境建设面临的堵点、难点、痛点，提出下一步改进优化的对策建议。

一、即墨区税收营商环境优化中的突出问题

对标高质量税收营商环境，即墨区税务局通过问卷调查、实地走访、座谈交流等方式开展调查研究，总结基层税务部门在优化税收营商环境方面存在的短板和问题，其如下。

（一）税源监管整体水平不高，监管质量需提升

一是"以数治税"运用不充分，以数治税水平不够高，对企业特别是重点企业、大企业的税收分析和风险应对仍然以传统的现场评估、约谈、调账等手段为主，税收大数据分析在精准监管中的作用发挥不够明显。二是经验管税现象仍存在，目前基层税收风险应对人员年龄偏大，在日常纳税辅导、评估、检查过程中主要依靠多年来积累的工作经验。三是重点领域监管乏力，对高收入群体以及一些重点行业、特殊行业的监管深度不够。

（二）办税缴费便利度有待提高，服务质效需改进

一是以纳税需求为导向的服务机制还不够健全。日常工作中，税务部门对分散在税收征管各个环节的纳税人的需求未能很好地进行统筹分类处理、集中应对，容易偏重个案处理、就事论事，忽视对需求的深层次挖掘，没有将解决个案问题的经验转化为解决体制机制问题。二是办税缴费系统稳定性不强。近年来，即墨区税务局不断加大自助办税设备的投入力度，有效提升了企业办税便利化程度，使多数企业办税时间显著减少，但在其应用过程中，仍存在一些难点和问题亟待解决。

（三）纳税信用体系不够完善，结果运用需强化

信用评价工作相对独立，未形成与社会信用评价体系、银行个人征信的有效衔接，缺乏部门间的信息共享，在此方面的相关法律法规也是空白的，因此纳税信用评定结果应用不够广泛，对纳税人的激励导向性不明显。联合激励惩戒成效还不突出，税务系统与各合作部门之间仍然

存在分工不明确、合作不深入、运行效率低等问题，未真正发挥信用合力，导致联合激励惩戒成效不突出。

（四）诉求响应机制仍需健全，涉税诉求需关注

一是纳税咨询体验需提升，在实际运行过程中，存在热线咨询等待时长较长、难以解决实际问题等情况。二是涉税投诉办理水平仍需提高，有相当一部分（占比达到67%）未能提供税收违法行为线索和证据，投诉举报描述简单，投诉人拒不提供相关信息，给投诉办理带来较大难度，且占用较多时间、人工成本。

（五）政策辅导提醒不够精准，精细推送需升级

一是"智能化""精细化"的推送模式需完善。受众群体特征不明、辅导内容不够精准、市场主体类型划分不细的问题仍然存在。基层税源管理单位仍将电话通知作为最有效的工作方式，精准化推送仍有较大改进提升空间。二是个别税收政策不明确，导致一线窗口受理部分业务存在困难和风险。三是应享未享、不应享错享问题仍存在。在落实税费优惠政策方面，税务部门主动发现风险、推动问题整改主动性不够，方法手段不多。

二、优化基层税收营商环境的努力方向

基层税务机关既是税务"条"的末端，又是地方"块"的重要组成部分，应当切实发挥好"条块结合"优势，主动参与营商环境建设大局，自觉主动把税收营商环境建设好、优化好。

（一）进一步提高思想认识，凝聚优化税收营商环境共识

一是要牢固树立以人民为中心的发展思想。我们通过开展两批"六找"活动，共查找问题建议55项，并逐项明确责任单位，制定整改措施，规定整改时限。二是通过日常教育，引导基层税务干部提升服务意识和服务水平，特别是针对一线窗口人员和基层税管员，要综合运用开展专题教育、组织生活、专题培训等形式，不断提升业务素质，着力建强一线服务队伍。三是加强一线干部作风建设，通过警示教育、以案说法等形式，避免干部随意执法、多头检查、重复入户等行为，树立良好的税务干部形象，为市场主体营造良好的发展环境。

（二）加强重点领域税收监管，防范化解涉税领域突出风险

一是要进一步优化基层税源管理模式和机构职能设置，在属地管理的基础上，根据不同地区的经济结构，设立行业管理部门，逐步实现由属地管理向行业管理、分级分类管理转变。二是探索对重点特殊业务事项，采取专班化管理，对风险集中度较高的重点业务事项进行专门监管，增强工作针对性。在对重点领域的监管方面要积极借鉴其他地区的优秀经验，不断巩固本地的监管质量。

（三）推动办税缴费服务升级，持续改进提升办税体验

一是进一步扩大办税服务厅网上办税体验区，增加网上办税配套设备，提升软硬件性能，组建专门网上办税辅导团队，提升纳税人网上办税体验度。对"马上办、网上办、一次办"事项逐项编制标准化的"思维导图"和"明白纸"，最大限度简化审批流程，提高办事效率，减轻纳税人行政事项办理成本及难度。二是继续打造好"无感智办"服务品牌，持续在市场主体开办、成长经营、日常办税、政策推送、风险防控、法治援助等方面推出便利化举措，以主题

教育为契机，升级打造"党性锤炼+无感智办"服务品牌，推动"党建+营商环境优化"深度融合。三是在岗位职责分工和干部队伍建设上进一步优化，在人员安排上向基层税源管理单位、办税服务厅等一线部门进行适当的倾斜，通过实行"潮汐制"办税服务模式，推动更多青年干部到一线服务岗位，充实一线服务力量，提高一线服务人员业务素质。积极探索协同理念在办税缴费方面的外部延伸，加强多部门协同，优化自助办税设备布局，在协同共管中不断提升跨部门业务协作能力。

（四）精准落实税费优惠政策，提高政策推送精细化水平

一是要依托征纳沟通平台、电子税务局等系统添加宣传辅导标签，通过对比筛选与政策相吻合的企业，利用电子税务局、短信等开展精准推送，同时结合电话辅导、线下培训提供兜底保障。即墨局探索建立"四步法"精细辅导工作机制，依托钉钉 App 征纳沟通平台批量推送，实现第一轮"覆盖式"辅导，根据批量推送信息的阅读情况，对未读信息纳税人开展第二轮"点对点"短信辅导，根据牵头业务部门、专班工作进展情况，对仍未执行纳税人，开展第三轮"一对一"智能外呼辅导。在前述措施均已实施仍未执行的纳税人，由各税源管理单位进行电话辅导。二是在落实好事前辅导的基础上，事中事后结合历次督查审计反馈的政策落实问题，自主编写语句，建立风险指标，通过后台数据过筛，"常态化"发现并解决政策落实中存在的问题，对未按规定政策落实的情形进行督导整改，确保应享尽享，严防错享。目前，即墨局已梳理各类内外部督察审计、风险提示发现的风险点 320 个，梳理新发布政策风险点 17 个，通过内控平台和 5C 质量监控指标进行取数下发指标 22 个，自行编制指标 14 个，推动风险防控信息化建设，确保风险发现后及时推送处置。

（五）高效解决涉税诉求，提升纳税人缴费人满意度

一是畅通内外部诉求建议收集渠道，建立"厅、线、网、清单"四位一体涉税服务网络，打造专业精准的纳税咨询平台，优化咨询热线服务人员岗位配置，确保热线接通率，推动纳税咨询平台与办税服务厅"一体化"建设，适当安排座席人员到办税服务厅轮岗，接触更多实际业务，更好提升热线答复质效。二是积极组织开展线下意见征集活动，通过税企恳谈会、问题征集、走访调研、税务体验师、钉钉平台等方式，建立涉税诉求服务清单。定期开展"找问题、找短板、找困难、找矛盾、找原因、找办法"活动，形成"六找"问题清单，按照清单问题类型建立台账，强化跟踪问效，主动查、回头看，确保问题整治落实到位，逐项解决民生诉求。三是建立不满意诉求分级管理制度，对多提不过、投诉人长期不满意的情况，由分管局长牵头督办，召集相关单位制定解决方案并定期调度，高效调配资源，促进不满意诉求动态清零。依托主题教育，坚持和发展新时代"枫桥经验"，按照"典型培树"和"全面开花"相结合的工作机制，建好"枫桥式"税务所。用好"税务争议援助中心""涉税行政调解中心"，与市、区司法局加强合作，深化税法援助基层实践，力争实现"小事不出调解中心，大事不出基层税务局，矛盾争议就地化解"的目标，不断提高社会各界对税收工作的满意度。

（六）持续巩固综合治税格局，凝聚精诚共治新动能

一是进一步加强税务部门与地方党委政府各部门间数据信息交流，畅通信息共享渠道，探索建立经济运行数据共享平台，统一信息采集口径，打破与发改、工信、统计、社保、工商、

自然资源等部门之间的信息壁垒,通过完善的数据交互机制实现各部门间数据交换与共享,在税收经济分析工作中加深与地方各部门的联动分析,积极为地方党委政府建言献策。二是要进一步加强与金融机构合作,持续深度开展"银税互动",推动纳税信用成果广泛应用,继续加大纳税信用贷款发放力度,为市场主体提供更多资金支持。三是与地方党委政府、各镇街深化综合治税合作,推动镇街"网格化"治理模式与税收大数据共治共享,加强在房土两税管理、社保征缴、财源建设、招商引资、政策辅导等方面的合作,共同拓展管理深度,实现优势互补。主动靠前服务"专精特新"企业,认真落实"一企一档""一企一员"机制,为高校和企业搭建科研成果对接平台,通过组织"税、校、企"三方座谈,推动高效研发成果落地转化,同时满足"专精特新"企业科研需求。

(作者单位:国家税务总局青岛市即墨区税务局)

落实积极财政政策　助力中小微企业减负纾困

王　静　于　洋

在当前经济形势下，中小微企业在国民经济中的作用不言而喻。作为就业的主渠道和社会创新的重要源泉，它们对保持市场活力、促进经济增长具有不可替代的地位。然而，在多重因素影响下，这些企业普遍面临巨大的生存压力。为了帮助它们渡过难关，我国政府提出了一系列积极的财政政策措施。本文通过全面分析中小微企业发展状况和存在问题，有针对性地提出解决措施。积极的财政政策不仅是短期救助手段，还是长远发展战略的一部分。它传递出国家助力实体经济健康发展的坚定决心，激发了社会活力与创造力。我国政府只有持续关注并有效解决小微企业所面临的困难，才能使中国经济行稳致远，实现高质量发展。

在全球经济诸多不确定因素影响下，中国经济面临一定的下行压力。作为国家经济发展的重要组成部分，中小微企业在国民经济中占有重要比重，在解决就业、满足居民消费需求等方面发挥着不可替代的作用。然而，近年来，受"新冠疫情"、国内外市场需求不足等因素影响，中小微企业发展遇到困境。针对中小微企业面临的发展困难，国家税务总局先后组织出台一系列针对中小微企业的税费减免政策，整体来看，按照企业规模看，中小微企业受益最明显，2023年新增减税降费及退税缓费14264.2亿元，占比为64%。当前，中小微企业仍然面临着很大的发展困境，我们必须站在税务工作角度探讨积极财政政策的实施路径，以及如何通过财税政策助力中小微企业减负纾困，同时立足不同类型企业实际，提出落实积极财政政策、助力中小微企业减负纾困的具体建议。

一、全面分析中小微企业面临的发展环境

中小微企业是我国国民经济的重要组成部分，在推动经济增长、解决就业、促进创新等方面发挥了积极作用。随着经济全球化的发展以及市场竞争的日益激烈，中小微企业在各国经济发展中的地位越来越重要。在我国，中小微企业更是占据了国民经济的重要份额，在推动经济增长、促进就业等方面发挥着不可替代的作用。当前，中小微企业面临着诸多困难与挑战，这些问题亟待解决。

首先，要明确中小微企业的重要性。在宏观经济层面，中小微企业具有数量众多、分布广泛的特征，它们在各个行业和领域中扮演着至关重要的角色。据统计数据显示，我国中小微企业数量占比超过95%，贡献了全国约60%的GDP，成为拉动国民经济增长的主要力量。此外，中小微企业还肩负着创造就业岗位的责任，为社会稳定做出了巨大贡献。从创新角度来看，许

多创新型初创企业也往往源于中小微企业，它们不断推陈出新，引领行业发展潮流。

其次，要全面认识中小微企业发展面临的问题。中小微企业尽管在国家经济发展中如此重要，但它们普遍面临各种困境，具体而言，其主要有以下几方面。一是融资难题。由于规模较小、抗风险能力较弱等原因，中小微企业在获得银行等金融机构支持方面难度很大，同时缺乏足够的抵押物和担保措施也使中小微企业在融资过程中难以获得支持。这导致许多企业资金紧张，无法扩大生产或进行技术研发。二是人力资源短缺。受限于成本压力，中小微企业往往难以吸引到优秀人才，特别是在一些高技术产业领域。人手不足和技术水平落后进一步制约了企业发展。三是环保法规压力。近年来，环保问题受到广泛关注，政府加大对各行业的环保监管力度。对中小微企业来说，升级设备来满足新的环保标准需要投入大量资金，加重了企业负担。四是市场竞争加剧。国内外市场的竞争可谓非常激烈，形势不容乐观。一方面，大型企业凭借品牌优势和资本实力挤压中小微企业的生存空间；另一方面，新兴互联网平台也让传统中小企业面临严峻挑战。面对这些困境，我们需要采取切实可行的政策措施来帮助中小微企业走出困境。

最后，要全面分析财税政策在中小微企业发展中的作用。

一是财政政策有助于缓解中小微企业的融资难题。长期以来，资金短缺一直是制约中小微企业发展的主要瓶颈。为了破解这一问题，政府部门推出了如税收优惠、贴息贷款等一系列金融扶持措施，来降低企业融资成本，拓宽其融资渠道。此外，政府还设立了专门的风险补偿基金，为金融机构向中小微企业提供信贷服务提供风险分担机制，进一步激发市场活力。二是财政政策有利于优化中小微企业的经营环境。政府通过对税费进行合理调整，减轻了企业的负担，为企业创造了更为宽松的发展空间。例如，近年来，我国实施的大规模减税降费政策，有效降低了企业的运营压力，使更多资源得以投入生产经营中。同时，政府还在清理涉企收费、简化行政审批流程等方面下功夫，使企业办事更加便捷高效。财政政策助力提升中小微企业的创新能力。在创新驱动发展战略的引领下，政府加大对科技创新型中小微企业的支持力度，设立专项基金用于补贴研发投入，并给予相应的税收优惠政策。这些举措不仅提高了企业的研发积极性，还有助于推动产业升级换代，实现高质量发展。三是财政政策助推中小微企业拓展国内外市场。一方面，政府通过外贸转型升级专项资金等方式，支持中小微企业"走出去"，积极参与国际竞争；另一方面，政府着力扩大内需，提高居民消费能力，为国内消费品行业提供了广阔的市场需求。与此同时，财政政策对增强中小微企业的核心竞争力具有重要意义。政府通过人才培训、技术改造等方面的投入，提升了企业的综合素质，特别是在人才培养上，各类职业培训及创新创业教育项目的开展，让更多的创业者和企业家受益匪浅，这有力地促进了中小微企业的长远发展。

综上所述，税收政策在助力中小微企业减负纾困方面发挥了重要作用。通过减轻中小微企业的税收负担、支持其融资、降低运营成本以及鼓励创新发展，税收政策为中小微企业的发展提供了有力的支持。然而，我国仍然需要进一步完善税收政策的配套措施，加大对中小微企业的支持力度，进一步落实积极财政政策，助力中小微企业实现更好的发展。

二、深刻领悟财政政策的内涵与实施路径

积极财政政策是一种旨在促进经济增长而采取的扩张性财政政策措施。它通过增加政府支出、降低税收等手段，来提高社会总需求，进而推动经济发展。积极财政政策的核心思想是以凯恩斯主义为基础的需求管理理论，强调对宏观经济运行中出现的问题进行主动干预。随着全球经济一体化的发展以及各种不确定性因素的影响，各国政府在寻求经济增长的动力时，往往会选择采用积极财政政策来调整经济结构、扩大内需及刺激投资。积极财政政策的实现路径存在一定差异。

首先，扩大公共投资是最常见的积极财政政策之一。国家通过增加基础设施建设、科研投入等领域，提高社会总需求，进而刺激经济增长。增加公共投资是指政府加大对基础设施建设、科研教育、社会保障等方面的投入力度。通过这种方式，国家可以创造更多的就业机会，提升居民收入水平，进一步拉动消费需求。此外，公共投资项目还能带动相关产业发展，吸引民间资本进入，从而形成良性循环。然而，在执行这一政策时，我们需注意避免重复建设和资源浪费，并确保投资效益最大化。

其次，减税降费也是常用的积极财政政策措施。降低企业税收负担，有助于提升企业盈利能力及市场竞争力，从而加速经济发展。减少税收负担主要是指通过下调税率、减免税费等方式减轻企业和个人的财务压力。这有利于激发市场活力，鼓励企业加大创新投入，增强竞争力，同时也能增加居民可支配收入，刺激消费潜力释放。减税降费虽能短期内激发市场活力，但长期还需配合其他结构性改革，以免对财政收入产生过大的影响。

再次，优化支出结构同样是积极财政政策的重要组成部分。提高转移支付比例是指政府加大向低收入群体和社会弱势群体的资金扶持力度。此举有助于缩小贫富差距，改善民生状况，同时也能够在一定程度上增加内需。政府应加大对教育、医疗、养老等不同领域的支持保障力度，满足人民群众不断增长的发展需求，同时加强预算绩效管理，压缩行政成本，让财政资金发挥最大效用。此外，我国通过对科技发展支持力度的增大，也有助于产业结构升级，也将有力推动经济高质量发展。

最后，国际经验表明，债务管理是实现积极财政政策目标的关键手段。合理安排发债规模，控制债务风险，保障财政可持续性，对维护国家信誉和金融市场稳定性具有重要意义。在此基础上，我国要灵活运用多种融资工具，吸引国内外资本参与项目建设与运营，将进一步拓宽投融资渠道，壮大资本市场，服务实体经济。

三、明晰助力中小微企业减负纾困的财税措施

随着全球经济化的快速发展，中小微企业必须适应新形势、新情况的发展变化。然而，从当前国内外经济整体运转情况分析，中小微企业发展面临着诸多困难与挑战，如融资难、成本高、市场竞争激烈等。为缓解这些压力，作为税务部门，要聚焦中小微企业发展遇到的瓶颈问题，拿出更加务实的举措，来帮助它们减轻负担、化解困境。

首先，通过降低税费负担，提升企业盈利能力。近年来，我国不断推进税收制度改革，通过简并税种、简化征收程序等方式为企业"瘦身"。同时，我国对部分小微企业实行暂免征增值

税政策，以及调低小规模纳税人的增值税税率，有效降低了小微企业的经营成本。在税收方面，政府可以通过减免税费来降低企业的经营成本。具体来说，针对小微企业和个体工商户，政府实施增值税小规模纳税人免征政策；对部分行业，如交通运输、餐饮住宿等经营困难的商户，则可以实行临时性减免税政策。此外，为了鼓励科技创新，政府对符合条件的研发费用给予加计扣除优惠。这些举措旨在减轻企业财务负担，提高其盈利能力和发展潜力。

其次，加大财政支持力度，拓宽中小企业融资渠道。通过定向降准、再贷款等方式，政府鼓励引导金融机构在信贷投放上向中小微企业倾斜。此外，政府鼓励发展普惠金融，降低中小微企业融资成本。政府部门充分利用财政资金在支持企业发展过程中的杠杆作用，为中小微企业提供更多的资金支持，并推动设立各类产业发展基金、创业发展基金等，为中小微企业进行技术创新和产业转型提供支持。

再次，着力优化营商环境，减少企业运营成本。政府致力于改善营商环境，通过定向降准、再贷款等方式，为中小微企业解决发展所需资金问题。此外，政府鼓励发展普惠金融，降低中小微企业融资成本，采取的措施包括降低市场准入门槛、缩短行政审批时间、提高行政效率等。此外，政府还鼓励各地建立面向中小微企业的公共服务平台，在技术创新、人才培训教育等一系列服务上，帮助企业降低成本、提高竞争力。

最后，完善支持帮扶措施，激发企业创新活力，完善政府采购制度，增加中小企业市场份额。政府将符合条件的中小微企业纳入政府采购范围内，在招标过程中给予适当优惠政策，来确保其在市场竞争中有更加公平的机会。政府加大知识产权保护，加强对中小企业专利权、商标专用权等方面的法律保障，严厉打击侵权行为，维护企业合法权益。我国要进一步扩大金融业对外开放程度，吸引更多民间资本进入金融服务领域，从而促进银行业竞争加剧，为中小微企业提供更优质的贷款服务。我国要提升企业创新能力，加大科技创新券、研发费用加计扣除等政策力度，激励中小微企业加大研发投入力度，力度提升创新能力。

（作者单位：国家税务总局廊坊经济技术开发区税务局）

宁波市绿色发展税收指数体系研究

——基于熵权法的指数体系建立及应用评价

刘洋洋

一、绪论

（一）研究背景及意义

绿色发展理念是事关发展全局的新发展理念之一。习近平总书记在党的二十大报告中提出：加快发展方式绿色转型。推动经济社会发展绿色化、低碳化是实现高质量发展的关键环节。宁波市作为制造业强市，"加快生态文明建设"已经成为宁波市转变发展模式的重要发力点。宁波市"十四五"规划明确提出，要以"持续优化生态环境，提高绿色发展获得感"为重点任务。

目前，宁波市绿色发展水平如何？其进一步走好、走稳绿色发展之路面临何种挑战？宁波市的绿色发展水平若能够进行量化评价，就能够更加清晰、客观、科学地制定未来发展策略。因此，利用数据化形式，全面、客观、动态地体现宁波市近年来绿色发展情况，助力宁波市走好绿色之路迫在眉睫。

税收大数据是真实经济业务的映射。因此，本文从宁波地方特色出发，全面梳理绿色发展税收相关经济指标，从发展环境、技术投入、绿色生产、可持续消费四大角度，构建一套我市特色的绿色发展税收指数体系，为绿色税收实施效果评价提供参考，也为绿色税制改革提供方向。

（二）研究路径

如图1所示是本文的主要研究路径：在理论基础层面，提出宁波市绿色发展税收指数体系，在实证分析层面，基于样本数据，进行指数的应用及多维度分析，最后得出结论并提出相关建议。

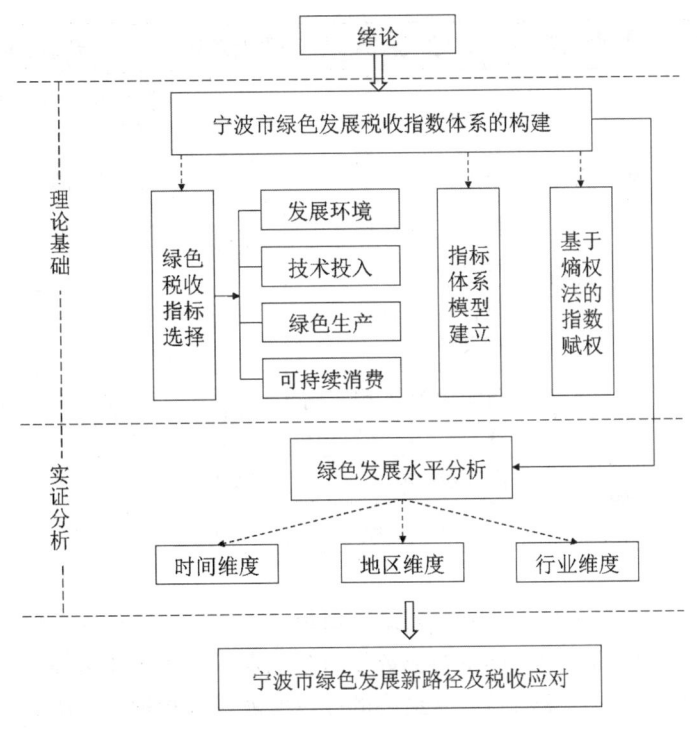

图 1 本文研究路径

二、宁波市绿色发展税收指数体系的构建

（一）绿色税收指标选择

本文利用税收大数据及部分统计数据，围绕绿色产业的流动全路径，从发展环境、技术投入、绿色生产、可持续消费这四方面，分 13 个指标综合构建绿色税收指标体系，具体指标如表 1 所示。

表 1 绿色发展税收指标体系指标选择

序号	一级指标	二级指标	三级指标	指标编码	数据描述	指标属性
1	发展环境	发展规模	人口规模	FFR	常住人口数量	+
2	发展环境	发展规模	经济发展水平	FFJ	国内生产总值	+
3	发展环境	产业结构	高污染企业量	FJ	传统制造业数量	-
4	技术投入	人员投入	技术人员工资比重	JR	研发费用（人员人工费用）/年度研发小计	+
5	技术投入	资金投入	研发费用投入强度	JZ	年度研发小计/营业收入	+
6	技术投入	设备投入	环境保护设备投入	JS	环境保护、节能节水、安全生产等专用设备投资额减免金额	+

续表

序号	一级指标	二级指标	三级指标	指标编码	数据描述	指标属性
7	绿色生产	污染排放	营业排污率	LP	环保税计税依据/营业收入	−
8		资源占用	耕地占用	LZ	耕地占用税计税面积	−
9		单位能耗	每千元营业收入耗电率	LND	电力受票金额/营业收入	−
10			每百万元营业收入费水率	LNS	水冰雪受票金额/营业收入	−
11	可持续消费	绿色消费	新能源汽车购买情况	KL	新能源汽车车购税减免金额	+
12		高能耗消费	高消费情况	KGW	消费税总额	−
13			油车消费情况	KGY	车购税计税依据	−

其中，本文以三级指标为计算基础，数据根据基础数据量级进行预处理，指标属性根据郑晓瑛等人对绿色税收效应的分析，确定对应数据对绿色发展的正负相关性。指标属性为正的指标表示对绿色发展税收指标结果有益，且最终的绿色发展税收指标分值越高，表示绿色发展程度越高。

（二）指标体系模型建立

为综合考虑13个指标，本文对三级指标进行加权求和，得到最终的绿色发展税收指数 N。其中 i 及 j 为不同的变量数据，根据分析主体需求提取不同的变量数据。例如，i 表示分析年份，j 表示 j 个不同的地区，则 FFR_{ij} 表示第 i 个年份第 j 个地区的人口规模，N_{ij} 表示第 i 个年份第 j 个地区的绿色发展税收指数。其中 λ 对应发展环境、技术投入、绿色生产、可持续消费四方面的权重。

$$N_{ij} = \lambda_1 FFR_{ij} + \lambda_2 FFJ_{ij} + \lambda_3 FJ_{ij} + \lambda_4 JR_{ij} + \lambda_5 JZ_{ij} + \lambda_6 JS_{ij} + \lambda_7 LP_{ij} + \lambda_8 LZ_{ij} + \lambda_9 LND_{ij} + \lambda_{10} LNS_{ij} + \lambda_{11} KL_{ij} + \lambda_{12} KGW_{ij} + \lambda_{13} KGY_{ij} \quad (1)$$

其中，当 j 为非地区变量时，二级指标发展规模下的变量 FFR 及 FFJ 的数值固定为全市数据总和。

（三）基于熵权法的指数赋权

熵权法是一种基于信息熵的客观赋权方法，它根据各指标数据的变异程度计算熵值，然后通过修正得到指标权重。本文借鉴梁宵的相关赋权方法，在传统的熵权法基础之上，结合税收数据特征对偏差较大的0值做了修正，实现对指标更合理的赋权。

1. 指标选取：选取2018—2022年共5个年份，10个区县级地区，对13个指标的全部数据进行运算，则 x_{ijk} 为第 i 年第 j 地区的第 k 个指标。

2. 标准化：

正指标： $$Z_{ijk} = 0.998 \frac{x_{ijk} - \min\limits_{1 \leq j \leq 13}(x_{jk})}{\max\limits_{1 \leq k \leq 13}(x_j) - \min\limits_{1 \leq k \leq 13}(x_k)} + 0.002 \quad (2)$$

负指标:
$$Z_{ijk} = 0.998 \frac{\max_{1 \leq k \leq 13}(x_k) - x_{ijk}}{\max_{1 \leq k \leq 13}(x_j) - \min_{1 \leq k \leq 13}(x_k)} + 0.002 \tag{3}$$

3. 归一化:
$$p_{ijk} = \frac{Z_{ijk}}{\sum_{i=1}^{5} \sum_{j=1}^{10} Z_{ijk}} \tag{4}$$

4. 计算熵值:
$$E_k = -\theta \sum_{i=1}^{5} \sum_{j=1}^{10} p_{ijk} \ln p_{ijk} \tag{5}$$

其中
$$\theta = \frac{1}{\ln(5 \times 10)} \tag{6}$$

5. 计算冗余度:
$$D_k = 1 - E_k \tag{7}$$

6. 计算指标权重:
$$\lambda_k = \frac{D_k}{\sum_{j=1}^{13} D_{ijk}} \tag{8}$$

最终公式（1）中的权重结果如表 2 所示。

表 2 绿色发展税收指标体系指标权重值

序号	三级指标	权重编码	权重值
1	人口规模	λ_1	0.043742164
2	经济发展水平	λ_2	0.064380312
3	高污染企业量	λ_3	0.000166931
4	技术人员工资比重	λ_4	0.017732534
5	研发费用投入强度	λ_5	0.085113027
6	环境保护设备投入	λ_6	0.339225219
7	营业排污率	λ_7	0.026955641
8	耕地占用	λ_8	0.0676081
9	每千元营业收入耗电率	λ_9	0.009207244
10	每百万元营业收入费水率	λ_{10}	0.002162053
11	新能源汽车购买情况	λ_{11}	0.343024083
12	高消费情况	λ_{12}	0.000399617
13	油车消费情况	λ_{13}	0.000283074

三、基于绿色发展税收指数的宁波市绿色发展情况评价

（一）时间维度：绿色转型加速推进，绿色消费快速膨胀

我们将全市的年度数据代入公式（1）中，可得出宁波市近五年绿色发展税收指数，结论如图2所示。

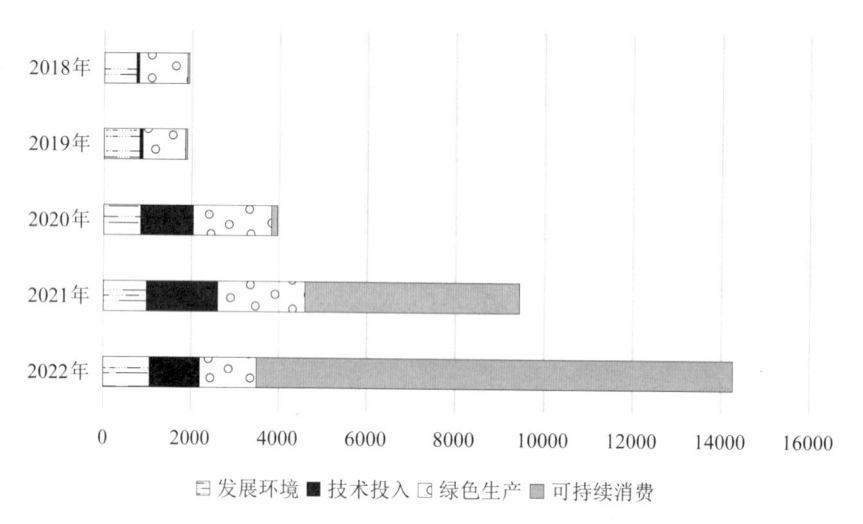

图2 宁波市近五年绿色发展情况

从总趋势看，近五年，宁波市绿色发展税收指数呈逐年递增的大趋势，年均增速达55.86%。宁波作为制造业强市，在2020年以前，全市绿色发展情况基本由绿色生产控制，环保举措主要体现在污染防治、节能减排等方面。2020年起，全市对绿色发展的技术投入逐渐重视，比重逐年上涨，但由于全球经济下行、国际局势动荡、国内需求减弱等因素影响，2022年全市技术投入及绿色生产方面的比重有所下降，绿色转型的投资意愿略有下降。

同时，随着国产新能源汽车的崛起，宁波市居民对绿色消费的认同度逐年上升，可持续消费比重自2021年以来快速增长，其逐渐成为绿色发展的主导部分。

（二）地区维度：绿色发展差距显著，沿海区县领跑全市

我们以2022年数据为基础，从地区层面出发对宁波市绿色发展水平进行比较分析，结果如表3所示。

表3 2022年宁波市各区县绿色发展水平

	发展环境	技术投入	绿色生产	可持续消费	绿色发展税收指数
鄞州区	183.36	122.83	90.69	4513.29	4910.16
江北区	57.59	9.70	54.60	1937.59	2059.48
慈溪市	170.57	167.75	272.13	1065.46	1675.90
北仑区	173.23	315.02	94.45	591.67	1174.37
海曙区	101.30	6.20	59.42	847.12	1014.05

续表

	发展环境	技术投入	绿色生产	可持续消费	绿色发展税收指数
余姚市	103.02	47.92	133.73	667.83	952.51
镇海区	90.74	311.46	127.13	264.84	794.17
宁海县	61.10	55.52	162.85	486.57	766.04
象山县	48.88	67.78	115.55	241.06	473.28
奉化区	60.99	53.88	178.76	155.57	449.20

从整体看，全市10个区县绿色发展税收指数分化程度较高，最高与最低之间相差大约10倍。从不同维度看，各地区绿色发展平衡度较低，均有侧重。鄞州区凭借其雄厚的经济发展实力，其绿色发展税收指数断层领先，绿色发展水平领跑全市，且在发展环境、可持续消费这两个层面居于全市首位。北仑区及镇海区坐拥宁波市工业海岸线，近年来致力于产业的转型升级，其临港产业正逐步踏向新型绿色发展模式，在技术投入方面，两地区遥遥领先。慈溪市锚定"双碳"目标，分离打造中大力德、耀华电气等国家级绿色工厂，并在杭州湾新区新能源汽车产业的加持下，其在绿色生产水平领域拔得头筹，并在整体绿色发展水平中排名第三。江北区及海曙区总体绿色发展水平靠前，但在技术投入及绿色生产方面略显薄弱；象山县及奉化区绿色发展税收指数均不足500，仍有较大的上升空间。

（三）行业维度：公共发展持续向绿，低值行业转型乏力

本文以2022年各行业指标为取数样本，对20个行业门类进行取数，分析结果如图3所示。

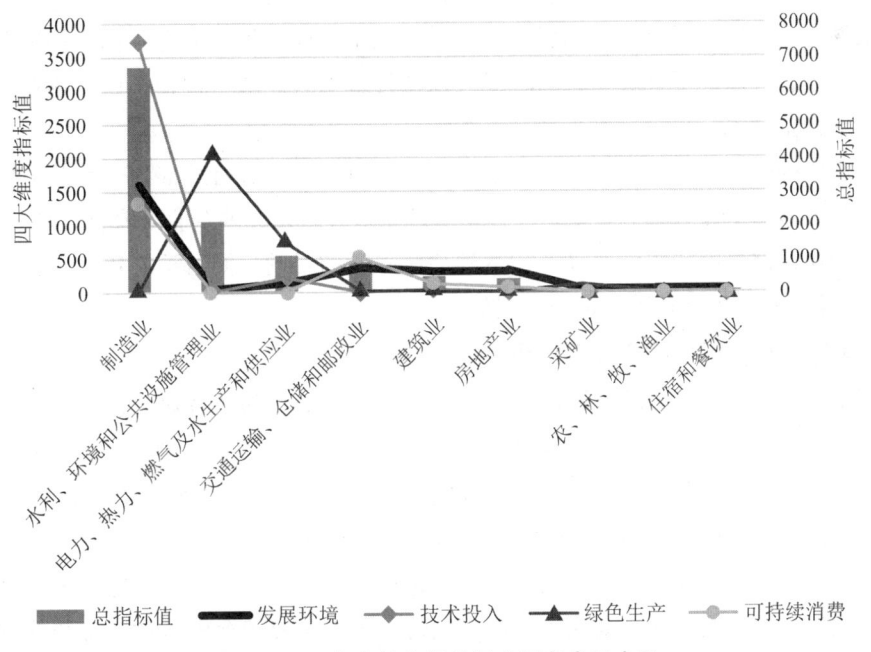

图3 2022年宁波市相关行业绿色发展水平

制造业表现整体亮眼，绿色发展指数因技术投入突出遥遥领先。能源及公共供应类行业表现平稳且后发有力，其中水利、环境和公共设施管理业绿色生产方面尤为突出，显示出以政府为引领的公共设施绿色转型成效显著。交通运输、仓储和邮政业因新能源汽车转型大势，绿色发展程度排名靠前。同时，技术投入已经得到大部分重污染企业的充分重视，并取得了显著的创新成效。

值得关注的是，农、林、牧、渔业，住宿和餐饮业等第一、第三产业在绿色发展方面转型需求较低，各指标分值在全行业均处低位，但此类产业与居民生活息息相关，应予重视。

四、宁波市绿色发展新路径及税收应对

（一）完善税收体系，引导绿色发展

一是调整资源税税率，增强与制造业的相关性。资源税的征税对象是开采矿产品和生产盐的企业，征税范围不包括制造业，促进制造业绿色发展的效果有限。我们建议把现行资源税的差别幅度定额税率改为差别幅度比例税率，使矿产品的征税数额随着经济发展逐步上升，并通过矿产品成本的转移，达到对制造业的绿色调节。

二是扩大环保税范围，降低二氧化碳工业排放。环保税的开征使我国的绿色税收体系进入新的纪元，但是环保税仍有改进的空间。我国的二氧化碳排放总量较大，除了居民生活排放以外，大部分来自汽车和工业企业的排放，如果将二氧化碳纳入环保税的征税范围内，有利于促进制造业企业利用清洁能源，提高制造业的绿色度。

（二）调整产业结构，加速转型升级

一是处于领先队列的大型企业。宁波市应更侧重采取"激励型"与"自愿型"的环境规制政策，如根据企业已有的绿色技术创新成果，采取税费返还、税收减免、创新补贴等方式，降低企业在研发创新方面的资金成本，同时促进绿色技术的人才队伍建设，让企业在绿色技术创新方面变被动为主动。

二是处于传统队列的跟随企业。处于跟随型队列和模仿型队列的重污染行业仍是目前"命令型"环境规制政策的重点实施对象。宁波市应严格对排污超标的企业采取整改和关停等措施，迫使重污染企业通过绿色技术创新等方式达到治污降污的目的，同时适当提高重污染企业获取"激励型"政策门槛，提高补助资金的使用效率。

（三）强化全面监管，健全绿色标准

一是制定统一绿色标准。随着绿色低碳的观念深入人心，消费者对绿色产品的需求也越来越多，但目前的绿色产品大多炒作"绿色"的概念。因此，宁波市应当制定和完善制造业不同行业的绿色标准和管理规范，满足消费者的绿色需求，通过供求关系来推动制造业的绿色发展，并实现与国际接轨，促进我国制造业产品的出口，打造制造业国际品牌。

二是集约利用能源资源。强化能耗监督，推进企业节水改造，钢铁、电力等高耗水行业要达到先进定额标准，降低能耗、电耗和水耗。同时，宁波市要健全资源性产品价格的机制，进一步研究完善矿业权使用费征收和分配政策，使资源性产品价格能够灵活反映市场供求关系、资源稀缺程度和环境损害成本。

（四）发掘需求潜力，畅通绿色消费

一是优化绿色发展环境。增加对公众民生福祉的关注，增加公共设施和服务的投入，加强医疗、教育、养老、体育等公共服务设施的规划和建设；推进城乡统筹，城区与自然发展区协调发展，支持改善耕地开发地区居民生产生活条件，共享资源开发成果；推进老工业区搬迁改造和棚户区改造等。

二是风行绿色消费意识。推进全社会践行绿色消费，加强绿色消费意识，在衣、食、住、行等各个领域加快向绿色转变；鼓励绿色出行，构建和完善城市绿色公共交通体系，并合理配置公交线路，加快交通工具公共租赁体系建设，鼓励共享单车、共享汽车的进入；积极推广新能源车，完善城市充电设施建设，同时大力发展电动、天然气、氢能环卫车辆、公交车辆。

（作者单位：国家税务总局宁波市镇海区税务局）

税收视阈下驻地开放经济发展研究

叶 华　夏 雨　吴伟夫

党的二十大报告指出，依托我国超大规模市场优势，以国内大循环吸引全球资源要素，增强国内国际两个市场两种资源联动效应。2023年，中央经济工作会议再次强调，要扩大高水平对外开放，加快培育外贸新动能，打造"投资中国"品牌。镇江市税务局发挥税收大数据优势，结合企业调研情况开展对外开放水平分析，结果显示在"双循环"新发展格局下，我市在着力打造更高层次开放型经济过程中面临诸多风险和挑战，需要在外资、外贸和对外合作上有针对性地加大扶持力度，进一步推动全市外向型经济高质量发展。

一、我市已形成全方位、多元化、宽领域的开放格局

近年来，镇江始终坚持合作共赢，突出开放支撑，主动融入和服务全省"一带一路"交汇点建设，在江苏建设具有世界聚合力的双向开放枢纽中彰显镇江作为。从外资来看，作为市场主体中创新能力强、市场占有率高、质量效益优的排头兵，外资企业的发展具有示范引领和导向作用。全市1678户外资企业投资来源地覆盖了世界69个国家和地区，以0.6%的户数占比，贡献了全市12%的销售和13.6%的税收。外资企业平均注册资本达到5714.5万元，2023年实现户均净利润451.5万元，年均资本收益率（利润总额/实收资本）达5.7%，位列全省中上游，呈现"高资产、高收益"运行特点。从外贸来看，2023年，全市申报进出口总额为140.4亿美元，其中加工贸易受原料和市场两头影响，向好的态势转变，全年实现16.3%的大幅增长。同时，在欧美需求复苏拉动不振的背景下，我市持续加大与"一带一路"共建65个国家和地区的贸易合作力度，全年出口贸易41.1亿美元，同比增长6.3%，其中面向东盟十国的出口金额达16亿美元，占比近4成，合作潜力不断释放。从对外合作来看，2023年，非居民企业税收达到256.6亿元，同比增长9.2%，且涵盖了承包工程、提供劳务、担保费、股息红利、国际运输、利息、特许权使用费、转让财产以及租金等所有的收入类型。截至2023年年底，我市共有"走出去"企业61户，以直接投资设立企业、对外承包工程、对外提供劳务等方式在全球6大洲37个国家（地区）共设立118个公司或项目部，投资行业涉足制造业、商务服务业、房地产业、批发零售业、金融业等多个行业，总投资额近30亿美元，其中中方投资额达到13.9亿美元。

二、"双循环"新发展格局下，我市对外开放面临的风险和挑战

（一）外资企业发展存在"三块短板"

一是产业链盘旋中低端，数字经济推动不佳。从出口产品结构和种类看，我市外资企业主打产品多处于产业链的中低端，化工、非金属矿制品、电气机械等低附加值、高替代性产品占比超过33%，机电产品中表现抢眼的"新三样"占比不足2成。836户外资制造企业中，属于高技术制造企业的仅106户，占比仅约为12.7%。此外，数字经济时代，我市仅有90户外资制造企业属于数字经济相关核心产业，占比不足11%。新时代区域竞争比的就是产业迭代升级速度，其在全省产业链中处于弱势地位，一定程度反映了我市产业升级步伐需要提速。二是科创投入相对低速，新动能还需持续激发。从经营模式上看，我市大部分外资制造企业实质上是跨国公司的制造工厂，研发机构落户较少，创新活力不强。2023年，企业所得税申报数据显示，我市外资制造企业研发投入同比增速为9.1%，低于内资企业10.9个百分点，且在研发投入方面均未有专利权和非专利技术的摊销费，这表明外资研发大多停留在较浅层次，研发成果的转化效率相对较低。三是正常经营户数有所减少，"离场"之忧逐步显现。受宏观环境变化、风险挑战加剧影响，我市外资制造业企业2023年仅新设立23户，关停转迁60户，正常经营的外资制造企业仅有833户，较2020年初减少159户，总数降幅达16%。关停转迁户中，由于产业提档升级，服装、纺织等传统产业企业注销9户；受长江大保护、节能减排政策推动，化工、钢铁等高污染、高耗能企业注销21户。此外，国产替代进程的加快、全球贸易保护主义抬头、区域间招商竞争压力增大，使外资制造企业"离场"的风险正在逐步上升。

（二）出口企业需要关注"三个转变"

一是出口压力由需求端向供给端转变。供给端已经替代需求端成了当前出口企业发展的主要瓶颈，在原材料价格和运费上涨等因素影响下，2023全市出口企业的利润率为5.9%，略高于五年期LPR水平（4.2%），较为狭窄的盈利预期将影响企业的接单意愿，是实现成本控制成为我市后期外贸保持平稳增长的关键所在。二是企业功能由出口导向向双向开放转变。在新发展格局下，出口企业作为全市开放型经济的主力，功能需要从传统的出口导向转变为融入国内市场循环与国际国内市场双循环并重。增值税发票数据显示，2023全市出口企业内销开票收入较同期仅增长0.7%，约为全省平均（1.3%）的一半。同时，全市外贸企业购进本地企业发票金额较同期增长4.6%，低于全省平均（7.7%）3.1个百分点，反映全市出口企业无论是国内市场的开拓，还是对本地产业出口的推动作用均相对不足，双向开放的功能还有所欠缺。三是出口目标由数量增长向产业链竞争转变。开票数据显示，我市上、中、下游制造业开票销售的比例为4：5：1，作为中游生产端，关键在于掌握产业链的议价权，通过制成品的同步涨价将超发货币转嫁给下游。出口退税数据显示，2023年全市8148种出口商品中，出口数量和出口单价均同比增长的有2147种，其中出口单价增幅高于出口数量增幅的仅有644种，占当期出口商品种类的7.9%。从出口价格和数量的增幅对比情况看，我市仅有不足十分之一的出口商品具有一定的产业链议价权，产业链国际竞争能力亟待提升。

（三）"走出去"企业对外投资建设面临"三大风险"

一是投资经营存在法律维权风险。经调研了解，企业对海外项目风险防范意识不强，被投

资国法律环境复杂多变，专业服务机构匮乏且良莠不齐，需要严格监管，部分企业的生产经营难以适应当地形势，尤其是遇到法律问题或不公正对待时，不仅维权的途径和渠道较少，而且程序烦琐、时间长、成本高。江苏美佳马达反映，在柬埔寨投资的过程中，当地税务机关主观认定工资标准和人工费用，不切实际且缺乏法律依据。二是信息渠道不畅致使决策风险提升。我国对外投资信息服务体系尚未完全建立，部分发展中国家政府信息公开度不高。穿越金点信息科技反映，企业自身资金、人才制约，收集信息的能力相对较弱，获取国外投资政策、产业总体规划、行业市场动态等高层次信息难度较大。目前，国内缺乏专业的数据信息平台和交流平台，"走出去"企业尤其是民营企业的信息获取渠道偏少，使企业管理层决策受到很大限制，从而给民营企业经营带来潜在风险。三是金融风险问题不容小觑。结算方式、汇率差异是境外企业项目不可避免的风险点。我市企业参与建设的"一带一路"沿线国家为欠发达国家，经济相对不太稳定，货币贬值严重，汇率波动较大。部分"走出去"企业需要将当地货币折算成美元，再按照国内的汇率将美元结汇成人民币，这存在双重汇率风险。在获取贷款方面，"走出去"企业尤其是民营企业，从境外银行获得贷款的难度大且成本高，由于境内国有银行体系未与国际接轨，国外资产不能在国内金融机构抵押，企业难以获得贷款，发展受到较大限制。

三、顺应新形势，推动我市对外开放向制度型更高水平转变的对策建议

（一）补齐外资企业的发展短板

一是建议提高企业自身竞争力水平。引导外资企业进一步加大研发投入力度，鼓励研发机构在镇落地建设，充分调动外资企业与国内高端研发人才与高校院所合作的积极性，着力加强产品在细分市场的用户黏性，提高出口产品的附加值，提升产品在国际市场的议价能力。二是建议加快产业转型升级步伐。将当前出现的中低端外资企业逐步退出、劳动密集型产业加速外迁情况作为优化产业结构的良好契机，一体推进"腾笼"淘汰与"换鸟"招商，坚决淘汰高污染、高耗能、低效益的项目，引进技术含量高、发展潜力大、带动能力强的优质外资项目，引导外资更多投向符合高质量发展要求的高端制造、绿色低碳、数字经济等领域。三是建议做好外资的安商稳商工作。贯彻中央经济工作会议精神，按照《鼓励外商投资产业目录》，进一步放宽电信、医疗等行业市场准入标准，全面清理与外商投资法及其实施条例不符的规定，落实外资企业公平待遇，加大外商投资合法权益保护力度，让更多外资企业看好镇江、投资镇江、深耕镇江，真正做到"引得来、留得住、共发展"。

（二）应对出口企业的下行压力

2023年，我市出口降幅高于全省平均，既有周期性因素，也有结构性因素，而随着当前出口结构分化和新旧动能转换加速，出口企业发展机遇和挑战并存。一是建议主管部门加强要素保障，特别关注出口企业原材料、物流等较为迫切的问题，加强产业链的协作，助力企业寻找可靠供应商，稳定企业的原料供应。二是建议进一步发挥我市优势产品的辐射范围和辐射力度，对在国际市场上已有较强竞争力的产品，如锂电池、光伏等产品，出口企业需要针对国内市场开发相应的产品，将市场下沉，扩大国内市场的有效需求。三是建议进一步开拓国际贸易市场，深入贯彻落实和创新推进跨境电商高质量发展三年行动，针对性开展外贸政策培训等主体培育

和重点企业帮扶活动,根据企业需求搭建和优化贸易对接桥梁,实现内外贸一体化发展和"两条腿"走路。

(三)化解"走出去"企业的投资风险

"走出去"企业面临着地缘、经济、金融以及其他隐形风险,相关企业普遍反映亟需相关部门加强支持,增强发展动力。一是期盼搭建政策信息服务平台。我们建议相关部门进行东道国法律法规、投资环境等信息的收集整理,尤其是投资环境、文化习俗、市场动态的信息整合,为企业搭建信息交流平台,组织专家编纂《服务指南》《政策指引》等,供"走出去"企业学习参考。二是期盼加强组织引导和项目推动。我们建议商务、外事、金融、税务等部门联合组建服务团队,对企业"走出去"提供全面的、多方位的辅导和支持,并建立联系人制度,使"走出去"企业遇到困难时能帮助协调解决。三是期盼解决企业资金难题。镇江市针对"走出去"大项目、并购项目增多的趋势和特点,发挥好中央、省市三级国际经济技术合作补助资金和外经专项资金作用,各金融机构也要积极争取总行支持,通过创新信贷产品给予支持。

(作者单位:国家税务总局镇江市税务局)

税收视阈下"一带一路"强支点建设研究

虞华荣

共建"一带一路"是习近平总书记深刻把握世界大势、着眼人类前途命运，创造性提出的重大倡议。2023年是习近平总书记提出共建"一带一路"倡议10周年。连云港作为"一带一路"倡议交汇点战略支点城市，税务部门如何服务"一带一路"强支点建设，助力企业在"一带一路"上阔步前行，是一篇现实而又必须答好的"大文章"。

一、近五年，连云港税务助力"一带一路"企业发展取得的主要成绩及经验做法

2018—2022年，连云港"一带一路"企业主体、货物贸易额、实现税收收入，分别从722户、180.50亿元、45.97亿元，增长到822户、415.02亿元、85.81亿元，分别增长了13.85%、129.93%和86.67%。拉动运输代理业户数从321户、实现销售额为416.00亿元、税收收入为2.55亿元，分别至384户、258.01亿元、1.08亿元，分别增长了19.63%，降低了37.98%和57.65%。

（一）税收政策惠企效应明显

1. 增值税留抵退税政策。制造、批发和零售业按月全额退还增值税增量留抵税额，一次性退还存量留抵税额。2022年，99户企业享受增值税留抵退税83.09亿元，享受面达12.00%。其中，连云港石化、徐圩石化基地盛虹炼化留抵退税额占比86.84%。

2. 研发费用加计扣除政策。2022年，享受研发费用加计扣除涉及交通运输业、科学研究和技术服务业、制造业和农林牧渔业四大行业159户企业，占比为19.34%，惠企64.03亿元，同比增长3.92%。

3. 专精特新税收优惠政策。2022年，符合省级专精特新的中小企业18户，享受税收优惠5亿元，以2.19%的户数，贡献6.48%销售收入和10.42%税收。此类企业户均实现利润总额、出口销售额、销售收入、税额，分别是非专精特新企业的1.42倍、1.59倍、2.23倍和3.91倍。

（二）税收政策举措落地有力

1. 税费政策优惠直达快享。一方面，针对"两基地一班列"、徐圩石化基地、"中华药港"的企业，主动解决企业所得税优惠减免、消费税比对异常等问题；另一方面，针对出口退税一类的企业，平均办理时间压缩到1个工作日，二类、三类企业压缩到2个工作日。

2. 条块联动大数据协同推进。各部门共享、挖掘、分析数据，摸清"一带一路"和"走出

去"的企业税收底数,设置风险监控指标,逐步建立分国别、分行业的风险预警体系,分析税收政策与跨境经济活动的定量关系,为税收立法、政策制定、协定谈判提供依据和建议。

3. 上下税收征管合作机制对接顺畅。截至目前,我国避免双重征税协定网络已覆盖112个国家(地区)。其中,87个"一带一路"合作伙伴,基本涵盖了对外投资主要目的地,以及来华投资主要国家和地区,为消除重复征税和解决跨境涉税争议提供了有力的税收法律保障。

(三)税收营商环境优化助力经济发展

2023年,中欧班列实现到发806列,同比增长10.70%。这既培育形成了铁合金、棉纱、卷钢等特色专列,又带动了交通运输、物流代理、进出口贸易等上下游产业。连云港港口吞吐量突破3.2亿吨、集装箱超600万标箱,"公铁水""海河江"多式联运品牌不断打响,催生了新兴运输代理行业。

二、税收助力"一带一路"企业发展面临的主要困难和问题

(一)税费政策落实体系还需进一步完善

1. 退税财政分担机制尚未形成制度安排。增值税大额留抵退税的实现,取决于中央财政转移支付及财政分担等对地方财政的支持。2023年,留抵退税政策虽然延续,但类似于2022年退税财政分担机制并未形成一项固定的制度安排,像徐圩新区等市以下的财政部门,在缺乏省级以上财政部门资金支持下,落实留抵退税政策的难度非常大。

2. "一带一路"与自贸区政策结合还不够紧密。目前,连云港"一带一路"企业中享受自贸区政策的企业占比不到5%,自贸区"先行先试"可复制、可推广的制度创新较少,作用没有充分发挥,且片区内制度创新的溢出带动效应不强,片区外重点企业还难以享受片区内的政策红利。

3. 条块联动协作还存有短板。例如,连云港市对外贸易的信息服务体系尚未完全建立,缺乏专业的数据信息平台和交流平台的支撑。同时,政府部门之间还存在一定的信息壁垒,难以为企业提供包括别国国情、投资贸易环境、相应政策在内的全方位信息。部分"一带一路"发展中国家政府信息公开度不高,"一带一路"企业尤其是民营企业获取国外投资政策、产业总体规划、行业市场动态等高层次信息难度较大。

(二)税费政策落实还需进一步宣传引导

1. 政策宣传引导还需增强。例如,对从事环保项目减免企业所得税、购置用于环保专用设备的投资额实行企业所得税税额抵免等企业,因不了解相关规定而未享受优惠政策的情形较为普遍,还需要税务部门提醒更正、指导筹划。

2. 企业对接政策主动性不强。例如,留抵退税政策,2022年"一带一路"企业享受面仅占12%,尚有部分企业因各种原因不愿申请享受政策;再如,专精特新政策,"一带一路"很多企业缺乏转型升级动力,研发投入不足,相应的税收政策享受得不多。

3. 企业应对风险的能力还不强。目前,"一带一路"企业的资金来源主要是国内银行,从境外银行获得贷款的难度大且成本高。同时,"一带一路"企业缺乏语言、技术、商务等复合型

人才支持，沿路文化差异使境外投资国对当地员工的管理和沟通困难，影响劳动效率，增加企业成本。

（三）区位营商环境优势未能充分释放

以 2022 年统计数据为例，江苏仅连云港为贸易逆差，逆差额为 174.44 亿元。连云港西行中欧班列中，过境货物占七成以上，成为我国 50% 以上过境运输业务的"陆桥国际过境运输第一港"，哈萨克斯坦过境中国的日用消费品、矿产品、粮食等优势贸易商品 80% 以上通过连云港口岸集散分拨，本地"一带一路"企业进口的矿石资源多是供往外地企业，而本地重点钢铁企业的母公司也在外地，产业链无法带动本地产业发展。

三、税收助力"一带一路"强支点建设的路径抉择和方式探索

"一带一路"强支点建设是连云港经济走向世界的战略安排。因此，我们要围绕建设具有世界聚合力的双向开放枢纽目标，统筹"丝路海运"港航贸一体化发展、陆海新通道和空中丝绸之路建设，开辟中欧班列新通道、新线路，整合梳理"一带一路"支持政策，谋划推进一批重要工作、重大事项、重点项目，全面激活"一带一路"强支点建设资源要素的集聚流动力、配置增值力和辐射带动力。

（一）坚持政策找企业，深化税收政策顶层设计，完善"一带一路"政策支持体系

一要发挥自贸区先行先试优势。除了积极争取国家支持在连云港市设立生产性服务业外资准入开放的新型试点政策外，我们还要进一步放宽信息通信、租赁和商务服务、科学研究和技术服务业等生产性服务业外资市场准入制度，吸引更多优质资源和企业入驻自贸区，从事生产、加工和贸易服务。探索试行自由贸易、自由外汇、简单税制和低税率等制度，支持区域内企业与境内区域外企业之间贸易项下跨区域人民币结算。持续深入研究上海、广东、天津、福建自贸区，以及海关特殊监管区域的税收政策，定型税务系统 11 条措施推进"一带一路"强支点建设，发挥税务机制新优势。

二要完善政策落实配套机制。建立健全协同全国的高效、统一、整体推进的政策落实机制，做好整合融合结合文章，构建左右衔接、上下贯通的服务工作格局，进一步优化政策兑现全链条，确保每个环节衔接顺畅。例如，增值税留抵退税政策，继续发挥财政、人行、税务三方协作机制，积极主动向省级财政协调退税资金，及时做好增值税留抵退税政策落实效应分析，帮助企业享受政策红利，保证税费优惠能享多享、应享尽享，降低运营成本，增强国际市场竞争力。

三要优化政策落地方式方法。重点要聚焦国家支持小微企业和个体工商户发展的政策，尤其是近期出台的一系列减税降费政策举措。例如，税费优惠政策方面的减免增值税、企业所得税和"六税两费"等政策，不仅税务部门要加强政策宣传，主动与企业对接、辅导和交流，而且企业也要主动关注各大媒体的报道，积极学习政策指引和操作流程，强化税企集中研讨，形成统一执行目录和政策认同，尤其是一些企业"自行判别、申报享受、相关资料留存备查"的优惠政策，都要逐条详细对照政策的条件和落实要件，仔细推敲和落实，确保全面、真实、完整地享受到各项税收优惠政策，提高企业资本积累，壮大发展规模，提升质量和水平。

（二）坚持项目找企业，强化产、学、研一体转化结合，激发"一带一路"企业发展生机和活力

一要强化项目组织推动。安排涉外税务专业人员，提前组建企业项目服务团队，对"一带一路"企业提供全面的、多方位的项目指导和工作支持，对有条件但缺乏海外供应链的企业进行"点对点"帮扶，引导与其他企业共同经营，形成产业链，抱团取暖，一同走出去。要围绕高水平贸易、标志性项目、高质量园区，多形式、多渠道搭建或形成项目合作平台，促成更多具有丰富海外经营经验的央企与地方企业开展项目研究，一起攻关推进，共享科研政策优惠和红利。引导企业积极参与"一带一路"科技创新行动计划，深化绿色基建、绿色交通、绿色能源等领域合作，锻造产业链条，培育税源增长极。

二要推动产业项目升级。着重聚焦连云港石化产业、新医药等特色核心产业，推动与上合组织、东盟等国家共建跨境产业链，着力打造高端石化、"中华药港"等产业集群，发挥"头雁"企业作用，引领相关上下游产业链上的企业呈雁式发展，推动行业整体转型升级。依托港口枢纽经济发展，加快连云港"一带一路"供应链基地建设，打造集保税仓储与加工、商品材料聚合与交割、国际联运总包，以及货物贸易于一体的现代化物流基地，助力国家境外供应链安全稳定。同时，建立海外政府官方物流中心，持续提升中哈连云港物流合作基地的综合效益和品牌影响力，进一步塑造连云港开放型经济新优势。

三要拓展项目合作空间。着力聚焦基础设施建设、促进就业创业、公共文化服务等，巩固互联互通合作基础。发挥"两基地一班列"平台纽带功能，大力发展跨境物流，加速发展仓储物流、冷链运输、绿色食品等业态，进一步优化沿线产业空间布局。要加强产业链条建设，深度融入面向南亚、东南亚市场的跨境产业链、供应链、价值链。进一步带动价值链、供应链和产业集群化和增值，使区域的交通、物流集聚向贸易通道拓展，从"过路经济"向"产业经济"发展。

（三）坚持服务找企业，持续优化税收营商环境，促进"一带一路"实现东西双向开放

一要增强投资环境信心。主要加强东道国法律法规、投资环境等信息的收集整理，尤其是投资环境、文化习俗、市场动态的信息整合，共同为企业搭建信息交流平台。要组织专家编纂《服务指南》《政策指引》等，供"一带一路"企业学习参考，帮助企业解决对投资贸易国的法律法规不熟悉、信息不对称等问题。同时，要建立"一带一路"服务项目库，对有前景、有需求的海外生产经营项目进行详尽细致的描述，方便企业随时查看，规范海外经营行为，加强风险源头管控，做到"早发现、早预警、早预防"，把企业扶上"马"、送一程。

二要增强应对风险能力。强化金融对实体经济的支持，鼓励政策性金融机构加大对综合保税区金融服务支持力度，充分利用政策性金融手段支持综合保税区发展。积极推动银行、基金、金融机构支持"一带一路"企业，尤其是中小微企业纾困发展、增产增效。扩大小微贷、富民创业贷、助企成长贷等融资规模，降低融资利率，引导和撬动银行业机构以更优惠的利率积极投放中长期贷款。推动优质企业贸易外汇收支便利化政策提质增效，支持银行为外贸新业态新模式提供安全高效低成本的资金结算服务。丰富跨境金融服务平台应用场景，助力优化中小微企业融资环境，强化中小微企业、贸易新业态的汇率避险扶持。

三要增强人才支撑保障。围绕"一带一路"建设的战略定位和需求，紧盯国家各级各类实验中心和研究室的尖端人才，制订复合型、专业型、兼职型、参谋型人才培养计划，加强商务、外贸、外语、涉外法律税收、设备操作技术等专业人才培养。要统筹建立人才储备和输出机制，加强企业自身人才培养，定向培养各种急需人才，要"以产聚才"、市场化引才和正向激励，吸引更多高精尖专业人才参与"一带一路"建设。要跟进政府高校招聘团"人才航班"，西进北上，深入全国211、985大学，推进招才引智，为"一带一路"企业发展提供人才储备和支持保障。

（作者单位：国家税务总局连云港市税务局）

税收视阈下驻地绿色经济发展研究

杨长春　吴伟夫

一、绿富共赢，绿色低碳发展取得六大成效

（一）降碳增效，资源利用效率持续提升

一是能源产业发展更"风光"。2023年，镇江市可再生能源发电装机容量为177.6万千瓦，较2020年增长了78.7%，占全市全社会用电量的6.7%。其中，光伏发电装机容量为166.5万千瓦，生物质及垃圾发电装机容量为9.1万千瓦，风电装机容量继2022年实现了零的突破后，2023年达到2万千瓦。二是制造业生产含"新"率更高。企业不断加大技术改造和科技创新力度，提高资源利用效率。其中制造业表现突出，2020—2023年每万元销售额用水、电、地年均分别下降5.5%、3.4%、3.3%。三是能源消费含"碳"量更低。2020—2023年，我市"两高"行业天然气采购量年均增长4.9%，带动碳排放总量持续下降。此外，我市2023年单位GDP能耗下降4.3%，自2020年起实现了连续三年下降。

（二）减污协同，生态环境质量日益改善

一是绿色化改造加快推进。2020—2023年，全市工业企业持续购进环保设备和服务，年均购置环保设备金额达到5亿元，年均采购生态保护及环境治理服务的金额也达到了2.9亿元。二是污染防治攻坚战有效推进。随着环境保护力度不断加大，我市三类污染物排放得到有效控制，其中大气污染物、水污染物排放当量实现了连续两年下降，年均分别下降5.8%和7%。三是生态环境日益改善。2023年，全市PM2.5年均浓度为35.6微克/立方米，相比2020年（38微克/立方米）下降了6.3%，全市国、省考断面优Ⅲ比例均为100%，排名全省第一。

（三）生态优先，长江岸线绿色发展提速

一是化工企业数量大幅下降。全市先后开展五轮化工专项整治，化工企业从顶峰的500多户锐减至2023年底的72户，总数下降了80%以上，在取消两个化工定位集中区（基地）基础上，全市化工企业入园率近60%，居全省前列。二是化工产能结构快速优化。关停化工企业多数集中在产业层次相对较低的日用化学品制造、基础化学原料制造、涂料油墨颜料及类似产品制造、农药制造等行业，合计户数占比达56.8%，关停当年超五成企业税收不足10万元，超八成企业税收不足百万元，这表明出清产能多数是落后低效产能。三是化工产业污染排放和单位能耗大幅降低。从环保税数据来看，2020—2023年，沿江化工企业应税污染物排放总量下降77.5%，降幅高出全省平均12.2个百分点。同时，2023年，我市沿江化工企业每万元销售额用

电金额较 2020 年下降 5.4%，绿色发展水平不断提高。

（四）增长迅速，绿色产业发展加速推进

一是绿色相关产业快速增长。2020—2023 年，全市战略性新兴产业中的节能环保、新材料、新能源等产业销售收入年均增长 8.3%、8.8%、16.8%。尤其是新能源汽车产业，随着北汽麦格纳、孚能科技等重大项目加速推进，销售收入年均增速达到 20.3%，高出战略性新兴产业整体 9.4 个百分点。二是数字经济发展壮大。2020—2023 年，全市数字经济核心产业销售收入年均增长 19.3%，其中数字要素驱动、数字产品制造、数字技术应用等产业年均分别增长 17.3%、18.2%、31.7%，数字产品服务业虽然规模较小（占比不足 3%），但年均增幅也达到了 5%。三是循环产业发展加速。得益于鼓励矿产资源集约利用、固体废物综合利用、污水及垃圾处理场所达标等资源综合利用类优惠政策的落实，截至 2023 年底，全市已拥有资源综合利用企业为 253 户，其中当年实现综合利用资源收入 3.9 亿元，较 2020 年年均增长 25.3%。

（五）扩绿增容，绿色低碳消费潜力释放

一是绿色出行快速升温。2020—2023 年，全市新能源汽车消费量年均增长 141%，与传统燃油乘用车 5.4% 的降幅形成鲜明对比。其中仅 2023 年，我市新能源汽车消费数量即达 1.9 万辆，减免税收 3.4 亿元，分别是 2020 年的 10.7 倍和 4 倍，均创历史新高，新能源汽车市场渗透率也达到 36.5%，与全省平均水平相当。二是绿色交通投入稳步提升。随着新能源汽车的使用性能飞速发展，我市交通运输业采购新能源汽车规模稳步扩大，2023 年采购金额已达到 6575 万元，较 2022 年同比增长 40.6%，远超 2020 年全年采购规模 880 万元。同时，我市致力于绿色港口提档升级，大力推进船舶岸电系统建设，仅 2023 年前三季度即接用岸电供电为 93.8 万千瓦时，减排二氧化碳 726 吨。三是文旅市场全面复苏。2023 年，全市住宿餐饮、文化体育强势恢复，销售收入同比分别增长 20.9%、6.3%，恢复至新冠疫情前 2019 年同期的 120.6%、156.2%。旅行社服务、旅游客运、名胜风景区开票销售同比增幅也分别达到 103%、50.7%、18.6%。

（六）税收发力，服务转型发展持续加力

一是绿色税式支出不断提升。2023 年，全市有 204 户企业因达到减排标准享受了环保税政策优惠，较 2020 年增加 180 户，环保税减免金额达到 2020 年的 1.3 倍，对绿色发展的支持力度持续增强。二是绿色税收持续发力。2020—2023 年，全市绿色税收年均增长 2.9%，占全市税收的比重由 6.8% 上升至 7.7%，在促进资源节约、环境友好型社会建设中成效明显，同时也在减税降费大背景下为稳定财税收入提供了坚实支撑。三是绿色税费助力生态恢复。近四年，全市分别征收水土保持补偿费和森林植被恢复费为 3308.9 万元、258 万元，助力市内绿色生态恢复，全市林木覆盖面积为 935 公顷，森林覆盖率达到 25.6%，自然碳汇能力稳步提升。

二、多因叠加，绿色低碳发展存在多重压力

（一）绿色转型压力较大

加快发展方式绿色转型是实现高质量发展的必然要求，但目前全市工业布局及结构性污染问题依然突出，火电、钢铁、水泥、煤化工等重污染企业比较集中。2023 年，我市"两高"行业销售收入为 2625 亿元，占制造业比重达 42.2%，较 2020 年（47.5%）未有根本性改变。同

时，我市 2023 年环保税入库 1.3 亿元，占全省的比重达到 3.4%，明显高于全口径税收占比（2.7%），特别是"两高"行业排放水平居高不下，贡献了全市六成以上的环保税税收。

（二）环保投入压力较大

随着环境治理力度的加大，企业环保成本整体呈现刚性上升趋势。2020—2023 年，全市工业企业申报环境保护、节能节水、安全生产等专用设备投资金额累计分别达到 23.6 亿元、93.2 亿元、0.9 亿元。环保设备价格高、更新换代速度快、治污投入回收慢，这些成为企业转型发展的阵痛。与此同时，税收的调控作用还有待加强，我市虽然享受环保税税收优惠的企业的数量和减免的金额在持续扩大，但 2020—2023 年累计减免额也仅有 2.2 亿元，不足上述专用设备投资额的 2%。

（三）产能过剩压力较大

供给方面，近年来，以光伏为代表的新能源产业吸引巨量资本涌入，龙头企业纷纷扩产。在需求方面，受特高压输送线路及储能配套限制，下游光伏装机需求难有跨越式增长，与此同时，海外需求受国际贸易环境因素影响，不确定性也增强。随着产能过剩趋势不断显现，光伏各环节价格战全面打响，市场价格逼近部分企业成本线。以我市龙头企业协鑫光伏为例，其主流产品单晶硅片由 3.6 元/片下跌至 1.7 元/片，其 2023 年入库税收仅为 700.5 万元，呈现断崖式下跌，光伏行业已经全面进入调整期。

（四）绿色供给压力较大

推动形成绿色低碳的生产方式和生活方式，我市仍需从供给端发力。当前，我市绿色产业链市内协作能力缺失形势较为严峻，新能源产业链上游原材料企业面向市外开票受票占比普遍较高。2023 年，我市锂离子电池制造行业面向市外开票受票占比分别达 90.3% 和 89.9%，龙头企业孚能科技市外开票受票占比分别为 99.9% 和 92.4%，市内产业链存在明显短板。此外，我市绿色技术与设备的市内供给也存在明显的不足，2020—2023 年，全市环境保护、节能节水、安全生产等专用设备市外采购金额占全部采购金额的 9 成以上，逆差保持在 40 亿元左右。

三、综合施策，推动绿水青山成色更足、经济发展活力脉动的相关建议

2014 年 12 月，习近平总书记视察镇江，肯定镇江低碳发展"卓有成效，走在全国前列"，要求镇江"继续努力，为全国生态文明作出更大贡献"。十年之间，镇江坚决扛起"双碳"战略使命、持续探索"双碳"落地路径、广泛凝聚"双碳"行动共识，在生态文明建设上做出了巨大贡献。在下一步的探路"碳"路中，我们的宏观性建议：一是提升资源保障能力，缓解自然资源约束力。大力发展清洁能源，抓住"双碳"目标给清洁能源发展带来的机遇，优化控制火电生产供应，大力推进光伏、抽水蓄能等清洁能源发电。二是协同推进降碳减污，提升生态环境承载力。继续改善环境质量，深入开展污染防治行动，全面提升环境基础设施水平，严密防控环境风险，积极应对气候变化，健全现代环境治理体系。三是完善绿色产业体系，激发绿色转型向心力。加快钢铁、水泥、煤化工等优势传统产业"智改数转网联"，提升生产效率，降低行业污染，充分发挥新能源龙头企业带动作用，打造绿色产业发展集群。四是优化政策工具组合，增强绿色供给竞争力。将"绿色"纳入企业信用等级评价中，在绿色金融、土地流转、

技术等方面给予支持，提升企业竞争力，同时倒逼传统产业绿色转型，进一步提高绿色产业在市场上的占有率。

尤其要突出建议的是，制造业绿色化发展的措施如下。

在加快传统产业绿色低碳转型升级方面，要推进传统产业绿色低碳优化重构。通过实施"增品种、提品质、创品牌"行动，构建清洁高效低碳的工业能源消费结构，提高绿色低碳原料比重，推广短流程工艺技术等渠道，加快传统产业产品结构、用能结构、原料结构优化调整和工艺流程再造，提升在全球分工中的地位和竞争力。

在加快传统产业绿色低碳技术改造方面，定期更新发布制造业绿色低碳技术导向目录，遴选推广成熟度高、经济性好、绿色成效显著的关键共性技术，来支持大型企业实施全流程系统化改造升级，充分发挥链主企业带动作用，鼓励工业园区、产业集聚区整体改造升级，支持行业协会制订重点行业改造升级计划等实施举措，进一步推动企业、园区、重点行业全面实施新一轮绿色低碳技术改造升级。

在引导区域绿色低碳优化布局方面，要坚持全国一盘棋的站位，综合考虑区域产业基础、资源禀赋、环境承载力等因素，推动传统产业形成集群化、差异化的绿色低碳转型新格局。要落实区域重大战略定位，把绿色发展和产业转型结合起来；要支持中西部和东北地区有序承接产业转移；要稳妥有序推动高载能行业向西部清洁能源优势地区转移；要坚决遏制高耗能、高排放、低水平项目盲目上马；要大力推动区域产业绿色协同提升。

在推动新兴产业绿色低碳高起点发展方面，一要加快补齐新兴产业绿色低碳短板弱项。聚焦制约新兴产业绿色发展的瓶颈环节，加快补齐短板弱项，着力解决新兴产业可持续发展的后顾之忧。要积极探索构建市场导向的绿色低碳算力应用体系；加快废旧光伏组件、风力发电机组叶片等新型固废综合利用技术研发及产业化应用，完善废旧动力电池综合利用体系；开展共伴生矿与尾矿集约化利用、工业固废规模化利用、再生资源高值化利用等技术研发和应用；加快增材制造、柔性成型、无损检测和拆解等关键再制造技术创新与产业化应用；积极发展电动飞机等新能源航空器，推进绿色智能船舶研制及示范应用，推广内河、近海船舶电气化改造工程试点；等等。二要着力锻造绿色低碳产业长板优势。立足经济社会绿色低碳转型带来的巨大市场空间，大力发展绿色低碳产业，提高绿色环保、新能源装备、新能源汽车等绿色低碳产业占比。我们建议在绿色低碳领域培育形成若干具有国际竞争力的先进制造业集群；在产业链关键环节打造一批制造业单项冠军企业，培育一批专精特新"小巨人"企业。不断加大力度地推动工业互联网、大数据、人工智能、5G等新兴技术与绿色低碳产业深度融合。三要前瞻布局绿色低碳领域未来产业。聚焦"双碳"目标下能源革命和产业变革需求，谋划布局氢能、储能、生物制造、碳捕集利用与封存（CCUS）等未来能源和未来制造产业发展。构建氢能制、储、输、用等全产业链技术装备体系，打造新型电力系统所需的储能技术产品矩阵。整合并组织力量开展CCUS与工业流程耦合、二氧化碳生物转化利用等技术研发及示范。

在培育制造业绿色融合新生态方面，一要推动数字化和绿色化深度融合。通过拓展"新一代信息技术+绿色低碳"典型应用场景，建立回收利用环节溯源系统并推广"工业互联网+再生资源回收利用"新模式，加快建立数字化碳管理体系，推进绿色低碳技术软件化封装等渠道，充分发挥数字技术在提高资源效率、环境效益、管理效能等方面的赋能作用，加速生产方式数字化、绿色化协同转型。二要推动绿色制造业和现代服务业深度融合。紧跟现代服务业与制造业深度融合的变革趋势,在绿色低碳领域深入推行服务型制造,构建优质高效的绿色制造服务体系。我们建议,着力引导大型企业为上下游企业提供绿色提升服务;鼓励绿色低碳装备制造企业由提供"产品"向提供"产品+服务"转变;积极培育专业化绿色低碳公共服务平台和服务机构;进一步深化绿色金融服务创新。三要推动绿色消费需求和绿色产品供给深度融合。紧紧围绕能源生产、交通运输、城乡建设等全社会各领域绿色消费需求,加大绿色产品供给力度,培育供需深度融合新模式,实现供需两侧协同发力,支撑经济社会绿色低碳转型。我们建议全面推行工业产品绿色设计,构建工业领域从基础原材料到终端消费品全链条的绿色产品供给体系;加快建立健全覆盖主要工业行业的绿色产品标准、标识、认证体系,鼓励大型零售企业、电商平台丰富绿色消费场景。

在提升制造业绿色发展基础能力方面,一要构建绿色低碳技术创新体系。以满足市场需求为导向,一体化部署绿色低碳技术攻关、转化应用、主体培育等,引导各类创新要素向绿色低碳领域集聚,实现创新效能转化为产业竞争新优势。我们侧重建议,在布局建设绿色低碳领域制造业创新中心、试验验证平台和中试平台的同时,有序推进与绿色低碳转型密切相关的关键基础材料、基础零部件、颠覆性技术攻关;要大力培育绿色低碳领域科技领军企业、专精特新"小巨人"企业;必须加快推进绿色低碳重点领域创新联合体和原创技术策源地建设,在钢铁、石化化工、家电等行业建设一批国家产业计量测试中心。二要完善绿色化发展政策体系。完善支持绿色发展的财税、金融、投资、价格等政策,创新政策实施方式,逐步建立促进制造业绿色化发展的长效机制。比如,财政资金要重点支持绿色低碳重大技术装备攻关、绿色低碳产业基础设施建设等方向和领域;要建立健全金融资源支持制造业绿色低碳转型的常态化工作机制,建立绿色低碳技术改造项目库和标杆企业库;政府投资基金必须严格按照市场化方式培育和孵化绿色低碳领域新产业、新业态、新模式。要进一步落实好对绿色技术推广应用、资源节约循环利用等方面的税收优惠政策。着力完善工业节能管理制度,完善阶梯电价制度和水价政策,健全全国碳排放权交易市场配套制度。三要健全绿色低碳标准体系。强化标准顶层设计和规范性管理,推动各级各类标准衔接配套,加强标准贯彻实施和应用评估。我们建议着力加快制定碳排放基础通用、核算与报告、低碳技术与装备等标准,到2030年完成500项以上碳达峰急需标准制修订。要持续完善节能、节水、资源综合利用、环保装备标准,稳步升级绿色工厂、绿色产品、绿色工业园区、绿色供应链标准。协同确定数字赋能绿色低碳领域标准。四要优化绿色低碳标杆培育体系。发挥绿色低碳标杆的引领带动作用,构建绿色制造"综合标杆"和细分领域"单项标杆"相衔接的标杆培育体系,打造制造业绿色化发展领军队伍。我们建议我市早制定绿色工厂梯度培育及管理办法,到2030年,各级绿色工厂产值占制造业总产值比重超过40%。要深入开展工业产品绿色设计示范企业培育,持续遴选发布能效"领跑者"、水效"领跑者"、再生资源规范条件企业、环保装备规范条件企业、工业废水循环利用试点企业园区等。

(作者单位:江苏省镇江市国际税收研究会)

税收现代化背景下税务媒体融合发展的路径探析

马剑华　林志斌　焦婉平

近年来，习近平总书记多次就媒体融合发展问题做出重要指示，以移动化、智能化为特征的融媒体建设不断深化。媒体融合发展，源于传统媒体和新兴媒体的优劣互补，使新闻的传播力、引导力、影响力得到进一步提升。税务部门直接服务几千万企业纳税人、数亿自然人纳税人和10多亿缴费人，在加快推进智慧税务建设、为建设人民满意的服务型政府贡献税务力量的进程中，税收宣传承担着报道税收工作、解读税收法规、透视涉税热点、反映税企诉求、展示税务形象等多重职责，积极推动税务融媒体建设，加快构建与智慧税务进程相契合的税务媒体深度融合新格局，尤其紧迫而重要。

一、打造"四全"税务融媒体的要求和探索

税务媒体融合，是不断推进税务融媒体建设、开展全媒体传播的过程。习近平总书记以"全程、全息、全员、全效"精辟概括了全媒体不断发展的趋势。"四全"媒体论是构建媒介融合传播格局、建设新型主流媒体的纲领。

1. 全程媒体，时时参与。随着通信技术、移动终端等支持平台的完善，移动设备可同步跟进、记录、播报新闻生产的全过程，实现图文、视频、语音等直播记录。基于此，税务部门和税务主流媒体近年来以服务纳税人、缴费人为中心，以"非接触式"办税常态化为契机，广泛通过新兴网络直播手段宣传新政策要点，提供全过程、不打烊的纳税服务，税收宣传朝着全程媒体方向进行了有益探索。

2. 全息媒体，多种终端。随着人工智能、物联网、大数据、VR等技术的逐步成熟，所有信息都可以变成数据，以图文、视频、游戏等方式呈现给用户，税收宣传的形式和手段日益多元。税务主流媒体着力推进税收宣传"互联网+"，从纸媒单一方式拓展到电子报刊、有声读物、微录、H5、短视频等多种融媒体产品，在实践中不断增强对全息媒体的认识和把握。我们以广州市南沙区税务局为例，其于2019年成立南沙区融媒体中心首个税务分中心，软硬件结合，通过网、端、微、屏等进行多渠道精准选出，形成"一次采集—多媒体产出—全渠道传播"的模式。

3. 全员媒体，人人生产。融媒体时代，信息生产的参与者不再局限于专业人员。无论是税务部门、纳税人、缴费人，还是专家学者、中介机构、普通民众，人人都是媒体、各个都有话筒成为媒体生态和舆论场现实场景。就税务系统而言，各条线均有重要税收政策、税费服务、

党建活动等多种类型的活动，涉及宣传报道。在新闻稿件写作、配图拍摄调整、视频记录等多个程序上，各条线均可参与。

4. 全效媒体，聚合功能。融媒体时代集成内容、信息、社交、服务等各种功能，传播从大众化转向分众化，通过大数据可以了解受众需求，用户画像越来越清晰，传播更加精准、更有效率。随着智慧税务的深入推进，税务领域智能空间不断拓展，功能服务更加聚合，为提升税收宣传的传播效果铺设了更多精确直达的渠道。

二、推进税务媒体深度融合面临的挑战

"四全"下的融媒体宣传，坚持政治家办报、办刊、办台、办新闻网站是根本，深谙传播规律是内功，掌握最新的信息技术是依托。推进税务融媒体建设还要通过加强外部合作、组织体系及队伍建设，建立完善适应融媒体建设的工作机制，最终实现系统合成的团队化运营，这是建成"四全媒体"的必由之路。

1. 系统整合宣传资源。在对外宣传合作的过程中，强化整合新媒体运作，不但要与传统媒体、门户网站密切合作，还要加强与公众号、短视频等新平台的合作，针对不同渠道采取有效策略实现深度合作。同时，要加强与自媒体的合作沟通，通过畅通与网络大V、财税自媒体等的信息沟通，掌握新闻宣传主动权，防范炒作涉税内容引发的舆情风险，避免造成政策误解，误导社会公众。

2. 加强宣传体系集成化。把握融媒体时代传播规律，有针对性地划清职能、明确岗责，解决新闻资源分散、部门间分享资源难等问题，从源头上杜绝新闻宣传中口径不一、重复采写、多头报送等现象。强化职能、严肃纪律，不断加强宣传风险意识、宣传纪律意识，落实融媒体宣传稿件审核把关等制度。树立精品意识，加强融媒体宣传的目的性、计划性、规范性和实用性，提升宣传活动的策划层次，把宣传质量放在首位，精心打造叫得响、立得住、传得开的品牌栏目和拳头产品。

3. 提升宣传队伍效能。要提升对税收宣传工作重要性的认识，消除"为宣传而宣传、为写稿而写稿"的模糊认识，为税收宣传岗位配置适应融媒体时代要求的专业宣传人才，进一步激发税收宣传人员推动融媒体建设的主动性和积极性。此外，要提升信息技术水平，强化数据的筛选应用手段，打破信息壁垒，为税收宣传人员精细化地提供有重点工作的数据资料，更好满足当前传播领域对数据应用和新闻时效性的巨大需求，不断提升税收宣传的公信力和影响力。

三、打造一体化税务融媒体平台的逻辑机理

1. 坚持移动优先、全媒体思维，一体化管理信息资源。整体协同各部门，畅通内部交流渠道，打破信息壁垒，形成工作协同。打通上下链条，完善宣传联络机制，建立基层县局信息直报和新闻宣传采访联系点，实现宣传信息网络纵横联通整合。加强"中央厨房"融媒体中心建设，完善采、编、发全流程，在人力、内容、宣传等方面进行全面融合，探索建立一套科学完备的稿件策划、采写、审稿、管理工作机制，深化税收宣传品牌创新项目。

2. 坚持融媒体时代"内容为王"的新标准，一体化制作全媒体产品，实现多元化融合传播。聚焦经济高质量发展的热点、税收现代化建设难点重点和纳税人、缴费人、税务人关注的

焦点、热点，增强税收宣传工作的全面性、预见性、创造性，坚持"边推进、边展示、边总结、边提升"的工作原则，及时总结阶段性工作亮点，由相关岗位人员集中攻关，应用融媒体手段开展全天候、全方位推介，打造融媒体宣传精品。细分纳税人、缴费人需求，变闭门造车为共享共促，面向青少年、涉税中介、行业协会等群体，借助移动互联网平台持续深化税收法治教育，增强社会各界依法纳税意识，有效提升全社会纳税遵从度。

3. 坚持人才引领融合深度和一体化、智能化传播分析。在融合深度上创新突破，关键在于加快建设能打硬仗、能打胜仗的融媒体宣传尖刀连。要紧跟融媒体建设潮流，建立新媒体宣传人才库，建设专职宣传队伍，采取重大任务组建专班、重要课题集中调研、跨部门跟班学习等方式，在实战练兵中培养一专多能的复合型人才。

（作者单位：国家税务总局扬中市税务局）

税收现代化服务中国式现代化研究

郭亚男

一、税收现代化的意义

(一) 税收现代化的定义和特点

税收现代化的定义：指通过税收制度、税收技术、税收管理等方面的现代化改革，使税收体系与现代社会和经济的要求相适应，实现税收征管的高效、公平、便利和透明。

税收现代化的特点：科技驱动、智能化征管、创新税收政策、公平与效率的平衡、国际合作与信息共享、便利化服务、可持续发展导向。

(二) 税收现代化与中国式现代化的关系

税收现代化与中国式现代化之间存在着密切的关系，税收现代化作为中国式现代化进程中的重要组成部分，对现代化建设具有深远的影响。税收现代化对中国式现代化的推进具有重要意义，它在多个方面发挥着关键作用：财政支撑与经济发展、优化经济结构、提升国际竞争力、推进社会公平与民生改善、推动治理体系和治理能力现代化。

二、税收现代化的现状

(一) 中国税收现代化的发展历程

中国税收现代化的发展历程可以分为以下几个阶段。

1. 新中国成立至改革开放前（1949—1978 年）：新中国成立初期，经济基础薄弱，税收体系尚未完善，税收征管也面临困难。国家主要依靠政府对国有企业的直接控制和财政拨款来维持国家财政收入。税收征管主要集中在农村和城市企业，缺乏现代化的税收制度和管理手段。

2. 改革开放初期（1979—1993 年）：改革开放的推进带来了中国经济的快速发展，税收征管也开始逐步改革。1979 年，中国实行了农村税费改革，将原先的包产到户制改为税费分开制，实行个体户自负盈亏。1984 年，城市税费改革启动，实行利润税和附加税的合并，建立现代企业所得税制度。此后，中国开始建立统一的税收征管体系，逐步推进税收现代化改革。

3. 税收现代化建设阶段（1994—2007 年）：从 1994 年开始，中国政府提出了加快税收现代化建设的目标，全面推进税收改革。中国相继推出了企业所得税法、个人所得税法、增值税法等现代税收法律，建立了现代化的税收法律体系。税收征管逐步实现信息化，推广电子税务，加强税收管理和执法监管。税收制度逐步趋于科学合理。

4. 建设现代税收制度阶段（2008—2023 年）：继续加强税收现代化建设，强调建设现代税收制度。中国税制进一步完善，税收征管逐步提高。在税收征管方面，推行更严格的税收执法，加强税收风险管理和预警机制。2016 年，中国实施营改增，简化税收制度，促进减税降费。

5. 未来发展展望（2023 年以后）：推进税收数字化和智能化，提高税收征管效率和质量，不断适应经济和社会发展的需求，推动税收政策的创新，促进经济高质量发展。

（二）存在的问题和挑战

税收现代化在推进中国式现代化的过程中面临着一些问题和挑战，主要包括以下几方面：税收征管技术滞后、税收逃漏问题较多、税收政策不够精准、税收征管信息不对称、税收现代化技术成本较高。

三、税收制度的现代化改革

税收制度的现代化改革是指通过对税收政策、法律、征收和管理等方面进行改革，来适应经济社会发展的需要，提高税收征管效率，促进经济持续健康发展的过程。

（一）税收法律体系的完善

税收法律体系的完善是税收制度现代化的核心内容之一，现代化的税收法律体系具备以下特点：法律体系的科学性和稳定性、法律的透明性和可操作性、法律的公平性和合理性、法律的适应性和创新性、法律的国际化和协调性、法律的监督和保障机制。

（二）税收政策的创新

税收政策的创新是税收制度现代化改革的关键方面，旨在通过调整和优化税收政策，促进经济结构调整、创新发展和可持续增长。税收政策的创新可以从多个方面进行，来适应经济社会的发展需要：优惠政策的精准化、动态调整的激励政策、资源环境税收政策、收入分配调节政策、地方税收政策创新、跨境税收政策创新、数字经济税收政策、税收政策与社会治理的结合。

四、税收技术的现代化升级

（一）税收信息化建设

税收信息化建设是指利用现代信息技术手段，将税收征管过程中涉及的数据、信息和业务进行数字化、网络化和智能化处理，实现对税收活动的全程监控和管理的过程。税收信息化建设对提高税收征管效率、优化税收政策、加强税收执法监管等方面具有重要意义，如数字化处理、网络化连接、智能化应用、数据安全与隐私保护、综合管理平台、数据共享与协作、移动办税服务。

（二）大数据与人工智能在税收征管中的应用

大数据与人工智能在税收征管中的应用为税收现代化提供了新的可能性和突破口。它们可以帮助税收征管部门更加智能高效地识别风险、优化征管流程、加强数据分析，从而提高税收征管的效率和精确度，如风险预警与监测、个性化征管与税收优惠、智能税收审计、反欺诈与反洗钱、智能决策支持、税收咨询与服务。

五、税收管理的现代化转型

(一)完善税收征纳流程

完善税收征纳流程是税收现代化的重要任务,它可以提高税收征管的效率和质量,减少税收逃漏和避税现象,如信息化建设、优化纳税申报与缴纳流程、加强数据共享和交换、强化风险评估与预警、建立纳税人信用评价体系、加强税收征管执法、提供税收智能化服务。完善税收征纳流程是税收现代化的重要方向之一,提高税收征管的效率和质量,推进税收现代化进程,为中国式现代化提供有力的支持。

(二)强化税收执法监管

强化税收执法监管是税收现代化的重要举措,旨在提高税收征管的有效性和公平性,防范和打击税收逃漏行为,确保税收法律的严肃执行,如加强执法力量建设、建立风险预警机制、推行智能化执法、加强信息共享与合作、加大处罚力度、加强舆情监控、开展宣传教育。

六、结论

(一)主要研究发现总结

税收现代化服务中国式现代化的研究发现主要可以总结为如下几方面。

1. 税收现代化是中国式现代化的重要支撑。税收现代化为中国式现代化提供了稳固的财政支撑和基础。通过优化税收政策、加强征管执法、推动信息化建设等措施,税收现代化为中国式现代化提供了重要的财政和税收支撑。

2. 信息化和智能化是税收现代化的关键路径。通过大数据和人工智能技术,实现纳税人信息的集中管理和共享,加强税收执法监管和风险预警,提高税收征管的智能化水平,为中国式现代化的推进提供有力的支撑。

3. 税收征纳流程优化促进税收现代化的进程。通过简化纳税申报和缴纳流程,加强信息共享和交换,建立纳税人信用评价体系等措施,可以提高税收征纳的效率和质量。

4. 税收政策的精准调控是税收现代化建设的重要手段。通过调整税收政策,鼓励优质发展、绿色发展和创新发展,引导经济结构的转型升级,为中国式现代化的推进提供有力的支撑。

5. 税收征管智能化是未来发展的重要方向。税收现代化要继续推动智能化征管,利用人工智能技术实现智能化的税收审计和执法监管,加强数据分析和风险预警,提高税收征管的精确度和效率。

6. 加强国际合作与交流,推进税收国际竞争力。税收现代化需要加强国际合作与交流,积极参与国际税收合作,推动信息交换和合作机制的建立。加强国际合作可以提高中国税收的国际竞争力,推动中国经济与全球经济的融合。

7. 提升税收征纳质量促进公平与民生的改善。优化税收政策、加强执法监管,实现财富再分配,减少贫富差距,提高社会公平性,为改善民生提供更多的资金支持。

(二)未来研究展望

1. 深入研究信息化和智能化技术在税收现代化中的应用。未来的研究可以更加深入地探讨信息化和智能化技术在税收现代化中的应用，包括大数据、人工智能、区块链等技术如何优化税收征管流程、提高执法效率、实现风险预警和数据分析，进一步推动税收征管的智能化和现代化。

2. 加强税收政策与经济社会发展的关联性研究。未来的研究应该更加关注税收政策与经济社会发展的关联性，探讨税收政策对经济增长、产业结构、就业水平等方面的影响，以及税收政策在实现社会公平和民生改善方面的作用，为税收政策的制定和调整提供更加科学的依据。

3. 开展长期的跟踪研究。税收现代化是一个长期的过程，未来的研究应该更加注重长期的跟踪研究，观察税收现代化的持续效果和发展趋势，及时发现问题和挑战，并提供针对性的解决方案。

4. 加强地区差异和政策差异的比较性研究。中国地域辽阔，不同地区的税收现代化水平和发展状况可能存在差异，未来的研究可以加强地区差异和政策差异的比较研究，深入分析不同地区税收现代化的实践经验和效果，为不同地区的税收现代化提供有针对性的建议。

5. 加强与国际经验的交流与借鉴。税收现代化在全球范围内都是一个重要的议题，未来的研究可以加强与其他国家和地区的经验交流与借鉴，了解国际上的最佳实践和创新经验，为中国的税收现代化提供更多的借鉴和启示。

6. 注重社会影响与公众参与。税收现代化是涉及全社会的重要议题，未来的研究应该注重社会影响和公众参与，关注公众对税收现代化的认知和态度，加强宣传教育，增强公众对税收现代化的理解和支持。

7. 深化税收制度改革研究。税收制度是税收现代化的核心内容，未来的研究可以深化对税收制度改革的研究，包括个税、企业所得税、消费税等税种的改革，以及资源税、环境税等新型税种的研究，推动税收制度与经济社会发展相适应。

（作者单位：国家税务总局哈尔滨市道里区税务局）

推动大企业高质量可持续发展的税收政策研究

冯光泽　张梦谦　刘建明　张　婧

一、高质量发展内涵

党的十九大报告做出了"我国经济已由高速增长阶段转向高质量发展阶段"的科学论断。党的二十大报告更进一步指出"高质量发展是全面建设社会主义现代化国家的首要任务"。我国高质量发展阶段的来临，具有坚实的历史逻辑、理论逻辑和实践逻辑。从"高质量发展"阶段的时间脉络看，本文认为高质量发展的具体内涵具有动态性。具体要求不是一成不变的，任何发展主体都处在不断变化的发展环境之中，发展阶段的变化要求与发展目标相同步，但其底层逻辑是不变的，就是以满足人民日益增长的美好生活需要为目标。本文认为高质量发展体现新发展理念，高质量发展是实现经济可持续发展和人民幸福生活的必由之路。

二、大企业高质量发展的战略意义和突出作用

大企业是国民经济运行的主力军，处于主导地位，经济规模大，市场影响广，也是税收收入的重要来源，纳税总量大、占比权重高，是真正的关键少数。税收管理中的"大企业"概念，是一个阶段性动态变化的概念。一般来说，对某一地区的税收收入产生或即将产生重大影响的企业都可以属于大企业。国家税务总局各部门、各省级税务机关确定的大企业划分标准则不尽一致，一般以注册资本、年销售收入和年纳税额作为认定标准，多数省市以年纳税额为衡量标准。大企业可持续高质量发展水平直接决定了我国经济高质量发展的水平，具有支柱性、基础性和保障性的作用。因此，我国推动大企业可持续高质量发展具有重要的战略意义。

（一）大企业在社会经济增长中发挥了巨大支撑作用

大企业具有显著的资源配置能力和市场影响力。大多数都是行业龙头企业或地区支柱企业，是国家综合经济实力的体现，对社会经济生活具有举足轻重的影响。以青岛市为例，从青岛市大企业增值税发票开具情况看，2022年，青岛市大企业增值税发票开具额占全市各类市场主体增值税发票开具额的46.1%，而户数仅占全市各类市场主体的0.5%。大企业不仅是经济发展的主引擎，在承载经济转型升级、实现产业链延伸、价值链攀升的过程中也具有不可替代的作用。

（二）大企业在经济税收贡献中凸显了支柱保障作用

大企业组织架构复杂，一般设置分公司、子公司或孙公司等多重层级，伴随着业务不断扩张，往往呈现经营多元化和区域广泛化的特点。2019年以来，受中美贸易摩擦、"新冠疫情"、

俄乌冲突等因素影响，经济增长压力加大，叠加减税降费和大规模留抵退税影响，我国税收增速也随之放缓，但大企业税收贡献度越来越高。2018—2022年，青岛市大企业税收占全市税收收入的比重呈逐年提升态势，从2018年的59.7%提升至2022年的74%，反映出大企业在经济波动中具有较强的抗风险能力，对全市税收的保障作用更加突出。

（三）大企业在中小市场主体成长中体现了重要拉动作用

大企业与中小市场主体经济往来覆盖面广。我们以青岛市为例，全市2022年有44.03万户中小市场主体与本地大企业发生购销经济活动，占全市各类市场主体的39.4%，占全市活跃市场主体的58.1%。从销售情况和采购情况看（见表1），大企业与中小企业贸易往来越发密切，贸易量增长快，显示出大企业对中小市场主体的成长发挥着重要拉动作用。

表1 2022年中小市场主体与大企业购销情况比较表   单位：亿元

项目	中小市场主体与本地大企业业务量	中小市场主体全部业务量	占比
中小市场主体销售情况	3939.24	18373.49	21.4%
中小市场主体采购情况	5594.88	32724.07	17.1%

三、大企业高质量发展中存在的问题及成因分析

（一）大企业缺乏强有力的内部控制制度防控风险，是可持续高质量发展的灰犀牛

中国企业联合会研究部研究员刘兴国撰写的《中国企业平均寿命为什么短》中抽样调查显示，中国大企业的平均寿命是7到9年，欧美大企业平均寿命长达40年，日本大企业平均寿命有58年，如2023年，国家金融监督管理总局批复同意新凤祥财务有限公司进入破产程序。公开信息显示，新凤祥财务公司成立于2015年，注册资本30亿元。其经营仅8年就破产，这也并非个例。事实上，这是近一年来业内第四家申请破产的企业集团财务公司。究其原因，从企业内部看，常见的问题是企业缺乏核心战略和发展规划，发展壮大的同时忽略了内部控制制度的建设和可靠执行，欠缺防控各类风险的措施，造成企业难以应对复杂多变的市场形势，除违法犯罪行为外，基本上最终体现为产生巨大的财务困境，严重者资金链断裂导致重组或破产。

（二）复杂内部架构易造成市场失灵，影响大企业间强强联合解决共有难点问题

近年来，大企业特别是集团企业持续发展，其组织架构和业务形态不断变化，呈现出复杂的多样性。以大企业内部组织为例，大企业内部的结合往往非常紧密，形成较强的内部协作形态。大企业间的这种组织形式既是市场的自主选择，同时也是市场失灵的一种隐形表现。目前，我国在国际经济发展中面临不少"卡脖子"问题，但这些问题不能依赖技术力量薄弱、资金水平有限的中小微企业去完成。大企业则往往更倾向短期盈利丰厚、利润回收快的金融业、房地产业、服务业等第三产业。国家如果制定导向性税收优惠政策，使大企业集团之间"强强联合"，既有技术力量的保证，也有雄厚资金的保障，将更好更快地破解诸多"卡脖子"难题。

（三）大企业税收政策的不确定性，是可持续高质量发展的梗阻点

大企业具有跨行业、跨区域、跨国（境）经营的特点，存在大量关联交易、重组并购、股

权转让、跨境投资等需要协调的重大涉税交易。在实际征管中，经常出现税收政策解释或执行口径不一致，同一业务事实各税务机关认定不一致，集团不同成员企业税收管理方式不一致等不确定的复杂涉税及缴费事项。税收立法方面特别是税收政策的频繁变化是税收政策不确定性的主要来源，如税收政策相关规定变更前缺乏缓冲期将产生税收不确定性，缺乏有效的争议解决机制等都将导致税收不确定性等。

（四）大企业"走出去"遇到的政策盲区，是可持续高质量发展的黑天鹅

大企业"走出去"到海外发展，是可持续高质量发展的重要体现。欧美企业，如苹果、微软、特斯拉等跨国公司，在全球知名度很高。我国企业走出国门发展大多举步维艰，从市场环境角度看，除了难以融入当地市场、难以找到好的合作伙伴和无端被制裁打压等原因外，忽视对当地的包含税法在内的各类市场和政策规定的深入了解也是重要原因。例如，2023年，印度对中国手机厂商小米科技没收48亿元人民币元的资金，起因是印度执法局指控小米从2015年开始非法向国外实体转移资金，涉嫌违反印度1999年的《外汇管理法》和反垄断法。这些案例都提醒"出海"企业要重视并遵守包括税收政策在内的当地法规，并保持公平竞争。

四、新时代税收服务大企业高质量可持续发展的政策建议

（一）大力推行税企征前合作，促进大企业制定合规高效执行有力的内部控制制度

谈签《税收遵从合作协议》是目前发达国家管理和服务大企业的主要形式之一。税企双方基于平等、自愿、公开、互信、合作和共赢的原则签订《税收遵从合作协议》，通过税法遵从引导，共同防范税收风险。大企业建立合规内控制度是前置条件之一。为鼓励大企业建立健全内控制度，抵消保证内控措施执行有效性而产生的机会成本，税务机关应根据协议，创新或深化推出"预审式"内控服务、涉税诉求"扎口响应"、跨区域"税收政策协调"服务、重大涉税事项"事先裁定"和"非必要不打扰"风险管理等措施，促进大企业决策层重视内控制度和机制的建设，筑牢抵御各类风险的"防火墙"，引导大企业可持续高质量发展。

（二）发挥税收导向作用促进大企业间强强合作，破解高科技难点问题

为解决国际竞争中的"卡脖子"现象，以及市场自身调控失灵现象，税务部门应因势利导，在法律框架下，采取企业所得税优惠税率等税收优惠政策，从宏观上对我国市场进行调控，来更好更快地实现国家战略。对大企业集团中的制造业企业与其他大企业集团中的制造业企业进行合作的项目，我们建议采取15%的优惠税率或减半征收应纳税所得额等税收优惠政策，并可将切实取得的技术成果、实现较快发展并取得营利等作为优惠前置条件，防止出现集团间税收筹划问题，通过税收优惠政策促进我国大企业间技术合力协同发展。同时，在现有研发费用加计扣除优惠政策的基础上，为进一步鼓励包括大企业在内的科技创新，我们建议按照研发费用的规模大小，参照个人所得税累进税率，实施累进加计扣除比例。一方面有效降低巨额投资研发活动失败的风险，引导大企业提升高投入研发意愿；另一方面相对缓解大额资金压力，发挥税收政策杠杆撬动作用，为企业创新发展提供有力支撑。

（三）完善优化税收立法来提高税收政策确定性，促进大企业有效控制税收风险健康发展

一是建议税务总局加快推进顶层设计。我国要尽快出台适合中国国情的税费政策确定性的

相关制度，如事先裁定制度、国际磋商安排机制等。二是税收法律设计的制定和监督应遵循完善的程序，如在设计和公布涉税法律之前，广泛征询专家、企业和社会大众等兼具税法和商业知识的代表意见。我们建议在重大税收政策出台后给予企业充分的缓冲时间，至少为一个季度。三是在立法过程中降低税收法律的复杂性，如减少税法追溯性调整，提高征纳双方的税收确定性。我国尽量减少税收激励和税收减免措施，避免优惠措施给纳税人提供税收筹划的空间带来税收复杂性。

（四）积极参与全球税收治理，促进大企业提高国际税收竞争力

从国家层面、企业层面重视关注国际税收规则的关键点和变化。跨国（境）企业应熟悉了解当地的法律政策，避免不必要的损失。我国应重点关注并积极应对全球数字经济税收变革，谨慎稳妥推进"双支柱"方案在我国落地实施，应积极参与税收谈判，争取国际上认可对我方有利的"将特定税收优惠视同有效纳税"，同时也积极研究参考其他国家税收优惠政策制定规则，避免形成对中国税收优惠政策的打压。我们重点做好两方面的研究：一是指导"双支柱"入围企业规避防范新增涉税风险。我国要持续做好与其他国家和地区签订的税收协定、《国别（地区）投资税收指南》的研究解读更新，更好防范跨国（境）投资经营税收风险。二是入围的跨国非居民企业与我国联结度情况的研究。我国要从根本上解决包括大企业在内的中国企业的国际税收难点问题，提高企业税收竞争力，来适用经济可持续高质量发展的需要。

（作者单位：青岛市税务学会）

推动小微企业高质量发展的税收政策研究

孙 敏 孙安邦 孔祥超

近年来,我国小微企业如雨后春笋般蓬勃发展,成为国民经济的一支重要力量,也是市场持续平稳增长的重要基石。我国健全完善现行促进小微企业高质量发展的税收政策,提升税收政策效应需要继续在实践中不断摸索前行。本文坚持问题导向,梳理在执行中存在的问题,剖析产生问题的原因,以期找到助力和推动小微企业高质量发展的涉税政策路径。

一、小微企业的基本特征

(一)规模小,数量大,抵御风险能力差

小微企业第一大特点就是规模小。经过改革开放以来40多年的迅速发展,小微企业在数量上已经成长为规模庞大的市场主体,并且每年仍保持着7%—8%的增长速度。据全国第四次经济普查数据显示,我国已有近2000万的小微企业法人和6000多万的个体工商户,合计占比超过市场所有企业的九成。因其经营规模类似家庭式,组织结构单一,在遭遇经济波动时基本没有能力及时调整经济结构,尤其是在经济周期发生重大波动时,较低的风险抵御能力会造成其在经济的浪潮中不能正常运转或难以生存下去。

(二)领域广,形式多,生存能力较弱

小微企业广泛分布于市场经济中的各个领域,从家庭式手工作坊的加工业,到高精尖的小型IT产业,凡是不适合规模化资金运作及生产的领域都能够为小微企业提供初期的存活环境。以行业分类为例,服务业、批发零售业、生产加工业的小微企业占比数量十分庞大,占据了总数的七八成,而这些行业常常与居民的生产生活息息相关,足见其形式多样。另据《中国中小企业人力资源管理白皮书》提供的数据,中国中小企业的平均寿命仅为两年半,充分体现了小微企业竞争力较弱、持续的生存周期比较短的特点,而且有相当一部分的小微企业在勉强经营的生命线上苦苦挣扎。

(三)组织结构单一、决策权相对集中

相对其他类型的企业,小微企业因受到决策单一、劳动力低廉因素的影响,常常难以达到现代企业管理制度中标准化、规范化、制度化的必然要求,经营中容易出现潜在风险较高、稳定性较弱的问题。我国小微企业最常见的形式是独资公司和有限责任公司两种。产权结构单一,这种特点也导致了企业的经营和决策权往往集中在个别人手里,决策方式也缺乏全面性的思考,

企业实际上多被家族控制，其负责人的经营理念直接决定着小微企业的内部管理、经营策略和发展方向。

（四）信用度偏低、企业融资相对困难

小微企业一直都是"融资"中的弱势群体，资金不足，资产单一，抵御风险能力差，银行为其提供借贷时所要求的限制条件明显多于信用良好、资产雄厚的大中型企业。正规金融机构的融资大门很难向小微企业轻易打开，而小微企业经营者只能剑走偏锋式地在民间融资渠道上想办法。公司债或股权融资方式对他们而言往往不切实际。我国现有的金融体制仍然没有高度集中的特点，金融领域由国有和股份制大型商业银行主导，而它们自身的经营发展策略决定了并不适合为小微企业服务的天性，这就造成了小微企业在融资方面有较大的困难。在整体金融环境下，针对小微企业的融资方面的税收扶持政策就更应该具有偏向性和针对性，有利于小微企业在融资方面有所改进和宽松环境的改善。

二、小微企业税收政策执行中存在的主要问题

（一）税收优惠政策立法不到位，缺少长效机制

目前，小微企业适用的纲领性法律是《中小企业促进法》，但其中与税收政策有关的条款少之又少，并且全部是原则性的条款，内容显得比较空洞，缺少与时俱进的实质性内容。另外，在征管实际操作上，其针对性、有效性相对不足。近年来，促进小微企业发展的税收政策的种类和数量较前些年相比，虽然有了一定的增加，但从整体上看，这些税收优惠政策都存在一个共同的问题，就是都没有立法层面上的合理架构。久而久之，涉税政策的严肃性被削弱，更缺少长期性和稳定性。例如，税收优惠政策单行文的执行都有一个长短各不相同的特定期限，一旦优惠政策执行期限到期，此项政策就会被马上废止或者需要新的延续性政策接续执行。这种现象在基层税务机关执行过程中时时发生，甚至频发，给基层税务机关和税务人员执行带来一定的困难和阻力。

（二）部分税收优惠政策享受门槛依旧不低

近年来，部分涉及小微企业的税收优惠政策的设计，在一定程度上仍存在问题，造成让小微企业临时享受、全面享受、真正享受的门槛仍然有些"高"。例如，税收优惠政策针对盈利企业有效，尤其是企业所得税的优惠政策较为明显。然而，对没有应纳税所得额的新成立小微企业而言，税收优惠政策的制定不可避免地出现了一定的歧视性。对一部分的小微企业来说，税收优惠政策的适用范围规定了严苛的条件和要求，容易让扶持政策陷入"写在纸上，挂在墙上"的尴尬处境。例如，财税〔2018〕136号文件第二条规定的主要含义是如果小微企业能为农村建档立卡户提供就业机会，即可以享受多个税种的减免。灌云县作为江苏省内2019年才实现脱贫的深度贫困县，当地小微企业吸纳并解决了一定数量的农村建档立卡贫困人口的就业问题，但是因为受季节性用工因素的影响，这部分小微企业不能按照人社部门要求与就业人员签订1年以上劳动合同或者为其缴纳社会保险费，这种不满足限制条件的情况，造成了小微企业既要支持"脱贫攻坚"的重大决策，又要承担着不能降低的税收负担，部分税收优惠政策的享受"门槛"的确显得"高"了，致使很多小微企业只能望"享"兴"叹"。

（三）税种优惠集中度相对较高且调整频繁

近几年来，税收优惠政策扶持基本集中在增值税、企业所得税两个主体税种上。小微企业从自身而言，在市场经济中本身就缺乏核心竞争力，其所涉及的行业因为具有非常强的可替代性，常常需要面对更加激烈的竞争，进而造成小微企业亏损或者利润微薄的现象出现。现行"六税"减半征收政策，基本没有考虑小微企业的盈利情况，也就是说，根据现行的税收政策，即使小微企业在日常的生产经营中出现亏损，也必须依法缴纳房产税、城镇土地使用税等财产税。在实际的征管工作中，部分小微企业因生产经营的业务需要，会申请登记为一般纳税人，因为无法全部取得进项税的增值税专用发票，实际税负率可能会不降反升。从目前执行反馈的效果来看，大量税收政策的应急性和临时性已经成为自身的"硬伤"，使一些小微企业的决策者明显焦虑于是否能长期享受这类政策，抑或是短期性的执行后果是否会带来后期税负更高，再加上我国在税收政策方面服务政府的重要职能，从而导致税收政策的更新频率明显高于小微企业认知及使用政策的接受频率。

（四）税收政策体系复杂，政策执行成本较高

在优化纳税服务的同时，税务人员必须严格遵从不得重复打扰纳税人，对纳税人出现的涉税风险，必须一次性排除，虽然涉及小微企业管理的税种较大中型企业而言更加简单，但是不同税种下又细分了不同的征收品目，加之我国目前的税制改革正处于全面推进时期，出台的税收政策繁多复杂，而基层税务机关人少事多的矛盾并没有得到缓解，精细准确执行各项税收政策，对基层税务机关来说并不是轻而易举的事情。仅基层税务机关内部而言，能够熟练掌握并有效运用各项税收优惠政策的综合型人才屈指可数。在这样的形势下，税务机关只有不断地开展培训、学习和考试，才能为税收政策的贯彻落实提供最根本、最有效的保障。这些情况使税收执法成本被提高，从而降低了税收政策执行的及时性和整体性。

（五）政策宣传的有效性仍不够明显

税务机关针对小微企业的涉税政策宣传缺少一定的有效性。就小微企业整体而言，仅有一少部分财务人员能够对税收优惠政策熟练掌握。这类企业的法定代表人或者其他管理人员对涉税政策的敏感性就比较弱，在大规模的"减税降费"宣传报道后，对此类税收优惠政策的理解也仅仅只是停留在"少交"或者"不交"的层面上，对税收优惠政策的有效认知不够深刻，实际操作及运用能力就变得参差不齐。

三、对新时期促进小微企业高质量发展的税收政策的建议

（一）要尽快健全针对小微企业的税收优惠政策法律体系

针对小微企业的税收优惠政策的立法层次，我国急需进一步完善。在制定和设立专门针对小微企业税收优惠法律方面，我们建议国家应及时出台《小微企业税收减免法》等针对性较强的法律法规，进一步完善相关税收配套措施，从而使涉及小微企业税收优惠的政策更具有法律严肃性和法定性，在依法治国的政策环境下实现有法可依、执法有据。这也是促进小微企业发展的重要一环。对存在的"误差"要及时修正，对不适应小微企业发展的涉税法律法规政策应尽快完善。另外，涉税的政策措施必须具有统一、稳定的特性。同时，我国要制定差别化的税

收优惠政策，减少困难来实现执行而造成的虚设性。相关小微企业税收优惠政策的制定和出台，还都应当以构建与小微企业战略地位相匹配的发展环境作为出发点。在"减税降费"的大背景下，我们既要做好促进小微企业发展的税收优惠政策的贯彻落实工作，又要积极探寻更加合适的政策改进机制，将临时性的、短期性的税收优惠政策逐步向长期性、法治性、稳定性的规划转变，使小微企业对税收政策环境有良好的心理预期，也能保持其足够的适应市场的信心。

（二）要加快完善税收政策扶持手段，进一步降低门槛

在增值税方面，近几年，增值税改革主要依靠简并和降低税率两种举措。对小微企业而言，多档增值税税率受计算复杂等因素的影响仍然过多，不利于维护税收中性原则。今后促进小微企业发展的增值税政策制定的一个重点，应该是围绕简化增值税税率来开展。进一步适度降低税率，一直都是大部分小微企业所期盼的。多次的税率下调虽然明显降低了小微企业的税负，但是与世界平均水平相比，我国增值税的税负依旧偏高。小规模纳税人适用的3%的征收率也高出了发达国家的平均水平，存在很大的调整的空间，宜考虑将涉及小微企业小规模纳税人适用的征收率定为1%~1.5%，来最大限度地惠及广大小微企业。此外，税务机关要积极配合"加计抵减"，超过一定税负的"即征即退"以及放宽"留抵退税"适用范围等优惠政策，就能切实降低小微企业的税负。在企业所得税方面，我们建议扩大普惠性政策的范围，扩大年度应纳税所得额的上限标准。例如，应纳税所得额优惠税率进一步调高不超过500万元，进一步有利于小微企业发展，同时还可以考虑取消人数（不超过300人）的限制，这样就可以促使更多的小微企业享受到优惠政策。与此同时，我们还可以适当缩短固定资产折旧年限，建议对小微企业购置的机器设备就允许加速计提折旧或者在税前扣除，而对小微企业为提高生产技术能力而购入的机器设备和节能设备加速折旧的条件可以更加宽松等。

（三）要加强多税种政策高效统筹，突出延续性和长期稳定性

我们建议在落实落细增值税和企业所得税两大主税种的优惠政策基础上，基于对有利于促进小微企业发展，要进一步考虑多税种政策的协同度和有力配合，做到不同税种政策的高效联动。特别在税收优惠政策制定上，我国要兼顾解决当前小微企业发展的燃眉之急和服务小微企业长期高质量发展的战略安排。在发布单行文时，我国要尽量避免频繁打补丁的被动局面，让小微企业有稳定的心理预期，减少涉税政策对小微企业发展的经常性扰动。特别是在财产行为税方面，我国要突出"抓大放小"的基本原则，充分考虑小微企业经常面临微利甚至亏损的现实困难和经营风险，对小微企业的房产税、城镇土地使用税可加大阶段性减免力度，以便让小微企业能够赢得做大做强的发展空间。对政策执行的有效期要突出高位统筹，我国尽量保持相对一致性和稳定性，防止出现政策"一年一变"甚至"一年多变"的现象；要突出政策的有效接续，减少因为政策的频繁更迭，避免削弱税法固定性的基本属性，来维护税务机关的权威性和公信力。同时，我国对涉及多部门的税收政策，进一步加强基层调研和跨部门统筹，了解小微企业在享受政策的过程中可能面临的内外部门槛，防止涉税政策"挂在墙上"而不能真正"落在地上"。

（四）要推行"简单税"，探索和创新小微企业新的征管方式

小微企业特别是初创的小微企业，大部分存在会计核算不够规范、利润微薄，纳税成本比

重较高的问题。税收支出的成本过高会严重制约其发展。因此，我国可以本着"简征管、轻税负"的原则，探索和创新针对小微企业的新的征管模式或方式，如可将目前对小微企业征收的税种进行合并，实现向税基统一、少税种、低税率的"简单税"转变，对其总收入或者利润进行低税率征收。另外，我国需要注意的是，基层税务部门人少户多，减、免税政策改为备案制后，小微企业享受的优惠政策大部分是自行判断的，符合享受条件的在申报时就已经享受了，后续的监管也需要更加完善的管理政策。我们建议设立专属于小微企业的政策辅导机构，可适时成立小微企业税务管理中心，通过专业人士指导其健全会计账目，加强对企业的政策辅导、涉税监督以及提升服务，为小微企业征收管理制定精细化程度更高的税收征管政策，将分散在各部门的职能合并集中起来，统一处理小微企业存在的涉税问题。我国要加强对小微企业的税源监控，减少税源流失，提高执法透明度，规范税收执法行为，营造良好的税收营商法治环境。

（五）要注重增强税收政策宣传质效，更大助力税企"双赢"

一方面，要持续完善税收优惠政策直达快享机制，利用小微企业喜闻乐见的公众号、短视频等形式，进一步加大减税降费政策精准推送和宣传辅导力度，确保小微企业纳税人应知尽知、应享尽享。税务机关充分运用大数据精准推送优惠政策信息，增强政策落实的及时性、稳定性、一致性，帮助纳税人缴费人准确掌握和及时适用各项税费优惠政策。另一方面，可通过入户走访、"面对面"辅导等形式为小微企业及时宣讲、推送税收优惠政策，帮助小微企业减轻税收压力，释放企业发展活力，提升企业整体实力，为提供就业机会、缓解就业压力等方面提供动能，来带动地方经济高质量发展。税务机关坚持常态化举办纳税人学堂，为重点群体就业、创业提供政策宣传保障。在税收优惠政策的扶持下，我国真正实现税务优服务稳就业、企业稳生存谋发展的"双赢"。

（六）要善于总结经验，不断从理论和实践上完善小微企业税收优惠政策

税务机关要通过定期或不定期召开专题座谈会或研讨会、交流会的形式，邀请有关业内专家、学者、基层税务干部代表、小微企业纳税人代表参加，请他们畅所欲言，本着平等交流、实事求是的原则，重点围绕小微企业在执行税收政策规定和享受税收优惠政策中，总结经验，查找不足，坚持问题导向，针对工作中出现的不足和问题，广泛征求与会者，特别是纳税人的真诚意见、建议，通过分类归纳和系统性加工，梳理形成具有参考价值的调研报告和课题成果，为上级决策提供有力依据，起到参考借鉴作用，为进一步规范、完善小微企业税收政策提供理论上、智力上和实践上的借鉴和支持，有利于小微企业更好更快地实现高质量发展。

（作者单位：国家税务总局连云港市税务局、国家税务总局灌云县税务局）

现行税收政策对促进就业的实践与思考

赵廷喜　程　艳

税收政策是国家调控宏观经济的重要手段，在促进就业方面扮演着重要角色：一方面，国家通过制定和优化各类税收优惠政策，对大学生、残疾人、退役士兵等重点群体就业创业给予了支持；另一方面，税收优惠政策直接减少企业的税收负担，能够让企业有更多的资金投入研发和扩大生产经营规模，吸纳更多劳动力就业，从而在一定程度上缓解当前就业矛盾。

笔者通过多次深入重点群体招聘会现场、走访吸纳重点群体就业的企业等形式，分析现行税收政策对促进重点群体就业的影响以及当前税收政策执行过程中遇到的问题，并针对性探索相应的应对举措和建议。

一、现行税收优惠政策对促进就业的影响

现行的税收优惠政策在促进就业方面发挥着积极的作用，这些政策通过减轻企业和就业者个人的税收负担，鼓励企业扩大规模、增加投资，增加个人创业意愿和动力，从而为市场创造更多的就业机会。

一是税收优惠政策可以直接激励企业扩大雇佣规模、扩宽社保覆盖面，从而有利于"稳就业"和提高正式就业规模。例如，针对重点群体创业就业的税收政策，对下岗员工、贫困人口、高校毕业生、零就业家庭及就业困难人口等弱势群体提供扶持，直接促进了这类群体就业，有效维护了社会稳定。

二是税收优惠政策还可以通过降低企业生产经营过程中的税费成本，提高盈利能力和水平，激发市场主体信心与活力，促进经济可持续发展，从而有利于扩大就业。这种政策效应使企业拥有更多的资金用于扩大生产规模、研发新产品或提高服务质量，经济增长形成良性循环，进一步拉动就业。例如，国家对新兴产业的发展给予减免税的优惠，可以吸引更多的劳动力投入，从而增加就业机会。

三是对个人来说，税收优惠政策也起到了积极的促进作用。个人所得税的减免政策和社会救济、福利支出的使用也可以降低个人的税收负担，提高个人可支配收入，这有利于增加社会购买力，提高社会有效需求，从而有利于就业水平的提高。

四是税收优惠政策在鼓励创业和自主就业方面的积极作用也得到有效发挥。对初创企业和小型微利企业，税收优惠政策可以有效降低创业成本和风险，提高企业生存和发展的能力，这有助于激发社会创业热情，增加就业机会。

二、税收政策执行中存在的问题

1. 政策变化频繁、内容不够完善。一是现行的税收优惠政策只覆盖了部分行业和部分人员，而且实施的期限不够稳定。大多数促进就业的税收优惠政策实施期限为1~3年，时间短、效应低，很难真正解决当前社会就业难的问题。比如，针对大学生创业享受的税收优惠政策只是在大学毕业当年或者毕业后两年内享受，享受时间不超过3年。二是补丁性文件繁杂。比如，针对小微企业的优惠政策在近十年内调整了多次，虽然频繁的修改可以有效地适应经济发展的需要，但是这样也会使企业难以对最新出台的税收优惠政策进行有效掌握和评估，从而影响对劳动力的需求。

2. 税收优惠作用不明显。一是当前税收优惠政策覆盖面相对窄，享受优惠的企业大多局限于服务型企业、商贸型企业以及加工型企业上，并没有将所有能安置人员就业的企业包括在内。二是政策实施精准度不高，政府部门之间信息不联通、标准不统一，导致政策的优惠形式无法有效契合企业的实际发展需求。三是简单的税收优惠政策对促进就业很难形成长期效应。目前的政策倾向通过对企业进行税收减免、减少用工成本来促进企业增加就业人员，并没有从长远角度出发，通过提高就业人员技能与素质来直接带动劳动力就业。

3. 政策系统性不强。政府部门为了降低失业率，每年都会为了促进就业出台各种税收优惠政策，但是政策的设定不够严密且繁多分散未成体系，政策之间相互独立，未考虑到我国就业形势的多样性、复杂性和真实性，从而影响了促进就业的税收政策激励效应的有效发挥。随着经济形势不断变化，各种就业形式层出不穷，非标准就业越来越多，政府相关部门出台的政策也缺乏针对性。有时税收优惠政策可能与其他促进就业的激励政策存在一定的冲突和重叠，这导致政策效果互相抵消或者效应减弱。

4. 主体税种作用不显著。面对日益复杂严峻的就业形势，我国政府出台了一系列税收优惠政策，在一定程度上发挥了税收优惠政策在促进就业方面的积极作用。这些税收优惠政策主要集中在企业所得税和个人所得税中，并且多是针对某一类企业（如制造业等）、某一类人员（如高校毕业生、退役士兵、残疾人等）的税收优惠政策。我国第一大税种——增值税在促进就业方面税收优惠政策较少，税收优惠的"含金量"较低，在促进就业方面发挥的作用不够显著。

5. 政策宣传辅导的精准度不够。一方面由于政策修改较为频繁，税务部门针对支持重点群体就业创业的政策宣传的及时性和精准度不够，政策解读和专业辅导措施还有待完善，很多企业和重点群体不能在第一时间及时掌握并运用最新的税惠政策，从而影响企业对用工需求的判断和重点群体自主创业的意愿。另一方面，支持就业创业的税收优惠政策和其他部门出台的就业政策的融合度亟需进一步加强，来增大促进就业组合拳的力度和提高效应。

三、促进就业的税收政策建议

1. 建立政策实施长效机制。我国要增加税收优惠政策的连续性，应采取精准施策的手段，针对不同群体公布不同优惠政策的实施年限，做到长期政策与短期政策并行和统一，避免影响企业和个人的短期行为。结合国外的实践经验和国内的就业形势判断，此类优惠政策实施的年限至少应该保持在 3 年以上，以 3~5 年为标准。长效且系统的税收政策会提高企业对未来经营的预期，增加企业投放资金、扩大产业规模，从而扩大就业。与此同时，延长优惠期限也可以让企业拥有充分的决策时间，依据市场经济的运行情况调整企业的发展目标和用工需求。

2. 健全系统性的优惠政策。有效发挥税收优惠政策的效应，需要进一步规范优惠政策，及时清理一些不实用或重复的税收政策，将同类型的税收优惠政策统一进行梳理整合，让政策趋于系统化，来解决优惠政策分布零散的问题，提高税收优惠政策对企业和就业者的实施效率，便于企业和就业者依法而行，促使各类税收优惠政策真正落到实处。

3. 扩大优惠政策覆盖范围。我国需要扩大就业的税收优惠政策的覆盖范围。一是扩大享受税收优惠政策所涉及的主体范围，科学充分地考虑社会群体的公平待遇问题，不仅关注就业的弱势群体，还要关注拥有发展潜能的群体以及新兴职业群体。二是扩大税收优惠政策所涵盖就业形式的范围，如考虑将签订无固定期限劳动合同和签订劳务派遣合同的劳动者群体纳入税收优惠政策的覆盖范围中。三是扩大享受税收优惠政策的企业范围。对吸纳安置就业人员的企业给予相同的政策支持，在原有政策的基础上适当减少限制条件，吸纳更多的企业积极主动参与促进增加就业的活动，从而最大限度地发挥税收优惠政策促进就业的效应。

4. 释放主体税种红利。在谋划新一轮财税体制改革中，应当适当调整税收政策，释放增值税等主体税种红利。比如，税务部门可以出台促进第三产业发展的增值税税收优惠政策，特别是对与劳动力市场紧密相关的中介机构、教育培训、信息咨询、志愿服务等行业实行减免税政策，在市场准入、税收管理等方面降低门槛，提供宽松的经营环境。同时，强化税收政策与就业政策的协同融合，税务部门主动会同相关部门，及时出台、抓紧实施一批针对性、组合性、协同性强的税收优惠政策，在政策实施上强化协同联动，放大组合效应，着力提升主体税种的税收优惠政策在促进就业方面的积极作用。

5. 加大税收政策的宣传力度。税务部门要加大对税收政策宣传的力度，最大可能保证税收政策的精准直达，并且给予纳税人相应的涉税辅导，确保税收优惠政策应知尽知、应享尽享。税务部门针对税收政策实施过程中存在的困惑，统一纳税咨询回复口径，提供规范、权威、简洁明了的咨询服务，让税收政策更加公开、透明。要加强税企之间的沟通交流，税务部门可以有针对性地面向劳动力吸纳能力强或者有劳动力短缺的企业举办专项税收政策宣传讲座，为企业提供免费的纳税咨询与指引，让企业在更加全面、准确地了解优惠政策的基础之上，用好用足税收优惠政策，最大限度地扩大就业。

（作者单位：国家税务总局句容市税务局）

新质生产力驱动下的税收政策研究

董丽萍

一、新质生产力与税收政策的关系分析

（一）新质生产力对税收政策的影响分析

科技创新需求突出，需要税收政策支持。新质生产力的发展离不开科技创新的支撑和推动，税收政策需要发挥更加积极的作用，通过降低研发成本、提高研发投入的税前扣除比例等方式，为企业创新提供更加优惠的税收环境。

产业转型升级加速依靠税收政策引导。新质生产力的发展要求产业结构的深度转型和升级，税收政策可以通过实施差别化的税率政策，对新兴产业、未来产业等具有新质生产力特质的领域给予更加优惠的税收待遇，从而吸引更多的资本和人才进入这些领域，推动其快速发展壮大，实现产业的优化升级和持续发展。

收入分配结构调整依托税收政策调节。新质生产力的发展往往伴随着劳动力市场的变革和收入分配结构的调整。税收政策可以通过调节个人所得税、企业所得税等税收政策，优化收入分配结构，实现社会公平正义。通过调整不同收入人群的税负水平，可以有效缩小贫富差距，增强社会稳定性。

（二）税收政策对新质生产力发展的作用分析

新质生产力是创新起主导作用，摆脱传统经济增长方式、生产力发展路径，具有高科技、高效能、高质量特征的先进生产力质态。它代表了一种生产力的跃迁，对于推动社会进步、实现高质量发展至关重要。税收政策作为国家调节经济运行和分配资源的重要手段，在促进新质生产力发展方面发挥着不可替代的作用。通过优化税收结构、引导社会资源倾斜、营造良好环境等手段，税收政策可以有效地推动新质生产力的快速发展，为实现高质量发展提供有力支撑。

首先，税收政策可以通过优化税收结构，降低新质生产力相关产业的税负，从而鼓励更多的资本和人才投入这些领域。对于涉及科技创新、产业升级等领域的企业，给予适当的税收优惠，有助于降低其研发成本，提高创新积极性，进而推动新质生产力的快速发展。

其次，税收政策可以引导社会资源向新质生产力领域倾斜。通过对不同产业、不同技术水平的税收差异设置，可以引导社会资金更多地流向新质生产力领域，促进相关产业的快速发展。同时，税收政策还可以通过调整个人所得税等税收政策，鼓励个人积极参与创新活动，提高全社会的创新氛围。

最后，税收政策还可以为新质生产力的发展提供良好的环境。通过加强税收监管、打击偷税漏税等方式，可以维护公平竞争的市场环境，为新质生产力的发展创造有利条件。同时，税收政策的稳定性和连续性也有助于增强市场信心，促进新质生产力的稳定发展。

二、我国现行税收政策及其对新质产力发展的影响

（一）现行主要税收政策及其影响

总的来说，中国关于新质生产力的税收政策旨在通过减税降费、加计扣除和资金奖补等手段，激励企业加大研发投入，推动科技创新和制造业的发展，进而提升国家的整体竞争力。这些政策的实施不仅有助于企业的长期发展，也为中国的经济转型升级和高质量发展提供了有力支持。

一是支持科技创新类政策。政府致力于落实结构性减税降费政策，全面落实高新技术企业、研发费用加计扣除、投入基础研究加计扣除、购置设备器具一次性扣除等税收政策，鼓励企业采买支持科技创新研究的设备、仪器，为研发提供良好的硬件支撑，激励企业加大科研经费投入，强化企业创新主体地位。落实好科技企业孵化器和众创空间税收优惠政策，引导社会加大对科技创新企业的支持。落实好股权激励、创业投资、职务科技成果转化等个人所得税优惠政策，强化人才支撑。这一政策体系覆盖面广、优惠力度大，涵盖了企业创新全流程的各个环节。可通过降低企业的税收负担，激发其创新活力，进而推动新质生产力的快速发展。

二是强化人才支撑类政策。税收优惠政策通过为科研人员和高技术人才提供减免，提升以税制吸引人才的效用，在帮助企业和科研机构留住创新人才的基础上，有效激发科研人员研发创新和科技成果转化的积极性，为新质生产力加快发展提供了科技人才保障。对科研成果技术转化和商业化应用收入实行个人所得税优惠政策，鼓励科研人员选择商业化和产业化可能性较高的领域开展攻关，鼓励科研人员在理论成果产生后申报专利成果并向技术产品方向继续探索。从保民生方面持续发力，例如，"一老一小"个税专项附加扣除标准的提高，通过减轻家庭抚养赡养负担，对解决适龄人口后顾之忧、提升劳动力参与率及生产效率具有积极作用。又如，就业是民生之本，为解决高校毕业生、脱贫人口等重点群体就业问题，专项优惠政策通过鼓励企业吸纳重点人群，降低企业用工负担的方式增添就业市场活力，在保障社会生产稳定运行的同时，为劳动力提供了实践操作、施展技能、创造价值的重要平台。在促进人才红利方面，对符合条件的教育服务免征增值税，学校等机构自用房产、土地免征房产税、城镇土地使用税，个人教育捐赠个人所得税税前扣除等税收优惠政策的出台，从支持教育教学活动的开展、降低教育机构运营成本以及鼓励社会力量积极投入教育事业等方面出发，为高质量人才培养提供了支持。

三是促进绿色发展类政策。在人工智能、清洁能源、生物技术等前沿科技的引领下，新质生产力加速形成，其以绿色技术、清洁资源投入生产，推动传统物质生产方式向低消耗、低排放、高效率的新生产方式迈进。在税收优惠政策方面，其从支持环境保护、促进节能环保、鼓励资源综合利用、推动低碳产业发展等角度出发，多维度助力可持续发展。在征管方面，税务部门通过积极与生态环境等部门合作，持续推动环境保护征管协作机制建立健全，实现了纳税

遵从度的提升。

四是引导社会支持类政策。对技术转移中介组织经营实行税收优惠,加速技术中介市场发展,当好科技成果创造与科技成果转化的纽带。实行捐赠税收优惠,鼓励组织和个人对科研组织捐赠资金专项用于科技成果转化和市场化、商业化应用,利用税收政策引导助力科技成果转化为新质生产力。除企业投资、政府引导基金投资之外,鼓励社会资本的投资,从而确保新质生产力创造的可持续性。对新质生产力相关的资本投资所得实行税收优惠政策,一方面,可以向市场传达政府认可和看好产业发展前景并予以支持的信号,增强各方资本对产业发展前景的信心;另一方面,一定比例的资本所得税让渡,可以改变投资标的成本收益率,增加企业参与投资和加大投资规模的动力。

除了以上政策,中国还在不断深化税收制度改革,优化税收环境,为企业提供更好的税收服务。例如,政府通过简化税收申报流程、提高税收征管效率等方式,降低企业的税收遵从成本,使其能够更专注于技术创新和业务发展。

(二) 存在的问题与挑战

一是政策实施效果的评估不足。尽管政府出台了一系列税收优惠政策以支持新质生产力的发展,但这些政策往往缺乏足够的针对性。税收政策的效果需要通过科学的方法来评估。然而,目前我国对税收政策实施效果的评估机制尚不完善,难以准确衡量政策对新质生产力发展的实际影响。这可能会导致政策制定和调整的滞后,不利于及时响应新质生产力发展的需要。

二是税收结构的合理性问题。现行税收结构可能不完全适应新质生产力的发展需求。例如,对研发费用的扣除政策,虽然可以引导企业加大研发投入,但如果扣除比例不够高或覆盖范围不够广,就难以充分激发企业的创新活力。此外,个人所得税和企业所得税的税率结构、起征点等设置也可能需要进一步优化,以更好地适应新质生产力的发展特点。

三是税收征管能力的挑战。随着新质生产力的快速发展,税收征管面临着越来越大的挑战。一方面,新产业、新业态的涌现使得税收征管的复杂性和难度增加;另一方面,税收征管部门需要不断提升自身的信息化、智能化水平,以应对日益复杂的税收征管环境。

三、优化税收政策的建议

针对以上问题与挑战,政府需要进一步完善税收政策体系,提高政策的针对性和有效性,加强政策实施效果的评估,推动税收结构的合理化改革,加强税收征管能力建设,并在保持税收公平性的基础上,充分发挥税收政策的激励作用,促进新质生产力的持续健康发展。

(一) 加强政策实施效果的评估,及时调整和优化政策

关注政策实行效果,适时进行评估,及时调整和优化政策,提高税收优惠政策的针对性。例如,对于战略性新兴产业和自主创业的税收优惠,现行的政策并没有完全把握这些产业的特点和发展规律,导致优惠政策的效果有限。这可能会引发产业内部发展的不均衡,导致同构化现象的加剧。政策制定者应及时关注这些问题并进行调整和优化。

(二) 实施差别化的产业税收政策,推动产业转型升级

针对不同产业的特点和发展阶段,政府可以制定更加精准的税收政策。对于新兴产业、未

来产业等具有新质生产力特质的领域，可以实施更加优惠的税收政策，如降低税率、扩大税收减免范围等，以吸引更多的投资和企业进入这些领域。同时，对于传统产业的改造升级项目，也可以给予一定的税收优惠政策，以鼓励其加快转型升级步伐。

（三）完善税收征管制度，提高政策执行效率

在优化税收政策的同时，政府还需要加强税收征管制度的建设和完善。具体而言，可以加强税收监管力度，提高税收征管效率和质量；加强税收信息化建设，实现税收数据的共享和互通；严厉打击税收违法行为，维护税收政策的公平性和有效性。这些措施的实施将有助于确保税收政策的顺利执行和有效落地，为新质生产力的发展提供有力的制度保障。

（作者单位：国家税务总局宁波市镇海区税务局）

信息时代下加强税务机关档案管理工作的路径探析

任 林 沈 童 陈 畅

税收档案是税务机关发展历史的重要记录者与见证者,具有极高的政治价值与意义。随着信息时代的快速发展,税务机关应充分认识到税收档案的管理应用价值,并根据信息化时代特征,不断提高税收档案工作管理水平,更好地服务于税收工作。

一、税务机关档案管理工作的意义与价值

(一)为税收政策决策提供参考

税收档案是各项税收工作的写实记录,提高税收档案管理工作的力度与水平,对提升税收政策决策的精准性与满意度有着重要意义。一方面,税收档案囊括了税务机关发展历史,储存了在税收工作中直接形成的、具有保存价值的文字、图表、影音等。通过纵横向阅览比对,可以以史为鉴,从真材与细节中窥探出以往税收政策的成败得失,为接下来的决策提供参考与辅助。另一方面,税收档案中还蕴含着潜在的发展空间,譬如智慧税务建设是税务机关的发展目标之一,为了完成各项既定任务,必须审慎对待档案这一基本信息,认真研究,确保各级税务机关在时代背景下沿着主线前进不偏移。

(二)留存税收工作重要历史资料

新中国成立以来,国家税收征管制度历经了几轮调整,从国税、地税分治到"进一家门",从纸质发票到电子票再到数电票,从现场录入到网上通办等,税收制度始终包含民生温度,坚持人民至上,大力组织国家财政收入,始终保障税收在国家治理中全力发挥基础性、支柱性、保障性作用。税收档案保存了税收改革发展的历史,反映了税收改革发展的历史成就,为不同阶段税收工作的有序衔接、平稳过渡、承上启下发挥了重要作用。

(三)税务机关管理过程中的重要一环

税务机关档案涉及面广、包含内容多,加之税务机关作为行政机关具有其特殊地位与性质,与整个社会的发展生产、人民生活息息相关,是做好税务机关管理工作的重要环节。重视并用好税收档案能够为机关内控带来效能的提升,进而为社会发展创造更好的条件。所以,丰富税收档案管理手段、扩大税收档案存储途径是不可或缺的。

二、信息化带来税务机关档案管理新趋势

（一）理念与手段的创新

随着信息时代的到来，档案管理工作的理念开始改变——对档案进行数字化管理。各级税务机关在开展档案管理工作时，都在有意识地融入新趋势、新理念，希望能跳出传统单一的档案管理办法，挖掘顺应时代步伐的档案管理新途径，不断提升工作质效。理念的改变带来一系列税收档案工作方式方法的变化。在信息时代，纸质档案逐渐转化为电子档案，以 D 区某税务机关为例，通过对其近年来业务档案数量的统计，发现在 2019 年该单位共有 1 447 盒纸质档案，到 2022 年仅有 802 盒纸质档案，降幅近一半。同时信息手段介入后，数字存储设备也为档案管理开辟新路径，查询资料不需要手动进行翻阅，只需要在档案集成平台上输入关键词便能迅速找到。这倒逼着税务机关对档案的管理模式加以革新，在整理机关档案时更加细致，将原先分散式的管理模式变得集中化、集约化。

（二）技术与介质的创新

传统的档案管理模式十分依赖人力，面对纷繁多样的档案资料，需要数人共同整理，极大耗费档案管理人员的时间和精力。但随着信息化时代来临，档案技术手段的更新促使档案管理工作迈上新台阶。随着社会的发展与税务机关的变革，机关档案数量直线上升。传统的档案存储主要依赖的介质是纸质，需要占据大量的物理空间，保存成本高，管理难度大，后期的查看取用都不太方便。机关档案管理信息化创新后，档案信息数据都被存储至档案级硬盘里，电子档案所具有的在线、离线、近线等多种存储方式也极大增加了税收资料与数据的存储空间。同时在信息时代，档案资料的产生与存储不再泾渭分明，信息技术使得资料在生成的同时自动在后台归集，上传至终端进行保存，税务工作人员人人都是档案的生产者、使用者，更是档案的收集者，政务活动更加便利的同时也大大提升了档案工作的效率。

（三）法规与监管的创新

一方面，采用数字化、信息化的方式管理档案是税务部门的"新兴事务"，属于重要变革，需要通过政策法规等顶层设计的完善来明确其目的、意义、途径、流程等，确保各级税务机关有基本的框架参考，保证方向不移、路径不偏，最大程度减少改革中的试错成本。在新的《档案法》中，新增加了第五章"档案信息化建设"的内容，是顺应现代化信息化发展规划的体现，为税务部门档案数字化管理提出新指引。另一方面，在税收档案中包含着大量税收数据，属于涉密信息，必须严格加强监管防止泄密。税务部门需加强管护技术的全面升级，通过身份认证、病毒查杀、构建防火墙等安全举措加强对档案信息系统的维护，不断提升税务电子档案的风险防范能力。同时，电子档案的固化在技术上可以提取并锁定电子档案的完整性验证（HASH 值）存放于有公信力的第三方机构进行数字签名，也可以上传到公证区块链上，极大地保障档案没有错漏或是被恶意篡改，增强税务档案数字化全程的可信度。

三、税务机关档案管理工作中现存问题与挑战

（一）税收档案管理理念与认知缺失

虽然税务档案管理工作是税务机关工作中的重要一环，但由于其相较于税收前沿工作，并不属于主要部分，具有一定的附庸性，从税务机关领导到中层干部再到基层人员，未能形成自上而下地对档案管理工作的全面认识，没有意识到档案工作对单位管理与社会发展的重要意义，导致档案管理工作在开展中流于形式，存在着应付检查、糊弄了事的现象。在当前税务机关档案管理中，虽然有的基层税务机关在加大用电子档案替代纸质档案的力度，但目前业务档案和文书档案还分别留存于不同的系统中，缺乏统一性，没有触及信息化时代档案管理工作的真正内核。

（二）税收档案管理硬件与人员缺位

在新形势下，对税务机关的档案管理的硬件设施与人员配备提出了新要求。在档案管理的过程中，整理、装订、录入、上架等诸多流程，包括后期的完善保存、安全管理等要求，都离不开高速扫描仪、保密设施、移动硬盘等信息设备的配备，更需要单位打造符合档案保存标准的专用档案室。此类硬件的投入需要大量经费保障，但在当前机关单位"过紧日子"的要求下，相关款项的支出难度较大。同时，专业的档案管理人员是提升档案管理水平的重要因素，但囿于编制不足以及对档案工作重视程度不够等原因，部分税务机关的档案管理人员很难做到专职；即使配备了专职人员，但存在缺乏对档案工作的认识、对相关信息设备操作不够熟练等问题。

（三）税收档案管理信息化与利用能力缺乏

档案工作的最终目标除了保存重要的历史资料外，更希望能对当前各项税收工作起到指导和辅助作用。这要求税务机关能将各类税收档案加以整理归集，形成一个较为完善的税收档案"大数据"平台，方便及时抽取与分析各类信息，最大程度整合利用好信息资源。但在实际操作过程中，大部分税务机关只注重档案资料的"收"，不注重相关资源的"用"，导致档案只是堆积在一起的数据，没有发挥其蕴含的能量。同时档案室作为服务单位，服务意识不足，没有开辟便捷的档案查询方式，这也为档案价值的充分发挥带来阻碍。

四、新时代提升税务机关档案管理水平的对策

（一）做好顶层设计，实现档案管理规范性

档案的信息化建设不是一蹴而就的，建立科学的管理机制是做好信息时代税收档案工作的第一步。税务机关要提高信息化意识，学习其他党政机关与兄弟单位的先进档案管理经验，对标找差，结合自身实际建立科学可行的档案管理制度，明确档案工作的环节与流程，以及不同人员的分工与职责，做到有章可循，增强档案管理工作的规范性与标准性。在推动档案工作信息化发展时，也要有意识地将其与业务工作相融合，进一步提升税务干部档案管理工作的认识。此外，还要在制度层面明确相应的考核标准，纳入绩效考评，确定奖惩措施，不断发挥先进典型的引领带动作用，推动档案管理良性发展，全面提升工作效能。

（二）增加技术投入，夯实档案管理基础性

高效使用各类技术手段是新时代的档案工作区别于传统时代的重要特征之一。税务机关在信息时代应加强对各类先进技术的资金投入，开辟专门的档案室开展工作，并配置主机房、专用服务器、能够满足数字档案资源管理需要的网络基础设施等，满足电子档案发展需求。要围绕税务机关档案内容的存储与档案利用率的提升，为档案室配备满足工作需要的终端及辅助设备，以及必要的正版基础软件，建立信息系统，促进档案资源开发、使用和现代化管理，满足档案管理信息化、数字化要求。在技术设备购置时，各级税务机关要结合传统档案转电子化、电子档案直接存储、业务档案伴随税收业务同步生成等不同的需求，做好各类税收档案的分类保存工作。

（三）优化人员素养，增强档案管理专业性

税务机关的档案管理工作应安排专人进行负责，并适当扩充其中在编人员比例。在日常工作开展中，除了"老带新"，做好优秀档案管理经验传承工作的同时，结合信息时代新特征，还要"新带老"，促进所有工作人员都能熟练使用各类信息设备，保障档案工作高效运转。要提升档案工作人员的学习能力，增强专业技能，通过组织学习培训等途径，督促档案管理人员了解国家档案信息数字化规章制度与各类基础知识，并开展比试竞赛，以考促学，给予优胜者荣誉与奖励，激发工作人员的学习热情，助力档案信息化建设长远发展。

（四）升级安全防护，保障档案管理稳定性

运用现代化信息技术管理档案，虽然带来诸多便捷，但也存在档案信息泄露的隐患，可能会带来不可预估的影响，因此税务机关在引入先进技术手段的同时，更要注重搭建适应新形势的档案安全保障体系，防范不安全因素于未然。档案管理者要增强安全意识，对各类潜在的风险因素提前做好预估与准备，规范工作流程。档案工作人员要树立高度安全意识，严格区分不同档案文书的保密层级，根据保密程度采取不同的保密措施，对涉密档案要严格遵循"涉密不上网"的规定；对可供查阅的非涉密信息，要完善档案阅览的流程，通过建立档案信息共享平台等方式，既满足档案的使用，又防止档案的丢失与外泄。

（作者单位：国家税务总局镇江市丹徒区税务局）

研发费用加计扣除政策调研报告

熊德翔

习近平总书记指出，要"加大政府科技投入力度，引导企业和社会增加研发投入，加强知识产权保护工作，完善推动企业技术创新的税收政策"[①]。党的二十大报告提出，"创新驱动发展战略，强化企业科技创新主体地位，发挥科技型骨干企业引领支撑作用，营造有利于科技型中小微企业成长的良好环境"。党中央、国务院将创新作为引领发展的第一动力，出台实施了一系列支持科技创新的税收政策，持续为企业创新发展注入活力动力，研发费用加计扣除优惠政策是其中的重要政策之一。

一、研发政策要点

（一）研发政策内容

在企业开展研发活动中实际发生的研发费用，未形成无形资产计入当期损益的，在按规定据实扣除的基础上，再按照实际发生额的100%在税前加计扣除；形成无形资产的，按照无形资产成本的200%在税前摊销。无形资产摊销年限不得低于10年。作为投资或者受让的无形资产，有关法律规定或者合同约定了使用年限的，可以按照法律规定或者合同约定的使用年限分期摊销。

（二）研发政策难点

在享受研发政策时，需要关注委托、合作、集中研发费用的加计扣除。一是企业委托境内的外部机构或个人进行研发活动发生的费用，按照费用实际发生额的80%计入委托方研发费用并按规定计算加计扣除；委托境外（不包括境外个人）进行研发活动所发生的费用，按照费用实际发生额的80%计入委托方的委托境外研发费用。委托境外研发费用不超过境内符合条件的研发费用三分之二的部分，可按规定在企业所得税前加计扣除。二是企业共同合作开发的项目，由合作各方就自身实际承担的研发费用分别计算加计扣除。三是企业集团根据生产经营和科技开发的实际情况，对技术要求高、投资数额大、需要集中研发的项目，其实际发生的研发费用，可以按照权利和义务相一致、费用支出和收益分享相配比的原则，合理确定研发费用的分摊方法，在受益成员企业间进行分摊，由相关成员企业分别计算加计扣除。

---

① 昂首阔步，迈向知识产权强国｜非凡十年［EB/OL］.国家知识产权局，2022-10-14.

（三）享受研发政策时间

企业可在当年 7 月份预缴、10 月份预缴以及企业所得税年度汇算清缴时申报享受研发费用加计扣除政策。

二、研发政策落实中发现的的问题

（一）部分基层人员思想认识、业务能力不足

基层税务分局和管理人员是政策落实的最前线，但在调研中发现，部分基层税务分局没有充分认识到落实研发费用加计扣除政策的重要性，政治责任感和工作主动性不够，并未下更大功夫深入挖掘有研发投入潜力的企业，没有深入调查每户企业真正存在的难点、堵点，工作能动性、积极性没有充分发挥出来。一些基层分局管理人员年龄老化，业务能力水平不高，自身对政策的理解不足或存在偏差，无法准确辅导企业申报，影响了企业应享尽享。

（二）宣传辅导对象不够全面

通过政策辅导座谈发现，企业主要负责人对本单位研发活动知晓率要高于财务人员知晓率。调研发现，基层税务人员辅导时大多是与企业财务人员或办税员沟通，中小企业的办税员很多都是兼职人员或第三方机构代理人员，这些人员对企业研发情况缺乏了解，不能准确判定企业是否开展研发活动，而且也没有让企业享受优惠的主动性和积极性。企业主要负责人对企业研发活动开展情况更加了解，但大多未能在第一时间接受辅导，从而影响了企业及时享受优惠政策。

（三）中小企业研发内驱不足

中小企业相比研发活跃的大企业，受企业规模小、技术支撑薄弱、资金储备不足、科研人员较少等多方面影响，往往不愿进行研发活动或只能从事单一技术的开发，同时中小企业技术成果转化能力有限，将技术成果推向市场比较困难，难以取得预期的商业利润。在当前市场大环境下，中小企业生存发展的需求明显大于自主创新意愿，利用已有技术，模仿市面上成熟商品进行销售，具有成本低、效益稳定、资金回流快的优势，考虑到自身抗风险能力，着眼短期效益，中小企业投入研发的动力不足。

（四）研发活动难判定制约政策享受

基层普遍反映，部分企业把握不准研发项目是否符合政策要求是影响享受的主要原因之一。企业的研发投入往往不能准确判别是常规性升级还是创新性的研发活动，企业研发涉及业态较多且专业性强，基层税务、科技部门人员较少且受专业知识所限，为企业进行研发项目鉴定存在风险。2023 年，省局联合省科技厅探索企业研发项目事前鉴定，对企业主动申请进行鉴定的研发项目，已在石家庄进行试点工作。

三、落实研发政策有关对策建议

（一）促进企业提升研发意愿

在持续做好宣传辅导的同时，进一步优化联动协调机制，借助多方力量，联合推进政策落实。一是勤汇报，争取支持。积极主动将研发费用政策落实所存在的问题、面临的挑战、应对

的风险向当地党委、政府请示汇报，引起当地党委、政府的重视，争取在部门联动、政府激励等方面获取更多的支持。二是广宣传，营造氛围。积极宣传研发优惠政策，充分利用重点培育企业清册、辅导服务清册等"一账三册"对企业负责人、财务负责人、科研负责人共同辅导，利用电子税务局、税务网站、微信公众号、微博、公共显示屏等媒介进行广泛宣传，形成宣传矩阵，营造创新氛围。三是强联系，密切配合。与科技部门密切配合，开展税务网格员和科技特派员共同入户辅导活动，做好业务辅导、政策培训、研发判定等工作，提升企业享受政策的及时性、准确性。

（二）提升企业享受政策的能力

通过扩大辅导对象，差异化精准服务，借助第三方服务力量，提高企业研发立项的确定性和费用归集的准确性。一是扩大辅导面，助力享受。将培训和宣传辅导的对象由原来的财务人员扩展到企业主要负责人，让企业一把手懂政策，鼓励企业建章立制，建立研发内控制度及流程，提升企业的享受意愿和费用归集能力。二是抓大不放小，分类辅导。针对不同企业类型，开展不同归集辅导方式，对研发投入较大的企业，开展一对一辅导；对研发经费投入较少的企业，开展座谈讲座式辅导，提升享受政策意愿；对高新技术企业、科技型中小企业，开展重点辅导，确保优惠应享尽享。三是巧用第三方，消除风险。完善专业化服务机构工作机制，与科技部门引导专业化服务机构，利用"智慧河北加计扣除"平台对企业研发立项和费用归集提出合规性建议，引导第三方服务机构开展线下辅导，为研发企业提供专业的指导意见，让企业及时准确享受，消除政策风险。

（三）多措并举缓解后续监管压力

多措并举缓解后续监管压力，通过充实基层业务人员力量、发挥好绩效考核的引导作用、提升数据监管质效，降低政策执行风险。一是增强人员配置。有针对性地将业务好、能力强的骨干配置到税政管理部门，充实基层税政人员配置，降低人均管户数量，县区局组建专业化辅导团队负责重点企业的辅导和后续核查，各基层分局明确至少一名政策落实联络员负责本分局的政策培训和任务落实提醒，进一步加强基层政策落实的人员力量和业务能力，有效保障基层落实工作畅通。二是强化绩效考核，发挥绩效考核指挥棒作用，出台符合本地的研发费用加计扣除专项考核方案，设置差异化考核指标，实行市、县、分局"三级考核"，逐级强化责任，提高基层分局管理人员重视程度，确保政策落实一抓到底。三是提升数据监管。对近几年自查、审计、督导发现的研发费用加计扣除不准确问题进行全面总结，编制常态化风险监控指标，运用税收大数据云平台预警监控，及时对汇算清缴，对二、三季度预缴申报数据核实检查，实现以数管税、以数治税，提升工作质效。

（作者单位：国家税务总局廊坊市税务局第二稽查局）

以 ChatGPT 为代表的人工智能技术在税务领域的应用及风险研究

国家税务总局广州市花都区税务局课题组

2022 年 11 月，人工智能研究实验室（OpenAI）推出了全新的人工智能 ChatGPT，在全世界引起巨大轰动。人工智能的出现在很大程度上弥补了人类认知、能力和精力的有限性，通过与大数据、区块链等新兴技术的结合，对医疗、金融等各个领域的发展产生积极的推动作用。在税务领域，以 ChatGPT 为代表的人工智能满足了税务部门、纳税人和中介机构等三类主体的不同需求，具有深远影响。

一、人工智能技术在税务领域的应用场景

2021 年 3 月，中共中央办公厅、国务院办公厅印发了《关于进一步深化税收征管改革的意见》（以下简称《意见》），提出要"全面推进税收征管数字化升级和智能化改造"。税务部门以税收现代化为总体目标，紧扣人工智能的新特点、新要求和新挑战，深入推进人工智能技术在税务领域的实际应用，特别是在提供智能问答咨询、精准推送税费政策、优化办税缴费服务等工作中呈现出诸多高质量的应用，推动构建税费服务新体系。

（一）大力建设高效率、智能化的咨询服务

人工智能能够充分发挥一个大脑、海量记忆、知识全面、不间断服务的优势，提升 12366 纳税缴费服务热线智能咨询的服务效能，能够有效解决当前纳税咨询量巨大导致的咨询难、答疑慢的问题，避免征纳之间的矛盾纠纷。比如，广州市税务部门打造了智能应答机器人"税宝"，推出"7×27 小时"智能语音咨询。2022 年全年提供智能咨询服务 213 万次，平均每天近 5800 次，有效解决急剧增加的涉税咨询需求与有限的人力资源之间的供需矛盾。

（二）快速生成高质量、普适性的税宣材料

人工智能技术运用到税收宣传领域中，可以根据不同的税法宣传侧重点及纳税人、缴费人的个性化、专业化需求，灵活运用多轮对话的能力，运用税收数据库，快速生成图文并茂的新闻宣传报道、新媒体图文、视频课程等，能够形成门槛较低、普适应较高的税费政策指导文件，推动税费优惠政策不折不扣落实到位。

（三）精准推送差异化、个性化的税费政策

诸如 ChatGPT 的人工智能产品，具有强大的多轮对话和代码生成能力，可以实现根据税费

优惠政策描述精准锚定政策适用对象，实现对纳税人、缴费人的"精准画像"。通过庞大的税收数据库，人工智能产品能够根据纳税人、缴费人的实际情况，自动编写脚本语言语句，帮助纳税人、缴费人选择最优惠的税费享受政策组合，精准推动政策适用的具体条款，满足不同涉税主体对税费政策的个性化需求。比如，广州市税务部门推出的人工智能虚拟员工"悦悦"，可以通过语音对话实现与纳税人的聊天互动，根据纳税人的生产经营、产业特征等，展现适用的税费优惠政策，实现精准推送、精准辅导。

（四）主动开展提前式、预判式的税收服务

人工智能产品可以通过分析企业财务数据，智能识别税务风险点，对企业的涉税行为进行预警，企业可以据此规避涉税风险，构建起和谐的征纳关系。"智税 Call"作为广州市税务部门基于人工智能技术推出的智能语音外呼系统，按照税务机关设定的前置条件、通过大数据智能筛选呼叫对象并生成任务，主动对纳税人发起语音通过。目前，"智税 Call"已推出欠税核查及提醒、新办纳税人信息核查、双定户调整提醒、办税员实名信息核查及发票辅导等多个场景，及时靠前为纳税人开展税收服务。

二、人工智能技术在税务领域应用的现实困境

以 ChatGPT 为代表的人工智能应用的本质是"数据驱动"和"算法支撑"，主要包括"数据赋能、处理"和"模型构建、运用"两方面。随着人工智能在税务领域的应用不断深入，一系列实践经验表明，人工智能技术除了给我们带来便捷和高效的同时，还面临诸多现实困境。

（一）赋能人工智能的数据质量良莠不齐

人工智能的运算依赖于海量数据的"投喂"。但越来越多的实践表明，数据是一把双刃剑。受数据来源泛化以及缺乏可验证性、准确性等因素影响，数据质量存在良莠不齐的问题，成为直接决定人工智能应用准确性的重要因素。

早在 2016 年，国家税务总局就发布了《税收数据标准化与质量管理办法》（税总发〔2016〕97 号），对数据标准、数据质量、数据采集、数据维护、数据共享、数据应用、数据安全、考核评价等具体细节做出了原则性、制度性的规定，但是在具体到各省的工作实践中，仍然缺乏统一的涉税数据信息采集机制，信息共享存在制度上的障碍，数据采集缺乏统一标准和口径。同时，由于当前的税收基础数据大多依靠纳税人自行填报，非常容易造成数据质量不高的问题，在一定程度上制约了人工智能技术在税务领域进行更广泛的应用及发展。

（二）数据赋能人工智能导致隐私泄露问题

复杂的海量数据可能因为忽略税收治理中隐私权的保护而带来诸多问题。信息索取的便捷、信息网络的缺陷等都给隐私权问题带来了不确定性。因此，人工智能技术在税务领域的应用使得纳税人隐私保护变得更为迫切。

一方面，在税收现代化发展的背景下，大数据的应用对税收征管过程进行了重塑，工作重心逐渐转移到对涉税信息的采集和处理上。在此过程中，税务部门为了实现对纳税人的精准监管不断拓宽了数据来源，也可以依职权要求公民履行宪法规定的纳税义务，并强制收集公民个人社会经济活动中产生的相关税务信息，这就不可避免地引发了对纳税人隐私保护的挑战。

另一方面，税收数据自身具有一定的私密性和安全性，但是近年来因其实用性和延展性，正成为数据泄漏风险的高发领域。据美国国内收入局（IRS）报告，每当纳税节点临近，黑客侵入税务部门网络的风险将会增加，以获得纳税人的申报信息。因此，这一风险在我国的税收征管领域可能存在。

（三）加剧征纳双方涉税信息不对称

人工智能技术在税务领域的推广应用，加剧了征纳双方在另一种程度上的信息不对称。具体表现在：税务机关运用大数据进行算法运算，在某种运算法则下对税收大数据进行分析、处理、运用，形成对纳税人、缴费人更加精准的监管服务。但是，税务算法涉及国家的征税利益，具有很高的保密性和安全性，纳税人、缴费人很难从税务部门获取到具体的算法信息，导致纳税人、缴费人对税务部门数据赋能、算法运用"一知半解"，加剧了征纳双方的信息不对称。

（四）责任主体模糊影响责任认定

在传统的税务执法中，税务部门是执法主体，承担执法的全过程责任，特别是对税务执法过错承担责任。但是，基于人工智能作出的税务执法决策，本质上仍然属于具体行政行为，但是人工智能自动化税务决策由人工智能作出、税务部门发出，一旦出现执法过错行为，很难界定是属于人工智能的过错还是税务部门的过错，影响责任认定结果。

（五）税务部门内部系统和人才的支撑不足

人工智能应用于税收征管，对税务部门的智能化税收系统建设能力提出了更高的要求。但是，目前具备强大的技术研发和应用实力，并且拥有较多实践经验和能够应用人工智能技术进行技术升级的多为实力雄厚的互联网公司，政府部门技术能力较为薄弱。税务部门虽然可以借助购买公共服务等途径部分弥补自身技术能力的缺陷，但人工智能技术特点决定了技术的鸿沟是无法通过外包服务跨越的。

再者，税务工作人员的"智税"理念尚未确立。以广州市税务部门为例，虽然近年来不断挖掘智慧税务人才潜能，依托"智税"竞赛、金税四期建设等平台，积极打造"人人会用数、人人用好数"的良好生态。但与税收现代化服务中国式现代化的广州税务实践进程相比，税务人员利用人工智能技术进行涉税大数据管理和应用的工作理念还不能有效匹配，对人工智能技术的应用认识还停留在"以数治税"的初始阶段，在日常的税收征管、纳服工作中不能有效发挥人工智能的技术优势。

三、人工智能技术在税务领域应用的实现路径

在系统性分析了人工智能在税务领域应用的风险及问题后，人工智能在税务领域的应用路径便一目了然。《意见》提出了智慧税务的建设目标；党的二十大进一步强调了"网络强国、数字中国"的建设要求，为税收征管数字化转型注入了新的思想动能。以ChatGPT为代表的人工智能未来将在税收治理中发挥更加重要的作用。

（一）法制化管理：加强法律体系的顶层设计

将人工智能应用于税收征管之中是提升税收治理现代化水平的必然选择，法律制度作为体现和规范社会治理的重要制度设计应积极予以回应。构建完善的法律体系建设，能够为人工智

能在税收征管中的实践运用提供有力支撑和制度保障。

1. 及时制定人工智能基本法。通过制定基本法对人工智能进行规范早有先例。2016年10月，欧盟议会法律事务委员会发布研究成果《欧盟机器人民事法律规则》（European Civil Law Rules On Robotics），明确人工智能法律地位、伦理标准、责任机制及数据保护等内容；2017年12月，美国国会提出两党法案——"人工智能未来法案"，明确人工智能领域的管理机构、激励方式及监管途径等；2023年6月，欧洲议会高票通过了《人工智能法案》谈判授权草案。

目前，我国关于人工智能的立法迫在眉睫。2023年，人工智能法草案预备在年内提请全国人大常委会审议。6月20日，首批境内深度合成服务算法备案清单也已经出炉，百度、阿里巴巴、腾讯等26家公司共计41个算法榜上有名。综上，针对人工智能制定基本法已势在必行。就法律制度建设而言，应制定有关人工智能的科学合理的法律法规，形成针对人工智能应用的法律控制手段，研究制定相关法律以明确人工智能的监管机构、适用范围、法律地位及法律责任等内容，结合社会发展实际需要限定人工智能适用领域，对其研发、使用和推广建立法治化规范机制和责任承担及惩戒机制，以构建人工智能应用社会实践的基础法律制度框架。

2. 在《税收征管法》中增设人工智能适用规范。人工智能在税收征管中的应用越来越广泛，比如，元宇宙办税服务厅、智能应答机器人等，但在《税收征管法》中缺乏对人工智能的法条支撑，给人工智能在税务领域的应用潜藏了一定的风险。因此，在对《税收征管法》进行修订时可进一步明确人工智能助力税收征管的技术方式、应用程序、责任机制等，赋予人工智能参与税收征管的可使用性法律基础，确保人工智能在税收征管领域实现法治化、规范化运行。

（二）专业化管理：加强系统建设和税务人才培养

未来，以大数据和云计算为基础的人工智能技术成为新的经济增长动能，为推动构建更加智能化、现代化的税收征管服务体系奠定了坚实的技术基础。

1. 以"互联网+税务"为基础，强化更加智能化、现代化的系统支撑。一是涉税服务的智能化优化。要建立智能化办税缴费服务，以智能应答机器人实现涉税费咨询的24小时不间断服务，如"税宝"；依托人工智能搭建全方位、精准性的税收宣传平台，为纳税人提供更具针对性、适用性的税法宣传，帮助纳税人更快更好享受税费优惠。通过上述智能化的办税缴费服务，最终实现服务质效明显提升、办税缴费成本显著下降、多样化个性化涉税需求充分满足的良好生态。二是涉税风险的智能化预警。充分挖掘税收大数据的"金山银库"，建立智能化税收风险管理平台，通过人工智能自主学习方法，根据税费政策要求建立风险管理识别模型，通过链接发票、纳税申报表、财务报表等数据，发现涉税费风险疑点，及时跟踪税收管理中的重大变化和风险趋势，及时实施应对措施，确保税收风险管理可控可管。

2. 创新人才培养模式，打造一支适应税收现代化发展趋势的数字人才队伍。要深入挖掘计算机、大数据、人工智能等相关专业的人才，依托"以数治税"相关工作定期组织开展税收业务与人工智能相关课程的学习，并加强与科研机构、高等院校等的多方合作交流，着力优化提升数字人才整体素质；要突出实战化锻炼，紧密结合全国"智税"竞赛等锻炼平台，将数字人才的培养与青年创新项目相结合，深入推进数据治理、数据共享和开发利用，挖掘智慧税务人才潜能，着力打造一支适应税收现代化发展趋势的数字人才队伍。

（三）精细化管理：加强税收数据的规范管理

税收数据具有展现经济活动最全、最实、最准的特点，可以及时准确反映经济运行情况，是税收治理现代化过程中的重要生产要素。近年来，税务部门不断加强对税收数据的挖掘，充分发挥税收大数据的"金山银库"作用，但税收数据赋能人工智能技术时暴露出的数据质量、隐私保护等问题，不得不引起我们对加强涉税数据规范管理的思考。

1. 规范税收数据的采集和共享。一方面，要进一步拓宽税收数据的来源渠道，充分利用互联网平台，充分发挥人工智能的数据挖掘分析功能，采集纳税人散布在政务平台、电商平台及移动智能终端的各类数据，做好税收相关数据的定期挖掘和收集整理。对来源于税务部门外部的生产经营相关数据，制定完善统一规范的标准，加强对此类数据的筛选、辨析，采用"人机结合"的方式对此类数据做好源头管控，保障数据质量。另一方面，要建立健全规范统一的税收数据共享、交换机制，切实加强与人社、公安、银行等部门的沟通协作，实现涉税数据在更广范围、更高层级的共享，打破各部门间的"信息壁垒"，充分挖掘第三方涉税信息的使用价值，建立纵向联动、横向协作的涉税数据共享机制。

2. 强化税收数据的安全保障。首先，要从顶层的法律制度层面强化涉税信息的法治保障，在《税收征管法》等法律法规中进一步明确税务部门采集、使用税收数据的范围和界限，规范税务部门使用税收数据的行为，为依法加强对个人涉税信息的保护提供法律遵循。其次，要进一步明确税收数据安全管理标准、具体实施办法及相应惩戒措施，明确数据安全职责边界，严格税收数据信息共享机制，限定第三方信息报送义务范围，保障税收数据信息的法治化管理。最后，要进一步提升税务工作人员涉税信息安全保密意识，加强病毒防护及数据安全方面计算机技能培训，确保一线业务人员掌握基本安全操作技能，注重税收数据系统定期安全检查，保障数据安全。

四、结语

人工智能技术应用于税务领域是推进税收治理能力和治理体系现代化的必然要求，我们要正视新技术应用对我们税收征管工作带来的影响与变化，不断在实际应用场景上进行技术创新，为我们在纳税服务、税收风险管理、税收数据管理等方面带来质量和效率上的提升。

同时，要通过加强"人工智能+税收征管"法律体系建设来构建人工智能技术应用税收征管法治化路径，加强对智能税收征管系统建设和税务专业化人才培养，以适应人工智能技术背景下税收征管工作需要，并通过对税收数据的规范化管理，确保人工智能技术依法获取纳税人信息，并避免对信息安全产生不利影响，进而保证智能税收征管系统的安全运行，更好地推进智慧税务，以税收现代化更好地服务中国式现代化。

课题组成员：谢文捷　陈戈云　曾维莹
温燕斌　张庆杰　李淑灵

以一流营商环境赋能县域经济高质量发展

冯慧超

近年来,我国县域经济在税收营商环境的改革和创新中不断发展,税收营商环境的优化对县域经济高质量发展的作用越发显著。本报告通过对税收营商环境与县域经济高质量发展的内在联系进行分析,旨在为合阳县后续县域税收营商环境的优化提供参考和建议。

一、税收营商环境与县域经济高质量发展的内在联系

(一)税收营商环境的定义与作用

税收营商环境是指企业在税收领域所面临的政策环境、法律环境、税务管理环境等。税收营商环境对于企业投资、经营和发展具有重要的影响。税收营商环境的优化能够降低企业的税收成本,提高税收征管效率,促进企业创新和经济增长。

(二)县域经济高质量发展的内涵与特征

县域经济高质量发展是指在创新、协调、绿色、开放和共享新发展理念的引领下,县域经济在质量、效益、动力等方面实现全面提升。县域经济高质量发展的特征包括经济增长的内生动力强、产业结构优化、科技创新能力突出、生态环境优良、公共服务体系完善。

(三)一流税收营商环境对县域经济高质量发展的赋能作用

一流税收营商环境能够为县域经济高质量发展提供以下赋能:

1. 降低企业税收成本,提高企业盈利水平。
2. 落实税收政策,激发企业创新活力。
3. 提高税收征管效率,提升企业经营便利性。
4. 促进资源配置优化,推动产业结构升级。
5. 增强县域经济竞争力,吸引更多投资。

二、我县税收营商环境的现状与问题

(一)现状

近年来,合阳县税收营商环境不断改善,税收政策体系日益完善,税收征管改革持续推进,税收服务水平不断提高。合阳局结合"枫桥式"税务分局标准化建设情况,深挖"枫桥经验"内涵,不断完善基层税收治理体系,深化协同共治聚力,常态化开展政策宣传和税费争议化解,

不断深化营商环境，切实为纳税人排忧解难。

（二）问题

首先，虽然税务部门已经推出了多项惠企便民举措，并实现了纳税申报、税费优惠政策享受等业务的网上办理，但仍有部分纳税人可能因为不熟悉网络操作或者缺乏相关技术支持而不习惯进行线上办税。

其次，尽管税务部门在落实税费政策、提高业务便利性、规范税收执法上有所进步，但部分小微企业，特别是个别个体经营户业主由于对普惠性政策及行业性政策的认知或税收政策的专业化原因，存在理解不深不精现象。

最后，税收营商环境的优化还需要税务部门在税收执法监管上更加精细化、智能化。目前虽然已经实现了行政执法的数字化和智能化，但如何避免过度执法和保障纳税人的合法权益，仍需税务部门不断探索和完善。

三、一流税收营商环境的建设路径与建议

（一）推动落实税收政策，提高精准性和有效性

税收政策是税收营商环境的核心，将税收政策落实到位能够为企业提供有力支持。作为基层单位，一方面可以通过采取例如，进企业走访调研、开展税企座谈会、举办纳税人学堂的形式，加大政策解读工作力度；另一方面可以聚焦重点工作，对县域内不同企业"精准画像"，分类推送税费优惠政策，增强税收政策落实的及时性、准确性，促进市场主体充分享受政策红利，提升企业发展信心，助力企业高质量发展。近年来，合阳局推行的"税务管家"服务举措在这方面有明显成效，合阳局先后到墨迪新能源科技有限公司、风动工具有限责任公司等20余户企业进行实地走访，为企业量身定制高效便捷、个性精准的"管家式"纳税服务；同时组织宣讲10余场，涉及1000余人，发放资料8000余份，及时、精准地将政策红利送到企业手中。

（二）深化税收征管改革，提高税收征管效率

简化税务管理能够降低企业税收合规成本。具体措施可以从以下五方面入手：一是规范机构设置和职责分工，根据税收征管的内在要求，完善组织体系，明确职责分工，优化业务流程，确保税收征管工作的有序进行；二是优化办税流程，通过推进数据互通共享和加强数字技术应用，简化办税缴费流程，减少办税资料，降低办税成本；三是提高诉求解决效率，及时处理12366纳税服务热线系统、自然人电子税务局税务端系统的咨询，严格管控办理时限，提升纳税服务时效，打通办税缴费堵点卡点；四是创新服务方式，进一步创新升级跨域办、跨境办、批量办、一窗办等集成式服务场景，提供更加便捷高效的服务体验；五是加强税源管理和稽查，分类管理，针对不同行业特点采取相应的管理措施。

（三）提升税收服务水平，提高企业满意度

税收服务是税收营商环境的重要环节，合阳局打造"税务+N"合作共治新格局。依据司法部《关于加强行业性专业性人民调解委员会建设的意见》，结合我县实际，积极取得公安、法院、检察院、司法局等部门的支持，在多元调解中心或人民调解委员会下依申请成立税费争议纠纷人民调解委员会，健全多元税费矛盾争议化解机制，不断推进新时代基层税收治理体系和

治理能力现代化。除此之外，还可通过邀请部分企业和个体工商户相关人员来参加座谈会、举行专场答疑活动、完善税收投诉举报机制等方式，听取纳税人意见建议及时解决企业问题，优化税收咨询服务。

（四）加强税收执法监管，优化税收法治环境

税收执法是税收营商环境的保障，加强税收执法监管能够维护税收公平。一方面要加强税收执法队伍建设，提高税收执法水平是税收执法监管的必要手段，对此可以定期对税务执法人员进行业务培训和法律知识教育，提高执法人员的业务素质和法律素养，确保执法人员能够准确理解和熟练运用税收法律法规；另一方面要规范税收执法行为，加强对税收执法行为的监督和管理，防止滥用职权、执法不严、枉法裁判等现象的发生，确保税收执法的公正性和透明度，保护企业合法权益。同时，加强税收执法责任制，建立健全税收执法责任制，明确执法人员的执法责任和后果，确保执法人员依法行使职权。

（五）加强税收宣传教育，提升全民税收意识

通过开展税收宣传"六进"活动，将其作为破解税种管理中壁垒问题、提升税种管理精细化水平的重要举措，使税收政策家喻户晓、改革红利普惠百姓。为促进县域经济发展，还可借助"税收宣传月"活动，就广大纳税人关切的热难点问题进行有针对性的宣传讲解，以便纳税人能够更加及时准确地掌握和运用有关税收优惠政策。还可在"今日头条""人民网""陕西税务"公众号等媒体刊登稿件宣传相关税收知识，同时也争取广大纳税人对税收政策的理解和支持，从而提高税法遵从度，在全社会形成诚信纳税的良好局面。比如，合阳局结合 2024 年"便民办税春风行动"，以"税惠到坊"创新亮点为平台，开展了进园区、讲政策等系列活动，从数电票、新电局等各个方面对纳税人进行了全方位的细致讲解，纳税人和群众税费政策知晓程度进一步提升。

（六）完善社会信用体系，提升税收诚信水平

推动社会信用体系建设，通过积极落实国家及地方关于社会信用体系建设的政策和措施，与地方政府、相关部门合作，实现信用信息的互联共享，打破信息孤岛，提升信用信息的利用效率，共同推动社会信用体系的建设和发展。同时加强事中事后监管，通过信用核查、分级分类监管等方式，提升监管效率和效果，降低市场主体的违规风险。在金融机构为企业提供融资服务时，充分利用信用报告来评估企业的信用状况，提高贷款审批效率和精准性。

四、结论

一流税收营商环境是推动县域经济高质量发展的重要因素。合阳县应对标最高、最好、最优，全方位、各领域、深层次打造一流营商环境，以"深化营商环境突破年"活动为契机，加速汇聚更多企业、产业、资本和人才，让企业投资更加安心、顺心、舒心，推动营商环境再优化再升级，为县域经济高质量发展提供"硬支撑"。

（作者单位：国家税务总局合阳县税务局）

智慧税务背景下大企业税收风险管理问题研究

——以广州市大企业税收服务和管理部门为例

国家税务总局广州市税务局第一税务分局课题组

一、智慧税务的内涵与特征

（一）智慧税务的内涵

智慧税务是以大数据、云计算、人工智能等现代信息技术为手段，以推进税务系统内外部涉税数据汇聚联通、线上线下有机贯通为路径，以提高税法遵从度和社会满意度为目的，实现税务执法、服务、监管与大数据的智能化应用深度融合，优化组织体系和资源配置的一种新型税收治理方式。

（二）智慧税务的特征

1. 治理理念新特征

税务机关逐步认识新发展阶段、新发展格局的科学内涵和理论与实践逻辑，树立起以纳税人、缴费人为中心的新理念，充分运用现代信息技术，深入挖掘税收大数据价值，为政府科学决策贡献税收力量，积极服务于国家治理体系和治理能力现代化。

2. 思维模式新特征

智慧税务的关键在于整体性思维的应用，其基础在于打造税务端统一工作平台，实现中共中央办公厅、国务院办公厅《关于进一步深化税收征管改革的意见》（以下简称《意见》）提出的法人税费信息"一户式"、自然人税费信息"一人式"、税务机关信息"一局式"、税务人员信息"一员式"智能归集，达到税务执法、服务、监管与大数据智能化应用深度融合。

3. 技术手段新特征

智慧税务建设不断融入现代技术，如广州市税务局近年来推出的"税宝"智能应答机器人、"智税Call"人工智能语音电话等项目，为纳税人提供了更便捷的纳税服务。同时，智慧税务助力税务人员在依托纳税人信用等级与涉税数据扫描风险时，精准匹配动态风险等级，确保及时掌握企业涉税风险。

4. 服务方式新特征

智慧税务借助数据信息化手段，多维度完善税收管理，实现无差别服务向精细化服务的转变，积极推行个性化服务，为企业赋予个性化标签，定期梳理行业性高频涉税问题，形成重大涉税诉求数据库，让税务机关对纳税人诉求的回应更快、更实、更优。

二、智慧税务与大企业税收风险管理的互为促进关系

（一）智慧税务有利于驱动大企业税收风险管理的优化升级

1. 依托智慧税务，提升大企业纳税人税法遵从度

借助先进技术，构建统一工作平台，统一执法程序和标准，提高税收执法精度，把握执法尺度，防止粗放执法、选择执法、随意执法，推行"精准+柔性"执法，鼓励大企业自我纠错、主动消除或减轻社会危害。做到宽严相济、法理相融，增进税企相互理解，提高大企业税法遵从度和社会满意度。

2. 依托智慧税务，提升大企业纳税人社会满意度

通过人工智能化、操作便利化、服务个性化、执法精准化、提升主动性的"四化一性"纳税服务，实现"数据多跑路，纳税人少跑路"，办税简单易行，分类满足大企业的个性化需求，精准施策促进税务执法包容审慎，"政策找人"确保红利直达。

（二）大企业税收风险管理的需求有利于推动智慧税务的构建

1. 推行"管服融合"的定制性服务

大企业涉税事项呈现复杂重大、跨区域、集团化特点，大企业税收风险管理以大企业需求为导向，着力提升遵从水平，实践中服务与管理相融势在必行。从无差别、"大而全"的税务操作平台转向个性化、"小而精"的拓展服务新模块，为不同行业、类型的大企业推送差异化税收政策，精细服务的需求为智慧税务构建提供了现实参考。

2. 提升"信用+风险"的精准化监管

大企业税收风险管理需要推进"信用+风险"新型监管体系建设，利用信息技术和大数据，力求达到对大企业干扰最小化、监管效能最大化。既要应用科技手段实施"征风稽"联动，对偷税、骗税等违法行为精准筛查、严厉打击，又要开展风险建模、数据验证、指标扫描等工作，对风险任务分类分级应对。精准监管的需求对智慧税务构建提出了更高要求。

3. 推进"政税企三方协作"的精诚共治

数据是税收风险管理的基础，但信息联通难、数据共享难、业务协同难"三大症结"突出。智慧税务建设应基于数据业务化、要素资产化、服务平台化的方法论，打造新一代大数据平台，设置兼容共享的字段属性，关联税收大数据与他源大数据，拓展涉税数据共享，推动形成地方政府、大企业税收风险管理部门、大企业多方协同共治格局。

三、智慧税务在大企业税收风险管理中的应用

（一）充分挖掘大数据，提升风险识别敏锐度

以 ChatGPT 为代表的大语言模型通过输入精准提示得到智能结果。税务机关依托相关技术，提炼风险管理经验，细分行业风险提示，提高风险识别敏锐度。广州市大企业税收服务和管理部门于 2021 年创建"制造业企业享受研发费用税前加计扣除税收优惠政策的提醒"指标，依托大数据分析精准提醒 200 户大企业尽享优惠；2022 年运用税收大数据，扫描符合增值税留抵退税优惠政策大企业 1200 多户，分类别、分行业定制辅导策略；2023 年应用网络爬虫技术，收集

各级工信部门和专业评价机构网站发布的资格评定类和排行榜类名单数据并比对征管系统数据，形成10多个主题标签，夯实税源监控基础。

（二）创新多平台应用，提高分析应对有效性

自2021年《意见》出台以来，广州市大企业税收服务和管理部门对千户集团和省、市两级列名大企业开展风险管理，其中风险分析阶段共分析400余户合计1500余个风险点；风险应对阶段共核查近800户合计2000余个风险点，核实税款超12余亿元。期间，通过电子税务局探索税企双方同时接收风险预警信息提醒的"双推送"联动机制，引导纳税人自查自纠、完善内控。2023年创新运用"金三风险管理系统跨部门联动平台"，将风险管理成果信息128条推送至主管税务机关，提升属地管理水平。

（三）运用现代信息技术，实现成果增值利用

广州市大企业税收服务和管理部门围绕重点产业布局，打造"行业+集团"《大企业减税降费一本通》，运用大企业V税智能平台"点对点"全覆盖精准推送2059户企业；向制造业大企业推广应用TCCS系统，提供集团纳税信用预警服务，为36户在穗总部企业量身定制《纳税信用动态分析报告》。运用"税收大数据+互联网信息"智能扫描120个在穗成员企业，精准定位事先裁定服务对象并收集意向，完成对某交通运输龙头企业涉及交易金额超7亿的重组安排事项的事先裁定，并制定《企业重组改制税收政策文件汇编》。

四、智慧税务背景下大企业税收风险管理存在的问题

（一）大企业税收风险管理人才素质有待提高

1. 复合型人才数量较少

大企业税收风险管理需要大批高素质、复合型人才，除了税收风险管理专业技能外，还需具有信息化建设、数据统计分析、跨业务系统操作等知识积累，目前全市大企业税收服务与管理人才库共有40人，具有以上综合技能的复合型人才数量较少。

2. 团队化实践经验相对稀缺

在大企业税收风险管理实践中还存在仅依靠个人经验单兵作战的情况，缺乏专业化团队，常出现税务人员与大企业财务团队"一对多"的局面。同时，日常培训以传统理论传授教学模式为主，与实践联系不够密切，培训转化成果不够理想，有待建立培训与实战相结合的人才培养体系。

（二）大企业税收风险管理信息化建设水平滞后

1. 平台建设缺乏整合优化

税务系统信息化建设整体滞后于互联网、大数据等技术发展进程，特别是2018年国税地税机构合并后，各种涉税管理应用有待整合，大企业税收风险管理数据散落在税务审计软件、金税三期等多个系统，系统优化升级需求明显。

2. 风险管理平台功能欠缺

大企业数据平台建设依赖现代信息技术实现对大数据的采集、清洗、加工与分析。目前平

台税务端开发不够到位，缺乏对数据要素的自主提取综合分析，难以满足大企业税收风险管理的数据分析需求；而纳税人端，大企业反馈自查情况时常出现异常，手机 App 端与网页版的风险提示不同步，推行"双推送"机制受阻。

3. 数据信息共享存在壁垒

不同地区间由于现代信息技术应用水平发展不均衡、系统不连通等原因难以实现税收数据共享，地区合作难以展开。即使是同一地区，由于征管数据散落于多个税务平台，以及平台内权限配置差异等原因，征管部门、风险管理部门、稽查部门之间难以实现数据互通，阻碍了"征风稽"联动向纵深发展。

（三）大企业税收风险数据管理水平不高

1. 大企业数据信息采集缺个性

大企业的各类报表未能从风险管理角度统筹设计，数据来源主要是申报信息、发票和财务报表等日常征管数据，未能根据风险分析监控指标进行个性化设置，经常出现"想要的数据没有，无用的数据太多"，有效数据不足问题突出。

2. 大企业数据信息利用率不高

大企业报送的税收数据存在质量参差且口径不一致等问题，例如，部分财务报表存在数据逻辑关系混乱、应付式潦草填报的现象，增加了数据提取、风险识别、行业指标预警值计算的难度。同时，由于部门间协调难等原因，第三方涉税信息仍有缺失，仅依靠税务机关数据难以实现对大企业实际经营情况的充分考察。因此，实践中涉税数据的利用率不高。

3. 大企业税收风险模型不够精准

大企业税收风险模型中比率类模型占比高，准确率不高。如利用发票测算收入偏离率等指标计算过程不透明、指向性模糊，纳税调整金额偏大等指标阈值来源不清晰。同时，风险模型的更新迭代机制不完善，应对人员难以及时上报指标模型问题，且优化建议反馈链条长，难以匹配大企业业务复杂性。

（四）大企业税收风险管理配套措施不够完善

1. 智慧税务下风险管理制度不健全

大企业税收风险管理立法起步晚、层级低，大数据运用和内外部信息联通机制尚不健全。例如，账套数据是开展风险管理的前提，而大企业账套数据采集缺乏法律法规支撑。各级税务机关出台了一些有指导性的规范性意见，但政策制度尚不完善，标准尚未统一，难以在全国推广。

2. 智慧税务下协作机制运行不畅顺

大企业税收征管体制机制尚待完善，以实现与数字化经济的衔接。各级税务机关都设置了大企业税收征管相关机构，但不同层级与机构之间的纵向、横向协作机制尚不完善，税收征管职责划分不够明晰、内控机制不够健全、数据安全管理和风险应对管理流程尚需进一步规范等问题依然存在。

五、智慧税务背景下加强大企业税收风险管理的对策和建议

（一）强化大企业税收风险管理人才保障

1. 培养具有综合技能的复合型人才

要落实岗位轮岗机制，对从事单一岗位年限长的人员定期轮换，丰富岗位经历；要完善人才交流机制，以择优选拔、岗位轮换等方式，增加大企业税收管理岗位与其他业务岗位的人才流动，实现市、区两级和各区级税务局内部良性循环；要依托实训基地建设，开辟围绕税收事先裁定的重大复杂涉税事项案例、大企业风险管理案例等系列课程，打造大企业复合型人才培养阵地。

2. 提炼团队化风险管理的实践经验

要配足配强大企业税收风险管理专业化团队，根据人岗匹配原则科学分工；并向全市吸纳大企业风险管理人才，组建"复杂事项智囊团队""风险分析应对行业团队""经济分析项目团队"等专业团队，鼓励业务骨干揭榜挂帅、献计献策，提升大企业税收风险管理队伍的团队化实践经验。

（二）加强大企业税收风险管理信息化建设

1. 整合优化大数据信息技术管理平台

实施"大数据开发"战略，整合现有大企业税收风险管理依托的税务审计软件、金税三期等多个系统，构建信息全面的税收大数据共享平台；借助外部有价值的数据平台，打破传统的只依靠单一税务征管系统的瓶颈。

2. 完善大企业风险管理平台功能建设

建立具有数据要素的自主提取综合分析等功能的智能系统，开发个性化数据分析功能。结合"双推送"机制，建立奖惩机制调动纳税人自查积极性，将税务机关风险复评结果与纳税人自查结果的相符情况计入纳税信用等级评定评分标准中，完善"信用+风险"的税务监管。

3. 建立大企业风险数据共享体制机制

大企业风险管理部门要进一步拓展涉税数据的共享渠道，对内，与征收管理部门、稽查部门实现"征风稽"联动，深入挖掘分析税收大数据；对外，加强与其他政府部门的协同共治，争取多维度的数据共享与支持。

（三）提升大企业税收风险数据管理水平

1. 完善大企业涉税数据处理方式

大企业风险管理部门要加强申报数据清理，合并同类项，去除无效数据；加强数据筛选，为风险分析提供关键、有效的数据基础；推进与大企业的遵从合作，实现对大企业涉税数据的高效处理，引导大企业集团建立并完善涉税数据采集、统计和报送机制，提高数据报送的质量和效率。

2. 强化大企业涉税数据管理应用

要提高涉税数据质量，在进行数据采集和清洗时，设置并梳理好各涉税数据间的逻辑关系；要增强涉税数据安全意识，完善涉税数据安全保密制度，保证数据存储设备、存储环境、传输

方式符合安全管理的要求。设置专职数据安全员,数据经手人员一律签订数据安全保密协议,严防数据外泄;要优化数据采集工具和支持方式,构建完备的采集工具和平台。

3. 优化大企业税收风险指标模型

建立大企业税收风险管理指标模型、风险模型的动态整合优化工作机制,并与绩效指标挂钩形成激励机制,提高税务工作人员的重视程度。根据风险管理工作实际,将卓有成效的共性风险点纳入模型库,及时替换因政策变更而无效的模型,提高精准度、命中率。

(四)健全大企业税收风险管理配套措施

1. 健全智慧税务下风险管理制度

要加快制定与智慧税务相融合的大企业涉税数据采集、管理、分析、应用等相关的法律法规。要及时通过部门规章、规范性文件明确大企业税收风险管理的形式、流程、权责,赋予大企业风险管理部门采集大企业相关涉税数据的权力、细化具体的数据信息采集流程等。

2. 畅顺智慧税务下协同协作机制

全面推进大企业税收风险管理数字化升级和智能化改造,梳理并完善已出台的各项税收管理制度和工作规程,逐步建成以税收大数据为驱动力的具有高集成功能、高安全性能、高应用效能的智慧税务。建立健全数据管理的联动机制,以风险管理需求为方向,依托现代信息技术,畅顺多部门协同协作,实现大企业涉税数据的高效管理。

课题组组长: 林向前
课题组成员: 吴　虹　徐　涵　姚楚颖　钱　英
　　　　　　　李　璇　李健强　谢霜桐

坚持以人民为中心理念
服务中国式现代化的税制改革研究

国家税务总局宁波前湾新区税务局课题组

习近平总书记在党的二十大报告中提出中国式现代化的概念,这五个现代化深刻揭示了我国在实现中华民族伟大复兴道路上的前进方向与发展脉络。我们可以清晰地看出,不管是人口规模巨大的现代化,还是全体人民共同富裕的现代化,最突出的特点就是以人民为中心,物质文明和精神文明相协调的现代化也强调了要关注人的发展,满足人民日益增长的美好生活需要;人与自然和谐共生的现代化强调了要更加关注人们的绿色发展需求,更加尊重自然,不断以高品质生态环境支撑高质量发展;而和平发展道路的现代化,说的是要遵循人民意愿,积极参与国际合作和全球治理,"五个现代化"均蕴含着丰富的"人民性"思想。税收是国家治理的基础和重要支柱,税制改革事关国家发展全局。为遵循中国式现代化本质要求,税制改革也应坚持以人民为中心的发展思想,积极主动顺势而为,造势而动,为经济社会稳定发展提供强大支撑。

一、服务中国式现代化的税制改革要坚持以人民为中心

(一)以人民为中心是我们党一以贯之推进税制改革的根本政治立场

以人民为中心体现中国式现代化的目标定位。税收从一开始,就带着浓厚的人民性特征。1928年《井冈山土地法》的出台,不仅体现了"量能负担""需要与可能相结合"的税负思想,确立了"取之于民,用之于民"的原则,其中关于土地税的规定,更是非常规范,在比例税率的基础上,采取了简单弹性办法,同时规定了一些税收减免政策。我们可以看到,在不用的时期,党根据不同形势需要采取了不同的税收政策,在红色政权诞生初期,我们党就提出建立人民当家做主、废除苛捐杂税的税制主张;抗日战争时期实行农业统一累进税,逐步建立了符合根据地特点的、实行合理负担的税收制度;解放战争时期改征农业税和公粮,逐步由灵活多样、自筹自用的制度走向统一规范的财税制度。这些政策主张,以保障革命供给、生产发展为原则,具有鲜明的阶级性,充满了深厚的为民情怀。新中国成立后,我党迅速建立了社会主义性质的税收,实现从以农业税为主向以工商税为主的税制转移,逐步建立了适应社会主义市场经济体制需要的框架,尤其是十八大以来,税制改革进入"快车道",一个具有中国特色、顺应国际潮流、服务中国式现代化的现代税制体系在不断发展和完善中,闪耀出耀眼光芒。

（二）以人民为中心是税制改革追求效率性和公平性相统一的出发点

税收公平强调的是税负分配要合乎社会要求，主要体现为纵向公平和横向公平，纵向公平说的是对不同境遇的人征不同的税，通过累进税率、减征免征等税制进行实现，让高收入者多缴税，低收入者少缴税甚至不缴税。横向公平说的是对境遇相同的纳税人要同等对待。近年来，我国税制改革更加注重人民性，不断以向弱者适度倾斜的正义为导向，确保税制的相对公平。尤其是近两年发布的一系列延续优化完善实施的税费优惠政策，比如，延长重点群体、退役士兵优惠政策实施时限，提高婴幼儿照护、赡养老人专项附加扣除金额等，从人民最关切和感受最深刻的地方出发，用税制改革维护社会公平正义，再次彰显了中国共产党以人民为中心的执政理念，提高了人民群众获得感与幸福感。除此之外，市场机制的本质特征是追求效率，那么税制改革也需要坚持效率原则，是指税收分配要有利于经济运行、促进国民经济稳定增长和经济效益的提高的同时，还要保障征税主体支出的费用占收入的比例要最小。

（三）以人民为中心是坚定不移深化新发展阶段税制改革的根本遵循

目前我国经济发展模式已由高速发展转变为高质量发展，新的经济增长方式要求税制结构建设做出相应的调整，坚持人本观念、贯彻新发展理念、推进高质量发展是深化税制改革的基本方向。首先，人们对于绿色发展的需要。资源环境污染是制约经济发展的重要因素之一，也是影响人民美好生活的重要因素之一，因此税制改革要发挥税收调节作用，对造成或加重环境污染的行为进行征税，对推动环境保护的行为进行税收优惠或扶持。其次，加强国际税收合作的需要。当前，我们在构建以国内大循环为主体、国内国际双循环相互促进的新发展格局中，在国际税收领域的竞争力还不够强、话语权还不够重。最后，应对数字经济等形势的需要。当前时期，随着数字经济的发展，交易主体、交易方式、交付手段、利益分配格局、投资方式等发生转变，容易产生税源流失风险，因此有必要进一步优化税制机构。

二、坚持以人民为中心理念服务中国式现代化的税制改革思路

当前我国已进入新发展阶段，税收如何发挥职能，在新发展阶段坚持以人民为中心，不断加强党的全面领导，体现新发展理念，助力构建以国内大循环为主体、国内国际双循环相互促进的新发展格局，是推进税制改革首先必须考虑的重要问题。

（一）提高直接税比重，增强税收再分配职能

一是深化个税改革、公平税负。首先，要优化征收范围，适时将财产、资本类所得纳入综合所得，优化税率结构，统筹综合所得、经营所得税率关系，且进一步考虑个体公平和共同富裕需要，在优化资本性所得和财产性所得税收优惠的基础上，对低收入纳税人不予征税，高收入纳税人按照多级累进税率依法征税；其次，对单独申报的夫妻、联合申报的夫妻和单身纳税人应分别设置税收级距和基本扣除额；再次，扩展专项附加扣除项目范围，专项附加扣除还应当根据物价水平、通货膨胀系数和居民收入增长幅度等因素的变化，实行动态化调整，还要考虑地区间差异，在一定幅度内合理设置标准，防止出现"一线城市不够扣，三线城市用不完"的情况；最后，应当针对高净值纳税人，建立相应涉税信息库，加强税收征管和纳税服务，借助金融账户涉税信息自动交换等渠道，提高隐瞒应纳税所得额行为成本，坚决取缔非法收入。

二是深化财产税改革、涵养税源。目前经济形势下行，很多城市房价下降，房产税的推行已不再提起。但是从世界房产税发展趋势来看，不可否认的是，房产税对于调节收入分配、促进共同富裕、优化产业结构等有着重要的意义。新时代推进房产税改革，要在保障基本居住需求的基础上，充分考虑实践中各种复杂情况和可能出现的社会影响，合理确定推开时间、征收范围、计税依据、扣除标准等要素，减轻纳税人的"税痛感"，还要紧扣人民对美好生活的需要，考虑鼓励生育、养老安排等制度性因素，合理设计免税面积或免税价值等税收优惠政策，还可以设置相应的救济制度。另外，研究开征遗产税和赠与税，随着财富积累差距不断加大，一部分先富群体开始进入了传承期，为推进实现共同富裕目标，可以制定合理的免征额标准，实行对财富畸高的极少数群体征收。

（二）健全地方税体系

地方税体系是地方治理的制度基础，是中央与地方财政关系的直接体现者，其完善与否关乎国家治理效能。我们应着眼于健全地方税体系的长效机制，适当扩大地方税收权限，在税目和税率确定、税收优惠选择等权限上赋予地方政府一定权限，并以提升国家治理效能着手，在以共享税分成比例和模式优化为主、辅之地方税差异性专属税种的基础上，着眼数字经济等新产业、新模式、新业态，探索收入分配新思路，合理确定收入来源地、注册所在地、价值所在地的分配比例，有效抑制区域间负面税收竞争，避免税收秩序混乱。另外，要进一步完善中央对地方的一般性转移支付制度，合理确定专项转移支付规模，并健全专项转移支付定期评估和退出机制。

（三）促进支持实体经济发展

一是瞄准战略性新兴产业，这类产业往往前期投入高、试错风险大、实现收入慢，但是后来将会对产业转型升级、社会发展进步甚至是综合国力提升产生深远影响，因此需对其关键技术研发投入、国内技术外溢效应、"卡脖子"技术突破等方面加大税收激励力度，针对不同产业的不同发展阶段制定不同的税收优惠举措，如对先进制造业的产业升级阶段要加大增值税留抵退税、增值税加计抵减等优惠适用，完善高端人才的个税优惠等，引导要素有效流动。二是全力服务国家发展战略，聚焦区域协调发展、"一带一路"建设，完善支持西部开发等税费政策，统一税收执法标准，探索实施区域内简并、降低税率，推动区域协调发展。对标乡村振兴总要求，全面分析研究乡村振兴战略相关经济活动，优化税收政策优惠体系，全力服务乡村振兴战略。

（四）更加注重绿色发展观念

一是完善环保税征税力度，凡是排放有损生态环境的污染物均应纳入征税范围，适当提高高污染排放物的税率，加大企业污染成本。同时，建立环保、市场监管等部门间的涉税信息共享和交换机制。二是扩大环境污染类消费税征税范围。考虑将在使用过程中产生严重环境污染的白炽灯、不可降解塑料袋、一次性饭盒等产品纳入征税范围，有效引导消费者改变消费习惯和模式。三是进一步提高稀缺性资源、高污染和高能耗矿产品的资源税税负，将资源税尽快扩围到森林、草地、滩涂等生态价值显著的自然资源，促进建立体现生态环境及保护稀缺资源的绿色税收制度。四是加大绿色税收优惠政策制定力度，对企业购置并使用环保专用设备以及研发环境污染治理新技术、新工艺、新设备的，研究更为优惠的加速折旧等税收优惠政策，对企业将税收利润再投资于环保专用设备的，给予一定的退税支持，引导企业建立"绿色"意识，主动减少污染环境的行为。

（五）构建合作共赢的国际税收体系

目前，我国税收协定网络已覆盖一百一十多个国家，基本涵盖了对外投资主要目的地以及来华投资主要地，为跨境纳税人避免双重征税、提高税收确定性、降低在东道国的税收负担提供了有力支持，但离建设合作共赢的国际税收体系仍然任重道远。我们要加快与其他国家的税收协定签订，深度参与国际税收规则制定，既要拥有一定的话语权，逐步由国际规则的执行者、跟随者发展成为国际规则主动的参与者、制定者，也要不断加强国际税收规则与国内税法的衔接与合作，深度参与 BEPS 行计划，积极参与全球税收治理，发出更加铿锵有力的"中国声音"，贡献更加完善有益的"中国方案"。

（课题组成员：黄启强　张　洁　严书君）

增值税

沣西新城软件产品增值税即征即退政策研究

思望龙　张海东

近年来,沣西新城软件行业纳税人逐年增加,软件产品增值税退税金额递增,加强对该行业的税务日常管理势在必行。沣西新城现有备案享受软件产品增值税即征即退企业27户,备案企业户数逐年递增,近5年来15户软件企业享受即征即退政策退税574.47万元,退税金额逐年增长比例超过50%。个别企业对随同计算机硬件、机器设备一并销售嵌入式软件产品,存在嵌入式软件产品与计算机硬件、机器设备的收入和成本不能合理划分等问题。按规定凡未分别核算或者核算不清的,不得享受增值税即征即退政策。税务机关需要加强软件企业的政策宣传辅导,一对一上门进行政策宣传辅导,确保企业充分享受政策,防范税务执法风险。本次调研以某有限公司为例,重点探讨如何鼓励和支持软件产业发展,贯彻落实软件产品增值税即征即退优惠政策,加强嵌入式软件产品增值税即征即退税收管理工作。

一、软件产品增值税即征即退政策

(一) 财税文件政策规定

1. 增值税即征即退政策

为落实《国务院关于印发进一步鼓励软件产业和集成电路产业发展若干政策的通知》(国发〔2011〕4号)的有关精神,进一步促进软件产业发展,推动我国信息化建设,财政部、国家税务总局发布《关于软件产品增值税政策的通知》(财税〔2011〕100号)。文件规定:"增值税一般纳税人销售其自行开发生产的软件产品,按13%税率征收增值税后,对其增值税实际税负超过3%的部分实行即征即退政策。"

文件规定:"七、对增值税一般纳税人随同计算机硬件、机器设备一并销售嵌入式软件产品,如果适用本通知规定按照组成计税价格计算确定计算机硬件、机器设备销售额的,应当分别核算嵌入式软件产品与计算机硬件、机器设备部分的成本。凡未分别核算或者核算不清的,不得享受本通知规定的增值税政策。"

2. 企业所得税相关政策

根据《财政部 国家税务总局关于进一步鼓励软件产业和集成电路产业发展企业所得税政策的通知》(财税〔2012〕27号)规定:"五、符合条件的软件企业按照《财政部 国家税务总局关于软件产品增值税政策的通知》(财税〔2011〕100号)规定取得的即征即退增值税款,由企业专项用于软件产品研发和扩大再生产并单独进行核算,可以作为不征税收入,在计算应纳税所得额时从收入总额中减除。"

(二) 各地出台配套政策规定

1. 湖南省政策规定

2013 年 3 月 28 日，湖南省国家税务局关于发布《湖南省软件产品增值税即征即退管理办法》的公告（2013 年第 1 号），文件第八条规定："纳税人销售嵌入式软件产品，在'货物品名'栏无法注明软件产品名称的，应当在销售发票'备注栏'注明软件产品名称。"

2. 深圳市政策规定

2011 年 10 月 28 日，深圳市国家税务局关于发布《深圳市软件产品增值税即征即退管理办法》的公告（深圳市国家税务局〔2011〕9 号），文件第十六条规定："3. 销售嵌入式软件产品开具发票时，可在发票备注栏分别注明软件、硬件部分的销售额。未使用增值税防伪税控系统汉字防伪的纳税人，不能在发票备注栏注明的，可在发票清单中注明。"

3. 上海市政策规定

纳税人申请软件产品增值税即征即退申请资料，需提供以下退税资料：软件产品增值税即征即退申请表、软件产品增值税即征即退纳税人全部销项税额明细表、软件产品增值税即征即退纳税人全部进项税额明细表、嵌入式软件产品销售额计算表和计算机软件著作权登记证书复印件。

二、嵌入式软件产品增值税即征即退企业案例

（一）嵌入式软件企业基本情况

某有限公司是沣西新城一家软件产品研发企业，税务登记日期为 2019 年 1 月 17 日，信用等级 B，经营范围"智能仓储装备销售；软件开发等"，登记注册类型其他有限责任公司，行业为建筑工程用机械制造。该企业 2022 年 4 月 1 日起备案享受软件产品增值税即征即退政策。

（二）企业增值税即征即退申报纳税情况

2023 年，该企业一般项目申报销售收入 28587.89 万元，销项税额 3574.11 万元，进项税额 3738.29 万元，上期留抵税额 0.00 万元，进项税额转出 137.66 万元，应纳税额 222.93 万元；即征即退项目销售收入 3577.88 万元，销项税额 465.13 万元，进项税额 15.07 万元，上期留抵税额 0.00 万元，进项税额转出 0.00 万元，期末留抵税额 0.42 万元，应纳税额 450.48 万元。计算 2023 年该企业软件产品可退增值税 343.15 万元。

（三）企业嵌入式软件开票情况

该企业销售嵌入式软件产品主要销售给某装载机有限公司等五家企业。例如，该企业 2023 年 4 月 26 日开具给某重机有限公司嵌入式软件销售发票，货物名称为："＊其他机械设备＊智装下料车间非生产线设备"；规格型号：非标定制；单位：PC；发票金额 97.35 万元，发票税额 12.65 万元，价税合计 110.00 万元；发票备注栏："含机器人激光测距检测定位防碰撞软件"。

（四）企业嵌入式软件产品财务处理情况

该企业因财务软件为集团统一设置，无法在财务软件中单独核算嵌入式软件产品与计算机硬件、机器设备的销售收入，而是通过帐外用 Excel 电子表格建立辅助账核算硬件、软件部分

收入。

（五）企业嵌入式软件产品退税情况

截至 2023 年 12 月，该企业暂未申请办理软件产品增值税即征即退。

三、嵌入式软件产品增值税即征即退存在的问题

嵌入式软件作为一种特殊的软件产品，被包括在优惠政策范围内，但嵌入式软件与其他独立软件相比，在财税处理方面又有一定的特殊性。在嵌入式软件产品办理退税过程中，表现出一些需要解决的政策问题。

（一）嵌入式软件的财务成本核算困难

企业在对嵌入式软件产品进行成本核算时，应分别核算嵌入式软件的成本和计算机硬件的成本。如果不能分别核算，则不能享受增值税的退税政策。所以纳税人在成本核算时，应分别按软件和硬件设置"生产成本"明细账，分别归集嵌入式软件和硬件产品的成本。对于部分集团性质的企业来说，使用统一的财务核算软件，科目明细已经统一固化，子公司无法自己设置相关明细科目核算软件和硬件收入。

（二）嵌入式软件的开具发票不规范

纳税人按规定的计算方式确定嵌入式软件、硬件销售额后，如果能分别开具发票的要分别开具增值税发票，如果不能分别开具增值税发票，可按嵌入式软件产品与计算机硬件销售额的合计开具发票，同时必须在发票备注栏内注明与登记证书一致的嵌入式软件产品的名称和版本号。各省对嵌入式软件开具发票的日常税收管理要求不统一，如前所述各省出台的管理办法各不相同，未出台统一的规范性文件，不利于税收政策的有效执行，加大了基层一线税务人员的执法风险。

（三）嵌入式产品硬件、软件收入划分比较复杂

在实际工作中，大部分纳税人一般采取组成计税价格方式进行硬件、软件收入划分，硬件成本核算是否准确直接影响到软件产品收入和退税金额的计算。计算机硬件或机器设备组成计税价格计算基数是它们的成本，这里的成本未指明是采购成本、生产成本还是销售成本，因此就出现了收入与成本、进项税和销项税匹配的问题。税务机关由于对嵌入式软件产品不了解，对产品专业知识掌握有限，给日常税收管理带来很大的挑战。

四、嵌入式软件产品增值税即征即退问题解决策略

（一）软件产品增值税即征即退改为适用简易计税方法

为了提高软件企业享受增值税即征即退政策的效率，建议将享受政策的软件产品退税直接改为适用简易计税方法，让软件企业享受到更多实惠；只要是通过认证的软件产品相应企业在申报增值税时就可以享受简易计税优惠政策，这样既方便主管税务机关掌握涉税信息，也方便软件企业更快地享受到政策所带来的好处，提高企业资金的周转利用效率，促进企业更好发展，降低软件企业税负，助力企业轻装上阵。

（二）建立税务与科技部门数据共享机制

将税务部门和科技部门信息数据进行有机结合，最大限度地达到资源共享，在纳税人向有关部门提出软件产品著作权申请的时候，税务部门应该利用共享信息尽快地审核和确认软件产品增值税即征即退的条件，尽可能避免出现重复提供申请材料的问题，提高工作效率，避免出现影响纳税人获得优惠政策的权益的问题。为了使软件产品得到相关部门的认可，可能会有造假的行为，相关部门要通过分析和对比数据来发现造假的企业或者个人，对于这些造假行为给予及时处理。

（三）组建软件企业税务管家服务团队

为确保软件企业各项政策落实落地落细，第一时间对辖区内符合政策条件的软件企业进行全面摸底，主动与企业联系，通过"非接触式"服务及上门走访等措施，大力宣传政策，并安排税务管家服务团队一对一开展针对性政策辅导，指导企业通过电子税务局提交软件增值税即征即退退税申请，全程跟进流程操作，帮助企业快速办理退税手续，让企业及时享受到"带温度"的政策红利，为企业纾困解难，助力企业发展壮大。

（作者单位：国家税务总局西咸新区沣西新城税务局）

浅析土地增值税清算中存在的问题和对策

国家税务总局西咸新区秦汉新城税务局课题组

土地增值税是我国宏观调控房地产市场的税收杠杆之一，对调节房地产开发企业增值收益、规范房地产市场的交易秩序、促进房地产健康发展起着重要作用。国家税务总局多次发文，要求加强对房地产开发企业进行土地增值税清算工作。但由于土地增值税计算方式比较复杂，且房地产的开发周期长、投资活动复杂，土地增值税的清算工作难度较大。如何规范土地增值税清算工作，是目前税务部门面临的重点课题。本文结合秦汉新城税务局前期开展的土地增值税清算实践，就工作中存在的问题、原因及建议浅析如下：

一、土地增值税清算政策梳理

改革开放以来，我国的土地取得制度经历了从划拨到出让、转让再到拍卖三个转变。在这个过程中暴露出供给土地价格过低，开发商圈地、占用耕地等情形，房地产的市场机制不完善，市场行为也不规范。

为了对房地产市场的开发和交易行为进行宏观调控，规范土地、房地产市场交易秩序。1993年，国务院发布《中华人民共和国土地增值税暂行条例》，明确了土地增值税的纳税义务人、征税对象、计算方法、减免情形等。1995年，财政部发布《中华人民共和国土地增值税暂行条例实施细则》，明确纳税人在全部竣工结算前可预征土地增值税。

2000年，我国房地产市场进入一个新发展阶段。随着经济的迅速发展和城市化进程加快，为促进房地产市场健康发展，土地增值税的征收再次被提及。2006年，国家税务总局出台《关于房地产开发企业土地增值税清算管理有关问题的通知》（国税发〔2006〕187号），对清算单位、清算收入的确定、扣除项目等问题进行了明确。2008年，陕西省印发《陕西省房地产开发企业土地增值税清算管理办法》的通知（陕地税发〔2008〕89号），规范了房地产开发企业土增清算管理工作。2009年，国家税务总局制定《土地增值税清算管理规程》（国税发〔2009〕91号），规范了土地增值税清算的操作流程。国税函〔2010〕220号《关于土地增值税清算有关问题的通知》对未支付的质量保证金扣除、逾期开发缴纳的土地闲置费扣除等问题进行了明确。此外，国家税务总局制定了《关于营改增后土地增值税若干征管规定的公告》（国家税务总局公告2016年第70号），明确了营改增后土地增值税的计算问题。

二、秦汉新城土地增值税清算现状

秦汉新城位于西咸新区的几何中心，成立于2011年6月，目前土地增值税收入以预缴为主，根据我国现行税收政策规定，在办理结算和转交手续前取得的收入，主管税务机关可以预征土地增值税。2019—2023年我局土地增值税收入情况如图1：

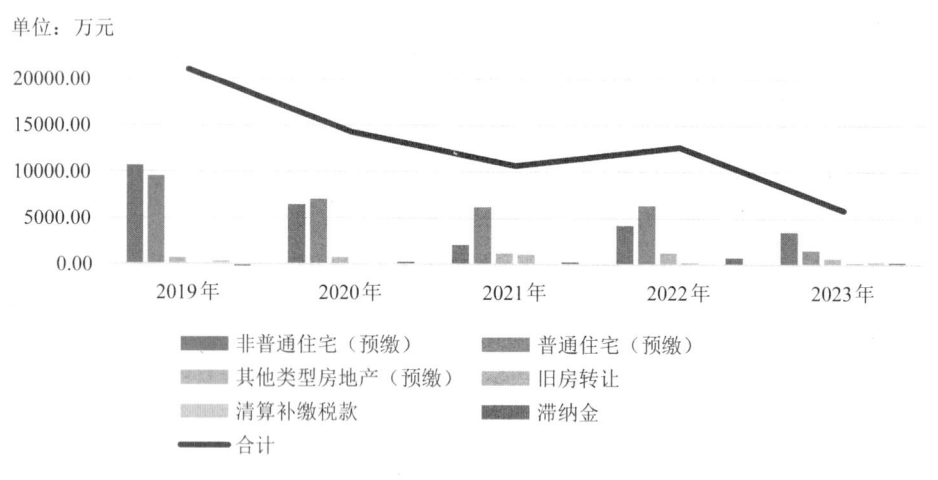

图1 秦汉新城2019—2023年土地增值税收入情况

自2022年下半年起，西咸新区秦汉新城税务局开展了土地增值税清算工作，截至2023年12月底，共有房地产项目66个，其中30个达到清算条件。土地增值税工作开展以来，秦汉新城税务局坚持问题导向，立足本地实际，成立"'希贤才俊'揭榜挂帅勇担当，'秦税同心'赛马争先创成果"土地增值税课题组，日常管理中以土地增值税"三项机制"为抓手，持续夯实土地增值税管理基础，着力提升土地增值税精准监管水平。

三、当前土地增值税清算工作存在的问题及原因

（一）政策法规有待完善和规范

土地增值税税种本身的设计思路较为独特，除了其超率累进的计税特点，其复杂的扣除细则本身也容易出现政策上的盲区。

一是土地增值税立法等级有待提高。土地增值税作为少数几个没有立法却又在总体税收中占有相当比重的税种，法律等级明显不足。国务院制定的《中华人民共和国土地增值税暂行条例》属于行政法规，财政部制定的《中华人民共和国土地增值税暂行条例实施细则》属于部门规章。日常工作中执行的土地增值税政策文件大多数来自总局和省局，各地区对于同一事项的处理规定存在差异，对于跨省市经营的房地产企业，同样的业务在各地税务机关的处理政策不同，损害了税法的严肃性和公平性。

二是存在部分政策表述不清楚，缺乏可操作性。土地增值税条例对于扣除的规定涉及规划、建设领域的专业问题，简单的表述不足以让基层管理人员明晰在实际工作中应该如何处理问题。在表述模糊的政策执行过程中，税企间涉税分歧明显、争议较大时，基层税务机关往往无所适从。这些既影响了税法刚性，也为清算执行人员留下了较大的执法风险。

（二）税务干部队伍素质有待提升

土地增值税清算是一项技术性强、标准高的工作，涉及成本费用、建筑成本定额、房地产

估价、产权管理等方面的知识，清算人员既要具备专业财会知识、基本法律知识，又要熟悉相关税收政策、操作流程、清算经验，还要掌握工程造价相关知识。能够独立高质量完成土地增值税清算的税务人员，可称为"税务博士"。此外，机构改革后，原国税人员对土地相关税收政策不熟悉，缺乏房地产管理经验，原地税人员对"营改增"后的政策不熟悉，税务人员在自己不能完全吃透政策的前提下，无法深入系统地向企业宣传相关政策。

（三）管理流程有待畅通

一是日常监管难以满足清算需求。目前税务部门按照清算项目建立档案、设置台账，定期进行动态数据更新，虽然建立了协作机制，但与外部门共享数据时传递不及时，难以从立项、规划设计、预售、竣工验收、项目清盘等过程全面掌握清算项目的涉税信息。

二是行业特点增加管理难度。房地产行业项目规模大，周期长，清算项目从开工到符合清算条件，时间往往会跨几个年度，项目与项目之间的共同费用及分摊因素较多，客观上也加大了土地增值税清算工作的复杂性。

三是缺乏统一专业的管理系统。目前土地增值税管理嵌套在金税四期中使用，系统没有对接大数据，缺乏与第三方数据的比对，仅仅依靠企业的申报数据进行管理，不能有效地预警风险、防范风险、解决风险，缺乏土地增值税管理应有的专业性和高效性。

（四）房企税法遵从度有待提升

出于逐利心理的驱动，部分房企存在着隐瞒收入、增加成本、降低增值的情况，税法遵从度不高。房企会借助中介机构来完成清算申报，中介机构出具鉴证报告和对清算资料加工整理时更多是站在房企角度，造成了税务机关的信息不对称。再加上在现行政策中，纳税人清算申报时少缴税款不用承担滞纳金，致使部分企业想方设法规避税收实现利益最大化。

四、加强土地增值税清算管理的建议

（一）加紧出台各项政策细则，遵循税收法定原则

在国家级层面，建议加快土地增值税立法进程，简化税制设计，增强其各项征管环节内容的确定性和可操作性。在地方级层面，土地增值税立法前，应积极开展调研，收集归纳各地在实际清算过程中发现的问题，形成对实务工作有指导意义和可操作性的地方性暂行文件，降低税务执法的自由裁量空间，减少权力寻租，减少税企争议，构建和谐税企关系。

（二）强健土增清算专业税务人才队伍建设

在清算审核压力与自身力量不足的矛盾下，上级部门应及时调配资源，适当补充专业涉税人员，以实战培训为主，采取集中办班、抽调学习等形式，尽快为基层税务机关培养一批熟悉建筑安装工程业务和房地产项目开发流程的业务骨干，打造一支技术过硬、力量坚强、后劲充沛的税务干部队伍。

基层在土地增值税清算工作中，应加强土地增值税清算团队建设。

一是全力打造清算专业团队。选择一批勤于学习、业务精湛、素质过硬，具有实践经验、拥有"三师"资质、熟悉财会知识的业务精英成立清算专班，通过举办业务培训班、工作交流会、"老带新"和"传帮带"等方式，壮大清算专业力量，为土地增值税清算储备人才。

二是编写土地增值税清算操作指引。清算团队应对清算过程中的重点、难点问题加以研究，理顺工作思路，对已清算项目存在的普遍性、特殊性及典型性问题进行汇集整理，将成效显著的清算案例编制形成风险提示手册或操作指引，供税务干部学习，在总结中不断提升土地增值税清算人才的能力。

三是建立清算容错机制。统一问责与免责，加大清算人员的"尽责豁免权"，宽容对待尽职尽责的干部，对能力范围内无法控制的风险容错。但对不按政策执行导致出现重大失误乃至内外勾结、失职渎职的，则要严厉追责问责。

（三）依托信息化加强土地增值税的系统化管控

一是前移管理环节。全面实施动态化、程序化、系统化监管，房企从取得土地使用权开始，及时向主管税务机关备案，全流程跟踪监控辖区内土地增值税清算项目的各个环节，做到税务管理与纳税人项目开发同步。

二是加强部门协作和信息交换，密切与发改委、自然资源和规划局、住建局等部门的对接，对所有房地产项目核发的立项批文、土地使用证、建设用地和规划及建设工程施工许可证、商品房预售许可证等信息定期交换和实时共享，按项目开工时间、完工期限、销售情况进行比对。

三是充分利用互联网手段，加大数据采集力度，例如，发票可以通过全国联网的查询系统进行甄别和比对，同时借助互联网获取大数据信息排查清算疑点，通过大数据运用，精确核查项目建造年度原材料市场价格，确保成本核算精确化，提高土地增值税清算管理水平。

（四）进一步提升土地增值税的清算申报质量

一是加强对房企财务核算的日常辅导。注重对房企财务资料的抽查，引导房企按规定设置账簿、依法取得成本费用凭证、及时记账并如实申报。对账目混乱、成本费用核算不规范的企业，在法律规定的幅度内，采取严厉处罚手段，增加企业违法违规成本。

二是加大对房企清算人员的培训。按照清算任务安排，及时组织列入年度清算计划的房企人员培训，重点学习清算申报的时间节点、资料要求、审核流程等，实时传递政策和执行口径。

三是重拳整治不合格清算中介机构。结合纳税信用评价体系，依照征管数据、主观态度、遵从能力、实际结果等方面指标对中介机构进行定量和定性评价。对严重违反职业道德和发生严重错误的中介机构进行信用降级。定期公布涉税中介机构信用评级名单，对信用等级排名靠后的中介机构出具的鉴证报告不予采纳或者进行重点审核。

现行土地增值税虽存在诸多缺陷，但不可否认的是，其在调节房地产市场向着健康方向发展方面做出了巨大的贡献。伴随着税收政策变革的持续开展，土地增值税清算流程中出现的困难也只是暂时性的，相信在未来能够采取适当的措施改变这些局面。税务机关在实施操作中必须保持其科学性和合理性，全面掌握与了解有关政策，并在项目中实施好各种具体操作，从而保证土地增值税清算工作的平稳进行，为企业的稳定经营保驾护航。

课题组组长：杨文辉
课题组成员：王朝晖　赵胜利　陈琪　胡涛

增值税发票虚开骗税行为的新特点以及应对研究

贾 军 许 伟

增值税发票作为经济活动发生的重要凭证，是增值税进项抵扣的依据，也是货物或服务购买方进行企业所得税税前扣除的凭证。所以，多年来一些不法分子们穷尽手段虚开发票牟取利益。即使是在税务部门税收管理制度不断完善、打击力度持续加大的当下，仍然有大量不法分子无视风险和法律法规规定，继续采用更加隐蔽的方式虚开牟利。

据有关资料显示，2023年上半年，全国累计检查涉嫌虚开骗税企业7.75万户，认定虚开发票225.13万份，挽回出口退税损失53.89亿元。2023年6月28日，深圳市税务局又公布了一起警税联合破获全国首例虚开全面数字化的电子发票案件。从最近曝光的案件来看，其中涉及利用增值税加计抵减政策虚开发票、骗取出口退税或留抵退税代开虚开发票等，一些涉税中介也违法参与实施虚开发票，性质严重，给国家税款造成严重损失。

一、当前增值税发票虚开骗税行为的形式及特点

（一）虚开骗税的形式更加复杂多元化

一是大量虚开普通发票。指虚开团伙利用注册的虚假小规模企业在一个月内最高额（不超过30万）开具品目为自产农产品、建材、建筑劳务、咨询服务等类型的增值税普通发票。受票方取得自产农产品发票可计算抵扣进项税额，取得的其他普通发票可以虚列成本费用，减少应纳税额。

二是利用多余进项虚开。指企业在正常的业务交易过程中，由于购买方不需要增值税专用发票或者故意采取不开具增值税专用发票的销售方式积累了一部分进项发票，再以收取手续费的方式将这部分进项发票额度虚开给他人用以牟利。例如，某钢材经销商甲向个人乙出售钢材，因为乙没有开发票的需求，甲就选择性地将积累的增值税专用发票开具给丙，并且向丙收取开票费用。这样甲就在获取销售利润的同时还谋取额外的非法利益，丙将甲开具的增值税专用发票用于虚增自己的生产成本及抵扣增值税款。

三是利用税收优惠政策虚开。近年来，为助力行业发展、缓解企业经营压力，国家陆续出台了当期可抵扣进项税额加计抵减应纳税额、增值税留抵退税政策等税收优惠。具体表现为：虚开团伙集中注册大批量的企业，企业经营时间短，账面做到进销平衡，每月无须缴纳税款或只缴纳少量税款，巧妙躲开税务系统的风险扫描。虚开团伙在这批企业内部闭环实施，层层虚开增值税专票，利用"多链条洗票"的方式，将虚开源头端"进销不符"的虚开发票经层层流

转，最终成功"洗白"成为"进销相符"的发票，再非法享受税收优惠，基本不与外部企业发生关联，隐蔽性强、侦破难度大。

（二）虚开骗税的特点更加专业隐蔽

一是犯罪分子职业化、团伙化。很多不法分子内部组织严密，从虚开、注册到开票再到销售，都有严密的组织体系，一条龙服务。

二是虚开范围具有行业性、区域性。例如，建筑业虚开劳务发票冲减成本，农产品生产企业虚开农产品收购发票冲减成本，虚开虚抵发票骗取出口退税等。

三是犯罪方式智能化、快闪式。一些不法分子也在学习利用新的技术手段，例如，伪造发票软件，伪造查验平台，使违法活动更有隐蔽性。还有的不法分子大批注册空壳企业、大量开具普通发票，快开快走、不申报少申报销售额，逃避税款。

二、虚开发票带来的风险和危害

（一）扰乱了公平竞争的经济环境

税收作为国家参与国民收入分配最主要、最规范的形式，是调节收入分配、助力共同富裕的重要工具。不法分子虚开骗税侵蚀国家税基、违规滥用税收优惠政策等现象，严重损害了税收调节收入分配的杠杆作用，使市场经济等主体的同类企业间税负失衡，违法经营者获取不法利益，守法经营者失去竞争优势。

（二）造成了国家税款的大量流失

对于开票方而言，利用减税降费等税收优惠大肆虚开发票，收取开票费用、骗取税收优惠；对于受票方而言，利用虚开发票虚抵税款、虚增成本逃避缴纳税款，并利用虚开发票伪造货物交易、虚增进项税额骗取出口退税和留抵退税，原为实体企业纾困解难的"真金白银"，被不法分子窃取，落入其腰包。虚开骗税行为从根本上造成了国家税款的流失。

（三）滋生了多种不法行为

虚开犯罪中普遍存在利用地下钱庄回流资金、勾结涉税黑中介买卖空壳企业、伪造企业间贸易假象等情况。有的犯罪分子通过虚开虚增公司业绩，以骗取银行贷款或欺诈发行股票债券，危害金融和经济安全；还有的犯罪分子利用虚开发票贪污贿赂，侵占单位资金，造成国家资产流失，成为影响社会稳定的重要因素之一。

三、加强增值税发票虚开骗税监管的建议

针对当前增值税发票虚开骗税行为的严峻新形势和新特点，税务部门需要始终保持对虚开骗税等税收违法犯罪行为严厉打击的高压态势。但是，随着现代信息技术的蓬勃发展以及国家"放管服"改革的持续推进，当前虚开发票的新特点给传统税收征管模式带来了极大的挑战，空壳企业、快开快走、隐蔽操作的手段导致传统征管手段难以及时有效识别发票虚开行为，同时难以实现税款的挽损。因此，税务部门在不断加大打击力度的基础上，充分发挥大数据优势，将工作重点由注重事后监管向事前统筹、事中监测、事后追溯的全周期监管转变。不断加强源头治理，结合深入推进实名办税，强化数据分析和风险预警管控，构筑事前防、事中阻、事后

查的立体打防体系，持续压缩违法犯罪空间。

（一）源头控管，严格加强对企业发票的领用管理

为重点防控不法分子利用注册大量的空壳企业虚开发票，税务部分可以从以下两方面加强源头用票管理。

一是全面推行新办企业的实名认证管理。税务部门应对新办纳税人三类人员中至少一类人员进行实名认证，被列入黑名单或高风险纳税人的新办纳税人，必须要求其法人进行实名认证。对纳税人变更法定代表人、财务人员的，应重新进行实名认证。发现异常情况立即进行分析核对、暗访摸排，必要时可对法定代表人等相关人员进行约谈，了解其是否正常办公，生产、经营是否存在异常。重点关注实名认证所登记的"三员"是否在"重大税收违法失信案件信息库"中，或法定代表人年龄、地域、通讯方式等登记信息是否异常；注册地址是否存在一址多照、虚假地址、地址不适合经营需要等异常情况。从税务登记的源头上将虚假注册的企业排除在外。

二是加强发票使用量的管理。税务部门应加强发票用量管理和数电发票赋额管理，通过案头分析辖区内企业的注册资本、月销售额、发票开票额度使用情况来判断企业实际的用票量和数电发票额度的需求量，合理发放发票数量和使用额度。

（二）过程监管，持续开展对用票企业的风险防控

发票虚开的过程监管应在纳税人的开票环节、申报环节、纳税环节和出口环节做好实时监控、防范和应对，做到全链条、全周期的风险管控。

一是加强开票环节监控。对于开票环节常见的异地源头虚开、暴力虚开以及"洗票""变票"等违法行为，利用人工智能建模技术并结合业务专家经验，结合稽查案件检查结果及时进行大数据的汇总和比对，构建智能化检测模型，实现对发票数量和金额爆发式增长、有销无进、进销货物品名内容"进销不符"等异常行为的实时准确识别，可及时有效地发现虚开发票的行业性、区域性、团伙化，从而有效打击规模化的虚开行为。

二是加强申报环节监控。针对发票虚假申报行为，及时采取措施在申报阶段进行必要的监控，利用申报数据进行建模，实现对于虚列申报等异常申报行为的精准监测，实时阻止申报并触发预警。

三是加强纳税环节监控。首先，加强对长期有申报无纳税企业的监控，及时核实其无纳税情况是否属实。其次，加强对欠税企业的监控，及时核实其是否属于虚开欠税情况。此项监控可以及时遏制空壳企业的虚开行为。

四是加强出口环节监控。针对出口退税的企业，加强核查其真实交易情况，重点核实其出口交易的购销凭证、资金流转凭证、货物存储和物流凭证，考虑到上下游企业的关联性，核实上下游购销链条的真实性，防范上游的虚开违法行为通过层层"洗票"最终在出口退税环节完成虚开骗税闭环。

（三）事后追溯，切断虚开源头、追踪虚开链条

一是挖掘敏感要素。针对在事后阶段充分挖掘稽查案件数据中蕴含的发票虚开根源，通过关联分析构建敏感要素预警模型，实现对敏感地域、敏感商品、敏感电话等涉税违法要素的风

险量化。充分利用历史稽查案卷数据的有效价值，为识别发票虚开风险提供依据。

二是快速切断虚开源头。针对已经核实有增值税发票虚开的企业，立即采取措施消除虚开风险源头。限制企业的开票与申报权限，阻断其开具发票的途径。排查虚开发票的具体情况，追溯过往开具的发票。锁定虚开企业的相关责任人，追缴虚开发票的税款。

三是快速追踪虚开链条。在切断虚开源头的同时，摸清虚开链条，根除虚开违法行为的危害。基于企业关联关系（同法人、同IP、交易关系等），对发票虚开团伙识别进行建模，构建团伙发现模型，实现对发票虚开的全链条追溯。

（四）加强协作，不断完善内外部关键部门之间信息的交换

一是内部协同共管。税务系统内部应进一步推动跨部门会商研判和多税种联合防控。例如，加强与企业所得税部门的联动管理，堵塞虚开收购发票、虚列成本的漏洞；加强与个人所得税部门的联动，与个人所得税申报数据自动比对推送疑点。

二是外部联防联控。税务机关应进一步加大与公安、海关、人行、法院等部门协作力度，建立多元信息采集网络和数据交换制度，及时实施预警和阻断。

三是多方综合治税。打击发票虚开违法行为，应推动综合治税工作模式的发展，探索立体化征管模式。税务机关联合市场监管部门加强对企业登记信息的核查，联合公安机关加强对失信、诈骗违法人员的核查，双管齐下，共同打击不法分子的违法行为。积极发挥基层自治力量的作用，联合街道办事处等基层部门加强对虚开风险多发地企业的网格化管理。

（五）保密管理，严格维护税收安全和利益

对税务系统内部发票相关管理制度、风险扫描指标、风险预警模型等重要信息采取保密制度，防止不法分子加以利用。同时完善数据信息的保密机制，在涉税数据的开放方式上，构建数据开放共享的安全机制。

（作者单位：国家税务总局镇江市丹徒区税务局）

所得税

完善我国个人所得税专项附加扣除制度的理论研究与实践探索

王志平　王　静

2018年新修订的《个人所得税法》以及与之配套专项附加扣除制度是这一轮个人所得税改革的重点内容，该法实施以来对调节收入分配、缩小收入差距、平衡纳税人税收负担发挥了积极作用，但在政策执行过程中也呈现出了诸多不足和现实问题。专项附加扣除制度的设计初衷是为了贯彻量能课税原则，根据纳税人承担税负能力的差异征收不同的个人所得税，让中低收入者承担较小的负担，但在政策制定方面仍然存在一定的问题。

一、个人所得税专项附加扣除存在的问题

（一）扣除项目未考虑特殊群体及意外情形

一是部分特殊群体未设计其中。现行的《个人所得税法》中还有部分特殊群体未纳入个人所得税专项附加扣除项目，如残疾人群、鳏寡人群和失独人群等。残疾人群历来在各种税制中都是受保护的群体，个人所得税也不例外，因此在《个人所得税法》中明确指出，残疾人取得的所得可以减征个人所得税，具体幅度和期限，由省、自治区、直辖市人民政府规定，报同级人民代表大会常务委员会备案。但是，关于个人所得税的减免由地方政府以地方政府规章的形式设定在现实中缺乏普遍性、稳定性和操作性。由于《立法法》和《税收征收管理法》均规定了关于税的开征、停征、减税、免税只能依据法律设定的税收法定原则，因此关于个人所得税的减征幅度和期限，各地在推行过程中均采取了谨慎的原则，落实的进度和尺度都不一致，造成残疾人享受这项优惠政策的广度和深度受到严重影响。专项附加扣除也未将残疾人作为特殊群体加以考虑，不符合量能课税的原则。此外，鳏寡人群和失独人群也未设计在专项附加扣除项目中，这两类人群取得收入的水平和能力有限，生存压力较大，尤其在同为鳏寡人群和失独人群的情况下，支出与收入更是严重不匹配，属于亟须照顾的人群。这三类人群取得收入的数量和容易程度都要弱于常人，在课征个人所得税时属于需要特殊照顾的对象，从而缓解其经济压力，有效发挥个人所得税的调节作用。

二是意外事件的特殊情形未考虑其中。在现实生活中，难免会发生一些意外事件，所谓风险无处不在、无时不有。意外事件的发生会使得当事人遭受重大的损失，承担税负的能力也会降低。对于遭受灾难的地区，国家也会出台相关政策减免个人所得税，如对遭受特大山洪泥石流灾害的甘肃舟曲自2010年8月8日起，对灾区个人接受捐赠的款项、取得的各级政府发放的

救灾款项，以及参与抢险救灾的一线人员按照地方各级政府及其部门规定标准取得的与抢险救灾有关的补贴收入，免征个人所得税。类似这样的税收优惠政策有很多，但很多都具有时效性，而且主要针对的是接受捐赠的款项免征个人所得税，未考虑灾后重建中受灾人员的收入和支出配比问题。由于灾难影响，很多人取得收入的来源受到重创，生活支出相比之前也会有显著增多，承担个人所得税负的能力也受到重大影响，如果从人文关怀的角度出发，贯彻量能课税的原则，应在这类人的专项附加扣除中增加扣除项目，方便他们更快从灾难中恢复过来。

（二）扣除范围存在一定的局限性

目前我国个人所得税专项附加扣除共有七项，覆盖范围宽窄不当，亟待精细化、规范化。简而言之，专项附加扣除的意义是解决人民对教育、医疗、养老和住房这四方面的需求与缴纳个人所得税之间的矛盾。上述四方面，都是广大人民群众关注的焦点，相较而言涉及的人群也最多，从实施的情况来看，目前的扣除项目仍然局限于某一领域，而非大多数或全部领域。

一是继续教育专项附加扣除范围过窄。目前的继续教育专项附加扣除主要包括两方面：学历继续教育和职业继续教育。继续教育的支出作为专项附加扣除的设计初衷，主要是考虑继续教育可以为劳动者提供知识和技能的补给，为劳动者持续实现个人价值和社会价值提供能量供给，这实际上也是一种生计费用支出的体现。按照马克思主义经济学原理，劳动者只有积极参加培训，才不会被劳动力市场淘汰，这如同劳动者要吃饭睡觉一样，是劳动力持续供给不可缺少的因素。如果从这方面考虑，仅仅将学历继续教育和职业资格教育作为专项附加扣除，范围过于狭窄。现实中，劳动者获取知识技能更新的途径不只是通过学历教育和职业资格教育获取，很多培训项目也是劳动者获取知识和技能更新的重要途径。特别是目前现代服务业已占据国民生产总值一半以上，对现代服务技能的学习和实践是很多新生代劳动力获取财富和收入的途径，劳动者需要拓宽学习渠道，通过学历教育和职业资格教育以外的方式学习和掌握新知识、新技能。因此，在个人所得税专项附加扣除中，应坚持支出与收入配比的原则，既然个人获取的劳动收入与参加这些培训项目密切相关，应将这些培训支出也作为专项附加扣除的内容，而不能仅仅限制在学历继续教育和职业资格教育两方面。

二是赡养老人专项附加扣除范围不尽合理。目前，对赡养老人的专项附加扣除，相关规定只是简单地将年满六十岁老人的赡养支出列为扣除范围，事实上有些老人不满六十岁就已经失去劳动能力，需要子女赡养；有些老人虽然已经超过六十岁，但仍然具有较强的劳动能力，可以获得丰厚的收入报酬，不仅不需要子女赡养，很可能还会资助子女，所以单纯以年龄作为被赡养老人的判断依据也是不尽合理的。此外还有备受争议的岳父母是否属于赡养老人的范畴，目前对岳父母的赡养并不属于专项附加扣除的范围，未考虑对"已故配偶"的父母进行赡养的情况，与个人所得税专项附加扣除的法理基础是相悖的，即使在《民法典》中，虽然岳父母不属于法定继承人的范围，但同时也规定了"丧偶儿媳对公婆，丧偶女婿对岳父母，尽了主要赡养义务的，作为第一顺序继承人"。可见，应该考虑在丧偶情形下，对岳父母及公婆的赡养义务也属于个人的支出范围，在设计个人所得税专项附加扣除时，也应考虑将岳父母及公婆的赡养支出列入其中。

三是住房贷款利息。住房贷款利息费用扣除是为了刺激低迷的房地产市场，提高购买住房的需求量。但随着城市物价上涨，房价也有所上涨。不同地区房价有所不同，利息自然也会有所不同。同时，首套房没有规定是商品房还是别墅，如果首套房购买的是别墅，并不符合基本居住需要的政策要求，却与普通商品房享受同等的扣除标准，这显然是不合理的。

（三）扣除标准未考虑收入水平差异性

量能课税原则是现代税制坚持的一项重要原则。此原则确定了在纳税人之间如何分摊税收负担的标准，即负税能力标准。税收征收应当面向具有负税能力的人，没有负税能力或负税能力小的人，不纳税或少纳税，反之，负税能力大的人多纳税。其中，负税能力由经济能力来衡量，具体标准包括所得、财产、消费以及特定经济行为。在这样的原则下，目前很多扣除标准就显得不尽合理了。

首先，扣除标准未考虑地区差异性问题。由于历史、文化和地域差异等原因，我国的地区收入水平差异较大，南方和北方，东中西部均呈现差异较大的经济发展水平和人均收入水平。2021年，各地级市的城镇居民人均可支配收入呈现出多样性。以苏州、杭州、广州为代表的发达城市，人均可支配收入分别高达76888元、74700元和74416.17元，凸显了其经济发展的活力和吸引力，与之相对应的是扬州、沈阳、大连等地，人均收入为5万元左右。在这样的背景下，对各个地区的个人所得税专项附加扣除采取一刀切式的扣除标准，起不到调节收入分配和贫富差距的作用。以婴幼儿照护为例，在发达地区和落后地区的照护支出差异较大，采取全国统一的扣除标准，与量能课税原则是相违背的。

其次，扣除标准未考虑子女教育差异的问题。当前我国个人所得税专项附加扣除统一规定子女教育的年扣除限额为24000元，并未体现子女所处教育阶段教育支出的差异性。子女教育可以分为早期教育、学龄前教育、义务教育、高中教育和大学教育及硕博教育等阶段，每个阶段的教育支出差异较大。学前教育阶段（0~6岁）子女教育支出占家庭年收入的比重约为26.37%；义务教育阶段和高中教育阶段（6~18岁），子女教育支出占家庭年收入的比重约为20.83%；大学教育阶段（18岁以上）占比约为29.17%，即使在义务教育阶段和高中教育阶段的教育支出比重也是存在较大差异的，高中教育的学习资料费用更加昂贵，很多学生为了出国还要准备雅思、托业等英语考试，教育支出的比重更大。在现行税制下，专项附加扣除采用了相同的扣除数额，没有区分对待各个教育阶段的差异，不符合量能课税的原则，也不能真正发挥税收调节收入差距的作用。很多收入中等及偏下的家庭为了子女的教育承担了较大税收负担，不利于教育的公平，税收对社会的健康发展并没有起到较好的调节作用。

最后，扣除标准未采用动态调整机制。在英国、美国等发达国家，个人所得税的扣除标准采取了动态调整机制，实现了扣除标准与物价指数之间的联动。在设计扣除额度时，以通货膨胀率为依据，将扣除标准与每年的物价指数进行对比，对税基档次和扣除标准做动态调整，动态调整机制是个人所得税专项附加扣除是否科学合理的一项重要指标，财政是国家治理的基础，税收收入是国家治理现代化的一项重要经济指标，税收的变化应与经济环境相适应，物价水平的变化也是税收收入变化的晴雨表，随着物价上涨，个人所得税的专项附加扣除如果采用固定的标准，扣除数额就会相对缩水，不仅不利于确认纳税人扣除范围和扣除标准的合理性，也不能发挥税收的调节作用，从本质上削减了专项附加扣除制度的现实效益。

二、个人所得税专项附加扣除问题的成因分析

目前，个人所得税的专项附加扣除存在诸多问题，从税制上看存在结构设计亟待解决的问题。通过分析个人所得税专项附加扣除制度的具体规定和实际操作，可以揭示当前制度存在的不合理之处及其形成问题的成因，并为进一步完善个人所得税制度提供理论依据。

（一）税收法治理念有待提升

理念是上升到理性高度的观念，是人们经过长期的理性思考及实践归纳提炼出来的思想观念和行为准则。税收治理理念是否科学、是否符合时代和实践要求直接关系税收治理体系和治理能力现代化进程。税收在国家治理中具有基础性、支柱性和保障性作用，税收具有政治、经济和社会功能。税收既要发挥组织财政收入的保障作用，也要发挥宏观调控的经济作用，还要发挥调节分配的社会作用。个人所得税当然也起到组织税收收入的作用，但相比其他税种，它的社会作用更加明显，尤其是在调节收入差距、平衡税负差异、实现量能课税等方面发挥的作用更大。因此，在个人所得税的税制结构设计上，应深刻认识个人所得税的功能，进而在专项附加扣除的制度安排上更有效发挥个人所得税的作用。只有在理念上实现创新，牢固树立税收法治的原则，深刻认识专项附加扣除的作用，才能在具体制度安排上实现合理化、科学化、规范化。首先应当坚持收入与支出配比的原则，这是直接税制度设计的一项重要原则，企业所得税中支出范围和标准的确认都坚持了这项原则，个人所得税与企业所得税具有相似性，都是直接税税种，也都是对所得课税，区别在于课税主体不同，一个是对法人性质的公司征税，另一个是对自然人和非法人性质的组织征税。其次是对自然人或非法人性质的组织征税，但原理是一样的，都应考虑在确认计税依据时，将支出作为扣除项目和扣除范围，进而确定应纳税所得额，而这种支出项目和范围确认的标准应遵循收入与支出配比的原则。实际上，在计算个人所得税综合所得时，就是考虑了收入与支出配比的原则，从而将生计费用作为扣除项目的专项附加扣除也应秉持这一理念，设计的初衷都是要考虑支出与收入是否相配比，是否为取得收入而付出的必要支出。只有基于这样的考虑，才能设计科学合理的专项附加扣除。

（二）税收征管能力有待加强

个人所得税专项附加扣除在税制上的诸多不合理都能在税收征管上找到原因。三百年前，亚当·斯密在《国富论》中提到了便利原则是税款征收的一项重要原则。所谓便利原则就是在税制设计上，一定要考虑税收的征收成本，要符合成本收益原则，尤其是在个人所得税的制度设计上，源泉扣缴是个人所得税征收的一项重要特点，为什么要建立源泉扣缴制度呢？这是基于经济学上的理性人思考，人是理性的，趋利避害是人的本性选择，所有理性的人不会真正主动地对自己的收入承担税收负担，对于企业来说，税务机关可以通过账户管理实现对资金流动的全过程管理，但对个人很难做到对全部资金流动的真实掌握，这就有必要建立源泉扣缴制度，作为个人取得收入的给付方掌握着收入和资金的动向，税务机关可以从源头上实现对个人所得税的征收。可见，税制的建立离不开征管手段的现实环境。专项附加扣除的诸多问题，都能在征管手段不足上找到原因。其一，子女教育未实现分阶段确认支出标准问题，实际上作为税务机关，很难确认合理的支出标准，税务机关既缺乏这种判断能力，也缺乏职务上的依据，所以

在制度设计上未明确分阶段的子女教育扣除标准；其二，区域差异的扣除标准，也需要税务机关掌握准确的地区收入差距，进而确认不同扣除标准，这些都很难通过目前的税收征管手段实现；其三，各项培训费用作为扣除范围的问题，实际上如果一旦明确全部培训费用均可作为扣除项目，就会使得培训费用真假难辨，税务机关也很难精准判断真实合理的培训费支出，增加税收征管成本，不利于实现税收治理现代化。

（三）税收协同共治有待强化

税收治理现代化的一项重要标志是税收共治。个人所得税的税收治理更需要协同共治。在确认个人所得税的各项收入时，就亟须社会各部门的协同共治，虽然在《税收征收管理法》中也明确了各有关部门和单位应当支持、协助税务机关依法执行职务，但在实际征管环境中，仍然缺乏各个部门的协同发力。一是很多非法人性质的私营业主都是通过个人账户获取收入的，但这些收入都是在个人银行账户中流转，税务机关很难监控，更无法确认其收入的性质。即使银行已对大额转账有一定限制和监管，但也未与税务机关实现数据共享，税务机关无从掌握相关数据。除了银行的数据以外，海关、工商、邮政等部门的数据对明晰个人所得税的收入也起到至关重要的作用。二是专项附加扣除中的诸多项目都是需要相关部门提供数据支持的，如房屋贷款信息需要房产管理部门和银行提供数据支撑，配偶、子女和兄弟姐妹等婚姻家庭构成需要民政部门提供数据支撑，大病医疗需要医保部门提供数据支撑等。三是上文提到的很多问题也是由于未能实现协同共治造成的，如残疾、失独等特殊群体的确认，必须以相关部门与税务部门实现税收数据共享为前提，扣除标准的动态调整机制更是需要统计局、发改委等诸多部门提供数据作为支撑，否则即使在税收制度上完善了相关内容，也很难实现有效的税收征管，难以实现扣除项目和范围的真实、准确，不利于税收法治的进程和税收治理现代化。

三、完善个人所得税专项附加扣除制度的政策建议

党的二十大报告明确指出："完善个人所得税制度，规范收入分配秩序，规范财富积累机制。"完善个人所得税专项附加扣除制度是建立现代个人所得税制度的重要内容。我国个人所得税专项附加扣除制度对发挥税收作用，推动高质量发展具有重要意义。在个人所得税制度的完善中，"完善专项附加扣除项目"是其中的重要内容之一。

（一）不断完善税制结构

税制结构和税收征管手段之间存在着相互促进的关系。一方面，税制结构的完善，需要考虑现实的征管基础。要优化税制结构，必须提高个人所得税的比重，但提高个人所得税的比重也面临较大的压力，我国目前实行的是劳动所得高税、财产所得低税。显然，这种税制不利于提高个人所得税的地位，更不利于发挥个人所得税对收入分配的调节作用。另一方面，税收征管基础也会在税制结构的倒逼下不断完善。在税收征管基础相对薄弱的前提下，税制结构率先做出完善，在一定程度上有利于税收征管手段的加强。目前的个人所得税专项附加扣除呈现了在扣除项目、扣除范围和扣除标准上的诸多问题，并不利于发挥个人所得税的调节作用，也不利于落实量能课税原则，因此首先应从发挥税收的现代化治理作用的高度出发，不断完善税制，从制度安排上不断修改专项扣除办法，真正发挥专项附加扣除在保障民生方面的积极作用。对

与个人收入相匹配的各项生计费用及合理支出项目都应在专项附加扣除中有所体现。尤其在住房、就业、子女教育等事关百姓生存之本的重点领域更应深入思考扣除的范围和标准，结合物价变动和通货膨胀率设计动态的调整机制，更好发挥专项附加扣除的作用。

（二）提升税收征管能力

随着税制改革的不断深入，需要进一步完善征管措施和加大税收征管力度，加快个人所得税征管方式的转变，提高税收数据分析和应用的能力。2021年，中共中央办公厅和国务院办公厅联合印发了《关于进一步深化税收征管改革的意见》，要求加快推进智慧税务建设，驱动税务执法、服务、监管制度创新和业务变革，实现税务执法、服务、监管与大数据智能化应用深度融合、高效联动、全面升级。在自主申报意识欠缺和管理手段相对滞后的情况下，个人收入更容易具有隐蔽性和转移性，加强对个人所得税的数据分析和应用也就显得尤为重要。税务机关应充分运用大数据、云计算、人工智能、移动互联网等现代信息技术，对高收入、高净值人群的收入取得和转移进行及时监控和跟踪，对专项附加扣除的各项支出项目范围和标准及时做出准确分析和应对，将相应的证明材料迅速比对，通过实时监控，不断提高执法监管水平和防范风险的能力。

（三）实现税收协同共治

税收协同共治在个人所得税管理方面意义重大，应不断加强税收共治的能力和水平。首先，要建立税务部门与相关部门的有效沟通机制，搭建必要的联系渠道，确保各个部门与税务部门之间实现数据资源的共享和执法结果的共用。其次，要建立数据共享的基础，尤其是在配偶、子女等家庭构成的数据上，应实现数据的实时共享，实现对专项附加扣除的实时监控。对房屋租赁信息和房屋贷款信息也应建立在全国范围内的有效联系，实现跨省数据共享，从而建立专项附件扣除的有效监控。最后，还要加强数据应用，税务部门应建立对共享数据的数据分析能力，通过云计算、区块链等技术实现精准运算、精准推送，提供专项附加扣除的准确数据，为个人所得税的专项附加扣除数据监控提供智力支持。

（作者单位：辽宁省税务学会、国家税务总局沈阳市税务局第一税务分局）

RCEP 协定下完善我国企业所得税制度与征管的建议

符少花

2022年1月1日,《区域全面经济伙伴关系协定》(Regional Comprehensive Economic Partnership, RCEP)在文莱、柬埔寨、老挝、新加坡、泰国、越南6个东盟成员国和中国、日本、新西兰、澳大利亚4个非东盟成员国正式开始实施。2022年1月24日,商务部等6部门发布的《关于高质量实施〈区域全面经济伙伴关系协定〉(RCEP)的指导意见》提出,"因地制宜用好RCEP规则,提升营商环境","鼓励中西部和东北重点地区加强承接产业转移平台建设",要求"落实《西部地区鼓励类产业目录》和企业所得税优惠政策,适时修订鼓励类产业范围"。在RCEP正式实施的大背景下,不断完善我国企业所得制度与征管,对持续优化营商环境、促进区域经济发展有着重要的作用。

一、RCEP 协定的相关规则及影响分析

RCEP协定文本共计1.4万页,由序言、20个章节和4个承诺表等56个附件组成,主要内容包括货物贸易、原产地规则、服务贸易、投资、贸易便利化、知识产权、电子商务、其他规则议题等十方面。

(一)货物贸易关税减免和原产地规则影响跨境投资产业布局

RCEP协定条款涉及的主要税种为关税,内容集中在货物贸易和原产地规则两方面。在RCEP协定文本第二章"货物贸易"中,中国承诺对区域内86%~90%的产品10年内实现零关税。RCEP协定文本第三章"原产地规则"规定,RCEP协定区域内各成员国的原产材料累积计算达到最终出口产品增值40%以上的,视为符合原产地标准,出口到成员国可享受协定税率。为了享受区域累积规则关税减免红利,跨国公司会进一步调整产业布局。随着成员国之间关税的减免,各国企业所得税是否具有竞争力则成为影响跨国公司投资决策的重要因素。

(二)服务贸易和投资开放承诺重构诸多行业竞争格局

15个RCEP协定成员国均已做出高于各自"10+1"自贸协定水平的开放承诺。

在RCEP协定中,我国的服务贸易与投资开放水平还体现在对特定行业的外资准入程度上。一是服务贸易增加了允许外商独资的领域;二是进一步取消外资限制,取消了银行、期货公司等的外资持股比例上限;三是采用负面清单方式对农业、林业、渔业、采矿业、制造业5个非服务业领域投资作出较高水平的开放承诺。随着RCEP区域内投资开放承诺水平的进一步提高,相关行业的竞争格局势必得以重构。

（三）知识产权保护和电子商务保障制度助力数字经济破局

RCEP 协定中知识产权保护和电子商务保障制度将更好地助力区域内数字经济发展，同时经济数字化带来的税收挑战也将更加凸显。越南于 2020 年 7 月 1 日实施新征管法，通过加强对国际电子商务交易的征税权等措施应对数字经济带来的税收风险。2021 年 10 月，OECD/G20 主导的应对经济数字化税收挑战的"双支柱"方案已达成多边共识。面对国际税改的新形势，我国需不断完善企业所得税制度及征管体系，积极应对数字经济带来的挑战，以鼓励我国"走出去"数字经济企业的蓬勃发展。

（四）RCEP 其他规则议题与合作促进区域均衡发展大局

为促进区域内各成员实现均衡发展，RCEP 协定还包含了"中小企业""经济技术合作""竞争"等章节内容，要求建立和维持中小企业可公开访问的信息平台，以及通过信息交流在缔约方之间共享知识、经验和最佳实践，使中小企业、发展中经济体更好地共享 RCEP 成果。为实现既定目标，上述多个规则议题均强调相关国家的法律法规及政策的透明度。企业所得税相关法律法规及政策与国家经济活动紧密相关，科学的税制与良好的征管模式不仅能很好地服务市场经营活动，还能从整体上提高国家法律法规的透明度。

二、RCEP 协定下我国企业所得税制度和征管存在的问题

为了更好地适应 RCEP 协定生效后的新情况，结合上文关于 RCEP 协定下区域经济发展前景及其影响分析，笔者认为，我国企业所得税制度和征管在以下三方面有待完善。

（一）鼓励产业布局的企业所得税政策亟须"扩围"

RCEP 成员国皆有各自独特的产业优势，如东盟的劳动密集优势、日本与韩国的科技创新优势、澳大利亚和新西兰的现代化管理优势，这些都会成为跨国企业在"原产地规则"推动下开展产业布局的重要考虑因素。同时，为吸引企业投资，各成员国陆续制定了鼓励产业发展的税收优惠政策。例如，泰国根据其国内投资促进法，对多个重点鼓励产业给予 8 年免征企业所得税的税收优惠。我国财税部门以出台一些具有针对性的产业鼓励政策，发挥了税收的宏观调控作用。但尚未建立产业发展动态与税收政策紧密衔接的工作机制，有些已出台的具有针对性的鼓励产业发展税收政策的效应并不明显，政策受惠面亟须"扩围"。

（二）促进跨境投资的企业所得税制度有待"提质"

为鼓励科技创新、优化外贸结构，我国对鼓励性产业和企业给予企业所得税低税率优惠，比如，经认定的高新技术企业按 15% 的低税率征税，符合条件的集成电路生产企业、集成电路设计企业、软件企业等享受企业所得税全免及低税率优惠，经认定的技术先进型服务企业按 15% 的低税率征税。但是，目前仅经认定的高新技术企业境外所得享受低税率优惠有明确规定，其他优惠项目由于未有法律法规明确规定，来源于境外所得按照 25% 的税率计算应纳税额，对企业在 RCEP 区域内投资经营激励不足。

（三）成员国间的企业所得税协调机制要求"增效"

RCEP 成员国间政治经济发展水平差距较大，各国允许采取的会计准则和企业所得税税制不同，收入、成本费用、纳税调整项目、弥补亏损、税率等要素的确定也存在较大差异。例如，

我国税法规定，企业纳税年度发生的亏损，准予向以后年度结转，但结转年限最长不得超过五年，不允许跳跃弥补亏损。而澳大利亚把亏损区分为经营亏损与资本亏损，其中，经营亏损可无限期结转，企业可以选择当年度弥补以前年度亏损或当年度不弥补而结转至以后年度弥补。RCEP成员国形成区域间合作伙伴关系，资本、人员等要素流动引起的税权划分与税收争议，需要企业所得税协调机制予以解决。

三、RCEP协定下完善我国企业所得税制度和征管的建议

（一）全面扩大鼓励产业布局的企业所得税政策的受惠面

要做好政策出台前的准备工作。持续深化拓展税收共治格局，深入推进"精诚共治"，建立在RCEP协定下的产业发展动态与税收政策紧密衔接的工作机制。积极推进事前研讨、事中参与和事后跟踪机制，确保税收政策的及时性、有效性，不断发挥税收对产业发展的鼓励支持作用。目前，我国鼓励涉农产业发展的企业所得税政策主要有企业或"公司+农户"经营模式从事农、林、牧、渔业项目减免企业所得税，建议扩围上述优惠政策的享受主体，增加"农产品及其初加工出口企业"。制造业方面要充分发挥我国产业链完整、配套设施完善的综合优势，建议扩围新购固定资产加速折旧或所得税税前一次性扣除政策，将制造业新购置单位价值超过500万元且《企业所得税实施条例》规定最低折旧年限为3年、4年、5年的设备、器具，可选择一次性税前扣除，10年的可在购置当年按50%扣除。

（二）积极开展促进投资开放的企业所得税制改革

从RCEP各成员国近几年重大税制改革的趋势看，不少成员国通过降低企业所得税税率或税收优惠政策吸引外商投资。例如，日本的《促进进口和对日投资法》通过降低税率吸引外资；文莱的企业所得税税率由2008年的27.5%下调至18.5%；泰国内阁于2018年6月19日批准对跨国企业所完成的研发投资，可以享受减税或免税等方式的税收优惠。为了在RCEP区域内形成具有竞争力的企业所得税税制，建议我国适时调整现行企业所得税优惠政策，降低企业的实际税负，进一步明确适用低税率优惠企业的境外所得也可享受低税率优惠。

（三）主动推进成员国间企业所得税协调机制的建设

首先，由于RCEP成员国大多属于"一带一路"共建国家，我国可充分发挥"一带一路"税收征管合作机制的协商对话作用，开展RCEP协定下企业所得税协调机制专题研讨，积极帮助不发达国家提高税收征管能力，不断提升各国多边税收合作的意愿；其次，探索设立RCEP区域间企业所得税的协调权力机构、赋予其通过或拒绝设立公约、法案等权力，设立协调执行机构和监督机构，赋予监督执行权与争议裁决权，增强协调机构的权威性和影响力，以保障税收协调机制的运行和协调计划的实施；最后，及时收集税收争议焦点、查找争议根源、形成协调计划并通过制定强制性规则、提出软性倡议等多种协调方式，在解决RCEP成员国的各项税收差异与税收争议中逐步完善协调机制。

（作者单位：国家税务总局北京市税务局）

促进共同富裕
个人所得税调节收入分配制度的国际借鉴

关 芯

当前,全球经济已迈入"后疫情"时代,正面临俄乌冲突影响、数字经济和人工智能快速发展的多重挑战。这些变革因素交织作用,导致全球财富分配格局正在经历深刻调整,呈现出复杂多变的态势。在我国"三新"经济比重已达17.36%的同时,基尼系数也上升至0.47,警示我国的收入分配格局已经开始失衡。

在共同富裕目标的指引下,党的二十大强调了完善分配制度的重要性。个人所得税作为调节收入差距的关键工具,能够更有效地推动社会公平和共同富裕目标的实现。与发达国家相比,我国的个人所得税制度有待完善。本文选取了美国、英国、法国、德国、瑞典、芬兰、日本、韩国、新加坡等11个发达国家作为研究对象,这些国家占全球经济体量的45%,个人所得税税制各具特色,分别代表了西方老牌发达国家、北欧高福利国家和亚洲新兴经济体。研究这些国家的个税制度对我国有重要借鉴意义。

一、发达国家税收收入的基本情况

(一)个人所得税占GDP比重

11个国家的个人所得税收入占GDP比重普遍较高。2018—2022年,北欧高福利国家组该数据所占比重最高,为12%~25%;资本主义强国组为9%~11%;亚洲新兴经济体组(除新加坡外)为5%~7%。三组研究样本对个人所得税的依赖程度由强到弱。

(二)个人所得税占税收收入比重

11个国家的个人所得税占税收收入比重普遍较高,可分为四个梯队。其中,丹麦始终保持第一梯队,平均占比为53%左右;美国、澳大利亚为第二梯队,趋同于40%浮动区间;英国、德国、北欧三国最终变化趋势保持在30%的区间。法国、日本、韩国为第四梯队,最终维持在20%区间浮动。OECD国家平均水平为24%。而我国仅为6%左右。

二、发达国家个人所得税改革思路

纵观11个发达国家近20年的个人所得税改革历程,对照不同历史时期的经济环境和国情需要,以构建更加公平和有效率的税制体系、缩小国内贫富差距为目的,改革的整体思路主要围绕降低税率、简化税制、提高免征额三方面。

（一）降低最低和最高边际税率

降低个人所得税最低和最高税率是资本主义国家早期个人所得税改革最常用的改革措施之一。降低最低税率有利于减轻中低收入人群税收负担，增加中低收入人群可支配收入。降低最高税率则有利于激发创新动力，吸引人才。丹麦从 1987 年开始，个人所得税率由 48%~73% 降低为 50%~68%，到 1994 年降低为 38%~58%，进一步下降到目前的 8%~42%。最低边际税率下降了 40%，最高边际税率下降了 31%。韩国在 2019 年度综合所得采用 4 档税率级差（6%、16%、25% 和 35%），第一档为 1200 韩元以下，最低边际税率为 6% 并沿袭至今；2010 年度则为 6%、15%、24% 和 33%。

（二）简化税制：简并税级

20 世纪 90 年代以来，许多发达国家通过简并个人所得税税率级距的改革措施，以达到降低纳税人的遵从成本，提高纳税遵从度，拓宽中等收入税源，调控个人所得税比重的目的。法国在 1995—2000 年五年内个人所得税比重实现了从 11% 至 17% 的大幅提升。在法国 1997—2001 年的 5 年减税计划中，除了将最高边际税率从 56.8% 降到 54%，最低税率从 12% 降到 10.5%，以及提高免税额（从 22610 法郎提高到 25610 法郎）之外，还通过取消或降低针对部分纳税人适用的特别税收扣除和税收抵免，如取消了住房贷款利息扣除、人寿保险计划缴款，逐步取消新闻工作者税收扣除，降低了奖学金扣除比例等方式，达到简化税制、扩大中低收入税基的目的，从而提高了个人所得税比重。

（三）提高费用扣除标准（免征额）

政府通常采取提高免征额的方法抵消通货膨胀对居民收入的影响。除此之外，调整费用扣除标准（免征额）相对容易操作，而且能够有效降低中低收入者的税收负担，使改革效果收获更大的杠杆作用。如，英国 2018/2019 财年个人所得税免征额从 6475 英镑提高到 11500 英镑，2021 年春季预算案再次将 2021 年 4 月至 2026 年 4 月的个人所得税免征额固定为 12570 英镑，高税率起征点固定位 50270 英镑。

三、发达国家个人所得税税制比较

（一）个人所得税税制以综合所得税制为主

各国主要采用的个人所得税模式有两种，即综合所得税制和二元所得税制。综合所得税制最早出现在德国，多与分类所得税制并行。目前，有英国、德国、法国、日本等国家采用综合所得税制。二元所得税制主要是针对资本所得而言，同时也具备综合所得税制的优点，即对劳动所得实行累进税率，对劳动所得实现公平课税，并通过实施捐赠扣除的方式实现调节再分配的目的。以美国为例，长期资本利得方面，对持有期 1 年以上的所有长期资本净收益实施分类计征，适用 0%、15%、20% 的比例税率。

（二）最高边际税率和最低边际税率

税率是衡量税负的重要因素之一。11 个国家的劳动所得最高边际税率可分为低于 45%、等于 45% 和高于 45% 三个层次。其中，低于 45% 的国家有新加坡（22%）、美国（37%）。有 6 个国家为 45%，即澳大利亚、法国、德国、日本、韩国、英国。实际税率高于 45% 的国家有瑞典、丹麦、芬兰。

（三）采用适当的税率级距

税率级距的设计是在考量低收入、中等收入和高收入人群基数和比例的基础上，经收入分配调节形成中间大两头小的橄榄型收入结构。其数量的多与少则能够较为直观地反映出一个国家税制的复杂性。在 11 个发达国家中，多数国家税率级距数量一般为 5~7 级；丹麦、瑞典等北欧国家只有 2~3 级，采取了地方所得税和超额加征的措施；韩国与新加坡的税级数量多于 7 级。

（四）费用扣除充分考虑个体差异和通胀指数

发达国家除了基本的常规扣除项目外，还采取了一些特殊的方法和措施。在法国，如果纳税人雇用了家政服务，该笔费用可以获得 50% 的抵免额，最高抵免额为 6000 欧元（残疾人为 1 万欧元）。新加坡针对双职工子女照顾的问题，实行在职母亲子女扣除和祖父母协助照顾孩子扣除的规定。美国则将通货膨胀因素纳入费用扣除标准浮动机制，实行指数化的税款计算机制，每年会根据通货膨胀调整税收规定。

（五）针对中低收入家庭实施特别扣除政策

在发达国家，政府为了减轻中低收入家庭的税务负担，常常实施各种特别扣除政策。这些政策旨在通过税收减免提升弱势群体的生活水平，促进社会公平。新加坡针对低收入家庭实施了配偶扣除政策。纳税人过去一年如果与配偶一起生活居住，并且年收入低于 4000 新币，将享受一定的税收扣除：若配偶身体健康，可减扣 2000 新币；若配偶身有残疾，则可享受 5500 新币的减扣。对于离婚男士，如果根据新加坡法院的指令仍然在支付前妻赡养费的话，以上减扣同样适用。同样地，法国也针对中等收入家庭推出了税收优惠政策，对于 2020 年 1 月 1 日后购买的自住住宅中安装的符合条件的家用节能设备，提供最高可达 30% 的税收抵免。对于低收入家庭，更是通过国家住房机构提供的补贴来替代税收抵免，进一步加大扶持力度。

（六）对慈善捐赠采取加计扣除和无限期结转

发达国家个人所得税慈善捐赠扣除的主要特点为：一是对捐赠支出的定义较为广泛；二是采取加计扣除；三是对捐款额超过应纳税额上限的部分允许在以后年度内结转，或无限期结转。韩国的捐赠扣除包括政治资金捐赠、国家或者地方自治团体捐赠、学校捐赠、职工持股会捐赠，以及向社会福利机构、学术与研究团体、宗教团体等特定地方捐赠，且每种捐赠适用不同的扣除比例。

（七）以家庭为申报单位多元化组合式的征收方式

征收方式方面，发达国家更倾向于以家庭为申报单位，采用多元化的组合方式。这种方式充分考虑了不同家庭和个人的具体情况，更具灵活性和公平性。美国的个人所得税申报方式有 5 种，分别为单身申报、已婚联合申报、已婚单独申报、户主申报和丧偶申报。纳税人可根据个人和家庭的不同情况，选择对自己最有利的申报方式。法国更是独创了一套家庭份额制，根据不同的家庭适用于不同的家庭系数，将应纳税所得税额结合家庭系数表折算出最终的应纳税额。

四、启示及建议

（一）完善直接税体系，提高个人所得税收入比重

"十四五"规划纲要为我国直接税体系的构建指明了方向，强调优化税制、完善个税制度，并加强对高收入者的税收调节与监管。当前，我国人均GDP已超过1.2万美元，标志着我国正稳步向高收入国家行列迈进，这为提升个人所得税比重奠定了坚实基础。近年来，我国连续实施了大规模减税降费政策，旨在减轻微观企业主体的负担，增强经济活力，提高企业利润水平。这些措施也间接地为提高个人所得税的比重创造了有利条件。

（二）完善个人所得税税制，发挥调节收入差距作用

一是调整个人所得税劳动课税结构，将经营所得纳入综合所得，适当下调劳动所得最高边际税率，针对高收入稀缺技术人才给予一定减免，有助于降低因税负过高而引起的逃税、避税行为发生的概率，确保个人所得税整体税负均衡增长。

二是完善综合与分类相结合的税制。为了探寻新的税源，发达国家早已将资本利得纳入征税优先事项。我国亟须深入研究与金融资本紧密相连的所得税制度，采用多样化手段调控资本利得，从而减少因财富分配不均而产生的贫富差距，同时填补税收领域的空白，确保税收制度的与时俱进。

三是优化个人所得税税率简并税级。我国个人所得税3%~10%的税级跨度较大，中等收入者税负陡增，不利于其成长。同时，35%~45%的高税率跨度也接近发达国家水平，虽能调节高收入，但可能引发税收规避和人才外流。减少税级一方面能够保障低收入者享低税或免税，为中低收入者减负，另一方面能够激发人才创新，提升高收入群体竞争力。

四是提高各种费用扣除的精准性。为应对出生率剧减、老龄化加剧的严峻形势，我国须在生育、养老方面精准施策。在生育方面，探索将生育保障与企业所得税减免相结合的政策，例如，对女职工产假工资实行加计扣除等。在养老方面，可根据被赡养老人年龄实施差异化扣除，以应对人口挑战，促进社会和谐发展，如80岁以下扣2000元，80岁及以上扣3000元。

五是优化捐赠扣除制度高效促进第三次分配。我国可以在个人所得税捐赠扣除方面进行一系列的改革和创新。进一步扩大捐赠扣除的范围并细化扣除比例，例如，扩展到教育、文化、科研等领域，并根据捐赠对象的不同，设定不同的扣除比例。取消扣除上限，或将超上限的部分允许以后年度内结转使用，充分尊重和保护纳税人的捐赠意愿，让捐赠行为变得更加灵活和可持续。

六是逐步建立以家庭为单位的申报模式。我国2018年的个人所得税改革已开启了以家庭为单位征税的趋势，经过6年的实践，已初步具备以家庭为单位申报纳税的基础。在条件允许时可以考虑选择以家庭为单位申报，将夫妻双方、未成年子女纳入家庭的范围。依据养育子女的数量对家庭给予一定免税照顾，避免因家庭成员收入差距导致的避税行为，促进税收公平。

（作者单位：国家税务总局北京市税务局税收科学研究所）

个人所得税反避税制度建设研究

杨善词

个人所得税作为我国第四大税种，它既是财政收入的重要来源，也是调节收入分配、实现社会公平的有效手段。经过二十多年的完善，新修订的《中华人民共和国个人所得税法》（以下简称"新个税法"）颁布应运而生，我国个人所得税反避税也有了新的起点。新个税法虽然为个人所得税领域的反避税规则体系搭建起了较为清晰的框架，但相关规则设置较为原则性，也就造成了个税反避税实操性较差，对常见的几种避税手段规制力度仍显不足。本文从自然人主要的避税方式以及我国目前个人所得税反避税制度体系等方面进行分析，以对我国个人所得税反避税制度建设提供帮助。

一、自然人主要的避税方式

（一）规避居民纳税人身份进行避税

这种方式主要适用于高净值个人，他们通过移民到避税地或者低税地，改变国籍，以规避高额的个人所得税额。还有一些居民纳税人通过移民、购买护照等方式，试图隐匿居民身份，规避作为居民的无限纳税义务，从而实现避税目的。

（二）不符合独立交易原则的关联交易

个人以关联交易降低其应纳税所得额。例如，自然人甲持有 A 公司的股权，但不便继续持有，于是将名下股权转让给关联公司 B。依《股权转让所得个人所得税管理办法（试行）》，股权转让所得以股权转让收入减除股权原值和合理费用后的余额作为应纳税所得额。基于关联关系，自然人与其关联公司可通过压低股权转让价格，以降低应纳税所得额，从而实现避税目的。

（三）转换所得类型避税

利用个人所得税各个课税项目的税率不同，将收入更换名目，利用税率差实施避税。例如，一些公司高管兼具股东与职工的身份，若公司将其工资以股息、红利形式支付，适用税率便可从45%降至20%；而某些在中国的跨国公司外籍高管凭借非居民身份，若将其境内的工资薪金所得转为由境外支付的股息、红利等境外所得，则无需缴纳个税税款。

二、当前我国个人所得税反避税制度体系

（一）新个税法反避税条款

新个税法引入反避税规则是一种新的尝试，推进反避税体系的构建也是多层次、多角度的。

第一，在税收立法方面，引入专门的反避税条款，包括引入独立交易原则规制关联交易；授权税务机关规制无合理经营需要，却以避税地受控公司名义持有利润而不向个人分配的行为；引入一般反避税条款，授权税务机关规制缺乏合理商业目的的交易行为。

第二，整体上扩大税收居民认定范畴，对于境内无住所的个人是否具有税收居民身份的标准从在境内居住是否满"一年"缩短至183天，加大了以缩短在境内居住时间来规避税收居民身份的难度。

第三，推进分类所得税制向分类综合所得税制的改革，新个税法将四种所得合并纳入综合所得，统一适用七级超额累进税率，同时要求扣缴义务人对居民的综合所得承担按月或按次预扣预缴税款的义务，增加了自然人利用不同类型所得之间税率不同避税的难度。

第四，在税收征管方面，要求掌握涉税信息的各部门向税务机关提供涉税信息，大大降低税务机关与纳税人之间的信息不对称。

（二）税收基础管理工作

1. 个人所得税反避税缺少相应的操作程序

反避税条款的增加弥补了法律的空白，但对反避税的操作程序还没有进行明确的规定，这导致在实际处理避税案件时，税务人员没有操作规定和程序可以遵循，造成税款追征的困难。

2. 个人所得税反避税缺少专业的管理部门和规章制度

专业管理部门的缺失，造成对避税行为缺乏有组织、高层次、系统性、跨区域的管理和应对，主要靠基层单位自行组织人员应对。规章制度的缺位，使得税务人员反避税管理没有相应的问责机制、激励机制和考评机制，税务机关内部个人所得税反避税工作欠缺"抓手"。

3. 个人所得税反避税力度还不够大

个人所得税反避税的法律法规依据仅有《中华人民共和国税收征收管理法》（以下简称"税收征管法"）中有限的一般规定。现行的《中华人民共和国税收征收管理法》对于关联交易的规定只适用于企业，对于自然人之间的关联交易并没有做出特殊规定，如果强行将适用于企业的关联交易调整适用于自然人，将有违税收法定原则。

（三）技术支撑和人才储备

反避税业务涉及金融、法律、国际贸易以及相关专业知识领域的很多方面，信息技术和互联网技术深度影响税收管理。目前，技术支撑和专业人才队伍的缺位，使得对纳税人的申报缺乏足够的技术手段和人力资源核查，对高收入人群的税源监控难以到位，对纳税人在申报前进行反避税监控更是力不从心，在很大程度上影响了反避险工作的质量。此外，由于中介机构为参与避税的个人提供了熟悉税务规划的税务专家，因此为反避税调查、谈判提供技术支撑及税务人才显得更为突出。

三、加强个人所得税反避税的政策建议

虽然新个税法中有效地引入了反避税规则，但是还存有明显的实践弱以及涉及面较窄等情况。细化立法规定、强化征管措施、理顺管理机制、培养人才队伍是个人所得税反避税急需开展的工作。

（一）在法律层面完善个人所得税税制，扎牢制度体系

1. 提升反避税法的法律层级。实现对跨税种涵盖不同类型纳税人避税安排的有效监管，在后续对税收征管法的修订中，应加入适用所有领域、所有税种的一般反避税规则，更好融合企业所得税、个人所得税和税收征管法，保证反避税规则的有效实行。

2. 细化相关反避税规则。细化不符合独立交易原则的关联交易条款，完善关于关联方的界定；细化受控外国公司条款，从股权控制和实质控制两方面来认定受控外国公司。

3. 完善配套管理机制。一是构建个人所得税纳税信用评价机制。建立健全个人所得税纳税信用记录，并将自然人纳税信用纳入社会征信系统，提高自然人纳税失信成本。二是完善现金管理制度。对实物及现金收入征税的法律规定进一步明确，加强对发放实物和现金收入的税收监管。

（二）优化个人所得税征收管理体制，构建新型个税征管信息系统

1. 设立专门的自然人税收管理部门。组建跨区域的反避税专家组和高层级风险分析团队，负责个人所得税避税疑点信息的研究，建立风险识别、风险评估、风险应对的控制机制，提高个人所得税反避税工作的效率和质量。

2. 升级自然人税收管理信息系统。形成有广度和深度的个人数据采集系统，挖掘并有效管理自然人的涉税信息，建立起一个集合自然人基本身份信息、收入支出情况以及各项专项附加扣除信息的数据库，动态掌握、科学管理自然人的税源情况。

3. 推进涉税信息进一步共享。税务机关与企业、政府机关等外部门建立合作共治机制，打通信息壁垒，保证信息互联互通，实现个人所得税的全环节透明，逐步建立信息的记录、整合、共享和应用机制，实现对自然人纳税的全面监管，从而提高反避税管理的能力。

（三）培养专业人才，强化风险管理

1. 建设专业人才队伍。反避税部门要配备数量充裕、经验丰富的税务人员，选拔精通外语、信息技术、国际税收和反避税业务的高精尖复合型人才，定期开展系统培训和实战操练，强化对专业人才的管理使用，同时建立激励机制，避免人才流失。

2. 强化税源监控管理。首先，借助技术人员的丰富经验，分析纳税人涉税数据，提高纳税人涉税信息质量；其次，将纳税人自行申报数据和全员全额扣缴信息进行交叉比对，实行双向稽核机制；最后，纵向的税务部门之间需密切配合，打通信息传递路径和建立健全反馈机制，形成强大的内部合力，规制避税行为。

四、结语

不断地研究与分析我国个人所得税反避税制度的现状及完善，对于有效的完善各项个人所得税反避税制度、降低避税发生的可能性、营造一个良好的纳税环境、保护纳税人的合法权益都具有至关重要的作用。伴随着反避税执法工作相关经验的积累，我国个税领域的反避税规则必将得到进一步完善。

（作者单位：国家税务总局扬中市税务局）

个税改革五年回顾与思考

——以西咸新区秦汉新城税务局个人所得税征收管理分析为例

国家税务总局西咸新区秦汉新城税务局课题组

一、秦汉新城个人所得税征管情况

(一)个人所得税收入情况分析

1. 个人所得税收入占比分析

根据图1中数据来看,秦汉新城近年来税收总收入呈波浪形发展,2019年达到一个小峰值,2020年受"疫情"影响,大环境不理想,税款减收,2021年辖区出台了一系列招商引资政策以及全运会马术场地、小轮车场地落地秦汉形成的辐射性经济影响,税收收入又重回峰值,2022年受大规模减税降费政策影响,特别是留抵退税政策施行,退还企业税款达10.59亿元,税收收入减少十分明显。

(单位:万元)

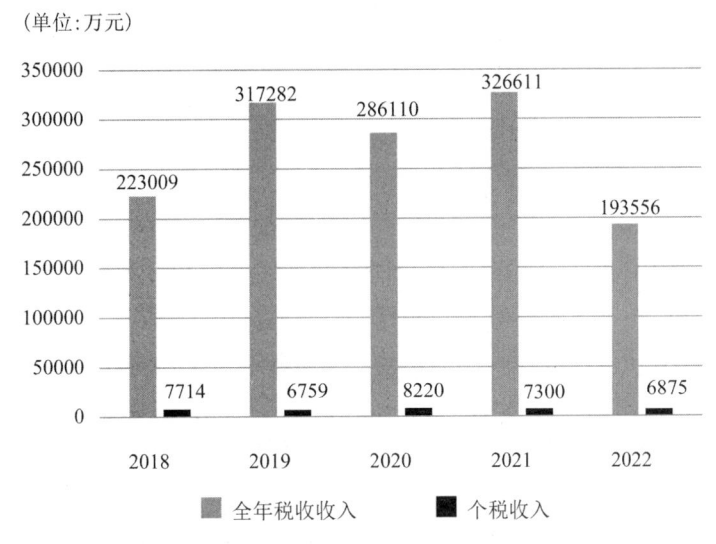

年份	全年税收收入	个税收入
2018	223009	7714
2019	317282	6759
2020	286110	8220
2021	326611	7300
2022	193556	6875

图1 2018—2022年秦汉新城个人所得税收入情况(单位:万元)

个税收入在2019年达到低谷期,占当年总收入的比例也下降到2.13%。主要原因在于改革的巨大减税效应。2020年因房地产市场火爆,劳务报酬收入激增,占当年总收入比例上升到2.87%,后续市场回归理性,个税收入趋于平稳,占比为2.25%左右(该占比分析剔除了留抵退税因素）。

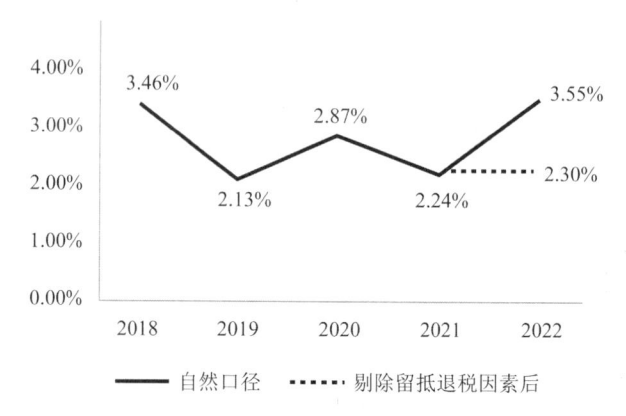

图 2 2018—2022 年秦汉新城个人所得税占税收总收入比例情况

2. 个人所得税收入结构分析

由图 3、表 1 可看出，首先，秦汉新城居民收入主要来源为工资薪金，容易受经济大环境的影响；其次，受平台企业发展的影响，经营所得收入也达到了一定比例；最后，利息股息红利所得主要来自辖区内一些传统企业的股息分配，此类纳税人数量并不多，但税款收入也达到了一定的比例。

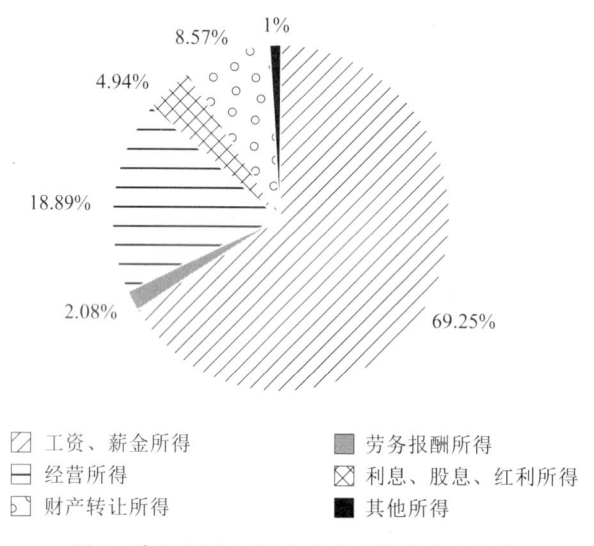

图 3 秦汉新城 2022 年个人所得税收入结构

表 1 2018—2022 年秦汉新城个人所得税分税目收入情况 单位：万元

年份	2018 年	2019 年	2020 年	2021 年	2022 年
一、工资、薪金所得	6284	4341	5831	5363	4761
二、劳务报酬所得	45	1134	1696	286	143

续表

年份	2018年	2019年	2020年	2021年	2022年
三、稿酬所得	34	-33	1	2	8
四、特许权使用费所得	29	2	0	0	0
五、综合所得	0	0	-355	-592	-337
补缴	0	0	324	299	387
退税	0	0	-679	-891	-724
六、经营所得	1191	1007	863	1369	1298
其中核定征收	1185	848	561	194	333
七、利息、股息、红利所得	70	194	94	746	340
八、财产租赁所得	44	54	53	69	55
九、财产转让所得	4	0	0	23	589
其中房屋转让所得	0	0	0	0	582
股权转让所得	0	0	0	23	7
十、偶然所得	9	33	30	25	5
十一、其他所得	1	0	0	0	0
十二、税款滞纳金、罚款收入	3	27	7	9	13
合计	7714	6759	8220	7300	6875

3. 个人所得税行业结构分析

按行业特点来看，首先，辖区内传统重点行业（制造业、电力，热力）特点为人员众多且基本稳定，收入随着经济大环境发展而变化；其次，随着辖区内房地产行业的发展，建筑业及房地产业个税收入占到了一定比例，尤为突出的是 2019—2020 年房地产行业个税收入较大，与这两年辖区房地产市场交易火爆相契合；再次，随着秦汉新城招商引资力度的增加以及辖区内高新技术企业发展壮大，软件和信息技术服务业、租赁和商务服务业也占据了个税收入的一定比例；最后，今年以来，秦汉新城积极抢抓西安北跨发展机遇，助推科创类企业快速发展，科技创新类行业预计将成为下一个个税收入增收行业。

表2　2018—2022年人所秦汉新城个人所得税行业统计表　　单位：万元

年份	2018年	2019年	2020年	2021年	2022年
一、农、林、牧、渔业	0	4	1	0	2
二、采矿业	17	27	13	85	73
三、制造业	1166	829	782	1724	1381
四、电力、热力、燃气及水的生产和供应业	906	350	422	502	501
五、建筑业	1762	571	490	894	740

续表

年份	2018年	2019年	2020年	2021年	2022年
六、批发和零售业	715	543	351	394	587
七、交通运输、仓储和邮政业	206	217	267	159	179
八、住宿和餐饮业	32	31	23	35	18
九、信息传输、软件和信息技术服务业	235	303	272	323	425
十、金融业	2	25	54	332	158
十一、房地产业	1180	2723	3397	976	815
十二、租赁和商务服务业	283	470	559	568	541
十三、科学研究和技术服务业	63	104	886	405	180
十四、水利、环境和公共设施管理业	14	14	39	37	77
十五、居民服务、修理和其他服务业	233	51	37	67	63
十六、教育	116	97	125	271	176
十七、卫生和社会工作	2	0	10	3	9
十八、文化、体育和娱乐业	144	35	46	64	78
十九、公共管理、社会保障和社会组织	628	365	446	461	871
二十、其他行业	11	0	0	0	0
合计	7714	6759	8220	7300	6875

(二) 秦汉新城个人所得税征管措施

1. 个税日常监督管理阶段

(1) 突出一个"宣"字造氛围，持续做好个税宣传辅导工作。将"便民办税春风行动""学雷锋志愿活动"与个税宣传辅导紧密结合，精准宣传辅导个税政策。

(2) 坚持一个"准"字促申报，切实抓好个税扣缴明细申报工作。定期通报经营所得与工资薪金所得申报进度，采取措施全力做好个税申报提醒及辅导服务。及时收集研讨疑难问题并给予解决，确保申报不出差错。

(3) 强化一个"治"字解疑点，积极推进数据质量治理工作。建立科所协调机制，明确职责分工，专人专岗负责核实数据。明确数据审核要求，提升数据治理质量，规范处理，化被动为主动，事前控制风险，帮助企业和员工更好地规避风险。

(4) 落实一个"查"字促管理，稳妥有序开展日常业务核查工作。定期开展特殊业务风险核查，以查促改，提升管理质效。按月核查企业明细申报情况，加强同企业所得税联动管理，防控涉税风险。

(5) 抓好一个"学"字促提升，切实有效提高税务干部业务能力。知行合一，学用结合，真正将学习成果转化为税收工作质效，提升纳税人、扣缴义务人满意度。

2. 个税汇算清缴工作阶段

（1）统筹安排，强化责任落实。制定个税汇算工作方案，细化工作目标任务单和时间表，压茬稳步开展汇算工作。

（2）细化落实，分类分批引导及网格化管理。构建起空间、时间和过程管理三种网格，明确责任人及汇算时间，分片包干，分类施策。

（3）创新辅导，精准开展政策培训。通过12366短信、微信群进行申报节点提醒，线下进管委会、进校园、进重点企业形成辐射带动作用，切实提升纳税人个税汇算技能。

（4）聚合力量，持续优化纳税服务。设立个税汇算专区及汇算专岗，抽派业务骨干组成个税汇算服务团队，保障纳税人顺畅高效办理个税汇算业务。

（5）加强协作，形成工作合力。上下联动，积极沟通，及时解决申报工作中的疑难杂症，确保申报进度顺利达标。

（6）严格审核，务求工作实效。专业团队负责退税审核抽检全流程、专门梳理审核经验、专人关注后续环节。

（7）持续发力，加强事后核查。为构建个税管理闭环，在汇算结束后部署开展年度汇算事后抽查，堵塞征管漏洞，避免少征漏征。

二、秦汉新城个人所得税征管成效

（一）从税务机关角度看

一是专项附加扣除享受面广，效应逐年显现。个税改革切实推动实现幼有所育、学有所教、病有所医、住有所居、老有所养等民生目标。

二是个税年度汇算顺利推进，越来越多的纳税人愿意参与汇算。

表3　2020—2022年秦汉新城个人所得税综合所得汇算情况

汇算年度	补税 测算人数	补税 申报人数	补税 办理进度	退税 测算人数	退税 申报人数	退税 办理进度	App申报率
2020年	770	767	99.61%	11317	10920	96.49%	86.03%
2021年	804	797	99.13%	12606	12201	96.79%	90.09%
2022年	650	648	99.69%	12899	12602	97.70%	92.99%

三是个税疑点数据治理持续进行，疑点数量逐年减少，与此同时，纳税人咨询问题类型也由简单转为复杂。

（二）从企业（扣缴义务人）角度看

一是电子化办税更加便捷。按照系统自动测算，不仅能让自然人享受到减税红利，而且年末可以准确计算出应纳税额，充分减轻了财务人员的办税负担。

二是税费优惠政策减少创业成本。个体工商户减半征收政策让个体工商户真切感受到了国家的支持。

三是助力企业进一步发展。随着个税综合所得负担降低，用工成本将得到一定程度的降低，坚定企业进一步发展的信心。

（三）从纳税人角度看

一是纳税人获得感强烈，减税降费效应明显。例如，月收入1万元以下的纳税人，在享受子女教育、赡养老人等专项附加扣除后，基本不需要缴纳个税。

二是全流程"指尖办税"，拓展功能实用方便。个税App已逐渐成为税务服务的一种延伸，不少纳税人第一次感觉到自己与税务部门的直接联系。

三是法治观念逐渐上升，维护自身权益意识更加强烈。被就业、被法人、被收入的情况无处藏匿。

三、秦汉新城个人所得税征管存在问题

（一）人员问题

一是自然人纳税人存在认知不够的问题。常常出现看不懂税收政策、无法搞清楚自己是否要汇算、不会操作App完成汇算的纳税人。

二是自然人纳税人存在主观不遵从现象。部分纳税人明确拒绝补税，不仅自己不遵从，同时利用社交媒体传播煽动大众集体造假。

三是自然人纳税人存在流动性大的现象。辖区内建筑工程行业人员流动性非常大，每月都存在入职、离职的人员，多处取得工资薪金的情况十分常见，汇算期间多数已经无法联系。

四是基层税务机关缺乏专业化个税管理人才。年龄大的税务干部知识层面和精力方面跟不上新时代个税改革的步伐，青年干部缺乏好的领路人和学习对象，长此以往不利于干部队伍的建设，更不利于辖区内的征管工作。

五是基层税务机关征管与服务的度难以把控。基于对纳税服务的各项考核以及自然人纳税人的特殊性考虑，征管职责并没有很好履行，服务也没有得到纳税人的充分认可。

（二）政策问题

一是劳务报酬与经营所得、工资薪金所得区分尚待明确问题。如表4所示，经营所得和劳务报酬都出现了医疗、咨询的内容，以及最后的其他劳务等兜底条款。在日常征管中，经常遇到无法划分工具体业务归属的情况。

二是平台企业个税管理仍处于摸索阶段。平台经济属于一种新业态，总体层面没有统一的管理方法，日常管理、风险防控均无政策可参考。

三是股权转让政策执行层面存在争议问题。例如，股东实缴了部分资金，其认缴出资期限尚未到期但又对外转让了股权，股权转让收入及原值该如何确定、个税如何计征，目前政策并无明确规定，在实务中争议也比较大。

四是核定征收制度存在滥用现象。核定征收从本质上讲是一种惩罚性措施。部分企业故意不建账，采用核定征收实现税收筹划避税，造成国家税款的流失。

表 4　信度分析

名称	劳务报酬	工资薪金	经营所得
定义	劳务报酬所得，是指个人从事劳务取得的所得，包括从事设计、装潢、安装、制图、化验、测试、医疗、法律、会计、咨询、讲学、翻译、审稿、书画、雕刻、影视、录音、录像、演出、表演、广告、展览、技术服务、介绍服务、经纪服务、代办服务以及其他劳务取得的所得	工资、薪金所得，是指个人因任职或者受雇取得的工资、薪金、奖金、年终加薪、劳动分红、津贴、补贴以及与任职或者受雇有关的其他所得	经营所得是指： 1. 个体工商户从事生产、经营活动取得的所得，个人独资企业投资人、合伙企业的个人合伙人来源于境内注册的个人独资企业、合伙企业生产、经营的所得； 2. 个人依法从事办学、医疗、咨询以及其他有偿服务活动取得的所得； 3. 个人对企业、事业单位承包经营、承租经营以及转包、转租取得的所得； 4. 个人从事其他生产、经营活动取得的所得

（三）系统及体系问题

一是系统、体系管理职责存在交叉。系统管理、欠税管理以及考核目前均存在交叉脱节的情况。

二是系统设计方面有待完善优化。如专扣填写后可随意变更扣除方式问题，系统操作与政策规定的不一致影响了税法的严肃性。ITS 税务端模块分散性太强，经常查询一条有效信息需要几个模块导出信息后进行 EXCEL 筛选匹配。

三是系统信息与外部门数据交换能力有待提升。从人工审核情况来看，专项附加扣除数据系统比对准确程度不够高，从收入来源来看，随着收入多元化、隐秘化发展，没有合理的渠道了解，造成大量的税款流失。

四是个税监管体系有待进一步健全。针对自然人的纳税信用体系建设，目前仍未有明确的认定办法、鼓励及惩戒措施。面对不配合的纳税人，税务机关只能好言相劝，拘泥于体系，十分被动。

四、秦汉新城个人所得税征收管理对策建议

（一）人员方面

一是针对自然人纳税人，要因地制宜，因人施策。从各所情况看，第二税务所为重点税源所，需以扣缴义务人为抓手，达到事半功倍的效果；正阳税务所要注意甄别平台企业业务混淆现象，防止税款流失；周陵税务所主要涉及传统行业及建筑行业，注意关注自然人信息准确程度及离职人员情况。

二是要加强宣传，形成浓重的社会氛围感。制作宣传视频结合当下热点、实事新闻，让公众更有亲切感；联合当地财政部门，公布部分税收收入的用途，让公众更有参与感。

三是传帮带以老带新，以新促老共提高。年轻同志学习老同志税收工作的方式方法，老同志借鉴年轻同志的新思维，拓宽工作思路，形成互相学习、取长补短的良好局面。

（二）政策方面

一是要开阔思维，不拘泥传统模式。遇政策不明就要开阔思路，引用会计、民法层面的相

关权威概念，其他各省市的细则规定。

二是要探求本质，理解政策深层次的含义。以劳务报酬、工资薪金所得和经营所得三者为例，工资薪金所得重在是否存在雇佣与被雇佣关系，劳务报酬重在个人的纯劳务，经营所得除了有劳务，还有对应的成本支出，理解了业务实质，才能对日常征管业务判断更有把握。

三是要收集案例，整理观点，为科学决策层提供重要依据。积极探索，聚集分析，形成一批前瞻性、针对性和可操作性的调研课题，为领导决策提供参考，为纳税人解决实际问题。

（三）系统体系方面

一是明确工作职责。建议从省局层面梳理各部门管理职责，明确分工，做到职责清晰、考核合理，以便个人所得税管理水平的持续提高。

二是优化 ITS 系统功能。增加模拟库，确保税务人员对扣缴客户端及 App 有更加直观的操作体验，更好地帮助纳税人解答疑难问题。

三是加强系统信息交换。实现一人式智能信息归集，最大限度地减少纳税人证明材料，提高办税效率。

四是尽快形成个税监控体系。尽快出台并完善具体的惩戒措施，让执法者有数据可参考、有政策可依据、有措施可执行。

课题组成员：李建良　杨文辉　白　石
　　　　　　　段　晔　胡　英
执　笔　人：胡　英

完善高净值高收入自然人风险管理的建议

——高净值高收入自然人税收管理国外经验探究

国家税务总局广州市税务局第四税务分局课题组

高收入高净值自然人（以下简称"双高"）是指具有相对高收入或较高净资产的人。2019年1月1日《中华人民共和国个人所得税法》实施，此次个税改革一大亮点就是增加反避税规定，针对个人不按独立交易原则转让财产、在境外避税地避税、实施不合理商业安排获取不当税收利益等避税行为，赋予税务机关按合理办法进行纳税调整的权利。当前立足国情，进一步强化双高自然人税收管理，缩小高收入者与低收入者的收入差距，调节纵向公平，既是充分发挥税收调控作用、缩小国民收入差距的重要任务，也是提升税收管理质效的关键举措，更是进一步推动实现共同富裕的现实需求。

一、国外个人所得税管理经验借鉴

中国在借鉴国外个人所得税经验基础上，结合本国基本国情和经济发展状况，在税务管理方面也可寻找灵感，更有利于我国个人所得税的税收管理。

（一）欧盟——自动情报交换机制

欧盟采取的策略是加强各国之间的情报交换。税收方面的情报交换有多种机制，包括专项情报交换、自动情报交换、自发情报交换等。欧盟采取的是自动情报交换机制，即一国可以定时地从他国获得本国居民的收入信息，这在很大程度上可以减少税收征管时间及成本，有利于本国的税款征收。

（二）加拿大——严格纳税申报制度

加拿大法律规定纳税人在进行跨境经济活动时必须及时进行纳税申报，并证明该活动的目的只是为了商业贸易。在遇到税收争议时，纳税人负有举证义务。对于加拿大公民，个人所得税法还规定：1. 加拿大公民需自行申报纳税；2. 对于纳税人身份的确定，加拿大采取的是"意向"标准。

（三）日本——最早开征个人所得税的国家

日本经历了从分类所得税制到综合所得税制再到分类与综合相结合的个人所得税制模式。日本实现了整个税收征管过程信息化管理：日本的税务机关建立了全国性的税务信息系统，这就意味着在全国范围内的税务机关都可以在同一系统内对纳税人的税务信息进行管理。日本对双高自然人进行单独管理，对于偷逃税款的违法行为，日本采取了非常严厉的法律措施，首先会要求纳税人补缴税款，其次会处罚隐瞒收入35%的加算税以及相应行政处罚，最后视偷逃税款的数额大小判处两年以下的有期徒刑。

二、双高自然人税收管理问题

（一）双高自然人认定标准

双高自然人的认定是我国实行双高自然人管理的重要条件和基础。目前，国外对此的认定主要有两种：一种是只根据财产来确定，例如，英国、爱尔兰、加拿大、新西兰；一种是根据整体资产状况和收入状况，例如，美国、西班牙、葡萄牙。各国的资产和收入的数额因其各自的情况而不同，比如，英国将资产超过两千万英镑者确定为双高自然人，美国将资产或者收入超过一千万美元者确定为双高自然人。

本文参照招商银行2021年度发布的《中国私人财富报告》使用的标准，即指拥有可投资资产在1000万元人民币以上的个人，据统计中国双高人士数量已经达到300万人以上。双高人士主要为以下身份：私营企业家、企业高管、影视人员、网红及头部自媒体人员、体育行业从业人员、金融等高薪行业人员以及因家庭关系获取、持有大量资金人员。

（二）双高人士身份特征

双高人士一般具有两大特点：一是其持有大量可投资资产，常用于进行个人投资，且收入来源较多，包括但不限于股权转让、不动产转让、工资薪金、生产经营所得等，涉及增值税、个税、消费税等多税种的缴纳；二是双高人士的薪资等收入普遍较高，需要承担的个人所得税税额较大，同时双高人士的财富分布和收入来源具有跨区域和国际化的特点。

（三）双高人士税收特点

我国双高自然人税收管理存在的问题有四个。

一是双高自然人界定尚无统一标准。目前，我国还没有从制度层面出台双高人群的具体标准，导致无法精准定位重点人群。

二是在个人所得税综合与分类相结合的税制下，不同所得项目税率差异明显，使得纳税人尤其是双高人群利用分解所得项目、变通收入类型等途径逃避税收成为可能。在实际生活中，某些双高人士自然人自行申报制度自觉性不高，滥用核定征收、拆分收入等方式逃避税款，我国在双高人群的纳税管理上亟须加强。

三是部门间信息共享机制有待完善。由于信息共享主体仅限于政府部门，各个部门之间的数据口径不尽相同，数据融合的质量也较差，而支付宝、微信等具有大量个人关键数据的社区和微信平台尚未实现信息共享，个人信用管理体系亟待完善。

四是反避税手段不够成熟。2018年《中华人民共和国个人所得税法》修改后，虽然第一次将反避税条款纳入其中，但其条款的设定具有原则性和可操作性，但其中的一些细节还需要进一步细化，而双高群体的金融资产又不能得到有效的监控，因此我国的税收政策存在着一定的避税空间。

三、双高自然人的税收风险防范类型

根据现行税收管理实践,本文对照梳理双高自然人常见的税务风险包括刑事风险和行政风险。

(一)刑事风险

1. 虚开犯罪风险。虚开发票类型案件常见于石油化工、再生资源等行业,这类行业的中高层一般都属于双高人士。除了上述企业因行业特殊性可能面临虚开犯罪风险外,企业虚开发票增加经营成本冲减收入的行为也屡见不鲜。对于双高人士而言,做好虚开类型案件的企业合规尤为关键。

2. 逃税犯罪风险。由于双高人士多是企业负责人,出于企业经营便利性的考虑和降低企业及个人税负的考量,可能存在使用个人账户进行企业资金收支的情况,引发企业账户与个人账户混同。公私账户混同的情况可能被认定为偷税,甚至被司法机关以逃税罪予以立案。

(二)行政风险

1. 税收洼地及财政返还税收风险。近年来多起明星、网红纳税筹划被税务机关定性为偷税并予以行政处罚的案例持续引起公众关注,也给广大双高人士敲响了警钟。税收洼地和财政返还是纳税筹划最为常见的一种手段,也是许多双高人士花费重金请专业人员设计出的方案,其境内部分的核心就是围绕部分省市或是区域的"低税"以及财政返还政策降低实际税负。国家税务总局发布《关于违规返还税收收入等方面问题的整改情况》文件,一方面叫停不合规的税收返还的规定,另一方面打击相关避税行为。

2. 平价股转风险。双高人士为实现财富的积累通常涉及大量投资和持股。在股权转让时为了减少税款,存在个人先将股权平价转让至其名下的个人独资企业或合伙企业,再以个人独资企业与股权受让方交易。但随着《股权转让所得个人所得税管理办法(试行)》(国家税务总局公告2014年第67号)和41号公告出台,该行为一旦被税务机关发现,很可能被认定为偷税而遭到税务稽查,将面临补缴税款和滞纳金。

3. 转换收入性质风险。双高人士通过成立个人独资企业收取个人收入或虚构业务转移收入,将个人劳务所得转化为个人独资企业经营所得,利用劳务所得与经营所得的税率差异和个人独资企业核定征收的方式降低税负。但通过虚构业务转换收入性质进行虚假申报的行为十分容易引起税务机关的关注,并可能因此被认定为偷税,并处以高额罚款。

(三)反避税调整风险

我国已经开始重视并强调个人的反避税问题,在新个人所得税法中正式确立了反避税规则。双高人士利用海外信托公司搭建的税收架构,也可能被税务机关认定为交易违反"合理商业目的"而受到反避税调整;"实际管理机构"规则的实行,让境内外关联企业之间利用关联交易腾挪收入、降低税费变得更加困难,在实务中,深圳税务部门以"香港公司的实际管理机构在中国内地为由",要求香港公司的收入按内地税收居民企业来缴纳企业所得税。

四、双高自然人税收管理现状分析

(一) 双高自然人税收管理体系

双高自然人需要完善的税法和政策，纳税申报和缴纳、税务审计和监管、国际税收合作、税收筹划和咨询、教育和宣传现在处于探索起步阶段。建议对双高自然人税收征管过程信息化管理，并对双高自然人进行重点管理。

(二) 税收管理面临的挑战和实践

1. 加强信息共享：中国税务部门加强了与其他部门的信息共享，以获取双高自然人的更多信息。

2. 实施专项纳税评估：中国税务部门对双高自然人实施专项纳税评估，加强对其收入和资产的监控。例如，对双高自然人的股权转让、房地产交易等行为进行重点评估。

3. 加强国际税收合作：中国积极参与国际税收合作，加强与其他国家和地区的信息交换和协作。这有助于防止双高自然人通过跨境转移资产等方式逃避纳税义务。

五、对完善双高自然人风险管理的建议

与国外双高人士相比，中国双高人士个人境外财富架构筹划的认知水平还处于一个初级的阶段，相应的风险管理也处在起步阶段。

(一) 建立双高自然人税收信息数据库

推行高收入双高纳税人财产登记制度，同时建设先进的税收信息化系统，收集相关自然人财产信息，推动财产登记档案电子化；建立双高自然人信息匹配制度推动纳税识别号与企业法人、财务管理人员、纳税人银行账户等信息自动关联匹配，实时掌握纳税人信息和企业股权变动、纳税信息和企业财务状况，防止税收流失。

(二) 完善双高自然人税收风险核查机制

建议对高收入自然人税收风险等级划分，增加其税务合规的确定性。一是利用内外部信息构建双高自然人风险分析监控指标模型，及时实施科学准确预警，提升风险管理和税收服务。二是严格个体工商户和个人独资企业的个人所得税核定征收范围，将核定征收情况纳入巡查督查范围。三是加强反避税管理，完善反避税管理机制。加强对双高人群的避税行为的典型案例研究，制定反避税操作指南，为各级税务部门在反避税工作中的具体实施提供参考，并对其进行打击。四是设立专门管理部门，借鉴国外个税征管经验，针对高收入自然人采取专门管理，实施严密的税收管控措施、加强对偷逃税的法律制裁，围绕加强双高人群税收征管，探索实施双向申报、自愿披露、强制披露、弃籍清税等管控办法，提升税收征管效能。

(三) 加大自然人纳税信用管理和运用力度

进一步完善自然人纳税信用管理制度，建立自然人纳税信用信息库，并推动个人纳税信用与社会信用体系整体联动，同时将不诚信的涉税行为媒体曝光，营造重视纳税信用、珍惜纳税信用、提升纳税信用的良好氛围。

（四）对双高自然人提供对应纳税服务

一是建立自然人自愿披露机制。借鉴国际经验，结合我国实际，完善相关制度，逐步实施自愿披露差别化激励政策，给予纳税人改正错误的机会，提升税法遵从度。二是建立完善税收反馈机制。提供在线实时反馈纳税信息、风险预警提示、纳税申报等服务，加强税收宣传，增强纳税人的获得感、荣誉感。

课题组组长： 程金勇
课题组成员： 郑毅晖　常　勇　敬慧辉

关于资产证券化企业所得税有关问题的调研

于永勤

一、资产证券化的基本情况

(一) 资产证券化的概念

资产证券化是指以基础资产或资产包所产生的现金流为偿付支持,通过结构化等方式进行信用增级,在此基础上发行资产支持证券的业务活动。主要包括以下三个类型。

1. 信贷资产证券化。指由中国人民银行和中国银行保险监督管理委员会监管,并在银行间债券市场流通转让的信贷资产支持证券。

2. 企业资产证券化。指由中国证券业监督管理委员会监管,并在上海证券交易所、深圳证券交易所和机构间私募产品报价系统流通转让的企业资产支持证券。

3. 资产支持票据。指由中国银行间市场交易商协会监管,并在银行间债券市场流通转让的资产支持票据。

不同类型资产证券化的发起人、基础资产、受托机构和登记托管机构也有所区别,详见表1。

表1 资产证券化类型

项目	信贷资产证券化	企业资产证券化	资产支持票据
简称	信贷ABS	企业ABS	ABN
主管部门	央行、银保监会	证监会	交易商协会
发起人	金融机构	非金融机构	非金融机构
基础资产	信贷资产	符合法律法规规定,权属明确,能够产生可预测现金流的财产、财产权利或财产和财产权利的组合,企业应收款、基础设施收益权等	与企业ABS趋同
受托机构	信托公司	证券公司、基金管理公司子公司	信托公司或交易商协会认可的其他载体

续表

项目	信贷资产证券化	企业资产证券化	资产支持票据
交易场所	银行间债券市场	证券交易所、全国中小企业股份转让系统、机构间私募产品报价与服务系统、证券公司柜台市场	银行间债券市场
登记托管机构	中央国债登记结算有限责任公司	中国证券登记结算有限责任公司或中证机构间报价系统股份有限公司	银行间市场清算所股份有限公司

（二）我国资产证券化市场整体情况

我国资产证券化产品在 2005 年开始试点，经过二十余年的发展，已初步进入规范化、常态化发展阶段。当前，资产证券化已成为企业结构化融资的重要渠道，截至 2023 年 6 月末，我国发行的资产证券化产品金额超过 16 万亿人民币。其中 2016—2021 年资产证券化市场整体保持高速增长态势，资产支持票据年发行规模增速领先，企业资产证券化产品年发行量占比最高。2022 年至今，受宏观经济形势及国家产业政策影响，国内资产证券化市场发行有所放缓。有关情况详见下图 1。

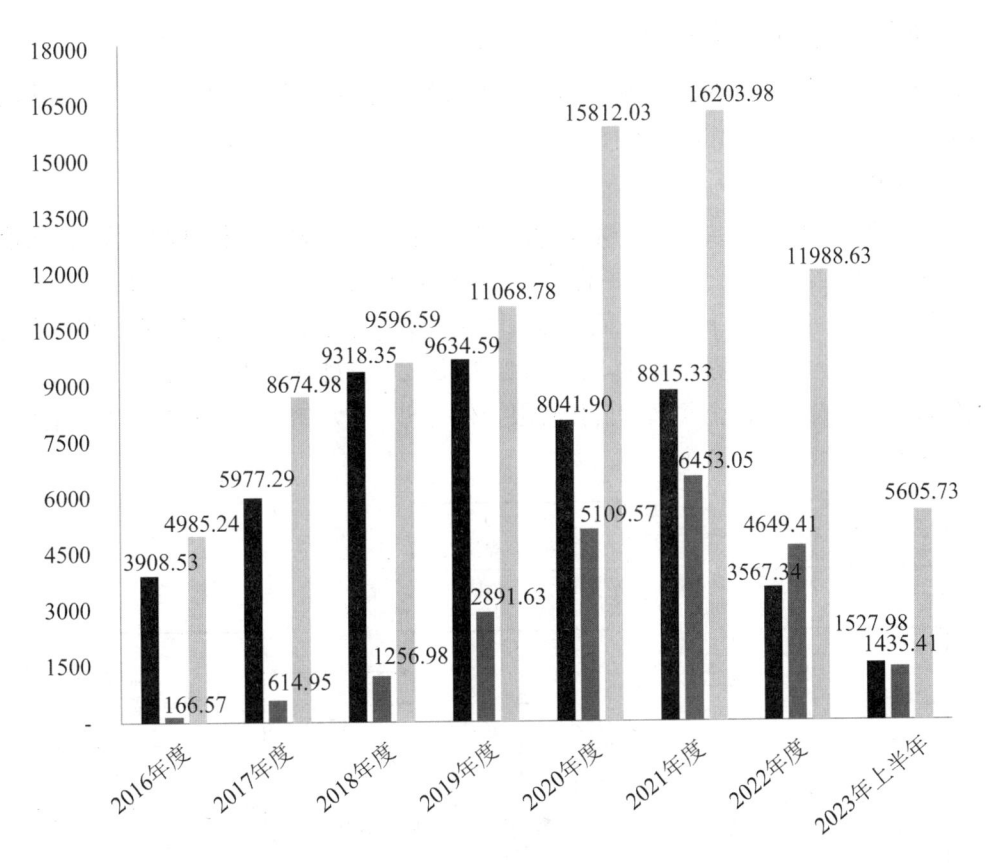

图 1　2016—2023 年上半年资产支持证券发行概况

（三）资产证券化的作用

1. 资产证券化对企业的影响

对于发起机构而言，资产证券化可以把企业流动性差的资产或者是未来可预期的现金流"变现"成目前可用的资金，起到资产结构调整和资产流动性增强的作用；对投资人而言，资产证券化可以实现风险隔离，将证券化的资产隔离于发起机构的经营风险（比如债务风险、破产风险等）之外，提高了证券化资产的信用。

2. 资产证券化对金融市场的影响

资产证券化对金融市场的发展也具有积极影响。首先，资产证券化可以提供更多的投资选择和机会，吸引更多资金进入市场。投资者可以通过购买资产证券化产品获得不同类型的资产收益。其次，资产证券化产品的发行和交易活动有助于提升金融市场的活力和流动性。

3. 资产证券化对经济的影响

资产证券化对我国经济发展具有重要意义。它有助于推动结构调整和经济转型。通过资产证券化，企业可以更好地释放资产的价值，实现资金的重新配置和产业的优化升级，推动产业结构调整。

二、资产证券化的运作模式

现以中国信达资产管理股份有限公司（以下简称"中国信达"）信贷资产证券化项目为例，说明我国资产证券化运作的基本模式。

（一）交易结构

中国信达在银行间市场共发行 3 期信贷资产证券化产品，发行规模 119 亿元。开展信贷资产证券化业务的基础资产为公司对公不良类资产，其对公不良类资产主要来自银行。

中国信达 2021 年 8 月 4 日在银行间债券市场发行设立的信瑞 2021 年第一期不良资产支持证券项目，属于信贷类资产证券化项目。发行规模 23 亿元，基础资产涉及 34 名借款人的 55 笔对公不良贷款。受托人为中国金谷国际信托有限责任公司，主承销商为信达证券股份有限公司。交易结构详见图 2。

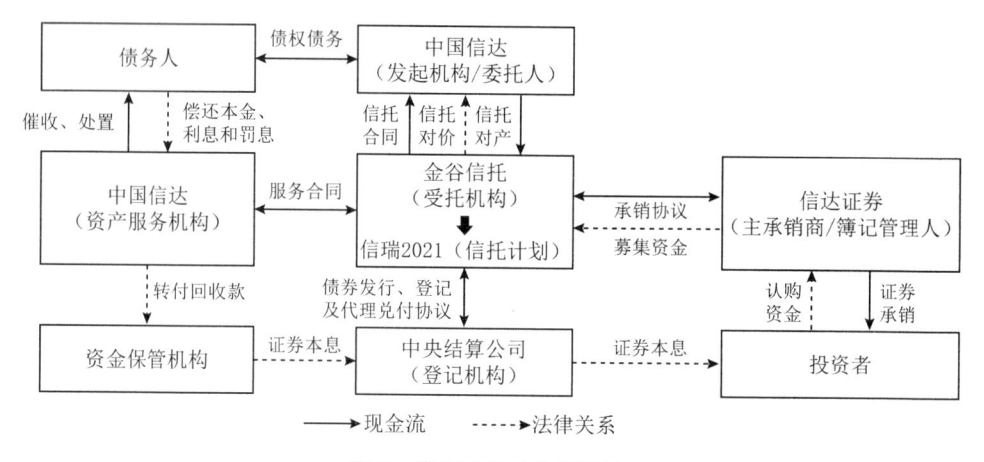

图 2 资产证券化交易结构

（二）交易环节及相应会计处理

从资产证券化交易运行的全程看主要涉及设立环节、经营环节和投资者取得收益及退出环节，各环节有关情况如下。

1. 设立环节

（1）发起机构的交易情况和会计处理

按照会计核算要求，发起机构的现时债权或未来债权等基础资产一般表现为企业的金融资产，例如，信贷资产、应收账款等。企业将收取金融资产现金流量的合同权利转移给其他方时，收取该金融资产现金流量的合同权利终止，发起机构需要终止确认金融资产，也就是我们经常所说的基础资产的会计"出表"；反之，就是"不出表"。

出表时，证券化表现为发起机构转让基础资产的行为。发起机构账面终止确认金融资产及其相关的未来利息收入，同时按金融资产的转让价格与账面价值的差额确认转让所得或损失。会计处理借记：银行存款；贷记：贷款。如果发起机构收到的募集资金与"贷款"的账面价值之间存在差异，应确认为当期损益。

不出表时，证券化则表现为发起机构的融资行为。发起机构继续确认相关基础资产，同时将因资产证券化形成的未来偿付义务确认为新的"金融负债"，并对融资费用进行后续计量。会计处理借记：银行存款；贷记：应付债券，等同于发行债券。在企业所得税处理上，不出表时，发起机构不确认资产转让所得，往往也不涉及企业所得税处理。

（2）受托机构的交易情况和会计处理

受托机构中国金谷国际信托有限责任公司设立的信托项目计划，先募集资金，将发行资产支持证券募集到的资金借记：银行存款，贷记：实收信托。然后用募集到的资金购买信贷资产，借记：贷款（信贷资产）；贷记：银行存款。

2. 经营环节

在经营环节，受托机构对信托项目进行管理，同时联合登记、托管机构等对信托项目提供中介服务。该环节涉及的主要交易包括第三方机构的中介服务、基础资产入池后经营。

发行结束后，由资产服务机构将收取的基础资产产生的本息现金流交给受托机构，信托项目计提利息时借记：应收利息；贷记：利息收入。收到利息时借记：银行存款；贷记：应收利息。发生并支付因资产支持证券产生的管理费、托管费时借记：营业费用；贷：应付受托人报酬、应付托管费等。期末从未分配利润中支付投资人利息，借记：未分配利润；贷记：应付受益人收益。

3. 投资人取得收益和退出环节

基于证券化产品经营环节的现金流入，产品的投资人会因持有资产支持证券而取得相关收入；此外，投资人也会通过转让资产支持证券实现买卖差价收益或损失。若资产证券化到期清算，投资人将因此确认清算所得或损失。综合来看，投资人购买资产支持证券主要涉及取得持有收益、证券转让收益以及清算所得或损失。

三、存在的问题

随着财政部和国家税务总局《关于信贷资产证券化有关税收政策问题的通知》(财税〔2006〕5号,以下简称财税〔2006〕5号)废止执行,资产证券化纳税反映出以下三个问题。

(一)发起机构以基础资产设立资管产品的税务处理需明确

在设立环节,对于基础资产"出表"形成损失的,现有政策未明确规定可以作为资产损失税前扣除,这部分损失如何进行税务处理需明确;对于基础资产"不出表"的,企业确认的融资费用能否作为利息支出进行税务处理也需明确。

(二)资管产品的税务处理需明确

在经营环节,受托机构设立的信托计划等资管产品属于契约型组织,不是企业所得税纳税人,对于此类资管产品的收益是按照会计核算要求确认,还是按照企业所得税政策规定确认需明确。此外,资管产品实现的收益归属于投资人,投资人是将全部视为其取得的收益,还是将资管产品作出利润分配的作为投资人取得的收益需明确。

(三)投资人取得收益和退出的税务处理需明确

投资人在持有环节和退出环节的税务处理涉及两个问题:一是在资管产品纳税义务不明确的情况下,投资人投资于资管产品,是以资管产品分配的收益确认投资所得,还是以资管产品实现的收益中归属于投资人的部分确认投资所得需明确;二是在清算退出环节,投资人如何计算退出损失或收益也需明确。

四、解决措施

考虑到资产证券化属于新的模式,对促进企业和经济发展起到积极作用,因此我们建议采取包容和审慎的态度对存在的问题予以明确。

(一)明确发起机构以基础资产设立资管产品的税务处理

对于发起机构以基础资产设立资管产品的,如基础资产符合出表要求且具有合理的商业目的,不是为了避税而设立资产证券化项目的,可以将基础资产转让损失作用资产损失从税前扣除;对于未出表的,视为企业发生融资,发生的融资费用在不超过按照金融企业同期同类贷款利率计算的数额的部分,准予税前扣除。

(二)明确资管产品的税务处理

资管产品虽不是企业所得税纳税人,但其涉及投资者的纳税义务。同时考虑到资管产品确认的收益与按税法计算的所得差异较小,且大多数资管产品会将当期全部收益向投资人分配,因此在财政部和国家税务总局未明确前,建议一是暂按会计核算的规定计算资管产品收益;二是对于资管产品未向投资者分配的利润,暂不在资管产品层面计征企业所得税。

(三)明确投资人取得收益的税务处理

1. 明确投资人从资管产品取得投资收益的时间

考虑到投资人投资资管产品属于权益性投资,建议按照《实施条例》第十七条的规定,以资管产品作出收益分配决定的日期确认投资人取得投资收益。投资人从资管产品取得的投资收益不属于免税收入，应并入纳税所得计征企业所得税。

2. 明确退出时收益或损失的确认问题

考虑到资管产品不是企业所得税纳税人，其实现的收益均为税前收益，因此建议以清算退出时投资人收回的资产与其投资成本的差额确认投资收益或损失。

（作者单位：国家税务总局北京市税务局企业所得税处）

平台经济下直播带货的个人所得税问题治理研究

国家税务总局宁波前湾新区税务局

直播带货作为平台经济的重要组成部分，已经成为电商行业中的新热点，该模式的实施带来了诸多经济效益。然而，直播带货的快速发展也引发了一系列问题，其中之一就是个人所得税征收管理问题。由于直播带货的特殊性，很多主播和直播平台的个人所得难以准确计算和监管，且由于对直播带货行业中的个人所得税税收政策尚不完善，缺乏明确的规定和指导，导致个人所得税的征收和管理存在困难。近些年，国家曝光了一批隐瞒高收入未如实申报的带货主播，释放了加强直播带货行业税收治理的强烈信号。

一、直播带货行业的发展近况

直播带货的营销模式诞生于被称作"直播元年"的2016年，纵观其发展历程，其间经历了探索期和成长期，现阶段正处于"爆发式增长"的爆发期，产业链也日趋完善。据"洞见研报"的统计数据分析，近几年我国网络购物和直播的用户呈现快速增长态势，截至2022年12月，中国网络购物用户规模达8.45亿人次，同比增长0.04%，使用率为79.2%；2022年网络直播用户规模达到了7.51亿人，增幅6.83%，直播电商用户规模达4.73亿人，同比增长10%。直播带货行业的兴起也带动了其他新兴业态的崛起，主要表现为以下三个特征。

（一）行业企业规模持续上升

根据研究数据显示，2017—2022年我国直播带货行业企业规模保持持续增长态势，分别为2915家、3545家、5684家、7502家、1.59万家和1.87万家，近六年来呈现波动增长，其中2021年增速最快，达到了111.94%。2022年度，行业市场规模为34879亿元，较诞生初期的196.4亿元增长了近178倍，成交额也由初期的268亿元增长至24816亿元，增幅近92倍。

（二）行业垄断现象越发凸显

当下，我国直播带货平台被抖音电商、快手电商和淘宝直播三大平台垄断，交易规模占整体市场规模的90.92%。根据《2022年度中国直播电商市场数据报告》分析，2022年度抖音电商交易规模约为15000亿元，同比增长87.5%，快手交易规模9012亿元，较上年同期增长32.53%，淘宝直播交易规模约为7700亿元，增幅达54%，三大平台的垄断优势越发显著。

（三）行业地区分布差异明显

随着直播带货行业的崛起，带动了其他新兴业态的迅速发展，也为部分省市经济的转型升级注入了新的动力。在《2022年广东省直播电商市场分析白皮书》中公布的直播电商零售数据上可以看出，直播经济地域差距明显，在排名前三的省市中，广东省、浙江省和上海市直播带货的零售额占比达56%，超过了全国零售额的一半，其中广东省占比达23.7%，位列全国第一。

三、直播带货行业个人所得税征收管理问题

（一）纳税主体及扣缴义务主体认定难

直播带货行业的参与主体身份较为复杂，分为销售商家、直播平台、电商平台、主播、消费者，这些参与主体会因为实际合作模式的差异而出现身份上的重叠，并且由于带货直播平台的类型不同，使得各类参与主体身份极易混淆，从而导致税务机关难以认定直播带货行业的纳税主体及扣缴义务主体。

（二）纳税收入适用税目认定难

直播带货行业除了主体人员复杂外，收入来源也因为行业的新颖、主体间的合作模式不同和消费者的消费方式不同而显得五花八门，例如，直播带货中往往伴有"直播打赏"这一新型收入，它的经济性质该如何确定存在着较大争议，有人认为这是无偿赠予，有人认为这是劳动所得，还有人认为打赏具有不确定性，属于偶然所得。不同观点所要适用的税目税率各有不同，若认定为赠与，则不需要缴税；若认定为劳动所得，则需要根据合同确定是工资薪金所得还是劳务报酬所得；若认定为偶然所得，则按照20%的税率纳税。类似"直播打赏"等一系列新型收入，税收法律法规并未明确它们的具体性质，故税务机关较难毫无争议地确定为某个适用税目。

（三）征税管辖地确认难

由于直播带货行业的特殊性，主播没有固定机构，登录地址能够轻易转移，商品或服务的运输、资金动向、信息流等要素极易分离，使得其纳税地点可以被隐藏和转移，导致税务机关难以认定其税收管辖地。此外，由于直播带货业务覆盖范围具有全国性，但是直播平台的注册地址只有一个，那么如何确定其分布在全国范围内的具体业务的税收归属，也是一个需要解决的问题。

（四）计税依据不明确

网络支付的兴起使得主流支付方式由线下转为线上，绝大多数的直播带货都是通过支付宝、微信、数字人民币等第三方支付来完成交易的。随着直播带货行业的发展壮大，很多直播平台与第三方支付平台签署了合作协议，主播可以将收益提现至第三方支付平台，但税务机关与第三方支付平台的信息共享程度有限，无法完全明确主播各种渠道的收入来源和收入性质，导致税源监控存在一定难度。

（五）税收核查难度大

我国的直播带货行业具有平台多元化、税源多样化、无实际经营地址、主播流动性较强、收入隐蔽化等特点，税务部门在核查纳税人申报信息的真假以及其中的风险点时，常常面临核查工作量巨大、核查效率低等问题。主要是因为：一是风险监督机制尚未建立，对高风险行业、高风险主体的精准监控与预防手段还处于摸索阶段，对直播带货这一新兴行业缺乏预防式监管，

导致其中的一些不诚信纳税的主体有机会钻法律漏洞做出违法行为，扰乱风气；二是涉税信息传递机制不完善，缺少高效、完整的跨地区涉税数据采集系统，跨城市、跨省份的互动程度较低，缺少与工商、公安、民政、金融机构、第三方支付平台、直播带货行业协会、直播带货平台等互动，导致了直播带货行业税收信息的掌握程度低。

四、完善直播带货行业个人所得税征管的建议

（一）完善税收征管法律体系

1. 明确纳税主体及扣缴义务主体

在《关于进一步规范网络直播营利行为促进行业健康发展的意见》中规定了网络直播平台、网络直播服务机构应该依法履行代扣代缴义务，却没有明确规定对于不同类型主播和不同渠道收入应由哪方承担扣缴义务。在支付报酬的过程中，直播平台、销售商家拥有对收入的分配权和控制权。在数字化交易的过程中，直播平台作为打赏收入数据的直接拥有者，掌握完善的主播涉税信息。由此可见，直播平台掌握着主播收入的控制权，主播事实上也在为平台提供服务，所以在明确网络主播为纳税主体的基础上，应当将直播平台作为第一顺位的代扣代缴义务人更为方便、直接，销售商家、电商平台、经纪公司等主体可以作为补充顺位的代扣代缴义务人，具体以主播与相关主体签订的合同为准。

2. 明确适用税目

规范不同直播带货收入性质的界定，依据主播与直播平台、销售商家、电商平台之间的法律关系，将直播带货收入明确划分为工资薪金所得、劳务报酬所得、偶然所得、经营所得等税目。

对于打赏所得的适用税目，应定性为工资薪金或劳务报酬，不应按照无偿赠予或偶然所得计税。首先，打赏所得不应当被认定为无偿赠予，因为打赏行为实际是一种消费行为，而非无偿的赠予；其次，打赏所得不应当被认定为偶然所得，因为打赏行为具有明显的目的性，与彩票、抽奖等偶然事件差别较大。

3. 明确税收管辖权

要完善有关税收法律规范对于直播带货类新兴业态的税收征管方式，可以适用与消费地以及目的地预征税款、商品以及相关服务提供方所在地的定期结算补缴相结合的方式，来确定税款征收的管辖地。同时，为了避免税收外逃至外国"避税洼地"以及"避税天堂"，可以用显著经济存在等其他方式来认定纳税征收地点用以代替常设机构对于纳税地点的确认，从而解决纳税地点确认的问题。

（二）精准实施税务监管

1. 充分利用纳税人识别号

纳税人识别号是直播带货行业个人所得税征管体系中最重要的组成部分，即主播的直播带货活动需要以其专属的纳税人识别号作为载体。税务机关要加强对大数据工具的利用，以纳税人识别号为基础，建立主播信息数据库，收录主播所有相关信息，包括但不限于社保、房产、收入来源、纳税情况等，税务机关通过查阅纳税人识别号即可知道主播所有的涉税经济往来，

从而全方位监管主播直播带货收入，实现网络主播直播带货涉税数据的"云存储""云计算""云管理"。同时，税务机关也可以利用主播信息数据库，梳理主播与销售商家、直播平台、电商平台的法律关系，提供税收法律政策讲解支持，协助直播平台、销售商家落实代扣代缴义务。

2. 搭建涉税信息共享平台

面对各地税务部门信息沟通不畅的现状，需要建立以"金税四期"为载体的、全国统一的第三方涉税信息共享平台，实现对涉税信息统一完善的监管。一是要完善直播平台的涉税信息报告义务，督促直播平台将其掌握的有关直播带货收入状况定期予以报告，明确其代扣代缴责任，减少直播平台与税务机关的信息不对称；二是工商、公安、民政等部门所掌握的相关涉税信息，应在政府的统一领导和协调下，列入涉税信息需求目录中，这些部门要与税务部门定期交换信息、实现共享信息；三是要完善税务部门与金融机构、第三方支付平台、直播带货行业协会之间的信息共享，使税务部门能对直播带货收入状况进行核查，完善对直播带货收入的监管。

3. 加强风险管控和监管

加强对直播带货行业个人所得税征管风险的管控和监管，建立涉税数据筛选机制和涉税风险分析机制，即根据纳税人识别号，将主播信息数据库收录的数据、平台共享数据库中的数据与主播纳税申报的数据进行对照分析，按照比对之后的差异程度设置相应的风险等级，对不同风险等级投入不同的关注程度，并以不同的方式进行税务监管。对风险等级较低的主播，允许其在一定期限内自查自纠；对于到期后依然不改正或者风险等级较高的主播，由税务机关专人审核查证，并依照税务征收管理法规定程序进行税务稽查。

4. 建立健全信用风险监管体系

利用大数据工具建立健全直播带货行业个人所得税信用风险监管体系，将直播带货税收风险纳入个人信用体系，并根据风险等级、风险管理结果、产生效应等信息反馈给风险监管指标体系。风险监管指标体系可以建立事前预警机制、事中监督机制、事后反馈机制。"事前"给主播推送税收政策和温馨提示，为主播提供个性化的个人所得税纳税服务；"事中"通过大数据技术实现对直播带货涉税风险动态化识别，形成定制化风险报告并及时告知风险严重程度和可能的后果，及时控制风险；"事后"将风险控制结果反馈给信用风险监管体系，动态调整指标结构，提高风险监管精确度。

（课题组成员：马冬青　鲍金权　李静蓉）

房地产税

新时期不动产交易税收管理的研究与思考

解蕙宁

自改革开放以来，我国整体经济快速崛起，人们生活中可自由支配的资金越来越多，对于投资方面理解越发深入，以房屋交易为主的不动产行业作为活跃经济板块，成为经济发展的重要支撑和拉动地方税收增长的主要推动力。不动产，是指依自然性质或者法律的规定在空间上占有固定位置，移动后会影响其经济价值的物，包括土地、土地定着物、与土地尚未脱离的土地生成物、因自然或者人力添附于土地并且不能分离的其他物。《中华人民共和国契税法》第一条，在中华人民共和国境内转移土地、房屋权属，承受的单位和个人为契税的纳税人，应当依照本法规定缴纳契税。据统计，2022年全国税收收入为166614亿元，其中契税收入为5794亿元，占比3.48%。

除主体税种契税外，在房屋交易过程中还涉及增值税、城市维护建设税、印花税、个人所得税、土地增值税和教育费附加及地方教育附加等。其所涉及、征收的多税种地方税，有助于增加地方财政收入，更好地实施国家宏观调控政策。准确、规范征管不动产相关税费，能有效防范化解、规避税收风险，维护国家财政和税收安全，其重要性可见一斑。

一、改革新举措

自2011年年底，不动产相关税收由财政局移交税务局，这一举措大大降低了相关税收风险，提高了税收效率，为不动产交易税收管理开辟了新局面。以往由财政局前往纳税人居所实地测绘、收取税费转变为纳税人携带相关要件前往行政审批大厅进行登记、受理，要件从不动产登记中心和自然资源局以系统网络方式传递至税务局，此举提升了办税服务精确度，使信息更加标准化、规范化。同时纳税人办理房产交易，由登记预审、权籍落宗、登记受理多个不动产窗口受理、核实后，再传至税务窗口缴税，减少了"五证不全"、虚假发票等情况的发生，极大程度上规避了税款流失，起到了防范重大税收风险的积极作用。纳税人税款支付方式也不断与时俱进，税务局开通现金、微信、支付宝、POS端等多种方式，满足纳税人缴费需求，为高龄老人、残障人士等弱势群体提供便利服务。

二、落实承诺制

为深入贯彻中共中央、国务院关于持续开展"减证便民"行动重大决策部署，深化"放管服"改革，优化税收营商环境，根据《国务院办公厅关于全面推行证明事项和涉企经营许可事项告知承诺制的指导意见》（国办发〔2020〕42号），结合税务工作实际，在不动产交易办理过程中对部分税务证明事项实行告知承诺制：2021年7月1日，按照公布的推行告知承诺制的税务证明事项范围、办税指南等正式实行告知承诺制，不动产税收管理窗口实施买方家庭承诺制；2023年3月1日，根据《国家税务总局关于部分税务证明事项实行告知承诺制 进一步优化纳税服务的公告》有关规定执行卖方家庭承诺制。在税务机关办理税务登记、行政确认、税收减免等依申请的税务事项要求提供证明材料时实行证明事项告知承诺制，以税务机关清楚告知、纳税人诚信守诺为重点，推动形成标准公开、规则公平、预期明确、各负其责、信用监管的税收治理模式，从制度层面进一步解决纳税人办事繁、办税难等问题，持续优化税收营商环境。承诺制的提出，旨在为纳税人提供便利，减少纳税人因缺少、丢失、未能及时办理证件等问题导致无法办理房产过户情况的发生，切实减少证明材料报送，加强事中事后公正监管，创新服务管理理念和方式，推进税收治理体系和治理能力现代化，努力建设人民满意的服务型税务机关，优化办事流程，完善服务措施，确保推行工作落地见效。

三、政策惠民生

《中华人民共和国契税法》第三条，契税税率为3%~5%。为进一步降低纳税人契税负担，优化营商环境，黑龙江省的契税税率按照税法下限3%设定。个人购买住房契税税率按照现行的国家优惠政策执行，即"个人购买家庭唯一住房面积为90平方米及以下的减按1%税率征收契税、90平方米以上的减按1.5%税率征收契税，个人购买家庭第二套改善性住房面积为90平方米及以下的减按1%税率、90平方米以上的减按2%税率征收契税，个人购买家庭第三套及以上住房的，按3%税率征收契税"；2019年国家提出"六税两费"优惠政策，其中涉及房产交易征收的城市维护建设税、印花税、教育费附加、地方教育附加对小规模纳税人减按50%征收；2022年发布支持居民换购住房有关个人所得税政策的公告，自2022年10月1日至2023年12月31日，对出售自有住房并在现住房出售后1年内在市场重新购买住房的纳税人，对其出售现住房已缴纳的个人所得税予以退税优惠。诸多政策的提出、落实，给房地产业注入新的活力，也减轻了纳税人的经济负担，刺激了居民消费，保障了国家税收稳定发展。

随着房产交易市场逐渐回暖，交易量持续增长，规模不断扩大，税收额也相应增加。作为国家财政收入重要来源之一，不动产交易税收对于维持财政平衡、促进社会稳定具有重要意义。因而不规范的交易、征收行为将给不动产交易税收管理带来一定挑战。

四、不动产交易税收征管存在的难题

（一）部门信息共享存在壁垒

不动产交易涉及多个环节，在办理房产交易过程中，往往需要核对纳税人身份信息、家庭现有房屋情况、婚姻状况等。时常出现纳税人户籍信息未更新，户口本登记婚姻状况与纳税人所述不符，忘带、丢失能证明婚姻状态的有效证件等情况，不动产登记中心历史数据不完善，现有数据与原有数据难以匹配，原有的历史数据不能很好满足工作需要，使税务机关无法根据正确信息为纳税人核定税率，易发生执法风险。同时对于纳税人而言，相关证件或因时间久远而无法补办，或因情况紧急无法及时补充，导致税务部门在进行征税或者免税认定时存在风险，也造成极大不便。

（二）评估价格无法达成共识

在存量房交易过户过程中，由于纳税人存在申报合同价格过低又无正当理由的情况，税务机关可录入房屋信息对所交易房产进行评估，作为参考计税依据进行核税。计税依据直接关系着纳税人实际承担的税负，对于税务机关出具的评估价格，部分纳税人并不认可，认为评估价格超过心理预期，给交易办理带来难题。所委托评估公司对区域内新楼盘信息录入、房价更新不及时，房屋评估价格认定往往成为争议的焦点。

（三）违法成本较低存在虚报

在《中华人民共和国税收征收管理法》中，强制执行措施仅针对从事生产经营的纳税人、扣缴义务人、纳税担保人，不包括非从事生产经营的纳税人。不履行纳税义务的自然人是否能够对其采取强制措施并无明确依据与追缴条例。纳税人在被发现少缴税款后也仅有少量税款被追回。在违法成本不高的现实情况与一些"黑中介"利益诱导下，纳税人为减轻税负压力，不如实申报成交价格、隐瞒家庭房屋套数的行为屡见不鲜。此举也说明了部分纳税人依法履行相应纳税义务的法律意识薄弱，更会影响到税收征管质量，在后续房产办理过程中造成不必要的隐患。

五、优化不动产交易税收征管的路径

（一）健全信息共享机制

不动产交易涉及多个部门和领域，这一客观实际就需要加强部门间的信息共享与协作。健全信息共享机制，依托信息互通平台，实现税务、不动产登记、自然资源局、公安户籍、婚姻登记、公证等相关部门的基础数据互联互通，建立健全"政府主导、部门协同、信息共享"机制，构建精诚共治新格局；完善信息保密机制。涉及信息共享的部门将有关信息设置为不同密级，最大程度上保障纳税人信息安全。紧紧围绕"互联网+不动产登记"目标，积极与相关部门沟通协调，加快建设线上"一窗受理"平台，实现登记、办税网上申请、现场核验，"最多跑一次"，努力做好线上线下办理有机贯通衔接。

（二）完善评估价格认定

明确税务部门与评估机构的职责权限与应尽义务。评估争议多出自存量非住房买卖办理过程中，纳税人对于评估价格提出异议的，应逐级审核、实地勘测。评估公司应对所涉及估算地域内房屋市场行情充分把握，对于新开发楼盘保持信息敏锐度，根据房屋地段、楼层、建筑年代等信息综合评估，运用科学合理的参数和评估方法，建立合理的评估价格调整机制，完善存量房交易税收征管系统数据库的建设。

（三）建立社会诚信机制

一是加大对业务的后续管理和抽查力度。不动产交易的自然人数量众多，交易量庞大，缴税业务以即时办结为主，因此后续管理尤为重要，应当加强系统的筛选防控功能，做好疑点数据的排查工作。二是提高违法成本。纳税人的不诚信行为极大影响了税收征管秩序，不利于全社会诚信体系的建设。加大对不动产交易参与人的监管，严格评定中介机构的信用等级。三是加大税法普及力度。纳税人在办理房产交易过程中，由于对税法没有概念，法律意识薄弱，对应尽义务不能正确认识，易产生纠纷。在全社会范围内加大税法尤其是不动产相关税法知识的宣传教育势在必行。

党的二十大报告指出：经过长期努力，中国特色社会主义进入了新时代，这是我国发展新的历史方位。新时期，依照国家治理体系和治理能力现代化的要求，以不动产未来税收改革发展的主要目标、惠民政策、工作机制、征收管理等方面为切入点，细化到每一个改革发展进程之中。谋划税收改革发展大计，牢牢以习近平新时代中国特色社会主义思想为指导，以改革创新为动力，以税收现代化建设为核心，以实现税收高质量发展为目标，牢固树立税收发展新理念，对标党中央、国务院的战略部署安排、《"十三五"时期税收发展规划》，深化税收制度改革，更加充分有效地发挥税收职能作用，为税收改革发展新方略谋篇布局。在时代和科技的不断发展下，我国在实践中完善税法，税收法律趋于成熟，不动产税收交易征收管理也日益规范。尽管在不动产税收交易中仍会有问题涌现，但国家税务总局有能力把握路径方向，不断提升税收服务质量，不断重申改革一盘棋的思路，通过运用税收政策实现税收服务高质量发展的目标，形成与未来经济社会发展要求相适应的税收治理体系，在社会主义现代化强国建设的新征程中谱写新的税收篇章。

（作者单位：国家税务总局依兰县税务局）

征收个人住房房产税政策分析及构想

刘 越

一、概念辨析、试点政策及文献梳理

（一）房产税和房地产税辨析

在现实生活中，大多数人往往将房产税和房地产税混为一谈，但两者并不相同。

房地产税包含多个税种，是一个综合性范畴，不是现行的18个税种，涉及的税种有房产税、土地增值税、城镇土地使用税、契税等，以及增值税、企业所得税、个人所得税中专门针对房地产业的具体税收规定。大多数与房地产经济运动过程有直接关系的税都属于房地产税。

房产税是现行的18个税种之一，从1986年开始征收，征收对象仅为城镇经营性房屋，采取从价计征和从租计征两种计税方式。

房产税属于房地产税的范畴之内。

从2011年起，在上海、重庆两地进行试点的个人住房房产税，开始对个人自用住房（非经营性房屋）开始征税，是以往房地产税政策当中从未有过的，是一次全新的探索和改革。

（二）个人住房房产税试点政策梳理（上海、重庆）

截至2024年5月，只有上海（本市行政区域）、重庆（主城九区）两市为试点地区。以下表格为两市对部分个人住房征收房地产税试点政策（以2024年最新政策为准）的梳理。

表1　两市对部分个人住房征收房地产税试点政策

城市	上海	重庆
征收对象	1. 本市居民家庭：本市新购且是第二套及以上住房（包括新房和二手房，下同） 2. 非本市居民家庭：本市新购住房	1. 个人拥有的独栋商品住宅 2. 个人新购的高档住房 3. 同时无户籍、无企业、无工作的个人新购的第二套（含第二套）以上的普通住房
计税依据	应税住房的市场交易价格的70%	应税住房的市场交易价格的70%
适用税率	暂定为0.6%。应税住房市场交易价格（单价，下同）低于本市上年度新建商品住房市场交易价格2倍（含2倍）的，税率暂减为0.4%	应税住房税率为0.5%

续表

城市	上海	重庆
免税政策	对不管是原有还是新购的独栋商品住宅，免税面积为180平方米	居民家庭新购第二套及以上住房的，家庭人均不超过60平方米（含）为免税住房面积，不征收房产税；家庭人均超过60平方米的，对超出部分的面积按办法规定计算征收房产税
备注	2024年实行上年度新建商品住房平均销售价格为45977元/平方米，也就是说每平方米市场交易价格小于等于91954元，适用0.4%的税率	高档住房：是指建筑面积交易单价达到上两年主城九区新建商品住房成交建筑面积均价2倍（含2倍）以上的住房

梳理上表可以看出个人住房房产税的征收对象为个人和家庭（配偶及未成年子女），在住房的保有环节进行征收。

目前试点政策存在实际纳入征税对象的房产范围较窄、税率较低、税基设置较为固定、税收收入较少几个特点。

（三）对近两年房地产税政策构想的文献梳理

宏观层面：减轻在购买和转让环节的房地产税负，形成以保有环节为主、流转环节为辅的征收格局。改变现有房地割裂征收方式，采取房屋、土地合并征收。

微观层面：在省级层面（省、自治区、直辖市、计划单列市等，下同）因地制宜出台最优房产税政策。对于土地财政依赖度较高的省级层面，应出台征收力度较大的房产税政策；对于地方经济与房价有较强相关性的省级层面，应出台征收力度较小的房产税政策。提高投机性住房的持有成本，如提高税基，确保落实好"房住不炒"。

二、征收个人住房房产税必要性分析

（一）传统生产力要转型

2024年两会政府工作报告提出"加快发展新质生产力"的新要求。新质生产力以更高素质的劳动者、更高技术含量的劳动资料、更广范围的劳动对象及其优化组合的跃升为基本内涵，具有高科技、高效能、高质量的特征。在新的社会生产时代下，以房地产驱动的传统生产力亟待转型，不再适应当下高质量发展新阶段。房地产在过去扮演着居民财富蓄水池的作用，通过征收个人住房房产税，促进产业结构的升级转型，引导资金往技术革命性突破、高产品附加值的行业领域进行资源配置（如半导体、人工智能、生物制药等行业）。

（二）地方财政要保障

通过传统的"出让土地收入"来保障地方财政收入的方式在推动房地产健康平稳发展的新形势下难以为继，迫切需要寻求新的财政供给方式。目前房地产业增量放缓，虽然在试点阶段个人住房房产税税收收入对地方财政供给助力有限，但是随着未来房地产税的不断改革和完善，势必成为支撑地方财政收入的主力。在传统的土地出让金之外，新增个人住房房产税这一新的税源，可以保障财政收支规模、优化税收结构、提高税收稳定性，充分发挥出地方财政在市场经济下的应有职能，也能在当前形势下拉动社会有效需求，刺激经济增长，并带来财政收入的大幅增长。

（三）共同富裕要实现

社会主义市场经济体制要求兼顾"效率"与"公平"，追求资源配置的公平性是为了实现共同富裕的目标。对个人住房房产税的征收，尤其是采用差别征税的方式，是一种有效的财富再分配方式，让富人阶级承担更多的税负、让中产阶级承担部分税负、通过免税政策让平民阶级纳税人予以照顾。此举措有助于缩小贫富差距、缓和社会矛盾、维护社会稳定性，符合实现共同富裕的总体目标。个人住房房产税对刚需房和改善房，以及豪华住宅在税率上、住房拥有量上、地区上进行差别征税，能够有效发挥出收入再分配的调节作用。

由此本文认为，个人住房房产税在全国的全面铺开实施势在必行。但还需要对个人住房房产税政策科学化、合理化，如实施时间的确定、征税范围的划定、税率税基的改进等。

三、征收的注意点

（一）民众税法遵从度

个人住房房产税作为一种直接税，很容易让民众感受到税收负担，可能会引起一部分人的抵触情绪，尤其是收入较低人群、税收敏感型人群。如何让这一部分具有抵触情绪的民众接受并认可个人住房房产税政策的实施，进而自愿缴纳，显得尤为重要。政府部门可以做出以下回应：（1）让公众认同"取之于民、用之于民"的税收理念；（2）合理公开税款使用情况，比如，用于公共服务；（3）加大对公租房、保障房的供给，满足公众基本的住房需求。

（二）房地产"软着陆"

在个人住房房地产税改革政策出台时，应充分考虑到目前民众对房地产业普遍信心不足的情况，避免因为征收房地产税的政策导致房地产行业的资产价格出现大幅波动。地方政府对房地产税的征收，除了保障税收收入外，也要稳妥推进房地产业软着陆，避免出现系统性风险。政府部门可以做出以下回应：（1）通过进一步取消限购限售新房和二手房来促进房地产交易，托稳房地产市场；（2）通过取消公摊面积、降低住房贷款利率等措施，提振消费者信心。

（三）房地产行业对整体经济的影响

房地产业以及相关上下游行业的发展对整体经济起到重要影响。对个人住房房产税的征收，要以小见大，也要考虑到税率标准对总体税收收入的影响。经济学中的"拉弗曲线"，可以阐述其中的原理。拉弗曲线显示，随着税率的提高，税收收入也会增加，但增加到一定的临界点，也就是税收收入的最大值后，再继续提高税率，会导致民众不堪税负，购房积极性和纳税意愿受到负面影响，使得政府税收收入减少。换言之，较高的税率将挫伤企业和个人的投资积极性，削弱经济参与主体的活力，抑制经济的增长，使税基减小，税收收入下降；反之，减税可以刺激经济增长，扩大税基，从而导致税收收入增加。因此，个人住房房产税的征收税率要指定在一个适度的区间内，避免出现个人住房房产税的征收负面影响到总体税收收入的情况。

四、对个人住房房产税的政策构想

（一）征税对象下沉

根据第一部分对现行房地产政策的梳理可见目前还处在小范围征税阶段，具有税收收入较少的特点。随着未来土地财政收入的转型和变革，需要更多房地产税税收收入作为补充。对征税对象下沉的构想：（1）以实际个人或家庭持有房产数量计税，调整现在仅以新增住房为征收对象的要求；（2）将面积较大、单价较高的首套房纳入征税范围，如确定一定的减免房屋价值或面积，对超过房屋价值或面积的部分征税；（3）对保障性住房适时适量进行征税。

（二）综合性差别征税

可以通过考虑多方面因素进行综合性差别征税合理调节社会贫富差距，来充分发挥出税收二次分配对实现共同富裕的积极作用。对差别征税的构想：（1）根据持有房产数量、房产单价、房产地段等进行差别征税，适当提高对拥有多套房、豪华住宅的个人和家庭的征收税率税基等；（2）通过面积大小等因素对刚需房和改善房进行差别征税。

（三）征税时间节点合理把控

在全国和地方经济平稳运行、房地产市场平稳健康、居民对房地产税认可和遵从度高的情况下，慎重有序出台政策。根据政策实施情况，后续对房地产税立法也要合理把控节点、稳妥推进。考虑到各地居民遵从意愿、个人经济水平、个人住房拥有情况不同，可以采取阶段性铺开征税。对征税时间节点的构想：对沿海东部地区或者一、二线城市先进行房地产税的征收，财政部、税务总局、住建部等部门和地方政府进行实践探索，形成经验总结、示范样本，为在经济较不发达地区和小城市的实施和全国性铺开做指导。

（四）税基设置符合时间价值浮动

重庆、上海两地现行计税依据应税住房的市场交易价格的70%，税基较为单一且固定。对税基设置的构想：在后续政策中可以考虑到房产价值的市场波动以及折旧损耗等，如根据房屋使用年限、地价水平、房屋租金收入、市场房价水平对计税金额进行合理调整。

（作者单位：国家税务总局衢州经济技术开发区税务局）

征管视角下的房地产税累进税率思考

董战山　展永福　刘　琳

党的二十大报告提出，共同富裕是中国式现代化的本质要求。要加大税收、社会保障、转移支付等的调节力度。2021年中央财经委员会第十次会议为推动共同富裕强调要构建初次分配、收入再分配和三次分配的收入分配机制。其中，再分配主要采用税收、社会保障支出和向居民的转移支付等手段来调低过高的个人收入、提高低收入人群收入。2021年，习近平总书记在《扎实推动共同富裕》中指出，要积极稳妥推进房地产税立法和改革，做好试点工作。[①] 税收在国家治理中起着基础性、支柱性和保障性作用。作为收入调节的重要政策工具，在未来房地产税改革中应该考虑共同富裕这一政治要求，在制度设计上作出相应安排。

一、基本假设：房地产税采用累进税制

"十四五"期间，我国将按照"立法先行、充分授权、分步推进"的原则，积极稳妥推进房地产税立法和改革。当前，我国居民财富绝大部分为房产。据调查，我国城镇居民家庭有一套住房的家庭占比为58.4%，有两套住房的占比为31.0%，有三套及以上住房的占比为10.5%，户均拥有住房1.5套。第七次全国人口普查结果显示，我国户均家庭人口数为2.62人。考虑到孩子成年后的婚嫁合理需要，对于一户家庭拥有超过两套以上的房产应该予以征税。

因此，要更好实现房地产税对于调节贫富差距、实现共同富裕的价值取向，应该采用累进税率，累进税率能体现量能负担原则，使纳税人的负担水平与负税能力相适应。按照房屋价值或房屋建筑面积设置若干档次，不同档次对应不同税率，应税额越大，税率越高。在税收实践中，累进税率具体可分为全额累进税率、超额累进税率、全率累进税率、超率累进税率、超倍累进税率等多种形式。在我国税法实践中有两个税种实行累进税制，分别是个人所得税采用的是超额累进税率和土地增值税采用的是超率累进税率。对于房产税而言，考虑到各地房价、生活成本差异极大。在全国31个省市中，2022年最高的上海人均可支配收入为79610元，是全国平均水平的2.16倍。因此，绝对额的超额累进税制有失客观公平，应该考虑采取超率累进税率模式。

二、问题提出：采用累进税率需要考虑税种属性带来的财政利益矛盾

在财政体制上，我国目前是中央、省（自治区、直辖市）、市、县、乡（镇）五级政府，

[①] 习近平. 扎实推动共同富裕 [EB/OL]. 求是网，2021-10-15.

中央、省（自治区、直辖市）、市、县四级财政收入体制。分税制后，地方政府财政收入最低一级是县级，税种属性和税收收入直接影响到不同层级的政府利益。

房地产等不动产纳税地点通常都是在不动产所在地。我国现行的房产税归属于地方税，税收收入100%归地方政府，在不同层级政府间划分。如山东省政府规定，房产税收入80%归属于市级政府，20%归属于省政府。市与县再进行划分。房地产税采用累进税率具有公平税负的优点，但税基累进的范围以及纳税地点的确定，在实践层面会带来地方政府间税收收入竞争问题，由此给税务机关带来税收征管矛盾。如果保持现有地方税属性不变，假设新税制采用超率累进税率，累进范围涉及不同行政管理层级，对于跨区县的多套应税房产，就会产生纳税地点以及由此引起的地方政府间收入分配冲突问题。

假设某纳税人共拥有3套应税房产，其中2套位于省内某县，第3套位于省外某市。3套房产在2个税收管辖区内都适用基本税率，但合计计算则适用高一档累进税率。

在上例中，如果保持房地产税地方税种属性不变，每一个税收管辖区都独立纳税，那就只能在单一税收辖区范围内适用累进税率，对于跨管辖区的多套房产，就会带来税收利益分配难题。在现实中既可能存在争抢税源，又可能存在税款流失。

三、实践方案：国内外没有一致经验

（一）国内。针对个人保有的房产，上海、重庆试点的房产税并没有实行超率累进税率。上海房地产税的征收对象为本市居民二套房及非本市居民新购房，税率暂定0.6%，若应税住房每平方米市场交易价格低于上海市上年度新建商品住房平均销售价格2倍（含2倍）的，税率暂减为0.4%。重庆的征收对象为个人拥有的独栋商品住宅、个人新购的高档住房，以及在重庆市同时无户籍、无企业、无工作的个人新购的二套房。采用累进式计税方式，以"户面积"计算起征点：一个家庭只能对一套应税住房扣除免税面积。分每户100平方米和180平方米两种起征点。适用税率重庆分三档：0.5%、1%和1.2%。

从法理上来看，上海、重庆实行的房产税税率属于全额累进税率，事实上是一种比例税率。而且，在实际征管上，以单套房产作为应税对象，不对多套累进合并计算应税税率，从而不存在多套应税房产带来的纳税地点确定以及地方政府间税收分配问题。

（二）国际。目前，国际上对房地产税实行累进税率的国家有三个。

1. 英国。根据房地产评估价值的不同，当地政府将房屋分为A至H八个等级（威尔士为9个等级）。适用于A级的房屋价值低于40000英镑，适用于H级的房屋价值超过360000英镑。各级别按D级为基准征收。政府首先根据收支预算确定要征收的房地产税总额，再除以各级折算的D级房数量，得出每个D级房的应纳税额。其他等级房屋的应纳税额为D类房屋的应纳税额乘以相应系数。

表1 英格兰房产税等级表

等级	A	B	C	D	E	F	G	H
纳税系数	6/9	7/9	8/9	1	11/9	13/9	15/9	2

资料来源：世界银行网站。

英国房产税，是按照房产价值高低选择适用单一税率，不对多套房产累计价值选择新的税率。作为地方税，在征管上，英国房地产税只在各税收管理区内进行累进。

2. 新加坡。根据2022年征收办法，自居房税率分为7档，物业价值小于8000新币的房产免征房产税；物业年值不超过55000新币的房产，对8000新币免收，超过8000新币的部分按照4%征收；物业年值若超过130000新币，超出部分按照16%征收。

表2　屋主自居房产税税率　　　　　　　　　　（单位：新加坡元）

房产价值	累进税率档次	最高应缴税额
≤55000	4%	1880
55000～70000	6%	2780
70000～85000	8%	3980
85000～100000	10%	5480
100000～115000	12%	7280
115000～130000	14%	9380
>130000	16%	

数据来源：新加坡内税局（IRAS）。

从上面可以看出，新加坡房产税也是超额累进税制，按照房产价值高低选择适用单一税率。在征管上，由于新加坡国土面积小，整个国家都是一个税收管辖区。

3. 韩国。韩国房地产税有两个税种：一个是综合不动产税，由中央政府负责征收，是中央税；一个是财产税，由地方政府负责征收，是地方税。其中综合不动产税课税对象包括土地和住宅；财产税的课税对象包括土地、建筑、住宅、船、飞机。

财产税是韩国基层政府的重要财政收入，由房地产所在地的市、郡、区按房地产征税类型分类征收。综合不动产税则由中央政府对超过各类型扣除额的部分计算征收，然后按照一定的办法返还给地方政府。

针对住宅的综合不动产税根据"两套及以下"和"三套及以上"的不同，实行分类的累进税率，最高税率达到3.2%。针对住宅的财产税根据"别墅"和"别墅以外住宅"进行分类征收，其中针对"别墅"实行4%的高税率；对于"别墅以外住宅"实行累进税率，最高税率达到0.4%。

表3　韩国对拥有三套或以上住宅的家庭征收的综合不动产税税率
（仅列举涉及的住宅部分）

住宅（一般）		住宅（调整2、3住宅以上）	
计税标准	税率	计税标准	税率
3亿韩元以下	0.6%	3亿韩元以下	1.2%
6亿韩元以下	0.8%	6亿韩元以下	1.6%

续表

住宅（一般）		住宅（调整2、3住宅以上）	
计税标准	税率	计税标准	税率
12亿韩元以下	1.2%	12亿韩元以下	2.2%
50亿韩元以下	1.6%	50亿韩元以下	3.6%
94亿韩元以下	2.2%	94亿韩元以下	5.0%
超过94亿韩元	3.0%	超过94亿韩元	6.0%

资料来源：韩国经济财政部。

从上面可以看出，韩国房地产税实际上是两个税种：综合不动产税是中央税，在全国范围内对应税房产合计适用累进税率档次，纳税地点可选择任一房产所在地；而财产税是地方税，只在单一财政预算区内合计计算适用的累进税率。

四、研究结论：建立中国特色房地产税制

从前面分析可以看出，国内外对于房产税适用累进税率的国家并不多，并没有形成统一主流的经验可以借鉴。鉴于中国国土面积广阔，经济发展水平地区性差异大，要更好地服务中国式现代化，就必须在充分认识中国国情基础上，建立适应中国国情的房地产税税制。

要解决这一问题，笔者认为有两种可行方案：

一是调整房产税税种属性，由现行的地方税调整为中央和地方共享税。在税率设计上采用附加税率模式，各区县税收辖区范围内的适用税额确定为地方税，跨区域累进税率部分确定为中央税。按照全国多处房产累加价值适用税率，比照个人所得税多处所得征收模式，由产权所有人选择一处房产所在地作为纳税地点。税款征收入库后，按照纳税人在各省市（计划单列市）所有房产价值适用税率应纳税款，予以转移支付，保证地方税收利益。

这种方案既可以在全国范围内对应税房产进行累进，能够实现财政目标和政治目标双重最大化，既能体现税收公平，又可以保证现行地方税收利益不受影响，避免税收利益争夺，从而更好发挥地方配合改革的积极性。但是制度设计复杂，对信息化共享、信息安全等操作层面要求高。

二是维持地方税属性不变，只在区县范围内对应税房产进行累进。这种方案实际上为有限范围累进，并不能完全体现税收调节房产消费、促进公平的价值要求，但可以保证现有利益格局不受影响，纳税人、地方政府改革阻力较小。建议在改革初期，采用有限累进模式。待时机成熟，再考虑全国范围内累进。

（作者单位：国家税务总局青岛市税务局科研所）

浅谈做好房地产行业税种联动管理工作的问题和对策

国家税务总局梅州市梅县区税务局课题组

房地产行业因产业链条长、涉及税种多、关系百姓切身利益，一直是社会关注的焦点，也是税收征管的难点。房地产行业链条长，目前以单税种、单事项管理为主的征管模式，信息不完整、不对称，在一定程度上存在税源底数不清、办税事项繁杂、税收监管难的问题。应充分贯彻落实《关于进一步深化税收征管改革的意见》关于精确执法、精细服务、精准监管和精诚共治的要求，按照国家税务总局关于打造"智慧税务"的规划，改进房地产税收一体化管理，以内外部信息集成和应用为驱动，把土地取得、房地产开发建设、交易和保有各个环节的各个税收事项贯通起来，实现数据贯通、税种联动、业务协同，提升税收管理的科学化、智能化和便利化水平。

一是税源管理全覆盖、精细化。应健全内外部数据共享共用机制，通过信息化手段完善税源数据的采集，高度集成有关税收数据和自然资源、住建、规划、发改等部门第三方数据，建好税源数据库，全面掌握税源底数，夯实税种管理基础。具体而言，就是以不动产单元号为标识，抓住宗地、房屋、项目等关键要素，建立"宗地—项目—楼栋—不动产单元"四层架构的房地产税源数据库。同时，通过房地产开发建设环节以项目控税、以票控税，房地产交易和保有环节以地控税、以房控税、先税后证等手段，做好税源动态管理，全面掌握房地产开发、建设、交易、保有全生命周期税源变化情况，支撑多税种、多环节联动管理。

二是风险管理全环节、精准化。通过数据贯通和税种联动，实现在土地取得、开发建设、交易和保有全环节相关税收风险管理一体化。通过建立风险指标及应对机制，实现各类风险精准监管。各环节风险管理的重点如下：

在土地取得环节，利用农用地转用信息，跟踪耕地占用税申报征收情况；利用土地出让信息，跟踪契税、城镇土地使用税、印花税申报征收情况。

在开发建设环节，以加强房地产开发项目管理为主线，以发票管理为抓手，集成相关部门的建设工程项目立项、建设用地规划许可、建筑工程施工许可、商品房预售许可、网签数据以及税务部门的发票数据和增值税、所得税数据，建立数据关联关系，监控建筑项目的环境保护税、印花税、城市维护建设税，监控开发项目的土地增值税、城镇土地使用税、城市维护建设税，实现各环节自动监控和提醒，规范执法程序。

在交易环节，推进核心征管系统与政府数字政务系统、自然资源部门不动产登记系统、住建网签系统等无缝对接，实现房地产交易税费"一表申报、集成管理"。对于增量房交易税收，联网实时查询相关部门婚姻、住房、拆迁、财产分割等信息，校验纳税人享受税收优惠资格。集成有关信息，自动生成免填单申报表，辅助契税、印花税申报，并向不动产登记部门实时推送契税征免信息；对于存量房交易税收，联网实时查询相关部门家庭、婚姻、住房、财产分割等信息，校验纳税人享受税收优惠资格，利用批量评估功能，评估、调整存量房交易计税价格。集成有关信息，自动生成免填单申报表，完成买卖双方税费征收，并向不动产登记部门实时推送契税征免信息。

在保有环节，实施以地控税和以房控税，加强房产税、城镇土地使用税管理。利用增量房、存量房和土地的契税征免信息，监控保有环节房产税、城镇土地使用税等征收情况。

三是制度管理全链条、精制化。因地制宜制定切实有效的实施方案，健全岗责配置，优化机构职能，根据纳税服务事项、基础事项、特定事项、风险事项指引要求，进一步明确税源管理分局、纳服股、风险股、税政股等部门在房地产税收管理中的职能，细化具体职责，层层压实责任。充分利用房地产税收各项指引和房地产税种联动管理，梳理房地产项目各环节涉及的税费种，从单税种、单事项管理入手，对全税种、全过程进行分析应用，实现"一体化"管理。

课题组组长： 刘文瑜
课题组成员： 张立敏　邱彩娜　徐佳宝　罗炜雯
执　笔　人： 杨立丹

消费税环境保护税及其他

"统模式"下社保缴费争议处理机制问题研究及路径探寻

国家税务总局金华市税务局课题组

作为社会保险费"统模式"改革试点省份之一，2023年7月1日，浙江省社会保险费用人单位及灵活就业人员"统模式"改革试点正式落地，至此省内所有单位缴费人与自然人缴费人自行向税务部门申报缴纳社会保险费的目标基本实现，标志着深化社会保险费征收体制改革迈出了关键一步。随着改革推进，社会保险费缴费争议数量也逐年上升，2021年全国社会保险争议案件受理数达到16.41万件，与2017年相比，同比增幅超过21.4%。税务部门争议处理机制的缺乏与相对人争议解决的紧迫性之间的矛盾不断激化，进一步暴露了基层在应对社保费争议上的风险，加快构建有效的争议处理机制迫在眉睫。基于此，本文通过剖析当前社会保险费缴费争议处理机制存在的现实困境，进一步借鉴国内外创新经验，为完善争议处理机制开展路径探寻。

一、社会保险费缴费争议理论概述

社会保险是指国家通过立法，多渠道筹集资金，从而对劳动者在因年老、疾病、失业、工伤、生育等减少劳动收入时能够给予一定经济补偿，并使他们享有基本生活保障的一项社会保障制。因此社会保险制度的实施是一个多主体、多环节互动的成果，必然会因为关系交叉而产生争议。

（一）社会保险费缴费争议概念阐述

社会保险费缴费争议是指社会保险费征收机构在依照法律法规及有关规定办理社会保险费征收等管理事务中，与公民、法人或者其他组织之间因实现社会保险权利和义务所产生的分歧，进而引发的相对人之间的各种争议。党的十九届三中全会后，将全国范围内的社会保险费划转至税务部门征收，至此，社保—税务二元征收体制在制度层面被中止，税务部门完全唯一征收主体地位得到确认。因此社会保险费缴费争议可作以下理解，即负有法定义务的社会保险参与方在不履行或少履行缴费义务时，在接受社会保险征收管理方（税务部门）的监督管理下与各方主体之间发生的争议。

从全国范围内来看，目前社会保险费征收主要分为三种模式：一是以广东、厦门为代表的全责征收模式，即税务部门负责从参保登记到费款入库的所有征缴工作，在该种模式下缴费争议数量最多，一年在4000件以上；二是以浙江、江西、云南、重庆为代表的统一征收模式，即负责从缴费工作申报环节至费款入库的相关工作，该种模式下缴费争议案件将会逐年增长；三是其他地区目前仍在实行的核定征收模式，人社医保部门将征集信息传输至税务部门，税务部门只负责征收入库。

（二）社会保险缴费争议的现状

根据国家统计局相关数据，2021年，全国社会保险争议案件受理数为164102件，人民法院审理社会保障一审案件受案数为25858件，案件数量均为近年来最高值。自社会保险费征收体制改革推进以来，社会保险争议案件不断增加，四年间年均增长量为7222.8件，平均增长率为5.0%，其中"疫情"期间案件增长数量超过年均增长量的195.7%，客观社会经济环境的负向激化效应更加明显。从行政案件转化率来看，2018—2021年呈现持续上涨态势，一定程度上反映出司法手段对社会保险争议领域的干预与介入逐步深化，普通争议案例进一步激化为诉讼案件的比例有所上升。

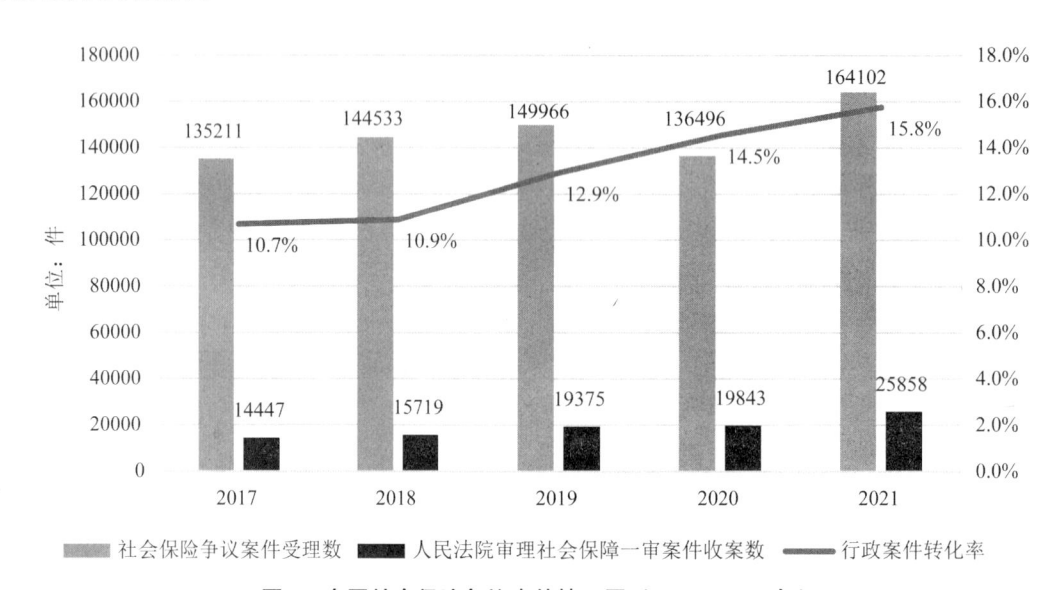

图1 全国社会保险争议案件情况图（2017—2021年）

从以上数据可以看出，近年来社会保险费争议案件主要呈现出以下三个发展方向：一是争议案件数量逐年递增。随着社会保障事业发展不断深入，以缴费人为主体的争议相对人对于参加社会保险的权利越发关注，社会保险待遇情况、退休待遇水平等频频成为热点话题，缴费人维权意识明显上升。二是经济社会环境与社会保险权利义务紧密关联。以养老保险为例，根据《中华人民共和国社会保险法规定》，职工应当按照国家规定的本人工资的比例缴纳基本养老保险费，然而由于受到就业形式、平均薪资等经济社会因素影响，往往在参保缴费时间、缴费基数上容易产生纠纷矛盾。三是行政案件转化率逐年走高。一方面，由于争议相对人法律意识不断增强，司法手段成为维权选择的重要渠道，司法公正效应得以体现；另一方面，社会保险争议案件的复杂性使得传统行政手段难以解决，缴费争议解决机制缺失或难以有效运作，司法手段提供兜底保障。

（三）社会保险费缴费争议的特征

社会保险费缴费争议的特征主要包括以下三点：

1. 争议主体多样性。从社会保险参与方来看，其争议对象包括了用人单位及其职工、灵活就业人员以及城乡居民。从社会保险管理方来看，其主要主体为税务部门，但可能会因"统模式"及"双基数"前缴费等原因，涉及人社、医保等相关部门。从实践情况来看，目前的缴费争议主体主要集中在用人单位与企业职工之间，未按用工时间参保、未按照实际工资申报缴费基数、影响退休待遇成为争议案件中的热点话题。

2. 时间跨度较长。社会保险费缴费争议案例往往会以时段进行展现，如金华一投诉案件中某企业职工提出用人单位在2011年5月至2018年8月期间未按实际工资申报缴费基数，因争议时间较长，横跨包括普通代征阶段与职能征收阶段等多个改革期，同时又因历史"双基数"等政策原因，涉及的处理方式与相关主体也会随之发生改变。

3. 利益相关性强。社会保险费与民生息息相关，社会保险费缴费争议更是与当下权益（如医疗生育费用报销、失业金领取等）、长久待遇（如退休金待遇领取等）紧密结合，因此在责任判定、义务分担、争议解决等环节都会引起各方主体的高度关注，处理难度与维稳系数的要求都相对较高。

二、当前社会保险费缴费争议机制的现实困境

（一）立法文本"缺位"法律依据不尽完善

社会保险缴费争议包括劳动争议和行政争议两方面，其本质是依托于法律关系而产生的，也可以说缴费争议机制实际上是依法行政的一种直接行为。然而随着社会保险征收体制改革逐步推进，在社会保险费划转至税务部门征收后，尽管在决策执行层面上已经完成"二元征收体制"向"税务唯一征收主体"的完全转变，但是由于立法层面上的天然相对滞后性，导致现行诸如《社会保险法》《社会保险暂行条例》等法律法规一直未对税务部门的相关主体职责进行明确，税务征收的"专属职权"也一直未在立法层面得到确认。一方面，改革后税务"依法征管"职能迟迟缺少法律法规支撑，仅有的征收依据无法全量支撑现行管理；另一方面，随着申报缴纳社保费客体对象的转变同步带来了缴费争议焦点的转变，税务部门在受理缴费争议案件中缺少"依法行政"的有力支撑，执法刚性明显削弱。

（二）"统模式"后配套争议处理机制缺失

近年来随着社会保险征收体制改革逐步推进，配套的争议处理机制一直未出台。从立法角度来看，现阶段处理社保费争议的只有《社会保险行政争议处理办法》《行政复议法》《行政诉讼法》，其中《行政复议法》与《行政诉讼法》侧重于普遍复议及诉讼等具体流程与相关规定，而《社会保险行政争议处理办法》针对性更强，侧重于缴费人和经办机构之间的争议处理。但这与当前税务部门着力解决的缴费争议（如职工和代扣代缴单位之间的矛盾纠纷等）并不完全契合，特别是"统模式"后，税务部门对缴费人的征管职责逐步增加，原先的一些机制流程与法律条文表述已不再适用，在裁量尺度上也缺少依据，亟须出台新的配套措施。

（三）部门合作协调机制运行不畅

从外部协作来看，因征管体制改革特别是"统模式"带来的部门间职责不清，直接影响了争议处理效率。在实践中，因缴费人诉求不清或多头投诉等原因，部门参保缴费类投诉在部门间反复流转，使得人社医保税之间难以明确责任主体，影响处理效率。由此三部门均对尽快

建立规范有序、明晰职责的应对机制展现出很强的意愿。从内部协作来看，因社保费缴费争议类型较多，包括信访、举报、热线投诉、政府转办、复议、诉讼、窗口投诉等在内的众多争议渠道，不仅处理流程各不相同，涉及的相关职责部门也各有差异。同时，因税费政策差异带来的部门征管新职能也无法明确具体落实对象，如涉及原人社部门承接的稽核职能，是否需要由税务机关承接、如何承接、由谁承接，都亟须进一步完善优化内部应对处理机制来更好实现争议处理职能。

（四）基层"税费皆重"观念有待加强

在实践中基层税务部门存在"税费皆重"观念不强的情况，部分税务干部在日常征管中"重税轻费"，因缺少相关业务技能，因此在应对社保费缴费争议时往往显得"力不从心"。基层干部的能力短板最终往往导致"费"的业务主管部门单枪匹马应对争议，其他部门不愿参与、配合不力。同时因"费"的不重视直接带来的管理不到位，不仅容易出现推诿扯皮的现象，更容易激化原本相对人之间的缴费争议，基层部门反而容易陷入"塔西佗陷阱"。

（五）缴费争议矛盾容易激化升级

社保费缴费争议因其相关行为的特殊性，在一起案件中可能会涉及劳动仲裁、参保认定、工资稽核、费款缴纳、欠费催缴、强制执行、费款到账、待遇核定等多个环节，处理周期长，涉及部门多。不仅容易出现相对人因未及时得到满意答复而就同一争议事项多头反复投诉的情况，甚至会将对外矛盾升级，转为投诉政府相对人，并将其引申为不作为、乱作为等情况，劳动争议与行政争议可能会出现在同一事项中。如若应对不当，矛盾极易激化为信访、复议、诉讼，并更多挤占行政资源。

三、国内外缴费争议处理机制借鉴

与传统法律部门相比，我国社会保险相关研究的起步相对较晚，而随着社会保险费征收体制改革的不断深入推进，相关法律法规制度也迟迟未作修订，因此社会保险费缴费争议处理机制的经验也尤为缺乏。

（一）国外争议处理制度实践

1. 德国社会保险争议处理制度实践

德国是世界上最早建立社会保障制度的国家，1883年德国颁布《疾病社会保险法》，开启了社会保险制度之先河。与之相对应的，德国也形成一套较为先进的争议处理机制。从法律性质上来看，德国将社会保险的本质认定为是"公法之债"，并规定社会保险法律关系的建立采用法定的自动发生主义。从争议处理渠道上来看，德国的社会保险争议处理主要通过行政方式来解决，包含了行政复议与法院审判两个环节，其中行政复议制度为法院审判前置程序，并区分是否为失业保险纠纷分别受理。从争议解决主体来看，德国专设社会法院解决社会保险争议纠纷。通过设立基层、州、联邦三级社会法院，分别受理辖区以及不服上诉或需要进行复审的争议案例。

2. 日本社会保险争议处理制度实践

日本作为大陆法系的国家，在处理社会保险争议案例上同样采取的是行政方式，但在具体流程上略有不同。日本法律规定，社会保险争议需要经过行政审查、行政诉讼两轮程序，其中启动行政诉讼前必须经行政审查机构进行不少于一次的审查，否则不得启动相关程序。因此日本的行政复议程序又被称为"诉愿程序"，通过以行政审查前置的方式提前审查相关行为的合法性、适当性与公平性，从而在一定程度上减少直接由"小纠纷"直接迈入"大复议"的案例数量，有利于明确争议焦点，"化大为小"降低行政成本，在提高解决效率的同时也提升综合效益。

综合分析上述国家社会保险争议处理制度，可以看出国外相关国家的实践主要还是集中于"行政程序"的完善和建立，同时通过设立专业性机构与配置专业人员来专项解决相关纠纷，在一定程度上保障了公正公平，可以说其建章立制的思路特别是相关法制理念对于优化完善我国的社会保险费缴费争议处理机制是有一定借鉴意义的。但是这些国家过多的将发展重点放在"程序性"和"框架性"的搭建之上，在实践时缺少争议应对的灵活性与高效率。

（二）国内争议处理机制的创新实践

作为全国试点缴费争议处理机制的省市之一，近年来广东省积极创新探索争议多元处置机制取得了一些成效。通过对广州市、阳江市两地进行走访调研后，其相关经验值得借鉴。

1. 由地方政府牵头，建立联合处置中心。在调研中发现，广州市通过建立社保缴费争议联合处置中心，以地方党委政府牵头，按照首问责任制受理缴费争议。该处置中心依托地方综治中心平台，通过"一体化"的社会保险费争议联合中心及衔接处置机制，从而最大程度发挥税务、人社、医保、财政、信访、司法等部门职责，实现争议事项进"一扇门""一站式"处置，避免群众"多头跑""反复跑"，进一步提升处理和化解社会保险费争议效率。

2. 成立争议调解室，组建专业化团队。在调研中发现，阳江市税务局构建了"1+6+N"三级联动的社保费争议调解处理机制，打造了市、县、乡三级社保费征缴争议调解工作室。同时由市局统筹配备全市公职律师、业务骨干与法制专业，联动司法、人社、医保、社保等成员单位同步挂牌成立调解工作室服务点，建立多梯队、有侧重、同处理的工作机制，有效实现部门间责任共担、联合解决。

3. 制定实施方案，明确内外经办规程。广州、阳江两地均制定具体实施方案和争议调解工作经办规程，明确受理范围、部门职责和经办规程，做到简单争议"马上办"、复杂争议"团队办"、疑难争议"合力办"。与此同时，阳江市阳东区税务局另保留了规费服务中心，专职负责宣传答复、投诉处理的跟踪协调，最大程度缩短争议处置时长，形成调节合力。

广东省各地的探索实践虽在形式上略有不同，但是其共同点在于都通过印发实施办法、经办规程、设立专职机构来解决社保缴费争议，最大限度降低部门间推诿扯皮与争议当事人多头跑、重复跑带来的影响。由此可以看出，与国外实践经验相比，国内探索的重点在于聚焦基层，通过综治、自治等形式降低争议处理行政成本，压缩相关当事人之间磋商、部门协调等成本，尽可能以非"法律"形式化解争议纠纷，并最终以法律手段予以托底。

四、完善社会保险费缴费争议处理机制的路径探索

争议解决可以从以下四方面界定，一是从外在形态上消除争议内容，即直接化解矛盾并恢

复原有社会秩序；二是争议相对人享有实体权利与承担相应义务；三是维护法律秩序的权威和尊严；四是增强社会共荣性，促使争议主体对抗性心理与态度的转变，减少或避免争议的再次发生。结合实际情况来看，缴费争议处理机制探寻应当是一个由表及里、逐步深入的过程，可从以下两方面进行实践与探索。

（一）争议处理机制的探索路径

1. 加快完善法律法规并出台相关配套措施

法律是公民平等行使权利与享受义务的基础，社会保险费征管过程应当始终遵循公平与效率原则，因此缴费争议处理机制应当建立在充分完善的法律法规基础上，用以确保争议处理既不偏移，也不矫枉过正。其一是明确税务机关在社保费征管的唯一主体地位，并赋予其缴费争议处置相关的主责主权。其二是修正出台与"统模式"相适应的配套争议措施，权衡专业性与普适性的特征，明确缴费争议私法救济途径。其三是在现有的行政救济渠道上，进一步理顺社会保险费缴费争议救济的专业化流程，探索与公益诉讼制度结合的可能性，确保能够提供专业独立的复议诉讼手段，为争议相对人提供行政托底。

2. 探索建立部门间联合处理协作机制

缴费争议的主体多样性决定了其利益复杂性，也容易出现反复投诉、多头投诉的情况，因此建立部门间联合处理协作机制，在一定程度上可以提升争议案件处理效率，避免行政资源被重复占用。税务、人社、医保、财政等相关部门应当以《统一社会保险费征收模式实施方案》为基础，进一步明确部门职能边界，特别是要将"统模式"前后阶段区分标志详细划定，并充分考虑特殊事项职能承接问题。通过开展联合会商，初步建立社保缴费争议处置联合处理协作机制，实现部门间统一受理口径、统一内部流转、统一对外答复，实现"一口进""一口出"，进一步提升行政介入的科学性与权威性。

3. 加强税务内部争议处置力量建设

税务部门作为缴费争议处理机制的重要承接主体，能否有效处置纠纷、有效化解难题，关键在于第一时间争议处置应对是否到位，而这就需要强大的队伍力量予以支撑。一是尽快梳理明确税务部门内部争议处理流程。对目前各地已经接收到的社保缴费争议问题具体类型、投诉成因、处置方式开展详细分析，总结处置经验分类，分渠道制定流程清晰、业务规范的内部处置流程，明确局内相关业务科室、分局（所）职责分工，作为下一阶段基层税务部门在处理相应问题时的业务指引。二是加快专业化争议应对团队力量建设，培养一支懂业务、懂法律、懂应急的人才队伍，特别是落实到基层的税务分局、所，能够将投诉争议第一时间化解在基层、化解在受理的"第一道防线"，避免"小争议"激化为"大难题"。

4. 创新探索缴费争议联合处置模式

为最大限度提升缴费争议处理机制运作效率，必须将"非法律"形式作为纠纷化解的主要手段，用以提升争议处理的灵活与效率。因此必须充分探索与地方基层治理结合的可能性，主动对接地方综合治理体系，探索新时代"枫桥经验"与"浦江经验"。建议由地方政府牵头，以基层自治组织为载体，建立缴费争议联合处置中心。除了税务、人社、医保等部门外，推动司法、信访、公安、法院等部门以及各乡镇街道均作为成员单位共同参与社保缴费争议处置工作，健全完善从普通投诉流程到复议司法流程的全环节救济保障，通过准司法与司法手段延伸基层治理的有效性与针对性，进一步规范和完善基层缴费争议处理机制。

（二）地方创新试点实践情况

义乌市共有参保缴费企业12.04万户，其中小商品市场共有商户6.5万户，户数占比超过53.9%，是义乌企业商户最主要的集聚地，也是义乌经济发展的关键核心。2023年9月，习近平总书记来到义乌国际商贸城考察，他走进市场同商户、小企业主代表亲切交流，详细询问市场行情。总书记在考察时指出义乌小商品闯出了大市场、做成了大产业；商贸城要再创新辉煌，为拓展国内国际市场、畅通国内国际双循环做出更大贡献。①

2024年年初，为深入贯彻落实省委省政府提出的营商环境优化提升"一号改革工程"目标，义乌市委政法委牵头设立了"义乌市营商环境市场法治中心"，旨在通过多部门联合发力打造以"商事纠纷处理排查化解""营商环境指标优化""市场三服务工作为重点"的第三方法制服务中心平台，实现市场基层治理。在调研中发现法制中心机构设置完备，制度较为完善，多部门协调机制运行顺畅，为建立社保缴费争议机制试点提供了良好的基础条件。

1. 社保缴费争议机制试点落地的客观背景

区别于传统的企业经营模式，作为"世界的小商品之都"的义乌，普遍采取"前店后厂"的独特销售模式，通过市场运作与政府引导，逐步实现"前店后厂、贸工联动"，有效强化了小商品市场的根基与抵御风险的能力。因此，对于义乌而言，原本传统企业位于后端生产运行环节的业务需求与矛盾纠纷也会被前置到前端零售环节，在市场的"门店"中快速有效解决商事纠纷，成为持续提升营商环境、让市场主体放心"走出去""走进来"的核心环节。

立足义乌市"小商品经济"发展这一特殊性，为进一步落实"新时代枫桥经验"与"浦江经验"，努力将矛盾化解在基层，义乌市局已与当地基层组织开展互动，在当地政府指导下，有效开展争议机制创新试点。经过前期的调研及探索，最终选定在义乌市小商品市场的"义乌市营商环境市场法治中心"设立"社会保险缴费争议处理办公室"，通过以市委政法委牵头、多部门联合参与的形式开展试点。

2. 社保缴费争议机制实施的部门协作基础

"社会保险缴费争议处理办公室"在原有的市委政法委、市人民法院、市全面深化改革委员会办公室、市发改委、市公安局、市司法局、市市场监管局、市税务局、商城集团、仲裁委等十家成员单位的基础上，被纳入市人社局、市医保局等单位，为缴费主体提供"不出市场"即可综合实现"诉、仲、调"一站式多元处理功能。

3. "社会保险缴费争议处理办公室"试点运行机制

结合义乌特点和试点情况，制定《义乌市社会保险缴费争议处理办公室工作指引》，办公室相关成员单位依照指引具体承担相应职责。其中税务局负责社保费款征缴相关政策解释、欠费清缴以及"统模式"后工资基数争议处理工作；人社局负责劳动关系的认定、社会保险相关劳动法规的解释，负责处理企业职工参保经办争议、待遇争议处理工作；医保局负责处理企业职

---

① 小商品闯出大市场做成大产业：浙江省义乌市以改革创新培育发展新功能[N]. 光明日报，2024-02-09(5).

工医保（含生育保险）经办争议、待遇争议处理工作；商城集团负责协助涉及市场内信访投诉案件的处理，同时对市场内影响重大、人数众多的争议集中上访案件提前介入，做好舆情预警防控。

从业务流转来看，缴费争议处理办公室通过落实"首问责任制"实现"一口进""一口出"，以内部流转替代分头受理，避免因部门间推诿扯皮降低争议处理效率。首位接待（受理）矛盾纠纷的人员具体承担落实争议受理、分类、登记、流转工作，根据争议诉求，实行"简易事项窗口即时办、一般事项线上流转办、重大疑难事项会商办"三级分类处置，畅通线上线下反馈渠道，统一答复处理结果。

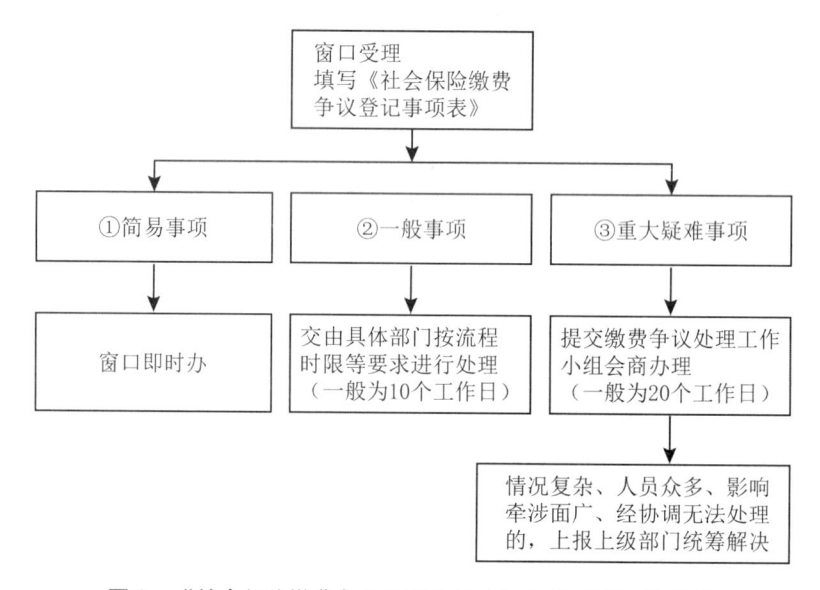

```
                    窗口受理
              填写《社会保险缴费
                争议登记事项表》
        ┌───────────┼───────────┐
     ①简易事项      ②一般事项      ③重大疑难事项
        │              │              │
     窗口即时办    交由具体部门按流程   提交缴费争议处理工作
                  时限等要求进行处理   小组会商办理
                  （一般为10个工作日） （一般为20个工作日）
                                         │
                                   情况复杂、人员众多、影响
                                   牵涉面广、经协调无法处理
                                   的，上报上级部门统筹解决
```

图 2　"社会保险缴费争议处理办公室"争议处理工作流程

此外，为保障争议相对人合法权益，以"法治中心"为媒介，深化税院业务衔接，健全司法救济渠道。目前办公室已累计梳理完善催缴、催告、强制划拨等 5 项处置流程，规范表证单书 12 项，打通了向法院申请强制执行的业务壁垒。在完善社会保险费征收管理流程的同时，为基层税务干部规范执法提供业务指引。

5. 试点成效

截至 9 月底，义乌市社保费争议解决机制累计受理争议问题 3 件，其中参保登记 1 件、欠费追缴 2 件；已解决案件 3 件，结案率为 100%。自社保费争议解决机制建立以来，累计通过该机制解决欠费追缴问题 2 件，合计入库费款 54.07 万元。

课题组组长：詹锡根
课题组副组长：赵子靓
课题组成员：刘　挺、滕晓艺（执笔人）

不同税种对共同富裕的促进作用以及改进建议

唐 敏

随着我国经济增长模式由高速增长转为高质量增长，人民生活水平不断提升，居民间收入与财富的差距也越来越大。2023年国内生产总值达到126万亿，比之2022年增长5.2%，占全球经济份额超17%，贡献全球经济增长32%。人均国内生产总值为89358元（以美元计价，为12690.1美元），名义增长5.4%，接近高收入国家门槛，但相较于2万美元的发达国家门槛仍有一段距离。其中，北京、上海、江苏相当于发达国家水平，人均国内生产总值分别为20.0万元、19.1万元、15.1万元，而陕西、安徽、湖南等20个省份的人均国内生产总值均在全国平均水平以下。党的二十大报告明确指出，我国社会的主要矛盾是人民日益增长的美好生活需要和不平衡不充分的发展之间的矛盾，解决发展的不平衡和不充分，缩小居民间的贫富差距刻不容缓。税收作为政府调节经济的重要抓手，参与初次分配、再分配、第三次分配的全过程，在促进共同富裕方面发挥着重要作用。

一、不同税种促进共同富裕的方式

税收作为一种政策杠杆，引导着财富和资源的流向，参与着收入分配的全过程，是促进共同富裕的重要工具。但不同税种对收入分配的作用不同，促进共同富裕的方式也不同。根据征收对象的不同，可将税种划分为商品税、所得税以及财产税，这三大税种共同在"做大蛋糕"的初次分配环节、"切好蛋糕"的再分配环节以及"分好蛋糕"的第三次分配环节中发挥作用。

（一）商品税促进共同富裕的方式

以商品和非商品流转额为征税对象的税种为商品税，其主要在初次分配环节发挥作用。商品税的征收贯穿于整个物质生产、流通环节，不仅可以改变商品相对价格进而影响消费支出，而且还会改变要素相对回报率进而影响要素收入。一方面，商品税属于间接税，具有税负易转嫁的特点，但在理论和实践上，企业很难将全部税负转嫁给消费者。事实上，税负是企业存续的一项重要成本，会影响企业的资源配置，进而影响劳动收入份额，导致劳动者的劳动报酬发生变化。另一方面，企业可采用提高商品价格的方法将税负转嫁给消费者，也可以采用压低购入生产要素价格的方法将税负转嫁给要素所有者，或是同时采用两种方式，形成"混转"。从税收负担再分配角度而言，商品税的税负影响着居民的收入分配。

（二）所得税促进共同富裕的方式

所得税以纳税人的所得为课税对象，在再分配环节通过影响企业的生产决策、个人的收入水平来影响共同富裕水平。所得税最重要的一个特征就是税负不易转嫁，能够直接影响个人的收入水平和企业的利润水平，有利于发挥调节收入分配的功能。从企业角度来看，所得税的征收导致企业税后利润的下降，为获得更多的利润，企业会降低生产要素的成本，加大技术创新转变经济发展方式，进一步配置和优化生产要素，实现对产业结构的调整和社会经济总量的提升；从个人角度来看，所得税会导致可支配收入的减少，同时收入越高的群体承担的所得税税负越高，实现了税收调节居民收入的重要作用，为共同富裕的实现打下基础。

（三）财产税促进共同富裕的方式

财产税的征税对象为法人和自然人拥有和可支配的财产，是调节社会财富的重要税种，能促使经济稳定发展，有效限制集体乱投资、乱抛售行为。在经济增长方面，征收财产税会导致财产所得者净收益减少，使得财产的相对价格降低，此时消费者会意识到购买财产比消费更贵，进而提升消费水平和购买力，而消费的扩大可进一步实现经济的增长；在收入分配方面，财产税中的遗产税可将从高收入群体征得的税收转移到社会发展需求中，从而缓解财富两极分化，有效缩小贫富差距，同时倒逼富人开展慈善捐赠活动，促进第三次分配。

二、我国现行税制促进共同富裕的现状

1994年以来，在"统一税法、公平税负、简化税制"的指导思想下，我国经过多次力度不同的改革，形成了双主体的税制结构，在促进共同富裕方面发挥出了重要作用。如前文所述，商品税在初次分配中发挥着资源引导作用，所得税在再分配环节发挥收入调节作用，财产税激励和倒逼第三次分配活动。但当前我国税制存在着消费税调节作用不明显、税制中直接税占比偏低、税收激励机制不完善的弊端。

（一）消费税的调节作用不明显

消费税仅针对特定消费品或特定消费行为等课税。因其征收范围的选择性，消费税比之其他商品税更能引导居民消费，调节居民收入分配结构。因此，本文从消费税的角度来探讨我国现行商品税调节收入分配、促进共同富裕的现状。当前，我国消费税主要针对过度消费会影响健康的消费品、非生活必需品类消费品、高耗能及奢侈品类消费品以及不可再生和替代的稀缺资源类消费品这四大类商品课征。根据近几年《中国税务年鉴》，对消费税收入贡献率最大的行业集中在烟草制品、酒类、石油、汽车制造业。但从消费税税目来看，烟草、酒类、成品油、汽车涉及的是各个收入群体，而高尔夫球及球具、高档手表、游艇等消费阶层为高收入群体的税目对税收收入的贡献率较低，这表明消费税调节收入分配的作用有很大的提升空间。从税率来看，除卷烟和白酒外，其他税目未按照品质等级设置税率，违背了量能课税的原则；从征税范围来看，居民消费结构从商品消费转向服务消费，未将高端服务纳入奢侈品消费税的征收范围。

（二）税制中直接税占比偏低

税负能否转嫁是直接税与间接税的本质区别。以增值税、消费税和关税为代表的商品税税负易转嫁，而以所得税、财产税为代表的直接税税负不可转嫁。根据张怀雷、陈妮的统计方法以及统计数据可以看出，近14年来，我国税收总收入总体呈现增长的趋势，但我国税制结构仍

旧以间接税为主，直接税占比较低。一方面，个人所得税税制设计还不够完善。现如今，我国个人所得税采用综合与分类相结合的征收方式，仅工资薪金、劳务报酬、稿酬所得、特许权使用费四项劳动所得纳入综合所得，而高收入群体的资本性、财产性所得采用分类计征不适用七级累进税率，个人所得税未能发挥调节高收入群体收入的作用。个人所得税税制主要还是关注个人的劳动收入，未对财富进行征税，使得高净值个人在财富积累上获得更多优势，财富不均衡分配加剧。另一方面，我国财产税和资本利得税仍旧处于缺位状态。与通过劳动获得收入的中低收入群体不同，高收入群体更多是通过资本收益来获得更多的财富，在当前税制下会进一步扩大工薪阶层和资本所有者之间的税负差距。

（三）税收激励机制不完善

我国税收激励机制不完善主要体现在税收对慈善捐赠的激励性不够。主要表现为税法对慈善组织免税资格认定条件较为严格、对个人捐赠者的税收优惠力度较弱、对非货币捐赠的激励政策不明确这三方面。首先，与《慈善法》相比，在税法上对慈善捐赠多有条件限制，制约了慈善捐赠效率；其次，个人慈善捐赠后可扣除比例只有30%和100%两档，但享受100%扣除的门槛较高，同时当年未扣除完的捐赠额度不能向后结转，影响了个人的捐赠积极性；最后，当前没有关于非货币捐赠的系统性税收优惠政策，大多数的非货币性捐赠都只能按视同销售处理。

三、促进共同富裕的税制改革建议

（一）强化消费税调节力度

强化消费税调节力度从优化税率结构、调整征税范围两方面协同推进。在优化税率结构方面，降低大众消费品的税率，以减轻中低收入群体的税收负担。同时将各个收入群体都参与消费的消费品，按品质高低设置差别税率，以体现量能赋税的原则。在调整征税范围方面，逐步将豪宅、私人飞机、高档家具等奢侈消费品以及游艇俱乐部、高档家政服务、高尔夫球服务等高档服务纳入征税范围，强化对高收入群体收入的调节，缩小贫富差距；针对像高档化妆品这种已转变为日常性、常规性消费品的，可从征收范围中剔除，从而进一步释放市场活力，刺激消费。

（二）提高直接税比重

针对我国现行税制直接税比重不高的现状，应从所得税和财产税两方面进行改革。在所得税方面主要从个人所得税入手，以增强收入调节效应为主要目标，一是扩大综合所得计征范围，将经营所得、资本性所得与劳动所得合并，按综合所得计征；二是以家庭为单位征收个人所得税，从而缩小家庭之间的收入差距；三是优化个人所得税税率结构，降低中低收入群体的适用税率，同时缩小高税率级距，增强累进作用。在财产税方面，一方面要立足于"房住不炒"的定位，推进房地产税的立法与落实；另一方面要开征遗产税和赠与税，强化对收入和财产的再分配作用，促进贫富差距的缩小和社会资源配置的优化。

（三）完善慈善捐赠的税收激励政策

要发挥税收对第三次分配的促进作用，就应进一步扩大慈善组织免税资格认定范围，放宽准入条件，让更多群众团体获得免税资格，扩大享受税收优惠的公益性社会团体、慈善机构范围,从而促进社会慈善捐赠的积极性。同时,提高个人慈善捐赠扣除比例,允许个人税前扣除以前年度未扣除完的捐赠,在提高个人捐赠积极性的同时保证捐赠人的利益不受损害。另外,要进一步完善慈善捐赠的规定,补充关于非货币性捐赠的抵扣规定,明确以非货币形式捐赠价值确认方式。

(作者单位:国家税务总局宁强县税务局)

关于社保费申报缴纳流程优化调整的思考

国家税务总局高邮市税务局课题调研组

党的十九届三中全会做出了"各项社会保险费交由税务部门统一征收"的部署,各地于2020年11月全部完成划转任务,但大部分省市采用"人社医保核定、税务征收"模式,存在缴费涉及部门多、环节多,缴费政策繁、流程长等弊端。"优化调整社会保险费申报缴纳流程"(以下简称"优流程")改革是党中央、国务院部署的一项重大政治任务,是继续深化社保费征收体制改革的关键一步。本文从"优流程"的背景、目的意义、给缴费人带来的影响、给税务部门带来的挑战等方面出发,深入探讨应对举措。

一、"优流程"的背景

(一)"优流程"的含义

"优化调整社会保险费申报缴纳流程",具体就是将当前"人社、医保部门先核定应缴费额、再推送税务部门征收社会保险费"的申报缴纳流程,优化调整为"用人单位自行向税务部门申报缴纳社会保险费"。

(二)"优流程"前征收的三个阶段

1. 人社部门征收社会保险费阶段(1992—2000年)

1984年,江苏省开展养老保险试点,无锡、苏州、建湖开展固定工退休费用社会统筹。1992年,江苏省政府发布了《关于企业职工养老保险制度改革的实施办法》,明确了企业参加养老保险的对象和范围等内容,全省各地人社部门开始征收养老保险费。

2. 税务部门代征各项社会保险费阶段(2000—2018年)

2000年,江苏省政府出台文件规定(苏政办发〔2000〕56号),从2000年7月1日起,社会保险费改由地税部门征收。江苏省开启了人社部门核定、税务部门代征社会保险费的模式。尽管文件明确规定各项社会保险费由地税部门征收,但在实际工作中,由于种种原因,形成了税务部门和人社部门共同征收的格局。

3. 税务部门征收社会保险费阶段(2019—至今)

2018年,《深化党和国家机构改革方案》明确,从2019年1月1日起,基本养老保险费、基本医疗保险费和失业保险费等各项社保费统一由税务机关征收。至此,开启税务部门征收社会保险费的新格局。

2023年12月1日"统模式"改革后,我省用人单位社会保险费征收由"人社医保核定,税务征收"的模式全面调整为"用人单位自行向税务部门申报缴纳"征收模式。

二、"优流程"的目的和意义

（一）有利于推进社会保障体系高质量发展

党的二十大报告指出："社会保障体系是人民生活的安全网和社会运行的稳定器。健全覆盖全民、统筹城乡、公平统一、安全规范、可持续的多层次社会保障体系。完善基本养老保险全国统筹制度，发展多层次、多支柱养老保险体系。"社保费"优流程"改革是落实党中央、国务院决策部署，推进企业职工基本养老保险全国统筹等制度顺利实施，促进我省社会保障事业高质量发展、可持续发展的必经之路。

（二）有利于促进社会保障基金可持续增长

2023年1月份人口普查显示，中国60岁以上老年人口已达2.7亿，占人口总数的19.4%，人口老龄化趋势愈演愈烈，基本养老保险基金的支付压力越来越大。"优流程"改革后，由税务部门全权负责社保费的征缴工作，社保机构负责政策制定、社保基金管理、社保费用的计发工作，实现了社保费的收支分离，能最大程度地避免社保费违规挪用、侵占等问题，进一步保障社保基金增长的稳定性。

（三）有利于规范企业社保缴纳行为

《中国企业社保白皮书2021》数据显示：2021年，约70.1%的企业未做到社保基数完全合规，其中试用期不缴纳社保的问题居首，约24%的企业按最低下限基数缴纳社保。我国企业不全额参保、不全体参保、试用期不参保等现象仍然存在，损害了员工合法权益，不利于企业公平竞争。社保费"优流程"改革后，税务部门可以完成社保费的核定、征收、追缴、稽查等一系列流程，问责制度清晰，资金走向明确，能有效地规范企业社保缴纳行为，极大降低企业少缴、漏缴、欠缴发生率。

三、"优流程"产生的积极影响

（一）降低沟通成本，减轻缴费人负担

"优流程"前，用人单位需按险种分别向人社、医保部门申报缴费工资基数，由人社、医保部门核定应缴费额再推送税务部门征收费款，一件事情缴费人需要对接两个部门，常常造成"多头跑""来回跑"的非必要办事成本；由于税务部门的征缴数据是由人社、医保部门直接下发，遇到复杂、冷门、争议的征缴问题，税务人员很难依靠自身力量独立解决，往往需要反复对接人社、医保部门，整个过程成本高、耗时长、效率低。实行自行申报，将申报和缴费两个社会保险事项统一在税务部门办理，有利于提高办事效率、减轻用人单位负担，进一步优化营商环境。

（二）加强流程管理，保障缴费人合法权益

自行申报的流程设计是以缴费人为中心，缴费人依法依规自行向税务部门申报缴费工资、缴费基数和应缴费额等信息，并及时缴费；税务部门依法提供服务保障，充分还权明责于缴费人。同时缴费人可以利用税务部门社会保险费征管信息系统对缴费工资、缴费明细等信息进行

"可视化"查询、确认，使社会保险费的征缴更加公开透明，进一步保障用人单位及其职工合法权益。

（三）坚持精细服务，增强缴费人获得感

实行自行申报是深化社会保险费征管领域改革的重要举措，将进一步提高社会保险费征缴服务便利化、智能化水平，不断增强缴费人获得感。主要体现在"三化"：税务部门提供政策辅导、咨询服务、申报缴费提醒以及优惠政策推送等服务，逐步实现辅导"精准化"；逐步改变以表单为载体的传统申报模式，通过信息系统提供自动计算、预填单等申报服务，实现费额计算"智能化"；提供"网上、掌上、实体、自助"等多元化申报缴费渠道，切实满足不同群体申报缴费需求，实现办事渠道"多样化"。

四、"优流程"带来的问题挑战

（一）"优流程"改革后的社会预期问题

社保"优流程"改革只是职能职责的划转，征缴政策并没有因为征管主体变化而变化。但一些企业会笼统地认为"优流程"改革必然增加社保费负担，从而一定增加企业人力成本刚性支出。在这种情况下，企业对于"优流程"改革可能存在焦虑情绪甚至是抵触抗拒。不仅仅是企业，对于职工本人，由于到手工资在缴纳过社保费后有一定的缩水，参保人也会对"优流程"征缴存在疑虑。

（二）"优流程"改革后企业自行申报基数的准确性问题

在原有的社保政策和征收模式下，有不少企业为了少缴或不缴社保费，往往在实际申报中以最低基数申报缴纳，与实际发放的员工工资并不相符，在"优流程"改革后，企业有可能会采取多种筹划行为，比如，将正常工资薪酬以其他形式发放，以"费"抵"薪"规避社保费缴纳。在这种情况下，企业与税务部门可能会存在矛盾立场，导致遵从度下降、工作配合度较低，征缴难度进一步加大。

（三）"优流程"改革后信息平台建设的压力问题

目前税务部门的金四标准版系统虽然已经具有较强的系统功能，但在"优流程"改革后，更加海量的缴费信息数据对系统的负载能力提出了更高的要求；同时所有单位需自行在电子税务局或客户端进行申报，涉及更正、退费的业务需要更加稳定高效的系统支撑。如何完善信息系统功能，运用好大数据的力量，以更加成熟稳定、准确便捷的征管信息平台对数据进行实时交互和有效处理，是今后工作的一项重点。

五、相关建议

（一）加快推进社保费征管法律体系的完善

从法律层面上明确赋予税务部门完整的社保费征管职责，明确税务部门履行缴费申报、核定基数、费款征收、稽核、处罚等与征管工作密切相关的法定职责；同时，规范强制执行与财产保全有关程序，增强税务部门统一征收社保费的法律支撑和执法刚性。

（二）继续给予相关税费优惠政策支持

近年在"新冠疫情"的影响下，我国企业的发展均受到了不同程度的影响，继续出台相关税费优惠政策具有很大的现实必要性。通过"优流程"改革提高社保实际征收率，确保社保费应收尽收，再通过优惠政策支持，让社保费负保持在企业可承受的区间范围内，更好地实现社保征收的正规化、合理化发展。

（三）不断完善多环节全链条监管

对社保申报的各项信息实行大数据动态分析，更加全面及时地发现各项数据疑点，发现疑点后立即提醒相关企业，建立事前提醒、事中校验、事后处罚的监管机制。在企业申报完成后，税务部门协同相关部门合力对仍旧存在的疑点进行核查；通过人社、医保交互的核定对申报信息进行分析比对，对欠费企业实行动态监测自动通知，综合运用各种管理方式，减少欠费发生，保障企业职工权益。对核查结果做好登记与监督整改，并将此类核查整改情况与企业信用等级评价等考核挂钩，有效地把服务、管理与处罚有机结合。

（四）持续优化社保征管服务

目前，很多企业和个人对社会保险存在误解，认为社保缴纳会加重企业的负担，降低职工的到手工资，因此不愿意参保。税务部门应进一步优化社保费的征缴服务工作，针对性制定社保费服务规范和缴费指南，通过提供优质高效的涉费服务和精准的宣传辅导，促进缴费人提高缴费遵从度。对内建议开展对社保费相关制度、政策等理论知识培训和社保申报、退费流程的实操培训；对外加大宣传辅导力度，帮助更多企业和个人认识和了解社保的重要性。

浅议白酒消费税税制改革

张剑虹　谢　华　马可可　张桓玮

新的时期，从税收征管的实践来看，白酒消费税实际税负率提升不足，仍明显低于法定税率。白酒消费税的税制改革仍需完善。笔者结合消费税征管实际，针对白酒消费税税制改革进行必要的探讨。

一、对白酒消费税历次变革简要梳理

（一）白酒消费税在税收总额中比重不断增加

消费税是指对在中国境内从事生产和进口税法规定的应税消费品的单位和个人征收的一种流转税，是对特定的消费品和消费行为在特定的环节征收的一种间接税。目前，我国主要选择高耗能、高污染、高档次消费品作为主要征税对象。如烟、酒、成品油在所有消费税中占比最高。总体来看，伴随我国消费结构性升级及消费税税率大幅加码，消费税所占比重总体上有所增加。据有关资料刊载：2001—2005年消费税在财政税收中的比重约为6%，2006—2008年消费税所占比重约为5%，2008年之后消费税所占比重大幅提高至8%，较前值上升了3%。

（二）白酒消费税历经多次改革，呈趋严趋高趋势

根据征税对象不同，白酒消费税选择在不同渠道环节征收，征收比例和计税价格也不同。白酒消费税征收环节单一，目前主要在生产环节缴纳，采用从量从价的复合计税方法。近三十年来，我国白酒消费税主要经历过五轮的改革：1.1994年，对白酒消费税首次实行从价征税，对粮食、薯类白酒分别征收25%、15%从价税；2.2001年，对白酒消费税改革成从价从量的复合税征收制度，增加每公斤1元的从量税；3.2006年，对白酒消费税调整从价税率，统一粮食白酒与薯类白酒从价税率为20%；4.2009年，对涉及白酒消费税产品规定最低计税价格，将计税价格由出厂价提高至50%~70%的销售价格，消费税率大幅提升；5.2017年，调整涉及白酒消费税最低计税价格等，将计税价格统一为销售价格的60%，从价税率达到20%，从量税不变。从这五次变革历史来看，白酒消费税呈现趋严趋高的特征，在计税方式上，2001年的改革增加了0.5/500毫升的从量税开启复合征税；在计税规范上，2006年统一粮食白酒与薯类白酒的计价税率，2009年及2017年进一步规范计税价格，在一定程度上，减少了一定的避税行为。从当前白酒上市公司的消费税率来看，各厂商税率基本在12%左右，税改调整已基本到位。

（三）消费税历次改革对白酒行业分化成长趋势影响较小

从2001年开征从量税之后，我国白酒产量经历了短期波动下滑。但自2003年投资成为推

动国内经济增长的核心力量后，各项投资建设活动催生商务白酒的需求，白酒行业迎来整体量价齐升的局面。从产量方面来看，中国白酒产量由2005年增速转负为正后持续攀升，至2009年同比增长率高达24.73%。从整体来看，历次消费税改革对白酒短期产量影响不大，白酒产量按自有周期波动。由此可见消费税改革对白酒产量影响较小，其关联程度不高。从政策发布后短期时间段观察，在五次改革中，前四次的政策发布对股价都没有明显的负面影响，仅2017年政策发布次日白酒股票价格指数下降1.8%。从长期看，消费税的改革对于整体白酒股票价格指数并无显著影响。由此可见，前几次的消费税改革的确对白酒股价影响较小，其关联度也不高。并且消费税在白酒行业发展的整体趋势中仅作为短期扰动因素，并不改变白酒行业分化成长的大趋势。

二、现行白酒消费税征收管理过程中存在的问题

（一）不同白酒类税负各不相同，存在较大差异

白酒虽然不是人们生活的必需品，但在现实社会生活中离不开它。白酒仍是目前中国居民生活中必不可少的消费品重要种类之一，与老百姓生活密切相关。白酒产量主要产区和企业，依据白酒生产工艺和质量的要求，中低档酒产量占相当大的比例。追求高利润是高价白酒业的一大特征。对于高端酒企而言，消费税占营业收入及净利润比重普遍低于次高端和中低端酒企。高端白酒的贵州茅台、五粮液、泸州老窖等，它们2021年平均税率为11.34%；次高端白酒的洋河股份、舍得酒业、水井坊、酒鬼酒、今世缘、山西汾酒、古井贡酒等，2021年平均税率为13.41%；中高端白酒口子窖、伊力特、金徽酒、迎驾贡酒、老白干酒等消费税率变化波动较小；低端白酒的顺鑫农业、金种子酒等波动幅度则较大。其中，皇台酒业消费税率为白酒行业最高值，2021年达15.75%。从量税有失收入分配公平性，低端酒税负较重。迫使企业不得不停止生产或少生产低档酒，在一定程度上影响了市场的供需不平衡，发展不全面。

（二）现行白酒消费税政策与征管存在矛盾

从白酒消费税开征以来，国家针对形势发展变化进行了不断的调整和完善，从执行情况看，在制度设计上依然存在诸多问题，由此也加大了征收管理的难度和执法风险。现行税收政策导致纳税人采取不正当的手段规避重复纳税，增加税企双方的风险。产销分设、降低税基、设立多级销售公司规避核价管理，关联企业难以认定。一是征税环节比较靠前，消费税制难以发挥控制作用。白酒消费税征税环节较为靠前，无法有效控制白酒的市场价格。在目前白酒市场上，白酒销售价格走势存在明显分化。一方面，以茅台、五粮液、泸州老窖等为首的高端白酒价格不断上升。这些高端白酒在出厂时价格较低，在批发环节和零售环节被层层加价，涨价幅度大于50%。另一方面，中低端白酒的销售价格不断下降。江苏省内由于"三沟一河"竞争激烈，现行白酒消费税税制对白酒流通阶段出现的价格疯狂上涨或非理性打折促销战不能起到控制作用。二是税率设置较为单一，难以引导正确消费、调节收入再分配。根据目前的白酒消费税税制，国家对白酒税目没有进行区分，只要是白酒都是20%的比例税率加上0.5元/500克或每0.5元/500毫升的定额税率。消费税除了增加国家财政税收以外，还应该起到引导公民合理消费以及调节公民收入分配的作用。但这种单一的消费税税率却无法起到引导合理消费的作用。

同样，现行消费税税制也没有对高端白酒和中低端白酒的纳税进行区分。税收负担的累退性意味着中低收入人群的整体税收负担将会高于高收入人群的整体税收负担。由此可见，目前，白酒消费税无法有效起到调节国民收入再分配的作用。三是税收征管制度存在一定不足。按照目前消费税制度，白酒消费税属于中央税。白酒的酿制除了对水质和原料的品质有较高的要求外，还对自然环境有一定的要求，酒厂大多建在具有阴冷潮湿的土壤气候环境和丰富的微生物资源的偏远山区。酒厂众多且位置偏僻，白酒消费税的征收和管理存在一定的困难。另外，各地还存在着大量财务不规范甚至是无证经营的非法酒作坊。导致偷逃税款的情况依然存在。

（三）白酒产品现行的消费税名义税负较高

白酒消费税从价定率税率分别为20%，从量税额为0.5元/斤，导致实际税负与名义税负差异较大。其原因主要是很多白酒生产企业大都是国有或国有控股公司，为了生存，解决员工就业、生活，不得不采用关联交易，尽可能转移税基、作价偏低等做法。

（四）欠税严重

由于现行财政体制规定：消费税完全归属中央收入。不利于调动地方政府的积极性，地方政府对消费税征管一般不重视，存在一些酒厂消费税欠税严重、陈欠税款居高不下的问题。

（五）差异化税率不明显

在税率设置上，我国现行白酒消费税没有对酒精含量不同的白酒产品设置差异化税率。因高酒精含量白酒与低酒精含量白酒适用相同的从价税与从量税税率，白酒消费税限制高酒精含量白酒消费的职能未得到充分发挥。我国现行白酒消费税并未对白酒产品的酒精含量进行区分，不同酒精含量的白酒产品适用统一的消费税税率。这不利于限制高酒精含量白酒消费。税率设置无差异，未有效限制高酒精含量白酒消费。

（六）对标国际上其他国家，我国消费税税率仍需调整和完善

对比美日等国家，我国从量税相对较低。消费税作为一种辅助税种，目前联邦消费税收入占美国 GDP 比重不超过 0.5%，占联邦总税收维持在 3%，且呈现稳中有降态势。从征收从量税的角度来看，美国联邦以及地方对一瓶 500 毫升的烈酒征收 2.28 美元从量税，每瓶烈酒税收/人均 GDP 为 0.0035%；日本对 500 毫升的烈酒征收 1.72 美元，每瓶烈酒税收/人均 GDP 为 0.0043%；而我国按照目前从量税来计算则是 0.0006%，相对较低，但存有一定优化空间，需要调整和完善。

三、对我国白酒消费税改革的思路和建议

（一）建议在保持生产环节征税的基础上，适当将征税环节扩展到流通环节

对白酒行业在生产环节的征收消费税情况大体上可以保持不变，但可以将消费税收缴纳加入增值税的链条体系中。生产环节依然以白酒出厂价为计税基础，由白酒企业承担这部分税款。在市场流通环节，可以按照增值额部分计算流通环节的消费税，由批发商、零售商和消费者共同承担增值部分的消费税税款。在流通环节征税会导致白酒价格的上涨，对于高端白酒而言，批发商和零售商为了转移税款负担将会继续涨价，但是高端白酒需求价格弹性较大，价格上涨导致需求量下降，又会迫使高端市场白酒销售价的下降，最后市场价格达到合理水平；对中低

端白酒而言，由于总消费税税款的增加，迫使酒厂放弃价格战，走上兼并壮大、研发创新、品牌化的发展道路。通过白酒市场价格全面上涨，还可以引导消费者适量饮酒、控制饮酒、减少饮酒，有益于促进消费者身体健康。

（二）要合理优化税目税率，适当降低从量定额税率

对于高度白酒和低度白酒的划分，应该采用行业普遍接受的40%为标准，即小于40%的白酒为低度白酒，40%及以上的为高度白酒。具体税率调整，低度白酒的比例税率可以为10%，而高度白酒的比例税率继续保持12%。对低度白酒实施2%的税收优惠虽然会减少税款，但能够起到更好地引导合理消费的作用。白酒消费税中的从量定额消费税不应该完全取消，但是可以适当减少。将0.5元的标准适当调整，能够为白酒生产企业进行适当减负，也能平衡流通环节税负上涨对白酒行业整体的冲击，在一定程度上保持白酒销售价格的稳定。

（三）要修改白酒消费税征管制度，调整白酒消费税收入划分级次

可以将白酒消费税由中央税变为中央和地方共享税。以往因为白酒消费税都为中央收入，地方政府对白酒消费税收缴的积极性不高，这导致了白酒消费税税额存在未能足额征收的问题。将白酒消费税改为中央和地方共享税，能有助于调动地方政府的积极性，更有利于白酒消费税的征收管理。

（四）在现有税率基础上，可根据白酒的酒精度不同，设置消费税差异化税率

应对不同酒精含量的白酒实行差异化税率，以更好发挥白酒消费税合理引导白酒消费的调控职能。可以考虑按酒精含量多少设置四档白酒消费税从价税税率。酒精含量小于38%的白酒，保持现有的税率水平，即适用税率为20%，此为第一档的从价税税率；酒精含量在38%（含）~45%（不含）间的白酒，适用税率可为22%，此为第二档从价税税率；酒精含量在45%（含）~52%（不含）的白酒，适用税率可为24%，此为第三档从价税税率；酒精含量大于或等于52%的白酒，适用税率为26%，此为第四档从价税税率。在原有税率水平基础上设置4档税率，旨在调节高酒精含量白酒消费成本。这样，对于提醒消费者合理消费，理智消费，减少酒驾、醉驾，起到警示效果，同时也有利于促进国民健康。

（五）可将白酒产品价税列示方式由"价税合一"改为"价税分列"

在我国现行的"价税合一"的价税列示方式下，消费者不能直观感知到白酒消费行为负担的税负成本大小，这在一定程度上影响了白酒消费税调控职能的发挥。未来，在改革白酒消费税征收环节、完善白酒消费税税率设置的基础上，可以将白酒消费税价税列示方式由"价税合一"改为"价税分列"。在白酒零售价格标签上将白酒价格与包含在价格中的白酒消费税分别列示，促进白酒消费税透明化，使消费者能清楚直观地认识到白酒消费行为需承担的消费税税负的义务。这样能提高白酒消费税税收凸显性，更好地有效发挥白酒消费税引导白酒消费的职能与作用。

（六）要重视白酒消费税征管实践调研工作

要积极组织人员参与对白酒行业的消费税征管实践的调研，注重关注白酒消费税税制改革后的实施动态，定期或不定期收集相关资料和基层税务机关执行中的问题和意见、建议，适时或及时召开专题研讨会或者座谈会，组织征纳双方人员及有关专家、学者等参加会议，广泛征

求意见和建议。通过这样的会议最终形成有价值的调研报告，报送决策上层，以作为进一步完善或适时调整、改革、修订白酒行业消费税税制的重要而可靠的参考依据。

（作者单位：国家税务总局连云港市税务局、灌南县税务局）

我国成品油价格和税费改革对汽车销量影响的灰色综合评估

陈森森

一、引言

2008年12月18日，我国发布了《关于实施成品油价格和税费改革的通知》。该通知规定将汽油、柴油的消费税单位税额分别由每升0.2元、0.1元提高到每升1.0元、0.8元，同时取消养路费等收费。我国开展了成品油价格和税费改革（以下简称"成品油价税费改革"）。

从2002年到2022年，我国汽车销量从324.85万辆逐步增长到3009.4万辆。其中，2009年的汽车销量比2008年增长了426.43万辆，增长率达到惊人的45.46%。2009年，我国的汽车产量和销量首次位居世界第一，此后长期排名第一。

汽车销量的突然暴涨是否由成品油价税费改革所引起？一些定性研究试图对此进行解答。在成品油价税费改革实施之前，有学者认为大幅提高成品油消费税对中国有利有弊，且存在长期的争论：在"利"方面，认为征收20~50%的燃油税会有助于节能，提高对节能汽车的需求，降低对快速增长的燃油需求，从而保障能源安全；在"弊"方面，认为大幅提高成品油消费税会打击汽车生产部门，提高汽车厂商的成本，而这会使汽车生产从内陆转向沿海以便于出口。有学者认为大幅提高成品油消费税有利于汽车行业的产品结构调整，有利于小排量汽车的生产销售。成品油价税费改革实施后形成两种不同的认识。一种认为成品油价税费改革的实施会影响汽车行业的产品结构，即节能型汽车的产销会增加。一部分人认为成品油价税费改革会带动车市繁荣。另一种认为成品油价税费改革对个人购车用车的影响不大。如一项针对私家车主的问卷调查，收集调查样本200份，统计结果显示成品油价税费改革对个人在购车和用车方面的影响尚不大，不足以成为人们在汽车消费时考虑的重要因素的结论。由于这项调查对象是已有车辆的私家车主，因此这项调查不能反映成品油价税费改革对尚未购车的人们的影响。

总之，上述的研究基本上认为成品油价税费改革会调整汽车行业的生产和销售的结构。那它们是否真会对汽车销量产生影响？成品油价税费改革是会"打击汽车生产部门"，还是会"带动车市繁荣"，还是对"个人在购车和用车方面的影响不大"？目前在这方面的定量研究鲜见于文献。

该项改革至今，已历15年。从学术研究的角度，有足够长的政策实施期以供人们对该项改革的效果进行评估。本文通过构建基于有无对比分析的成品油价税费改革政策效应灰色线性回归综合评价模型,定量地评价成品油价税费改革对汽车销量的影响,并进一步结合汽车销售结构、汽车燃油的节能减排情况,提出政策改进的建议。

二、方法论

(一) 有无对比分析法

一项政策的实施往往会产生一种新的、实际的变化趋势。假设如果没有实施这项政策,事物的变化会沿着原有的趋势而平缓地变化。将上述两种变化趋势进行对比的方法就是有无对比法。

在本文中,假设除了成品油价税费改革,其他因素对汽车销量的影响是平稳的。这一假设对于短期、中期是合适的。从长期来看,其他因素对汽车销量的影响也会发生各种变化。上述假设在长期中明显不合理。因此,本文在探讨成品油价税费改革的政策效应,只分析其短期效应(1年即2009年)和中期效应(5年即2009—2013年)。长期效应可以视为中期效应的无差别延伸。

首先,收集成品油价税费改革前汽车销量的历史数据和实施后汽车销量的实际数据。其次,利用成品油价税费改革实施前汽车销量的历史数据预测没有实施成品油价税费改革时的未来汽车销量。预测值是指假设其他所有因素对汽车销量的影响平稳时的汽车销量。本文用灰色线性回归预测模型作为预测方法。该模型既适用于线性变化趋势,也适用于指数变化趋势,是 Even Grey Model [EGM (1, 1) 模型] 和线性回归模型的组合模型。而使用较少年度的汽车销量来进行预测正好符合这一情况。由于样本区间较大,较旧的数据不能影响近期的趋势,而新的数据却可发挥影响作用。最后,计算预测值和实际值的差。在正常情况下,预测值和实际值的差属于预测误差。若存在结构性断点的情况下,两者间的差转变为政策效应,即政策效应=实际汽车销量-预测汽车销量。政策效应为正,则表明该次成品油价税费改革对于汽车销售有促进作用;反之为抑制作用。图1描述了成品油价税费改革政策效应的产生机理。另外,定义:

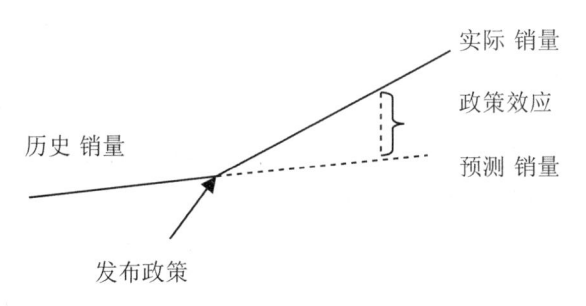

$$相对政策效应=政策效应/预测值*100\% \qquad (1)$$

图1 成品油价税费改革的政策效应

构建以下模型来进行 Chow 结构断点检验:

$$Y(t) = C_0 + C_1 Y(t-1) + C_2 T \qquad (2)$$

在（2）式中，$Y(t)$ 是第 t 年的汽车销量，$Y(t-1)$ 是第 $t-1$ 年的汽车销量，$T=2$，3，……检验结果发现汽车销量在 2009 年存在一个结构断点。

（二）基于 2002—2008 年数据的汽车销量灰色线性回归预测模型

汽车销量初始化建模原始序列：

$X^{(0)} = \{x^{(0)}(1), x^{(0)}(2), \cdots, x^{(0)}(7)\} = （324.85，439.16，507.11，575.82，721.60，879.15，938.05）$。

原始序列的 1-AGO 生成 $X^{(1)} = \{x^{(1)}(1), x^{(1)}(2), \cdots, x^{(1)}(7)\}$

由 GM（1，1）可得到

$$\hat{X}^{(1)}(t+1) = [X^{(0)}(1) - b/a]e^{-at} + b/a \qquad (3)$$

其形式可记为

$$\hat{X}^{(1)}(t+1) = c_1 e^{vt} + c_2 \qquad (4)$$

用线性回归方程 $Y = aX + b$ 及指数方程 $Y = ae^X$ 的和来拟合累加生成序列 $X^{(1)}(t)$，因此可将生成的序列写成

$$\hat{X}^{(1)}(t) = c_1 e^{vt} + c_2 t + c_3 \qquad (5)$$

其中，参数 v 及 c_1，c_2，c_3 待定。

V 的估计值可以通过公式 $\hat{V} = \dfrac{\sum_{m=1}^{n-3}\sum_{t=1}^{n-2-m}\tilde{V}_m(t)}{(n-2)(n-3)/2}$ 计算得到。

进而计算得到 C 的估计值：

$$C = (A^T A) - 1 A^T X^{(1)} \qquad (6)$$

得到汽车销量一次累加生成序列的组合模型为：

$$\hat{X}^{(1)}(k) = c_1 e^{\hat{V}k} - c_2 k - c_3 \qquad (7)$$

当 k 取 1，2，……，7 时，利用（6）式计算得到一次累加后的汽车销量 $\hat{X}^{(1)}(k)$ 的 2002—2008 年模拟值。利用 $\hat{X}^{(1)}(k) - \hat{X}^{(1)}(k-1)$ 可计算得到汽车销量 $\hat{X}^{(0)}(k)$ 的 2002—2008 年模拟值。

（三）模型可靠性检验

为了验证灰色线性回归预测模型的可靠性，本文采取了多种模型精度比较的方法，即用灰色线性回归模型、线性回归模型、EGM（1，1）模型三种模型预测结果并进行比较。选取平均相对误差、绝对关联度、均方差比值、小误差概率等四个指标来衡量模型精度。经过计算，得到三种模型的各指标值见表1。它显示灰色线性回归模型优于 EGM（1，1）模型，EGM（1，1）模型优于线性回归模型。

表 1　三种模型的精度比较

模型	线性回归模型	EGM（1，1）模型	灰色线性回归模型
平均相对误差	3.59%	2.92%	2.75%
绝对关联度	0.95	0.99	0.99
均方差比值	0.10	0.12	0.12
小误差概率	1	1	1

三、结果与分析

（一）建模结果

经过计算，得到汽车销量一次累加生成序列的组合模型为：

$$\hat{X}^{(1)}(k) = 2445.2866e^{0.15453164k} - 47.7107k - 2478.9648 \tag{8}$$

进一步计算得到 2009—2014 年的汽车销量预测数据分别为：1157.67 万辆，1359.09 万辆，1594.18 万辆，1868.56 万辆，2188.79 万辆，2562.56 万辆。通过公式"政策效应＝实际值－预测值"得到成品油价税费改革在 2009—2014 年中各年的政策效应分别为 206.81 万辆、447.1 万辆、256.33 万辆、62.08 万辆、9.62 万辆、-213.37 万辆。

（二）分析

根据成品油价税费改革政策效应评价模型，来分析成品油税费改革对汽车销量及节能减排的影响。

第一，成品油价税费改革的实施能显著提高汽车销量。一方面，从基于灰色线性回归的有无对比分析模型结果来看，实施成品油价税费改革能提高汽车销量。基于 2002—2008 年汽车销量的历史数据，2009—2013 年汽车销量的预测数据和实际数据，制图得到有无对比分析模型图（见图 2）。由该图可知，成品油价税费改革的实施使得 2009—2013 年的汽车销量比没有实施该改革时的汽车销量增长了。成品油价税费改革在 2009—2013 年里的政策效应分别为 206.81 万

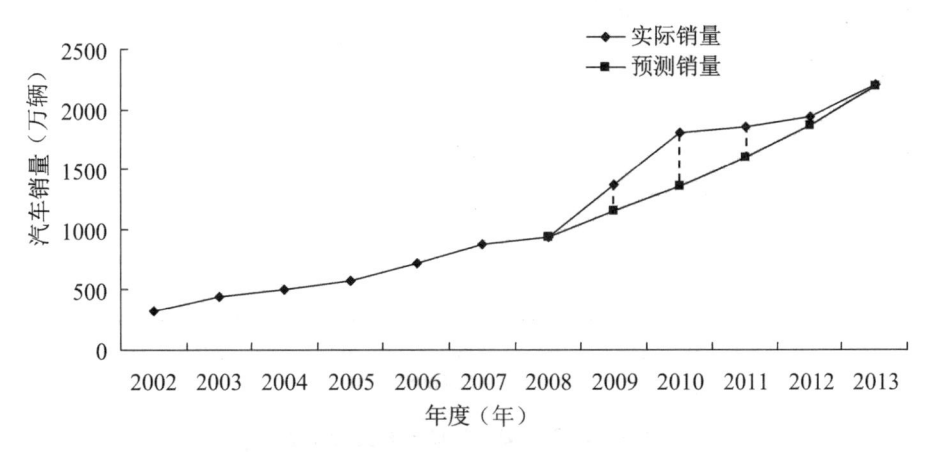

图 2　基于有无对比分析的成品油价税费改革的政策效应

辆、447.1万辆、256.33万辆、62.08万辆、9.62万辆。平均政策效应为196.38万辆,即实施成品油价税费改革使得2009—2013年这5年平均每年比没有实施成品油价税费改革时多销售196.38万辆。

第二,政策效应的变化与人们认识的变化存在关联。从图2来看,政策效应呈现先逐渐变大,后逐渐变小直至趋向于0的趋势。政策效应的这一变化趋势与人们对成品油价税费改革认识的变化较为一致。在成品油价税费改革实施后,人们最初认为成品油价税费改革取消了养路费,从而会显著节约汽车消费的成本,因而购车意愿在一两年内加强,汽车销量增长变快;但随着成品油价税费改革的深入实施,人们开始逐渐认识到成品油价税费改革取消养路费、大幅提高燃油税的做法实际上并没有减少汽车消费的成本,因而购车意愿逐渐变弱,汽车销量增长变缓。

第三,成品油价税费改革促进了小排量车型(或小型车)的热销。成品油价税费改革实施当年,即2009年,乘用车销量首次超过1000万辆,其中,1.6升及以下小排量乘用车共销售719.55万辆,同比增长71.28%,占乘用车销售总量的69.65%。

第四,成品油价税费改革可能对商用车销量起抑制作用,或者至少是没有显著提高商用车销量。2009年成品油价税费改革后,燃油税负公平基本实现。但是,商用车一般使用较多,必将导致多交成品油消费税。

第五,成品油价税费改革没有实现节能减排的目的。从总体上看,成品油价税费改革是一项成功的改革。但是,由于汽车销量在2009—2011三年内大幅增长,汽车保有量大幅增长,进一步促使汽车消费汽油和柴油的总量持续增加(见图3)和汽车消费领域碳排放的增加。

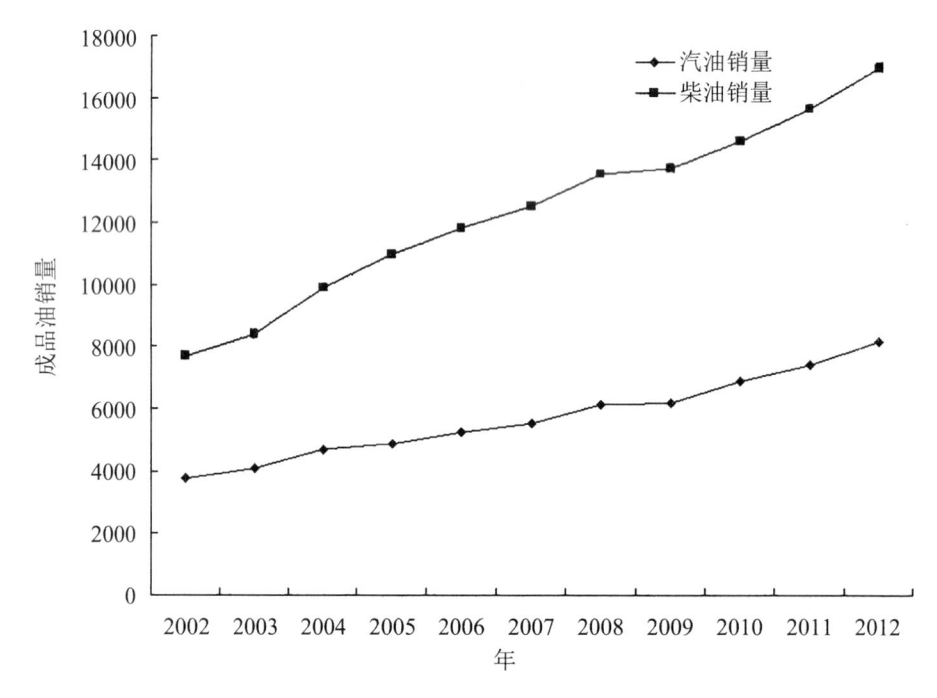

图3 我国2002—2012年成品油销量

注:2012年数据取自2014年《中国统计年鉴》,其他数据取自2003—2013年《中国能源统计年鉴》。

四、进一步的成品油价格与税费改革机会

未来成品油税费改革应以节能减排为首要目标。在此目标的指引下,可从税收政策、财政政策等方面完善展开。

(一)税收政策改进机会

第一个税收政策的改进机会是继续提高汽油消费税单位税额。2019 年以来,我国石油对外依存度持续超过 70%。在此背景下,可以考虑继续提高成品油消费税。

第二个税收政策的改进机会是对燃油车的整体税收结构进行调整。目前(2023 年年初)我国汽车税收构成存在不合理性,即生产、购买环节税收所占比例太高,持有、使用环节税收所占比例太低。如果未来我国还仅仅是通过提高成品油消费税来实现燃油车节能减排的目标,只会加重汽车消费者的税负,不利于整个汽车工业的发展。

(二)财政政策改进机会

第一个财政政策的改进机会是提高成品油税费改革税收返还。2009 年实施成品油价税费改革以后,我国相关的成品油和汽车消费领域形成了新的转移支付和税收返还结构:成品油税费改革税收返还、取消政府还贷二级公路收费补助支出、车辆购置税收入补助地方。从 2009 年至 2022 年,我国的成品油消费税收入也逐年提高(特别是从 2015 年开始)。因此,建议按一定的增长率提高成品油税费改革税收返还。

第二个财政政策改进的机会是补贴长途运输企业和物流企业。成品油价税费改革后,公路长途运输企业、物流企业的成品油消费税税负增加,影响了长途运输业和物流行业的发展,不利于经济发展。因此,政府应考虑将公路长途运输公司、物流企业列入该项补贴对象,从而促进长途运输业、物流业的发展。

(作者单位:国家税务总局无锡市惠山区税务局)

延庆区自然人社保费征缴现状、问题及建议

丁 振

自然人社会保险费征收工作覆盖面广、范围大、受益群众多，是惠及群众切身利益的民生大事。但由于缴费人对社保费征缴工作的理解和认知程度有所欠缺，导致社保费征收工作过程中不断出现新问题和新要求。自主题教育开展以来，税务部门广泛开展调研活动，将"四下基层"作为重要抓手，以"小切口、高站位"为切入点，多次深入社保所、税务所、社保大厅等一线开展实地调研，与相关部门开展座谈交流，搜集缴费人业务办理期间存在的具体问题及意见建议，探寻社保费征缴工作新思路，用税务"政策+服务"，精准匹配缴费人"问题+诉求"，努力解难题促发展、办实事解民忧。现将调研情况总结如下。

一、自然人社保费征缴现状

2020年11月税务系统成功接收灵活就业人员社保费相关信息，顺利完成了自然人社保费征管体制改革任务。"税收征管、非税收入征管、社会保险费征收"三大主流业务版块轮廓初步清晰、内容逐渐丰富。区税务局工作理念逐渐由"税主费辅"向"税费皆重"更新，工作内容由"单兵作战"向"税费协同"转变。

为了更好履行民生保障职责，区局不断优化线下服务，派驻税务干部进驻社保大厅，推进社保经办缴费业务"一厅联办"，缩短了缴费人办事时间；在缴费方式上，在银行批扣的基础上，开通了电子税务局、自助办税机、手机银行App等便捷化缴费渠道，有助于缴费人自主申报缴费；与区人力资源和社会保障局、医保局等部门建立合作机制、加强信息共享，不断提升社保费缴费便利度，自然人社保费征收工作取得显著成效。

二、税务征缴过程中面临的难题

为摸清自然人在社保费申报缴费过程中存在的难点和堵点，2023年9月至11月，按照实事求是、内外兼修的原则，先后到6个税源管理所进行实地调研，多次与人社、医保、公服中心等单位座谈交流，局领导带队赴大厅窗口收集常见问题及意见建议，并组织召开干部座谈会和缴费人座谈会，了解税务所干部及自然人缴费人实际诉求。

通过内外部调研活动，共收集问题、建议38条，其中干部意见建议25条，缴费人意见建议13条。经归纳整理，主要表现为在自然人社保费征缴过程中存在重视程度不够、缴费人信息

准确度不高、新增缴费途径认可度低、缴费服务方式单一等方面，同时，征缴管理风险正逐步凸显，促进征纳关系和谐的难度也在增加。

（一）重视程度有待加强

基层税务所主流业务由一变三（主流业务由原来的税，变为税、非税和社保），服务对象覆盖单位、灵活就业人员和城乡居民，工作内容涉及众多行业和部门，存在一线人员知识储备不足、实践经验缺乏等问题，致使社保费业务在数据管理、风险防控、征收执法、缴费服务等方面出现与税收管理联动脱节的现象，制约了社保费征缴质效的提升。

（二）费源信息准确性有所欠缺

在与基层税务干部座谈时了解到，部分自然人缴费人，在社保所进行社保费初始登记时登记信息不完整或信息更新不及时，造成登记信息与实际信息不符，税务干部后期无法与缴费人取得联系开展缴费辅导和提示提醒工作，导致缴费人无法及时获取提醒提示信息，从而有不能按期申报缴费、断缴风险。

（三）自主申报观念尚未形成

调研发现，自然人缴费人在缴费方式上更倾向于银行批扣方式，认为电子税务局、银行客户端等缴费途径流程烦琐，尤其是金税四期上线后，电子税务局申报缴纳社保费流程更烦琐，缴费人需先进行认证后才可登陆，对缴费人综合素质要求较高，缴费人接受度较低，缴费便捷度较低，且缴费人自主申报缴纳社保费的观念尚未形成，对现有缴费方式认可度低，不利于社保费改革工作开展。

（四）专项辅导手段单一

调研发现，目前自然人社保费专项辅导工作，仍采用短信、电话提示提醒等方式，征期内基层税务干部压力较大，且短信易被缴费人视作垃圾信息，提示效果大打折扣，可能导致缴费人未能按期申报缴款，增加了舆情风险，征纳关系和谐难度增加。

（五）征管风险逐步显现

对社保费而言越是经济困难时期，社保争议越易爆发。随着当前经济压力加大，引发社保费争议的因素也在增长。如因缴费人个人原因导致社保费断缴，且按相关制度规定无法进行补缴，达不到投诉人预期，造成投诉人不满，从而引发针对税务部门的负面舆情。税务部门应诉应访压力大。

三、研究成果及成果转化情况

民生无小事，枝叶总关情。针对以上通过实地调研发现的问题，税务部门积极搜集缴费人和税务干部意见建议，探寻优化缴费服务和管理水平的新举措、新方法，研究解决对策。以下是为解决调研问题已采取的工作措施和取得的阶段性成果。

（一）完成"京通"小程序实测工作并制定推广方案

及时将收集到的意见建议上报市局，建议市局开通便捷式缴费渠道。在市局指导下，完成了城乡居民微信端"京通"小程序缴费实测工作；制定了"京通"小程序推广方案、印制宣传单页、录制宣传视频、开通微信公众号推广宣传，让广大自然人缴费人充分了解并享受"掌上办""指尖办"的高效便捷。

（二）加强干部培训

为提升一线干部知识储备，提升业务水平和服务技能，组织召开 8 次基层干部业务培训，对税务干部进行学习动员并开展具体政策业务培训，提升一线干部对社保费改革的认识及社保费业务水平；向各税务所下发 7 种查找社保费缴费人联系电话渠道的提示，帮助税务所干部及时与缴费人取得联系，开展宣传辅导。

（三）定制特色服务

以 2024 年度城乡居民基本医疗保险集中征缴期为主阵地，组织开展两场宪法宣传进机关暨城乡居民基本医疗保险缴费辅导活动；携手区医保局组建医保宣传志愿服务队，到延庆高校、集市开展政策宣传及缴费辅导，对"京通"小程序操作方法进行详细讲解；组建社保费改革扩围师资团队，对社保、医保、税务窗口一线人员及便民服务中心相关人员开展业务指导，推广"非接触式"缴费服务，确保改革工作平稳推进。

（四）深化部门协作

加大部门间协同配合和信息化建设力度，加强登记源头治理，及时更新缴费人信息，确保登记信息准确完整，同时在登记源头强化宣传辅导，对新增缴费人发放宣传单，一对一指导缴费，提升缴费人自主申报缴费意识。

四、需长期坚持的工作举措

（一）坚持党建引领，提升工作站位

深化政治站位，充分认识社保费工作在国家治理中的重要作用，结合社保费业务特点，推行"内强外联、上下贯通、互促共进"的党建与业务融合工作法，以党建合力凝聚改革合力，树牢税费皆重理念，将社保费工作列入党委重要议事日程，确保社保费改革工作不断推进。

（二）夯实人才基础，加强队伍建设

严格落实社保费岗位人员配备的相关要求，配足配强征管力量。将社保征管与青年干部培养相结合，同时依托"比武练兵"活动，结合人才库建设，选拔优秀人才充实到社保专业人才库，为高质量推进社保工作储备骨干力量，打造一支懂业务、熟法律、专业强的人才队伍。

（三）践行共享理念，严防管理风险

充分借鉴税收管理的有益做法，开展税费数据深度挖掘和综合分析，运用全过程防控理念，对苗头性、系统性风险提前预警、精准防控；强化风险意识，树牢底线思维，对可能遇到的问题和风险进行充分研判，制定周密可行的应急预案；及时正确处理缴费人待遇享受方面投诉争议等事项，保障缴费人正当权益；同时结合日常管理及内外部审计发现的问题，细化防控措施，健全内控机制，推进社保费征收程序规范、执法监管有效、廉政风险可控。

（四）坚持服务为先，提升管控能力

聚焦社保舆情常发、高发的问题类型和业务领域，在强化部门协作基础上，针对性开展制

度建设、提升业务能力。加强与相关部门协作,实现服务手段多样化,服务高效便捷化。同时继续完善"税务+人社+街道+社区、村"的网格化协作模式,充分发挥部门联动协作机制的综合效能,建立缴费人诉求快速联合响应渠道,依法依规解决缴费人反映的问题,及时回应缴费人诉求。

(作者单位:国家税务总局北京市延庆区税务局)

关于优化社保费申报缴费服务
提升缴费人满意度工作的调研报告

姜 淼

一、背景及现状

随着社会经济的高质量发展，民生福祉也在持续并稳步的提升。在此背景下，社保费作为保障人民基本生活、促进社会和谐稳定、维护社会公平正义的重要经济支柱，也是现代社会经济发展不可或缺的重要组成部分，其申报缴费、管理服务体系的不断完善与优化显得尤为重要。这不但关乎缴费人的满意度，更是营造和谐社会氛围的基石。而作为社会保障管理工作的关键，社保费的申报缴费服务的高效运转，不仅影响着国家社保资金的合理分配，影响企业获得持续性发展，更牵动着每一位参保人的切身利益，关乎社会的稳定与和谐。近年来，我国社保费申报缴费服务取得了显著成效，社保费缴费单位和个人的自觉申报缴费意识逐步提高，申报途径也日益便捷，技术支持不断加强，服务质量也得到了阶段性的提升。但在实际操作应用过程中，仍存在一定的问题和不足。如部分地区社保费征管体系不够健全，存在漏征漏管、头绪不清的现象；部分缴费人对社保费申报工作的重要性认识不足，存在着对社保费申报工作不到位的侥幸心理，对社保费申报缴费工作抓得不紧、抓得不实；甚至存在恶意逃避缴纳社保费的案例。这些问题亟待我们共同努力，持续完善和优化社保费申报缴费服务，确保每一位缴费人都能及时享受应享的待遇。

探索并倾听缴费者对社保费申报缴费服务的期望和需求，通过多种方式和手段，对现有服务体系的短板和不足之处进行全面梳理并加以改进，只有深入剖析问题，才能提出更具针对性的优化建议，才能真正把这项利民心、顺民意、惠民益的工作落地生根，才能真正提高缴费人的满意度及获得感、幸福感，真正做到为民谋利，同时也为缴费人带来实实在在的好处。

二、缴费人的要求及建议

一是大部分缴费人对申报流程的简易性都有很大的诉求与期望。并希望有关部门能推出更为科学高效的操作步骤来减少不必要的烦琐手续，使申报工作的精准度与办理效率都能得到提高。二是在信息公开与透明度方面也是缴费人比较关注的。他们希望能够更加方便快捷地获取到相关的政策法规信息。以便及时了解各项社保费征收政策以及相关规定，从而更好地指导自身的申报行为和维护自身权益。三是在服务质量上的提升也是缴费人关注的热点，他们希望社保费申报服务能够实现从"被动接受"到"主动服务"的转变，通过加大培训力度、优化服务态度、提升服务水平等途径，确保缴费人享受到更加优质、便捷的申报体验，切实把服务做细做到位。在此基础上，缴费人对优化申报工作提出以下具体期望：一是要建设更加便捷易用的申报平台和渠道，如移动端应用、自助申报系统等，做到申报过程的数字化、智能化、个性化；二是在提供个性化服务方面加大力度，根据缴费人的特定需求和情况，为其量身定制申报解决方案，例如，针对缴费困难缴费单位提供差异化的申报支持；三是加大与其他政务服务系统的联动性，做到社保费申报与其他相关服务的无缝衔接，如税务、社保、医保等有关部门，这样便于缴费人一次性办理多个业务环节，做到心中有数。这些期望将推动申报工作更加高效便捷。

三、工作中存在的主要问题

这些问题主要包括一是申报过程烦琐、办理效率不高等问题。从最初的企业参保登记到最后的缴费数据申报，目前的社保费申报流程比较烦琐，涉及多个环节和步骤，往往需要多个部门或机构的通力合作。由于流程烦琐，耗费缴费人的时间和精力，不可避免导致申报效率不高。二是信息披露不充分，缴费人员对政策、法规的了解难以做到及时准确。虽然政府对与社保费申报相关的信息披露逐渐加大，但一些政策解读不清、规定模糊的问题仍然存在。三是服务质量参差不齐，部分缴费人员对服务的满意度不高。社保费申报服务质量由于资源配置、人员业务能力等因素存在一定的差异。个别部门服务质量不够，导致缴费人难以得到高效便捷的申报缴费服务。此外，缴费人在服务质量不佳的情况下，往往因缺乏有效的反馈机制而得不到及时有效的改善意见，使服务质量的不稳定性进一步加剧。这些问题不仅对缴费者的申报体验造成影响，同时也对社保费申报服务的满意程度造成了损害。

四、优化社保费服务工作的几点建议

针对调研中出现的问题及不足提出以下优化建议：以简化申报流程为基础，提高办事效率。为降低缴费人在申报过程中的时间和成本，可对申报系统进行优化，对申报材料进行简化。另外，建立快速响应机制，对缴费人在申报缴费过程中遇到的问题进行及时解决，做到应诉及时。

优化税务申报流程，有效提升办理效率是当前税务服务优化的重要方向之一，为此，需要对申报系统进行多个层面的深入探索和实践。一是在申报系统设计上，要紧扣纳税人实际需要，增强系统的智能化和便捷化，通过运用大数据、人工智能等先进技术手段，实现对海量申报数据的精准解析和高效处理；二是在申报材料方面，对不必要的烦琐流程进行大力精简，对申报资料提炼出核心要点和关键证据，做到申报资料简明扼要，避免冗余重复内容的出现；三是为减轻缴费人现场办理或邮寄申报时的材料准备负担，对申报资料进行优化设计，做到简化流程。

快速反应机制的建设与完善同样至关重要。针对缴费人在申报过程中可能遇到的政策理解误区、数据录入错误、特殊业务问题等各类疑难问题和疑虑，税务机关及时设立专门的咨询服务渠道，利用网上一站式办公，建立解决问题的快速反应平台，各部门联动，及时、便捷、有效地为缴费人排忧解难。

社保费管理效率和服务质量提升的关键环节是加强信息公开和透明度。第一，保障政策解读顺畅、信息发布及时、路径清晰的导向，需要建立健全社保费政策规定公开机制。这包括定

期发布官方权威解读、修订及实施情况等内容，通过官方网站、微信公众号、媒体报道等多种途径，让缴费人能够便捷获取到最新的社保费政策信息。第二，加强宣传和培训力度也至关重要。通过线上与线下相结合的形式，向缴费人普及社保费政策法规及申报流程，让他们了解自身应得的权益和义务，提高他们的社保意识；针对不同缴费人群，开展分层的个性化培训或咨询辅导，比如，对小微企业、新设立企业或特定行业人群，提供针对性强的申报技能培训，提高他们的申报质量和效率。第三，税务部门的重要工作内容之一就是提高服务质量，提升缴费人满意度。为保证服务人员能更好地满足不同缴费人群的需求，培训内容应涵盖服务理念、业务知识、沟通技巧等多个方面。第四，建立投诉建议的有效渠道也必不可少。鼓励一线办税人员积极听取缴费人的反馈意见，及时了解他们的需求和问题，并积极处理投诉和建议，不断改进服务质量。对处理投诉案件优秀的人员给予奖励和鞭策，以激发全体税务干部的工作热情。第五，提升办税服务效率和质量的关键举措是在信息化时代，建立多元化的申报渠道。传统的线下申报方式已经不能满足个性化需求的现代缴费者，尽管这是必要的。为此，要积极探索线上申报、移动申报等多种申报方式，更加便捷地服务缴费群众。缴费人通过线上申报，不受地点、不受时间限制，可以随时随地进行申报操作，申报便捷性大大提高。而移动申报则更加注重个性化，针对不同缴费人的手机操作系统和 App 应用，提供个性化的服务和解决方法。第六，巩固拓展企业社保缴费事项"网上办"、个人社保缴费事项"掌上办"成果，继续推行社保经办和缴费业务线上"一网通办"、线下"一厅联办"，结合实际通过辅导、宣传等方式完善社保费缴费指引。巩固现有社保费线下"一厅联办"工作成效，为缴费人提供社保费政策咨询、社保费征缴、新开户医保关联、医保解除批扣、养老保险退一补一、按月缴纳大额医保等多项服务。第七，多渠道了解缴费服务工作中的焦点、堵点、难点问题，采取有针对性措施加以解决。发挥政府领导牵头的工作协调机制作用，依托社会综合治理等机制、平台和资源，加强"网格化"管理，有效化解缴费争议。

五、解决问题的基本思路

一是可对社保费申报流程进行简化，从烦琐的手续和不必要的步骤入手，提高申报的效率和精确度。二是为增加信息公开与透明程度，对有关政策法规以及收费标准等进行及时准确地公开，使缴费人对自己的权益与义务有更清晰的认识和把握。三是在服务质量与效率上做进一步的提升，为缴费人提供更为优质与人性化的服务，以满足缴费人个性化的需求。四是建立多元化的申报渠道，为缴费人提供包括多元化申报方式在内的多种便利途径，使其能随时随地进行申报工作，提高办事效率。

为了确保这些建议的有效实施，我们需要制订相应的实施计划和时间表，明确责任人和分工，细化分解落实，保证各项任务能够有条不紊地顺利推进，同时建立反馈机制，对缴费人的反馈意见进行及时收集和处理，持续优化和完善社保费申报缴费服务，最终把优化社保费申报缴费服务工作所产生的工作成果与转化为实际数据指标，如降低申报错误、提高申报效率、增强缴费人满意度等，通过具体的数据指标来展现优化服务所带来的正面变化，从而进一步增强优化服务的信心和决心，提高办事效率。同时也为缴费人提供更优质的社保费申报缴费服务。

为了实现这一目标，需要建设一套完善的优化社保费申报缴费服务体系，并以数据为驱动来不断改进和增强服务效能。

  首先，通过智能化的申报系统和技术手段，实时监测和预警潜在的申报错误，并及时发出提醒，确保申报工作的准确率。同时，借助大数据分析和人工智能技术，分析申报行为的特点和规律，为缴费人提供更精准、更高效的申报指导。

  其次，加快申报处理速度，推行并深化线上线下相结合的服务模式，让缴费人可以及时并不限地点进行申报，感受到无处不在、无时不在的便捷服务。

  最后，我们将继续完善社保缴费服务，社保费申报缴费服务"只对一家"。缴费人无需分别向人社、医保部门申报，再到税务部门缴费，造成"多头跑""来回跑"的麻烦。新政实施后，申报和缴费两个社会保险事项统一为向税务部门办理，由缴费人自行向税务部门申报缴费，降低了办事成本。同时，税务部门为缴费人提供"网上、掌上、App、自助"等多元化申报缴费渠道。

  在下一步的工作中，持续把缴费人的需求作为工作的着力点和出发点，在提高税费服务水平上多下功夫，通过进一步打破壁垒，建设高效便捷的税费服务新体系来提升办事效率。以新时期"枫桥经验"为抓手，以"矛盾不上交""平安不出事""服务不缺位"为目标，为缴费人提供精准的政策解读以及周到的申报缴费辅导服务，从而切实提升缴费群众的满意度、获得感、幸福感。

（作者单位：国家税务总局木兰县税务局）

税收征管

对高收入高净值自然人税收征管的国际比较研究

杨玉杰

随着我国社会经济发展水平的不断提升,高收入高净值自然人涉税事项越来越复杂多变,且呈现出纳税遵从度偏低的风险。然而,现阶段我国税务机关对于该群体的税收征管能力较为薄弱。因此,如何合理加强高收入高净值自然人的税收征管力度,成为目前税务机关面临的一个重要课题,也是进一步发挥税收职能作用服务中国式现代化的具体实践。

一、研究背景

我国高收入高净值自然人数量和规模增长迅速,呈现出收入结构复杂、流动性强、避税手段多样化、涉税风险多点分散的特点。2021年3月,中办、国办印发的《关于进一步深化税收征管改革的意见》中提出了"四精"工作要求。其中在"精准监管"中明确指出,依法加强对高收入高净值人员的税费服务与监管。

然而,就目前高收入高净值自然人可能潜在的高涉税风险而言,现阶段针对该类人群的个税征管能力却不能匹配。例如,征收方式仍以预扣预缴为主,尤其是四项综合所得。根据2016—2020年《中国税务年鉴》相关统计数据,来自综合所得的个人所得税在个税总额中的占比约为70%,财产转让所得占比约为10%,股息红利所得占比约为12%,这与美国等西方国家相比存在较大差距。

二、高收入高净值自然人的界定

在国内税收研究和征管领域,高收入高净值自然人的概念一直未有明确定义。因此,要对高收入高净值自然人进行研究,必须首先对相关概念进行阐述和界定。

(一)国外相关表述

根据目前全世界范围内广泛认可的概念,可以从以下几方面进行阐释。高收入个人(HII,High Income Individual),国际上一般使用高资产净值个人(HNWI,High Net Worth Individual)表示,这一概念既包含了高收入个人,也包含高净值个人(HWI,High Wealth Individual)。

各国虽然对于高收入高净值自然人没有统一的定义,但基本上是将收入或者资产水平作为界定的标准。目前,国外主要有两种认定口径:一种是仅以资产作为认定标准;一种是对综合资产和收入情况进行认定。

1. 仅以资产作为认定标准

代表国家有英国、爱尔兰、澳大利亚、加拿大、新西兰等。例如，对高净值个人认定的标准，英国为净资产超过2000万英镑；爱尔兰为净资产超过5000万欧元；澳大利亚为净资产超过3000万澳元；加拿大为净资产超过5000万加元、有超过30个关联方。

2. 综合资产和收入作为认定标准

代表国家有美国、西班牙、葡萄牙等。例如，美国将资产或者收入超过1000万美元者确定为高净值个人；西班牙将收入超过100万欧元或资产超过1000万欧元的认定为高收入高净值个人；葡萄牙将收入超过500万欧元、资产超过2500万欧元的认定为高收入高净值个人。

（二）国内相关表述

我国在《国家税务总局关于切实加强高收入者个人所得税征管的通知》（国税发〔2011〕50号）对五类高收入行业和人群做了列举，并在《非居民金融账户涉税信息尽职调查管理办法》（国家税务总局公告2017年第14号）中对高净值账户做了相关定义，即"截至2017年6月30日账户加总余额超过一百万美元的账户"。

胡润研究院将高净值个人定义为家庭总资产（包括个人所拥有的固定资产和流动资产）超1000万元人民币以上的个人；贝恩咨询和招商银行联合发布的《2019中国私人财富报告》将中国高净值人群的认定标准定为可投资资产（包括金融资产和投资性房产）在1000万元人民币以上。

（三）本文关于高收入高净值自然人的界定

1. 指标选取

借鉴国内外现有相关概念，结合我国国情现状，本文对于高收入高净值纳税人的认定，同时从收入指标与资产指标两方面进行界定。

（1）收入指标：收入指标包括收入净值和收入位次两方面因素。收入净值能直观反映个人净值变化的增量水平；收入位次则能较好反映出同一社会经济发展水平下不同个人收入之间的差异度。

（2）资产指标：资产指标包括资产净值和资产位次两方面因素。资产净值能够直接反映出自然人净资产的存量水平；资产位次可以较好地对头部高资产自然人进行定位。

2. 标准判定

纵向来看，将两个指标净值及位次超过一定阈值的认定为高收入高净值自然人。以北京市为例，2021年北京市社会平均工资为106168元，可以将年收入净值或者资产净值超过上年社会平均工资10倍（100万）的暂认定为高收入。同时，还应将本地区年净收入或净资产前1‰的人群划入高收入高净值纳税人的认定范畴。

横向来看，可分为两种情况：一是两项指标有一项达到标准即可认定为高收入高净值的范围；二是两项指标均未单独达标，但综合汇总后可以划为高收入高净值的范围，该部分在实际中可由所属税务机关行使自由裁量权。

三、我国高收入高净值自然人税收征管存在的问题

（一）税收法律法规不够完善

个人所得税法和税收征管法对高收入高净值自然人的税收征管相关规定较为欠缺。一是对高收入高净值自然人的身份界定缺乏法定标准。二是在个人所得税综合与分类相结合的税制下，不同所得项目税率差异明显，使得纳税人尤其是高收入高净值自然人通过分解所得项目、转换收入类型等手段进行逃避税款。三是自行申报制度强制性不高。纳税人取得分类所得，仅在扣缴义务人未扣缴税款的情况下，才需要自行申报。

（二）征纳双方信息不对称

税务部门目前仅能有效掌握税务系统中的数据，难以获取自然人的账户、资金、土地、房产、股权等涉及个人所得税的关键基础变动信息，征纳双方存在严重的信息不对称。

（三）社会征信体系建设进程缓慢

覆盖全社会的纳税征信体系尚未形成，直接与纳税指标挂钩的征信体系并未建设成熟，缺乏对自然人的纳税信用管理经验。

（四）缺乏高收入高净值自然人的专职管理机构

目前，全球有约 1/3 国家的税务机关设立了专司高收入高净值个人的管理部门。从税务总局层面来看，没有针对高收入高净值自然人的专职管理机构，而省级及以下的税务机关也普遍未设置这一职能机构。

四、高收入高净值自然人税收征管国际经验借鉴

（一）欧盟——自动情报交换机制

为解决成立之初各国税收法案不统一的问题，欧盟着手加强各成员国之间的税收情报交换，以实现信息共享。采取自动情报交换机制，即一国可自动定时从缔约国获取本国居民的收入信息。

（二）爱尔兰——对高收入高净值自然人进行专项审计

从审计范围来看，分为全量审计和抽样审计；从审计内容来看，有些国家的专项审计可能并不局限于纳税人的申报资料。以爱尔兰税务局为例，每年会对高收入高净值自然人开展专项审计，以确保在有限周期内将审计范围覆盖到所有高收入高净值自然人。

（三）澳大利亚——广泛实施自愿披露政策

在 35 个 OECD 成员国中，有 18 个国家制定了鼓励高收入高净值自然人自愿披露的政策。比如，2014 年澳大利亚有逾 500 位高收入高净值自然人进行了自愿披露，总计披露超过 1 亿澳元的未申报收入和 4.5 亿澳元的未申报资产。

（四）美国——严格的纳税申报制度

美国法律规定纳税人在进行跨境经济活动时必须及时进行纳税申报。个人所得税法规定：1. 美国公民需自行申报纳税。2. 对于纳税人身份的确定，美国采取的是"意向"标准，实际居住在美国的外国人只要不是暂住者，就应缴个人所得税。

五、完善高收入高净值自然人税收征管体制机制的改革目标与政策建议

（一）改革目标

完善自然人税收征管体制，特别是对高收入高净值自然人群体实施合理调节，加大税收在收入分配中的调控力度并提高精准性，实现社会公平正义。从政策制定、人才培养、机构改革、技术支持以及征管手段等方面逐步开展对高收入高净值自然人的税收监管。

（二）政策建议

1. 完善高收入高净值自然人相关的法律法规

一是明确高收入高净值自然人管理标准。以净收入和净资产为参考指标，同时结合地方经济发展状况，制定高收入高净值自然人的划分标准。

二是完善个人所得税税制。扩大综合所得范围，适当缩小综合所得与分类所得的税率差距。完善自行申报制度，增加高收入高净值自然人就财产性、资本性项目所得自行申报的强制性规定。

三是制定出台高收入高净值自然人的相关税收法律，例如，遗产税、弃籍税、房地产税等，严格遏制高收入高净值自然人通过遗产继承、离境弃籍等方式逃避缴纳税款。

2. 组建高收入高净值自然人专职管理机构

我国税务部门对于高收入高净值自然人的实际征管工作虽起步较晚，但也逐步开始了试点和探索。以北京市东城区税务局为例，于2022年7月成立了北京市首个自然人税务所，定位是面向自然人税收管理的专职机构，以辖区内自然人纳税人的税收服务、征管、风控为主要职责，重点聚焦高收入高净值自然人群体，实施各级各类税收风险应对。

3. 提高高收入高净值自然人主观纳税遵从度

一是建立自愿披露机制。实施自愿披露差别化激励政策，给予纳税人改正错误的机会。二是建立完善税收反馈机制。提供在线实时反馈纳税信息、风险预警提示、纳税申报更正等服务。三是加强涉税专业中介服务。规范涉税中介服务管理，提升规范服务意识和优质服务能力；鼓励高收入高净值自然人委托涉税中介机构协助办理纳税申报。

4. 加强第三方信息共享

进一步强化涉税信息共享，尤其是第三方涉税信息的集成，明确涉税信息采集原则和程序，规范涉税信息特别是高收入高净值自然人各类信息的管理。将政府部门信息与金融信息交叉验证。

5. 建立高收入高净值自然人数据库，设计契合行业特征和规律的个税风险指标模型

强化"以数治税"理念，运用现代化技术手段建立监管体系。一是根据职业特点开展分析，将高收入高净值自然人分为不同类型，总结提炼主要风险点；二是根据涉税事项业务特点实施分析，针对股权转让、股权激励、大额资产转让、跨境交易等事项，分析存在的风险点；三是根据所得来源，围绕隐瞒收入、拆分收入、收入费用化等风险开展分析；四是通过提炼典型案例构建风险指标，有针对性地收集高净值人群纳税评估、税务稽查、反避税调查等典型案例资料。

6. 加强反避税管理

一是要进一步完善反避税法律法规,严格遵循"税收法定原则",构建反避税法律体系。二是对反避税规则进行细化。如制定适合自然人纳税人的转让定价方法和特别纳税调整办法。三是加强国际税收情报交换机制。可以定期与其他国家或地区,尤其是与"避税天堂"交换高收入高净值自然人的资产、收入以及完税证明等信息,以此充分获取高收入高净值自然人信息。

(作者单位:国家税务总局北京市东城区税务局)

关于运用随机森林算法预测纳税人未来行为的实践与思考

张 弓　张 婧　张少榕

税收数据是税务部门的"金山银山"，算法与模型是挖掘"金山银山"的利器。税务部门常用的传统算法与模型，往往依靠人工给出的处理逻辑，对已发生的涉税行为进行分析归纳，只能追溯以往，很难预测未来。青岛市税务局按照事前防控风险比事后解决问题成本更低、效率更高的思路，运用随机森林算法预测纳税人未来行为，在锁定企图虚开发票企业、12366智能应答等方面取得明显成效。在此基础上，对随机森林算法在税务工作领域的推广使用进行了更深层次思考与研究，以期为推进税收征管数字化转型提供参考。

一、随机森林算法的特点与优势

机器学习作为人工智能的科学分支，是通过计算机在海量数据中学习数据的规律和模式，从中挖掘潜在信息，广泛用于解决分类、回归、聚类等问题。随机森林算法是机器学习典型算法之一，因其简单高效而被广泛用于各个实践领域，与传统算法相比特点突出、优势明显。

（一）智能预测未来

随机森林算法是从给定的训练数据中集中学习出一个函数，当新的数据到来时，可以根据这个函数预测结果。比如，利用随机森林算法进行智能诊断流感，首先选取大量得流感的人和没有得流感的人组成样本库，然后从样本库中抽取年龄、验血数据、体温、血压、体重等特征数据，由此建立一个训练数据集，并在随机森林算法学习后得出一个函数，当输入一个新的人群样本数据，函数会对新样本是否会得流感给出诊断结果。

（二）自主学习分析

传统算法是人工给定一个算法，输入数据后得到相应的输出，模型无法自主找出规律和产生逻辑。随机森林算法则通过对已知数据的分析来自主提高判断准确度，学习过程无需人为干预。这种自主学习通过深度学习和强化学习等技术实现，在大量数据训练、不断试错和奖惩反馈后选择最佳行为策略，大大提高了预测准确率。

（三）模拟人类思维

传统算法仅局限于构建数据中的临时依赖关系，不擅长多维度处理数据，处理逻辑单一。随机森林算法则是对人类的创造性思维、形象思维和灵感思维的综合模拟，通过不断自主学习，使机器思维由线形思维向多维思维、人类思维接近。

(四) 应用领域广泛

随机森林算法已在各个领域得到广泛应用，在金融领域，可以帮助银行等金融机构预测市场趋势，提高效率和收益；在医疗领域，可以帮助医生更好诊断疾病，提高治疗效果，减少错误和风险。目前，随机森林算法正与物联网、区块链、5G等技术领域深度融合，带来更多智能化和自动化应用。

传统算法与随机森林算法优劣对比如表1。

表1 传统算法与随机森林算法优劣对比表

	传统算法	随机森林算法
优点	1. 数据需求量小，大多数模型并不需要基于巨大的数据集进行； 2. 可进行零样本学习，如一些随机微分方程可应用于金融、生物或物理领域，只需要对参数重新命名； 3. 可解释性强，模型大都是基于人为对客观事物的描述而建立，建模过程包含人为对客观事物的动机描述和深入理解	1. 可以学习非线性关系，并且对异常值相当敏锐； 2. 自适应能力强，可以根据输入数据的变化进行改善和调整，可以不断从数据中学习、自我优化和改进； 3. 可以自动处理大量数据，处理效率高，且不会出现概率和数据缺失等问题； 4. 能够高效地处理大规模和高维度的数据； 5. 具有预测性，能够对未来可能出现的情况进行预测
缺点	1. 缺乏预测性，使用控制变量法，运用人为筛选的数据计算，分析不出真实的规律，无法实现预测； 2. 缺乏自主性，给定一个算法处理逻辑，输入数据后得到相应的输出，难以自主处理大规模的复杂数据； 3. 缺乏灵活性，仅构建数据中的临时依赖关系，处理逻辑具有单一性，不擅长多维度处理数据	1. 数据依赖性强，需要大量数据进行训练，训练数据的质量和代表性对模型的性能有重要影响； 2. 解释和理解较难，模型通常被视为黑盒子，难以解释其内部的决策逻辑

二、随机森林算法在税务工作中的应用实践与成效

青岛市税务部门主动在税收实践中分析应用随机森林算法，并在智能预判、监控发票虚开企业和智能归集、应答热线咨询等方面进行了积极探索，取得了一定成效。

(一) 智能预测新办企图虚开企业

当前税务部门打击虚开发票行为，多数是根据纳税人已开具发票的指标特点，会同公安、海关等部门联合调查取证，查办时虚开发票行为已发生，部分不法分子已逃走，加大了税款追缴难度。青岛市税务局运用随机森林算法构建智能预测模型，从信息"森林"中精准锁定新办企图虚开企业。随机森林样本库是从全国范围内抽取一定数量的正常企业和暴力虚开企业的税务登记信息，从中提取法人年龄、财务年龄、法人关联户数等特征点供机器学习，机器自主分析找出特征点与虚开行为的关系规律，从而建立智能预测模型。青岛市税务局选取2021年5月

1日后新成立的10600户一般纳税人,并全部还原为其初始登记状态后,用该模型进行预测,判断其中的205户企业可能会在未来企图虚开。与实际已开票的116户企业比对,发现涉嫌虚开的企业为102户,预测准确率达90%。

(二)智能监控违规虚开和偷逃税款企业

打击发票虚开行为是传统模型(非机器学习)最大的软肋,因为利用传统模型无法准确判断进销相符率过低是正常业务还是变名销售,只能依靠白名单和人工进行逐户复核。青岛市税务局将传统模型与人工智能相结合,充分利用随机森林算法的独特优势,构建智能监控模型,识别暴力虚开和变名销售的企业,对违规虚开和偷逃税款企业进行精准监控。学习样本主要取自税务登记和发票开具信息,监控模型对传统模型初步筛查后的疑点开票企业进行智能判断。以青岛市李沧区税务局为例,运用该模型已发现暴力虚开企业80多户,涉及虚开金额1.05亿元,涉及税款938万元;已对2000多户纳税人进行风险核查或事先提醒,查补税款2000多万元。2022年,该局所在地区虚开发票企业户数同比下降83.2%,接收异常发票数量同比下降71.5%。

(三)智能归集和应答12366热线咨询

12366运行平台储存汇聚了规模大、类型多、价值高、颗粒度细的纳税人咨询数据,反映了纳税人缴费人集中性、规模性的热点难点需求。深挖咨询数据背后隐藏的纳税人涉税规律和特征,是税务机关以数治税、改进服务的关键。青岛市税务局运用随机森林算法建立咨询数据归集分析模型,把大量简单、重复、繁杂的咨询问题交给机器处理,使有限的人工热线资源可以重点解决特殊疑难问题。通过对133万条咨询数据的文本挖掘,动态、系统、准确地掌握纳税人基本信息,进而判别不同纳税人的需求层次、咨询类别、关注热点等,再将分析归集的咨询热点,"灌装"到智能语音咨询知识库和智能征纳互动知识库,有效提高了智能咨询答复的准确性。

三、随机森林算法对预测纳税人行为的应用设想

随机森林算法能够通过分析大量的数据来提升预测准确性,除了应用在发票监管、纳税咨询领域外,还可以与纳税人成长性预测、纳税遵从风险以及纳税服务需求等领域相结合,在预测纳税人未来行为方面发挥重要作用。

(一)预测纳税人发展潜力

通过搜集大量的变动数据因子进行随机森林算法训练可以实现复杂、多维的综合预测,如通过申报、征收、上下游客户、企业关系等数据开展纳税人成长性预测,预测纳税人未来发展趋势与发展速度,从中选取持续增长能力强的"潜力股"企业,纳入关注和孵化范围,培植壮大税源。

(二)预测纳税遵从风险

应用随机森林算法对企业税务合规性的预测,将预测结果与企业实际纳税情况比较,对其纳税遵从风险量化衡量,按照风险大小进行排序,可得到纳税遵从风险识别结果,进而采取风险提醒、纳税评估、税务稽查等征管措施,使税收管理更具针对性和有效性。比如,利用机器

学习分析纳税人信用、财务、开票及申报数据，提炼欠税特征，预测欠税行为，从而提前采取措施加强欠税管理；通过稽查定性虚开案例、获取网络数据、文本挖掘等方式收集多来源涉税数据并进行特征选择，构建税务稽查选案判别指标体系，使风险企业预测甄别更加精准。

（三）预测纳税人服务需求

充分考虑纳税人业务特点，对纳税人进行精准"画像"，实施更具针对性的服务举措，推动"政策找人"有效落地。比如，可以结合企业性质、纳税人类型、所处行业、申报数据、财务报表、第三方信息、咨询电话录音内容等情况，运用随机森林算法，对纳税人具体关注的业务内容和政策需求进行分析判断，针对纳税人需求"点对点"精准推送适用性政策，实现政策服务"私人定制"。

四、随机森林算法在税务工作领域推广的思考与体会

实践表明，随机森林算法可以提供较为可靠的预测结果，不仅能减少成本，还能提高工作效率。但在税务领域广泛推广应用还存在一些难点，需要重点关注和持续改进。

（一）聚焦数据难点，持续提升数据质量和丰富数据维度

随机森林算法的应用依赖于海量数据的"投喂"。随着数据挖掘和大数据分析技术的发展，数据量已经不再是阻碍随机森林算法应用的因素，而数据质量的高低则直接决定随机森林预测的准确性。当前，纳税人的申报数据、税务部门的征管数据，以及其他职能部门的第三方数据，受采集填报、共享联通、系统接口、数据标准、监控验证等方方面面因素的影响，还难以完全满足随机森林算法的质量要求，制约了随机森林算法的效能发挥。解决这些数据难题，可以从数据质量和数据维度两方面入手。一方面，持续开展数据质量监控，通过增加更多逻辑校验，提升申报数据质量；另一方面，充分运用个人所得税、社会保险费数据开展分析，协同市场监管、银行、海关、自然资源等多部门，建立数据共享长期机制，广泛采集应用互联网公开数据，比如，裁判文书网、招投标信息、上市企业报表、司法拍卖、专利信息等信息，丰富税收数据维度。

（二）聚焦特征难点，持续开展样本特征工程建设

随机森林算法重在把握特征 A 与结果 B 之间的相关性，利用相关性对未来结果作出判断，选取样本与提取特征是随机森林算法的关键。目前，总局已经在大数据云平台中开展了系列场景的特征工程建设，在数字化电子发票一体式风控中，应用了多种算法，取得了明显成效。但从税务系统总体看，税务部门对随机森林算法的理解还不够深入，其运算规则和决策过程在税务系统的应用程度还不高，样本不够全面和丰富。完善样本和特征工程，可重点关注提炼案例和封装算法。一方面，充分发挥各地税务机关在各类风险场景、风险主题方面的实践优势，通过云平台充分吸收各地税务机关在监管和服务中的实践案例；另一方面，将随机森林算法提供给各地人工智能专业人才，使其运用到算法学习、测试和验证中，以提高易用性、可操作性。

（三）聚焦人才难点，持续培养业务和技术兼备的复合型税务干部

随机森林算法在税务领域的推广应用，离不开技术和业务的深度融合。目前，税务干部对随机森林算法的设计原理、运行逻辑、决策依据等内容还理解得不深不透，既精通算法又有税

收业务实践经验的复合型人才比较欠缺，这也倒逼税务部门采用灵活多样的方法加强信息化人才的培养，采取建立"智税"人才库和人工智能实验室等形式，通过项目实战增强专业化人才在随机森林算法领域的能力，锻造一支既精通算法又熟悉业务的新型专业化税务团队。

（作者单位：国家税务总局青岛市税务局科研所）

PPP（政府和社会资本合作）项目运作模式税收政策与征管研究

——基于广州永庆坊旧城微改造案例

国家税务总局广州市荔湾区税务局课题组

PPP（Public-Private Partnership，政府和社会资本合作）模式是指政府采取市场竞争性方式选择具有投资、运营管理能力的社会资本，双方通过平等合作的方式共同提供公共产品和服务。该模式既能发挥市场主体在融资、技术、管理等方面的优势，又能保证政府对公共项目的监督权和调控权。2022年4月，习近平总书记在中央财经委员会第十一次会议上强调，"要推动政府和社会资本合作（PPP）模式规范发展、阳光运行，引导社会资本参与市政设施投资运营"[1]，2023年11月，国家发展改革委、财政部联合印发《关于规范实施政府和社会资本合作新机制的指导意见》（以下简称"PPP新机制"），为进一步规范PPP项目发展提供了根本遵循。当前我国PPP模式正处于高质量发展的关键阶段，在完善政策体系规范PPP发展的要求下，税收政策和征管也亟待理顺和优化。广州作为改革开放的前沿阵地，在探索推进政府和社会资本合作模式方面起步较早，其中2018年习近平总书记到广州视察第一站荔湾区西关历史文化街区永庆坊的改造项目就是其中成功实践案例之一。本文以永庆坊旧城微改造项目为例，分析项目全生命周期涉税事项及税收政策和征管问题，对应探讨完善优化PPP项目税收政策和税收征管的对策思路，以更好发挥税收职能作用促进PPP项目平稳落地运行，服务推动经济高质量发展。

一、PPP项目全生命周期各环节涉税事项分析——以永庆坊为例

作为改革开放的前沿城市，广州具备改革创新动能强劲、党政重视投入来源多元性、社会资本充裕等先天优势。在开放的城市基因下，广州在探索推进政府和社会资本合作模式方面起步较早、发展较快。早在2016年，全市就制定出台《关于推进政府和社会资本合作试点项目的实施方案》，鼓励社会投资市政设施、交通运输等多个重点领域。据广州市财政局公开发布数据，截至2023年6月底，共有28个项目纳入全市重点PPP项目，总投资金额达745亿元，涵盖交通、市政、体育、生态保护和环境治理等众多领域。在项目运作方式方面包括BOT（建设-运营-移交）、ROT（改建-运营-移交）等多种运作方式，其中BOT运作模式项目占比53.57%，占据主要运营形式。在全市PPP项目中，不乏推进较为成熟、探索相对成功的具体案例，2018

---

[1] 习近平主持召开中央财经委员会第十一次会议[EB/OL]. 中国政府网，2022-04-26.

年习近平总书记到广州视察第一站荔湾区西关历史文化街区永庆坊的改造项目就是其中较为成功的实践案例之一。

永庆坊位于荔湾区恩宁路历史文化街区，随着城市中心东移，社区逐渐老化，政府由此推动片区旧改工作，分别于2015年、2018年通过公开招标方式引入W集团进行永庆坊一期和二期的改造提升。项目采用的具体运作模式是BOT模式（如图1所示）。政府完成前期拆迁安置工作，拥有房屋和土地的所有权，通过出让所持物业一定年限的经营权，吸引企业投资运营。W集团对片区进行升级改造，享有永庆坊一期15年、二期20年的运营权，拥有入驻企业招商和管理等权限并享受租金收入等相关运营收益。在运营期满结束后，若双方不再续期，W集团将按照约定将项目移交给政府部门。

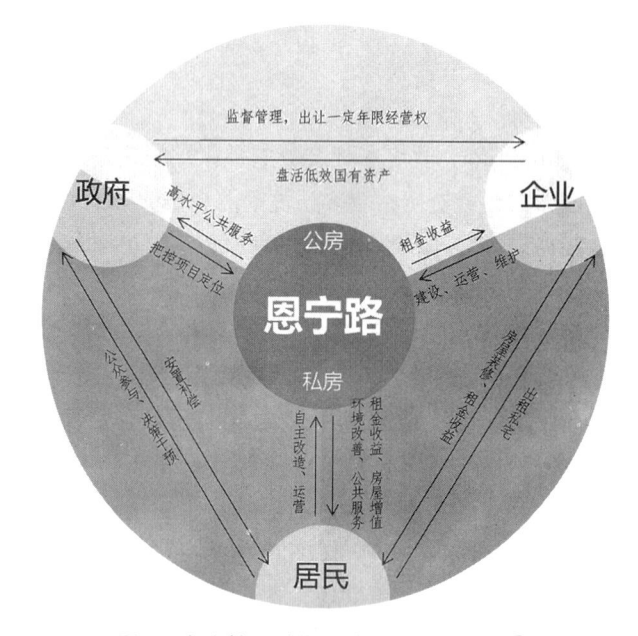

图1 永庆坊旧城微改造项目运作模式①

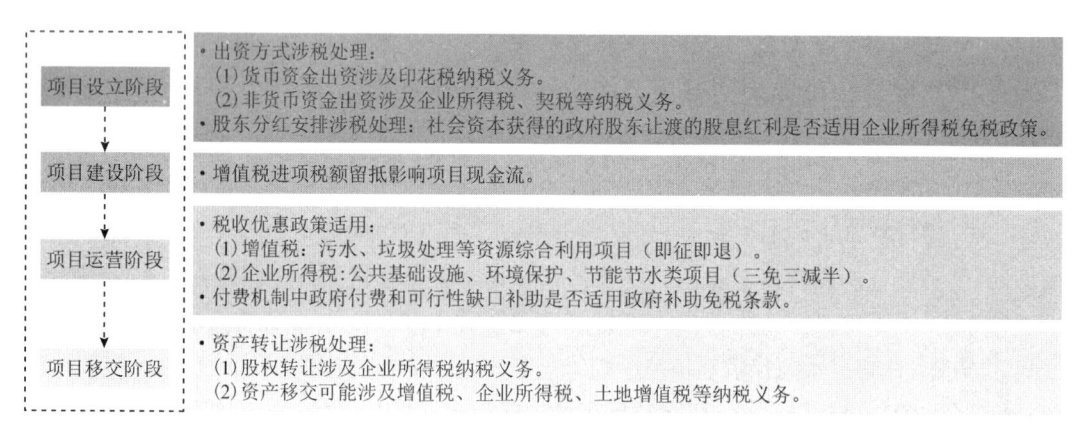

图2 PPP项目全生命周期主要涉税问题

---

① 图片来源：广州市规划和自然资源局网站

（一）项目设立阶段：出资及股东分红安排涉税问题

PPP 项目设立阶段通常会成立单独的 SPV 公司（Special Purpose Vehicle，特殊目的载体）作为项目公司，由政府和社会资本方按照一定比例出资。不同出资方式对应的税务处理有差异。此外，政府在作为股东的情况下，通常会让渡股息红利给社会资本方，而对企业获得的超过持股比例部分的股息红利如何征税目前尚未有定论。

永庆坊旧城微改造一期、二期项目分别成立了 W1 公司、W2 公司两个项目公司，均由 W 集团 100%控股，政府不存在出资入股情况，只是给予了一定年限的特许经营权。

（二）项目建设阶段：进项税额堆积问题

建设阶段是 PPP 项目集中投入的时期，该阶段主要涉及与建筑业有关的增值税税收政策。在建设期，项目公司支付建设费用给施工单位，形成大量增值税进项税额，但通常还没有取得运营收入，从而导致大量进项税额在较长一段时间内无法及时抵扣，形成资金占用。2022 年大规模留抵退税政策实施以来，PPP 项目进项税额堆积的问题逐渐得到解决，对社会资本缓解资金压力、提振信心起到了重要作用。

以永庆坊旧城微改造二期项目为例，项目自 2018 年开始建设，W2 公司支付建设费用并取得进项税额，2022 年以来共获取留抵退税 3100 多万元。

（三）项目运营阶段：优惠政策适用及政府补助税务处理问题

PPP 项目的运营期是项目的核心阶段，期间可适用的税收优惠政策主要体现在增值税和企业所得税两大税种上。目前，永庆坊项目所属城市更新领域未有 PPP 项目可适用的税收优惠政策。

除优惠政策适用外，付费机制是影响运营期税务处理的另一关键点。在 PPP 新机制出台前，PPP 项目收益回报方式可采用使用者付费、政府付费、可行性缺口补助等三种方式。政府付费和可行性缺口补助是否需要缴纳增值税，以及所涉税率如何确定等在实务中存在较大争议。根据永庆坊旧城微改造项目公开的信息，W 公司主要通过收取承租方租金来取得运营收入，即为使用者付费。此外，W 公司在运营过程中获取了政府部门关于文旅聚集发展等补贴，不属于可行性缺口补助的范围。

（四）项目移交阶段：资产转移定性及税务处理问题

PPP 项目在实际操作中的运行模式多样，多数模式一般都会涉及资产的移交和转让，在项目期满结束后，项目公司需按契约约定将项目移交给政府。移交方式可采用股权转让和资产转让两种，不同的移交方式会导致不同的税务处理。

在永庆坊旧城微改造项目中，按照项目契约约定，W 公司将分别于 2030 年和 2038 年将永庆坊一期和二期项目无偿移交给政府。本项目已明确规定 W 公司不拥有片区内房屋和土地的所有权，仅拥有项目的特许经营权，因此实物资产不适用视同销售的有关规定，无需缴纳增值税和企业所得税，且在项目移交时，特许经营权作为无形资产的计税基础已摊销完毕，也不做税务处理。

二、PPP 项目适用税收政策及征管难点分析

（一）PPP 项目特殊涉税事项适用规则存在不确定性

永庆坊旧城微改造项目运作方式相对简单，但 PPP 模式复杂多样，条件稍有改变都会增加税务处理的复杂性，在实践中存在部分亟待解决但缺乏明确政策规定的特殊涉税事项。例如，社会资本方从项目公司获取的政府股东让渡的股息红利如何征税。当前主要存在以下不同观点：一是认定为社会资本方从项目公司获取的符合居民企业间投资的免税红利；二是认定为从政府部门获取的不征税收入；三是认定为社会资本方从政府获得的应税偶然所得。对此问题缺乏明确规定容易导致社会资本方与政府方在长期合作中产生争议。又如项目公司取得的政府支付收入是否需要缴税？应按何种税目缴税？根据 PPP 新机制的规定，PPP 项目应聚焦使用者付费项目，政府付费只能按规定补贴运营，不能补贴建设成本。对于政府付费部分收入，是否应认定为社会资本的经营收入仍有待明确。在该部分收入被认定为应税收入的情况下，是按项目公司提供的应税服务对应税率纳税，还是按照"销售无形资产"税目纳税，目前也未有明确政策规定，执行口径不统一将会给社会资本带来困扰。再如社会资本退出时资产移交的税务处理争议较多。资产所有权归属项目公司的项目移交时是否需要按视同销售处理，提前移交如何进行税务处理等问题均缺乏具体细则，导致社会资本方退出时面临不确定的成本负担。

（二）税收优惠政策对 PPP 项目的支持力度偏弱

PPP 项目通常具有一定程度的公益性质，收益率通常偏低且不确定性强。以永庆坊项目为例，据 W 集团测算，一期项目改造成本约每平方米 1 万元，项目预计成本回收周期为 12.5 年，与房地产开发项目相比，微改造项目成本投入较高、回收周期长。尽管大规模留抵退税政策的实施对 PPP 项目起到了一定的激励和支持作用，但当前针对 PPP 项目的税收优惠政策仍存在一些不合理之处，影响了税收政策对 PPP 项目的支持力度。一是优惠方式单一。目前 PPP 项目适用政策的优惠方式主要是税额减免方式。如投资抵免、加速折旧、加计扣除等优惠方式采用较少，缺乏对税收优惠方式的综合利用，难以实现全方位激励和支持 PPP 项目平稳落地运行的效果。二是优惠期限过短。相较于 PPP 项目普遍具有投资规模大、项目收益周期长的特点，企业所得税"三免三减半"等优惠期限较短的政策难以发挥实际有效的作用，且当前未制定针对 PPP 项目企业所得税亏损结转年限的特殊规定，这对于运营初期亏损概率高的 PPP 项目而言，政策支持作用较弱。三是覆盖范围较窄。现行 PPP 项目可适用的增值税和企业所得税税收优惠政策主要集中在大型基础设施和公用事业建设等领域，覆盖范围相对偏窄。

（三）项目涉税信息共享不畅影响全流程税收征管质效

在当前 PPP 项目税收征管实践中，完善的项目全流程信息共享机制未建立，影响了税收征管质效。一是前期信息共享不及时，易引致后续涉税处理争议。PPP 项目运作模式多样，不同运作模式采取的出资方式、收益回报方式、社会资本退出方式可能有所不同，所涉及的税务处理方式也存在较大差异，前期信息共享对于后期的涉税处理有着关键影响。在 PPP 项目前期方案制定时，关于项目运作的具体信息通常未能及时共享至税务部门，导致税务部门未能及时介入辅导，税企双方未能在项目公司成立前就复杂涉税事项进行充分沟通协商，容易引发后续关

于税务规范性的争议。二是执行过程中信息共享不畅,可能出现税款流失情况。在 PPP 项目落地执行的全生命周期中,税收征管所依赖的涉税信息众多,包括项目公司成立前期特许经营协议信息、前期可行性论证费用支付及发票开具情况,建设期是否存在土地权属转移、是否发生征拆费用、运营期是否存在政府补贴、以何种名义补贴、项目移交期社会资本的退出形式是以股权形式退出还是项目直接转让等。然而在实际征管中,部分信息获取难度较大,税务部门难以及时、准确判断跟进 PPP 项目应缴纳的税收情况,可能会造成一定的征管漏洞。

三、完善优化 PPP 项目税收政策和征管的建议

(一)统筹编制 PPP 项目特殊涉税事项适用规则指引

为保障 PPP 项目开展的稳定性,提升税收征管质效和税收治理的有效性,需进一步明确 PPP 项目税收适用规则,解决社会资本方涉税成本的不确定性,以打通横亘在 PPP 模式中的税收障碍。一是认定政府股东让渡的股息红利为免税所得。企业所得税法及其实施条例对居民企业间权益性投资收益免税的规定均未规定股息红利与持股比例挂钩等条件,且《公司法》规定了股东可以约定不按照出资比例分取红利。据此,建议将社会资本方获取的政府股东让渡的股息红利认定为符合条件的居民企业间权益性投资收益,作为免税收入处理,规避相关争议。二是明确项目公司取得的政府支付收入的税率。关于 PPP 项目获取的政府支付收入的性质,本文认为政府付费与社会资本提供的运营服务相关,是社会资本通过交易活动产生的,属于社会资本的经营收入,应依法缴纳相关税费,建议与相应使用者付费收入的适用税率相匹配。三是免除资产移交的税收负担。从 PPP 模式的实质来看,项目资产始终归属于政府方,社会资本方在合作期间仅暂时性享有资产使用和收益权,而无权自由向政府以外的第三方处分该项资产,政府实质上仍然保留了对资产的实际控制,与完整意义上的所有权转让有一定区别,项目结束后的资产移交本质上属于政府收回自有资产。因此,建议在社会资本方退出时的税务处理方面综合考虑资产移交的实质性,在属于无偿移交的情况下免除社会资本方的税费;如项目属于有偿移交给政府的,建议参照公益性捐赠支出税收优惠的相关条款,对社会资本该项收入减免企业所得税。

(二)优化 PPP 项目适用税费优惠政策组合

税收作为一项制度因素直接影响 PPP 项目的成本和收益,完善的税收优惠政策对 PPP 项目的发展无疑有着重要激励和支持作用,但针对部分呼吁出台专门的 PPP 项目税收优惠政策、大力加大税收优惠力度的观点应持审慎态度。出于兼顾公平性和可行性的考虑,应考虑在现有税收优惠政策的基础上进行适度优化。具体而言,一是扩展税收优惠方式。综合采用税基式优惠和税额式优惠,运用税收减免、投资抵扣、加速折旧等政策工具,加大税收支持力度。例如,对重点领域的 PPP 项目采购专项设备、设施给予定向抵免与加速折旧,起到推动投资与带动制造业发展的双重政策效果。二是调整税收优惠期限。在综合考虑项目公司收益率的情况下,对于经营期 20 年以上的 PPP 项目,可将企业所得税"三免三减半"的政策适当延长一定年限。建议延长 PPP 项目公司企业所得亏损结转年限,解决项目前亏后盈导致的超期无法弥补前期亏损的现实问题,实现项目公司全生命周期内盈亏间充分互抵。三是扩大税收优惠政策范围。根

据促进民间投资工作等相关通知，国家发改委将在新型基础设施、现代设施农业等领域选择重点细分行业，鼓励民间资本积极参与。可考虑在重点民间投资项目库建立后，针对这些细分行业重点完善税收支持政策，激发社会资本投资活力。此外，可考虑实行税收优惠动态调整机制，如经营期内项目公司收益处于政府合理回报的指导线以内，项目公司可享受相应的税收优惠政策；如由于市场供求关系变化等原因，项目公司实际收益已超过合理回报的界限，则可终止其享受优惠政策。

（三）实施PPP项目全生命周期嵌入式征管

针对PPP项目涉税信息共享不畅影响税收征管和治理质效的问题，建议探索将税收征管嵌入PPP项目全生命周期各环节，通过全环节介入进一步畅通项目前期信息交换渠道，完善项目信息共享机制。一是前移税收征管嵌入PPP项目的环节，打通前期信息共享渠道。建议在PPP项目实施方案制定环节，由项目行业主管部门提前协调税务部门介入方案的研究工作，充分共享拟采取的运作模式、政府是否出资、合作时长、付费机制、是否涉及土地出让等具体项目信息。税务部门据此对项目全过程可能涉及的税务处理问题及现行执法口径进行研究和梳理，并反馈专业意见至行业主管部门。在确定引入的社会资本后，行业主管部门、税务部门、社会资本方三方就PPP项目合同的税务影响和风险进行充分沟通讨论，重点围绕政府提供的收益回报如何征税、项目公司成立和社会资本退出时的税务处理等事项进行详细协商，以帮助社会资本有效防范税务风险，规避后续执行过程中可能产生的涉税处理争议。二是构建全过程税收管理服务闭环，完善项目信息常态化共享机制。在PPP项目签约落地进入执行阶段后，建议基于嵌入式征管理念，搭建从项目公司成立到社会资本退出等阶段的全过程信息共享机制。税务部门提前梳理所需的项目涉税信息清单，项目行业主管部门定期共享项目运作各阶段的各项信息，并将在管理项目过程中收集到的社会资本经营诉求和税务处理方面的困惑一并反馈至税务部门，必要时可通过召开联席会议等方式集中交流，以便税务部门动态跟踪税费征管情况，引导项目公司及时准确申报，从而避免税款流失，助力PPP模式高质量发展。

课题组成员： 张　伟　谭烽烽　董志鸿
陈婉薇　袁慧赟

从"营商"到"宜商"谈税收宜商环境的新变化及其优化

冯蔚耕　许建国　殷国斌

2022年12月,世界银行发布宜商环境新版概念文件,明确自2023年1月起"营商环境"评估项目将被新的"宜商环境"评估项目所替代。从"营商"到"宜商",虽然只有一字之差,但标志着世界银行对全球经济体商业环境评估体系的升华。税务部门作为宜商环境评估中的重要部门,如何准确把握宜商环境"纳税"指标评估体系的新变化,主动采取应对措施,持续营造法治化、市场化、国际化的税收宜商环境,是当前值得研究的一项重要课题。

一、准确把握宜商环境"纳税"指标评估体系的新变化

宜商环境与营商环境在"纳税"指标评估体系方面相比较,不仅在评估指标上有了较大变化,而且在评估方法上也有了较大改进,使宜商环境的评估指标更科学,评估内容更丰富,评估方法更合理。

(一)纳税指标的新变化

宜商环境在纳税指标的设计上,将原营商环境纳税指标下的"纳税次数、纳税时间、总税费率、报税后流程"四个二级指标整合为新的"税收负担及税制运行效率"二级指标,同时,新增"税收法律法规的质量"和"税务部门提供服务的质量"二个二级指标。此外,在三个二级指标下,还分别设置了相应的三级指标。具体评估指标及内容如下。

1. 税收法律法规的质量。该指标主要评估税收法律法规的制定与实施。包括税收法律法规的清晰性、税制的稳定性、保存和归档税务记录的难易程度及灵活性、立法的透明度等四个三级指标。

2. 税务部门提供服务的质量。该指标主要评估税务部门税收监管的效率和提供税费服务的水平。包括用于税务申报、缴税(支付)和评估的电子系统,基于税务风险的审计、核实,解决税务纠纷机制,税务管理的透明度等四个三级指标。

3. 税收负担及税制运行效率。该指标主要综合评估税收法律法规质量和税务部门提供服务质量两项指标的有效性及实施效率。包括总税收及缴款率、遵守税收法律法规的时间成本(申报缴税时间,获得退税时间,税务审计持续时间)等二个三级指标。

除上述指标外,宜商环境评估体系还增加了数字化技术和环境可持续两项跨越性指标。主要评估电子税务局和在线服务的应用能力、与政府其他部门及第三方互联互通的水平,以及环境税收和绿色税制的执行情况等。

（二）评估方法的新变化

在评估方法上，宜商环境评估体系高度重视运用系统方法、平衡方法、可验证方法。具体做到"四个结合"。

1. 将税收制度评价与实际执行效果评价相结合。宜商环境对税收法律法规质量的评价，不仅会收集、分析、审查、判断税收法律法规的合法性、科学性和有效性，而且也会收集反映税收法律法规的实际执行情况和效果，评价政策法规是如何落实的，并侧重对法律法规的落实机构进行评价。

2. 将税务监管质量与税费服务质量的评价相结合。宜商环境将评价的重点放在对微观经济层面的监管和服务上。不仅关注税务监管的质量，而且重视税费服务的质量。将税务监管、税费服务和整体效率有机结合进行综合评价。

3. 将专家咨询与企业调查相结合。宜商环境除了向有关法律法规部门的专家咨询收集相关信息外，还从所有私营企业中选择具有代表性的样本企业收集数据信息，把宜商环境中企业经营的便利度、税务管理与服务的效率作为评价的重点。从而平衡专家咨询获取的信息和直接来自企业层面调查的信息。

4. 将大数据收集分析与案头验证及相关部门数据验证相结合。为验证专家咨询和企业调查的真实性，宜商环境还注重把大数据审查、分析、应用贯穿于评价全过程。并通过案头阅读相关法律文件、检查公共网站功能、查看征管系统数据，核对市场监管部门的登记信息、法院和其他行业机构的统计数据以及实践中发生的相关案例等进行系统验证，使宜商环境评价更全面、更严谨、更有效。

二、持续优化税收宜商环境的对策建议

近几年来，我国虽然在持续优化税收营商环境方面，不断推出了一系列硬招实招和服务举措，使部分纳税指标跻身于全球营商环境最优行列。但是，对照世行宜商环境项目评估体系，我国的纳税环境还有进一步提升的空间。因此，税务部门应准确把握宜商环境纳税指标评估体系的新变化，采取积极主动应对举措，持续优化税收宜商环境。

（一）加快税收法治建设步伐，营造公正透明的税收法治环境

法治是最好的营商环境。在我国现行的 18 个税种中，目前还有 6 个税种尚未立法。此外，在具体执行中，大部分税收征管事项是由财税等部门通过制定部门规章的形式实施的，有些部门规章不仅内容繁杂、变动频繁，而且在实际执行中容易引发涉税争议和风险，增加纳税遵从成本。因此，建议加快税收法治建设，提升税收法制质量，优化减税降费政策，营造稳定公正透明可预期的税收法治环境。

1. 加快税收法治建设。要加快完成增值税、消费税等税种的立法步伐；健全以环境保护税为主体、以资源税、耕地占用税、房地产税等为辅助的绿色税制体系，促进绿色低碳可持续发展，增强税收制度的合法性和协调性。

2. 提升税收法制质量。要坚持立法公开，除依法需要保密外，制定与市场主体经营活动密切相关的法律法规、部门规章等，应当通过多种形式向社会公开征求意见，提高社会公众的参

与度和立法的透明度。同时要修订和清理与宜商环境不相适应的相关法律法规，破除影响各类所有制企业公平竞争、共同发展的法制障碍和隐性壁垒。

3. 优化减税降费政策。根据世界银行发布的《2020 年营商环境报告》显示，我国营商环境世界排名位列第 31 位，但纳税指标排名却列第 105 位。其影响纳税指标排名的主要原因就是我国的总税费负担率达到 59.2%，高于世界平均水平近 19 个百分点。因此，建议进一步优化减税降费政策，在适当降低相关法定税（费）率的同时，把一些行之有效且需要长期保留或延续的阶段性减税降费政策，通过法律法规的形式，作为一项长期的制度安排固定下来，切实把税费负担降下来，为市场主体营造一个稳定可预期的政策环境。

（二）推进执法服务深度融合，营造亲民务实的税费执法环境

公正执法是最佳的营商环境。要积极推进税收执法、监管和服务深度融合，严格规范执法行为，深入推进精准监管，健全权益保障体系，营造亲民务实的税费执法环境。

1. 严格规范执法行为。要全面落实税收执法"三项制度"，进一步规范行政处罚自由裁量基准，完善全国统一的"首违不罚"清单制度，提升税务执法的统一性、规范性。要推广应用说服教育、提示提醒、约谈警示等非强制性执法方式，让纳税人缴费人在税务执法中感受更多的温暖。

2. 深入推进精准监管。要建立健全以"信用+风险"为基础的税务监管新体系，充分运用税收大数据等现代信息技术，对纳税人缴费人的纳税缴费行为进行自动分析，精准分类施策。要完善税费信用评价制度，实行纳税人动态信用等级分类和智能化风险监管。真正实现无风险不打扰，低风险预提醒，中高风险严监控。

3. 健全权益保障体系。要完善纳税人缴费人权利救济、纳税投诉、税费争议解决机制，畅通诉求表达和权益维护渠道，及时回应纳税人缴费人的关切。积极推广新时代"枫桥经验"在税务领域的实践应用，通过设立调解室、建立公职律师涉税争议咨询调解中心等方式，推进涉税争议纠纷化解在基层、化解于萌芽，最大程度地维护纳税人缴费人合法权益。

（三）持续提升税费服务质量，营造智能便捷的税费服务环境

精细服务是持续优化税收宜商环境的具体行动。税务部门要坚持以纳税人缴费人需求为导向，健全税费服务需求响应机制，推行优质高效智能便捷服务，持续提升精细服务质效。

1. 健全税费服务需求响应机制。要大兴调查研究，通过"走流程听建议"等方式，广泛收集纳税人缴费人税费服务方面的需求，推出更多适应纳税人缴费人办税缴费习惯的服务产品，实现从无差别服务向精细化、智能化、个性化服务转变。要依托电子税务局开展个性化、集合式政策推送服务，强化政策送达的时效性、精准性，变"人找政策"为"政策找人"，充分保障纳税人缴费人不折不扣享受政策红利。

2. 推进优质高效智能便捷服务。要以满足纳税人缴费人多层次、全方位办税缴费需求为目标，全面推进税费服务数字化升级和智能化转型，全面推广应用电子税务局、江苏税务 App、云办税等"非接触式"办税缴费服务产品，基本实现企业税费事项网上办、个人税费事项掌上办，为纳税人缴费人提供"全天候、自动化、智能化"的便捷服务。要深化"多税费种合一"申报改革，持续压减纳税人缴费人税费申报缴纳的次数和时间。要全面推广使用数字化电子发

票，减少发票申领、验旧、填开等环节，使发票申领更简化、填开使用更便捷、归档保存更安全。

3. 提供更加亲清贴心专业服务。要通过组建"青年志愿服务队""党员志愿服务队""专家志愿服务队"等志愿服务的方式，积极参与地方重大产业项目全生命周期跟踪服务，为纳税人缴费人提供更加精细、更有温度的贴心服务，促进各项税费政策更加精准有效落地。

（四）强化评价考核持续改进，营造持续向好的税收宜商环境

根据世界银行宜商环境概念文件的时间安排，我国将参与 2023 年 6 月开始的第二轮评估。因此，要对照世界银行宜商环境评估指标体系，加快制定适合我国国情的税收宜商环境评价体系，加强评价考核，强化持续改进。

1. 要科学制定评价体系。对照世界银行宜商环境纳税指标构成、评估重点和实践要求，建议把税收营商环境改为税收宜商环境，制定与世界银行宜商环境评估指标体系相统一的税收宜商环境评价制度和评价指标，尽可能地使每一项评价指标更具有代表性，形成具有中国特色的国际化税收宜商环境评价体系。

2. 要严格落实考核机制。要制定税收宜商环境考核办法，建立月通报、季考核、年总评的持续督查闭环管理模式，并将宜商环境考核列入绩效考核的重要内容，加强考核结果运用，落实激励、约束机制。

3. 要对标找差持续改进。持续优化税收宜商环境，既是税务部门的当务之急，也是一项持续优化的系统工程。因此，税务部门要聚焦税收宜商环境中的短板和弱项，坚持对标找差、补短强弱、持续改进，从而打造持续向好的市场化、法治化、国际化税收宜商环境。

（作者单位：国家税务总局镇江市丹徒区税务局）

搭乘"金四"改革东风 助力以数治税起航

李 沛

作为一名基层税务干部，自参加工作起，我经历了"营改增""金税三期"和增值税发票电子化等数次重大改革。有幸参与并见证了全国税务系统在税收征管方面经历的三次大的变革，分别是2015年中办、国办印发的《深化国税、地税征管体制改革方案》，推进国税、地税"合作"；2018年中办、国办印发的《国税地税征管体制改革方案》，实施国税、地税"合并"；2021年中办、国办印发的《关于进一步深化税收征管改革的意见》（以下简称《意见》），其特征可概括为"合成"。

国家税务总局留坝县税务局以习近平新时代中国特色社会主义思想为指导，深入贯彻党的二十大精神，全面落实《意见》，推进依法治税。以发票电子化改革（金税四期）为突破口，以税收现代化建设为重要抓手，通过技术变革引领驱动业务变革、组织变革，全面推进税收征管数字化升级和智能化改造。围绕精确执法、精细服务、精准监管、精诚共治，推进"智慧税务"建设，初步构建基于"数据+规则"和"信用+风险"的数字化征管方式，牵引带动在税务执法规范性、税费服务便捷性、税务监管精准性上取得重要进展。

通过认真学习"金税四期"建设背景、场景规划和设计流程，以及参与县局"数电票"和新电子税局试点扩围上线工作，我迫切体会到基层税务机关应当对"金税四期"开展全方位深入学习领会，尽快适应"智慧税务"下基层在税费管理、纳税服务和风险应对方面面临的机遇和挑战，主动转变思维方式、管理方式和服务方式。下面，结合自身工作实际谈三点思想感悟。

一、"金税四期"助力基层税收征管提质增效

发票电子化改革（金税四期）是推进落实《意见》的突破口，县局严格落实省局党委关于"人人都要懂'金四'、各条线各部门都要有人精通'金四'"指示精神，以"金税四期"打通"智慧税务"最后一公里。"金税四期"是税收征管改革的一项重大工程，是由"以票控税"向"以数治税"转变的系统支撑，主要体现在：一是解决"四个有人管"的问题。"金税四期"上线后，税务部门将与外部门开展多方面、多层级的信息共享，开展"无风险不打扰、有违法要追究、全过程强智控"的精准监管新模式，有效降低税收执法风险；二是解决基层税务机关受制于信息化的问题。"金税四期"按照"八大集成"的理念实现纳税人端、税务人端和决策人端（简称"三端"）为主体的智能应用平台体系建设，有望解决基层税务人员使用众多互不联通的业务操作系统导致信息数据不能共享应用、业务运维流程复杂，以及增加工作负担等问题，

真正发挥"金税四期"为基层税务机关减负提效作用。

二、基层税务机关在"金税四期"建设中面临的机遇与挑战

"金税四期"的上线,标志着税收征管改革实现从"以票控税"向"以数治税"转型,税务机关可借助大数据云平台、数电票、新电子税局等加强对纳税人缴费人的精准监管,为基层税务机关日常工作带来极大便利,但与此同时也带来了全新的挑战。基层税务机关目前的征管方式、工作思维和信息化程度,在一定程度上会影响"金税四期"推行进度。作为基层税务干部,我们更应该主动求变,主动学习,主动适应"金税四期"新要求、新变化。一是"金税四期"依托法人"一户式"和自然人"一人式"的税费信息归集,纳税人跨区域经营,打破了传统的属地管理限制,对税收征管和风险管理提出了新挑战。我们基层税务机关要通过管户制与管事制相结合,进一步提升自身业务素质,不断夯实税收征管基础。二是"金税四期"以分类分级管理为基础,充分运用大数据,对纳税人缴费人进行精准画像。近年来各类市场主体数量快速增长,带来税源状况的复杂性,对税务监管提出更高要求。我们基层税务人员要进一步压实工作责任,转变工作作风,深入细致做好纳税人缴费人的服务管理工作。三是"金税四期"以发票电子化改革为突破口,截至目前已经全面推广上线"数电票",新电子税局正在分阶段分批试点扩围上线,实现发票全领域、全环节、全要素电子化。按照金税四期建设要求,税务部门急需信息化水平较高的人才队伍,目前基层税务干部的综合能力、岗位技能、年龄结构等方面差距较大,我们需要进一步优化现有人力资源配置,加快复合型青年人才培养。

三、凝心聚力推进"金税四期"稳步落地

(一)优化人力资源配置,加强专业化人才培养

统筹现有资源,不断调整与优化人力资源结构,基层税务机关应当打破部门之间的壁垒,在不突破"三定"方案的前提下,将职能相近的部门整合为工作组,推进税费数据深度融合。围绕"带好队伍",将大数据分析运用、税收风险管理、信息化等方面的人才适当向基层倾斜。通过开展分类分级培训辅导,推动全体税务人员尤其是领导干部学大数据、懂大数据、用大数据,成为推进"以数治税"的行家里手,为"金税四期"建设提供坚实的政治保证和人才保证。

(二)深入推进精诚共治,形成齐抓共管工作格局

要树立税费皆重的理念,稳步推进纳税人分级分类管理工作。对于重点税源企业,充分借助大数据优势开展服务、监管和税收风险分析,按照"一户式"管理要求,把企业服务、管理和税收风险分析事项与税费统一进行归集分析。对小微企业和个体工商户开展滴灌式服务,确保各项税费优惠落地见效。

(三)以"枫桥式"税务局建设为契机,以"税务+司法+N"机制为依托

探索实现司法监督、税务与行业管理部门在涉税费管理上同向发力,将问题化解在一线,做到全覆盖、不遗漏、无死角,实现"被动服务"向"主动服务"转变。

(四)推动党建与业务深度融合,发挥绩效考评导向指引

将"抓好党务、干好税务、带好队伍"主动融入"金税四期"整体大格局,内部实现党

建、人事、纪检、办公室工作统筹协调，外部探索实现与地方主管部门成果共享、数据互通、考评互认。结合税收征管质量 5C+5R 监控评价，建立健全"指标+模型+评级"，增强指标科学性，增加量化指标，对税务人员履责全过程进行考核考评，以考核倒逼责任落实。同时，加强巡察、审计等工作有机衔接，将内控监督结果、税收执法责任制追究情况推送至绩效管理和数字人事系统，实现制度管人管事，促使税务干部不断增强风险防控意识，最大限度降低和减少执法风险和廉政风险，以税收现代化服务中国式现代化。

（作者单位：国家税务总局留坝县税务局）

大数据税收风险管理及应用研究

——以河南省周口市税务局以数治税为例

马松伟 崔晨涛 汪 洋 崔玉亮

数据是驱动经济发展的关键要素。税收以组织财政收入为基本职能，现代国家财政收入的主要收入形式就是税收收入。在过去的实践中，"经济—税收—经济"的治税思想深入人心。没有经济，就没有税源；没有税源，也就不可能有税收。在市场经济条件下，税源来自市场主体，只有市场主体充满活力，经济才能增长，税源才会丰富。近些年，随着新一轮科技革命和产业变革的持续推进，大数据、5G、互联网、区块链、人工智能等现代信息技术发展日新月异，人类进入数字经济时代，税源也由农业经济、工业经济向数字经济加速演进，在此环境下税收征管改革与税收现代化向纵深发展。"十四五"规划纲要明确提出要"建立现代财税金融体制，完善现代税收制度，深化税收征管制度改革"。2021年3月24日，中共中央办公厅、国务院办公厅印发了《关于进一步深化税收征管改革的意见》（以下简称《意见》），明确提出：充分发挥税收大数据作用，依托税务网络可信身份体系对发票开具、使用等进行全环节即时验证和监控，实现从"以票管税"向"以数治税"分类精准监管转变。近年来，为适应新形势、应对新挑战，在税收新旧征管体制和管理模式转型变革中，河南省周口市税务局加快税收治理体系和治理能力现代化建设，实施数据治税，打造智慧税务，实现各税种统管、税费统收，不但为税收服务中国式现代化探索适合区域税收增长的新路径，而且为数字经济税源发展奠定良好的税收基础，对保障财政收入具有理论与实践参考价值。

一、大数据税收风险管理应用的基本理论框架流程

当前，利用大数据实施对税源风险管控，主要围绕税收风险管理框架而进行。其流程主要包括目标规划、信息收集、风险识别、等级排序、应对处置、过程监控、评价反馈，这是一个持续不断改进优化的系统管理过程。同时，税收风险管理也是一个周期性循环系统，是管理系统和管理质效不断改进优化、螺旋式提升的管理过程。所以，税收风险管理应按照科学的流程设计依次进行、有序开展，分阶段、分环节地渐进推进和实施，在此基础上建立统一规范、专业分工清晰明确、相互衔接协调有序、持续改进不断完善的税收风险管理流程。

现阶段税源纳入税收风险管理的大数据（信息收集）要素包括三方面：一是合同、出入库单、财务报表等纳税人涉税数据。二是登记认定信息、发票取得开具情况、纳税申报表等税务机关涉税数据。三是银行流水、融资贷款、用电用水量、占用房屋土地面积等第三方涉

税数据。(见图1)

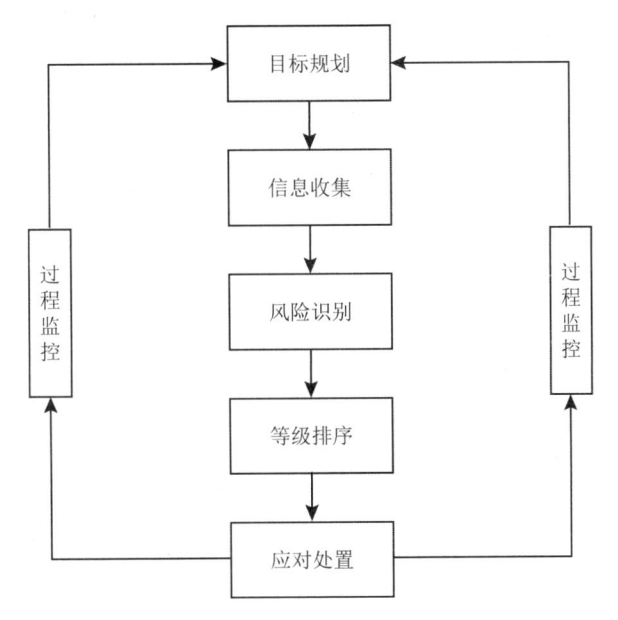

图1 税收风险管理流程图

二、大数据税收风险管理在周口市的应用实践模式

(一)大数据在大企业税收风险管理中的实践

近年来,周口市税务局按照税收风险管理操作流程,利用大数据对大企业实施税收风险管理,以数据采集为基础,以风险识别分析、风险推送应对、质控评审等为发力点,全面强化大企业税收风险管理。

1. 规范大数据采集。一是市级大企业税收服务和管理部门对千户集团和列名企业财务会计报送的"资产负债表、利润表和现金流量表"进行规范,确保表中数据正确、逻辑关系准确,有利做好事前辅导、事中监控、事后复核三个环节的工作。二是开展对本区域内企业年度账务数据采集工作。把收集完成的涉税电子财务数据汇总审核后,上报省局第一税务分局。省局对数据质量进行检测,发现有问题的数据及时反馈、采集补充,确保征管数据质量。

2. 强化税收风险识别分析。风险识别工作主要是由省级局完成,省税务局使用国家税务总局大企业税收服务和管理系统中税收风险指标模型,对选定的千户集团成员企业进行计算机扫描,形成税收风险识别报告,供人工分析参考。列名大企业不再进行风险识别,直接开展人工分析。省税务局风险分析团队,根据企业规模、行业、纳税遵从状况及企业年度纳税情况等因素进行分析,集团总部及部分重点企业由省级局集中组织开展风险分析和人工复评,其他企业由市级局集中组织开展风险分析及人工复评。省市大企业税收管理部门聚焦集团重点业务板块、重点企业和重大事项,依托现有征管、发票等数据,积极挖掘外部数据,了解掌握企业集团各业务板块的生产经营情况和税收风险特征;采取纵向横向比对、交叉校验、配比分析等分析方法,从业务板块、区域布局、宏观指标等情况入手,开展整体性分析;从业务流、发票流、资金流入手，开展集团上下游链条式分析；从集团内部组织架构入手，开展穿透式分析。重点关注集团避税架构、关联交易、股权转让、并购重组、跨境投资等复杂涉税事项，深度分析企业税费风险，必要时可通过典型调查等方式获取确认或排除风险所需的资料信息。在模板推广上，省税务局选取重点行业1~2户代表性企业进行解剖分析和核实确认，挖掘行业性风险事项，总结梳理行业性风险特征，形成统一模板，向全省推送，为各市级大企业税收管理部门开展分析工作提供借鉴参考。人工分析完成后，省市大企业税收管理部门对税收风险分析报告组织评审，围绕税收政策执行和涉税风险点分析是否准确、是否符合标准等内容进行复核评审，确保税收风险分析结果合法合理，评审后形成《税收风险分析报告》。对税收政策执行口径不清晰的及时征求本级税政部门意见，在市级大企业税收管理部门自行组织全面评审的基础上，省税务局第一税务分局抽取部分重点企业，组织开展省级质控评审。

3. 实施风险推送应对。按照省级统筹、市级主导原则开展。由省税务局汇总风险点，分批次统筹推送至市级大企业税收管理部门开展应对。一是风险推送。市级大企业税收管理部门整理分户《税收风险分析报告》，填写《特殊风险信息表》，报送至省税务局第一税务分局。省税务局第一税务分局整合形成风险应对任务，通过省局税收大数据和风险管理工作领导小组办公室，在统一推送至市级大企业税收管理部门后组织实施应对。二是分类应对。省税务局第一税务分局风险应对团队，选择部分重点企业开展风险应对；市级风险应对团队，对推送的大企业税收风险任务，确立应对方案，以市级大企业税收管理部门和县级风险管理科室为主，实施专业化应对。对有中、低风险的企业，通过提示企业自查、税务约谈或现场核实等方式开展风险应对。在风险管理过程中发现纳税人存在偷（逃）税、虚开发票、骗取出口退税或留抵税款等高风险事项及拒不提供数据资料，导致风险应对工作无法开展的，移交稽查部门处理。三是应对评审。省市大企业税收管理部门组建评审团队，组织开展风险应对报告的质控评审，全面评审风险应对报告中列示风险点的核实情况，评审后形成《税收风险应对报告》。

4. 完成总结提升运用。一是遵从提升。税务局根据企业集团总公司整体的风险管理情况，完成集团分公司的风险管理工作总结，形成集团税收风险管理建议书，并适时提供给集团总部，提出改进税收管理的意见建议，帮助企业集团完善税务风险内控机制。二是增值利用。省市大企业税收管理部门总结具有区域特征或行业共性的税收风险，适时在相关大企业税收风险防控中推广运用。分析研究税收风险管理过程中反映出来的税费政策、纳税服务、征收管理等问题，提出改进工作建议。结合风险管理中了解掌握的大企业及重点行业生产经营和纳税情况，积极开展经济分析工作，发挥以税资政作用。三是绩效考核。风险管理工作流程、分析要求和报告模板应严格按照工作规范执行。省、市税务局将依据方案明确的工作内容、完成时限和工作要求，综合确定风险管理工作完成质量，按照风险分析、风险应对任务批次，确定绩效指标落实情况并进行通报。

（二）大数据在石油销售特种行业税收风险管理中的探索

2022年以来，周口市税务局依托大数据云平台，对全市社会加油站全面推广应用加油站数据管理，规范加油站特种行业税收秩序。

1. 试点先行稳步推进。云平台上线前，税务部门做好前期准备工作，提出合理化、操作性强的业务需求，形成专题分析报告上报市政府。2022年1月在鹿邑县税务局先行试点，3月份全市稳步普及推行。目前，全市已对608座社会加油站全部实行大数据云平台管理。

2. 精准获取销售数据。一方面在云平台数据采集层采用嵌入式物理设备连接加油站端，市局、县局、分局三级一体化通过大数据云平台，采集加油站设备销售数据。另一方面通过实时采集加油站油罐液位仪控制台数据，实现对加油站油罐进油量、消耗量、库存量数据的实时监管。同时，利用5G直连网络将加密数据安全传输到云平台，全力实现平台数据的便捷化、可视化、系统化，进一步满足查询统计、数据运用等业务需求。

3. 强化平台监控应用。建立一户式数据监控应用机制，逐户建立工作台账，要求基层分局通过短信提醒、电话辅导、上门指导等方式，督促加油站据实申报纳税。成立加油站云平台管理专项工作组，定期、不定期开展加油站云平台税控设备使用情况巡察巡检工作，将未按照规定使用税控设备的加油站列入重点监控对象。同时，投入资源研发反制加油站数据作弊的技术手段，完善数据分析功能，减少数据监控盲点。

4. 利用数据风险分析。各县（市、区）局每月开展加油站申报销售额与云平台采集销售额比对分析、购入油量与云平台采集入库油量数据比对分析、云平台采集销售额变动分析等税收风险分析。同时，风险管理部门将差额较大的加油站作为风险纳税人，并进行风险识别排序，低风险纳税人进行提醒辅导并督促自行改正，中风险纳税人实行纳税评估，高风险纳税人移交稽查部门查处。

5. 凝聚部门工作合力。市政府相关职能部门积极参与、密切配合，确保云平台系统的推广运用工作顺利进行。与商务、市场监管、公安等部门组成联合巡察组，开展常态化联合巡察工作，做好巡察记录，对存在问题的纳税人做到及时整改，并跟踪整改情况。

（三）大数据在行业税收专业化风险管理中的探索

依靠大数据多维度对建筑、商砼及企业留抵退税等行业开展税收专业化风险分析。一是开展建筑行业风险派单应对分析。重点对房屋建筑和土木工程建筑行业发票、纳税申报、财务报表信息开展数据挖掘和风险分析。二是开展商砼行业税收风险分析。围绕商砼行业税收风险管控，市局成立了跨部门的商砼行业数据信息采集组，提取住建、电力部门的数据信息后，及时召开部分县市商砼行业风险管控经验座谈会，研讨商砼行业的行业特征、税收规律，以及用电量投入产出法、水泥投入产出法在风险应对和日常征管中的实际应用。并随机选取8户商砼企业开展典型分析，分税种列案例，找准行业税收风险点，编制《周口市商砼行业税收风险模型及实际应对指引》及实际应对案例下发到各区县局，要求多层级组织开展学习，为区县局提供培训支持。同时印发《周口市税务局税收风险管理工作领导小组办公室关于进一步加强全市商砼行业税收管理的通知》文件，依靠大数据规范商砼行业税收管理。三是开展留抵退税风险分析。依托总局票流分析、数据赋能等分析工具，重点针对进项增长异常、进销不匹配、简易计税未转出、个人消费用于抵扣、非成品油抵扣、红字冲减收入等常见风险事项进行典型分析，分户形成分析报告，留抵退税风险任务下发基层应对，达到以数控管目的。

（四）大数据在"税撑智"一体化平台风险管理中的探索

为精准实现以数控税，市税务局探索深化一体式应用平台"税智撑"结果运用。对总局

"税智撑"结果运用的过程中，依托全国两库数据（自然人库、法人库），利用数据指标标签，多维度精准建立模型，对纳税人进行全方位体检扫描，力求在登记、申报、发票等涉税事项的事前、事中、事后环节，通过对纳税人体检扫描风险结果的应用，实时监控发票开具风险，增加了红、黄、蓝标签，并同时推送纳税人及税源管理部门，以实现精准高效的风险防控。税源管理部门通过对企业辅导、帮扶、政策宣讲等措施，针对企业黄、蓝级别的风险事项，帮助企业将低风险事项改正，有效避免中、低风险向高风险转变，使风险管理工作更加立体化，实现了服务和风险的融合。

（五）大数据在"一体式"风险管理中的实践应用

2023年，基于数字化转型背景下的新问题、新挑战所进行的全球理念创新和模式创新，国家税务总局通过依托大数据、人工智能等现代信息技术，构建以岗责配置、数据赋能、规则驱动、智能算法一体式风险防控指标模型为能力支撑，以纳税人、税务人内外防控为抓手，市局积极推广应用总局、省局一体式应用平台系统，开展事前、事中、事后循环一体防控。加强事前风险提醒，实现常见风险事项"无接触"精准送达；实现事中自动风险提醒，减轻纳税人滞纳金事后处置成本。对非正常纳税人关联链条，开票触发红色预警，及时阻断非正常业务或提示风险信息。采取"非接触式"短信提醒和网格员纳税辅导相结合方式，对红色预警风险，推送风险应对任务进行税务检查。截至2023年9月底共推送红色预警335户次、黄色预警632户次，蓝色预警1147户次。强化风险疑点的二次分析，提升风险派单的精准度。利用总局指标模型，对扫描出的风险疑点企业，推送到省、市税务机关开展"一户式"分析和验证。确实存在风险疑点的，建立风险应对任务，推送到县区局组织风险应对。数据提取不准确的，不存在风险疑点，不制发风险应对任务，通过"一户式"分析和验证，提升风险派单的精准度。

三、周口市税务系统应用大数据税收风险管理取得的成效

（一）应用大数据治税，促进全市税收快速增长

2023年1—9月份，全市税收入完成1830345万元，同比增长34.7%，增收471135万元，较全省平均（22.6%）高12.1个百分点，位居全省第3位，总量排名第11位。其中，第二产业税收完成629923万元，同比增长28.4%，增收139374万元，而纳入大数据管理的工业税收完成485631万元，同比增长48.7%，增收158937万元；第三产业税收完成1194685万元，同比增长38.5%，增收332010万元，其中商业、房地产业、交运仓储邮政等行业税收大幅增长，为全年税收完成奠定了坚实的基础。（见表1）

表1 大数据治税2023年1—9月全市税收完成情况　　　　　单位：（万元）

项目	2023年1—9月	同比增长%	增收
税收合计完成	1830345	34.7	471135
第一产业	5737	-4.2	-249
第二产业	629923	28.4	139374
2.1 工业税收	485631	48.7	158937

续表

项目	2023年1—9月	同比增长%	增收
2.2 建筑业	144292	-11.9	-19563
第三产业	1194685	38.5	332010
3.1 商业	530900	41.9	156700
3.2 房地产业	173832	248.1	123888
3.3 交运仓储邮政	22729	115.4	12175
3.4 信息传输和技术	112314	245.5	79808
3.5 金融业	92593	-26.1	-32715
3.6 租赁和商务服务	56941	67.8	23015
3.7 科技、技术服务	28749	10.9	2817
3.8 水利环境公共设施	5668	-61.8	-9186
3.9 居民服务和其他	4800	75.0	2057

（二）应用大数据治税，提升了对大企业和石油行业税源管理的能力

依托税收大数据应用平台，充分发挥大数据人才技术优势，加快推动大数据应用体系建设，积极拓展数据来源，有效整合各方数据，不断探索税收大数据在大企业和石油销售等特种行业精细化、专业管理和税收风险管理等方面的应用，推动全市"以数治税"工作迈上新台阶。同时，市税务局将重大税源企业集团及下属分支机构相关信息整合到一个界面，实现集团整体和分支机构个体间的税收、财务、发票信息统筹查询和分析统计，为集团化大企业科学化、精细化管理提供了有效抓手。其应用大数据控税经验探索，先后得到了河南省省长王凯和省委常委、常务副省长孙守刚的批示肯定，其经验做法在省《工作简报》2023年第14期刊发。通过大数据和云平台上线运行，2023年1—9月份，大企业入库税款427540.94万元，同比下降5.53%，减收25074万元，其原因是落实减税退税等税收优惠政策。全市社会加油站行业，2022年共入库税款8186.3万元，上年同期为1159.9万元，同比增长605.8%，增收7026.4万元。2023年1—9月份共入库税款7215.5万元，同比增长43.8%，增收2198.1万元。（见表2）

表2 大数据治税2023年1—9月行业收入完成情况　　　　　单位：（万元）

行业	2023年1—9月	同比增长%	增收
大企业	427540.94	-5.53	-25074
加油站	7215.5	43.8	2198.1
建筑	144292	-11.9	-19563
商砼	13426.31	1.04	138
涉农行业	5737	-4.2	-249

续表

行业	2023年1—9月	同比增长%	增收
涉土税收	36133	6.3	2137
个人所得税	33282	3.0	957

（三）应用大数据治税，提升了税收专业化管理精准度

市税务局强化大数据应用成果转化，利用数据治税、信息管税、智慧服务"3+N"的模式平台，对建筑、商砼类等行业总结提炼涵盖建筑行业全税种的33个模型指标，形成《建筑行业风险应对清册》下发基层，具体指导风险应对，实现了税收征管工作信息化、执法过程规范化、纳税服务智慧化、税收成果应用智能化的目标。在商砼类行业管理上，通过数据比对、纳税辅导、约谈等，建立商砼行业税收管理台账，统计每户企业生产情况、申报纳税情况，每月25日前向市局税收风险管理局报送综合治理情况和每户企业纳税情况，为加强商砼行业日常管理和风险管控提供有力抓手。同时，建立风险应对台账，针对下发的纳税人风险疑点，逐点销号，做到了排除疑点有证据；做到了事前精准分析、事中实地督导、事后抽查复核，把提升质效落到风险应对全流程中，落到细节上。2023年1—9月份，建筑业入库税款144292万元，其中先后对建筑业下发3批38户次中低风险派单，累计查补税款及滞纳金合计6214.65万元。商砼类行业共入库税款13426.31万元。同比增长1.04%，增收138万元。（见表2）

（四）应用大数据治税，前置风险事项提醒及减少风险任务产生

依托总局、省局一体式应用平台和税智撑系统，开展事前、事中、事后循环一体防控。加强事前风险提醒，实现常见风险事项"无接触"精准送达；实现事中自动风险提醒，减轻纳税人滞纳金事后处置成本。对非正常纳税人关联链条，开票触发红色预警，及时阻断非正常业务或提示风险信息。采取"非接触式"短信提醒和网格员纳税辅导相结合方式，对红色预警风险、推送风险应对任务进行税务检查。还依托税收大数据，对发票开具、使用等进行全环节即时验证和监控，实现对虚开骗税等违法犯罪行为的惩处，从事后打击向事前事中精准防范转变，从而实现了从"以票管税"向"以数治税"分类精准监管转变。例如，2023年1—9月份共推送红色预警335户次、黄色预警632户次、蓝色预警1147户次。通过"一户式"分析和验证，提升风险派单的精准度。其中，在积极落实涉农行业税收优惠政策情况下仍实现税收5737万元。（见表2）

（五）应用大数据治税，落实政策化解税收监管"痛点"

在为纳税人缴费人落实组合式税费支持政策上，市税务局利用总局、省局风险指标模型，扫描企业优惠政策落实情况。对"应享未享"和"违规享受"政策优惠的企业，通过税费大数据精准定位，推送给网格员进行案头分析后，通过短信提醒和调查核实等方法，高效解决了"六税两费"减免政策落实中错误享受监控难点的问题，有效防范了错误享受政策风险，为政策落实落地落细保驾护航。

在对国有土地"招、拍、挂"涉税治理上，利用政府大数据，选取其中"出让面积""土地等级""受让人""受让人社会信用代码""土地坐落""约定交地时间"等六个有使用价值

的信息字段作为原始依据，将获取的"受让人社会信用代码"作为关键字段，通过金税三期提取企业缴纳土地使用税的历史记录，查找该土地块缴纳"土地使用税"信息。核对企业在纳税或未纳税期间"有无未申报缴纳"的情况，记录在案形成纳税风险点。此次纳税风险筛查，应用大数据共对 19 户企业进行验证、纳税辅导及税款追缴。2023 年 1—9 月份共筛选全市国有土地"招、拍、挂"信息 136 条，已累计入库税款 36133 万元，同比增长 6.3%，增收 2137 万元。（见表 2）

（六）深化税收大数据应用，加快推进智慧税务平台服务建设

在减轻基层税务机关和纳税人的负担上，提升税费政策落实精准监管能力，让征纳双方更有获得感。以数赋能，精准画像，打造服务新体系。基于大数据的纳税服务，通过为纳税人精准"画像"，能够有效促进纳税服务的专业化、个性化，实现从需求侧发现问题，在供给侧解决问题。使纳税人办税实现了智能化。打造网上办为主、自助办为辅、云帮办为补，大厅"对办不成事问题设立解决窗口"兜底的全新纳税服务格局。辅导个性化。通过智能化分析，精准判别纳税人类型，实现"线上+线下""点对点"辅导，让政策找对人、找准人。运用"一户式"分析监控平台，发现纳税人风险疑点生成风险提醒书，通过首席纳税服务员开展个性辅导，帮助纳税人自查自纠，最大程度降低纳税风险。服务贴心化。在"一户式""一人式"智能归集的基础上，充分利用发票电子化数据、"电子税务局"数据智能分析识别，精准导航上下游产业链，助力企业实现产销对接。而且运用税收大数据，对 2021 年以来开展的个人所得税汇算清缴，进行事后抽查，2023 年 1—9 月份个人所得税收入 33282 万元，同比增长 3.0%，增收 957 万元。

四、大数据在税收风险管理中存在的问题与不足

（一）税收立法基础受到冲击

由于电商和直播带货等平台经济快速兴起，传统的实体产业税源将不复存在，而电商平台及带货主播数字交易模式不断变化，导致了许多问题。首先，在经济数字化下，商品和服务以信息化的形式进行交易。如纳税人难以识别、收入难以确定、税收管辖难以归属、避税界定模糊等。其次，数字革命对人类经济社会带来的深刻影响，不仅影响企业组织架构，对相关法律、制度等也可能带来颠覆性改变。现在主要的税种建立在工业经济的基础之上，未来无论税基还是税种、税率等，可能都需要进行适应性的改革。第三，数字经济快速发展催生新模式、新业态、新要素，税收国际规则受到严重冲击。第四，数字经济的内在驱动是不断创新的信息技术，数字产业化必然带出层出不穷的新业态和新模式，无论是税收立法部门还是税务执法机构都不能预测数字经济的发展趋势，无法事先做好税收治理的判断，因而造成税收立法和税收执法的不适应。

（二）税收制度改革相对滞后

现阶段税收征管体制和税源管理模式赶不上数字经济日新月异的变化，导致现行税收制度中多个基本要素的适用性受到挑战，税收制度的可持续性面临一定威胁。具体来说，数字经济对税收制度的冲击与挑战主要体现在纳税人、课税对象和纳税地点三个方面：其一，数字经济

促使经营主体分散化，纳税主体难以有效监管。在数字经济领域，依托互联网平台即可高效便捷地完成信息交互、商品销售、服务提供、资金交付等交易活动，导致数字经济经营主体相较于传统经济明显分散化，税务部门难以获取个人经营者真实的交易资料，也就无法对从事数字经济的个人经营者进行有效监管和征税。其二，经营主体业务范围边界模糊，课税对象难以合理界定。相比传统工业经济模式，数字经济突破了时空限制，使得生产要素的流动更加迅速，但也使经营主体业务范围边界变得更加模糊不清，给课税对象合理确定和准确判定带来困难。随着数字经济领域新业态、新模式的不断涌现，往往存在传统业务与数字业务深度融合共同创造价值的情况，依据现行税制课税对象的标准，已无法把数字业务剥离出来单独征税，难以将二者进行识别并合理确定课税对象。其三，涉税信息获取难度较大，当前税务机关对纳税人的纳税信息的掌握，主要通过纳税人的申报表和事后的管理获得，数据采集渠道单一；部门间"数据孤岛"现象仍广泛存在，导致数据较难在部门间实现自由流动；数据口径和格式不一致，数据资源整合难度较大，现有的大量数据资源难以盘活，系统的融合集成和信息共享有待进一步加强。

（三）税收风险管理能力有待提高

税收风险管理的基本认识有待提高。税收风险管理作为新征管模式下的新生事物，受传统观念影响，在大数据下部分税务人员对数字税收的认识不够深入，不愿用新思维、新技术解决智慧税务建设中遇到的新问题。由于常态化风险管理机制尚未健全，尚未形成包括风险识别、任务推送、风险应对、监控评价、整改提升的全流程管理闭环。在税收风险管理应对上，风险指标的横向与纵向关联性方面存在欠缺，在整个税收风险动态管理过程中，风险指标的设计是核心和关键，风险指标的逻辑性、有效性、精准性以及纳税人的数据信息风险关联比对还有待提升。对所推送的风险点未深入、理性、科学地分析，在实施评估检查阶段马虎应付，反馈阶段政策依据填写不充分，对应对过程中发现的其他新的风险点不应对、不反馈；对税收风险管理的作用认识不足，未能全面有效地控制、解决各类税收风险，便无法有效地查找征管中的薄弱环节、提高征管质效、提升纳税人的税法遵从度，例如，传统产业的餐饮、运输物流、民办教育和民营医院等部分行业税源未纳入数据管理。社会层面，纳税人报送数据质量不高。由于企业财务会计自身专业水平有限，数据系统对报表内容缺乏校验机制等原因，纳税人报送的数据可利用性较低。以日常报送的资产负债表、利润表等财务类报表为例，填写不全、缺项、报送空表等现象十分普遍，使得应对人员在查阅财务报表时无法提供可信参考，应对质量难以保证。而且纳税人在缴费上对税务部门提供的智能化服务设施、机制理解与税务部门的引导和期望有差距，一部分年龄较大的纳税人、缴费人不会使用数字终端产品办理涉税业务，智慧税务的实践在统一认识、理论指导及发展模式上仍然需要进一步完善。

（四）税务监管手段亟待强化

首先，数字经济新业态的产业链复杂，一些新业务模式甚至处于税务监管的空白地带，加大了税源管理难度和跨境交易监管难度。数字经济时代，纳税主体分散化、难追踪、不易监管，难以准确清晰界定每一笔交易的生产方、供应商及消费者，使得传统经济模式下以具体纳税人为征管对象的征管方式难以适用，随着网络交易、网银支付、第三方支付、数字货币的普及，商品流通、移动支付、物流信息、售后服务等，整个交易环节都呈现明显的数字化特征。其次，目前数字经济下我国国内税制不健全，课税要素判定难，经营参与者脱离税收监管，税务机关缺乏政策支持和与时俱进的管理手段，使得我国税收治理面临严峻的执法风险和挑战。目前，经济欠发达地区税务部门税收管理员制度改革缓慢，管户模式与现实需要不匹配，主要的征管手段仍然是"以票控税"，更多的征管资源投入发票管理中。尚未对当前不使用发票的餐饮业、交通运输业、民办学校等行业的经营信息纳入有效监管。同时，监管智能化程度不够高，风险监控手段不多，运用新技术、新工具开展风险监控的能力不足，以"信用+风险"为基础的监管机制还不完善。

（五）风险管理监督目标难实现

对于上级派发的风险管理任务，其应对结果主要考核反馈任务的按时完成情况、结果反馈数字、关联税款比对、是否派发给两人应对等，仍采用数据采集、风险分析、风险应对、结果反馈的单向顺流模式，缺乏有效的结果驳回机制，使得拥有考核职能的部门，实际仍处于被动接受结果的位置，无法对风险应对结果进行有效监督管控。其原因是部分人员税收风险管理监督能力未提高，通过实地查看案卷，发现风险任务的人工分析普遍不够深入、不够全面，风险点指向性不强，有的仅对风险识别报告中的部分风险点进行了分析，有个别的分析中甚至直接复制粘贴风险识别报告中的风险点，未进行深入分析。而风险应对措施不够全面。当前，税源管理部门开展纳税评估往往采取实地调查的方式，而较少采用税务约谈的方式。多年的税收管理员制度，使基层税务人员形成了惯性思维，风险应对人员接到任务后，往往选择采用实地检查的方式，有些能够通过税务约谈方式就能消除的疑点，也通过实地调查的方式，影响了工作效率。应对结果反馈不够规范。应对结果反馈要写明风险应对的基本情况，对于排除的风险点，要以具体数据来支撑，逐一列出排除风险的政策依据理由。但调研中发现有的无问题反馈内容过于简单，既无数据支撑，又不明确风险点排除的依据理由。有的任务涉及多个风险点，反馈内容却仅反馈了税款缴纳情况，没有对其他无问题的风险点进行说明。同时，纪检部门、督察内审和法制部门的参与力度不够，"全覆盖、全方位、全流程"的监管目标流于形式，对可能存在的内部执法风险、违法违纪问题缺乏行之有效的监控与反馈机制，导致部分税务干部可能存在徇私舞弊、执法不严、权力寻租等税收执法风险。此外，关于绩效考核量化指标设计的科学性和严谨性也有待提升，目前尚难有效发挥党务、政务、业务的协同联动作用，与"四个有人管"管理闭环要求还存在一定差距。

五、优化大数据税收管理应用促进税收治理现代化的思路建议

（一）强化税收法律体系支撑

党的二十大报告提出坚持全面依法治国，推进法治中国建设。税收法治是税收治理体系和治理能力现代化的关键保障。实施"以数治税、数据赋能"推动税收现代化，必须立法先行。一是加快数字税收立法。我国目前对数字经济领域的税收立法还是空白，这就需要根据数字经济发展的不同阶段，先从制定行政性法规或规章开始，对数字经济下的纳税主体进行初步界定，然后待条件成熟后制定全国通行的数字经济税收法律，依法合理界定具有纳税义务的纳税主体，

充分发挥税法对数字经济的保驾护航作用。值得注意的是，数字化经营模式的纳税主体应该与传统模式纳税主体平等纳税，不能因数字企业纳税主体难以确定而将其排除在征税范围之外或实行差别待遇，这样会影响税收的公平与公正。数字经济下的新税制不仅要将互联网企业及个人纳入纳税主体范围，还要通过现代信息技术准确判定纳税人的真实身份和相关信息资料，进一步厘清"向谁征税"问题。可以采用以资金流向和主要受益方为标准来确认纳税主体，赋予其应有的纳税义务。而且明晰课税对象，将现行税制未覆盖的数字产品和数字化服务都纳入到征税范围中来。针对目前数字经济课税对象确定模糊的问题，短期看，可先按照"相同性质或相近原则"对数字产品及服务进行征税；长期看，随着对现有税制的调整及优化，可以通过对课税对象概念进行重新界定或开征新税种来明晰课税对象及税目，以防止税收利益损失及税收流失。建议加快税收征管法及相关税收法律法规的修订，以适应大数据时代的税收治理需要。二是强化依数治税顶层设计。推动数字经济健康发展是我国构建新发展格局、构筑国际竞争新优势的必然要求。数据是驱动数字经济发展的核心要素，数字经济的发展要以数据要素价值的全面释放为保障。所以要严格遵循国家信息化建设、智慧社会建设的要求和标准，充分利用科学合理的建设理念、先进成熟的信息化技术、安全稳定的网络建设成果、质量双优的信息数据，明确智慧税务建设的要素体系标准、评估评价标准、数据利用共享标准等，并确保层级明确、条理清晰、操作性强。借鉴其他部门的经验和成果，在充分完成当前建设任务、满足当前工作需求的基础上，为实现税收工作更高层次、更高水平的发展做出充分的预留，以更好地适应未来税收治理的新趋势，增强智慧税务建设的前瞻性。

（二）完善税收征管制度体系

数字经济催生了一大批新业态，这些新业态的经营者作为纳税人，应依法负有纳税义务。数字经济的发展使纳税主体的特征发生了改变，传统经济下以具体纳税人或代扣代缴义务人为征管对象的征管已不再适用。一是进一步丰富征管手段。数字经济时代，针对共享经济、平台经济、零工经济行业税收监管中存在的问题，要进一步探索、丰富征管手段，加强对数字经济行业经营活动进行监控。如在"互联网+"的基础上，搭建大数据信息共享平台，积极对接相关职能部门，拓展第三方涉税信息的获取渠道，定期进行数据交换，全方位获取税源信息。二是建立健全综合治税机制。从制度层面明确综合治税部门的主体责任，制定涉税信息交换共享的具体办法，定期开展涉税信息采集、比对和分析，建立协税护税的共治格局。三是优化税收征管模式。在数字经济背景下优化现行征管模式，将税收征管工作按流程、事项进行划分，明确干部日常事务、税源监控、风险评估等工作职责，彻底转变一线干部"管户"理念，进而改变实际工作中"一对多"的管理模式，有效解决税收征管不全面、不精细的问题。

（三）强化税收征管手段

首先，加快数字化税收管理方式的建设，进一步推动税收征管数字化转型。应推动以税收大数据、数电发票、税务数字账户等为核心支撑的智慧税务建设，大幅提升税收征管的数字化、智能化水平，实现纳税人从"被动遵从"到"主动遵从"再到"自动遵从"的转变。其次，打通业务流程，形成智能分析、等级排序、任务推送、监控评价的全流程管理，实现风险管理的识别、派发、应对、反馈等各环节的网上流转，可追踪、可溯源，推动税收管理从事前审核向事后监管转变。同时，主动开展风险应对，在县区级税务机构改革后，县级税务稽查局撤销上移，纳税评估成为基层税务部门应对风险最有力的手段。基层税务部门要主动作为，结合当地税收征管特点，自主制定风险识别和应对工作计划，通过收集新业态、新产业生产经营状况、行业特点及其他涉税信息，分析潜在的风险点，积极主动开展风险应对、化解税收风险，提高纳税人税收遵从度，促进税收治理效能大幅提升，在服务中国式现代化中发挥积极作用。

（四）健全税务监管机制

两办《意见》提出建设以"信用+风险"监管为基础的税务监管新体系，实现从"以票管税"向"以数治税"分类精准监管转变。一是"分类分级"应对，在夯实基础征管的前提下，科学划分风险等级，低风险进行辅导提醒、中风险进行评估约谈和调查核实、高风险开展税务稽查，直至移交公安机关。二是抓好重点领域风险防范，依托税收大数据，对发票开具、使用等进行全环节即时验证和监控，实现对虚开骗税等违法犯罪行为的惩处，从事后打击向事前事中精准防范转变。三是利用区块链和人工智能技术，加强对发票进行大数据管理，覆盖领用、开具和流转的全链条，尤其在加大实施增值税留抵退税制度以后，充分运用数据、网络和技术，加强以数治税对数字经济的税收治理显得更加重要。同时，对未纳入税收管理的传统税源和新兴电商平台等行业，收集信息数据纳入税收风险管理；并将以数治税的落实情况，纳入绩效管理、巡视巡察，推动以数治税全面落地，更好地服务中国式现代化。

（五）构建"一体化"税收风险管理新体系

"一体化"税收风险管理新体系依托创新技术和先进理念对以往税收风险管理过程中的各环节进行结构重组与融合。一是事前提醒、事中监控、事后应对一体防控。结合企业经营类型、行业特点、规模大小等差异化特征，定期推送"个性化定制"的常见税收风险的精准提示、提醒；设置事中风险实时监控模型，聚焦非正常纳税人关联链条、开票触发红色预警、注销触发风险监控等场景，阻断业务或提示风险信息，提高纳税人遵从度，减轻事后风险管理工作负担。事后风险应对结果要传导到事前，限制风险纳税人的发票授信、容缺业务办理等。二是实施全周期、全税种、全事项监控。单一事项风险向全生命周期、全事项传导，单个风险数据向全业务、多税种渗透，实现风险单点触发、多点防控的快速传导机制，通过发票与税种、税种与税种联动，加强风险任务统筹，避免任务重复推送、多部门分头分析应对的问题。三是强化协同，统筹防控。通过风险管理部门、税种管理部门、税源管理部门以及党委纪检部门等相关部门的紧密配合充分发挥督查内审、党委纪检的内控督导责任，形成内控监督融合"一体式"管理模式。在提升税收风险应对能力上，积极引进和培养既懂大数据技术又熟悉财税业务的复合型人才，满足智慧税务建设、现代化税收征管对高素质人才的需要。同时，税务机关要培养学习型、服务型、创新型、专家型的人才队伍。选拔在政治上忠诚坚定，工作上开拓创新，作风上勤勉廉洁的税务干部，打造高素质专业化人才队伍，铸就新时代奋发有为税务铁军，在推进税收现代化服务中国式现代化征程中，把人民的信赖和重托、现实的考验和挑战，化作沉甸甸的使命和担当，提振敢于担当的精气神，练就善于担当的真功夫，铭记出发"赶考"永远在路上的责任担当，更加豪迈地沿着中国特色社会主义道路踔厉前行，为全面建设社会主义现代化国家，谱写税收现代化服务和中国式现代化发展的新篇章做出我们自己应有的贡献。

六、结语

大数据背景下，涉税信息爆发式增长加剧了征纳双方的信息不对称，纳税人经营方式复杂化使得税源越来越隐蔽，现行税收征管模式明显落后使税务风险管理面临着快速增长、更加纷繁复杂的数据环境。税收风险管理是保障税收征管工作顺利开展的基石，大数据给我国经济社会带来了天翻地覆的变化，税收风险管理工作作为新一轮税收征管改革的核心，使大数据技术与税收风险管理也成为必然。

（作者单位：国家税务总局周口市税务局、沈丘县财税经济学会）

对加强和推进基层智慧办税服务厅建设的思考

庞 斌 陆 琦 殷 然

当前,税务部门正在加快智慧税务建设步伐,以更好地提升税收服务国家的治理效能,高质量推动数字经济时代税收现代化行稳致远。基层办税服务厅是最直接服务纳税人、缴费人的重要场所。加快智慧税务建设尤为重要,也显得更加现实和必要。笔者现就数字经济背景下如何加强和推进基层智慧办税服务厅建设,做必要的探讨。

一、加强和推进基层智慧办税服务厅建设的重要性和必要性

(一)加强和推进基层智慧办税服务厅建设,是做好新时代纳税服务工作的重要内容

纳税服务工作是我们各级税务机关一项极其重要的工作,而基层纳税服务工作又是整体纳税服务工作的关键部分和核心环节,更是整体纳税服务工作中基础的"基础"。基层办税服务厅是直接接触和服务纳税人、缴费人的主要场所和重要平台。当下,各行各业都在推行智慧办事、网上办公进程,并不断改进办事设施,以最大可能提高工作效能。税务部门理应适应新时代、新时期、新形势、新情况,积极应对和推进智慧税务进程,以提高服务广大纳税人、缴费人的水平、能力和效率。而加强和推进基层智慧办税服务厅建设正是一项重要举措,是税务工作适应新形势、新情况的迫切需要。基层智慧办税服务厅建设好、打造好,能极大提升整体纳税服务效能,能极大地满足广大各类纳税人、缴费人的办税缴费需求,更能适应新时代税收事业发展的新要求。

(二)加强和推进基层智慧办税服务厅建设,能为服务"数字中国"提供现实基础性保障

基层智慧办税服务厅有着庞大的涉税信息数据库,经过大数据挖掘、识别、筛选、分析,能够为建设"数字中国"特别是为"数字中国税务"提供有价值的、可靠的数据支撑和决策参考。同时,能为满足广大纳税人缴费依法查询相关涉税数据信息提供方便。另外,通过技术的实际应用和数据的流动共享,融入"数字中国"全局,建立协同共治的"云模式",凸显智慧办税服务厅的数字化功能,为服务"数字中国"、服务"数字中国税务"提供较为牢固的基础性保障。

(三)加强和推进基层智慧办税服务厅建设,能为实现税收治理现代化提供有效的内在支撑

当下,随着我国税收治理现代化进程的不断推进,各类基层智慧办税服务厅建设也随之逐步发展起来,并将以较快的速度发展壮大,不断完善。这将有力地推动税收征管方式、征管流

程、征管效能的良性变革，也将推动税收在国家治理中的基础性、支柱性、保障性的作用日益凸显，为切实提高税收征管现代化水平和提升税收服务国家治理效能提供了有效的内在支撑。

（四）加强和推进基层智慧办税服务厅建设，是贯彻新发展理念的客观要求

把基层智慧办税服务厅切实建设好、打造好、运行好，真正实现征管方式、服务模式从传统模式向电子化、便捷化、智能化转变，将极大地有效降低征纳成本，同时实时进行风险防控，降低税收执法风险，明显提高税法遵从度和社会满意度，为实现经济高质量发展提供基础性税收服务保障。因此，把握新发展阶段、贯彻新发展理念、构建新发展格局，推进国家治理体系和治理能力现代化，必然要求进一步深化税收征管改革，加快推进基层智慧办税服务厅建设。

二、基层智慧办税服务厅建设中存在的问题

（一）对智慧税务理念与内涵的认识不足

笔者通过走访、调研发现，在基层税务机关，少数税务干部没有完全转变工作理念，没有形成"以数治税"的工作思维，对"智慧税务"在办税服务厅中的重要作用和功能效率还存在认识上的误区，没有转变观念。如有的税务干部认为"智慧税务"就是通过互联网实现电子化办税，有的认为智慧税务就是无纸化办公和非接触式办税，尤其一些年龄偏大的税务干部对互联网接受能力比较差，对于计算机操作和各种涉税应用软件的熟练使用存在一定障碍，不能在实际工作中用与时俱进的思维和角度去把握智慧税务的理念和内涵。

（二）线上办税存在速度和渠道不畅的问题

据一些纳税人反映，线上办税虽然好，但遇到问题和疑难时，不能随时随地有人解答，而在纳税大厅却能随时且直接获得解答。比如，在申报时出现税控盘读取数据失败时不好解决，可在办税大厅取号重新办理。认为纳税企业在电子税务局具体的实际操作过程中会遇到很多问题，这是客观事实。希望改进畅通系统。

（三）大数据环境下涉税信息安全问题比较凸显

信息技术的飞速发展和智能终端的广泛应用，一方面给我们带来了极大的便利，另一方面也带来了无法忽略的信息安全隐患。基层税务部门面临着内部征管数据和外部用户数据在网络上的安全隐患问题，尽管内部税务专网和外部开放网络严格分开，但是信息交互过程中风险依然存在。显然，大数据环境下涉税信息安全问题将成为基层智慧税务应用推广中面临的不可回避的现实问题和巨大挑战。

（四）软硬件基础设施的支撑力度不足

从硬件上看，"智慧办税服务厅"的建设刚刚起步，在运营管理环节使用的是常规 PC 机与服务器组网的方式，不确定性比较大、硬件易损坏、系统故障多、排查难度大，影响办税效率；从软件上看，部分系统运行稳定性较差，更新烦琐，用户体验感欠佳，尤其是在大征期的时候，面临访问量、操作量短时间激增的情况，有时会出现反应迟缓、卡顿甚至系统崩溃白屏等问题。另外，软硬件的相互融合也是一个不可忽视的问题，只有将软件的运行很好地兼容到硬件设施上去，才能更好地实现"智慧税务"化的应用。而目前，我们各级基层办税服务厅在这方面还相对不力，是个"短板"。

（五）智慧税务的技术应用未得到优化

在基层智慧办税服务厅建设过程中，目前，征管参考的税收依据处于空白地带，还需要进一步去探索应用。另外，区块链技术已经在全面数字化的电子发票中实践应用，但是在社会保险费征收、房地产交易、不动产登记等方面以及促进涉税涉费信息共享等领域的应用，还处于持续探索中。如何能够优化"智慧税务"并拓展其新的应用场景，尚需我们不断进行思考和深化。

（六）部分涉税业务线上办理复杂

据一些基层税务干部反映，线上某些业务需要提交、填写的内容、项目较多，相关流程也很复杂。从而导致纳税人在办理体验上主观感到在线上"不好办"。例如，"房产税、土地增值税"税源采集模块填写就比较复杂；其他个人出租不动产申报纳税及发票代开（私房出租）模块，又缺少辅助填写功能，流程设计复杂。部分业务无线上办理功能。纳税人使用的便捷性并不高，缺乏综合统一办理的便捷性。

（七）缺少数字化转型的高素质人才

目前，在基层智慧税务办税厅中，既懂税收业务又熟悉互联网应用的高素质人才比较缺少。存在缺"才"，人才"瓶颈"问题比较凸显。从近些年公务员招录情况来看，虽然增加了计算机与信息技术类专业的招录名额，但与会计学类、经济学类、财务管理类等专业相比，招录比例依然明显较低，计算机与信息技术类专业人才的缺口还是较大的。

三、进一步推进基层智慧办税服务厅建设的主要对策

（一）要强化对智慧税务理念与内涵的充分认识

要增强对智慧税务重要性和必要性、现实性的认识，增强主动参与智慧税务建设意识，为推进"智慧税务"建设深入开展，在全体基层税务干部中奠定重要的思想理论观念。

（二）要注重专业化数字化人才培养

在智慧税务建设过程中，人才是最终干成事业和工作的关键因素。在加强基层智慧办税服务厅建设中，我们要注重培养专业化数字化的全面型人才。要以业务大比武为契机，通过举办有效的培训，提升基层税务干部掌握 BIEE 智能分析工具的熟练程度，增加信息化专业人才储备。增强和储备人才后备力量，把培养"最强单兵"转变成组建"最强团队"。

（三）要切实保障数字化时代涉税信息安全

要强化信息安全意识。可以通过定期开展涉税信息安全教育培训讲座，来增强基层税务干部的信息安全意识；同时，可以向纳税人、缴费人发放信息安全手册、制作宣传片，指导纳税人发现并解决办税操作过程中的安全隐患问题，以此增强纳税人缴费人的信息安全防护能力。要确保内网桌面防护系统和后台监控系统实时监控。在定期进行漏洞补丁下载升级的前提下，实时有效监控，对于突发性的安全漏洞等问题，要及时做出处理；在计算机违规外联接入或者对可疑病毒侵入的短时间内，要采取有效防范措施，最大限度地避免出现严重的信息安全问题。

（四）要持续推进并完善软硬件基础设施建设

一是要适时加大硬件设施投入力度。在当前 5G 智慧税务办税服务厅建设实践中，要充分考

虑到应用场景，面向 5G 和云时代的 IPv6+云网互联技术需求，适时配备强健网络承载能力与简易物联能力、智能边端计算能力、云化办公统一运维能力和全周期数据安全的成熟配套硬件设施组合，为 5G 智慧办税服务厅惠企利民提供基础设施保障，进一步提高线下办税的便捷、舒适水平。二是要加强软硬件的相互融合。通过不断地熟悉软硬件的操作与使用，在保障网络服务器正常运转的前提下，定期对硬件设施进行检查维护，对软件的使用进行持续跟进调试，使软件的运行能够很好地兼容到硬件设施上去，更好地实现智慧税务化的有机统一和规范应用。

（五）要进一步优化并拓展智慧税务的技术应用

要加快数字人民币税费缴纳模式的普及宣传和推广应用。作为基层税务部门，在加强和推进智慧办税服务厅建设过程中，要注重加强区块链与智慧税务的深度融合，有效结合。要尽快拓展 5G 通信技术和智慧税务的应用场景，在办税服务厅中，尽早建立"智慧办税云厅"，实现资源的集约化、职能的专业化，大幅提高线上办税效率，提升纳税人、缴费人线上办税体验。如采用的智慧退税软件平台，能实现增值税留抵退税表单自动预填、减税数据自动计算、优惠税收政策自动享受，在企业所得税汇算清缴中实现一键申请退税等，这样极大地方便了纳税企业。

（六）要进一步畅通线上办税渠道

要针对线上办税不畅的问题，及时排查原因，找出症结所在，采取有效应对措施，使之畅通无"阻"，为纳税人、缴费人预先准备好、设置好应急处置"工具箱"。

（七）要进一步简化内容、简便流程

要认真排查线上办税办费不规范的流程，找出复杂问题、繁杂"项目"、过多和重复的"内容"，加以研判和分析，尽快拿出应对方案，使之进一步简化、简便，让基层税务人员"减负"，让纳税人、缴费人"降繁"，使征纳双方真正体验到因推行"智慧税务"扔掉了不该有的"袍袱"，带来的是"轻松"和"愉快"。

（八）要注重加强调研工作，从理论上、智力上支持和服务基层智慧办税服务厅建设

可定期或不定期召开专题调研会、研讨会、座谈会，组织有关税务人员、不同类型的纳税人代表及其他有关部门人员参加，就基层智慧办税服务厅的问题和情况，进行专门讨论和座谈，让他们畅所欲言，真诚地听取和征求各方对改进和完善这项工作的意见、建议，并进行综合和整理，形成可实行、可操作、可借鉴、可推广的调研报告或理论成果，为上级决策提供有价值的参考依据，以从理论上、智力上、智库建设上，支持和服务基层智慧办税服务厅建设。

（作者单位：国家税务总局连云港市税务局）

对县（市）局加强税收监管智慧税务建设的研究和思考

袁 镇 赵廷喜 杨广胜

针对当前税收监管瓶颈掣肘、突出问题，结合日常税收监管实际情况、迫切需求，通过学习研究，就县（市）局全面加强税收监管、智慧税务中心建设，谈一些思考和建议。

一、加强税收精准监管的形势要求和重要背景

构建监管中心、加强税收监管，是顺应现代经济发展形势的需要。随着我国经济的快速发展，原有的税收征管模式、管理体制机制、监管方式手段、技术设施（备）平台已越来越不适应经济发展的形势变化，必须深化税收征管改革，加快监管中心建设，强化税收精准监管，使之适应现代经济发展的需要，确保税收征管改革向纵深推进的需要。2021年以来实施的征管改革，目前已进入深水区，遇到中梗堵，面临管理瓶颈掣肘的重点突破、管理方式手段的重大变革、作战平台建设的重要保障等突出问题，这些问题的解决与否，将直接关系到改革进程的持续深入，更关系到改革既定目标的顺利实现。是推进以税收现代化服务中国式现代化的需要。税收现代化是中国式现代化的重要组成部分，而税收监管的现代化是实现税收现代化的重要前提基础，因此，加强税收监管是实现税收现代化的首要任务。是做好当前税收工作的现实需要。随着"放管服"改革、营商环境建设的不断宽松，税收监管面临的形势任务越来越重、风险隐患越来越多，实行税收监管的实时化、常态化、精准化、智能化势在必行，因此，构建监管中心、加强日常监管迫在眉睫、刻不容缓，是保证机关开展实体化运作的需要。专班集中办公、机关实体运作、批量集约处理，都必须依靠统一的指挥作战平台、先进的设施设备支撑、配套的工作场所环境，这些都迫切需要加快监管中心建设。

二、税收监管中心建设的核心要义和总体思路

以习近平新时代中国特色社会主义思想为指导，以现代税收防控体系建设目标为核心，紧紧围绕"四精"管理要求，深入贯彻落实总局、省局加快和推进"三个中心"建设部署，建立健全精准监管工作运行机制，明晰各层级、各部门监管工作职责，全力打造由分散型管理向集约型管理的转变、被动性承接向主动性推送的转换、单一化处理向批量（集约）化处理的转型税收监管新模式，努力实现管理理念方式的实质性转变、管理措施手段的实质性改变、管理质量效率的实质性蝶变，着力构建高质量发展的税收监管体系，推动县（市）局税收监管和以数治税工作"争当表率、争做示范、走在前列"，税收治理效能显著增强。

三、税收监管中心建设的基本原则和重点要求

1. 坚持问题导向。以实现"三个更加满意"为目标,坚持紧贴工作一线、紧盯工作实际,瞄准当前税收管理中存在的突出问题、短板弱项、洼地盲区,制定切合实际、行之有效、务实管用的针对性监管措施,破解工作难题、化解税收风险、提升征管质效。

2. 坚持大胆突破。坚决破除习惯性固化思维和传统式管理方式,在监管理念、方式、措施、质效上大胆探索、实践,从理念方式、设施保障、技术支持等多层面对县(市)税收现代化建设进行底层加固,实现以税收监管的现代化推进税收治理的现代化。

3. 坚持创新引领。积极探索应用大数据、云计算、区块链、人工智能等新兴技术,加快推动服务、管理、内控、保障等方面的全方位变革,逐步实现业务处理数字化和税务管理智慧化,建立与国家治理体系和能力现代化相适应的现代税收管理体系。

4. 坚持源头管理。着力提高动态监测、实时预警能力,加强对各种风险源头的实时监测和分析研判,做到及时发现、化解、处置,举一反三、对症下药、综合施策,尽最大努力把风险消灭在萌芽状态、限制在可控范围。

5. 坚持集约高效。全面落实"四能四不要"工作要求,着力推进实体化运作、智能化分析、集约化统筹、批量化处理的能力和水平,充分利用信息化手段切实推进纳税人缴费人、税务干部"双减负",全力提升税收监管效能。

四、税收监管中心的核心内容和主要功能

1. 集中化、集成化办公。聚焦机关实体运作、专班集中办公,全面构建机关+基层、部门+部门、骨干(精英)+团队上下联动、相互协作、高效运转、整体推进的现代税收监管体制和运行机制。

2. 精准化、精细化监管。聚焦数据加工分析(利用)、征管质量监控,全面提升职能股室、应对机构、业务骨干、青年才俊的数据提取、分析、加工、利用的能力,实现精确执法、精细服务、精准监管。

3. 批量化、批次化处理。聚焦集约批量处理、集中高效办理,全面增强对阶段性重点工作、专业性特殊事项、突击(发)性专项工作的及时处置和集约处理能力,最大限度提升工作质效。

4. 严格化、严密化审核。聚焦集中深度分析、集体会商审议,全面强化重大事项、重要环节、重点税种、重要流程的审核把关和过程管控,切实提高指令性任务应对、增值税留抵(出口)退税、土增税清算审核的质量,有效防范和化解税收风险。

5. 专业化、专项化培训。聚焦业务技能培训、实践操作演练,全面加强税务人员、业务精英对核心征管系统、数据管理平台、数据产品超市的熟练掌握程度和操作应用能力,特别是BIEE工具的掌握和应用能力。

6. 全面化、全景化展示。聚焦智慧税务展示、智能税收建设,全面展示征管改革经验亮点、税收治理能力水平、纳税服务特色品牌、以数治税质量成果,倾情描绘税收现代化服务中国式现代化的生动实践和绚丽画卷。

五、税收监管中心的基本架构和工作方式

1. 健全组织架构。税收监管中心由发票电子化改革推广工作领导小组统一领导和指挥，进行实体化运行。

由发票电子化改革推广工作领导小组办公室（电票办）牵头，征管、税政、风险、法制、收核、纳服、国际税收、社保非税、信息中心、纪检以及应对机构（二分局）等部门共同组成。市局电票办主任任主任，征管、风险、税政、法制、二分局主要负责人任副主任，各职能部门分管负责人为成员。

中心下设5个工作组，由征管部门牵头负责综合协调组、运行保障组、效能评价组三个工作组，风险部门负责风险管理专项工作组，法制部门负责督查内审专项工作组。

2. 完善设备（平台）配置。根据县（市）监管工作实际需要：（1）建设和配置一个含有切换器、对讲器等的设备大屏能满足任务统筹调度、监管工作会议、智慧税务展示的全要素指挥作战平台。（2）建设和配置2到3个含有一个设备大屏及12~16台电脑和工位的能满足智能监控分析、集体会商审议、批量集约处理的多功能监管工作平台。（3）建设和配置4到6个含有4~6台电脑和工位的能满足专班集中办公、约谈核实验证、实践操作锻炼的实用性实体运作平台。

3. 规范运行方式。（1）基本方式。按照上级安排、自身实际和职责范围，由各业务股室牵头组织，人员由股室业务骨干和部门（分局）抽调人员共同组成，采取"集中+分散""固定+松散""专项+临时"等模式，实行集中办公，根据业务体量、内容动态实时调整，组织开展对年度计划、重点任务或专项任务的针对性、集中性、阶段性税收监管。在此基础上，定期与上级团队进行工作对接、互动交流和意见反馈。（2）实施开展。各业务股室根据具体监管事项提出监管申请，在报经监管领导小组批准后，抽调人员、成立专班，进驻中心、实施监管。原则上业务股室股长为工作专班负责人，负责对专班人员的统一调度和安排。业务股室对具体监管事项在实施监管前必须深入调研分析、制定针对措施，做到有的放矢，切实做到：统一监管标准、模板指引、处理口径。专班人员在对具体监管事项实施监管时必须服从工作安排，主动担当作为，做到步调一致，切实做到：加强分析比对、请示汇报、政策（口径）执行。以工作专班的高效率、高水准运行推动税收监管质量的全方位、全效能提升。

六、税收监管中心的运行实施和主攻方向

1. 突出牵头牵引。征管部门是监管工作的牵头组织部门。（1）牵头组织。负责年度监管计划编制、计划执行、工作成效、经验做法的统计和报送工作，实时了解和全面掌握全局监管工作情况。（2）督促推进。定期或实时召开监管工作例会和会商会议，督促和提醒年度监管计划和重点任务的执行，确保年度监管工作落到实处和有序推进，着力提升监管质效。（3）评价考核。科学构建常态化税收监管和风险防控绩效指标评价体系，不断提升税收治理效能，全力推动现代化税收防控体系建设。

2. 突出主责主导。各业务股室是监管工作的主责主导和具体实施部门。按照各自的职能定位和工作职责，针对目前监管中的薄弱环节和存在问题，制定年度监管计划和监管重点，以监

管中心为主要基地和作战平台，采取"集中+分散""固定+松散""专项+临时"等方式，集中抽调人员，适时开展监管工作。在此基础上，定期组织和参加监管工作例会和会商会议，共同解决当前税收管理中的突出问题和管理漏洞，有效提升监管工作的质量效率。

3. 突出先行先试。各部门要提升站位、找准方位、把握定位，结合区域特征、税源结构、人才储备、技术支撑等资源优势，针对问题短板，立足自身实际，坚持先行先试，大胆创新突破，率先探索出一套既简便易行又务实管用，既具本地特色又可复制推广的相关税收管理主题（事项）的税收监管新方式，努力为全省监管工作做贡献。

4. 突出联动联控。要建立健全"上下协同、左右联动、内外协作"监管工作机制，打破系统、区域、部门之间壁垒，加大监管工作统筹推进力度，强化融合意识，凝聚工作合力，不断增强监管工作的系统性和协同性，形成监管的整体合力、倍增效应。

5. 突出智慧智能。充分运用现代信息技术，推进信息技术与税收监管的深度融合，着力推进基于互联网、大数据、人工智能等现代技术深度运用的智慧监管，实现监管方式从"事项+流程"推送驱动转变为"数据+规则"智能驱动，实现由"人防"向"智防"全方位、高质量监管的转变。全面提升数据管税、以数治税的整体效能，全面展示智慧税务、智能税收建设的丰硕成功。

七、税收监管建设的总体目标和重点任务

1. 确立总体目标。到2023年，税收监管中心组织架构和设施建设率先初步建成，年度监管工作计划和重点任务有序推进，新形式税收监管工作格局初步形成。到2024年，税收监管中心进一步完善，标准化、规范化程度进一步提升，现代税收风险防控体系建设率先建成。到2025年，税收监管中心高质量运行，监管主体责任更加压实、风险研判能力持续提升、风险应对质效显著提高，现代化税收风险防控体系全面建成。

2. 明晰重点任务。（1）注重发挥部门人员在税收监管中的联动作用。一是激发主观动能。发挥基层一线人员对区域范围内监管风险先知先觉的优势，激发他们主动发现和提出"数据+规则"业务需求场景，努力形成"省、市、县共画一个圆"整体联动、上下协同的监管新格局。二是建立"吹哨"机制。全面开启税收监管"集智众创"模式，促使每个层级、每个岗位的每个人员自觉成为监管风险的"吹哨人"，主动积极为全省、全市税收监管建言献策，有力促成从风险感知到处理的一条龙、一体化加工处理体系的建立。三是强化督查督促。发挥纪检督察部门监督促进作用，既要发现监管存在的问题，更要发现问题成因，既要督促制度有效执行，更要推动制度高效运行，努力形成"服、管、督共织一张网"的监管联动新格局。（2）注重发挥外部情报在税收监管中的指向作用。强化部门间涉税数据的信息交换。充分把握"税收保障办法"实行的有利契机，整合各条线网格化管理平台机制，完善税收大数据多元化结构，重构纳税人遵从风险分析模型指标体系和计分规则，努力形成"内、外、联共筑一道墙"的监管共治新格局。（3）注重发挥特色做法在税收监管中的示范作用。确立契合自身实际、富有地域特色的监管工作重点。将土增税清算评估和审核、个人股权转让税收管理、连续多年或异常大额亏损、自产自销苗木大额开票、商贸企业大额销售、简易征收户增值税率适用等作为重大监管事项实施重点监管，着力堵塞征管漏洞，防范化解税收风险。（4）注重发挥智慧税务在税收监管

中的引领作用。一是强化数据应用。以监管中心为平台,通过组织培训、实战演练、竞赛评比等多种形式,强化数据理念、培养数据思维、明晰数据效用,推动税务人员数据提取、应用能力的全面提升。二是强化数据分析。强化对基础管理、税务执法、税收监管等任务的日常、集中、深度分析,切实解决数据管税、以数治税成效不明显、靶向不明确、指向不精准等问题。

(5)注重发挥评价报告在税收监管中的促进作用。定期制作和发布税收监管和效能评价报告,通报监管工作动态,提出特定问题监管建议。全面总结年度监管各项制度、机制运行情况以及监管年度任务、重点关注事项执行情况,科学客观评价年度税收监管整体效能。

(作者单位:国家税务总局句容市税务局)

非接触式办税存在的问题及对策研究

朱志兵　汪　洋

非接触式办税方式是国家税务总局在 2020 年"新冠疫情"影响下提出的新概念,是指纳税人在办理涉税业务时,不需前往实体办税服务厅,通过电子网络渠道进行操作,实现不见面办税。非接触式办税以"尽可能网上办"的原则,采用清单方式对税务机关提供的业务办理渠道进行明确,将"多走网路,少走马路"的思路落实到实际工作中,为办税人提供了更加便捷的涉税业务办理方式,精简了办理流程,提高了办税效率,降低了办税成本,使税收营商环境进一步优化,广大纳税人缴费人的获得感不断增加。

一、非接触式办税方式的主要做法及成效

(一)降低办税成本

税务部门着力建设"四位一体"办税缴费模式,实施办税服务流程再造,重新设置办税服务厅区域布局,压缩办税服务窗口数量,调配办税服务人员岗位职责,增强远程办税服务力量,搭建多元化办税渠道,极大缓解了办税厅人流压力,同时,实体办税厅平均等候时间也随之大幅缩短,真正实现了便捷、智慧、高效的服务,减轻了纳税人、缴费人的办税压力和办税成本。

(二)优化办税体验

充分应用电子税务局功能,大力推广 24 小时自助办税服务,设立网上办税体验专区,配置高性能电脑终端,积极主动引导纳税人采用"非接触式"方式办理相关业务,落实纳税人、缴费人网上办理事项,为纳税人、缴费人提供多元化办税缴费体验。

(三)拓宽办税渠道

以非接触式办税为目标,发挥好涉税专业服务机构、社会组织等渠道以及电子税务局、江苏税务 App 等现有平台的作用,为纳税人、缴费人提供便利办税,针对重点人群,进行非接触式办税提档升级。积极拓展征纳互动平台、自助办税终端、电子发票服务平台、电子税务局等纳税人端税费办理渠道的征纳互动服务,实时解决纳税人、缴费人办理过程中遇到的问题,提升办税效率。

(四)提升纳税人满意度

非接触式办税服务通过网上办税缴费,减少了纳税人进实体办税厅办理的次数,通过无纸化流程,进一步缩短退税及其他业务的办理时间和流程,对优化税收营商环境和提升纳税人、

缴费人满意度具有极大的促进作用，不断优化税收营商环境。

二、非接触式办税中存在的问题

（一）非接触式办税缴费接受度还不高

部分纳税人、缴费人对非接触式办税并不十分接受，相比自助设备，他们更愿意到窗口办理业务。主要是有些企业财务人员发生变动后，就会出现新接手的人员对线上操作不了解的情况，使办理涉税业务差错率陡然上升，所以，有的企业为了避免产生涉税风险，还是习惯到办税税务厅办理涉税业务。

（二）宣传辅导不到位导致操作难度增加

由于宣传辅导方面，仍有少数纳税人、缴费人对线上办税缴费表示不了解、不会使用。同时，申报系统不稳定、办税流程办理过于缓慢、咨询渠道不畅通等问题，导致纳税人、缴费人产生厌烦情绪，使他们产生"与其线上办理，不如现场办理"的心理。

（三）非接触式办税落实推广的社会化程度不足

目前基层税务局推广落实非接触式办税的主要方式还是依靠线下办税服务厅的一对一式现场咨询辅导，非接触式办税方式主要集中在纳税服务的税法宣传、纳税咨询、办税服务三个方面，应对纳税人专业化、个性化的需求也还有待拓展，在权益保护、信用管理、社会协作方面的应用还需要加强。

三、问题成因分析

（一）宣传辅导不够到位

在非接触式办税推行过程中，宣传辅导没有跟上，有的不考虑纳税人实际分类，强行要求纳税人、缴费人采取非接触式办税缴费方式，使纳税人、缴费人接受度不高。

（二）服务观念尚未转变

目前，基层税务机关面临队伍老龄化，有些老同志虽然工作经验丰富，但是相对接受新事物的能力不如青年干部，服务观念难以转变，面对非接触办税方式，仍然要求纳税人提供各种材料，不自觉地给办税人造成了不便，影响了纳税人、缴费人的满意度。

（三）线上办税尚未达到智能化

目前电子税务的智能化水平远远不能满足纳税人、缴费人的需求。系统不稳定时常卡顿无法解决，系统更新严重落后于政策调整，导致纳税人在办理业务时体验感不高。

四、非接触式办税的改进对策

（一）加强宣传辅导，提高非接触办税遵从度

在非接触式办税推广过程中，税务机关应当做好宣传辅导，积极提供系统操作咨询，确保纳税人缴费能够及时了解、掌握系统的操作应用。同时，要遵循非接触式办税的原则，尽可能优化流程、精简资料，除非确需纳税人到现场办理的，应积极推进网上办理，将非接触式办税作为纳税服务标准化的重要组成部分。

（二）加强自身学习，提高非接触办税的服务能力

税务干部应不断提升自身的业务水平和服务能力，及时补充、更新政策库，拓宽干部税收业务知识面和非接触办税缴费的实操能力，做到在干中学、在学中干，不断适应非接触办税缴费的需求，为纳税人、缴费人提供精准便捷的服务。

（三）加强系统集成，提高非接触办税的智能化水平

非接触式办税的业务端面向的是广大纳税人和缴费人，人员构成复杂，学历水平、学习能力差异极大，所以纳税人端软件开发应以"便捷"为核心，加强软件后台运行程序连结程度，简化办税人使用过程，减少操作步骤，并且优化操作界面，减少办税人在使用时寻找目标功能的时间。在开发业务端软件时必须防患于未然，重视信息和数据的安全，从技术上对数据和软件进行充分保护。

基层税务机关应在税务端系统和平台强大的数据收集功能的基础上加强对数据资源深度挖掘功能的开发，并在税务机关内部培养一批擅长数据分析的人才，在加强流程监控和权限管理的基础上，为大数据的应用做好科技支持，在软硬件开发、更新中完善系统内信息采集清册之间的钩稽关系，辅助梳理冗余和错误数据并有效修正，降低人工劳动比例，提高税收数据的质量，为以纳税服务为焦点的数据分析报告提供强大的软硬件基础，进而为决策提供有力依据。

税务系统应以非接触式办税发展为契机，与其他部门协作，尝试建立互通的电子平台，探索建立一套普适性的、基础性的平台，提高系统开发的集成化、精细化水平。基于"数字政府"的未来发展趋势，探索建立统一的公共服务软件开发标准，整合分散在政府机关各部门的数据，提升数据共享运用的能力和水平，使纳税服务、税收征管乃至其他部门都能以自身需要的视角利用全面的大数据进行分析。

（四）加强考核评价，提升非接触办税的质效

在非接触式办税的推广中，基层税务部门与纳税人、缴费人之间面对面直接交流的机会将进一步减少，因此，推广非接触式办税缴费方式要听取来自纳税人和缴费人以及基层税务机关的声音，制定非接触办税的考核评价标准要"因地制宜"，而不能"一刀切"。要运用好综合服务平台这一信息化办税服务基础工具，将纳税服务六方面分别设置评价指标系统，形成评价指标，对办税业务全流程进行监控。要运用大数据统计分析的手段进行测算，落实到具体岗位和人员，合理评估基层人员工作量，科学配置纳税服务资源，将全流程监督贯穿到每一项税务工作尤其是纳服工作中，重视每一项指标的波动变化情况，并分析发生的原因。要建立健全非接触办税缴费运转协调机制和问题解决机制，提升问题解决和信息传输的速度和质量，进而提升非接触办税缴费的实际质量和效率。

（作者单位：国家税务总局镇江市丹徒区税务局）

构建税费皆重同征同管工作格局研究

辛正平 于 坚 冀 超

近年来，税务部门牢固树立"税费皆重"理念，努力做到税费同征同管，基本构建了税费齐抓共管的征管格局。但是，随着社会保险费和非税收入（以下简称"社保非税"）征管范围的不断扩大，在社保非税征管中也出现了一些亟待解决的问题，为此，本文在结合基层税务机关社保非税征管现状的同时，分析当前社保非税征管中面临的问题，提出相关对策建议。

一、当前社保非税收入征管的现状

随着社保非税征管职责划转改革的有序推进，税务部门负责征收的社保非税项目越来越多，以丹徒区税务局为例，截至2023年年底，已接收划转的社保非税达29项，已初步构建了"税费皆重、同征同管"的工作格局。

（一）税费协同共治格局基本形成

自社保非税征管职能划转以来，丹徒区税务局积极争取党委政府的领导，由区政府制定下发了《关于进一步加强税费协同共治的实施意见》，初步构建起"党委领导、政府主导、部门协作、网格落实、税费皆重、齐抓共管"的税费协同共治格局，完善了税费协同共治联席会议制度，在全区共设置了190个税费协同征管服务网格点，服务全区近30万纳税人和缴费人。

（二）税费联动征管初步实施

积极推广应用税收大数据平台和社保非税征管平台，在全面推行"税费一体化服务"的同时，积极探索创新税费联动征管，并将税收风险管理机制引入社保非税的日常监管，进一步提升社保非税征管水平。

（三）税费同征同管初见成效

近年来，税务部门把征收社保非税收入与组织税收收入放在同等重要位置，认真履行税费同征同管职责，实行社保非税与税收工作同布置、同落实、同考核，确保了各项税费收入的圆满完成，社保非税收入占税费总收入的比重逐年提升，为地方经济社会稳定健康发展做出了积极贡献。

二、构建"税费皆重、同征同管"格局中存在的问题

虽然，税务部门在税费同征同管方面取得了一定成效，但从当前基层征管实践来看，仍然

存在"税费皆重"重视程度不够、"同征同管"法律法规不够完善、税费共治有待加强、涉费风险和涉费舆情难以消除等问题。

（一）税费皆重重视程度有待提高

社保非税划转税务部门征收后，虽然国家税务总局多次强调各级税务机关要树牢"税费皆重"的新理念，但是，在一些基层税务机关仍存在"重税轻费"的思想，片面认为"税收是主业、社保非税是副业""税收收入是硬任务、社保非税是软指标"，没有真正把"收费"放在与"征税"同等重要的位置来抓。例如，有些县（区）局专业从事社保非税征管服务的人员配备不足，专业化管理团队尚未建立。在基层税务分局（所）从事社保非税工作的人员基本上是兼职的，一人多岗，给社保非税征管带来消极影响。

（二）税费同管法治建设有待完善

在目前征收的社保非税项目中，除了《社会保险费法》通过全国人大立法，其余征收的非税项目都是以行政法规或部门规章制定的《暂行条例》或《征缴办法》作为征管依据，有的法律法规规章已对当前社保非税实际征管要求不适应，甚至与现行其他相关法律法规相抵触。此外，目前划转税务部门征收的社保非税基本由原政策法规平移而来的，缺乏全国统一的征收依据和征收标准，使相同的费种在不同地区的征收依据、征管标准及管理方式等都不尽相同，给基层税务机关依法征管带来了极大的挑战和困难。

（三）税费皆重同征同管机制有待健全

根据社保非税岗责体系相关规定，基层税务机关内部的征管、纳服、数据、收核、规财等各职能科室应与社保非税部门密切配合、各司其职。但实际征管中，由于部门职责落实不到位，导致所有社保非税征管事务均由社保非税部门"一肩挑"、唱"独脚戏"。另外，目前税收和社保非税征管分别采用"金税三期"核心征管系统和"金税三期"标准版系统的"双系统"制度，将社保非税独立于税收征管信息系统之外，这就导致核心征管系统与社保非税相关数据互不兼容，税收大数据库涉税信息与涉费数据无法直接开展有效比对，影响了"税费皆重、同征同管"的落实。

（四）部门协同共治有待加强

社保非税原来都是由财政部门或其他政府部门直接征管的，划转税务部门征管后，仍离不开财政和相关政府主管部门的配合协作。但是，从目前协作现状来看，由于部门间协同共治机制尚不完善，加之有些原非税主管部门对非税收入划转税务部门征管影响自身利益就有不同想法，因此，划转后存在"多一事不如少一事"和"无费一身轻"的消极应付思想，不愿意也不主动参与社保非税的协同征管，有的甚至还给协同共治带来阻力。例如，部分业务主管部门涉费信息传递不及时或以有关信息不宜对外发送或需要有关领导批准才能对外共享等理由，拖延涉费信息的传递，影响社保非税的征管效率。

三、构建税费皆重同征同管格局的设想

针对当前基层税务机关在社保非税收入征管中存在的问题，要求税务部门在思想上，树牢税费皆重理念；在制度上，健全税费同征同管法律法规；在征管上，完善税费同征同管机制；

在共治上，构建税费皆重同征同管格局。

（一）提高思想认识，牢固树立"税费皆重"理念

1. 提高思想认识，树牢"税费皆重"理念。税务部门作为政治机关，要进一步提升工作站位，充分认识社保非税工作在国家治理中的重要作用和征管职责划转后"税费皆重"工作新格局中的重要地位，树牢"税费皆重"理念，增强税费同征同管意识，切实将"费"放到与"税"同等重要的位置来抓，扎实做好组织税费收入工作。

2. 加强组织保障，适应"税费皆重"需要。基层税务机关要合理确定税费岗位人员比例，充实社保非税岗位力量，组建社保非税专业化管理团队。同时，加强社保非税干部的思想教育和业务培训，教育引导干部克服畏难情绪，着力提升税务干部税费征管服务能力，更好地适应"税费皆重"工作需要。

3. 强化绩效考核，确保"税费皆重"的落实。县（区）税务局党委要将社保非税工作列入党委重要议事日程，全面落实社保非税与税收工作"同研究、同部署、同征管、同服务、同监管、同考核"的"六同"工作机制。将税费同征同管纳入绩效考核重要指标，与评先选优挂钩，确保"税费皆重同征同管"全面落实、扎实推进。

（二）健全法律法规，统一"税费同管"政策

1. 完善社保非税相关法律法规。建议从国家层面加强顶层设计，加快制定全国统一的《社保非税征收管理法》或《社保非税征收管理条例》，或在修订《税收征管法》时将《税收征管法》改为《税费征管法》，将社保非税与税收放在同等重要位置，健全社保非税同征同管法律法规，明确税务机关税费同征同管的正当性和合法性，确保社保非税征管有法可依。

2. 统一社保非税征收依据。针对当前各地社保非税征收依据不统一的问题，建议对现行社保非税的政策规定进行全面清理，并逐项评估，规范统一社保非税征收项目、征收标准、减免优惠和违章处罚等制度，从而防范和降低基层税务机关的执法风险，提高社保非税收入法治化建设水平。

3. 赋予税务机关征收社保非税的法律地位和执法权限。建议进一步明确财政、税务和各有关业务主管部门在社保非税收入登记、核定、申报征收、欠费追缴、违章处理、强制执行等各环节的责任主体，落实税务部门的征管职责和执法权限，避免职责交叉和相互推诿，从而为税务部门依法征管提供坚强有力的法律支撑。

（三）明晰内部职责，建立"税费联动"机制

1. 明晰内部职责。县（区）税务局应进一步明晰机关各职能部门的职责，建立"税费联动"工作机制。全面加强税务部门内部的协调联动机制，推动税费管理在税源监控、风险评估、应对检查等各方面的有机融合，确保税费"同征同管"、落实落地。

2. 实现信息互通。建议在总局层面加快推进"金税四期"建设，推动实现社保非税和税收信息系统互联互通，通过制定数据标准和技术规范，实行税费数据深度整合，提升税费征管集成监控和风险应对质效。

3. 简化征管流程。建议对税费征管流程开展全面梳理，加快制定"税费一体化"征管方式、操作流程和岗责体系。探索简并税费申报资料，对同一纳税人、缴费人，实行税费"一套资料、一并申报、一窗受理、一次办结"。从而减少流转环节、简化征管流程、降低征收成本、提高征管质效。

（四）强化部门协作，构建"税费共治"格局

1. 深化部门协作机制。社保非税征管离不开地方党委政府的领导和重视，离不开相关部门的协作和支持。县（区）税务机关要积极争取地方党委政府的领导，深化与政府有关部门的合作，推动构建"党政领导、税务主责、部门合作、司法保障、社会协同、公众参与"的税费共治新格局。建立党政领导下的各部门分工负责制，进一步增强"税费皆重、同征同管"的合力。

2. 推进信息互联互通。要加快社保非税征管信息系统与政府部门等信息互联互通平台建设，优化完善现有数据交换平台，全面实现税务、财政、政府主管部门、金融机构等部门数据的互联互通，推进跨部门、跨领域的征管互动、信息互享、执法互助。

3. 做好涉费舆情防控。县（区）税务机关一方面要聚焦社保非税舆情常发、高发的问题类型和业务领域，加强对苗头性、系统性涉费风险和舆情的提前预警、精准防控，有效防范和化解社保非税领域的风险和舆情。另一方面要发挥跨部门联合机制的作用，组建社保非税专家顾问团队，畅通缴费人诉求反映渠道，及时回应、解决缴费人反映的"急难愁盼"问题，把缴费人的问题解决在基层，把征缴矛盾化解在萌芽状态，切实提升税费协同共治效能。

（作者单位：国家税务总局镇江市丹徒区税务局）

优化税务机关税费征管资源配置的思考

——基于巴彦淖尔市税务局"征纳数"一体化运行的实践分析

张培森

一、研究背景及意义

中共中央办公厅、国务院办公厅印发的《关于进一步深化税收征管改革的意见》（以下简称《意见》），为高质量推进税收现代化绘出了"路线图"。围绕《意见》提出的"四精"要求，巴彦淖尔市税务局进一步优化税费征收管理资源，通过探索"征纳数"一体化运行的模式，提高征管效率，降低征纳成本，提升纳税服务水平，夯实税费治理基础，这既是税务部门职能不断拓展的现实之需，也是我国税费征管改革的创新性实践。

二、税务机关税费征管现状

（一）税费征管力量与征管需求不匹配

随着税制改革不断深化，非税收入不断划转税务部门征收，税务部门职能不断拓展，由"征税为主"向"税费皆重"转变，税费征管面临管户管事倍数增加、政策变化快的严峻挑战，征管力量与管理需求严重不匹配。一是人员力量相对不足，征管服务对象倍增，征管人员未同比例增长。2018年国地税征管体制改革以来，全市税务系统管理服务对象由6.5万增加至12.9万，而基层税务部门征管、税源、大厅工作人员数量仍然保持为2018年的数据；二是基层征管业务人员工作年限呈"哑铃形"分布，工龄20年以上的占55%，工龄不足5年的占25%，工龄5年以上20年以下的业务骨干缺乏。三是人员素质能力与工作要求不匹配，部分税务干部存在能力不足的现象，特别是缺乏税源管理、风险分析、风险应对等高层次专业人才，制约了征管效能的提升。

（二）资源整合程度与高质量发展不相适

在基层工作实践中，存在征管服务资源未有效优化整合的问题。职能分工不科学，税费管理职能分解到不同的机构，机构间职责难以明确划分，部分工作交叉重叠，多头布置，部分工作相互脱节，处于盲区，部门之间协同作战能力弱。究其原因：一是走入专业化、精细化管理误区。税务机关细化职能分工和岗责体系过程中未考虑具体工作的连续性，由于分工过细，部门各自为战，管理效能反而有所降低。二是缺乏有效的资源调度和集成联动方法。部门间合作多是临时性的统筹，以工作小组的形式去开展，工作成效不高，税费管理服务仍缺乏统一的指挥调度机制。三是绩效指挥棒作用未能充分发挥。目前考核考评机制以部门为单位，全过程机制不完善，绩效激励未能有效转变低集成工作统筹，一定程度上影响了整体征收、监管、服务质效。

（三）传统的征管思维与发票电子化改革理念的矛盾

随着发票电子化改革不断深入，数电发票的急剧扩围，税务机关税收征管思维却止步不前，仍然比照纸质发票进行管理。税务干部对发票电子化的认识仅仅停留在纸质发票变成了电子的形式，没有意识到电子化带来的大数据以及如何运用大数据以提高工作效率。思维上认识的不到位导致行动上的滞后，对发票管理仍然停留在过去的经验，管理员采取的措施仍是前往纳税人生产经营场所询问、调查是否需要为纳税人增量增限，在发票电子化改革下，可以通过企业开票数据分析来判断是否存在税收风险，没能真正发挥数电票的以数治税功能，对于依托发票电子化数据分析、识别和应对日常税收风险的工作开展不足。

三、构建"征纳数"一体化运行机制实践分析

税收征管模式是一种组织架构，具体指为解决一定时期税收征管的核心问题和实现税收征管的核心问题和实现税收管理目标而选择的管理方法和手段，科学的税收征管模式必须具备高效性、法治性、和谐性。为加速推进落实两办《意见》改革任务，创新税务征管模式，我市构建了集征收管理、纳税服务、大数据等相关部门于一体的"征纳数"一体化运行机制，通过梳理部门岗责、重塑征管流程、优化资源配置等措施，聚焦我市征纳数工作薄弱环节，对标"扁平化管理"和"以数治税"两个维度精准发力，在不改变原有机构设置基础上，通过科室人员下沉，机动调配五个部门的人力资源，整合优势力量，解决各部门人力资源不均衡的难题，破解当前"征纳数"工作中的瓶颈，明显提升了税费征收、监管、服务效能。

（一）构建"征纳数"一体化运行制度机制

组织体系的完善为深化税收征管改革提供有力保证，"征纳数"一体化运行制度是构建"定职责、控事中、扎任务、有评价"的税费征管业务闭环治理机制的具体实践，是完善制度机制补齐短板，建立指标体系筛查风险，坚持协同会商解决难题，突出问题整改狠抓落实，强化全过程监督考核等税费征管理念的基层探索。局领导靠前带队，负责团队指挥、管理、协调工作；征管、纳服、风险管理部门进一步整合职能划分，依托信息化，突出专业化，打破层级和部门的界限，组建一体化运行工作团队。针对税费数据质量提升、纳税人满意度、重点行业监管等重点工作，制作工作任务明细表，明确工作任务、工作措施和完成时间，实行挂图作战、对表推进、对账销号。

（二）实施征管数据质量全面提升工程

坚持"夯实基础管理是核心"的理念，抓实基础征管数据，全面推进"九个一"工作举措：组建一个团队（过程考核攻坚团队）、制发一表通达（《月重点考核指标完成进度通报表》）、做好一项工程（税费数据赋能工程）、提升一种能力（全局人员风险应对能力）、运用一个优势（我局综合治税信息化优势）、开展一次普查（管户大排查）、强化一套体系（征管岗责体系）、优化一个机制（"5C+5R"运行机制）、培养一批干部。构建"采集有标准、操作有

规范、过程可整改、责任可追溯"的常态化闭环数据管理机制，有效解决影响全过程考核的痛点问题，实现征管数据质量大幅提升，推动征管质效考核成绩大幅提升、工作人员业务能力显著改善、税费"精准监管"水平显著提高。

（三）统筹一体推进纳税人满意度工作

依托一体化工作团队，开展好"便民办税春风行动"。在目前的便民办税缴费措施基础上，结合"营商环境纳税人缴费人满意度指数"，聚焦税费工作重点和影响纳税人满意度较高关联度因素，细化措施，确保各项便民措施落地见效。积极探索创新，从便捷程度、场所运转、电子税务局、服务效率、规范管理、规范执法、其他影响纳税人感受事项、权益维护、诉求舆情等九方面，联合征管等部门制定具有我市特色的行动举措，将问需问计走访常态化、制度化，结合问题大整改在重点地区开展"蹲点"和"回头看"，加强绩效考核和责任压力传导，联合第三方开展办税服务体验活动和相关调查，依托"数展通"动态标签体系和日常征管掌握的实际情况，对每一户纳税人进行精准画像，量身定制服务措施，稳步提升全市纳税人、缴费人满意度和获得感。

（四）持续推进"税费数据赋能"工程

运用帆软BI、帆软Report、永洪BI等平台，结合征管业务、行业监管、部门工作特点等需求，设计建设一系列数据可视化展板，以"有用、可用、应用"为基本原则，搭建领导决策层、业务支撑层、数据服务层三个维度的展板内容，实现数据在全系统的赋能工作，同时，设计建设"政税交互、内外协同、督防一体、云端共治"的第二代大数据体系。推动各方数据无障碍传递，分析比对预警等功能云端集成，聚焦重点专项工作，监管突出问题或新兴经济业态，专攻痛点难点问题，促进多域集成，引入人工智能算法模型，提高风险判别智能，实现云端技术和党政业务相融合、纳税人监管和税务人监督相融合、税务治理与政府治理相融合，有力促进业务协同和以税辅政，汇聚精诚共治的跨部门合力，收集农畜产品种养殖数量信息，各类财政补贴、农业保险、检验检疫等第三方数据，筛查异常数据406条，确定问题93条，整改补缴税款256万元。最后要坚持问题导向，从全市数据应用的"堵点"出发，通过相关税种钩稽关系，匹配征管流程数据，开发指标模型，会同业务部门筛选高频风险数据，实现数据质量闭环管理，依托商务、市场监管部门及交易市场采集的价格信息，建立葵花籽、青红椒、小麦、牛羊肉等30多项农产品销售价格指标，监控异常发票，跟踪资金流向，核实收购价格真实性。

（五）持续推进税收宣传服务工作取得实效

聚力建设新时代"线上枫桥"，按照"牵一条主线、联通上下，带一支队伍、锤炼品格，解一域难题、服务为民"的总体思路，以集中反映征纳矛盾的渠道为突破口，分层化解"难点"问题；在此基础上，逐步将关口前移，解决"热点、堵点"问题，将征纳矛盾化解于未发，按照总局"精准推送、智能交互、办问协同、全程互动"的总要求，实现"能问、能办、能调"的征纳互动新模式，建立巴彦淖尔税务"线上枫桥"快速办理中心（以下简称"快办中心"），进一步优化税收营商环境，提升纳税人满意度和税法遵从度。快办中心目前日均接电话量380通，咨询类和操作类日均262通，办税类日均118通，平均办理时长4分钟；税费争议调解298笔，平均办理时长3天。

四、关于提升征收监管服务效能的思考与建议

（一）搭建内部协同工作机制

完善的工作架构是推动税费征收监管资源优化的前提。因此，要根据本地征管资源情况和工作目标任务，因地制宜开展任务协同。一是搭建扁平化运行架构。在工作推进上打破现有固化机构设置，根据工作任务需求，重新组合工作团队，合理设置专业化团队式的工作单元，尽量减少中间环节和部门内耗。二是建立重点任务一体化统筹机制。构建业务融合团队，盘活人力资源，推动各部门、各岗位、各环节工作有机衔接、协同运行和良性互动，变分头部署为统一指挥。三是建立扁平化领导指导机制。对任务统筹、问题会商、业务联动、风险态势感知等进行一体研究、一体部署、一体推进、一体解决，实现"问题协同、业务协同、任务协同"，形成联动协同"大征管"格局。

（二）建立灵活高效的考核激励机制

目前在传统绩效评价方法上，存在实际工作岗位和所在考核评价单位不一致的问题。因此，建立灵活的激励约束机制、推进科学的激励约束机制在推进工作扁平化和集中统筹机制时，有利于人员多岗位流动。一是要建立灵活的绩效评价方式，避免重复考核，部门组织绩效评价可涵盖两大方面，一方面要完成本部门工作，另一方面要围绕全局目标参与工作统筹和任务落实，以此将部门组织绩效聚集到全局目标上来。二是统筹考核机制，将工作一体化用绩效考核统筹起来，例如，巴彦淖尔市第一批征纳数一体化运行工作日常考核中，将一体化考核机制分类下发，征收管理科税费征管质效提升过程指标考核占比30%；纳税服务科下发纳服指标考核占比30%；纳税服务中心下发服务电话质效考核占比20%；信息中心下发实名制登录考核占比10%；第三税务分局下发数据质量考核占比10%。

（三）推行风险防控专业化管理

税费风险防控是现代化税收征管的重要任务。一是可以推行风险集中应对，将综合性、行业性风险和中等风险应对工作集中实施应对，探索将现有风险事项管理和基础事项管理的"岗位分离"转变为"机构分离"，实现风险的专业应对，强化税源管理及税收业务培训力度，掌握好、运用好各项税收政策，落实好"一户一策"精细化辅导。依托税收大数据平台，强化事前、事中、事后全链条风险管理，提升精准监管能力，及时排查、整改到位。提前做好防范措施，加强对欠税企业的调查分析，对欠税纳税人实施分级管理，规避走逃风险。二是打造专业的风险应对人才队伍，培养一批既懂建模分析又懂经济、税收的人才，整合到风险管理团队中，提高风险分析工作的准确性和及时性。

（四）全面推进税收征管数字化升级和智能化改造

发票电子化的改革推进对税收风险管理提出更高的要求，要以税收大数据为基础，通过涵盖不同维度、不同时期的数据算法，更加精准提取税收风险。这就要全面推进税收征管数字化升级和智能化改造，当前数字经济的快速发展，使纳税人的活动范围突破属地限制，数据信息的流动性陡然增强，这对税收治理提出新要求、新挑战，因此要全面推动科技创新成果与税费征管的深度融合，完善税务信息系统功能，加强大数据、云计算、人工智能等现代信息技术

的应用,为纳税人、缴费人的行为特征画像,强化对其办税缴费习惯、服务需求、遵从状况的智能分析和提前预判,精准推送优惠政策、风险提醒等,为纳税人、缴费人提供个性化服务。

(作者单位:国家税务总局巴彦淖尔市税务局)

关于加强对水晶跨境电商新业态税收征管的思考
——以江苏省东海县跨境电商为例

王绪友 汤郑军 傅亭华

近年来，跨境电商在提高贸易效率、拓宽外贸渠道的同时，也对传统的国际贸易规则产生了一定的影响。同时跨境电商的无形化和匿名化也加大了税收征管的难度。传统的税收征管模式在一定程度上已跟不上跨境电商的飞速发展。面对这一新业态，如何防范税收风险，提升征管质效，是我们在新的形势下需要探索和思考的重点难点，对这一课题的研究有着一定的现实意义。

一、东海县跨境电商发展的基本状况

东海县的水晶产业经历30余年筚路蓝缕的发展过程，厚积薄发，向内不断提升产业内涵和能级，向外持续扩展货源和市场。如今，该县从传统农业县摇身一变，成为世界水晶的重要集散地。境内发现各类矿产37种，其中水晶储量约30万吨、石英储量约3亿吨。目前，当地拥有各类水晶加工企业3400多家，实现年产3000万件水晶首饰、500万件水晶工艺品，从事水晶加工、营销及配套服务的产业大军多达30余万人，已成为全国乃至全球较大的水晶集散地。据不完全统计，2022年东海县水晶销售额就突破340亿元，网络端销售达225亿，其中跨境电商交易额约35亿元。

二、东海县跨境电商税收征管存在的问题

一是纳税主体难以界定。纳税主体是指在税法中直接承担税负的单位和个人，主要是明确向谁征税的问题。我国新的《电子商务法》颁布后，第一次明文规定电商经营者属于法定应税范围。跨境电商不仅在网上进行交易，而且跨越了国界，买卖双方没有地理位置的限制，凭借其自身的虚拟性，经营者仅需一台计算机或手机便能轻易更改其经营地点，甚至可以将其迁至海外，不定时随意变换经营地点，因而传统税制难以有效判断其纳税主体。

二是计税基础难以确定。税务部门通常以经营者的会计账簿、发票以及合同作为计税基础，即计税依据。但跨境电商基本都不会有专门的银行账户或固定的收付款账号，资金支付很多都是通过电子支付平台，少量会通过常规的银行账户，又由于网上交易信息的隐匿性和保密性，导致税务部门没有办法准确、完整地掌握和监控跨境电商经营者的经营行为，进而很难确定跨境电商的计税基础。

三是纳税地点难以界定。跨境电商利用网络完成交易磋商的全过程，该县跨境电商大多没有办理税务登记，很难界定这部分纳税人的纳税地点，正常税收征管工作难以开展。2022年，该县税务局共收到电商投诉举报35起，主要因为经营者拒绝开具发票、隐瞒销售收入。其中8户电商办理了税务登记，且违法行为属实。目前，东海县税务部门已责令其补开发票并办理纳税申报。另外，19起举报案件登记的信息是自然人，而且都不是东海县本地人，也没有办理税务登记，由于纳税地点难以界定，也难以查实，只能暂做备案处理，同时将涉税信息转告其户口所在地税务机关，请求协助查处。但工作难度定会存在。

四是税收政策支持度不足。跨境电商的发展与税收政策具有明显的正相关，但从被调查对象的回答来看，电商对政策的重要性普遍持中性态度，这就说明在政策制定过程中，与电商的互动程度较低。国家相关部门对跨境电商共出台了接近一百多项政策，但根据问卷调查结果，东海县仅有4%的跨境电商表示曾申报享受过优惠政策，这导致税收政策对跨境电商的支持度不足。目前东海县跨境电商数量虽较少，但交易的规模在大幅增长。由此可见，相关涉税政策的制定缺少一定的前瞻性。

五是税务登记制度不健全。税务登记是税收征收管理的起始点，也是税务机关开展税收征管的前提和基础，健全的税务登记制度，能够提升税务部门的税收征管水平。《电子商务法》第十条明确规定："个人销售自产农副产品、家庭手工业产品，个人利用自己的技能从事依法无须取得许可的便民劳务活动和零星小额交易活动，以及依照法律、行政法规不需要进行登记的除外。"这就导致在实践操作中，市场监管部门与税务部门没有实现有效衔接。2022年年底，东海县领取营业执照的电商总数有3298户，然而跨境电商税务登记户数仅为685户，仅占全部登记户数的20.7%。而且在登记中，电商平台没有把税务登记信息作为注册的必要条件，随后也没有与税务机关共享注册信息，导致跨境电商税收大量流失。市场监管部门传递了一批"办理工商登记但未办理税务登记"的疑点数据，由于该数据仅包含企业名称、社会信用代码以及联系电话，其他相关经营情况都没有列明，所以东海县税务部门逐一打电话落实其经营范围和拟开始经营时间，并提醒其办理税务登记，但当初处于"疫情"期间，大部分的法人均表示受"疫情"影响处于筹备期，实际经营日期不确定，并承诺开始经营前一定办理税务登记，但从问卷调查的情况来看，仍有大量的跨境电商未办理税务登记，使得税收征管工作停滞不前。

六是征收系统不完善。由于东海县税务部门现阶段信息化手段运用不足，管理模式还较为粗放，随着新业态下的水晶电商户不断涌现，税务机关的征管盲区不断扩大。东海县税务局正在使用的税收征管系统主要是"金税三期"税收征管系统、异地协查系统和发票综合服务平台等，各个系统的兼容性不足，税务人员经常需要来回切换不同的系统，过程比较烦琐，有时两个系统查询的数据结果不一致，降低了税收征管的严肃性。

七是申报退税流程多。跨境电商零售出口适用增值税、消费税退（免）税政策。尽管东海县对跨境电商零售出口实行"清单核放、汇总申报"模式，但是这项优惠政策的适用对象仅是跨境电商的B2C模式。在申报出口退税的全流程中，跨境电商同时受到税务和海关等多个部门的监管。跨境电商要凭借报关单、银行汇款单和外汇单等单据办理退税手续，整个流程手续较为烦琐且耗时较长。对此，跨境电商存在不满情绪也可以理解了。

八是应纳税款流失较多。东海县目前尚未制定跨境电商协税护税机制，未形成系统监管合力，既没有明确的文件对各部门协同共治的职责予以分工，又缺乏协同配合的信息技术支撑。"以票控税"是税务部门长期以来开展税收征管的主要措施，但大部分跨境电商交易都未开具发票，税务部门无法从电商平台获取相关信息，便没有办法了解跨境电商的实际经营数据，只能依靠电商自行申报。而跨境电商因其无形性，大量从事电子商务的企业未进行税务登记，导致应纳应征税款征收不到位。因此，出现税款大额流失的情况。

九是税收征纳信息不对称。目前，跨境电商税收征管存在严重的信息不对称现象，主要表现在税务部门与电商平台之间、税务部门与电商经营者之间，税务部门与其他政府部门之间。经营者税收遵从度低的原因主要是税务部门与跨境电商平台以及跨境电商经营者之间的高度信息不对称。由此，导致税务机关难以掌握跨境电商的主要涉税信息。平台公司有跨境电商的交易信息，但大多数电商平台和相关支付系统都不愿意将相关信息提供给税务机关，此外，电商经营者往往会通过多个平台进行交易，其交易信息分布于多个电商平台，这使得税务部门很难获取全部涉税信息。而且随着互联网技术的发展，微信和支付宝等新型的网络支付手段也让电商的资金流水越来越隐蔽，从而导致税收部门很难精确地获取他们的全部收入。

三、加强对东海县水晶跨境电商税收征管的对策和措施

一是要明晰界定税收基本要素。当地税务部门与地方政府相关部门要联合制定东海县跨境电商征管操作指引，明确跨境电商的课税对象、计税基础以及纳税地点。对于管辖权的问题，可根据卖家的居民身份进行认定，税务部门要强化管理，要注重提升干部税收征管能力，教育税务干部要遵守国际税收准则，积极与相关国家进行交流合作，同时可借鉴发达国家一些先进的税收征管经验，推动东海县跨境电商行业的税收征管工作向规范化、科学化、信息化迈进。同时，建议该县加快完善和明确税收征管对象的权利和义务，明确跨境电商的税收基本要素等，加强与非洲、欧美等国家的国际税收合作，使该县跨境电商税收征管成为先行先试的典范。

二是要简化税务登记制度。当地税务部门要适当简化跨境电商税务登记流程，推广简易登记办法，让跨境电商在电子税务局也能办理税务登记。重点要采集店铺名称、经营范围、电话号码、个人身份信息以及账户信息等必要的信息。税务部门在线审查通过后发放电子税务登记证书，以便于后期的税收征管。对于已经在平台注册的经营者，充分宣传税务登记的流程、期限以及不办理登记的惩戒措施，并为其开通"绿色通道"，引导电商尽快办理税务登记。对于准备进入跨境电商市场的经营者，要将获得电子工商及税务登记证号作为开设店铺的前置条件，在电商平台登记前，首先要进行网络工商及税务登记。

三是要强化相关部门的协调配合。首先，税务机关要提高自身的信息化水平和技术水平，利用税收大数据系统强化跨境电商税收征管，学会运用新技术把税务管理信息生成数据，然后通过网络传递到税务平台进行存储和加工处理。其次，要完善"政府领导、税务主管、部门配合、司法保障、社会参与"的综合治税协调机制，要联合海关、市场监督管理以及银行等相关部门，加大与网络交易平台、支付平台、中介机构等第三方机构的信息交流，延伸跨境电商数据共享范围，丰富数据交换形式，打破跨境电商信息孤岛。再次，在加快税收征管信息化的同时，要尽快建立健全多部门联合查找问题、联合制定措施、联合调研督导、共同合作担责的协作联动工作机制和联合惩戒机制，实现跨部门涉税信息联合共享，提高税务信息资源开发利用

力度，有效缓解税务机关与电商平台、纳税人之间的信息不对称程度，完善联合惩戒程序，形成协同治税的有效征管合力。

四是要深入推进智慧监管方式。当地税务机关要将大数据等互联网技术充分利用起来，进一步探索"信用+风险"的监管模式，结合跨境电商交易种类多样、业务频率较高的特征，建立风险指标模型和出口数据库，设计多个监控指标和智能规则，动态监控评价跨境电商全生命周期业务流转和全环节待办业务风险状况，分类实施差异化服务和管理，确保疑点发现快、风险防得住、管理跟得上，在有效防范风险的同时，大幅降低办税成本。

五是要精准监管税收违法活动。基于税收大数据分析，及时开展风险协同分析应对，对那些识别出税收风险的跨境电商，先开展风险提醒，再引导其开展自查，最后对其进行约谈教育；对那些违法行为严重的高风险跨境电商进行立案稽查，并公布查处结果，以此达到查处一个、警示一片、教育整体的作用。对内，要"严查"，严厉打击税务干部的失职渎职行为，尤其要严处串通舞弊、以税谋私等违法犯罪行为。对外，要"狠打"，合理利用"六部委"联合惩戒制度，对骗取出口退税的违法行为进行严厉打击，绝不能让退税福利落入犯罪分子的口袋。

六是要探索申报、缴款联动方式。可以探索税费联动申报，根据跨境电商的经营数据，通过系统智能判定纳税人应申报的税费种类，自动生成应申报信息并推送至纳税人进行提示提醒，探索实现"一次采集、一键报税、一体办结"。同时，利用互联网的交互性，实现税务系统与第三方接口的数据连接和归集。推行跨区域异地电子缴税，进一步完善申报缴税流程，进一步扩大税款缴纳方式，持续协调支持跨区域异地电子缴税业务的商业银行数量，鼓励有跨区域经营或管理需要的跨境电商采用电子缴税方式，允许使用经营地以外的银行结算账户缴纳税款，开通支付宝、微信支付等在线缴纳形式，全面提升办税缴费便利化水平，以增强水晶电商户主动纳税缴费积极性和主动性，提高税款入库效率。

七是要全面优化现场办税缴费服务。当地税务部门要严格执行首问责任制、告知承诺制以及容缺办理等便民办税制度，积极引导跨境电商错峰办理涉税业务。持续优化征管队伍的配置和管理，落实税务干部定期培训制度，加大办税人员的脱岗培训力度，鼓励税务干部考取注册会计师、税务师等资格证书，激起干部自主学习的热潮，尽快提升税收征管队伍的整体业务水平。要结合本地实际，针对跨境电商涉税热点问题、焦点问题、难点问题，适时开展对内培训工作，以提升税务征管人员服务跨境电商的能力。

八是要提高纳税遵从度。要进一步宣传解读现阶段正在实施和即将实施的相关涉税政策，注重把握宣传的阶段性要求，增强宣传的针对性。一方面，要详细解读跨境电商出口退税政策、无票免税政策、企业所得税核定征收政策，充分利用电话、短信、走访、纳税服务联系卡、微信公众号、税企交流微信群、网格服务群、电商产业园等多种渠道，向跨境电商宣传好这方面的税费政策；另一方面，要强化舆论导向，可通过加强政策宣传来约束电商遵从，同时，要针对故意不遵从，做好相关的重点宣传、提醒、督促和处置工作，提高其税收遵从。

(作者单位：江苏省连云港市税务学会、国家税务总局东海县税务局)

关于推进"枫桥式"税务所建设发展新时代枫桥经验的研究

李 阳　聂振华

2023年是毛泽东同志批示学习推广"枫桥经验"60周年暨习近平总书记指示坚持发展"枫桥经验"20周年。为全面贯彻党的二十大精神，进一步推进学习贯彻主题教育走深走实，将国家税务总局、北京市税务局关于推进新时代"枫桥式"税务所（办税服务厅）建设的指导意见中的工作要求落到实处，本文以"如何建立较为完善的问题化解机制"为着眼点，以探索"枫桥式"税务所建设模式为目标，立足国家税务总局北京市密云区税务局"枫桥式"税务所建设现状，以密云区税务局第一税务所（办税服务厅）（以下简称一所）为案例，从纳税人、税务人、第三方等多角度开展调查、总结经验、剖析问题、提出建议，以期为优化税费服务赋能，为解决税费问题提效，为进一步推进"枫桥式"税务所建设积累经验。

一、"枫桥式"税务所建设做法及经验总结

一所在区局党委的领导下，以"化解矛盾纠纷"为导向，以打造"密税青枫"品牌为目标，坚持党建引领锚定方向，设立"青枫"工作室，系统推进建设工作，开展多元协同共治，全面开展"枫桥式"税务所建设。

（一）党建引领定方向，筑牢建设基础

一是支部工作夯基础。创建"青枫向党"支部党建品牌，打造"枫桥式"党支部，利用"三会一课"，深入学习习近平总书记关于"枫桥经验"的重要论述和社会治理思想，强化干部对"枫桥经验"的学习体悟。

二是主题教育齐推进。结合主题教育开展"青枫向党献一策"活动，组织干部结合工作实例，进行思想体会接龙，分享问题化解案例和服务优化心得，剖析处理过程中的亮点和不足，讨论"枫桥经验"的实际应用，统一建设思想基础。

三是学思践悟提精气。通过支部书记带头参与税费问题调解，解决纳税人需求，带动青年干部不断提升服务质效，积极参加调解团队，营造"主动提供服务、积极化解纠纷"的服务氛围。

（二）设立"青枫"工作室，完善建设模式

为保障"枫桥式"税务所建设的系统性，一所设立"青枫"工作室统筹规划，从模式和制度两方面下手，涵盖管理办法制定、硬件设施建设、防范预防措施、税费问题化解、建设工作

保障等方面。

一是模式建设提质效。为保障建设工作以纳税人需求为导向，开展问卷调查，了解纳税人意见建议，整理归类，同时剖析过往投诉处理案例，找到痛点堵点，建立"防治并重、循环提升、闭环管理"的建设模式，即"服务预防—诉求收集—快速解决—及时反馈—剖析案例—学习提升"，结合模式形成"青枫"系列特色工作方法。

二是制度建设保落实。一方面制定"青枫"工作室管理办法，强化服务规范和问题处理流程，规范各个业务小组服务流程和问题处理台账。另一方面强化枫桥文化氛围，建设"密心"税费问题调解室和枫桥文化墙，营造"懂枫桥、会枫桥、用枫桥"的服务习惯。

（三）预防化解两手抓，形成建设机制

一所根据既定发展模式，以"一个'密心'税费问题调解室、一个金牌调解团队、一个业务知识库、一个问题收集反馈机制"的"四个一"为抓手，在事前预防、主动治理、分级化解、多元共治上下功夫，细化了"青枫"工作室下的各个项目机制。

一是依托专业服务，强化事前预防。一方面建构一个业务知识库，减少纳税人疑惑。对内紧抓业务规范建设，归集整理办理频率高、流程较复杂的涉税事项，结合市局、区局要求，明确各项业务所需材料、办理流程、风险点位以及解决方法，形成业务规范手册，统一办理口径。对外紧贴纳税人、缴费人需求，针对各项热点业务，设计特定二维码，制作《办税指南》便签，在各导税台及自助办税区域展示，为纳税人提供高效指引，提升办理速度。另一方面打造业务骨干团队，提升纳税人体验。充分利用晨会、夕会、讨论会等形式，定期开展"兴税小课堂"，学习内容涵盖申报纳税、发票管理、股权转让、热点政策等，每周组织召开工作部署会，分析厅内"堵点""难点"问题，形成解决方案，提升团队服务专业性，让纳税人更放心。

二是积极问计问需，深化主动治理。通过构建一个税费问题收集机制，及时发现纳税人、缴费人诉求，主动出击，变被动应诉为主动治理。线上依托"征纳互动平台""北京市电子税务局在线导办"及"问题反映云平台"等征纳互动资源，线下在办税服务厅窗口、导税台、自助办税区推出"便民暖心贴"，利用背面IP"晓虎听您说"收集纳税人意见建议，将问计问需常态化、多元化。由专人进行记录、解答、处理，形成问题解答台账。通过"登台账、建清单、速反馈"的模式强化与科室的沟通，形成问题处理数据库。针对苗头性问题，逐一剖析，形成建议，按月汇总整理，改进服务流程中的薄弱环节，深化主动治理。

三是施行分级分类，提升化解质效。依托"密心"税费问题调解室，对税费问题分级分类应对处理。制定《税费问题调解室管理办法》，定制专属标识，根据事态轻重缓急进行"四级"响应。一级苗头问题，业务小组内处理；二级复杂问题，带班所长处理；三级特殊问题，所班子调解团队处理；四级疑难杂症，科所联动，组织专家团队处理。针对跨部门业务产生的税费纠纷，一所与相关业务部门建立了税费问题联动处理机制，与地方政府、司法、人力资源社会保障、医保等多部门构建了税费矛盾争议多元预防调处机制。"密心"调解室拥有一支金牌调解团队，共计9名政治素养高、业务精湛、沟通能力强的骨干力量，负责需求收集、投诉举报、疑难问题处理、法律救济等事项，定期邀请心理咨询师进驻"密心调解室"，协助纳税人解开"事结"的同时化开"心结"。

（四）成果运用促提升，确保建设效果

一所定期梳理案例库，结合纳税人意见，深入剖析，多标签分类筛选，强化了分析结果运用，根据共性问题和个性问题，形成对后期工作的指导性建议。针对共性问题，分析实质和根源，沟通协调相关业务科室，形成指导性处置措施，录制系列视频"晓虎说热点"，利用办税服务厅大屏、微信公众号等广泛传播，为更多纳税人排忧解难。针对个性问题，逐条分析研究，按个性化需求，提供专人对接、上门服务等及时解决，并记录在案，形成可借鉴的案例库。目前整理共性问题32个、个性化案例11个。

自开展"枫桥式"税务所建设以来，业务办理时间平均提速57%，依托"密心"调解室处理纳税人"急难愁盼"问题17次，受理12345、12366工单双满率100%，全年接到各类表扬工单、表扬信、锦旗等184件，全年"好差评"系统共接收"服务评价"44839次，好评反馈率100%。《中国青年报》《劳动午报》等媒体对一所"枫桥式"税务所建设工作进行了专题报道。

二、"枫桥式"税务所建设中遇到的问题

"枫桥式"税务所的建设不是一蹴而就的，而是一个循环提升的过程。通过本次调研，发现了一些需要解决的问题和不足，主要表现在以下方面。

（一）网格化管理细化程度不够

在本次调研过程中，笔者与大量纳税人、缴费人进行了深入交流，不少纳税人，尤其是偏远地区的纳税人反映到办税服务厅距离较远，往返一趟耗时耗力，希望税务部门增加服务点位，延长服务时间。

（二）跨部门业务联动程度不高

在与纳税人和其他相关部门交流中发现，税务系统和其他业务部门数据同步存在滞后，部分业务办理要求存在错位，部分档案存在信息壁垒，使纳税人、缴费人多次往返于各部门之间，极易造成服务纠纷。

（三）纳税人主动参与程度不足

在对纳税人和税务人员访谈过程中，笔者发现"枫桥式"税务所的建设，纳税人参与性不足。大多数访谈对象认为，"枫桥式"税务所建设是税务部门一方的工作，对纳税人、缴费人、服务中介等相关服务对象缺乏思考，没有做到"依靠群众"。

三、建设"枫桥式"税务所的后期工作设想

（一）双线并重，织密服务网格

一方面强化与各级政府、政务局的合作，依托乡镇政务服务站点，通过培养大学生税费服务志愿者，定期派驻业务骨干等方式，设置税费服务窗口，为偏远地区的群众提供"家门口"的服务，打破空间壁垒。另一方面采取微信直连，建设"帮办微厅"。依托"在线导办"平台，创建分类型、分行业微信群，成立线上沟通处理小组。利用知识库，统一回复口径，保证第一时间为纳税人答疑解惑，打破时间壁垒。

（二）强化沟通，推进部门联动

进一步完善与其他部门的联动工作机制。强化流程联动，定期梳理各科室所遇到的涉其他业务部门的流程性、制度性问题，积极与其他部门进行业务沟通，完善业务衔接，统一办理要求，促进相关业务档案数据共享，健全群众诉求联合解决机制建设。

（三）多元治理，实现共治共享

持续强化与各行业协会、中介机构、纳税人代表的沟通交流，探索行业协会自治、纳税人共治的征纳互动新模式。建立"纳税人代表会议""行业协会税费问题处理小组"等纳税人自治机制，激发纳税人、缴费人的主人翁意识，调动纳税人、缴费人在税费政策宣传、税费问题解决等方面的主动性，推进形成共建共治共享的和谐征纳环境。

（作者单位：国家税务总局北京市密云区税务局）

关于优化"供要管用"税收大数据体系在税务基层的实践与探索

凌 慧

为充分发挥税收大数据服务首都经济社会发展大局的积极作用,持续完善"供要管用"税收大数据体系建设,北京市税务系统积极推进税收大数据标准化和规范化管理。如何依法依规、利民惠企、安全稳妥地做好数据管理工作,有效防范数据风险,推动税收数据最大程度发挥作用,在基层税务机关的工作实践中值得进一步探究。国家税务总局北京市顺义区税务局(以下简称"顺义区税务局")坚持问题导向,通过调研税收数据"供要管用"工作的背景意义、现状、优化工作的具体实践等内容,分析税收数据管理风险和存在问题,寻找问题症结所在,提出务实管用的破解之策,为探索优化税收数据工作的新路径,充分释放税收大数据价值提供思路和依据。

一、税收大数据"供要管用"现状

(一)建立健全数据对外提供制度

遵循"依法合规、需求明确、协同共治、规范有序、留痕管理、安全保密"原则,结合总局、市局相关文件的工作要求,制定《国家税务总局北京市顺义区税务局税收数据对外提供工作规程(试行)》,明确数据提供范围、操作流程和安全保密要求,确保对外提供数据规范有序;积极与顺义区经信局联系,进行走访、座谈,了解本区大数据平台应用情况和查询流程,为外部门数据查询明确责任分工,拓宽渠道,提供工作便利。

(二)不断强化涉税数据安全管理

为进一步加强和规范税收数据对外提供和内部供应工作流程,充分保障数据安全,顺义区税务局结合部门职能,围绕总局、市局的工作要求,制定了切实可行的工作规程。针对数据提供过程中的受理、承办、提供等环节制定了流转文书,明确了各环节的职责,并按照"谁生产、谁使用、谁经手、谁提供,谁负责"的原则对相应环节的数据安全负责。

(三)积极推动外部涉税数据获取

依据《国家税务总局北京市税务局外部涉税数据获取工作规程(试行)》的通知(京税发〔2021〕102号)要求,进一步丰富税务系统数据资源,推动外部数据共享共用,提升税收综合治理能力,目前顺义区税务局已与区水务局、区住房和城乡建设委员会、区规自委、城管执法局等部门建立工作机制，获取了企业取用水信息、绿牌工地名单、耕地占用相关信息、施工扬尘案件查处信息等数据，为税收征管工作的顺利开展提供了数据支持。

（四）持续保障涉税数据对外提供

税收数据是国家基础性战略资源，权威性高、体量巨大，具有很高的开发利用价值。近年来，区级各部门不断向税务机关提出获取相关税收数据的需求，用于推动政府职能转变，推动经济发展、服务企业、支撑政务决策和提升管理服务能力等方面的重点工作。

二、优化税收大数据体系建设在基层中存在的问题

随着"互联网+税务"战略的深入拓展，税收大数据体系在涉税平台建设、涉税数据共享、数据赋能、防范税收风险等领域成效不断凸显。新发展阶段对税收治理水平提出了更高要求，从基层税务机关数据"供要管用"的实际应用场景出发，通过调研发现了一些实际问题，不同程度制约着税收数据优化发展的进程。

（一）涉税数据在共享安全和规范管理上有待完善

顺义区税务局注重对共享数据的分级分类管理，落实数据采集、归集、整合、提供、使用、销毁等环节的安全责任，努力防范数据泄露或被非法获取，严格按照总局留痕管理，市局税收数据对外提供工作要求，做好数据共享统筹协调工作。

但在基层实践中，还存在一定的安全风险隐患和管理疏漏问题，"管理高效、职责清晰、分工有序、协调有力的数据共享工作格局"尚未全面实现。比如，税务干部对数据安全方面的意识还不够高，防范化解数据风险、应对突发事件的经验明显不足，数据在各环节的流程把控还不够细致，留痕管理还需进一步做细做实。究其原因，主要是基层各部门对数据共享管理的风险安全意识还不够强，内部安全的监督检查还不够深入，督促各部门完善健全日常管理的方法手段还不够多，等等。

（二）涉税数据在互利共赢和发挥作用上有待提高

顺义区税务局积极做好与属地部门的协同共治，协同推进对外提供数据与获取外部门数据。通过常态化沟通、信息共享获取数据等方式，积极拓展外部门数据获取途径。从目前数据提供成效来看，税务部门提供的涉税数据已经广泛应用于公检法案件侦办、政府科学决策、政务服务、联合监管等多个层面，对服务区域发展起到不同程度的推动作用。

但在基层实践中，合作共赢的数据共享局面还没有打开，从外部门获取数据推动税收工作发挥的作用还不够突出，还需要我们在税收实践工作中进一步探究。究其原因，主要是各部门尤其是政策部门对于将外部数据应用于税收工作的认识还不够深入，应用场景还不够多，利用还不够充分，税务部门常态化、稳定性获取外部数据还无法得到保障。

（三）涉税数据在智能化处理和人才支撑上有待加强

目前税务部门对数据的分析还仅仅停留在数据的分类统计和静态查询等层次，尚缺少深度挖掘，需要我们投入大量的人力物力和精力去探究。因此，当下对数据分析处理的人才需求比较明显，人才资源的缺乏会影响数据的处理和使用质效。近年来，顺义区税务局大力推进税收风险管理人才队伍建设，目前已组建数据团队和兴趣小组。在组织政策部门、信息部门骨干人

才共同开展集智攻关、数据分析、构建模型等工作中大力培养挖掘和发现人才，积极推动人才交流工作。

但作为基层税务局，因信息数据等工作的特殊性和专业所限，税务干部大多数没有相关专业基础，培养周期较长，目前数据的智能化处理在人才支撑上还有所缺乏。主要表现在相当一部分税务干部专业能力和业务素质还没有达到大数据时代下分析处理数据的能力要求。税务干部资历与基本专业素养的不对称成为数据智能处理的一个重要发展瓶颈，复合型人才的培养和引进对税收大数据体系的建设具有重要意义。

三、加快建设税收大数据体系建设在基层的途径

"供要管用"税收大数据体系的建设是税收管理工作的助推器，将大数据运用于海量数据整合、税收数据分析、税收管理中，改变传统的税收工作方式，为税收管理提供新技术、新途径，这是一个系统性的、综合性的过程，这要求在基层税务实践中不断探索，逐步解决各类问题。

（一）多措并举持续完善涉税数据的安全规范管理

1. 加强税费数据查询和数据留痕管理。进一步落实总局、市局关于加强数据查询、留痕管理和做好系统平台数据维护的有关要求，依托税收信息化项目管理平台，积极稳妥做好外部数据入库和税费数据出库的备案工作，组织各科室在登记台账的基础上，统筹分析汇总各部门2023年以来的出入库数据，将对外提供的数据等各项数据分门别类，补充完善数据台账信息，为今后实现数据留痕、集中管理、平台查询提供便利。

2. 加强数据工作的统筹协调和范围把控。积极落实市局关于建立数据共享统筹机制的总要求，区局税收风险管理局牵头组织建立内部部门、属地部门沟通协调机制，通过定期沟通、召开交流会联席会等形式，进一步统筹日常工作。进一步强化对外提供数据内容的审核，在数据提供申请流转审批中，严格把控数据清单范围。为确保数据安全合规使用，严防税费数据被泄露、滥用，每年定期组织开展税费数据查询权限和留痕管理自查工作，发现问题及时整改。

3. 明确数据共享安全责任，加强内部检查。建立健全区局层面安全责任和重大安全事件及时处理预案，强化与外部门签订保密协议管理，进一步明确提供、使用、管理等双方的权利。加强数据共享工作的内部检查，对各部门数据提供风险情况开展评估，排查数据使用风险，及时掌握共享数据的使用情况和应用效果。在日常管理和培训中加强安全风险意识的教育，不断提升税务干部数据风险防范的能力。

（二）多措并举持续提高涉税数据应用效能

1. 加强与属地部门的交流合作。积极组织、大力推进发改委、公检法、财政、经信等属地部门的交流合作。采取信息共享、联席会议、联合执法办案等方式的强化联动，发挥"1+1>2"效应，强化数据共享和综合研判，共同探讨提高涉税数据应用效能的新途径，积极参与到联合打击涉税违法行为的宣传和行动中，让税务部门更大程度参与到公共治理当中。

2. 增加向外部获取和提供数据的能力水平。改进工作方式，将大数据思维引入平时的税收风险管理中，加强税收征管实践，尤其在财产和行为税等领域，充分发挥房产、水利部门的数据优势，开展深度数据交互对比，提高大数据在税收部门及实践中的运用质量。

3. 发挥税收数据在涉税案件办理中的作用。深化管查互动,积极推进与跨区域稽查局的深化合作机制。充分发挥税收数据在风险分析、案件移交、资源共享、联合行动等领域的作用,今年以来,区局通过大数据筛选,将分析应对任务中发现的涉嫌涉税违法线索的 17 户向市局稽查局进行了移交,真正实现了管查闭环管理。

(三)多措并举持续加强智能化人才支撑

1. 积极培育输送人才。推荐区局信息化等领域的人才参加总局、市局及属地部门的专项工作,帮助税务干部在多领域学习锻炼,增长才干。2023 年,区局已经累计借调出 4 名税务干部参加区财税专班工作,累计借调 5 人参加总局、市局专项工作,真正实现了以干代学,以学促干,积极推动了税收大数据人才的快速成长。

2. 持续建立数据领域骨干团队。大力推进税收风险管理人才队伍建设,在原有的数据团队基础上,结合近期全局性人员岗位调整,在信息化岗位、数据管理岗位、税收风险分析岗位及有相关专业知识的税务干部中,再一次开展骨干选拔和组建工作,持续更新骨干团队,不断提高人才队伍的活力和创造力。

3. 常态化组织复合型人才培训。税收大数据体系的优化转型亟须"业务+技术"的复合型人才,因其特殊性相关人才队伍很难从外部引进,所以要采取"育"的方式,创造各种条件进行内外部专门的培训,在日常组织政策部门、信息部门骨干人才数据分析、构建模型等工作中大力培养挖掘,帮助成长成才。开展数据思维和计算机使用的全员培训,将数据思维和治理理念传递给税务干部,促使其观念转变并树立数据思维意识,形成通过数据发现问题和处理问题的习惯,促使税务干部在数字时代自我发展、自我活化,为其职业发展提供广阔舞台。

(作者单位:国家税务总局北京市顺义区税务局)

对当前县（市）局税收监管中的问题分析及措施建议

袁　镇　赵廷喜　陈小军

加强税收监管是税收"四精管理"的重要一环，也是深化和完善税收治理体系和治理能力建设的重要前提，更是实现以税收现代化服务中国式现代化的重要保证。因此，加强税收监管是当前税收管理的当务之急、重中之重。

一、清醒认识税收监管中存在的问题及原因

（一）从外部客观环境看

1. 纳税观念淡化与遵从意愿不足的问题。虽然历年来的税收宣传和税收管理使纳税人的纳税意识得到了很大提升，但仍有相当多的纳税人纳税观念淡化、存在侥幸心理、纳税意识不强、遵从意愿不足，纳税申报中的不报、少报、瞒报现象时有发生，偷税、漏税、欠税的行为反复出现，给税收管理造成了相当大的压力。

2. 经济增长乏力与盈利能力下降的问题。近几年来国际形势风云变幻、错综复杂，贸易鏖战不断升级、大宗材料价格上涨，世界经济遭受了前所未有的冲击，绝大多数企业普遍出现了生产销售急剧下滑、经营成本不断上升、经济效益持续下降的严重态势，更加剧了企业的负担，因承受能力的不足也导致部分企业想方设法规避和拖欠税收。

3. 信息获取较难与数据支撑不足的问题。尽管信息管税、以数治税管理理念和措施推进实施了多年，但现实工作中部门本位主义、工作配合不力、管理平台（系统）缺乏、信息交换很难、数据支撑不足的突出问题依然存在并且在短时间内难以改变。"巧妇难为无米之炊"，涉税数据的获取难题也直接影响了数据管税的实际效果。

（二）从管理体制机制看

1. 过多强调服务与忽视必要管理的问题。近年来营商环境建设被提到了前所未有的高度，出发点是简化审批流程环节、降低市场准入门槛，营造更加宽松的发展环境，但从客观事实来看，一方面，在目前纳税人纳税观念意识和遵从意愿信誉没有达到应有的高度、在管理体制机制和控管手段措施没有具备相应的条件（基础）的情况下，过早、过多地强调放开和服务而放松、忽视必要的管理和监督，势必会造成管理上的漏洞和缺失。另一方面，过于严格的营商环境考核指标也在一定程度上造成了执法部门的瞻前顾后、畏首畏尾和不能管、不敢管的尴尬局面，给一些不法分子提供了可乘之机，也给税收监管带来了巨大压力。

2. 税收政策宽松与监管机制滞后的问题。为了应对经济下行猛烈势头、保护市场主体渡过

难关，国家出台了大规模减税降费政策，放宽了新办纳税人发票申领和开具限制，推行了数电发票上线等一系列重大改革措施。在税收政策不断宽松、税收红利持续释放的同时，由于准备时间较短、事情十分紧急，与之相配套的税收监管的体制机制和细化措施没有及时跟上，存在一定的空档期、滞后性，不可避免地出现了一些管理上的疏漏和盲区，让一些善于投机、唯利是图的纳税人钻了政策的空子。

3. 管理方式欠缺与监管技术落后的问题。虽然多年来在深化征管改革、加强税收管理上的投入不断加大，也形成了一套有效的税收管理运行机制，但实事求是地说，随着我国经济的快速发展和市场主体的迅猛增长，现有的税收征管模式、管理体制机制、监管方式手段、管理系统平台、技术设施（备）支撑、管理业务技能存在着较大的不足和欠缺，已越来越不适应经济发展的形势变化、跟不上集团企业的节奏步伐，难以识别花样翻新的偷税手法。由于管理手段缺失和技术落后，很多情况下，基层部门和一线人员面对纳税人的一些风险疑点、异常指标往往是"有质疑而无依（证）据、心有余而力不足"。

（三）从自身主观因素看

1. 思想认识不足与监管责任不明的问题。虽然目前税收监管越来越受到重视，但在实际工作中，相当一部分税务人员思想上对加强税收监管的认识较为模糊和片面，普遍存在着对监管理念意识、主体责任、方法路径等认识不到位、责任不明确、思路不清晰的问题，分业务部门一定程度上存在着等待观望、被动承接、简单应付的现象，没有清醒地认识到分管领域和职能范围的税收监管工作是自己的职责所在、分内责任、应尽义务，没有切实履行好税收监管的自身应尽职责，缺乏税收监管工作的责任感和主动性。

2. 思考谋划不足与监管思路不清的问题。部分业务部门对分管领域内税收监管工作没有花费足够的时间、投入足够的精力进行认真思考和谋划，对税收监管中的问题梳理不清、原因分析不透、措施制定不实，缺乏税收监管工作的敏锐性、创新性。对税收监管不知道由谁来做、不知道怎么去做的困惑在一定范围内突出存在。少数业务部门对加强税收监管工作方法调研不深、思路不清，面对频繁出现的各类管理问题感觉力不从心、无从下手，以至于束手无策、听之任之，没能结合自身实际、紧盯问题短板、深入研究思考，制定系统性、针对性、有效性的税收监管措施来追根溯源、对症下药、靶向施策、精准发力。

3. 监管措施不力与监管质量不高的问题。少数业务部门在加强税收监管中一定程度上还存在调门高、表态多，行动少、落实差的现象，在思想和行动上还没有积极主动、自觉自愿地研究和制定切实可行、务实管用的针对性税收监管措施来破解工作难题、堵塞征管漏洞。基层税务分局在税收监管中一定程度上还存在着不负责、相互推，走过场、搞应付的现象，在思想和行动上还没有真正做到守土有责、守土负责，不折不扣、按时按质地完成上级下发的风险疑点、专项任务等各类监管事项。

4. 协作联动不多与监管成效不大的问题。多数业务部门在加强税收监管上仍停留在各自职责（业务）范围、习惯于部门（个人）单打独斗，业务部门之间加强相互协作、实施联动监管的配合意愿不强、配合次数不多、配合程度不高，没有全面树立系统思维、科学统筹的大局意识，没有有效形成部门协作、整体联动的监管格局，没有充分激发部门协作的整体合力和持续释放联动监管的叠加效应，直接影响和制约了税收监管的整体效能。

二、切实增强税收监管的历史使命和责任

每个职能部门、税务人员必须清醒地认识到加强税收监管：首先是做好当前税收工作的现实需要。随着"放管服"改革、营商环境建设、税收优惠政策的不断宽松、持续发力，税收监管面临的形势任务越来越重、风险隐患越来越多、工作压力越来越大，就当前税收工作现状而言，实行税收监管的实时化、常态化、精准化、智能化势在必行。其次是履行属地管理责任、做好分内监管工作的需要。属地范围内的税收监管是我们的职责所在、责任所系，既不能寄希望于上级，也不能指望他人；既不能等待观望，更不能任由它去，只有依靠我们自己，只有立即行动起来，做到守土有责、守土负责，尽好自己责、做好分内事、种好责任田，把税收监管工作摆在重要位置，真正落到实处。再次是堵塞征管漏洞、促进税收增收的迫切需要。在当前经济增长乏力、税源支撑不足、纳税遵从度不高、偷漏税现象普遍的严峻形势下，加强税收监管、堵塞征管漏洞、促进税收增收、提供财力支撑，更加积极地发挥税收的基础性、支柱性、保障性三大职能作用显得尤为迫切和格外重要。最后是夯实基础信息、强化税源管理的需要。近年来，在"无风险不打扰、无风险不下户"风险管理体制以及强调"还责与纳税人"的税收管理思想下，一定程度上放松了对纳税人必要的管理，对基础税源信息管理维护不及时、纳税申报质量核实把关不到位，加之纳税遵从意愿不强、企业盈利能力下降、税收控管手段有限等综合因素的叠加影响，基础信息、征管质量出现了不同程度的下滑，纳税人偷税漏税现象普遍存在，而要遏制这种现象的继续蔓延，只有落实属地分内责任、加强日常税收监管。

三、致力深化税收监管的针对措施及建议

（一）认真履行日常税收监管工作的主体责任

税收监管涵盖于税收工作的方方面面，融入日常税收管理的全部过程。税收监管事项范围与税务机构职责（能）分工高度一致、密不可分。因此，税收监管的主体责任毫无疑问是由各个税费种管理部门来具体承接担负并牵头组织实施，由各个属地分局全力配合和积极落实的。因此，各税费种业务主管部门务必做到：在思想上牢固树立起税收监管的责任意识。切实增强监管理念、强化监管责任落实，始终坚持履职尽责，主动切实担当作为，以舍我其谁的使命感、时不我待的责任感、只争朝夕的紧迫感，责无旁贷地坚决扛起税收监管的工作重任。在行动上切实担负起税收监管的主体责任。按照各自的职能定位和工作职责，针对目前监管中的薄弱环节和存在问题，结合上级要求和自身实际，制定年度监管计划和监管重点，以税收监管中心为基地和平台，牵头组织实施，集中抽调人员，开展税收监管。

（二）牢牢把握做好税收监管工作的关键要点

1. 坚持问题导向。各单位要坚持围绕问题、分析问题、解决问题，科学统筹谋划、全面梳理分析、整体稳步推进，紧盯当前税收管理中存在的突出问题、短板弱项、洼地盲区，制定切实可行、务实管用的有针对性、实用性、有效性的税收监管措施，着力解决当前困扰和制约税收精确执法、精准监管的难点、痛点、堵点等突出问题，破解工作难题、化解税收风险、提升

征管质效。

2. 坚持先行先试。各单位（部门）要深刻认识当前税收监管形势要求和工作任务，提升站位、找准方位、把握定位，毫不迟疑地打破习惯性固化思维和传统式管理方式，从管理方式、设施保障、技术支持等多层面对我市税收现代化建设进行理念重构和底层加固，实现以税收监管的现代化推进税收治理的现代化。在此基础上，针对问题短板，加强分析研究，立足自身实际，主动担当作为，率先探索出一套既简便易行又务实管用，既具本地特色又可复制推广的相关税收管理主题（事项）的税收监管新方式，确保税收监管工作有声音、有质量、有亮点，走在前、当表率、做示范，努力为全省税收监管工作做贡献。

3. 突出智慧智能。各单位要充分运用现代信息技术，推进信息技术与税收监管的深度融合，着力推进基于互联网、大数据、人工智能等现代技术深度运用的智慧监管，实现税收监管方式从"事项+流程"推送驱动转变为"数据+规则"智能驱动，实现由"人防"向"智防"全方位、高质量监管的转变。全面提升数据管税、以数治税的整体效能，全面展示智慧税务、智能税收建设的丰硕成功。

4. 加强源头管理。各单位要着力提高动态监测、实时预警能力，加强对日常税收工作中各种风险源头的实时监测和分析研判，做到及时发现、及时化解、及时处置，举一反三、对症下药、综合施策，尽最大努力把风险消灭在萌芽状态、限制在可控范围。

（三）切实增强履行税收监管工作的方法本领

1. 建立"吹哨"机制。各单位要开启"集智众创"模式，建立"吹哨"预警机制，切实增强基层岗位、人员风险感知的敏锐性，有效发挥职能部门、一线人员对区域范围内监管风险先知先觉的特殊优势，充分激发风险监管的能动性、积极性，主动发现风险、识别风险、报送风险，当好税收风险的"吹哨人"，努力形成人人主动参与、积极建言献策的税收监管工作新局面。

2. 加强信息采集。各单位要深刻认识信息管税、以数治税的极端重要性，强化外部门涉税数据的信息共享和数据交换，努力形成"内、外、联共筑一道墙"的税收监管共治新格局。

3. 强化技能培养。各单位要以税收监管中心为平台，通过组织培训、动手操作、实战演练、现场展示、竞赛评比等多种形式开展岗位练兵，着力培养和提高税务人员的税收监管能力。在此基础上，强化数据理念、培养数据思维、明晰数据效用，营造"我要学、我要用"数据的良好氛围，推动全局税务人员数据提取、数据应用、数据管税能力的全面提升。

4. 突出联动联控。各单位要建立内部间"上下协同、左右联动、内外协作"税收监管工作机制，打破系统、区域、部门之间的壁垒，加大统筹力度，强化融合意识，不断增强税收监管工作的系统性和协同性，形成税收监管的整体合力、倍增效应。

（四）全力提升全局税收监管工作的实际成效

1. 确立监管阶段目标。确立远期和阶段目标：按照省局税收监管统一部署，到2024年，税收监管数据支持中心进一步完善，标准化、规范化程度进一步提升，现代税收风险防控体系建设率先建成。到2025年，税收监管数据支持中心高质量运行，监管主体责任更加压实、风险研判能力持续提升、风险应对质效显著提高，现代化税收风险防控体系全面建成、全省领先。确立近期和年度目标：按照年度监管计划安排，各业务部门要按照各自的职能定位和工作职责，针对目前税收监管中的薄弱环节和存在问题，结合上级监管要求和自身工作实际，制定年度税收监管工作计划和监管重点，全年重点监管事项不低于10个，创成特色品牌不低于5个。

2. 开展监管主题活动。积极组织实施"税收监管年"主题活动，鲜明提出"向税收监管要税收、以税收监管促遵从"的口号，全力营造全面加强税收监管工作的浓厚氛围。在此基础上，着力推动和建立业务部门、属地分局间税收监管竞赛机制，积极倡导相互竞赛，充分激发内生动力，全面开展比学赶超，比谁发起的监管任务准、比谁制定的监管措施实、比谁取得的监管成效大、比谁形成的监管特色多，努力形成你追我赶、互促共进的税收监管新局面。实现以部门针对性监管质量的持续提升推动全局整体性监管效能的全面跃升。

3. 壮大监管实际成效。税收监管的目的是防范税收风险、堵塞征管漏洞、促进税收增收。在当前经济持续下滑、税源极为短缺、财力支撑不足的严峻形势下，各单位（部门）必须把提升和壮大监管成效放在更加突出的位置，树立全局上下一盘棋的思想，按照职责范围科学统筹谋划，锁定重点目标，全力实施监管，以部门精准监管的小切口求全局监管成效的大突破，确保全年全局税收监管成效超5亿元，贡献率达10%（全口径税收）以上。

（五）着力加强税收监管推进落实的评价考核

1. 坚持评价促进。监管工作领导小组要按月召开税收监管工作例会，编制发布监管效能评价报告，通报工作动态，提出问题建议，以"用数据、事实说话"的方式，科学评价监管整体效能，持续提升监管工作质效。

2. 加强绩效考核。征管、风险部门要根据年度监管计划、任务发起审批、进驻中心次数、工作推进情况、监管台账资料、实际取得成效、特色工作亮点等指标，研究制定一套切合实际、方便实用的税收监管绩效考核办法，加强考核力度，务实加以推进。

3. 强化督查督促。纪检督察部门要切实加强对税收监管工作的监督，建立常态化跟踪问责机制，既要发现税收监管存在的问题，更要剖析税收监管问题的成因，既要督促制度有效执行，更要推动制度高效运行，努力形成"服、管、督共织一张网"的税收监管联动新格局。

（作者单位：国家税务总局句容市税务局）

建立完善财行税税收共治体系
营造公平法治税收营商环境

何 磊 鲁思远

2021年3月,中办、国办印发了《进一步深化税收征管改革的意见》,锚定了到2025年构建"智慧税务"的目标,提出了"精确执法,精细服务,精准监管,精诚共治"的要求。《全市2023年财产和行为税工作要点》提出要"构建税收共治体系",结合我局财行税管理现状,本课题要以对外健全并强化与自然资源、环保、水利、公检法等多部门多税种征管协作和信息共享机制,对内加大对基层分局(所)的业务管理和指导力度,以充分体现社会参与、精诚共治的总体要求为出发点,探讨如何进一步完善税收政策反馈响应机制,及时发现并解决政策执行中出现的问题,从而更好地发挥税收职能作用,为税收服务中国化贡献力量。本文旨在通过介绍现有财行税、资环税税收协作机制,通过实地走访、电话联系协作单位及办税机构等方式,讨论目前税收协作情况及问题,并尝试提出相关建议。

一、实行税收协同共治的目的意义

党的二十大报告指出,以中国式现代化全面推进中华民族伟大复兴。税收协同共治是现代税收管理的一种重要理念,其强调各级政府、税务部门和其他相关机构之间的协作与配合,通过信息共享、部门协同等方式,实现税收协同精诚共治,维护公正的税收环境,更好地服务各类市场主体,共同推进税收征管工作。税收事业是关乎国计民生的重要事业,以税收现代化服务于中国现代化具有重大意义,税收协同共治是税收现代化的重要体现,主要有以下作用。

(一)维护税治公平,保障税收公平

通过多部门税收协同共治,有利于打破各部门间信息壁垒,使税务部门更全面、更深入地了解掌握涉税信息,从而更有效地进行税源征管、代扣代缴、执法宣传等各项工作,也有利于提高各方面人员的纳税意识,推动税收政策的普及落实。

(二)完善征纳流程,促进办税便利

通过多部门税收协同共治,有利于梳理现有征管漏洞,发现目前流程不足之处,优化办税流程,及时处理因部门沟通不畅导致的问题矛盾,抓好政策落实,服务经济高质量发展。

二、税收协同共治情况

以城固县税务局为例,目前城固县税务局已与法院、检察院、水利局、自然资源局等多部

门签订定期信息交换，初步建立了协同共治的工作机制，取得了初步成效。

（一）工作机制建立情况

1. 2021年11月16日，与城固县人民法院签署《涉税合作备忘录》（城税发〔2021〕47号），约定建立信息沟通和共享制度、建立良性互动联席会议和联络员制度、完善法院与税务联动长效协作机制等。

2. 2022年2月16日，与城固县人民检察院签订《加强税检合作工作协议》，约定建立联席会议沟通机制、建立工作联动制度、强化数据信息共享机制等。

3. 根据汉中市税务局与汉中市水利局共同发出的《关于进一步健全水资源税涉税信息共享和征管协作的通知》（汉税函〔2021〕4号）及《陕西省水资源税征收管理办法（试行）》等文件，城固县税务局与城固县水利局约定每季度结束后30日内向同级水利部门传递本季度水资源税征收入库信息等。

4. 2020年10月22日与汉中市生态环境局城固分局共同发出关于《进一步加强环境保护税征管协作的通知》（城税发〔2020〕56号），约定生态环保部门按在每季度初将新办排污许可证的企业信息（含企业排放的污染物信息）传递给税务征管部门，由征管部门下发给管理单位，管理单位及时督促纳税人进行税源信息采集，推进环保管理全覆盖等。

5. 耕地占用税方面，根据（汉财税办〔2022〕25号）文件要求，市、县两级应当实行同步涉税信息共享，采取政府信息平台、纸质或媒介媒体等方式，按月共享相关涉税信息。

此外，根据业务需求，还与房管局、住建局等外部门按需进行数据传递，同时其他业务股室也有同检察院、税保办等渠道签订协议进行信息交换的。

（二）工作开展取得的初步成效

1. 资源税方面：2020年，通过与县自然资源局进行沟通，掌握辖区内矿产资源开采企业名单，通过与系统内生产、销售砖瓦的企业进行比照，确定部分砖瓦厂虽无采矿许可证但仍在制作砖瓦销售，共涉及12户砖瓦厂少缴资源税。这12户企业名单中有9户企业同2020年市局第一批资源税风险应对任务核查名单相符，已补缴税款及滞纳金84812.19元（相关情况风险系统已复核）。其余3户企业，一户已停业，另两户补缴税款及滞纳金25483.88元。

2. 环境保护税方面：2021年，根据房管局等部门提供的建筑工程施工许可证台账，征收建筑企业施工扬尘环保税；2022年，根据汉中市生态环境局城固分局传递信息，城固县辖区内办理排污许可证企业46户，据此根据实际情况将除停工停产企业均纳入环境保护税征收范围。

3. 耕地占用税方面：县自然资源主管部门按时传递《陕西省办理占用耕地手续通知书》，明确耕地占用税纳税申报义务，建立健全耕地占用税部门协作机制和信息交换工作机制。县人民检察院传递履行公益诉讼监督职责中非法占用耕地等信息。

4. 契税房产交易方面：一方面，通过房管局等部门交换数据，系统判定纳税人相关减免情况，2022年10月起实行网签查询；另一方面，根据《全国税务机关不动产登记税费一窗办理业务指引（试行）》等规定，落实承诺告知制，同时将业务量较大的个人增量房存量房交易办理由办税大厅转移至不动产交易大厅，方便纳税人办理相关业务。

5. 水资源税方面：每季度结束后按时与水利局进行信息传递，并根据水利局反馈信息联系纳税人核实情况，进行水资源税补缴等，必要时进行实地联合调查取证。

三、税收协同共治实施问题

总的来说，财行税税收协同共治在税务部门主动作为、各部门积极协助下有序开展，初步形成了多部门协作、信息资源共享、税收管理强化的工作机制，但具体工作开展过程中仍存在诸多问题，其中的制约因素主要有以下几点。

（一）实际征管业务复杂，法律支撑薄弱

目前财行税方面在实际征管过程中，部分业务存在法律、法规规定不够明晰，部分税种税制调整缓慢，导致一方面纳税人存在因税法理解有误而缴税不足、报税不规范等问题，另一方面也导致税务征管存在一定空白，例如，农村房屋买卖是否享受契税优惠，土地增值税计税复杂、开发商在申请项目用地和规划时，地方政府普遍要求配套建设人才公寓等保障性住房，而现行政策对项目规划"红线"外的支出是否允许扣除，尚未明确规定等问题，给实际征管造成一定困难。

（二）组织机构不健全，协作缺乏统一领导

目前财行税税收协同主要依靠税务局与其他业务部门直接交流，缺乏以县一级政府为主的协调统筹，部分业务工作存在所需信息主要部门不明确，或是部门间信息交换不足，导致部门间协同不畅的问题。例如，耕地占用税办理流程需自然资源局提供《陕西省办理占用耕地手续通知书》等文件，但部分情况下自然资源局无法出具，需要纳税人、税务局、自然资源局之间重新沟通。

（三）协作机制不健全，信息交换碎片化

目前虽与部分业务单位形成定期信息交流协同办公机制，但仍存在以下问题：一是其他业务部门存在改制、部门重组、业务量加大工作人员不足等问题，原有协作机制无法正常开展，部门之间协作频次减少；二是与其他业务部门交流不够深入，信息交换成碎片化，数据质量不高，需多方面验证。

（四）信息化程度不高，联合机制效率低下

目前多部门信息交换主要以人工传递数据为主，主要通过 Excel 表格及人工询问等方式，虽然可以及时获得数据，但也存在数据核验缓慢、数据传递保密、信息交换难度稍大等方面的潜在问题，导致后续核查推迟，造成税款遗漏。

（五）部门协作缺乏激励机制，奖惩机制缺失

目前部门协作主要通过上级部门发文、平级业务部门签订协作协议、各方按需提供数据，根据实际问题进行部门协作，但也存在部门之间协作热情不高，缺乏交流协作的主动性，没有建立起奖优罚劣的绩效考评机制。

四、税收协同共治意见建议

深化税收征管改革是一项长远而艰巨的任务，"精确执法，精细服务，精准监管，精诚共治"是税收征管改革的终极目标，要建立精诚共治的税收协同共治体系，形成涉税部门共同营

造公平税收氛围的良好局面,为税收现代化服务于中国式现代化做出贡献。

(一)加强顶层设计,推进税制改革

要加快推进各项税制改革,推进立法化进程,减少因税法调整缓慢导致法律依据不清晰的问题,减少征管困难,不断加强与地方相关部门沟通协作,主动汇报,提升地方政府支持力度;积极推进税务部门信息化建设,提高工作效率和准确性,保障税收征管的精度和质量。

(二)加强组织领导,优化共治机制

建议建立以县级政府为主导的组织领导体系,统筹协调促进各部门加强协作,定期化解矛盾;通过开展联席会议等方式,交流各部门业务流程,明确工作所需数据及材料,确定好部门负责人、数据交流周期等,加快数据交流系统平台的建设,减少部门间因交流不畅问题导致的业务问题。

(三)加强协作机制,优化信息交换

探索更多协作方式,对内通过加强业务人员的业务培训力度及培训频次,通过传帮带、制定业务指南等方式做好岗位培训,组建纵跨层级、横跨区域的攻坚团队;对外积极主动交流,增加部门联席会议频次,共同探讨业务流程,加强税收宣传,减少部门要求差异导致的税费问题。

(四)加强信息化建设,提升协作效率

加快跨部门信息交换系统建设,积极运用信息化工具核验数据、发现风险,减少信息传递过程中不确定的风险,减少人为因素对协作的干扰。

(五)建立奖惩机制,提升干事热情

通过设立奖惩机制激发部门间的协作热情,提高干部主动性,对在部门协同间及时化解矛盾、优化协同效果、保证税款征收的单位个人提供一定物质奖励,同时对未按时按需进行部门协同的部门或个人进行及时沟通,必要时邀请县级政府化解矛盾。

(作者单位:国家税务总局城固县税务局)

流量经济商业模式的直播行业税收监管研究

国家税务总局镇江市税务局稽查局课题组

一、网络直播行业税收监管的研究背景及发展现状

数字经济催生新业态的背景。当今社会，网络直播成为新型网红经济，信息时代为网络直播行业的发展提供了机会。近年来，我国网络视听泛娱乐传播形式兴起，商家和网络博主利用互联网提供直播表演，进行视频营销，与用户实时互动，通过关联团购、礼物打赏等形式实现网络流量变现。新经济中直播行业的盈利模式和财务数据构成均发生了显著的变化，传统的税收征管和税收治理面临巨大的挑战。为促进新业态新模式发展，2020年9月国务院办公厅发布《关于以新业态新模式引领新型消费加快发展的意见》，鼓励实体行业通过直播电子商务、社交营销开启"云逛街"新模式，网络直播行业实现了快速发展。与此同时，部分从业人员偷逃巨额税款现象频发，依法加强税收监管刻不容缓。税务部门在利用大数据加强对网络直播行业主播税收监管的同时，有必要加强税法宣传和教育，为网络直播行业的发展营造良好的税务营商环境，促进网络直播行业健康有序发展。

习近平总书记曾指示，数字经济需要在发展中规范，在规范中发展。规范网络直播行业的税收秩序和税收监管，也是新经济新业态发展不可忽视的内容。一个行业不断规范的同时，有关部门的监管也在不断加强。而税务部门不断公布网络主播偷税逃税的案件，也释放出国家对网络主播行业的严管信号。偷逃税案件处理结果警醒网络主播们要学法懂法，依法诚信纳税，纳税筹划应该系统合法，在信息化大数据时代，任何心存侥幸的偷逃税行为都将遭受惩处。国家税务部门治理网络主播偷逃税是一项系统工程，不仅需要短期的重典治乱、猛药去疴，更需要完善税收法律制度、税收征管手段信息化、案件查处公开曝光化，加强税法宣传教育，提升网络主播纳税遵从等措施，建立长效机制，加固、织牢防范网络主播偷逃税的"天罗地网"。

网络直播带货的概念。网络直播带货，顾名思义是一种"直播+带货"的新型电商模式，它作为直播电商的一种形态，近年来逐渐兴起，其发展模式也日趋成熟。网络直播带货产业链涉及品牌方、直播平台、直播工会和带货主播等多方参与主体。品牌方即供货方，直播平台主要包括抖音、快手、淘宝、京东等主流平台。直播工会则是为网络直播活动提供策划、运营、主播培训等服务的机构，类似于培养明星的经纪公司。带货主播则是直播营销人员，通过直播平台为品牌方向社会公众以直播解说并与消费者互动的方式销售各种商品。网络直播带货更具有直观性，使消费者足不出户就能在线上享受专业的导购服务，购买到自己想要的商品。网络

直播带货打破了时空界限，销售方与购买方实时互动，极具观赏性和在场感。

我国网络直播行业发展现状。2016年直播行业进入发展成熟期，网络直播用户规模达到3.25亿，这也为同期处于萌芽阶段的直播带货奠定了坚实的基础。纵观直播带货的发展历程，至今已经经历了兴起、迅猛增长、几何级数增长、标准化管制等阶段。据CNNIC、中商产业研究院的统计数据，截至2021年6月，我国互联网即时直播的使用用户人数累计达到6.38亿，同比增长7539万，占全体网民的63.1%。其中，网络电商直播的用户数量达到3.84亿，较上年同期增加7524万，占到全部网民的38.0%。同时，在新冠疫情期间，在各地产品流通渠道完全恢复之前，各地方政府纷纷采用直播带货的方式为当地的特产进行直播营销，创下了不少直播带货的营销纪录，拉动了当地的经济发展，从而解决了各地产品面临的滞销问题，直播带货为疫情时遇到的产品滞销难题提供了一个良好的解决方案。直播带货的兴起也带动了相关上下游产业的发展，由于直播带货营销涉及的产品种类繁多，用户群体庞大，故而依靠直播带货形成了一条从生产到销售的产业链。可以预见，直播带货行业正在走向正规化与专业化，直播带货在未来持证上岗也将成为一种新趋势。

二、网络直播行业涉税情况分析

（一）直播带货行业主播的劳资与收入关系

1. 主播与经营者的关系。根据主播与经营者的关系，可以将网络直播带货分为三种模式，自营式、他营式和公益式带货。自营式是指主播同时担任销售者和主播两种身份，即为自己的产品带货。他营式是指主播受聘为经营者带货。此时，主播与经营者签订合同并由经营者给予主播佣金，双方可能存在劳动关系或劳务关系。公益式是指由政府人员或者新闻主播为经营者进行带货，此种模式通常是销售农产品，具有一定的公益性质。

2. 主播与平台的关系。实践中，主播与平台通常存在三种模式：一是平台消极模式。平台只是为主播提供直播的房间，不参与主播的其他行为，即平台是一个服务提供者。二是主播与平台合作模式。这种模式下，平台不仅为主播提供直播间，同时也会参与主播的直播行为，如帮助主播进行信息推广等。三是主播与平台签约模式。平台培养主播，并进行直播。在这种模式下，平台不仅是中立的服务提供者，也可能具有经纪公司的性质。

3. 平台与经营者的关系。平台与经营者的关系受到平台行为的影响。如果平台只是为经营者提供介绍其产品的场地，此时，消费者并不会在该平台下单，只能跳转页面到其他销售平台，那么二者之间仅仅是单纯提供服务的关系。如果平台既为经营者提供介绍产品的场地，又为其提供下单的场地，也就是消费者可以直接在该平台上下单进行交易。此时，平台的行为会影响对其法律属性的界定。

（二）直播带货主播的收入来源及应税收入类型

1. 带货主播的收入来源。网络直播带货行业四大主体中，网络主播主要涉及个人所得税的申报与缴纳。主播的个人所得主要包括工资薪金、销售提成、销售佣金、坑位费、打赏收入。工资薪金和销售提成，顾名思义，就是主播作为商家、直播平台或直播工会的员工所获得的收入和业绩奖励。销售佣金，是品牌方在直播带货发生时支付给中间人的报酬，即支付给平台或者直播工会，后续主播与直播平台、直播工会再按照协议约定进行分配。销售佣金是品牌方按主播直播带货销售额的一定比例进行分成，具体比例由品牌方与直播工会或个人主播协商确定，销售佣金费率一般在20%~40%。在实际利益分配时，品牌方直接根据成交额和约定的佣金费率自动扣减销售佣金，后续由直播平台、直播工会及主播根据平台规则或协议约定进行再分配。坑位费，字面理解就是占位需要付的钱，也称服务费或发布费，也就是商家需要给主播坑位费，主播才会把商品上架，与主播直播带货销售额无关，是按每场直播活动时间收取的固定费用。不同的主播在直播界名声和地位不尽相同，所以每位主播收取的坑位费也不同，一般从几万到几十万，具体金额由品牌方与直播工会协商确定，在直播活动开始前品牌方就会向主播或者直播工会支付坑位费用。坑位费的多少取决于商品在直播间销售的顺序，每场直播商品都有顺序排列，越靠前越容易被观众看到，随着直播时间的延长，在线观看直播的用户会越来越少，因为会产生听觉疲劳，因此越靠后越不利于商品销售，所以，商品位置越靠前坑位费越多。粉丝打赏，是在直播过程中，粉丝通过平台进行充值，购买火箭、爱心等虚拟物品对主播进行打赏，该收入一般在主播和直播平台之间进行分配。

2. 带货主播的应税收入类型。根据以上主播的收入来源和收入性质，主播的个人收入主要分为工资薪金所得、劳务报酬所得、经营所得和偶然所得四种类型。工资薪金所得是指个人因任职或者受雇而取得的工资、薪金和奖金等与任职或者受雇有关系的其他所得，也就是个人与其他单位存在雇佣关系，进行非独立的个人劳动活动。主播受雇成为商家签约主播，作为公司员工通过公司提供的直播账号进行直播带货。所以主播提供直播带货服务获得的工资底薪、销售提成和观众打赏分成所得都属于"工资薪金所得"，由商家代扣代缴个人所得税。同样，主播任职于直播平台，其获得的工资底薪、销售提成等收入按照"工资薪金所得"缴纳个人所得税，由直播平台代扣代缴个人所得税；主播受雇于直播工会，其收入也属于"工资薪金所得"，由直播工会代扣代缴个人所得税。此时主播获得的收入均为工资薪金所得，应该按照3%到45%的七级超额累进税率来缴税。劳务报酬所得是个人独立从事劳务取得的所得，个人与单位没有雇佣关系，独立从事劳务活动，一般比较自由，没有固定的工作时间和地点。独立主播和直播平台或者工会是非雇佣的独立劳务关系，所以其取得的收入属于劳务报酬所得。直播带货活动结束后，商家和直播工会首先就直播带货产生的销售收入按照协议内容进行分成结算，然后主播与直播工会再按照二者之间的协议进行结算。主播因提供劳务得到的销售佣金、坑位费、打赏收入等应按"劳务报酬所得"项目计征个人所得税，由直播平台代扣代缴。主播应邀到直播平台进行直播，由直播平台向独立主播支付的报酬属于"劳务报酬所得"，由直播平台代扣代缴独立主播的个人所得税。经营所得是个体工商户从事生产经营活动取得的所得，个人独资企业或合伙企业投资经营所得，依法从事办学、医疗、咨询及其他有偿服务活动取得的所得。主播成立个人工作室、个人独资企业或合伙企业，直播带货所获得的收入属于经营所得范围，所获得的所有收入均按照"经营所得"缴纳个人所得税，不再经由直播平台或工会进行代扣代缴，由工作室独立申报缴纳。采用5%~35%的5级超额累进税率，年度终了后在次年的3月31日前进行汇算清缴，既可查账征收，也可核定征收，但只有在无法查账征收时，才可进行核定征收。偶然所得是指个人得奖、中彩等具有偶然性质的所得，独立主播获得的观众打赏收入属于偶然所得。根据支付给主播报酬单位的不同，由直播平台或工会代扣代缴，按偶然所得缴纳20%的税款。

3. 网络直播行业税收征管现状。网络主播的收入依靠网络用户和直播内容，进一步造成了收益的高波动性，收入来源多样，收入取得的方式多样，收入支付方式多样，代扣代缴主体模糊，加大了税务机关提取收入信息的难度，对个人所得税的征管存在很大的困难。直播带货行业具有强虚拟化、高流动性、电子化等特点，纳税人的真实身份与网络空间的虚拟身份存在差异，征纳双方出现信息不对称，导致税收监管存在盲区。主播的工作场所不固定、工作方式不固定、收入结算也不固定，可能通过支付宝、微信、银行卡、现金等各种方式取得收入，因此税务部门仅仅依靠银行系统监控主播的收入，很难掌握主播的真实收入，目前税务部门要申请对个人的支付宝、微信等收入平台调取数据审批手续非常复杂且效率不高。我国目前的网络直播行业采取的结算方式多种多样，比如，斗鱼平台是主播承担税费，鱼丸每个月结算一次；yy平台则是主播收入超过 800 元时需要扣税，扣税后的收入再支付给主播；网易平台则是收入日结免税，月结需缴税。目前的网络直播平台数量巨多，当每一个平台都采取不同的结算方式时，直接导致税务机关在征管环节困难倍增。且主播个税代扣代缴义务主体模糊，各主体之间相互推诿、掩护，导致税款流失严重，这是由于网络直播平台、网络主播、网络公会之间没有形成稳定统一的关系。

三、网络主播个人所得税流失典型案例分析

（一）案例介绍。孙自烜，网名帝师，是企鹅电竞平台的户外主播，名下有上海自烜文化传播工作室，该企业已于 2020 年 6 月注销，另外他还在南京运转堂贸易有限公司从事监事，该企业注册资本 5 万元，孙自烜持股 20%。孙自烜的收入主要来自平台佣金、直播打赏、带货收入三个部分。根据国家税务总局税案通报，北京市税务局第二稽查局通过税收大数据分析发现孙自烜涉嫌偷逃税款，在相关税务部门的配合下，对其开展了税务检查。经过检查发现，孙自烜在 2019 年至 2020 年，没有依照法律规定办理纳税申报，少缴个人所得税 197.86 万元，借助中间公司隐匿个人取得的直播打赏收入，偷逃个人所得税 220.12 万元，少缴其他税费 34.76 万元。在税务部门立案后，孙自烜仍心存侥幸，不配合调查，不提供实际情况，在税务部门掌握相关证据后，才承认存在的问题。北京市税务局依据相关法律法规，对孙自烜追缴税款、加收滞纳金并拟处罚款，共计 1171.45 万元。其中，对其未依法办理纳税申报、少缴的个人所得税 197.86 万元，处 1 倍罚款共计 197.86 万元；对其借助中间公司隐匿个人收入，偷逃的个人所得税 220.12 万元，处 2 倍罚款共计 440.24 万元。

（二）案例分析。从网络主播孙自烜偷逃税款的案例中不难发现，通过设立中间企业隐匿打赏收入是偷逃个人所得税的主要手段之一。孙自烜作为独立的网络主播，他取得的打赏收入属于劳务报酬，按照累进税率预扣预缴个人所得税，在年终汇算时申报缴纳综合所得。根据孙自烜的收入水平，其劳务报酬应以 40% 的税率预缴个人所得税，45% 的税率缴纳综合所得，而注册成立一家性质为个人独资企业自主经营的工作室，以核定征收的方式申报、缴纳税款，核定征收的综合税点最高在 4.5% 左右，以 100 万的年收入来计算，原本应缴纳的 30 多万元的税款，通过该方式只需缴纳 4.5 万左右，较高的税款让其想方设法降低税基，提高自身收益，加上社会上存在一些通过帮助网络主播设立核定征收方式的个人独资企业减少缴纳税款的机构，为想

要偷逃税款的网络主播创造了条件。这一现象反映出税务机关对头部主播成立个人独资企业的行为要加大关注，防止网络主播们通过成立个人独资企业的方式，分摊自身的大额劳务所得为企业经营所得，以此达到偷逃税款的目的。税务机关定期对主播成立的个人独资企业进行核查，防范国家税款流失。

四、网络主播个人所得税税收征管存在的问题及对策

（一）网络主播个人所得税税收征管存在的问题

1. 课税规则与直播行业飞速发展不匹配。随着平台经济的快速发展，企业发展运作方式发生了变化，更多的是信息和信息的跨空间流动。然而，传统的税务法规无法适应网络主播这个特定的纳税主体。现行个人所得税对工资收入、劳务报酬收入和经营收入实行了不同税率，但是没有对劳务报酬收入和经营收入进行精确的区分。近年来出现的一些直播平台从业网络主播的逃税行为，就是通过这种方式改变其收入属性，从而规避纳税义务。一方面，对于网络主播来说，其收入构成十分复杂，既包括了传统的直播平台的工资，也包括了来自粉丝的打赏。然而，由于目前国内的税法和有关的法律都没有把粉丝的打赏列入税务的征收范畴之中，所以对粉丝的打赏应该按照哪种方式来进行征税，就产生了不同的看法。当前，由于对主播群体收入的税收规定不清，导致了主播群体个人所得税税款的损失。有些主播能够在参与一些线下活动中，从组织者那里得到大量的报酬，这些报酬可以采用现金或实物支付的方式，因此，税收部门对这些主播的收入属性难以确定，成为网络主播进行税收征收管理的另一大难题。另一方面，在获得收益之后，有些主播会隐藏自己在直播中获得的提成，以进行虚报来逃避税收。还有一些情况是，在主播建立了一个个人独资的公司之后，将自己的劳动报酬转变为公司的经营收益，进而进行了虚报，以逃避税收。

2. 涉税信息不对称导致涉税信息溯源难度大。在平台经济的背景下，网络直播平台拥有庞大的数据处理体系，但是这些数据很难向税务部门公开，从而使税务部门难以获取到准确、高效的税收信息。此外，这些平台还发展出自己的付费体系，通过自己独占的优势推广，为与客户之间的贸易打开了一条更为隐蔽的渠道，从而避免了常规的贸易模式而受到国家的监督。即便国家能够利用行政强制手段对拥有大量交易信息的数码公司实施税收审查，但这些公司也能够利用自己的尖端技术对某些信息进行保密。因此，目前在数据信息上存在着较高的透明度问题，税收征管体制与税务机关之间也存在不对接等问题，这些问题已经成为我国在强化主播个人所得税征收管理方面的阻碍。目前，我国税务部门在对个人所得税进行监督管理时，面临着有限的资料收集途径。税务管理部门与纳税人之间存在信息不对称的现象，导致税务部门只能被动地依靠纳税人的预提和申报数据，缺少其他可靠的渠道积极获取更多关于纳税人的真实涉税信息。同时，由于不同部门间沟通不畅，使得不同部门无法有效协同工作，从而也给税务部门征管工作带来了很大困难。

3. 网络主播纳税遵从度低。网络主播自行申报率较低，随着直播行业的快速发展，越来越多的自然人进入这个领域，从业人员也越来越多。然而，由于准入门槛较低，一些直播平台的税务意识相对较弱，他们不了解有关税收的法律法规，也没有清晰地了解如何缴纳税款。同时，

对于网络主播群体来说，个人所得税的纳税金额会直接影响主播的可支配收入，这与互联网直播平台的短期利益密切相关。许多主播抱有侥幸心理，认为他们的收入来源广泛、形式多样，透明度较低，被查处的可能性低。税务机关目前的征管方式还不能全面了解网络主播群体全部的收入来源和形式，这可能导致监管结果不够准确，自动申报难以有效实施。因此，在个人所得税申报时，可能出现虚报或漏报的情况。

（二）加强我国网络直播行业税收征管的对策建议

1. 完善税收征管法律体系。根据目前发生的主播偷逃税款的案例来看，偷逃税款的方式一是隐匿收入，另一个重要手段就是利用模糊概念转换收入性质。从现行的立法来看，需要更精确地区分劳动报酬和经营所得，以避免网络主播利用界定不清的情况进行收入转移，从而达到避税的目的。此外，我们还需要探讨"打赏"所得的定性。目前，关于网络主播获得的打赏收入的属性，并没有一个确切的结论。一些人认为，该收入应该归属于劳动报酬所得，而另一些人则认为这是一种偶然所得。因此，我们应依据直播平台与网络主播之间的合作关系进行界定，以弥补这一法律空白，并降低逃税的可能性。此外，现行的《中华人民共和国税收征收管理法》和《中华人民共和国个人所得税法》只是对逾期纳税、逃税等行为作出了相应的规定，给了行政执法部门很大的自主权。因此，应在相关的法律和政策中，对网络直播展开分级和分类的管理，并根据网络直播的不同级别，对其征管方式、税款缴纳、纳税地点等方面进行规定，这将有助于提高税收部门的执法效率。

2. 利用互联网信息技术加强税收监管。基于网络直播带货行业的虚拟性、隐蔽性等特点，可以充分利用云计算、大数据等现代信息技术，实时监测主播、平台的网上交易数据。进一步强化对直播带货行业的税收监管。实行信息化税务登记机制，要求纳税主体进行纳税登记。主播相关信息发生变化时，应及时向税务机关申请变更，保证税务登记的及时性与完整性。建立电子税务登记制度，加强税务机关之间的数据信息共享，为税务征管提供便利。另外，建立主播分类分级管理制度。对不同的纳税主体、不同的征税客体用不同的纳税规则，为主播、平台提供明确的纳税导向，同时也有助于税务机关对其进行税务监管，为网络直播带货行业的发展营造良好的税收营商环境，维护国家的税收公平。

3. 营造个人所得税纳税遵从环境。目前，我国直播行业准入门槛较低，主播们特别是网络主播的综合素质较低，纳税意识薄弱。所以，有必要由有关部门对有关从业者展开税法知识的宣传，从而提高其对税务征收法律法规的认识。在此基础上，通过对新媒介行业中的直播平台和其他有关工作人员进行法治教育，加强他们的法治观念，使他们更好地遵守自己的纳税义务；它还可以促使网络主播们担负起他们的社会责任。同时，要加大对文化娱乐、新传媒等有关工作的税收征缴力度，不要让互联网成为法外之地，不要让像直播这样的新产业成为税收"灰色地带"。

课题组组长：匡　鹏
课题组成员：吴月芳　孟丽冬

深化税收征管改革背景下以税费大数据服务提升国家治理效能的探讨

国家税务总局广州市越秀区税务局课题组

一、税费大数据总体情况

大数据时代，税费大数据是现代税收治理的重要资源和发展动力，在为科学决策提供参考、实现精诚共治协同治税、推进高质量发展等方面发挥了重要作用。

税费大数据更倾向于宏观概念，是税务部门在税收征管过程中，对各类涉税数据进行有效采集、整合、挖掘、分析并加以实践应用而形成的，是真实经济业务的映射。从数据来源及获取渠道出发，可以将其分为税收征管数据和第三方涉税数据两大类。

我们发现，税费大数据中大部分来自纳税人主动报送的涉税数据和财务数据，是一个个市场微观个体的数据，与传统的统计年鉴或典型、小量抽样数据相比，税费大数据在政府治理中的优势更为突出，其具有颗粒度更小、准确度更高、时效性更强、代表性更强、覆盖面更广、利用价值更大等特点。因此税务部门可以在微观层面及时分析单个经营主体的经营发展情况和生命周期趋势，以提供更精细的纳税服务和更精确的监督管理；也可以在宏观层面通过足够大的样本量来预测市场经济发展态势，为当地政府提供更科学精准的决策参考。

二、税费大数据服务国家治理的现状

（一）我国大数据应用的发展建设

1. 大数据应用的背景

党中央、国务院高度重视大数据的发展和应用。党的十八大以来，以习近平同志为核心的党中央高度重视大数据应用和网信事业发展，形成了网络强国的重要思想，做出了建设数字中国的决策部署，提出"要运用大数据提升国家治理现代化水平"。习近平总书记强调"要建立健全大数据辅助科学决策和社会治理的机制，推进政府管理和社会治理模式创新，实现政府决策科学化、社会治理精准化、公共服务高效化……要充分利用大数据平台，综合分析风险因素，提高对风险因素的感知、预测、防范能力"[①]。

党的二十大报告指出，要健全国家安全体系，强化网络、数据等安全保障体系建设，完善

---

① 习近平主持中共中央政治局第二次集体学习［EB/OL］. 中国政府网，2017-12-09.

国家安全力量布局，构建全域联动、立体高效的国家安全防护体系；要加快网络强国、数字中国等方面的建设，建设现代化的产业体系。

广州市越秀区则提出，要围绕"高标准高质量建设老城市新活力引领区、打造高能级国际大都市核心区"的目标定位，以推动"十个求突破、走前列"，谱写中国式现代化越秀新篇章。

以上的发展要求离不开科技创新的发展，也对大数据的发展和应用提出了更高的要求。

2. 国家信息平台建设现状

围绕政府治理和公共服务的紧迫需要，以最大程度利企便民，让企业和群众少跑腿、好办事、不添堵为目标，2017年国务院办公厅印发了《政务信息系统整合共享实施方案》，提出了加快推进政务信息系统整合共享、促进国务院部门和地方政府信息系统互联互通的重点任务和实施路径。方案实施以来，各层级上下协同不断强化大数据共享平台建设，国家层面有全国政务信息共享网站，省级层面有广东省数据资源"一网共享"平台，越秀区级层面则是越秀区数据中心系统。

3. 现有的制度保障

为进一步加强税费大数据应用管理，规范数据提供和获取流程，厘清各部门责任义务，充分保障数据安全，上级先后出台多份税收数据保密及对外提供相关文件。数据共享实际工作中主要参照的文件有《国家税务总局关于印发〈纳税人涉税保密信息管理暂行办法〉的通知》（国税发〔2008〕93号）、《国家税务总局办公厅关于印发〈税务总局机关税收数据供应工作规程（试行）〉等制度的通知》（税总办发〔2020〕24号）、《国家税务总局关于印发〈税务工作秘密管理暂行办法〉的通知》（税总发〔2021〕29号）等。

（二）税费大数据体系建设情况

大数据是"金山银山"，税务部门强调要加强数据体系整体建设，提出税费大数据"供要管用"四大体系。其中，要数体系和管数体系是基础，分别解决"有没有数"和"数好不好"的问题；供数体系和用数体系是关键，分别解决"供别人用数"和"自己用好数"的问题。从服务提升国家治理效能的角度，本文主要探讨的是"供数"和"用数"问题。

1. "供别人用数"情况

税费大数据有效推动构建税收共治新格局，主要体现在数字政府建设框架下，高效快捷地实现各类涉税数据互通共享。在安全规范和隐私保护的规范下，形成多层级、多部门和多环节的数据共享，与外部门形成数据的互联互通，共同服务于国家社会治理。

以某区税务局为例，税费大数据共享主要包括两方面，一是按照机制与外单位定期开展数据共享，2023年，向区政数局提供多批次逾20万条涉税数据，为助力区域经济发展、为政府决策贡献了税务智慧。二是应外单位来人来函涉税信息查询需求提供数据，2023年，为区统计局、财政局、发改局等外单位来人来函核查提供涉税数据逾50万条。

2. "供数"特征分析

分析发现，数据共享服务对象主要包括政务服务数据管理局、统计局、财政局等区属各单位，同时其还为人民法院、人民检察院和公安机关等司法机关的查询需求在职责范围内予以支持。数据共享用途主要包括对纳税人经营情况和税收情况开展分析、开展安商暖企工作、司法机关办案需要，以及服务领导决策需要等。数据供应工作加强了税务部门与区属各单位的沟通交流，打通部门间数据壁垒，有效推动了各部门工作的开展。如为区统计局会统工作、财政局税收分析工作、商务局暖企工作、司法机关办案等工作提供涉税涉费数据支持。

3. "自己用好数"情况

以某区税务局为例，积极探索第三方数据应用，获取外部门数据高效开展税收管理和服务，近年来形成了一系列数据应用案例。包括但不限于：

（1）从市场监督管理部门获取登记信息，当一照一码户首次办理涉税事宜时，税务机关依据市场监督管理部门共享的登记信息制作《"多证合一"登记信息确认表》，避免信息重复采集。以2023年为例，该区新增涉税市场主体近3万户，同比增长16.32%，通过大数据应用，为大量纳税人减轻了负担。

（2）区商务局、区安商办等部门定期或不定期发送重点税源或重点关注企业名单，与区政府和各部门联合开展暖企安商，为该区税源培植、巩固重点关注企业提供个性化精准服务，持续融入地方治理格局。以2023年为例，该区安商办发起多次外迁预警，开展联合上门走访，成功挽留多户年纳税额500万元以上的企业，涉及税收总额近10亿元。

（3）对接广州市税务局首席数据官，首创"攻城拔寨"项目涉税辅导机制，做好项目动态调度。2023年选取117个"攻城拔寨"重点项目，联合局属各部门做好项目的纳税辅导，实行项目台账管理，送政策下企业，使政策红利直达企业。

（4）从市规划和自然资源局调取房地产登记信息数据，利用税务内部系统资源，对数据进行全面分析，通过系统查询、案头分析、实地调查等方式，对上万条未申报疑点数据进行核实，查漏补缺，2020年至今查补房土两税合计超千万元。

4. "用数"特征分析

分析发现，区税务局获取外单位数据对象主要包括市场监督管理部门、区商务局等政府部门，主要用于纳税人登记信息管理、暖企安商、税源培植，巩固等。从用数效果分析发现，大数据应用有利于税务部门精准施策做好服务，加大暖企安商力度，服务区域经济、税源培植，巩固发挥税收职能作用。

三、税费大数据服务国家治理的挑战分析

（一）制度保障不完善

大数据的开放共享是大势所趋，但在部门与部门之间，因各自立场和现有规章制度限制，部门与部门之间仍存在较大的数据壁垒。2023年2月，我国《数字中国建设整体布局规划》已发布，但是关于数字政府建设、数据共享等方面的法律法规尚未出台，各数据持有方权利义务不明确，如何在确保信息安全、保护隐私的情况下实现税费数据共享仍有待探索。

（二）仍存在信息孤岛和壁垒

通过前文分析，税费大数据具有共性也具有个性，与数据质量的高要求相伴的是数据获取过程的高成本，存在着较大的信息孤岛和壁垒。

1. 数据权限限制，可获取性不高

因数据安全管理要求，在税务机关内部对数据开放的程度也受到层级限制，许多数据未对基层税务机关开放，如"税郡通"等大数据应用仅限于市级及以上层级使用、跨区域数据无法查询等。数据权限的限制，一方面直接影响基层税务机关征管工作的有效性和准确性，智能治理难；另一方面也间接影响了服务县区级地方政府的治理效能，无形之中增加了信息壁垒。

2. 数据复用性不高，整合度有待加强

对于从外部获取的第三方数据，当前更多的是数据需求提出部门单部门甚至是单次使用，复用性不高，基本还未实现将第三方数据整合后嵌入税务系统，供各部门使用的智能化功能。同时，当前税务部门日常征收管理需用到金三系统、增值税发票税控2.0系统、增值税异常凭证系统、电子底账系统等，操作系统繁杂，各系统数据不连通，同一系统内不同模块更是连支持的浏览器都不一致，导致数据零散、碎片化程度较高。

3. 用数情况问效不足，闭环管理欠缺

目前，税务部门的用数情况跟踪问效机制暂未完善。在供数方面，存在重"供数"轻"问效"的情况，外单位获取了大量的税费大数据后，其通过数据应用在政府治理中产生的成效，税务部门暂时无法实现跟踪和后续闭环管理；在用数方面，税收政策实施落地后的政策效应分析研判不足，如市场经营主体享受留抵退税、研发费用加计扣除等各类税收政策后，具体成效暂时还不能准确分析研判，故而用数问效暂未形成闭环管理。

（三）数据应用智能化不足

目前，税务部门对大数据应用主要停留在风险模型触发后人工应对的事后风险管理阶段，过度依赖税务人员经验及业务水平，未形成多税费种全生命周期智能分析，容易造成管理"空窗期"。而对于将大数据应用于个性化税收服务、自动提醒企业享受政策优惠、智能审批、事前事中智能自动阻断风险等基层实际工作方面的较少，导致大数据的管理效能未充分发挥。

（四）大数据人才需求大，存量不足

无论是数字政府建设，还是推进税收数字化转型，都需要一批懂业务、熟数据、会技术的复合型税费大数据现代化人才。当前税务系统的干部队伍仍无法完全适应深化税收征管改革、构建税费征管新体系的要求。大数据人才强调的是综合性和复合性的能力，需要一个持续的培养过程和具有创新性的工作环境，但目前在个别单位和部门存在"重使用、轻培养，重学历、轻能力"等观念。

四、国外税务机关税费大数据服务国家治理的实践

欧美发达国家在长期发展中已经在数字政府、以数治税方面进行了不少探索，积累了许多先进经验。国外政府相关经验在一定程度上可以为我国提供有益借鉴。

（一）规范的制度建设

以美国为例，2009年奥巴马政府强力推动"美国开放政府数据行动"，并颁布《透明与开放政府备忘录》《信息自由法案备忘录》；美国行政管理和预算局颁布《开放政府指令》，其实

施更是为开放政府数据提供了强有力的法律保障。

根据美国国内收入法典,美国从立法层面推动个人信息报告制度,制定法律法规明确第三方如银行等申报涉税信息的义务,构建一个立体的信息来源,防止信息孤岛和漏洞。海外账户税收合规法案(FATCA)要求外国政府准许各国金融机构向美国国内收入署(IRS)提供美国纳税人的海外资产数据,同时也要求纳税人在海外资产超过一定门槛时进行申报。该法案2014年生效运行,已有113个国家与地区加入。

(二)有效的机制保障

一是专职信息技术部门和专职技术官员。美国国内收入署(IRS)设立专职信息技术司,设有一名专职主管税务信息化建设的副局长并兼任首席信息官,还组建专门的数据分析团队。二是统一的数据开放平台。美国2009年上线的全国统一的政府信息公开门户网站data.gov,包含一千多个如税收支出报告、使用计划等核心税务数据集,供公众免费下载使用。三是高程度的数据共享机制。美国全国统一的自然人税号制度会直接影响自然人在银行开户、享受社会保险、签订交易合同等,增加了税务机关获取信息的便利性和丰富性。

(三)突出的应用成效

一是优化纳税服务体验。新加坡国内收入局与第三方建立伙伴关系,纳税人端可通过接口从第三方会计软件中提取财务数据,并基于预定规则转化为税务数据,自动生成企业所得税申报表和相关附属资料。二是提高纳税遵从度和风险防控水平。据IRS统计,实行代扣代缴和第三方信息报告的收入。第三方信息报告有利于提高诚信纳税人的申报效率,也有利于从源头上遏制不诚信纳税人的逃税行为。

五、税费大数据服务国家治理的建议对策及建议

(一)推动制定完善政策法规,优化应用系统

就通过应用税费大数据服务国家治理效能提升而言,能够被有效获取是重要基础和前提。一方面,以协同共治为目标,形成完备的数据开放应用的法律体系,保障数据应用有法可依;探索推动税务、市场监管、证监会、银行、互联网交易平台以签订合作协议形式,明确权责,推动数据互联互通。另一方面,要打造统一的税费内部系统和外部开放共享平台,一是对现有操作系统进行简并,适度开放数据权限,提高数据治理效能;二是整合并推广使用政府部门间的数据共享平台,减少条块割裂的情况。

(二)强化大数据应用,服务高质量发展

围绕服务高质量发展,要不断强化税费大数据在国家治理中社会层面的应用,因地制宜,有效实现共治与共享。

1. 实现企业涉税数据与实体经济相融合

推动跨区域税费共享,依托税务系统中的发票流等数据,与商务部门协同联动,搭建产业链分析算法模型,形成地区性产业链现状及成长性分析报告,助推产业链升级。将税费数据与政务服务结合,以"穗好办"微信、App等互动平台为端口,为企业提供更多个性化、主动性的服务。

2. 探索与第三方建立伙伴关系

在加强对涉税中介组织的执业监管和行业监管的前提下，积极发挥行业协会和社会中介组织的作用，支持第三方按市场化原则提供涉税服务。一方面可以引入第三方会计软件中的财务数据，将第三方的报告数据运用于如土地增值税清算等税务部门专项工作中，通过专业性机构处理涉税事项从而提升税收工作质效。另一方面则积极引入第三方中介机构参与纳税人日常涉税业务，深化征纳沟通，为纳税人提供个性化服务，提升纳税服务质量。

3. 探索服务地方特色经济发展

税费大数据服务地方经济发展需结合地方区域发展特点，顺应本地经济发展需求，因地制宜。以某区为例，近年来，该区楼宇经济发展迅猛，为推动培育特色楼宇、盘活空置楼宇、提升管理服务等方面的工作，税务部门探索与地方经济部门协同共治，获取楼宇各类数据，对各类信息加以整合，根据楼宇的行业类型、经营模式、坐落地段等特征，以楼宇作为最小颗粒度单位，对其加强税收共治和基础管理。

（三）在改革中激发活力，创新举措提供落地动力

1. 构建更加优化高效统一的税费征管新体系

在广东省税务局进一步深化税收征管改革的总体部署下，通过构建税费监管新体系，为大数据应用提供更加完善的制度保障。以税收大数据为驱动，将"数据+规则"应用在税费监管全过程，以基础监管和遵从类、管理类风险监管为主要监管内容，实施嵌入式、递进式、一体式监管，突出分类分级精准监管，强化协同监管，构建以"信用+风险"监管为基础的税费监管新体系，以此进一步激发税务部门"以数治税"的新活力。

2. 创新建设"越税智控"双中心新模式

要全面落实"以数治税"理念，加强大数据赋能，促进"业务数据化+数据业务化"深度融合，应当结合实际情况，创新举措，为改革的实际落地提供动力。以越秀区税务局为例，在深化税收征管改革中，探索组建"越税智控"双中心（税费大数据集成管理中心和税费风险防控中心），打造"智慧风控"新王牌，以税费大数据为驱动，以风险监管为主要内容，形成征管、风控、稽查三位一体，互相联动、互相促进的管理闭环，推进建设科学严密的税费监管新体系。

3. 创新"外贸税情分析所"大数据监管出口退税

在深化税收征管改革时，要依托税务部门现有的系统及工程，通过大数据的流程再造，不断推动智慧税务发展。以越秀区为例，为促进全区外贸出口行业高质量发展，探索利用税费大数据打造"外贸税情分析所"这一新形态，拓展协同共治出口退税格局。针对业务中的痛点难点，尝试搭建集备案单证、发票流、货物流、资金流为一体的分析平台，提升分析效率和管理质效。并以"出口+供货"全链条监管为抓手，将事前评价概念融入出口退税管理，探索建立供货企业情况事前交换机制，以减少风险。

（四）加快培育大数据"智税"复合型人才

广东省税务局在《关于进一步深化税收征管改革 构建税费征管新体系的总体方案》中指出，要"加大人才资源向风险管理、税费分析、大数据应用等领域倾斜力度"。为充分发挥大数

据人才资源在服务国家治理中的作用，一是建议尽快建立和完善税收数字化人才培养、使用机制，打造复合型专业人才库，实现"人岗适配"，人尽其才，才尽其用；二是建议优化协同培育环境，加强与高校、科研机构之间的合作，不仅要"引进来"，还要"走出去"，共同打造具有"智税"思维和能力的复合型人才，为税收智能化转型和更加有效服务国家治理提供人才保障。

课题组组长： 郭建明
课题组成员： 宾　雪　温　德　唐奕思
　　　　　　　　王可欣　陈　燕

深化税收征管数字化转型的实现路径

濮 璐

一、引言

近年来数字经济飞速发展，已成为我国经济增长新引擎，经济形态的变革无疑会给传统税收征管模式带来冲击：税收基本要素认定模糊、涉税信息难以获取等。但不可否认，涉税监管困难一定程度上是倒逼征管转型的催化剂，构建以数字技术为核心、服务数字经济时代的新型税收征管模式势在必行。

税收征管数字化即充分利用数字技术，将税收征管的对象、过程转化为数据、算法，实现全流程智能化，大幅提高税收治理效率。习近平总书记强调"要全面贯彻网络强国战略，把数字技术广泛应用于政府管理服务，推动政府数字化、智能化运行"①。税收征管数字化转型正是数字政府建设在税收领域的积极探索，是推进税收治理现代化、以税收现代化服务中国式现代化的必然选择，也是实现"以中国式现代化全面推进中华民族伟大复兴"宏伟蓝图的应有之义。

二、征管数字化转型的现状

我国税务机关积极进行征管数字化转型的实践探索，2021年3月，中共中央办公厅、国务院办公厅印发《关于进一步深化税收征管改革的意见》，明确提出"全面推进税收征管数字化升级和智能化改造"，"以数治税"进程再次加快，现已取得阶段性成果。

（一）税务执法向精确化推进

完善税务机关执法过程监控评价机制，积极推动执法方式从经验式执法向科学精确执法转变。试点探索"5C+5R"征管质量监控评价体系，从"税务人+纳税人"双角度建立子模型和评价指标，构建数据模型，实现金税系统数据自动抓取，评价指标自动监控，通过大数据分析查找征管问题，针对性整改，提高执法质效。

建立"首违不罚"自动判定系统，保证税务行政处罚"首违不罚"事项清单中各事项落实到位。依托金税三期数据，在电子税务局嵌入"首违不罚"判定标准，当纳税人发生违法行为时，由系统自动判定是否符合"首违不罚"条件，提高判别效率与准确性。

（二）税费服务向精细化发展

打造税收信息"个性化"推送机制，依托税收大数据，借助云计算技术，分析纳税人需求

---

① 以集约高效的平台支撑 为数字政府建设提供有力保障［EB/OL］. 中国政府网，2022-08-26.

及偏好，精准推送税收政策信息，改变传统税费信息服务供给所采取的"无差别化"模式，提高纳税人有效信息获取效率，实现政策找人。北京市税务局推出"定制e服务"办税应用场景，整合大数据平台、电子税务局、征管系统中的数据，采用统计学算法，归集纳税人相关性，记录和分析纳税人办税习惯与行为偏好，自动判断需求，精准推送优惠政策。

大力推广"非接触式"办税，2022年税务总局发布新版《"非接触式"办税缴费事项清单》，将"非接触式"办税缴费事项拓展至233项，除法律规定要求的和需线下实物交付的，纳税人和缴费人的主要办税缴费事项已全部纳入"非接触式"办理。比如，在出口退税方面，通过系统数据整合，为企业提供"国际贸易单一窗口"系统、电子税务局在线申报和离线出口退税申报工具等多途径申报方式，实现税款征收与出口退税"一个平台""一网通办"，完成全链路线上办理。

电子税务局建设持续推进，业务种类不断扩充，比如，新增留抵退税"智能退税"功能，只需登录电子税务局进入相关模块，系统即可自动审核是否符合退税条件，对于符合条件的情况可直接进入填报界面，退税效率大幅提升。基于自然人办税缴费需求增加的情况，登录电子税务局移动端，实现纳税缴费服务从"线上办"到"掌上办"的转变。

（三）税务监管向精准化转变

创新应用"信用+风险"动态监管机制，以信用信息为基础，根据税收风险指标对纳税人进行多维度立体分析，将纳税人进行分类分级管理，重点关注高风险纳税人，实现税收风险精准防控，提高监管效率。北京市税务局将"信用+风险"的新型税收监管体系运用在大规模留抵退税中，建立留抵退税风险指标模型，在事前、事中、事后全环节进行扫描监控，智能识别风险疑点，对部分高风险留抵退税企业重点检查，追回退税损失，确保政策红利精准落实到合法经营的市场主体手中。

发票电子化改革逐步深入，2021年，国家税务总局建成了全国统一的电子发票服务平台，并于当年12月1日在试点地区成功推出全面数字化的电子发票，实现发票全领域、全环节、全要素电子化，为税收监管模式从"以票管税"向"以数治税"变革、提高税收监管精准度提供了有利条件。

（四）税收共治向协同化深入

依托数字技术，部门间信息交换力度持续增强，税务机关已经与住房和城乡建设、自然资源、市场监管、民政等部门实现信息互通，办事资料进一步精简，跑动次数减少，办税成本降低。例如，在不动产登记缴税方面，税务机关积极联合住建、自然资源等部门，依托"一窗受理"电子平台，提供套餐式集成服务，联合整合交易、办税、登记各环节的数据信息，建立"一窗受理、一次采集、一网通办、一日办结"的"一件事一次办"模式。

统一社会保险费征收模式（以下简称"统模式"）改革平稳推进，税务部门与财政、人社、医保、国家金库强化横向协同建设，打通信息壁垒，共同搭建社保费征收电子平台，落实"统模式"改革，同时推广银行App、电子税务局等平台渠道缴费方式，优化社保缴费体验，提升便民服务水平。

三、征管数字化转型的经验借鉴

数字化是当今世界的重要发展趋势，以数字化技术为抓手推动税收征管改革已成为世界范围内的普遍共识。各国税务机关都在积极探索数字技术应用，将税收职能纳入数字化时代背景下进行全面考察，现将部分国家以及我国管理先进地区的经验进行梳理，以供借鉴。

（一）构建"嵌入式"征管模式，实现自动申报纳税

2020年，经济合作与发展组织（OECD）在税收征管论坛（FTA）上正式发布《税收征管3.0：税收征管的数字化转型》，阐明对税收征管数字化转型的构造是将更多税收程序嵌入纳税人日常纳税申报中，在更多领域实现更直接的税收合规性，减轻纳税负担。澳大利亚税务局在该方面已经有所实践，在企业的工资支付系统中嵌入"一键式薪酬系统"，自动获取员工的工资、预缴税额、退休金等信息，推动企业纳税从"主动遵从"转变为"自动遵从"。

（二）发挥协同共治作用，建立统一服务平台

部门协同有利于整合资源，税务部门正在积极融入整体政府建设，助力打造统一政务服务平台。香港特别行政区建立"香港政府一站通"门户网站，涵盖各个政府部门和决策局的公共资讯及服务，纳税人可以使用该网站的香港税务局电子服务，提交、更改独资或合伙企业的商业登记信息，雇主也可通过该网站直接为雇员键入纳税资料档案，既可节约纳税成本，也有助于税务局实时获取纳税人信息。上海税务部门主动将"智慧税务"与政务服务"一网通办"建设相融合，联合医保等部门，打造"5G智慧胶囊厅"，集成电子税务局、一网通办、办税指南、智能互动、双屏互动、自然人业务六大模块，一站式办理税务和政务事项。

（三）充分利用数字技术，推动征管智能升级

数字技术的有效利用是征管数字化转型的关键因素。广东省税务部门借助大数据、云计算、人工智能等技术创新推出"V-Tax远程可视化自助办税系统"，打造线上智能办税大厅，充分发挥数据资源优势，实现网上业务办理高效流转，并通过升级优化线上征纳互动、音视频远程交互、资料扫描报送、办理结果在线推送等多项功能，实现涉税业务办理"零跑腿、零接触"。深圳市税务局致力推进区块链电子发票建设，主导建成全球首个基于区块链的电子发票应用国际标准，将区块链技术与电子发票深入融合，实现全流程完整溯源，规范监管。

三、实现征管数字化转型的路径选择

（一）完善法律法规，使"以数治税"有法可依

征管改革，法律先行，推进税收现代化必须坚持依法治税。整合更新现有法律法规，打造更加全面、更具前瞻性的法律体系，保证数字经济背景下的法律文件整体协调一致。修订完善《税收征管法》《企业所得税法》《个人所得税法》等相关法律，明确新经济形势下纳税主体、征税对象等的认定标准，调整程序法与实体法、不同税种法规之间因技术更新、经济形态变化而导致存在矛盾的内容。

从法律层面规定平台、企业等的数据提供义务，减少税务机关信息获取阻力；同时明确税务机关在数据采集、应用等方面的权限范围，防止权力滥用。

（二）打造智慧税务，提升办税体验

依托"数据+规则"，"两条线"探索打造线上智慧办税平台。一方面，进一步整合办税平台，汇聚数据资源，将电子税务局、自然人电子税务局、发票查验系统等进行集成升级，建立综合办税平台；逐步探索将办税系统深度融入政务服务平台，使用统一身份信息登录，建立全方位便利纳税人的高集成综合办事平台。另一方面，加强平台智能化建设，搭建情景式智能服务模型，根据过往办税数据，精准识别纳税人需求，精确推送税费政策信息，按需定制个性化办税服务，针对性提示涉税风险。

借助人工智能技术，建立线下智慧办税服务厅。依托海量数据分析，整合不同涉税事项疑难问题，打造拥有实时更新数据库的人工智能机器人，在办税服务厅实现智能导税，分类办理。对于简单业务，引导纳税人观看辅导视频，边学边办；对于复杂业务，或涉及老年人等有特殊需求的纳税人，则引导至人工办理处，大幅提高办事效率。

（三）推进协同共治，提高征管能力

继续探索大数据、"区块链"技术在推进部门间信息协同领域的运用，强化跨部门涉税信息采集、处理、存储、分析，加强政府各部门之间的信息互通共享，实现数据实时或准实时交换，集成专业涉税信息数据库，开拓税收共治新格局。

加强与企业财务软件、电子商务平台等第三方的协同合作，充分利用第三方的信息获取优势。推进系统融合，逐步探索将税收征管系统嵌入企业财务系统、嵌入电商平台的新型管理方式，实现税务机关和第三方平台的信息直连。同时税务机关也需积极调整身份定位，发挥统筹作用，既要协调第三方，也要对其进行规范性监管。

（四）优化组织机构，强化人才支撑

加强税务事项决策流程的扁平化建设，简化业务流程，科学设置岗位职责，破除税务机关部门间的联动壁垒，打造高效、协同的组织管理体系。强化基层税务机关在纳税服务、基本税务事项办理中的作用，坚持以服务纳税人为导向，逐步打造与数字时代更为适应的智慧税务机关。

强化人才队伍建设，培养能够应用大数据等前沿现代信息技术，同时具有专业税收知识的高素质人才，建设专业数据分析团队，最大限度发挥数据效用，深入分析数据背后所代表的经济行为、税收风险。

（作者单位：国家税务总局北京市石景山区税务局）

税收促进数字经济发展研究

谭 伟 王军燕 谭婷元

一、税收促进我国数字经济发展的探索

随着数字经济和新兴产业的快速发展，根植于传统工业经济的既有税收体制已经无法满足新形势下的需求，对此，国家税务总局以税收现代化建设为抓手，适时开展了税收促进我国数字经济发展的探索。2013年12月，国家税务总局明确建设税收现代化"六大体系"，即完备规范的税法体系、成熟定型的税制体系、优质便捷的服务体系、科学严密的征管体系、稳固强大的信息体系、高效清廉的组织体系；在2020年又根据形势发展更新了税收现代化"六大体系"的内容，即坚强有力的党的领导制度体系、科学完备的税收法治体系、优质便捷的税费服务体系、严密规范的税费征管体系、合作共赢的国际税收体系、高效清廉的队伍组织体系。实现税收现代化应具备的"六大能力"也是这个时候提出的，即政治引领能力、谋划创新能力、科技驱动能力、制度执行能力、协同共治能力和风险防范能力。2022年，国家税务总局进一步明晰税收现代化建设总目标，即抓好党务、干好税务、带好队伍。"抓好党务"即学思践悟强武装、政治建设强统领、纵合横通强党建、六位一体强严治、健全机构强保障；"干好税务"即依法征税聚财力、改革兴税促发展、便民办税优服务、科技强税提质效、协同管税谋共治；"带好队伍"即绩效管理抓班子、数字人事管干部、人才工程育俊杰、选贤任能树导向、严管善待活基层。进入新时代以来，党对税收工作的领导全面加强，税收改革全面发力、纵深推进，税务系统联合财政部门持续推进税制改革，税收征管改革从合作到合并再到合成，初步构建了优化高效统一的税收征管体系，充分发挥了税收服务中国式现代化的基础性、支柱性、保障性作用。

二、税收促进数字经济发展的国际实践

（一）数字经济下国际税收法律实践

工业经济时代，非居民企业在收入来源国从事积极经营活动，必须具备一定条件，构成机构、场所，才能受到收入来源国的税收管辖，从而为收入来源国提供财税收入。数字经济时代，传统的商业模式发生重大变化，作为适用来源地税收管辖权根基的机构、场所（国际税收协定场景下则指"常设机构"），其存在状态日益发生根本性变化。原来必须依赖机构、场所的物理存在才能从事的积极经营活动，在数字经济下可以完全抛弃上述物理存在，而代之以网址等虚拟存在。这样一来，国际税收分配格局就随之发生较大变动，从而影响相关国家特别是收入

来源地国家的财税权益。在这种情形下，税收理论界必须为维护国际税收分配格局的平衡寻求理论支撑。因此，数据资产化应运而生。按照目前学术界的认识，数据的生产者享有当然所有权，在此基础上，消费者因为在消费过程中提供了数据而成为资产所有者。相应地，生产者因为在生产过程中使用了消费者的资产而必须付费，也就是通常所说的消费者参与了生产者的价值创造过程，从而作为生产要素所有者的消费者就应有相应的收入，进而消费者所在地，即市场国或称收入来源国就有理由课税从而取得财税权益。有关专家据此指出，现存国际税收秩序下，存在税源与财税权益配置的不当，即所谓的"税收利益错配"，造成国际税收分配的不合理、不公平，必须改进现行国际税收分配原则。以 2015 年 OECD 的 BEPS 报告为例，其第一项行动计划（"应对数字经济的税收挑战"）提出了修改常设机构定义的具体方案。其一，将原来不构成常设机构判定标准的仓库等生产经营辅助性物理存在纳入标准。其二，将原来不构成常设机构判定标准的收入金额、用户数量、数字合同的数量、网址、数字平台等作为"显著经济存在"纳入标准。上述方案，均试图以扩大常设机构外延来抵消数字经济对国际税收分配格局的影响。此外，该行动计划还建议对特定数字交易款项征收预提所得税，以及调整非居民企业增值税税制等。

与此同时，世界各国积极开展相关税收实践以应对数字经济对本国财税权益造成的冲击。企业所得税方面的例子，如以色列扩充了机构、场所的判定标准，将数字合同、网站等认定为"显著经济存在"纳入标准。土耳其则向获得积极所得（如提供跨境网络广告服务）的非居民企业征收预提所得税。日本等国还对数字经济下流转税的征收问题进行了改进和完善。值得一提的是，一些国家如法国、意大利、加拿大等立法开征"数字服务税"，以应对数字经济下新生业态对既有税制的冲击。然而，开征新税种必须持谨慎态度，原因有二。其一，各国数字经济发展不均衡，采取征收"数字服务税"等单边税收措施，容易引发国际税收权益冲突，如前期出现过的美国与法国之争。其二，开征"数字服务税"的国家，以传统的流转税应对传统行业，以"数字服务税"应对数字经济下的新生行业，二者课税标准、深度不尽一致，容易引发新旧行业之间的税收负担不公，从而影响经济效率、减损社会福利。

（二）数字经济下国际税收征管与纳税服务实践

在数字经济时代，高新技术成为完善税收征管和纳税服务、实现税收征管和纳税服务现代化的主要推动力。

1. 在征管模式的创新方面。美国税务当局对纳税人实施"智能化""自动化"的税收监管，在对纳税人智能化分类的基础上，持续提高纳税风险识别、预警等自动化监管水平。同时为确保网络安全，采取了"双因素认证"等一系列信息安保措施。俄罗斯在大型企业实施"内置化征管"，即将税收征管系统"嵌入"企业财务系统，从而实现系统自动计税、自动申报。

2. 在提高纳税服务水平方面。英国借助数字技术创建了数字纳税人账户，通过数据分析满足纳税人个性化税务服务的需求；澳大利亚税务局为纳税人提供个人所得税预申报服务，并借助人工智能技术不断提升税务服务质量。

三、税收促进数字经济发展的政策建议

（一）完善税收政策体系建设

1. 积极参与国际税收规则的制定，服务高水平对外开放

数字经济所带来的商业模式的变革蕴含着世界性资金流、货物流、合同流、人才流林林总总的变化，从而带来国际税收利益分配格局的改变。维持国际税收利益分配格局的平衡，必须与时俱进地创新国际税收理论，提出各国普遍可以接受的现实方案。目前税收理论界在数据资产化的基础上，发展出"消费者参与企业价值创造论"，以解决数字经济下，市场国由于原有常设机构定义外延涵盖面日益狭窄而引发的财税利益损失。在上述理论支撑下，OECD 提出"双支柱"方案：支柱一是重新分配大型跨国企业全球利润的征税权，支柱二是通过实施全球最低税以确保跨国企业在各辖区承担不低于一定水平的税负，目前全球多个国家和地区都已逐步推出支柱二相应的法律。其中，支柱一赋予市场国对跨国积极所得的税收管辖权，构成"消费者参与企业价值创造论"的具体实践；支柱二的监督实施机制体现了市场国在消除有害税收竞争中的重要作用，其理论根基同样可以是"消费者参与企业价值创造论"。

同时，充分考虑数字经济的虚拟性、流动性，并考虑业务交易的跨境特点，国际税收规则重新审视常设机构的定义，创新了"虚拟常设机构"等概念，将收入金额、用户数量、数字合同、网址、数字平台等因素纳入常设机构判定标准，即使为线上交易企业，也可通过交易平台或者服务器，分析其收入来源等以确定虚拟常设机构，并纳入税收监管。上述概念的创新，同样可以追溯到"消费者参与企业价值创造论"，需要注意的是，这里的消费者既包含"生活消费者"也包含"生产消费者"。

因此，我国作为世界商品与服务的重要生产国和市场国，应参考"消费者参与企业价值创造论"，因时顺势而为，深入研判"消费者参与企业价值创造论"对我国财税权益乃至经济权益的影响，结合 OECD "双支柱"方案，拿出系统化的因应对策，积极参与国际有关领域对话交流，尽可能多地争取国际税收规则方面的话语权，维护好国家经济权益和财税权益。

2. 完善国内现行税收制度，提高对数字经济的包容性

数字经济下，技术的发展深刻影响国民经济产业的发展，传统产业的数字化改造与新型产业的崛起，对根植于工业经济土壤的既有税收政策体系产生了巨大冲击。要深入研究数字经济下商业模式演变对课税要素的持续性影响，创新课税要素确定原则以涵盖这些影响。如改革增值税税制方面，应探讨数字经济新业态带来的课税对象内涵与外延的可能变化，尽可能对已经出现的、可以纳入课税对象的标的予以纳入，对预计可能出现的未来课税对象在立法时预留税法解释的充分空间，以避免频繁修法。在增值税税率设置上，应本着简化、可机动原则，注重增强增值税对经济发展状况的适应性。特别是应谨慎出台增值税减税政策，避免因此产生削弱财政收入及时性以及增加税收征管繁复性等副作用。再如，改革个人所得税方面，对于"平台+个人"模式，应合理确立税收规则，准确界定劳务报酬收入与个体工商户经营收入，更好地发挥个人所得税促进数字经济发展的作用。

（二）拓展税收征管"互联网+"模式

中共中央办公厅、国务院办公厅于 2021 年 3 月发布了《关于进一步深化税收征管改革的意

见》，提出要"以数治税"，为完善数字经济下的税收监管指明了方向。具体到税务机关，一是在税收主体层面，首先需要进一步拓展"互联网+税收"规模化税收征管模式，积极探索创新税收征管方式。可以采用电子税务局、网上税务征管系统和移动终端税务征管应用等新技术手段，将网上办税和网下税务局窗口办税等服务有机结合起来。总之，税务机关应当加大对"互联网+税务"等技术手段的运用，完善税源追踪，确保完善的税收征管，在数字经济时代下实现"互联网+税务"的技术突破和实践引领。二是在税收征管技术方面，充分运用"互联网+"技术，实现涉税数据源和第三方信息在数字经济背景下的共享，提高征纳效率和可持续性，同时还需要采取协调联动的管理方式来处理数字经济背景下的数据管理问题。在数字经济时代，针对多维化的数据信息来源，首先税务机关应积极向国务院建言，加强顶层设计，通过发布行政法规效力的一般规范性文件，建立全国级别的数据信息共享管理机制，依法汇集、整合涉税数据信息；其次税务机关应不等不靠，依托现行有效制度体系，积极与相关部门、平台等开展数据信息合作，加强涉税数据信息采集、处理和运用，提供涉税数据信息利用效能。

（三）系统化提高纳税服务水平

税务机关应采取如下措施：一是在全国范围内统一信息化纳税服务系统建设规范，为实现数据信息顺利对接、传递和做好日常运维管理打好设计基础。税务部门可积极与市场监管、海关、社保、自然资源、保险等多个部门系统互联，数据互通，落地多项应用场景。二是搭建信息化纳税服务系统应"以纳税人满意为中心"，深入开展纳税人需求与体验调研，在系统界面功能的设计上做到充分关注纳税人体验，适时增加、拓宽办税、咨询功能，努力争取纳税人涉税事务网上全程无障碍办理，满足纳税人在精准把握税收政策、快捷办税等方面的合理需求。三是构建按信息化纳税服务系统应注重强化功能设计，最大限度发挥数字信息技术的作用。以智能预填替代人工填写，依托大数据实现数据预加工、报表与填写。在流程简化上，应升级系统功能，将多次操作转化为自动合并处理。

（作者单位：国家税务总局青岛市即墨区税务局、平度市税务局）

探索数字化转型背景下的非税收入征管方式发展路径

——以广州市白云区税务局为例

国家税务总局广州市白云区税务局课题组

一、选题背景及目的

党的二十大报告要求，深化简政放权、放管结合、优化服务改革。税务部门的职责也由"税主费辅"向"税费皆重"转变，随着非税收入征管职责划转改革的有序推进，税务部门负责征收的非税收入项目越来越多，非税收入项目之间以及非税收入与税收之间政策特点、征管基础、征管模式、征管服务的差异越发明显，管理难度也随之加大。

2022年我国数字经济规模发展到50.2万亿元，占GDP比重达到41.5%，相当于第二产业占国民经济的比重。经济的数字化转型给非税收入管理带来了高要求和新挑战，同时也带来了新的机遇。

为适应全球数字化转型趋势，满足纳税人、缴费人日益增长的高效智能的税费服务需求，税务部门也在探索和推进税收征管数字化升级和智能化改造。2015年，国家税务总局制定了《"互联网+税务"行动计划》，围绕"5大板块、20项行动"展开重点行动，推动互联网创新与税收工作的深度融合，逐步建立现代化税收管理体系。2021年3月，中办、国办《关于进一步深化税收征管改革的意见》的出台，对我国全面推进税收征管数字化转型、实现征管模式变革起到了战略性、引领性作用。

全面推进非税收入数字化建设征管改革既是加快推进智慧税务建设的重要一环，更是推进税收治理体系和治理能力现代化的关键行动。探索推行与数字化转型相适应的非税收入征管新模式，实现非税收入体系化、规范化、智能化管理已成为税务部门亟须正视的重要课题。

二、白云区非税收入征管情况、发展特点

（一）2019年及之后征收的非税收入总体概况

2018年起，白云区税务局负责征收教育费附加、地方教育附加、残疾人就业保障金、文化事业建设费、废弃电器电子产品处理基金共计5项非税收入项目及工会经费，全年组织非税收入及工会经费收入仅占税费总收入的2.62%。2018年7月20日，中办、国办印发《国税地税征管体制改革方案》，要求按照"便民、高效"的原则，对依法保留、适宜划转的非税收入项目，成熟一批划转一批。

表 1 非税收入划转情况一览表

划转日期	划转文件	原执收部门	划转数里	划转的非税收入项目
2019 年 1 月 1 日起	《关于国家重大水利工程建设基金等政府非税收入项目征管之策划转有关事项的公告》（国家税务总局公告 2018 年第 63 号）	财政部驻地方财政监察专员办事处	11 项	可再生能源发展基金、中央水库移民扶持基金（含大中型水库移民后期扶持基金、三峡水库库区基金、跨省际大中型水库库区基金）、三峡电站水资源费、核电站乏燃料处理处置基金、免税商品特许经营费、油价调控风险准备金、核事故应急准备专项收入，以及国家留成油收入、石油特别收益金
2020 年 1 月 1 日起	《国家税务总局关于水利建设基金等政府非税收入项目征管职责划转有关事项的公告》（国家税务总局公告 2020 年第 2 号）	地方政府及有关部门	2 项	国家重大水利工程建设基金、水利建设基金
2021 年 1 月 1 日起	《关于水土保持补偿费等政府非税收入项目职责划转有关事项的公告》（国家税务总局公告 2020 年第 21 号）	自然资源部门、住房城乡建设部门、水利部门	4 项	水土保持补偿费、地方水库移民扶持基金、排污权出让收入、防空地下室易地建设费
2021 年 7 月 1 日起	《财政部关于土地闲置费、住房城乡建设等部门负责征收的按行政事业性收费划转税务部门征收的通知》（财税〔2021〕8 号）	自然资源部门、住房城乡建设部门	2 项	土地闲置费、城镇垃圾处理费
2022 年 1 月 1 日起	《关于将国有土地使用权出让收入、矿产资源专项收入、海域使用金、无居民海岛使用金四项政府非税收入划转税务部门征收有关问题的通知》（财综〔2021〕19 号）	自然资源部门	4 项	国有土地使用权出让收入、矿产资源专项收入、海域使用金、无居民海岛使用金
2023 年 1 月 1 日起	《财政部关于将森林植被恢复费、草原植被恢复费划转税务部门征收的通知》（财税〔2022〕50 号）	自然资源部门	2 项	森林植被恢复费、草原植被恢复费

根据表 1，2019 年至 2023 年，共计 25 项非税收入项目划转至税务部门征收。截至成稿日，白云区税务局在征非税收入项目及工会经费共计 13 项，涉及原税务部门征收的非税收入 5 项、2019 年起划转至税务部门征收且在白云区有费源在征的非税收入项目 7 项。2022 年全年非税收入及工会经费收入同比增长 3246.77%，占全年税费总收入 42%，较 2018 年占税费收入比上浮 39.68%，见图 1。

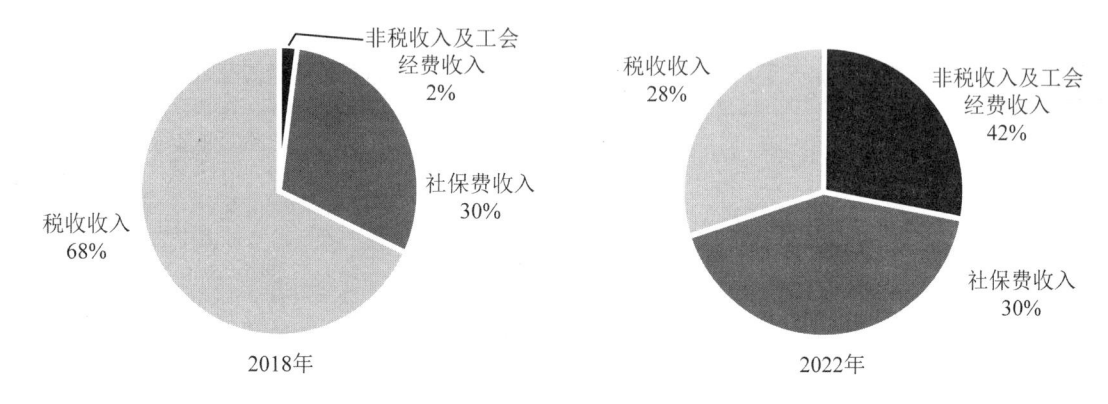

图 1 划转前后非税收入组织收入占总收入情况对比

（二）白云区非税收入征管的突出特点及未来发展趋势预测

以白云区税务局 2023 年 1—5 月份非税收入组织收入情况来看，其具有以下几方面特点：一是非税收入整体收入同比呈下降趋势；二是单月同比增速波动较大；三是国有土地使用权出让收入占非税收入整体份额较大，非税收入波动随出让金收入波动明显。同时对非税收入合计数、国有土地使用权出让收入进行线性回归分析不难发现，R^2无限趋近于1，非税收入组织收入波动与国有土地使用权出让收入变动情况高度相关，见图 2。

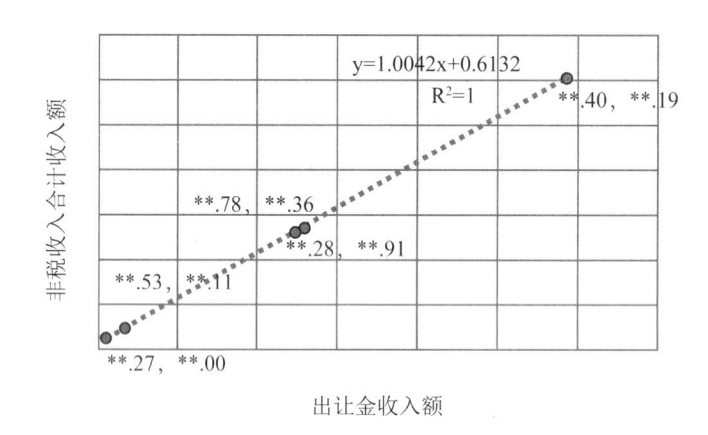

图 2 出让金收入与非税收入相关性分析（隐藏相关数据）

随着适宜划转的非税收入逐步划转完毕，国有土地使用权出让收入受市场环境等因素影响，收入增长放缓甚至下降，预计白云区税务局非税收入短期内增长幅度有限。

（三）白云区非税收入数字征管现状

现有的非税收入征收管理主要利用人工筛选风险数据进行事后管理，分费种、分批次、逐户逐条进行核实整改。事中管理中可利用的监控系统模型、风险管理模型设置较少，数据之间的钩稽关系仅在同一申报表中简单体现。非税收入事后核查管理工作数据庞杂，整改流程烦琐，存在多头重复提取处理数据情况，同一条数据反复核查整改的情况时有发生，现有的征管方式方法仍有较大的局限性，对数字化、数据化资源的利用较弱，征管质效存在较大的提升空间。

区税务局与区内各非税收入主管部门之间信息共享程度低。各非税收入政策及征管方式具有差异性，个别项目征收频次较低，对各项目的最新政策难以全部掌握。不同部门之间目前没有相关渠道、平台共享业务信息，仅靠公文流转、纸质件传递等方式共享数据或信息，部分非税收入采取依靠缴费人来完成传输纸质审批件的方法共享信息。

三、影响非税收入征管工作发展的制约因素

（一）费制要素差异大，政策规定模糊

1. 政策文件繁多，政策规定模糊

白云区税务局目前在征非税收入13项，各项非税收入的缴费对象、征管方式、申报缴纳期限及地点、入库科目及级次、滞纳金、处罚、优惠政策等均不尽相同。各项非税收入的费制要素差异较大，在缴费人日常发生应征行为频次较少、接触较少的情况下，容易导致申报错误，部分税务工作人员也难以全面准确掌握。

部分非税收入政策规定不够明确与清晰，一方面容易导致征纳双方理解有偏差，从而引起税企争议。如根据《财政部关于调整部分政府性基金有关政策的通知》（财税〔2019〕46号），其补充政策规定"产教融合型企业建设培育范围的试点企业允许抵免的投资额是指试点企业当年实际发生的，独立举办或参与举办职业教育的办学投资和办学经费支出，以及按照有关规定与职业院校稳定开展校企合作，对产教融合实训基地等国家规划布局的产教融合重大项目建设投资和基本运行费用的支出"。但是，由于现实复杂性，对于试点企业发生的投资或经费支出是否属于政策规定范围并不一定明确，如公司向学校提供宣传资料以协助学校招生宣传的费用、向学生提供的奖学金、发放给学校派驻企业的实习生实习工资等支出，税企理解的不一致容易导致争议的产生。

另一方面，政策对各方部门职责规定的不明确容易导致征管的漏洞。如根据《关于印发广东省残疾人就业保障金征收使用管理实施办法的通知》（粤财社〔2017〕51号），"用人单位未按规定缴纳保障金的，按照《残疾人就业条例》的规定，由保障金征收机关提交财政部门，由财政部门予以警告，责令限期缴纳；逾期仍不缴纳的，除补缴欠缴数额外，还应当自欠缴之日起，按日加收5‰的滞纳金"。规定明确由财政部门进行责令限期缴纳，但却未明确是由财政部门还是征收部门征缴滞纳金。

2. 税费标准不一，政策容易混淆

某些税种与非税收入对同一要素的规定标准不一致。如对于"职工人数"和"工资总额"来说，根据企业所得税（以下简称"企税"）规定，对于汇总申报的分支机构，其企税由总机构进行汇总后再分配至分支机构申报缴纳；但根据残疾人就业保障金（以下简称"残保金"）相关规定，对于非独立核算企业，由发放工资代扣代缴个人所得税（以下简称"个税"）的单位负责向所在地的残疾人就业服务机构申报年审，向所在地的主管税务机关申报缴纳。

再如，对于劳务派遣员工，企税政策规定从业人数包括与企业建立劳动关系的职工人数和企业接受的劳务派遣用工人数，劳务派遣公司可不再将劳务派出人员重复计入本公司的从业人数。但根据残保金相关规定，以劳务派遣或劳动事务代理形式用工的，计入派遣单位或代理单位在职职工人数。税费标准的不一致，在实务中很容易导致纳税人、缴费人对相关税费种及其

政策规定的混淆，大大影响办税缴费的效率，甚至影响申报的准确性。

（二）信息共享不足，税费同管受制

1. 信息互联互通不够充分，部门协同共治还需增强

近年来划转的非税收入项目，大多采用业务主管部门录入税源信息后，税务部门再征收的征管模式，税务部门从业务主管部门获取的税源信息十分有限，不利于后续的全流程监管。

以国有土地使用权出让收入为例，自然资源部门传递的费源信息包括合同、征收品目、征收子目、缴费金额、缴款期限等，税务部门无法获取房地产开发企业取得土地阶段、规划设计及施工阶段、预售阶段、完工交付阶段四大阶段开展情况，对房地产开发项目所涉及的契税、土地使用税、印花税、增值税、企税、土地增值税、环保税、个税、房产税等税种无法进行跟踪，也无法了解到企业的生产经营情况，不利于税务部门对企业依法纳税的管理和服务。

2. 税务部门和业务主管部门登记、申报、缴纳信息传达不及时

税务部门从业务主管部门获取的涉税信息，在各税费种之间的利用较弱，在税收与非税收入协同治理的内部横向和纵向信息共享上还有欠缺，税费一体化管理受到制约。

以国有土地使用权出让收入为例，国有土地使用权出让对象一般为房地产开发企业，房地产开发过程涉及国有土地使用权出让收入、防空地下室易地建设费、契税、增值税、土地增值税、企税等税费缴纳义务。自然资源部门通过"非税收入协同工作平台"传递国有土地使用权出让收入税源信息后，在"金税三期税收管理系统"只形成国有土地使用权出让收入的申报信息，相关数据信息未被利用于该地块契税、印花税等税种的申报，需要重复采集缴费人的税源信息，不利于缴费人的实际操作。

（三）系统建设滞后，费源监管乏力

1. 金税三期税收管理系统与非税收入适配度有待提高

税务部门征收非税收入项目较多，不仅各地方政策及征收标准具有一定差异性，和税收政策、征管对比起来也存在着明显差异。金税三期围绕各税种在全国范围内建成自上而下统一规范的信息化系统，鉴于非税收入政策、征管方式都具有其独特的部门化、地域化的规律和特点，金税三期征管系统难以满足非税收入征管需求。

例如，纳税人未按期申报或缴纳税款，依据《中华人民共和国税收征管法》系统实现对未按期申报、未按期缴纳税款的纳税人一键生成《责令限期改正通知书》《责令限期缴款通知书》。但"部门协同类"非税收入无法参照"征管法"出具以上两类通知书，征管系统无法实现非税收入的催报催缴。

2. 非税协同工作平台系统与金三系统采集复写功能不够完善

基于"部门协同类"非税收入的特殊性，且随着非税收入的划转，一个新系统开始使用：非税协同工作平台——广东省省内进行"部门协同类"非税收入征缴的主要平台。由各主管业务部门根据"各主管部门系统内数据"在"非税协同工作平台"录入数据后，"非税协同平台"再读取数据，并将数据传输至"金税三期征管系统"，此系统目前只处于"录入信息—信息传递—信息反馈"的阶段，读取、传递的信息数据非常有限，也不能对非税收入的数据做任何统计分析和疑点监测。

3. 区块链相关数据未实现全方位利用

目前非税收入在智慧税务体系中占比不高，对区块链等新技术应用不够，在一定程度上制约了非税收入治理效能的提升。受各部门信息化发展水平参差不齐、系统兼容、信息安全等因素影响形成了各部门内部单链条式指令的工作方式，使得非税收入各部门信息数据之间存在孤岛现象，信息传递渠道变窄，传递过程中增加了失真和损耗风险，大幅度加大沟通成本，降低征管效率。

以残保金为例，残联部门认定在职职工人数依据较为复杂多样，税务机关无法高效查询、读取缴费人向残联部门申报的在职职工人数，难以核实缴费人申报数据的准确性，残联部门亦无法高效读取缴费单位在税务部门申报的缴纳数据。

（四）疑点数据量大，实时监控滞后

1. 疑点数据模型建设有待加强

以白云区为例，税收征收管理数字化进程中，不断优化完善，形成了以"金税三期"数据为基础进行分析比对的一系列风险模型、监控指标，实现利用风险模型经系统自动推送疑点数据（如风险任务的形式）直接至处理人员待办任务中。但是对各类非税收入数据信息，暂未完善非税收入处理分析数据模型库，单独的非税收入申报缴纳数据并不能为非税收入的征收管理工作提供系统性的有效信息。

现阶段，对非税收入疑点数据的提取几乎完全采用人工取数方式，即根据某一具体疑点，研究取数逻辑和路径，编写取数脚本从后台数据库取数。古老的方式方法存在着以下几点弊端：一是白云区税务局在征的"税费协同类"非税收入主要疑点多达47项，疑点数据种类多，逻辑条件复杂难以做到高频次人工取数；二是人工取数时间较系统模型生成疑点数据时间长，难以保障数据的即时有效性；三是人工取数无法实现从"数据源头"直达"处理人员"简短路径的高效性。

2. 人工核实整改效率难以保证

为保证数据核查的准确性，需对多批次、多条目数据处理情况进行再次核实，甚至需对几万条数据筛查，对大批量的数据核查反馈情况处理难以保证准确率及处理效率，如涉及再次核实整改的疑点数据，极易处理失误。

四、数字化转型背景为非税征管带来新助力

（一）数字化转型赋予非税征管规范化建设流程再造新路径

税务部门征收的非税收入项目种类较多，既有独立征收项目，也有随流转税附征的项目，还有随电价附征、由电网企业代征的项目，各项非税收入项目的费制要素存在较大差异，亟须打破零散化管理的局面，对征收管理的全流程、各环节进行统一规范。

在数字化转型趋势下，规范征收管理可以充分运用"数字+规则"驱动力，综合大数据分析的非税收入项目特点进行分级分类管理，推进非税收入征管方式从事项、流程、经验驱动转变为数据、规则、智能驱动，实现业务的自动化、标准化处理，实现非税收入服务和管理统一标准、统一尺度，助力形成"以数字驱动、用数据说话"的数字化非税收入征管规范化

格局。

（二）数字化转型拓展非税征管智慧化建设多方协同共治新格局

从税务部门现行征管非税收入的项目看，除教育费附加、地方教育附加、文化事业建设费等类税费种可以实现税费同征同管同服务，其他项目大多需要与外部门协同开展征管服务，部门间的协作程度直接影响非税收入的治理效能。破解多部门协作共管难题，可以充分借助大数据技术，建立从非税收入项目采集到部门协同再到征缴服务的数字化非税收入管理链条，持续优化和完善非税收入信息共享平台建设，根据智能应用和模拟演算结果，进一步促进各治理主体共享数据、业务协同、合作共赢，用数字化协同共治推动实现跨部门、跨区域的精诚共治，形成闭环式、循环型、高质量非税收入协同共治新格局，为推进"智慧税务"建设增添不竭共治动能。

五、推进非税收入数字化建设征管改革建议

（一）建立"税收+非税"数据钩稽印证的非税风险模型

1. 建立"增值税""消费税""城建税"与非税数据的钩稽模型

发挥数据赋能作用，利用税收和非税基础"数据"，遵循特定的"逻辑"条件，对非税收入征收管理数据进行分析处理，实现"税收"和"非税"数据的互联互通，打破数据壁垒。根据各税（费）种征收管理特点以及申报表间数据项存在的逻辑关系，确定逻辑监控和风险识别规则，增加风险模型，并逐步升级风险算法及逻辑规则。

例如，结合增值税开票系统，将文化事业建设费申报情况与企业的开票数据进行钩稽对比，生成应申报未申报疑点；利用增值税、消费税和附加税费征收管理政策的相关规定，提取基础申报征收数据，筛选识别相关非税收入疑点数据。

2. 建立"企业所得税""个人所得税"与非税数据的钩稽模型

比如，利用"残疾人就业保障金申报表"与"企业所得税年度纳税申报表""个人所得税扣缴申报表"间数据项的逻辑关系，可以筛选识别"残保金在职职工人数"与"从业人数"或"扣缴人数（工资薪金所得）"，"上年在职职工工资总额"与"职工薪酬支出"存在差异的疑点数据。

3. 深挖个性化非税收入数据，形成税费联动监管钩稽模型

比如，利用国有土地使用权出让收入征缴过程中，通过自然资源部门的数据共享，获取土地项目的基本情况以及房地产开发企业取得土地阶段、规划设计及施工阶段、预售阶段、完工交付阶段四大阶段开展情况，对房地产开发项目各个阶段所涉及的契税、土地使用税、印花税、增值税、企税、土地增值税、环保税、个税、房产税等税种进行监控。一方面，税务部门可以利用税源信息生成关联税费种的申报数据，简化纳税人的申报操作，减少漏征、错征情况的发生。另一方面，可实现税费信息智能关联比对、自动化监控，全流程精准监管，堵塞征管漏洞。

驱动实施税费数据信息交叉比对、增值分析，构建起涵盖事前、事中、事后的全面覆盖、全程防控、全员有责的全链条一体化非税收入风险监管体系，实现税费深度融合下的全过程自动化内控、全流程精准监管风险。

（二）实现"税务+主管部门"跨部门数据的自动采集和复写

1. 加强部门协调配合

利用非税收入多边特征分类和标签数据，坚持依法依规、信息共享、协同联动、科学高效的原则，厘清非税收入主管部门、征收部门、行业管理部门、使用部门的职责边界，推动党政领导下的相关部门和单位按照职责分工，积极做好协同共治工作。

2. 完善信息共享交换机制

编制非税收入数据资源目录，制定税务部门征收非税收入数据应用指南，建立数据采集、更新机制和以业务需要为驱动的主题数据库管理制度，统一数据资源采集、处理、应用、交换的方法及规范，健全与相关部门常态化、制度化数据共享协调机制，推进税费大数据资源集成。

3. 拓宽数据共享指标

不断扩展数据共享交换的深度和广度，拓展与外部门的数据共享指标，基于区块链技术探索构建开放、可信、可追溯的协同体系。以国有土地使用权出让收入为例，自然资源部门在自有系统中录入土地出让信息，通过数据共享平台，将土地信息、房地产开发项目进展情况等数据，共享给税务部门，供税务部门分析利用。

（三）促进"税费协同+部门协同"项目分类管理征管程序信息化

1. 对"税费协同类"项目，建议将征管程序并入主体税种

对于具备税收特点的"税费协同类"非税收入，包括教育费附加、地方教育附加、文化事业建设费，进一步强化税费联动，借助数字化手段促进税费事项场景化融合，通过明确税费统管业务流程与完善征管系统中的逻辑校验，在登记、认定、申报征收、催报催缴、数据分析、风险管理等环节进行一体化管理。加强关联税费种间的系统自动关联比对分析，如增值税、城市维护建设税、教育费附加和地方教育附加的关联，增值税和文化事业建设费的钩稽等，产生比对异常，一并提醒、一并处置，推动税费统管见行见效的同时，有效避免重复打扰纳税人、缴费人，增加纳税人、缴费人的幸福感、获得感和安全感。

2. 对"部门协同类"项目，依据项目特点实行有别于"税费协同类"的项目管理模式，探索搭建协同共治机制

对于差异较大、各有特征的"部门协同类"非税收入，进一步推动跨部门精诚共治、通力合作。如对于业务主管部门核定类非税收入，不断优化省局非税收入协同工作平台，实现跨部门全资料传输；同时完善金三系统对协同工作平台的数据返写功能，便于业务主管部门查看、分析、统计入库退库数据等。再如对于目前仍由人工移交纸质退费资料的工会经费项目，通过搭建税务部门和工会部门的数据共享平台、畅通双方信息电子化传递的通道，加快工会经费退费申请数据流转速度，切实提高征管质效，以持续推进业务系统智能化建设，不断优化完善各非税收入项目费源信息共享的方式方法，形成非税收入征管闭环，协同共治降低执法风险，服务经济大局。

课题组成员：张　宏　周俊军　关谷华
　　　　　　陈心怡　李　静　周　杨

完善平台经济个人从业者税收征管的对策与建议

侯章迪

一、概念界定

（一）平台经济

2018年《政府工作报告》首次提到"平台经济"，强调发展平台经济、共享经济，形成线上线下结合、产学研用协同、大中小企业融合的创新创业格局。那么，究竟什么样的产业组织模式才是"平台经济"呢？事实上，国内外一般认为平台经济是一种新型的经济生态系统，它基于大数据、云计算、人工智能等现代信息技术，以平台为媒介实现双方或多方用户之间的信息交换、需求匹配、资金收付、货物交收，促进原有产业的价值链重构，提高生产要素整合和资源配置效率。

（二）平台经济个人从业者

平台经济个人从业者即为平台提供劳务用工的工作人员，外卖骑手、快递员、网约车司机、网约家政服务员和网络主播等平台用工就是典型的平台经济工作形态。

二、征管必要性分析

平台经济的发展为我国经济增长注入了新的动能，同时也为市场带来了大量的就业岗位。但也应该关注到，平台经济个人从业者数量的快速增长给税务机关的税收征管工作带来了巨大的挑战，完善平台经济个人从业者的税收征管模式迫在眉睫。具体而言，完善平台经济个人从业者税收征管的必要性主要体现在以下两个方面。

（一）填补税收流失缺口

现如今，平台经济个人从业者的规模正极快增长，但因对这部分群体的个人收入监控较为困难等诸多原因，导致这些个人从业者一直以来并未被有效征税，税收流失严重，故此完善平台经济个人从业者税收征管，成为当下税收征管工作的当务之急。通过完善税收征管制度、提高税收征管效能，就能够有效实现平台经济个人从业者的税收征管，从而填补税收流失缺口。

（二）促进税收公平

现阶段，我国对个人所得税的目标定位是建立调节型现代个人所得税制度，通过超额累计税率等方式，实现税收公平。在此背景下，倘若由于税收征管水平的落后而导致平台经济从业人员的整体税负低于传统工薪阶层，显然违反了税收的公平原则，同时也违背了我国现阶段的个人所得税目标定位。因此，借助平台经济发展的契机，创造良好的税收环境，完善平台经济个人从业者税收征管是确有必要的。

三、国内外研究现状

（一）国外研究现状

在国外学术界，Caillaud 和 Jullien 这两位主流经济学家最早开始对平台经济进行研究，他们的观点认为互联网平台能够成为信息中介，并在文章中详细分析了中介服务提供商遵循的定价和业务策略。而平台经济理论正式形成于 2004 年在法国举办的"双边市场经济学"会议，这次会议引发了大量学者开始对平台经济展开深入研究。Millward 指出，在平台经济相关行业中，有大量个人从业者在第三方平台上获取收入，而作为真正的收益人，如果不对这一类群体的这部分收入征收个人所得税，不仅会造成国家税款的大量流失，同时也违背了税收公平原则，影响社会资源配置。

（二）国内研究现状

我国首次给出平台经济学定义的是两位学者徐晋和张祥建，他们在国外相关理论研究基础上，讨论了平台经济的主要表现与特点、平台的分类以及业务模式，并在文章中预测未来的平台经济将在现代经济系统中扮演更加突出的角色，成为引领时代经济发展的新动能。而针对平台经济个人从业者的税收征管问题而言。周克清、刘文慧认为我国现行的个税征管模式还存在一定的改进空间，对平台经济个人从业者征税也存在着税收管辖权界定不明、所得性质界定模糊等问题。

四、国外平台经济个人从业者税收征管的实践

（一）美国

美国平台经济个人所得的税收征管具有两大鲜明特点：一是第三方平台对在平台上超过最低服务限制的从业人员具有代扣代缴义务，具体从业个人不负有纳税申报义务。二是美国平台经济在不同领域有不同的税收扣除项目。美国平台经济相关税收法律规定，提供平台经济相关服务的从业者应当将个人或家庭消费行为和商业行为分开，允许其在商业收入中扣除因商业行为而产生的经营成本或折旧费用。

（二）法国

作为欧盟地区的经济巨头，法国也较早开始介入平台经济领域，并取得了不错的成绩。2017 年 3 月，法国国会发布《法国共享经济税收法案》（以下简称《法案》）。该《法案》的创新之处包括：第一，建立平台从业者纳税申报制度。《法案》将平台经济从业者纳入自由职业者范畴，要求其在网上申报平台经济个人所得。同时，该《法案》新增了网络平台运营商的自动报告义务和用户同意后的相关信息提供义务。第二，建立专职从业者推定制度。简言之，通过网络平台兼职获取收入的个人，不论其有无其他职业，只要一个纳税年度内该类收入总额超过 3000 欧元，将被认定为专职从业者，需要按照规定缴纳税款。

五、税收征管方面目前存在的问题

(一) 所得界定模糊

争议问题主要存在于劳务报酬所得和经营所得的界定中。根据国家税务总局《对十三届全国人大三次会议第 8765 号建议的答复》，灵活就业人员从平台取得的收入可能包括劳务报酬所得、经营所得两大类。其中，灵活就业人员注册成立个体工商户，或虽未注册但在平台从事生产、经营性质活动的，其取得的收入属于"经营所得"应税项目。但是，目前税法对"生产、经营性质活动"的规定并不明确，只是在对经营所得定性时提到经营所得包括两种情况，一种是"个人依法从事办学、医疗、咨询以及其他有偿服务活动取得的所得"，另一种是"个人从事其他生产、经营活动取得的所得"。这两种情况中的前者与劳务报酬所得的内容存在部分重叠，而后者又表述过于模糊，这就使得在实务工作中难以界定所得性质为劳务报酬所得还是经营所得。

(二) 税收管辖权难以确定

对于传统的个人从业者而言，收入来源相对来说较为固定且明确，一般由个人所在地或是工作单位所在地征收个人所得税便可。但对平台经济个人从业者而言，其交易活动并不像传统个人从业者那般固定，这就导致了注册在一个城市的平台企业却汇集了来自全国各个城市的收入。这般而言，平台企业所在地税务机关和个人从业者所在地税务机关均有税收征管的合理性。但在此情况下，我国《税收征管法》尚未对此做出明确规定，引发各地税务机关争夺税收管辖权。

(三) 税源监控困难

要对平台经济个人从业者进行税收征管，首先就要有效监控并获取这部分群体的税源信息，但现实是这些税源信息监控极为困难。其原因主要有两个：一是我国平台经济的个体从业者数量众多。二是平台经济个人所得信息缺少共享机制。平台企业、金融机构和税务机关对平台经济个人从业者的涉税信息共享显然并不怎么畅通，再加上平台经济交易虚拟化、碎片化，客观上造成了个人收入的隐秘性。这就导致了税务机关无法准确获知每一个人的收入来源及其具体收入额度，也就无法对相关平台上的个人所得进行有效的税收征管。

六、税收征管过程中的实践建议

(一) 明晰应税项目

第一，要出台关于个人提供劳务、从事生产经营活动的详细认定标准，尤其要以正列举的方式对存在争议的业务活动做出明确规定。同时，对于争议业务活动所得性质的界定，应该透过现象看本质，在区分劳务报酬与经营所得时，应判断有无资本或人力的投入，并将经营活动的持续性等因素考虑进去。

第二，国家可以制定法律规定，要求个人从业者在平台注册登记时提前选择要从事的业务类别，平台再根据业务类别进行审核，判断个人从业者收入所适用的应税项目，将其报送至税务机关。在实际执行过程中，税务机关应与平台保持充分交流，并将争议事项上报至总部，在实践过程中解决平台经济所得项目界定模糊的问题，同时降低平台运营风险，减轻个税征管成本。

（二）完善平台经济个人所得的税收管辖权制度

第一，对于主要由固定在一地的不动产或是固定资产为核心提供的经营业务，可由所在地主管税务机关进行税收管辖。例如，滴滴平台提供市内驾乘服务取得的收入，可由乘用车注册地的主管税务机关进行税收征管。

第二，对于个人利用平台获取的其他收入，可由注册个人的居住地税务机关进行税收管辖。平台所在地税务机关可要求平台按地区等分类要素打包发送个体从业者收入情况，平台所在地税务机关通过内部数据传递网络，将这些信息发送给对应的各地税务机关，以便各地税务机关进行税收征管。

（三）完善平台经济的涉税信息报告制度

第一，完善《电子商务法》，强制要求平台方提供相关纳税人的涉税信息。从经济效率上讲，由平台方提供纳税人的涉税信息是最高效的，这也是发达国家的先进经验。遗憾的是，我国《电子商务法》并没有强制要求平台方提供相关涉税信息，需要在下一步的《电子商务法》修订中进行完善。

第二，利用税收检查要求相关平台配合提供相关数据。尽管《电子商务法》没有要求相关平台主动提供相关行为人的个人所得信息，但《税收征管法》规定，相关行为主体有义务配合税务机关对其他经济主体进行税务检查。因此，税务机关可以税务检查的名义要求相关平台提供在其平台上注册并开展相关活动的行为人名单及其收入信息。税务机关在掌握相关行为人收入信息的基础上即可对其征税。如果相关行为人仍然拒不纳税，那么税务机关可通报相关平台，并要求相关平台取消其注册资格，使其不能在平台上获得收入。

（作者单位：国家税务总局宁波市镇海区税务局）

智慧税务赋能税收征管现代化路径研究

孔庆勇

党的二十大报告指出，我国要坚持以高质量发展为主题，充分发挥市场配置作用，调整税制结构，深化简政放权、放管结合、优化服务改革和营商环境。2023年12月22日，全国财政工作会议强调持续落实好结构性减税降费，降低经营主体经济负担，强化税费政策供给。2023年召开的中央经济工作会议要求谋划新一轮财税体制改革和提高政策效果。当前，在国际范围内的产业体系重构和我国经济社会高质量发展的双重财政税收压力之下，既要保证对企业高质量发展的财税支持，又要做好减税降费，提升税收治理能力，这为税收征管现代化建设提供了新的机遇和挑战。然而，各地税收治理能力参差不齐，税收征管建设滞后，借助信息技术智能化赋能税收征管现代化建设的路径成为学界和业界关注的焦点。智慧税务被认为是税收征管机制向以数治税、精准治税、遵从治税方向演进的重要赋能力量，能倒逼治理手段不断提升，是赋能税收征管现代化实现的基础，能促进税收征管在体制、工具、方法上实现流程再造、业务优化、组织协同，进而创新征管模式、制度、管理的现代化变革，让政策供给精准赋能于企业或产业需求，促进税源可持续性增长。本文通过分析智慧税务赋能税收征管现代化面临的机遇与挑战，提出实现路径的建议。

一、智慧税务赋能税收征管现代化的机遇与挑战

（一）智慧税务赋能税收征管现代化的机遇

第一，构筑提高税法遵从度和社会满意度的新生态。新型税收征管以"善治"理念促进政府强制力和政府公信力结合的治理方式，通过信息化、智能化手段完善征管模式和方式，有助于提升纳税主体对政府的信任感。国家税务总局依托《意见》的要求，持续推进集成化、立体化、标准化的征管现代化体系，"金税四期"数字工程建设推进了税收征管数字化，各地积极建设"电子税务局""办税通""云办税"等智慧税务辅助系统建设，打造数智导办、远程督办等创新手段，重视税收征管服务平台、服务效率和服务质量等工作，有效改善征纳关系。通过降低纳税主体办税的时间成本、货币成本和心理成本，以及提升办税环境、办税效率、监督精度，形成征管博弈优势，赢得纳税人的认同感，实现纳税人自我遵从度和对营商环境满意度的双提升。

第二，挖掘降低征纳成本的新途径和新方式。征税方的税收成本涵盖行使税权、组织税收收入的税收立法成本、税收执行成本、税收遵从成本以及税收社会成本，其中执行成本、遵从

成本、社会成本具有复杂度高和难以控制的特点，历来是征纳主体成本负担的主要来源。当前，税收成本成为世界范围内吸引经营主体和产业链延伸的重要因素，发达国家的税收成本一般维持在1%~2%之间，我国税收成本则高出其5~10倍，甚至更多。因此，科学高效的征管模式以及智慧税务的应用、优化业务组合方式、调整业务流程、配置人员分工等被视为降低税收成本的新途径。

第三，优化税收管理部门协同关系并强化后台服务功能。5G和大数据等助力智慧税务实现高集成功能、高安全性能、高应用效能，促进信息收集和集成、监测和预警、分析和安全、跟踪和反馈等，提供了税收征管部门与其他部门间的横纵协同平台，通过智能税务应用场景，可实现税收征管流程化管理，创新办税服务体系，改善征纳主体间的互动服务方式。税收征管的后台服务潜力被不断激发出来，使纳税主体感受到税收服务前端带来的体验感、效率感、满意感。此外，智慧税务能够将政策、咨询、预警信息直接与重要客户管理对接，实现"一企一策"的精准化管理，将企业的税款征收、涉税争议、税收复议等业务实现智能化分流，分配给业务部门和机关事务部门，进而使税收征管的管理职能充分发挥出来。实现多部门横纵互联，为税收征管业务扩大范围、精准施策、监管评价实现动态化管理提供了可行性基础。

（二）智慧税务赋能税收征管现代化的挑战

第一，税收征管体系内容有待优化。税收征管体系内容包括税制变革、税种更新、税收政策落实。在税制方面，我国直接税和间接税比重失衡，税制结构有待调整。新经济、新业态层出不穷，如实物产品与软件服务相融合的平台经济，其交易数据隐蔽，流动性和渗透性较强，监管困难，因此有必要针对其设立新的税种税目，而我国当前主要税种的设置遵循的是工业经济时代的治理逻辑和制度演变路径，不能与当前数字经济发展需要相适应。现阶段，我国的经济复苏面临高度不确定性，相关税收政策在调节经济运行、收入分配、产业结构方面具有重要作用。从当前的税收征管实践来看，相关税收政策的有效落实还有很大的提升空间，仍需持续精准投放税收优惠政策，激发市场主体活力。

第二，亟待建立涉税事项的风险防控和涉税数据安全防护机制。智慧税务建设应具备高安全性能，涉税事项的风险防控和涉税数据的安全防护至关重要。税收征管现代化应打破事后查处纳税人违法行为的思维模式，建立事前预警制度，最大限度节约舞弊行为的治理成本，建立闭环风险管理，将风险防控应用到涉税风险全过程，增强征纳各方的风险应对能力。智慧税务需要将海量数据的运行和存储放在云端，充分利用信息技术赋能于税收治理能力的完善，因此必须确保基础数据和企业及个人的隐私安全，降低违约成本、法律成本、社会成本。此外，智慧税务的运行离不开税务人员的指导和运营，以及上下级对数据监管调查的传输，故而也要避免人为因素导致的涉税信息泄露。随着税收征管现代化进程的推进，克服"数据休眠"和"数据孤岛"是智慧税务赋能的必要手段。

第三，重视税务信息的决策分析需求。相关学者的研究指出，部分国家通过使用税收规则帮助征纳双方更高效、更准确地筛选和管理所适用的税收政策，分析处理纳税人风险，还能帮助纳税人自主完成税款缴纳、结算等工作。从我国税收征管的实践来看，经营主体对自身涉税政策、法规、规定等涉税信息体系、内容要点、操作要求的了解不充分，对自身涉及的税收减免等政策认知不足，甚至对自身面临的涉税风险未有足够预判，严重影响了财务信息决策分析的质量。因此，纳税人对智能报税服务、指导以及处理的需求强烈，而各地税务机关和第三方软件开发商在开发设计涉税服务平台时，在服务对象、服务模式、服务定位、服务方式上依然局限于传统模式，使税务信息决策分析的需求和供给适配性不强、契合度不高。

二、智慧税务赋能税收征管现代化的路径选择

（一）持续完善智慧税务赋能动力体系

一是坚持便民惠企理念以及强化系统性要素建设。以"双鸭山经验"为参照，结合"金税工程"四期建设，完善智慧税务赋能框架、传导机制、依赖路径以及实现方式。打造需求导向和问题导向下的信息化应用深度和广度，以有效促进企业降本增效和提高办税幸福感为重点，构建组织、制度、文化、技术"四位一体"的新型赋能生态体系，大力改善系统设计、资源配置、税法执行和应用监督相关的理念、服务、方式、保障节点。构建以智慧税务为引擎，以生态化和信息化为驱动，以"四新"为纽带、"四力"为抓手、"四精"为目标的赋能体系。即通过第一层次"四位一体"架构推进组织与文化、制度、技术上的自我革新、融合推新、联动创新、协同出新，克服铸力、聚力、凝力、助力障碍，共筑第二层次"双系四精"效率优化，包括第一赋能机制中涉及的税收征管新理念、新方式、新网点、新保障为核心的治理体系和服务体系，完善系统设计、资源配置、税法执行、监管应用的传导机制，以及由传导机制进一步形成的精确执法、精细服务、精准监管、精诚共治的路径机制建设。

二是以需求供给双侧改革激发赋能潜力。加强对智慧税务理念、内涵的科学认知，促进税收主体共享、共治、共赢制度文化建设。以"人民税收为人民"为定位，强化供给与需求契合度，重新优化税务局的行政职能与业务职能关系，促进供给多元化服务质量的提升，将供给服务下沉至需求问题的解决。

（二）持续优化税收征管服务体系

一是创新税收征管在人力资源、工作流程和文化精神方面的组织制度优化。依托降本增效原则引入人工和机器人协作机制，将传统岗位人员再培训上岗，提升"云办税"人员的综合素质和知识水平，强化"传帮带""党员团队""金牌税务员"建设。结合大数据特点，完善安全管理、风险预警管理和征信体系管理建设，持续提升大数据资源库、模型库以及评价库建设，尤其是及时补充制度短板和建立规章制度危机处理机制，构建立体化、科学化、持续化的征管服务体系。提升纳税服务和税收执法的数字化能力，将现代信息技术嵌入税收征管过程，根据行业特点、企业规模、信用状况等信息为企业设置数字化标签，依托已有的税收数据资源建立相关的风险识别指标模型体系，实现企业的风险识别与评估前置，形成税务部门风险防控机制。

二是增强主动服务意识，创新服务理念层面的税收现代化生态。"四精"优势需要借助人员思维意识落实"企业问题"的解决，税务机关可以运用企业数字化标签详细划分纳税主体适用的税收优惠政策，通过人工智能技术精准匹配并自动推送至相关企业，提供相应的办税指引，将"一企一策"实效化。还可以通过收集不同主体的纳税需求，提供精细的纳税服务，提升服务质效。

（三）着力推进涉税信息风险防控能力建设

一是协调地方和国家信息风控管理。建立上下互动的风险防控专班，在政策法规框架范围内，加强信息收集、分析、管理、评价的闭环控制。税务机关可建立风险模型库，动态组建多重风险预警模型以识别企业关键涉税风险点。建立风险防控清单，在此基础上打造风险防控矩阵，精准识别不同类别企业、不同税种的风险点，提炼出风险预警规则并提供相应的风险应对预案。

二是加强风险过程性控制。克服上下级制度障碍，完善评估、分析、应对机制，明确风险节点和关键控制点，运用信息数据定期或者不定期开展纳税主体风险评估，监督企业涉税风险的后续整改情况，开通咨询服务专线，指导企业控制违规风险。

（四）有效推动构建税收协同共治的格局

一是共同打造税收协同共治局面。推进税收征管"零距离"工程，调动社会各方对税收事务的参与度，分离管理与业务职能，打通横纵多元主体参与云端税收征管的平台通道。

二是形成税收管理业务协同融合的局面。通过成立办税专班，明确信息共享的权利和责任，形成治税合力。加强引导社会组织和社会公众的税收协同共治，激发纳税人的主体意识，建立和完善制度保障。

（作者单位：国家税务总局淮安市洪泽区税务局）

税务稽查

税收现代化建设中的"说理式执法"探索与实践路径

王秉明 翟 敏

党的二十大报告指出,"要扎实推进依法行政,转变政府职能,优化政府职责体系和组织结构,提高行政效率和公信力,全面推进严格规范公正文明执法"。习近平总书记所作的报告,为新时代税收现代化行稳致远指引了前进方向,提供了根本遵循。"说理式执法"是对税务稽查执法新方式的有益探索,旨在引导和督促稽查人员将"释法明理,法理相融"理念贯穿稽查案件查办全过程,规范稽查执法流程,提升执法水平。我局积极开展"说理式执法"实践,进行实地调研,并结合税务稽查工作中的典型案件查办情况,探索"说理式执法"实践路径。

一、厘清"说理式执法"的背景及内涵

(一)"说理式执法"的推行背景

中央有重要指示。党的二十大报告指出,坚持全面依法治国,推进法治中国建设,明确了在法治轨道上全面建设社会主义现代化国家的新要求。中共中央、国务院印发的《法治政府建设实施纲要(2021—2025年)》规定,要创新行政执法方式,广泛运用说服教育、劝导示范、警示告诫、指导约谈等方式,努力做到宽严相济、法理相融,让执法既有力度又有温度。

总局有制度安排。2022年,税务总局印发《推行非强制性执法方式试点工作方案》,选择20个省市开展非强制性执法方式试点,旨在建立权责清晰、标准明确、规则公平、程序规范、运行高效的非强制性执法制度,推动税务执法理念和方式手段变革,提高税务执法精确度,提升执法水平,维护纳税人、缴费人的合法权益。

市局有明确要求。北京市税务局党委书记、局长张有乾在2022年第三次局务会讲话中明确指出,要继续发挥北京综合试点先行先试的排头兵作用,对标对表积极推进,突出重点,打造亮点,提炼形成首善率先的工作经验。要持续做好非强制性执法方式试点和稽查"说理式执法"试点工作,对税收重点领域开展全面系统风险排查,防范化解执法风险。

兄弟单位有积极实践。北京市税务局第四稽查局作为试点单位,探索"说理式执法"体系,编写全流程文书,制作宣传片。经检索中国知网文献及网络资料,交通运输、文化监管、烟草专卖等单位已开始推行"说理式执法",部分学者对"说理式执法"进行研究,为我们提供了有益借鉴。

(二)"说理式执法"的概念

"说理式执法"是指在行政执法过程中,对行政相对人"讲透法理、讲明事理、讲通情

理"，实现"以理服人、以情感人、以物化人"，让当事人知法理、明事理、顺情理，在知法、懂法中更好地守法。具体来讲，就是在行政执法各个环节，通过语言与书面形式，向当事人摆事实、析利弊、讲道理，说清违法事实的事理、说准适用法律的法理、说明处罚裁量的情理，帮助当事人正视处罚结果，取得当事人的理解与认可。

（三）"说理式执法"的机制

"说理式执法"执法模式是在执法者与当事人之间建立起有效的疏通与回应机制，是行政执法理念的一次重要创新，通过叙事、说法、论理相统一的全过程"说理"，讲清事理、讲准法理、讲明道理、讲通情理，取得当事人理解和配合。从法律意义上来说，能够充分保障行政执法相对人的知情权、陈述申辩权；从人性意义上来说，给予了当事人充分的尊重，实现全过程有效沟通。

二、实地调研的经验做法

为深入调研"说理式执法"工作开展情况，2023 年 5 月，我局相关负责同志到北京市公安局朝阳分局安贞里派出所开展实地调研，学习交流经验做法。

（一）强化执法制度落实

加强法律政策落实，严格责任分工。坚持以制度管人的理念，强化案件监督检查，确保办案质量，努力从源头上解决执法不公、不严的现象，切实做到有法可依、有法必依。

（二）狠抓重点执法环节

全面梳理易发、多发问题及典型案例，细化工作标准，明确工作流程，统一规范动作。坚持在强化执法程序上下功夫，着力提升执法规范化水平。

（三）创新优化执法手段

深入践行"以人民为中心"的发展思想，积极探索包容审慎、宽严相济、罚教结合的执法方式，深入推进"首违免罚"和"轻微不罚"。在执法过程中积极采取劝导教育、释法说理等柔性执法方式，让执法有力度更有温度。对符合免罚情形的当事人加大法律法规知识宣传力度，实现"免罚一个、教育一片"的效果。

（四）提高执法主体素养

坚持实战和问题导向，强化执法实战培训，积极参与执法能力练兵比武、执法培训等形式多样的活动，进一步强化执法能力基础。支持鼓励职业资格考试，形成以考促学、以学促用的浓厚氛围。

三、我局主要做法

（一）先行先试，创设"说理式执法"青年团队

抓好青年干部群体，在前期组建"青年法律小组"和"青年案头分析小组"的基础上，创新建立"说理式执法"青年团队，着力培养青年人才的逻辑思辨能力和稽查业务能力，带动全局将"释法明理，法理相融"理念贯穿于案件查办全过程。

团队现有成员 18 名，覆盖全局各科室，平均年龄 33 岁，研究生学历占 61.11%，获得"三

师"资格 11 人次。自成立以来，共组织集中培训 10 余次，研讨交流 8 次。在我局牵手北京市朝阳区税务局的青年干部跨单位岗位实践活动中，先后选派 10 名团队青年到该局开展实践锻炼，在业务量较大的综合纳税申报、个人存量房买卖、股权转让等岗位中积累税收经验、扎牢业务功底。2022 年 4 月，经过实战演练，团队派出 2 支辩论队参与"建团百年、税与争锋"主题辩论活动，取得较好成绩，进一步提升了稽查青年干部勤于思考、敢于思辨的能力。

（二）服务主业，"说理式执法"成效凸显

通过青年先锋引领，"说理式执法"理念逐渐渗透到我局案件查办的全过程，有效减少了征纳矛盾，疏通了工作堵点。我局因温情执法、服务先行，先后 7 次收到企业致谢锦旗。

在我局查办的某网红主播涉嫌偷逃税款案件中，案件关系网复杂，舆情风险等级高，专案组积极吸纳青年团队人才，与税警联合办案，全力铺开检查网。在检查之初，该主播心怀抵触、心存侥幸，拒不如实提供有关情况。检查组通过专业的信息搜集、案头分析和调查取证，在掌握翔实证据的基础上，注重用事实和数据"说理"，阐明认定违法的"事理"、说透适用法律的"法理"、讲通处罚裁量的"情理"。经过反复沟通，最终该主播解开心结，在心服口服补缴全部税款的同时，通过其个人社交账号发布了道歉声明。此举不仅展现了税务稽查文明公正执法的良好形象，也进一步提升了公众的税法遵从度。

（三）刚柔并济，充分发挥稽查震慑力度

在实践过程中还需要明确的是，"说理"是执法的方式，最终要服务于维护经济税收秩序、保证国家税款安全的目的。如果非强制性执法达不到提高纳税遵从度的效果，必然要通过信息交换、数据分析等手段加强证据搜集和固定，确保稽查打击税收违法的威慑力度。

我局于 2023 年 4 月在接到公安机关相关资料后，发现北京 A 公司曾于 2022 年 10 月接受过我局检查。在首次检查中，该公司向检查组提供了取得甘肃 B 公司的增值税专用发票以及业务合同等相关证明其业务真实性的资料。根据最新情况，检查组与公安机关交换线索，深入 A 公司开展实地检查，掌握确认了该公司接受虚开增值税专用发票的优势证据，其中包含首次检查中所发现的相关资料有虚假嫌疑。经过检查人员大量的普法说理劝导工作，最终 A 公司承认了接受的包括甘肃 B 公司、山西 C 公司等 7 家单位的增值税专用发票为虚开发票。根据税法有关规定，该公司最终被认定为虚开、偷税，结合税务行政处罚裁量基准及其违法行为的具体情形，检查组对第一次检查中所发现的相关发票问题，处少缴税款一倍罚款；对于在第二次检查中首次发现的相关发票问题，处少缴税款百分之五十罚款。这充分体现出执法的刚性与服务的柔性。

（四）辐射带动，"说理式执法"走深走实

我局积极带动全局从"执法文书说理"向"执法全过程说理"转变，切实做到"事理通、法理透、情理通、文理顺"，实现稽查执法能力水平和社会满意度双提升。

一是检举受理环节普法前移。通过深入研判、释明法理，说服纳税人主动撤销重复检举和不实检举，努力化解执法风险。2023 年以来，通过政策宣传和情绪疏导，劝解减少涉税举报 30 余件。二是检查环节"说理"前置。以"智慧稽查"信息化为依托，注重信息装备在调查取证、记录执法过程、数据采集等方面的运用，强化"说理式执法"的证据基础。在护航留抵退税工作中，通过有力有据有节的执法方式，推动涉案企业主动返还留抵退税款 3509.74 万元，

阻断1.24亿元，切实护航大规模留抵退税政策落地见效。三是审理环节提前介入。审理人员对重大、专项等案件审理人员提前参与，对执法主体、涉税行为、适用法律、执法程序等方面进行法制审核，有效减少行政争议。

四、问题与工作建议

通过实地调研，发现目前在税务稽查实践中还一定程度上存在对"说理式执法"理念理解不到位的情况，税务干部能力与税收现代化建设需要还不能够完全匹配，"说理式执法"全过程运用还不是很到位等问题。为适应税收现代化建设要求，提出如下工作建议。

（一）完善"说理式执法"规范

针对税务稽查过程中的案件进行梳理，继续探索说理式程序与规范，明确说理的步骤、内容、方式，引导税务干部使用"说理式执法"语言，进一步规范执法用语，统一自由裁量标准，努力让人民群众在每一项执法、每一起案件办理中都能感受到公平正义，让当事人既感到法律的尊严和权威，又能感受到税务机关的关怀和温暖。

（二）深化"说理式执法"实践

坚持执法与服务并重、依法说理与以理服人相结合，在检查告知环节告知纳税人权利义务，做实做细告知工作，在纳税人理解不准确、容易引起误会的检查、审理、执行环节，讲清法律法规和违法违规事实、处罚依据、处罚标准等，推行全过程说理，帮助纳税人准确适用政策，化解税收风险。

（三）切实提升税务稽查干部素质

按照"缺什么补什么，干什么学什么"原则，广泛征求和了解稽查一线业务培训需求，聚焦主责主业，科学制定培训计划，统筹使用总局"税务云课堂"、兴税平台等网络资源，针对询问谈话、电子取证等邀请专家及时跟进授课，分类分级做好线上线下培训。坚持把实践锻炼作为能力提升的练兵场，深化与辖区税务局沟通，强化征管稽查联动，推动全面深度融合，切实构建税务稽查"说理式执法"理念。

（作者单位：国家税务总局北京市税务局第二稽查局）

基于稽查角度的新形势下打击和防范
出口骗税违法行为研究

国家税务总局上海市税务局第二稽查局课题组

自从我国开始实施出口退税制度以来，出口退税在促进我国商品出口和对外贸易发展、推动国民经济持续健康发展方面发挥了重要作用，但是由于出口退税存在巨大的经济利益，部分不法分子在巨额利益的驱动下，大肆进行出口骗税的违法犯罪活动，骗税区域越来越广、规模越来越大、手法越来越多，使国家财政蒙受巨大损失。为此，我们针对骗税问题开展了专题调研工作，全面梳理和总结当前骗税违法的新形势、新动向、新手法，深入剖析骗税问题产生的根源和成因，结合近年查处的相关案件，有针对性地提出工作措施和建议，进一步提高骗税案件的查处效率，从而有效防范和打击出口骗税行为。

一、目前出口骗税新特点、新手法

（一）出口骗税特点分析

1. 骗税地域范围扩散化

从骗税案件涉及的区域看，不法分子利用各地税务机关信息交换滞后、跨区协查难度大等缺陷，采用异地供货、跨地区作案的方式骗取出口退税。由原来的"敏感货源地""敏感行业""敏感口岸"扩大到全国各地，在沿海地区骗税较严重的局面得到逐步扭转的同时，内陆的骗税活动开始增加，形成骗税活动向内陆蔓延的趋势。

2. 骗税单证"合法"化

以前，骗税分子大多通过伪造或涂改退税凭证来骗取出口退税，现在骗税分子申报退税的单证多是通过非法手段从执法部门套取票面真实而内容虚假的单证。由于货单分离，税务人员对出口退税的审核以信息审核为主，骗税人员利用这一特点，采用真实票据录入虚假信息，往往采用团伙作案，按照出口退税流程进行全过程的单证造假。

3. 骗税手段隐蔽化

目前，骗税分子作案环节已由骗税初期的最后环节转移到上一个或更前一个环节。主要表现为三个"前移"：（1）专用发票作假环节前移。当前增值税发票的作假，大多从原来的退税申报环节变为在货物生产及征税环节。同时，骗税分子为增加税务部门稽核的难度，大多为虚假供货企业编造地域广泛的多渠道进货假象。（2）征税环节作假前移。以往骗税分子大多在退税申报环节采取伪造、涂改专用税票等手段骗取退税。随着税务部门管理措施的加强，目前，骗税分子通过少缴税或"先征后返""即征即退"等手段套取专用发票后达到骗税的目的。(3)收汇核销环节作假前移。骗税分子采取通过非法手段实现境内外资金循环，编造虚假的外汇收汇业务，套取银行结汇水单，再申报退税，以达到骗税目的。

4. 骗税犯罪网络化、团伙化和智能化

从选择作案地点、工商注册、税务登记、领购发票到虚开增值税专用发票各个环节都有犯罪分子专人负责，而且越是涉嫌骗税的业务，其退税凭证越是齐全，逻辑关系越是紧密相符，税务部门仅"就单审单"很难发现问题。

(二)出口骗税手法分析

犯罪分子伪造发票、征税证明和报关单据，骗取国家退税款，将低退税率产品用高退税率品名报关、无货报关、以少报多、以次充好等，但是这些办法如果遇到海关查验，比较容易被发现。因此，骗税从以往单一手法向多种手法综合运用，越来越专业、越来越隐蔽。

1. "四配"出口骗税

这种骗税手法是指不法分子将他人真实发生但不申报退税的出口报关单信息，以非法手段实施配单、配票、配货、配收汇信息等配比申报出口退税凭证，以实现骗取出口退税。在这个过程中，通常是不法分子将他人不满足退税条件的真实出口业务单据或信息转嫁到有进出口经营权的企业名下，套用它的出口报关信息，虚构外国客户、伪造出口合同、匹配虚假收汇资金流。同时，操控虚开增值税专用发票，形成完整的退税资料，申报出口退税。

2. 循环出口骗税

这种骗税手法是指不法分子选择易于避开海关抽检的货物作为道具，出口到境外或香港等地，并在到达后简单改装或更改包装，伪装成其他货物报关进口或走私入境回国，进入新一轮的循环，实现持续骗取出口退税。

3. "招标"出口骗税

这种骗税手法是指货代公司充当骗税主谋，在整个骗税链条中以"招标"形式，组织协调出口企业竞标购买出口信息和增值税专用发票，并负责为出口企业提供配货单据，吸引更多人来参与联合骗税。通常手法是利用金三系统不比对增值税申报表附表二中部分栏次金额的漏洞，虚列进项税额，降低虚开成本，以较低开票税点吸引买票，谋取退税暴利。

4. 低价高报骗税

这种骗税手法是指不法分子在真实出口货物数量和价格方面进行虚报，采取的方式主要有低价高报、以少报多、以次充好。通过伪造虚假买卖合同等手段虚拟成高附加值产品，以高于市场数倍的价格报关出口，获取虚假出口额。

5. 更改提单骗税

这种骗税手法是指国际货代公司通过更改提单的方式，进行配单骗取出口退税。比如，能开的增值税专用发票的品名是上衣，而实际要报关的货物是裤子，于是就先用品名"上衣"报关，等货物上船签发提单的时候，把品名改为裤子，不影响收货方进口清关。

以X公司羊绒骗税案为例：

2012年，上海X公司被举报涉嫌循环出口羊毛纱线，经过大量数据分析和调查取证，基本查明其以羊毛纱线为道具，高报货值循环出口，骗取国家出口退税的违法事实。

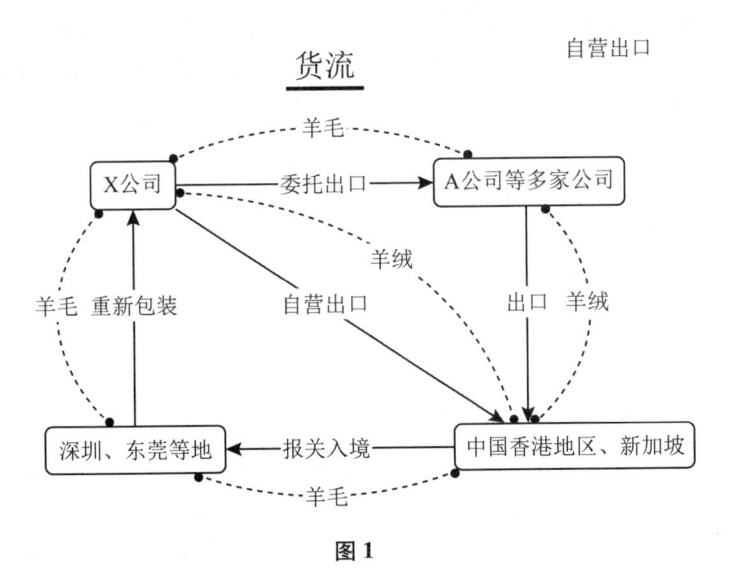

货流

图1

从货流角度分析——一方面，该公司以羊毛纱线为道具，为其披上华丽的"羊绒纱线"外衣，采用循环出口的手段骗取出口退税。将羊毛纱线谎报成羊绒纱线，国内一般羊毛纱线和羊绒纱线两者价格相差6~12倍，并高报价格，比同一关区、同一品种的物品还要高出许多。出口到中国香港地区、新加坡后，再由控制的"空壳"公司将同批货物虚报为"棉纱线"，以低价进口至境内控制的公司，重新包装后再做循环出口。另一方面，唆使他人成立以农产品为开票主要内容的开票公司，多渠道接受虚开发票，虚增的进项税额完美配合高报的出口价格，形成虚假的"应退税额"，从而骗取出口退税款。

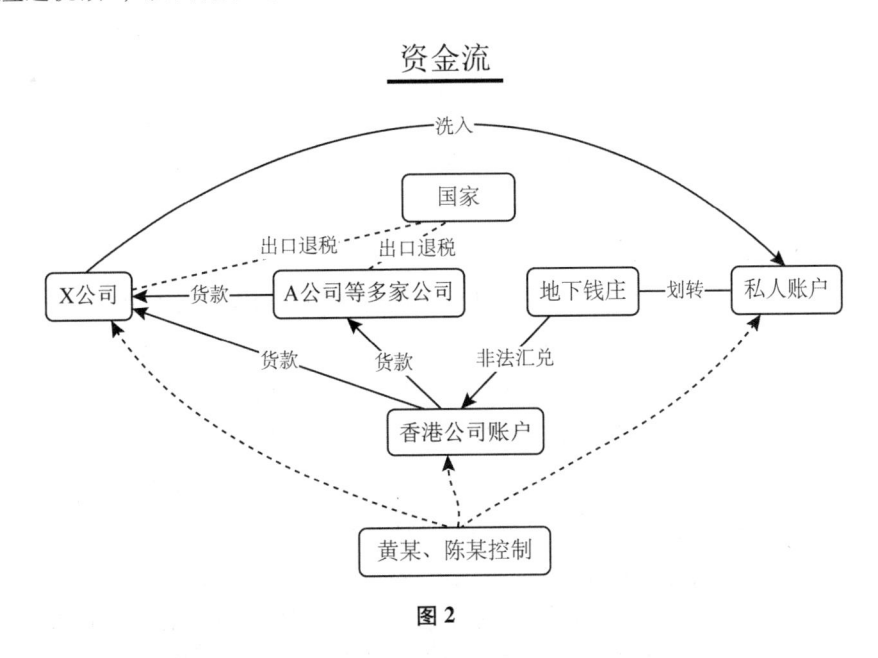

资金流

图2

从资金流角度分析——为向境内公司支付货款，被告人黄某、陈某先后在香港注册成立了多家与出口合同所列外商公司英文名称相近似的香港公司，再将资金通过私人账户划转至地下钱庄私人账户内，从而非法汇兑至上述香港公司账户，后香港公司以外商名义向 X 公司及 A 公司等外贸公司付款，完成付款至境内等事宜，最终由 X 公司及 A 公司等外贸公司办理出口退税手续。

经统计，2009—2012 年，通过自营方式出口的"羊绒纱线"涉及退税款 9400 万元。为掩人耳目，通过本市及外省市多家大型知名国有贸易公司出口商品，涉及退税款 8.94 亿元。

上述骗税案件涉及的环节众多，金额巨大，且牵涉多家大型外贸企业，给国家带来重大损失，对正常的进出口贸易也造成了重大影响。

二、打击出口骗税现状及存在问题

当前，国家打击出口骗税的力度逐年加大并取得明显成效，但是从目前的案件查处情况来看，骗取出口退税的违法犯罪活动依然猖獗。

（一）出口退税监管存在缺陷

出口退税监管存在漏洞，让不法分子有机可乘。一是报关行和货代机构掌握大量的出口信息，从而可以为配货配单提供方便。而这方面又缺乏有效制约，让不法分子获得出口退税的真实单证和票据。二是外汇监管问题，不法分子借用他人名义实行"借汇核销"，获得外汇资金，借助地下钱庄完成境内外资金、外汇循环活动，套取银行结汇水单和外汇核销单，完成骗税活动。三是税务监管方面，尽管设置了预警指标，对一些敏感商品和高额退税的核查有所帮助，但是对金额略低警戒值却缺乏监督。

（二）税收管理制度存在不足

出口退税是增值税链条上的最后一道环节，退税是否准确与前面环节的征税情况息息相关。但征退一体管理理念并未深入人心，导致征税部门和退税部门都只是从自身工作出发看问题。征管部门认为出口业务是退税部门的事情，对出口退税的政策和业务掌握不够；退税部门因增值税进项抵扣属于征税部门的管理范围，对企业的进货、纳税等情况无法准确了解，由此造成"征归征、退归退、征退不见面"的局面。

（三）出口环节部门间协作不够紧密

出口退税管理涉及多个部门和环节，但部门间的衔接性、协调性还存在不足。部分地方政府对"招商引资"企业的管理不到位，给不法分子注册虚假企业，大肆虚开发票用于骗税，海关对出口货物的查验率较低，不法分子有机会虚假出口；外汇管理部门只关注对收汇情况的宏观监控，而不审查资金来源，不法分子可以虚假收汇；海关、商务部门对报关行、货代公司管理不规范，导致报关行、货代公司"买单、配票"骗税现象严重；退税管理陷于日常的"就单审单"事务之中，预警监控与分析评估尚未发挥应有的效果。

（四）出口骗税稽查取证难、定性难

由于骗税活动有跨境、跨行业、跨地区的特点，骗税手段复杂多变，涉及环节多、单证多。实践中，主流的取证思路是检查人员需要查清骗税涉及的所有环节并取得证据，行政证据链才

有效。此外，骗税环节中的一些企业在短时间内大量虚开增值税专用发票用于骗税，并尽快注销走逃，同样也加大了检查人员的核查难度。出口骗税案件的查处存在取证难、耗时长、成本高的特点，一些成功定性的骗税案件，其查处过程往往经年累月。

出口骗税涉及虚开发票、伪造单证、资金循环等多个环节，涉及海关、银行、上下游税务机关等多个部门。其中任一环节无法查清都会影响案件定性，可能导致查处工作"虎头蛇尾"。面对骗税定性错误可能面临的执法风险，检查人员往往不轻易定性或者只是认定企业违规退税进行追缴税款结案，对骗税链条的打击效果有限。

三、原因剖析

（一）增值税制度的缺陷引发了出口骗税风险

增值税专用发票是办理出口退税的主要依据。但是我国目前的增值税制度存在缺陷，引发了骗税风险。一是增值税即征即退等优惠政策、农产品收购凭证和分档税率的存在，给虚开增值税专用发票提供了空间。二是小规模纳税人和个人不需要专用发票，使供货企业产生大量"富余票"，为增值税专用发票虚开提供便利。三是出口退税的高退税率诱发了出口骗税，退税率和支付票点存在较大差额，巨额的经济利益驱使不法分子铤而走险。

（二）出口形式的多样性加大了退税管理难度

出口形式的变化为出口企业出口提供了一定的便利，但同时也增加了出口退税管理的难度。一是进出口经营权由审批制转变为登记备案制，企业办理出口业务的"门槛"不断降低，出口企业数量激增；二是出口经营方式多样化，由传统的面对面签合同、实地订货，发展到利用互联网等电子商务平台交易；三是出口退税的范围不断扩大，由以前的出口货物和劳务退税，扩大到对一些服务（如国际运输、研发设计服务）也实行退税；四是外贸出口的主体多元化，货运、报关代理、外贸综合服务企业等多种新型专业化社会中介机构办理退税的业务迅速增加。

（三）稽查手段的滞后影响了骗税案件的查处

目前的骗税案件存在跨区作案的特点，且骗税链条复杂，稽查难度加大，稽查部门陷于取证难、定性难的困境。一方面，上游虚开企业买壳、借壳，真假混杂，网银操纵，层层洗票，下游出口环节较多，单证复杂，而税务机关执法手段有限，对不法分子走逃失踪、销毁证据缺少、缺乏控制手段，打击震慑难。另一方面，出口退税业务相对独立，现有的稽查队伍中，缺少熟悉同时退、管、查业务的稽查人才，而专项培训的师资力量和培训机构也存在欠缺，没有形成足够的骨干团队来应对出口骗税形势的变化，影响了骗税案件的查处。

（四）税收共治理念不强制约了防范骗税合力

出口退税业务涉及征税、运输、报关、收汇等多个环节，管理风险集中体现在链条末端退税环节，税务部门的权利和责任不匹配。一方面，金融和运输部门协税护税意识不强，税务部门并不掌握出口收汇来源的具体走向，海运集装箱运行轨迹和证明物权的提单也未能纳入税务机关信息采集的范围。另一方面，在与公安的协作中，也存在各地税警合作力度不一的情况，有些经侦部门人力有限，案件移交后迟迟没有进展。

四、骗税案件检查工作中的难点

（一）选案效率难以提高，检查手段有限

由于出口退税企业数量众多，且出口骗税作案手法日益隐蔽，要从大量数据中筛选出有效疑点无疑大海捞针。虽然可以借助信息化技术提高筛选效率，但单单依赖各种指标数据分析，难免会产生许多"伪疑点"，增加不必要的稽查成本。

出口骗税的涉案人员往往对政策法规十分了解、反稽查经验丰富，且涉及境内境外的不法商人互相勾结，税务机关既没有搜查权、人身控制权，也缺少必要的侦查手段，要寻找案件突破口十分困难。特别是在不法分子潜逃、证据灭失、资金转移时，往往束手无策，无法进行有效查处。

（二）专业化稽查人员缺乏，查处效率不高

由于出口退税业务具有相对独立性，对于大多数未接触过相关业务的税务人员来说，查处出口骗税具有相当的难度。目前熟悉出口退税业务且检查经验丰富的稽查人员非常有限，短时间内也无法通过相关的培训和实践快速增加这方面的人才，很难组成强有力的骨干团队开展检查工作，影响了骗税案件的查处效果。对出口骗税案件的检查通常涉及多个环节，占用大量人力物力，不仅需要对大量出口退税的数据资料进行比对分析，还需要调取银行资金流信息、对上下游企业所在地税务局外发协查、对物流企业进行函调等，经常会战线拖得很长，一年半载难以结案。

（三）缺少常态化的合作机制，难以形成合力

一是海关、税务、银行等职能部门合力打骗尚存软肋，受限于职能和人力等关键因素的制约，缺乏稳定的合作长效机制，对突发性案件难以及时合力处置。公安派驻税务新的联络机制的出台，标志着公安、税务机关形成了常态化、制度化、规范化的派驻工作机制，进一步推进信息共享，深入推动警税协作，提升打击防范涉税违法犯罪效能。但是税务和海关、银行等职能部门的合作还有待加强。

二是金融和运输部门协税护税意识不强，税务机关缺乏资金流信息化支撑，缺失收结汇的监管"防线"，而海运集装箱运行轨迹和证明物权的提单未能纳入税务机关采集信息范围，对货物流难以有效监管。

三是国际税收情报交换极其缺乏，出口信息与进口信息的情报交换未被重视，即使有重大嫌疑线索，也未能发起情报协查。

（四）法律依据不明确，证据标准不统一

现行《税收征管法》对骗税行为的界定是"以假报出口或者其他欺骗手段，骗取国家出口退税款"，但未对"假报出口"及"其他欺骗手段"予以明确解释，导致各地税务机关缺乏统一的认定标准。

目前，对定性骗税的案件取证要求并不明确，为了规避风险，往往要求把整个出口退税环节都查清并取得证据，形成完整的证据链才能定性骗税。实际检查中很难完全做到这一点，导致大量案件无法及时定性，甚至虎头蛇尾地结案。此外，关于出口骗税的法律及司法解释并没

有具体规定何种形式的证据能满足公安、检察院与法院对出口骗税案件立案、公诉与定罪的要求，而税务稽查人员并没有受过相关的训练，结果往往税务机关掌握的证据不符合司法定罪的要求，移送公安时遇到困难。

五、相关建议

（一）明确骗税的定性依据和取证标准，实现出口退税相关政策税收法定

在我国的税收法律体系中缺少出口退（免）税这一环节，应尽快制定具体的法律法规，明确出口骗税的定性依据，并细化行政处罚与刑事处罚界限。结合目前出口骗税稽查实务，对出口骗税的取证要求予以明确，即使无法将骗税涉及的所有环节都查清，也能综合优势证据进行定性和处理。

在我国的税收法律体系中尽快弥补出口退（免）税这一环节十分重要。特别在"营改增"全面推行、增值税立法有望推出之际，针对实际需求着手《出口退（免）税条例》的起草与制定，尽可能为上升到全国人大制定的法律层次奠定基础。细化出口骗税司法解释，建议将出口骗税行为定义为"出口企业和其他单位以虚假资料等欺诈手段向税务机关申报办理出口退税的，即为实施了出口骗税行为"，并细化行政处罚与刑事处罚界限。明确出口骗税行政界定，对已实施出口骗税行为但尚未骗得出口退税的，按出口骗税未遂论处；对直接参与并为出口骗税提供虚假资料的其他单位和个人按同责处理。

（二）建立跨地区、跨部门的协同办案机制，建立防范和打击出口骗税体系

由于出口骗税案件牵涉到的地区和部门较广，如何建立一个行之有效的跨地区、跨部门的协同办案机制是影响案件查处的关键性因素。应在此前的基础上进一步升级，明确权责，引入考核和激励机制，真正形成合力，促进案件查处工作顺利推进。

征管体制改革是征管现代化建设的强大助推器，也是适应征管新形势、化解执法新问题、应对违法新动向的必由之路。建议改革目前"征、退、评、查"的旧有格局，按照"征管沉底、稽查上移"的原则，分类集约各类资源。改革目前退税部门、管理部门相互割裂、信息不对称的现状，征退税由同一部门负责，实现一体化管理，提高管理效率。同时，将目前"退前审核"转变为"企业自行申报、税务机关重点核查"的模式，将有限的管理力量从审核转为风险防范。同时，集约"评稽"力量，整合原有征管评估、稽查力量，建立专业评估局，将部分基层稽查局转型为专业评估局，并成立出口退税专业评估局。

（三）培养出口骗税稽查骨干力量，集中优势兵力办案

出口骗税案件的检查对稽查人员综合能力要求较高，需要集中大量业务知识扎实、实践经验丰富的骨干力量。培养人才是一个长期的过程，因此需要建立一个人才培养模式，以专业老师授课、稽查能手带教等方式培养出一批出口骗税方面的稽查能手。

将原来熟悉出口业务、退税管理等专门负责退税的管理人才充实到出口退税专业评估局中，将目前总局、省局下发的大部分违规退税案源消化在出口退税专业评估局层面，发现涉嫌骗税（虚开）的再移送稽查。同时集约人才，充实跨区域稽查队伍，扩大全国跨区域稽查建设，集中优势兵力每年查办几个高质量、有影响力、有震慑力的重点骗税案源。

（四）加强骗税的查处力度，推进税收共治与共赢

虽然国家持续打击出口骗税的违法行为，但此类案件依旧此起彼伏、层出不穷，一方面因为高额的利益让不法分子铤而走险，另一方面也应为稽查范围和惩罚力度不足以震慑到不法分子，因此必须扩大出口退税业务的抽查范围，加大出口骗税的处罚力度，一旦发现严惩不贷。对于一些暂时没有足够证据证明骗税的案件也应根据不同情况设立一定处罚机制，防止企业存有侥幸心理，投机取巧。

建议由人民银行等金融机构监管部门，根据稽查部门查询涉案企业资金账户信息的业务需要，对各商业银行的受理渠道、反馈标准、反馈时限进行规范统一，同时借鉴法院系统已有的向银行调取数据的经验，在省级层面实现税务部门与银行系统之间运用信息化手段开展信息查询反馈。探索出在可复制、可推广的经验基础上，由税务总局与金融监管部门协调，实现异地同行信息查询。同时加大出口骗税惩戒力度，在出口退税管理系统中引入黑名单管理机制，对纳入黑名单的企业提高风险管理级别，一律实行"先征后退"制度。

以"征风稽"联动机制为依托推动跨部门数据共享融通的研究

国家税务总局广州市税务局第三稽查局课题组

一、绪论

(一)研究背景与研究意义

1. 研究背景

随着世界经济的发展,大数据在社会经济发展中的作用越发凸显,人们可以在海量的数据中搭建信息网,从而找到数据之间的关联性,对数据进行识别和判断。在税务稽查领域,大数据为案件查办提供了新的思路和方法,尤其是跨部门间的数据共享和融通。中共中央办公厅、国务院办公厅印发的《关于进一步深化税收征管改革的意见》中提出"在2025年以前要加快国家税务机关和有关部门的信息资源共享机制建设,全面提高税务信息共享质量,为税费管理提供有力保障"。2018年以来,广州税务与公安、海关、人民银行等部门建立并完善部门融合作战模式,2021年10月,检察、外汇管理局加入进来,六部门建立起了常态化打击虚开骗税违法犯罪工作机制。在常态化打击框架下,广州税务多次召开虚开增值税发票、骗取出口退税、骗取留抵退税等专项会议,在"征风稽"联动机制下,建立"跨部门、跨层级、跨区域"的"三跨"集成指挥体系,加大对涉税违法犯罪的打击和震慑力度。

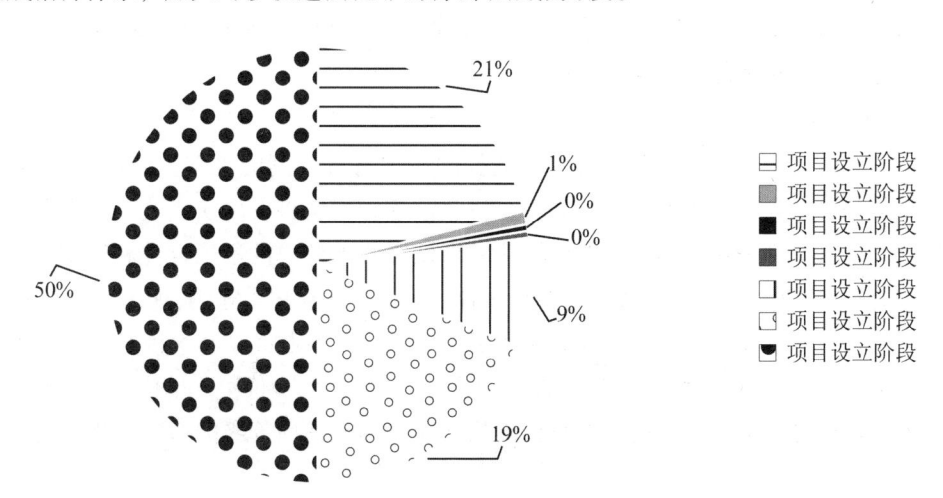

图1 2017年全国税务稽查机构按违法性质查处税收违法案件比例

多年来，骗取出口退税和虚开增值税专用发票案件呈现频发、多发、易发的态势，受限于骗取出口退税、虚开增值税专用发票违法活动的复杂性，在对骗取出口退税、虚开增值税专用发票违法活动的定性和取证上存在一定的困难，由此，在"征风稽"联动机制下，"跨部门、跨层级、跨区域"的"三跨"集成指挥体系，打破数据孤岛，推动跨部门数据的共享融通成为新的课题。在查办税务稽查案件中，通过技术融合创新，依托"征风稽"联动机制，运用票流穿透、资金穿透等多种信息化手段，强化对涉案人员、资金、网络信息设备等元素的追踪摸查、精准定位，提升打击质效，显得尤为重要。

2. 研究意义

目前，我国"假企业""假出口""假申报"三假现象依然突出，从目前查处的"三假"案件来看，"买单配票"成为目前骗取出口退税的主要手段；"黄金制品""软件产品"成为骗税分子牟取不法利益的新型工具，"虚假申报"成为骗取税收优惠政策的主要途径。"三假"违法犯罪活动的猖獗，严重扰乱了社会主义市场的经济秩序，对辖区内的营商环境产生了恶劣影响。为遏制不法分子的嚣张气焰，优化辖区营商环境，保证纳税人、缴费人的合法权益，广州市税务局稽查部门联合公安、海关、人民银行等部门，开展常态化联合办案，公安机关掌握犯罪团伙身份信息，海关部门掌握企业出口退税异常信息，人民银行掌握资金流向信息，跨部门之间信息的共享融通，为实现"机构人员同部署、管理流程同标准、数据情报同研判、办案作战同指挥、打击成果同运用"的"五同"融合作战机制提供了坚实的数据保证。

（二）研究方法

1. 文献研究法

本文通过查阅归纳涉及跨部门数据共享融通有关内容的书籍、刊物、学术文章等文献，以及目前学术界对跨部门数据融通问题的法律条文、权威数据等归纳总结出的富有价值的数据融通典型做法和依据，在税务稽查案件查办过程中深化。

2. 案例研究法

以典型的信息化数据跨部门共享战法，通过搜集相关案件的基本情况，总结提炼案例中涉及的相关数据融通做法，以案促管，提升企业纳税遵从度和税务稽查部门综合施治水平。

（三）国内研究现状和国际经验借鉴

1. 国内研究现状

在国内研究方面，许多专家学者对税收数据的应用有着独到的见解，刘尚希、孙静认为，面对海量数据的冲击和信息技术的日臻完善，税收治理方式也将发生实质改变，大数据必将成为税收制度与税收征管的基础设施，大数据能够降低税收治理中的不确定性和信息不对称；大数据的运用有利于减少"人治"，提高税收公平性；大数据在立法、守法、执法、司法等层面能够提高税收法治性。谢波峰认为，大数据模式下需要建立以税制改革、纳税服务和加强征管为核心的税收数据应用，以"大"应用来体现"大"数据的"大"价值。单伟力、张晗、李丹通过画像技术对信用等级不同的纳税人进行精准描述，对影响信用等级的违法违规行为进行归类匹配。

2. 国际经验借鉴

从国外的信息管税经验来说，总结起来主要有以下两点：第一，建立大型企业，特别是跨国公司涉税信息监控机制，实现纳税管理全球化。与传统税收业务相比，跨国税源有着税基流动性强、信息不对称性程度深、国际税收环境差异性大等多方面特点。对此，西方发达国家对这类纳税人实行重点监控，以提高对纳税人涉税信息流监控的时效性。比如，美国建立了由国家计算机中心和分布在全国的10个数据处理中心组成的重点税源监控系统，负责对跨国公司全方位避税措施进行监控，主要包括对转移定价、资本弱化、避税港的监控等几大部分。

第二，利用数据挖掘技术提取各种存在问题和需要特别分析的对象，开展纳税评估，提高征管质量。所谓数据挖掘，是从大量的、不完全的、模糊的、随机的实际数据中，提取隐含在其中的、不得而知的但又是潜在有用的信息和知识的过程。数据挖掘在发达国家的税收工作中应用已经日趋广泛。美国国内收入局开发了一种新型数据挖掘软件，分为确定挖掘对象、准备数据、建立模型、数据挖掘、结果分析与知识应用6个阶段。这些阶段在具体实施中可能需要重复多次。为完成这些阶段的任务，不同专业人员分别从事税收的业务分析、数据分析和数据管理工作。这种软件的优点在于纳税申报表上的数据在录入时要经过过滤，有偷逃税嫌疑的纳税人的申报表就会很快被挑选出来进入黑名单。

（四）相关理论基础

1. 税收遵从理论

税收遵从理论的基础是税收，即对税收及税法的遵守。税收遵从理论可以划分为两种类别：一类是基于传统的威慑型理论，另一类是基于人为的心理型理论。威慑型税收遵从学说可以追溯到1972年，这是当时由Allingham和Sandmo创立的模式，即A-S模式。

2. 社会治理理论

社会治理是以平等、协商、沟通为基础的多方合作，意在通过法律手段指导和完善经济社会事业、组织和生活，以达到公众利益最大化的过程。政府、企业和个人应该共同努力，确保税收法律法规得到落实，以达到社会效益和经济效益的有机统一。

二、"征风稽"联动机制下，跨部门数据共享融通现状分析

（一）征管、风控、稽查三方数据共享关系

征管部门掌握海量的企业成立、注册、注销信息，企业定期报送纳税申报表、企业的开票数量等信息，反映企业的经营状况；风险评估部门通过精准的风险分析模型，判断企业经营的"健康状况"，对企业可能存在的涉税风险及时进行提醒；稽查部门则通过选案分析，对不法企业存在的偷、逃、抗、骗税行为及时进行立案查处，挽回税款损失。同时，稽查局将走逃失联企业的信息及时通过稽查建议书反馈给征管部门，以查促管，提升征纳和风险防控水平。征管、风控、稽查三方数据之间的关系是既相互依赖，又相互促进，最终实现数据的共享融通。

征管、风控、稽查三方数据共享的内容主要包括：一是征管、风控部门对企业可能出现的税务风险及时预警，第一时间对有疑点的涉税情况与企业进行沟通处理，对于一些指标异常的情况，及时进行分析，移送稽查部门。二是稽查部门通过提高稽查工作质量，加大检查、处罚、

执行力度，使纳税人体验到税法的威严，同时间接教育广大纳税人，通过税务稽查，产生一定的威慑、警示和教育作用，收到"处理一个、教育一批、治理一片"的效果，营造一个良好的依法纳税社会氛围，促进纳税人依法纳税，堵塞税收漏洞，为组织收入奠定基础。三是稽查部门通过查处各类税务违法案件，对发现的税收征管薄弱环节和存在问题进行整理后，向征管部门进行反馈，由征管部门根据稽查部门反馈的意见对存在的问题进行扩展延伸自查和排查，及时采取有效措施，堵塞漏洞，进一步加强税收征管。

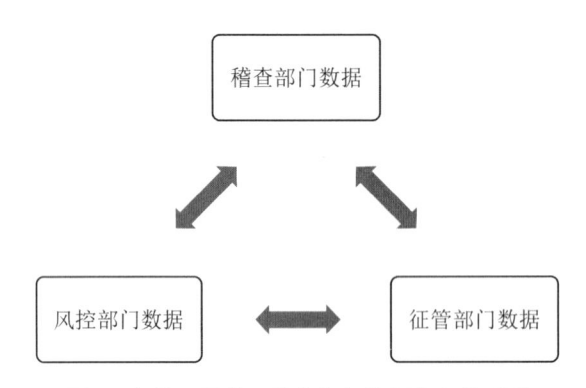

图 2 征管、风控、稽查部门数据共享关系图

（二）跨部门数据共享在稽查办案中的作用

中办、国办印发的《关于进一步深化税收征管改革的意见》要求，践行共建共治共享理念，与公安、检察院、海关、人民银行、外管局等共六部门常态化协作，依托税案指挥、情报研判和联合办案稽查"三中心"，充分运用六部门数据查询权限，集中资源统一调配，六部门汇总整合违法犯罪团伙通信设备移动信号、网络虚拟地址、开票电子设备地址、发票流、货物流、资金流、外汇情况、离岸企业外汇账户、案件移送等方面数据，提升对税收违法分子的打击合力，在空壳企业成立初期对快速成立、定额开票、迅速走逃的情况及时进行处理，实现精准打击。

（三）外部单位数据融通为稽查办案提供新思路

相较于征管、风控、稽查等税务内部单位数据，公安、人民银行、外汇监管局等外部单位的数据，尤其是公安经侦的资金快查系统，人民银行和外汇管理局对资金回流情况、虚假结汇信息，精确捕捉资金异常信息，同时结合发票流和货物流，与资金结果进行比对，为稽查办案提供了精确导侦，迅速发掘案件突破口。

三、跨部门数据共享融通的意义

（一）有利于推动多部门常态化驻点化运作

跨部门数据共享，有利于推动多部门常态化驻点化运作。由于需要多部门的数据共享，常驻式合署办公可以解决实现数据共享处理方面难题，依托"广州税警合成作战基地"，成立专家团队，疏通税警数据管理、信息监控方面的痛点、难点、堵点，与检察院、法院案件查办体系做好衔接，构建行刑衔接案件移送标准。

（二）有利于运用大数据精准打击

在打虚打骗案件中，充分整合六部门的涉税数据，重点采集稽查标签数据、税收风险信息、公安重点监控企业、海关疑点中介名单，运用跨部门数据融合，主要模式为整合资源+聚合模型+融合机制，主要功能要涵盖数据交换、联合执法、线索及案件移送、案件协查、成果运用、政策法规库和部门信息动态等，还要通过平台整合协作部门的信息，实现数据情报交换；通过强化数据运用进行选案模型和涉税违法犯罪类案件分析模型构建；还要运用区块链技术来确保协作部门数据信息的安全、保密、可追溯和不可篡改。

（三）有利于提高案件查办质效

跨部门数据共享融通，扭转了稽查部门在案件查办过程中"单兵作战"的情形，六部门常态化数据共享融通，充分发挥各部门优势，资源共享，信息融通，精准办案，对税收违法案件露头就打，打早打小，拓宽涉税情报数据来源，推动数据信息在部门间多向流动和共享，提升了案件查办效率和效果。

四、跨部门数据共享融通信息化战法的运用

（一）"多维资金穿透"战法——以 HS 专案为例

在虚开骗税案件查办过程中，虚开骗税团伙分工日趋专业化，在复杂的交易过程中，一个分工专业化的虚开骗税集团可能会存在一个"资金池"，涉及资金流向的"地下钱庄"、虚开发票手续费、代理报关佣金等，资金流动的深入分析可能会牵出背后的虚开骗税利益集团。

HS 专案通过运用人民银行和外汇管理局提供的出口企业的银行交易信息和跨境结汇数据，发现出口企业的退税款和结汇资金存在"快进快出""公私账户之间资金互相结转""某一账户统一汇集调度资金"的状况，根据银行流水中交易对方的账户名，结合税务部门金税三期系统的公司关联、人员关联信息，找出"资金池"的幕后操盘手，通过供货企业、外贸企业之间的资金回流证据，证实上游企业虚假开票，出口企业虚购货物。通过外汇管理局提供的境外结汇资金穿透，发现出口企业货款支付的外商部分为离岸空壳企业，从而证实虚假结汇。

（二）多部门协作收网突破——以 LS 专案为例

在打击出口骗税违法犯罪活动中，往往面临着出口退税工作取证困难、环节众多、作案手法隐蔽的困境，在打击某公司骗取出口退税的 LS 专案行动中，检查组充分运用海关、公安、人行数据，打破以往案件查办过程中"寻找真实货主"的固有思路，以"报关行虚假报关"为突破口，多部门数据融通共享，最终成功将不法分子绳之以法。

在本案件中，首先是海关部门通过走私案件的查办，通过线索锁定相关犯罪嫌疑人，其中主要分为口岸地和非口岸地两种情形。首先，针对口岸地城市，通过相关货物代理公司名录的相关疑点进行筛选，货物代理公司有一级、二级、三级之分，一级货物代理公司往往负责对外出口的一条完整航线，在业界规模比较大，口碑信誉比较好，风险度较小；二级货物代理公司规模次之，往往多个二级货物代理公司需要找一级货物代理公司租订仓位，风险适中；三级货物代理公司属于规模较小的货物代理公司，"买单配票"的风险相对较高。其次，针对非口岸城市，以骗税出口公司为出发点，通过锁定集装箱批次和号码，通关海关出口的集装箱数据进行

排查，找到真实货主，顺藤摸瓜，锁定报关行，结合税务登记信息，确定相关犯罪嫌疑人。

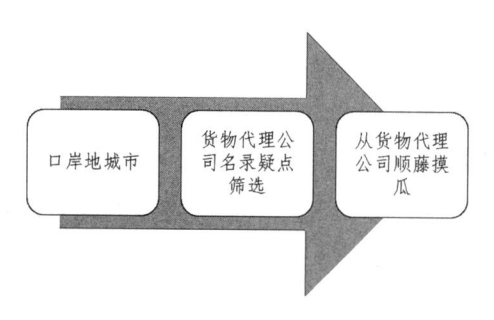

图 3　口岸地城市线索处置流程

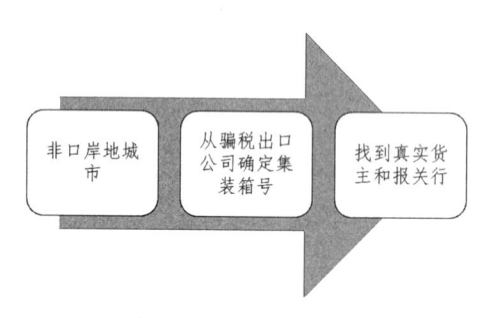

图 4　非口岸地城市线索处置流程

在此案中，首先，海关部门提供走私案件的相关线索，税务部门通过走私案件中两户企业的业务和出口数据研判发现：

1. 两户企业 2017 年至 2019 年主营业务收入急剧下跌，综合国际国内形势以及用水、用电、用气信息分析，如无业务受阻、大规模裁撤人员情况，实属反常。

2. 两户企业 2017 年至 2019 年出口地区主要为深圳，出口口岸却多达二十多个，报关行超过 300 家，而与此同时，平均每家报关行的报关数量却极少。

3. 两户企业 2017 年至 2019 年出口的目的国数量超过 100 个，而且出口地区分散，与出口业务不匹配。

4. 两户企业为服装生产企业，出口产品却为手机、电子配件等价值高的电子产品，进销不一致，存在低值高报的嫌疑。

然后，公安部门将已经固定的涉案证据提供给税务部门，包括犯罪嫌疑人的讯问笔录、真实货主的证言，海关部门将申报出口的不符信息提供给税务部门，税务部门根据公安和海关部门提供的信息进行分析，通过金税三期系统查询公司的基本经营状况、生产能力、出口货物品名，摸查出口公司、货物代理公司、报关行线索，结合前期的工作确定买单配票团伙，同时，根据中国人民银行提供的资金穿透数据，固定其资金回流的证据。最后，与公安部门合作做好案件定性和行刑衔接工作。

五、跨部门数据共享融通的实现路径

（一）搭建多部门情报网络

1. 非税务部门、非传统化数据获取渠道（主要是分布于网络的分散数据）的收集、整理和清洗。在大数据时代，通过数据进行税收治理与政策分析的需求不仅局限于税务部门内部已有的计算机系统获得的征管和财务数据，而且需要整合更多第三方提供的结构化数据和其他来源的数据，尤其是动态发展中的来自信息网络互动中的涉税信息，以实现大数据时代所谓"数据"互联的要求。

2. 非结构化数据的结构化转换。根据税收政策和税收管理的需要，按照税收治理中不同数据粒度的要求，对非结构化数据进行结构化转换。

3. 来源不同的纳税人数据匹配。不同来源的数据，必然存在不匹配问题。数据匹配问题与在经济研究中数据的弥补和插值问题类似，通过数据弥补和插值以解释不同来源数据的拼接，形成相对完整的数据信息全图，并将最终形成大数据模式下的微观纳税人税收信息数据库。

（二）研发精准画像模型

纳税人画像的构建过程主要通过采集、分析与处理纳税人在办理涉税事宜过程中的基础数据和行为数据，采用合适的画像算法有效地运用这些数据，充分释放这些数据的潜在效应，找出各项业务办理的共性规律，进而构建纳税人行为标签库，以纳税人行为标签库为基础对纳税人进行个体与群体的粗略画像，实现对纳税人需求的精准预测和个性化纳税服务的精准推送。后期收集纳税人评价反馈信息，对推荐列表中的信息是否满足需求进行统计分析，进而根据反馈数据重新画像并推送新的服务列表，循环反复直至推荐服务与纳税人的实际需求相契合，最终确定纳税人的精细画像。

（三）数据赋能信息化战法

与传统的办案手段相比，依托现代的信息技术，集成内部数据，共享第三方数据，抓取社会数据，以风险为导向，根据各行业的违法特征，提前对各行业的税收风险特征进行识别和判断，对税收违法行为实现打早打小的目标。下面，以 GZ 市 ZC 企业发票税收违法为例，结合金税三期常用的增值税发票指标，对数据赋能进行解释说明。

表1 广东省税务局大数据应用平台增值税发票指标

指标项	指标说明
发票增补情况	近三个月存在多于一次申请增补发票的情况
上下游地区	商贸企业一般纳税人的上下游企业均在省外
开票稳定性	近三个月中存在的相邻两个月的开票金额增幅超30%
开票时间	近一年来每月25号之后或每月5号前的增值税专用发票开具数量占全年专用发票开票量的90%以上
首次开增值税专用发票的企业	首次开增值税专用发票的企业

续表

指标项	指标说明
一般纳税人有销无进	防虚疑点核查任务的核查结论是否有问题
小规模纳税人有销无进	防虚疑点核查任务的核查结论是否有问题
风险地址开具发票	防虚疑点核查任务的核查结论是否有问题

以 ZC 企业 2017 年至 2019 年的数据为例，通过查询金税三期全景一户式系统，可能会对增值税发票管理产生的影响相关因素主要有"增值税税负率、发票领用份数、上游外省企业数量、下游外省企业数量、进销差异金额、从业人数"等，指标如表 2 所示：

表 2 增值税发票管理产生影响的相关因素

	2017 年	2018 年	2019 年
增值税税负率（%）	0.33	0.26	0.31
发票领用份数（份）	4106	5210	5311
上游外省企业数量（家）	106	104	133
下游外省企业数量（家）	86	68	61
进销差异金额（元）	3860.26	3853.33	3225.79
从业人数（人）	202	189	87
增值税发票管理风险问题（含增值税发票违法问题和增值税发票管理风险提示，单位：个）	88	103	94

资料来源：金税三期全景一户式查询系统。

为找出数据对结论影响的重要性程度，我们采用灰色关联度分析。灰色关联度分析是邓聚龙灰色理论中的一种，主要根据序列曲线的关联是否紧密，通过运用科学的方法提供量化的度量。

首先，将原始数据整理成如表 3 所示：

表 3 增值税发票管理产生影响的相关因素

年份	增值税税负率（%）(X1)	发票领用份数（份）(X2)	上游外省企业数量（家）(X3)	下游外省企业数量（家）(X4)	进销差异金额（元）(X5)	从业人数（人）(X6)	增值税发票管理风险问题（个）(X0)
2017	0.33	4106	106	86	3860.26	202	88
2018	0.26	5210	104	68	3853.33	189	103
2019	0.31	5311	133	61	3225.79	87	94

然后，进行无量纲化处理，通过消除量纲，方便运算，对原始数据进行初步加工，以 2017

年的数据作为基准,处理结果如表 4 所示:

表 4 无量纲化后的数据序列

年份	增值税税负率(%)(X1)	发票领用份数(份)(X2)	上游外省企业数量(家)(X3)	下游外省企业数量(家)(X4)	进销差异金额(元)(X5)	从业人数(人)(X6)	增值税发票管理风险问题(个)(X0)
2017	1	1	1	1	1	1	1
2018	0.7879	1.2689	0.9811	0.7907	0.9982	0.9356	1.1705
2019	0.9394	1.2935	1.2547	0.7093	0.8356	0.4307	1.0682

求出对应差序列。计算 X0(j)-Xi(j),即用表 4 中的 X0 去减 X1、X2、X3、X4、X5、X6 中各行的数值,通过相减得出绝对值。

表 5 对应差序列

年份	|X0-X1|	|X0-X2|	|X0-X3|	|X0-X4|	|X0-X5|	|X0-X6|
2017	0	0	0	0	0	0
2018	0.3826	0.0984	0.1894	0.3798	0.1723	0.2349
2019	0.1288	0.2253	0.1865	0.3589	0.2326	0.6375

求最值。最小值:先每行选出最小值,然后进行比较,得出最小值;

$$\min_i \min_j |x_0(k)-x_i(k)| \quad i=(1,2,\cdots,m), k=(1,2,\cdots,n) = |0, 0.0984, 0.1288| = 0$$

最大值:先每行选出最大值,然后进行比较,得出最大值。

$$i=(1,2,\cdots,m), k=(1,2,\cdots,n) \max_i \max_k |x_0(k)-x_i(k)| = |0, 0.3826, 0.6375| = 0.6375$$

求关联系数。关联度系数计算公式如下所示,ρ 为分辨系数,取值在 0 到 1 之间,通常取 0.5

$$\xi_{0i} = \frac{\Delta(\min)+\rho\Delta(\max)}{\Delta_{0i}(k)+\rho\Delta(\max)} \tag{1-1}$$

根据计算公式可得关联系数:

表 6 关联系数

编号	ξ	ξ	ξ	ξ	ξ	ξ
1	1	1	1	1	1	1
2	0.4545	0.7641	0.6273	0.4563	0.6492	0.5758
3	0.7122	0.5859	0.6309	0.4704	0.5782	0.3334

求出关联度。把每行的关联系数相加再除以个数得出关联度:

表7 各影响因素关联度

影响因素	增值税税负率	发票领用份数	上游外省企业数量	下游外省企业数量	进销差异金额	从业人数
关联度 r	0.7222	0.7833	0.7527	0.6422	0.7424	0.6364

由表7的影响因素来看，主要影响因素从高到低为：发票领用份数>上游外省企业数量>进销差异金额>增值税税负率>下游外省企业数量>从业人数。根据此计算结果，可以为税务机关在增值税发票管理方面提供借鉴，对发票领用份数大和领用发票涉及的上游外省企业数量多的企业要及时进行动态跟踪，扫描开票IP地址，谨防虚开发票风险。

课题组组长：谭惠心

课题组成员：胡嘉泳　梁家旗　韩明英　闫佩珂

医疗美容行业常见涉税问题及稽查方法分析

国家税务总局上海市税务局第二稽查局课题组

一、导论

（一）研究背景

医疗美容行业近年来高速发展，大量机构涌现，且随着居民收入水平的提升及求美意识的提高，越来越多人愿意且有能力在"变美"方面持续投入，受网红文化影响，"颜值经济"成为医美行业发展的根本动力，市场需求持续扩大，医美行业进入高景气发展阶段，2017年，我国已成为继美国和巴西之后的世界第三大医美市场。据艾瑞咨询发布的《2022年中国医疗美容行业研究报告》显示，2021年中国医疗美容市场规模已达到2179亿元。

（二）研究意义

我国医美机构的发展大致经历了四个阶段：探索阶段、扩张阶段、竞争阶段和品牌化阶段。目前国内大多数机构正处于竞争阶段并开始布局品牌化建设。虽然国家对医疗美容行业做出了严格的规范与限制，但由于我国医美机构市场准入门槛低，且利润率高，市场参与者不断涌入，市场竞争激烈且行业集中度较低，并由此引发了诸多违规经营现象，在税收领域体现为在账簿上不列或少列收入、非主观故意计算失误未缴税款、进行虚假纳税申报、未履行代扣代缴个人所得税义务等税收违法行为。本文从医疗美容行业的特点出发，研究医疗美容行业存在的涉税问题，并提出相关建议，探索规范医疗美容行业涉税行为，从而营造公平有序的营商环境。

二、医疗美容行业的发展现状及特征

（一）医疗美容行业概述、现状

1. 范围界定

美容分为生活美容与医疗美容，两者最大的区别在于是否运用医疗手段。根据《医疗美容服务管理办法》第二条规定，医疗美容，是指运用手术、药物、医疗器械以及其他具有创伤性或者侵入性的医学技术方法对人的容貌和人体各部位进行的修复与再塑。医疗美容机构，是指以开展医疗美容诊疗业务为主的医疗机构。生活美容则是运用非医疗手段对人体进行的非侵入性的美容护理，脱离医疗行为，是一种日常消费行为。本报告分析的医疗美容行业，具体指为消费者直接提供医疗美容诊疗业务的单位和个体工商户。

2. 医疗美容机构分类

医疗美容机构可分为医疗美容医院、医疗美容门诊部和医疗美容诊所，2021 年中国具备医疗美容资质的机构约 17000 家，其中医院类占 21%、门诊部类占 36%、诊所类占 43%，其中民营机构占据了约 90% 的市场份额。

公立医院。公立医院整形科多起源于烧伤整形，集中整形行业内具有较高学术地位的顶尖医师、学者和较为尖端的仪器设备与技术，药品来源正规，管理规范，在患者心目中信任度高、口碑好。但是，由于公立医院的非营利性属性，营销宣传、消费环境、服务态度、服务体验方面存在局限性，因此在医疗美容市场份额中占比较小。

民营机构。随着居民消费水平的提高，且由于我国中端医美机构市场准入门槛低，利润率高，市场参与者不断涌入，市场竞争激烈且行业集中度较低，民营医疗美容医院在当前医疗美容行业市场中占有绝对份额。

3. 医疗美容项目分类及区别

医疗美容分为手术类和非手术类，均由经注册的专业医师及医疗专家进行。

手术类医美属于外科诊疗，是指通过手术对人体各部位进行侵入性的改变，由执业整容医生进行，旨在从根本上改变外观，例如眼部整形（开眼角、眼睑整形术）等。这类项目一般操作较难、创伤大、恢复期长、风险较高，消费者心理压力及决策成本高。

非手术类医美属于非外科诊疗，也称轻医美，指用无创或微创医学疗法满足求美诉求，主要包括注射疗法和光电疗法。相较于手术类项目，轻医美项目操作简单、创伤小、恢复期短、风险低，很大程度上降低了消费者的决策成本，受广大消费者欢迎，成为当下热门。

（二）医疗美容行业特点及发展趋势

1. 依赖渠道获客，获客成本高

医美机构依赖渠道获客，获客渠道多元化，具有过度营销的特点。获客渠道有线上和线下两种。

线上渠道包括垂直医美平台（新氧、悦美等）、综合性平台（美团、京东、淘宝、阿里健康、百度等搜索引擎竞价排名等）、社群（小红书、微信公众号、新浪微博等），互联网导流平台因为形式多样，更受年轻人群欢迎。

线下渠道包括美容院推荐、电梯广告、异业合作（如医美旅游）、口碑推荐、品牌活动、专业导购团体和个人、婚庆展销会等。线下引流渠道占主导地位，由于直面潜在消费者，面对面的交流和标准的销售话术更容易影响求美者的消费决策，获客成功率高于线上渠道，因此更受医美机构的青睐，医美机构也更愿意通过向线下渠道支付高额佣金来吸引客源。例如，不具备医疗美容资质的美容院在向消费者提供生活美容的同时推销轻医美项目，推销成功后联系医疗美容机构派出医生到美容院为消费者提供轻医美项目，医疗美容机构通过第三方支付平台收款再向美容院支付佣金，并将轻医美类医疗服务所使用消耗的器材和药品计入主营业务成本并税前列支。线下渠道引流多采用佣金结算，美容院等机构、异业合作（如医美旅游）、专业导购团体和个人等导流渠道采用佣金结算，该类方式按单次消费计费，佣金比例通常为单次销售额的 30%~70%。由于此类佣金通常无法取得成本发票，无法税前列支，成为账外成本。

2. 行业信息不透明，毛利率畸高

差异化服务，定价标准难以统一。医疗美容专科医院的部分美容整容项目，如隆鼻、割双眼皮等，采取差异化服务，为不同客户提供不同的解决方案，实施私人订制服务，不同医院针对同一个项目收费标准存在较大差异。而收费标准、整形完成标准等核心信息的"最终解释权"完全掌握在医疗美容机构一方。

以次充好，营销手段抬高价格。在市面上存在水货、假货、[妆]字号产品冒充[药]字号产品等现象，医疗美容机构还可能通过非正规药品采购渠道采购使用德国西马、韩国绿毒、橙毒、粉毒等未经药监局批准的不合规药物，以进口之名抬高售价。

信息不透明，医美机构掌握定价权。消费者缺少辨识能力，认知的错位容易给医美机构可乘之机，利用信息差给消费者推荐高毛利项目，例如，一只进价几百元到几千元的玻尿酸、肉毒素、胶原蛋白附带注射服务，售价可能高达数千元到数万元。

总体而言，行业整体鱼龙混杂，药品市场混乱、定价差异大，医疗美容服务机构毛利率较高，多在40%~70%。由于毛利率较高，且部分支出无法取得合规的佣金、药品发票，医疗美容企业隐匿收入和虚列成本的风险非常高。

3. 享受医疗服务增值税免税政策，增值税税负率极低

根据《财政部国家税务总局关于全面推开营业税改征增值税试点的通知》（财税〔2016〕36号）附件三《营业税改征增值税试点过渡政策的规定》第一条第七款规定，医疗机构提供的医疗服务免征增值税。享受增值税免税的医疗服务应属于《全国医疗服务价格项目规范》所列的各项服务，而医疗美容机构所提供的非手术类轻医美项目不属于《全国医疗服务价格项目规范》所列的服务范围。

据艾瑞咨询统计，2021年中国医疗美容市场规模2179亿元，非手术类医疗美容市场始终保持高增速扩张并挤压手术市场，2021年市场规模达752亿元，占比34.5%。从各种线上渠道来看，规模以上医美企业，均存在销售非手术类轻医美项目现象。但从医疗美容企业申报情况来看，医美企业申报的增值税免税比例多在80%~100%。医美企业申报情况与市场环境存在差异，存在这种差异的原因可能是：

医美企业仅申报手术类医疗美容服务收入，手术类项目和麻醉药品的使用受到卫生主管部门的严格监管，相关医疗记录必须留存备查，医美企业为了保证申报情况与账面上的医疗记录匹配，不得不申报，且由于手术类医美项目属于《全国医疗服务价格项目规范》所列的服务范围，即使申报也可以享受增值税免税。

不申报或少量申报非手术类轻医美服务收入，医美项目面向个人消费者，个人消费者可能会因为消费习惯不索要发票，医美企业也可能会以其他票据代替发票，为医美企业不申报非手术类轻医美收入提供了机会，这些账外收入也会进入经营者控制的个人账户形成庞大的"资金池"，用于支付渠道佣金、员工薪酬、赔偿医疗事故等。

将非免税收入混杂在免税收入中，医美企业将一个手术类医疗美容服务的所有项目打包，整体开具发票，违规享受增值税免税政策。

4. 整形医生收入水平较高

据医聘网等招聘平台近期发布的岗位招聘信息显示，北上广深一线城市的整形外科医生、

微整形注射医生、美容皮肤激光医生平均月工资为 4 万~6 万元，微整形主任医生、美容皮肤激光主任医生平均月工资为 6 万~10 万元，个别工作年限要求 10 年以上岗位平均月工资为 10 万元以上。在实际检查中发现，医疗机构为医生申报代扣代缴个税普遍偏低，医疗美容机构与医生可能通过少计工资薪金所得和拆分工资薪金等方式规避个人所得税。

5. 发展趋势

医疗美容行业总收入不断增加，发展势头强劲。2014—2019 年中国医美专科医院及综合医院医美科的门、急诊人次呈高速上涨态势，增速始终高于 20%。2020 年中国美容用户的医美行为有所减少，增速放缓至 9.9%，随着轻医美的发展，更多爱美者涌入医美市场，市场逐步回暖。2021 年中国医疗美容市场规模达到 2179 亿元，增长率达到 12.4%，预计 2025 年中国医美市场规模将达到 4108 亿元，其中，非手术类医疗美容市场始终保持高增速扩张并挤压手术市场，2021 年市场规模达 752 亿元，预计 2025 年市场规模将上升至 2279 亿元。

（二）医疗美容行业经营流程及行业监管

1. 行业经营流程

医疗美容行业的业务流程分为三个阶段，依次是业务宣传、预收款项、提供服务等。

第一阶段，业务宣传。即通过大规模的营销活动，获取客户，营销方式有地推、线上、渠道等，包括现场营销推广活动、互联网信息流广告、地铁广告、出租车广告、专业顾问以及"老带新"等各种形式，招揽客户，推销医疗美容服务。近年来，随着网络的快速发展，互联网广告越来越受到医疗美容行业的欢迎。通过搜索引擎（如百度、360、神马搜索）、信息流（如微博、微信、知乎、今日头条、抖音）、医疗美容行业 App（如新氧、更美、悦美、美呗）、团购平台（如美团、大众点评）、电商平台（如天猫、小红书）及部分社交平台（如陌陌等），医疗美容企业投放大量广告支出，取得了良好的营销效果。

第二阶段，预收款项。潜在客户通过各种营销活动了解相关服务后，通过在线或到店咨询了解具体服务内容及价格，通过成功案例、医疗服务特色、专家团队等系列介绍，让客户快速接受某项服务，确定相关服务内容和时间，并按照一定比例预付相关费用。

第三阶段，提供服务。在约定时间内，客户到达美容整形医院，由专业医生提供医疗美容服务。根据项目不同，部分服务项目可能一次手术即可完成，部分项目可能需要在一段时间内进行多次手术。在该过程中，可能还会发生部分非医疗服务，如销售产品、提供增值服务等。在完成相关服务后，客户根据预交款项情况，结清相关费用。医疗美容机构根据相关服务情况，开展后续跟踪、随访。

2. 行业监督

监管法规。《医疗美容服务管理办法》规定，美容医疗机构必须经卫生行政部门登记注册并获得《医疗机构执业许可证》后方可开展执业活动，医疗机构增设医疗美容科目的，必须具备规定条件，并按照《医疗机构管理条例》及实施细则规定的程序，向登记注册机关申请变更登记；负责实施医疗美容项目的主诊医师必须具有执业医师资格，未经卫生行政部门核定并办理执业注册手续的人员不得从事医疗美容诊疗服务；实施医疗美容项目必须在相应的美容医疗机构或开设医疗美容科室的医疗机构中进行；《医疗美容项目分级管理目录》规定美容外科项目分为四级，对不同等级的医疗机构所开展的医美项目级别做出严格的规范与限制。

监管机构。医疗美容行业的日常监管部门主要包括卫生健康委员会、网信办、公安、商务、市场监管等部门，其中卫生健康行政部门为主要业务主管部门，负责医疗美容服务监督管理工作，开展医疗美容服务项目备案，对不符合设置标准的机构依法依规处理，推动医疗美容机构公开执业信息，打击无证行医，查处医疗美容机构及医务人员违法违规执业行为；公安机关依法严厉打击生产销售假药、劣药，非法行医等犯罪活动。

三、医疗美容行业常见涉税问题及稽查面临的困难

（一）医疗美容行业常见涉税问题

1. 增值税方面的涉税风险

（1）未足额确认收入

由于医疗美容行业的经营特点，部分企业在收入确认上存在下列问题：

①隐匿收入。医疗美容行业销售服务对象主要为自然人，偶有团体客户，为隐匿收入提供便利机会。同时，由于手术类医美服务受到卫生监管部门的严格监管，医疗美容机构通常会隐匿非手术类轻医美项目的收入。

从开票情况来看，个人客户索取发票意识不足，医疗美容机构普遍开票较少；从增值税申报情况来看，大部分医疗美容机构免税收入占全部收入的80%以上，未开票收入申报为零或占总收入较低；从进项发票来看，大部分医疗美容机构有玻尿酸、肉毒素、胶原蛋白植入剂等进项发票，但却没有申报非手术类轻医美收入，免税收入占全部收入的比例极高；从线上渠道销售情况来看，大部分医疗美容机构在美团、微信公众号商城、大众点评等线上渠道均有销售非手术类轻医美项目，但却没有申报非手术类轻医美收入；从企业收款方式来看，收款方式多样，包括银行转账、现金、POS机刷卡、微信、支付宝、第三方结算等，收款途径相比传统的银行转账式收款也较为隐蔽。由于上述特点，行业内部分企业采用两套账方式，将取得的部分收入不入账，少报销售收入。

②坐支收入。医疗美容行业获取客户的方式主要分为渠道和直客两类。在通过渠道（如通过新氧网、悦美网等）获得客户时，需向渠道商支付一定比例的费用，该部分费用应作为销售费用核算。但是，部分企业在支付上述费用时，直接在应向渠道商收取的收入中坐支，以坐支后收入确认销售收入，少缴增值税。

（2）违规享受医疗服务免征增值税优惠政策

一是医疗服务收入包含《全国医疗服务价格项目规范》（2012版）（以下简称《规范》）所列的项目，除此之外不应免征增值税。根据《规范》使用说明第三条第四款，"除外内容"是指该医疗服务价格项目根据临床需要所使用的，市场价格波动较大、使用数量和规格不可预先确定的，可以单独收费的一次性医用耗材；第四条第三款，本规范除另有说明外，不含药品、临床用血。故医疗机构提供享受免征增值税的医疗服务收入中，不应包含在项目中使用的药品，单独收费未计入项目整体中的耗材也不应享受增值税免税。检查发现，部分企业取得的收入中包含药品和单独收费的耗材，并全额计入医疗服务项目，适用免税政策，应予以调整。

二是将非手术类的轻医美服务和非医疗服务混淆为免税收入，部分企业故意或非故意混淆免税收入，将其统一纳入免税范畴的行为核算，造成了少缴税款风险。对于医疗美容服务机构提供的非手术类的轻医美服务，不属于《规范》所列范围，应当缴纳增值税。同时医疗美容服务机构在日常经营活动中，还存在下列非医疗服务收入，如药品、化妆品销售收入，应按照13%税率缴纳增值税；出租或转让不动产，应适用9%税率缴纳增值税；取得居民日常服务（面部护理、按摩等）、培训收入、咨询收入、对外投资收入（基金、理财产品等），应适用6%税率缴纳增值税。对于该部分收入，应依法纳税。

三是提供《规范》所列各项服务，但价格高于地（市）级以上价格主管部门会同同级卫生主管部门及其他相关部门制定的医疗服务指导价格，不应免征增值税。36号文附件三同时也规定指导价格包含政府指导价和按照规定由供需双方协商确定的价格，故在检查中，应根据实际业务情况判断，医疗美容机构是否在基础医疗服务之外，提供与医疗美容无关的增值服务，如享受免预约、包接送、医美旅游、高端病房等VIP服务，并打包成整体项目开具发票，该部分服务收费往往较高，不应适用免税政策，应作为应税收入计算缴纳增值税。

（3）违规享受医疗服务免征增值税优惠政策

部分企业在营销活动中，发生增值税法规定的视同销售情形，未按规定计提增值税销项税额。如聘请明星代言时，向其免费提供医疗美容服务；在进行促销活动中，免费为不特定的第三方提供医疗美容服务、赠送礼品、发放网络红包、提供有形动产使用权等；为吸引客源，将其他停止经营的医美机构未履约的尾单客户，引流至本机构提供免费医美服务。

（4）进项税额转出不足

医疗美容行业部分纳税人在抵扣进项税额时，未严格按照增值税有关规定进行进项税额转出，多抵扣税款，少缴增值税，主要有两种情形：

一是用于免税项目未足额转出。医疗美容机构存在增值税应税项目和免税项目。根据增值税暂行条例等相关法律法规规定，企业购进货物、服务、无形资产，用于免税项目的，进项税额不得从销项税额中抵扣，部分企业进项税额转出比例分别与同期免税销售额占比不符，存在购进用于免税项目或共用项目未按规定转出的情形。

二是用于职工福利或个人消费未转出。医疗美容机构通常会购进大量产品用于职工福利，或用于个人消费部分企业取得的增值税专用发票中，有大量品名为"月饼""燕窝""餐费""手机""烟酒""电影票"等的发票，相关产品用于职工福利和个人消费。该部分发票可能用于职工福利或个人消费，按规定不得从销项税额中抵扣，但是部分企业未做转出处理。

（5）收受虚开发票

医疗美容行业纳税人中，部分企业取得的发票存在虚开情形。如在网上营销活动中发生的实际广告支出，取得的发票品名却为"信息服务费""技术服务费"；又如购买预付卡，但是取得商务服务公司开具的发票品名为"咨询服务费""信息服务费"。该类发票品名与实际经营业务不符，属于虚开发票的情形。

2. 企业所得税方面的涉税风险

（1）超限额列支广告与业务宣传费

医疗美容行业通过互联网发布广告，发生大量广告费用。在签订合同或开具发票时，服务内容约定为"信息技术服务""广告服务"等。部分企业为规避广告与业务宣传费扣除限额，同时开票企业为少缴文化事业建设费，将实质为广告服务的项目以"技术服务费""信息服务费"等品目开具，在计算所得税前全额扣除，少缴企业所得税。

（2）虚增成本费用

医疗美容行业利润较高，部分企业为少缴企业所得税，以"咨询费""劳务费"等名义取得虚开发票，税前列支。部分企业以"交通费""误餐费"名义，让员工自行取得企业抬头的发票，计入管理费用或销售费用，此外，部分企业为向股东分红，由股东或第三方成立咨询服务企业。以咨询服务名义向企业开具发票，将企业资金套出分红，既虚增了成本费用，少缴企业所得税，也少缴了个人所得税。

（3）违规税前扣除

医疗美容行业部分企业未严格按照企业所得税限额扣除标准进行税前扣除。如交通费用列支范围，将应计入业务招待费范畴的费用计入业务宣传费或会议费等支出项目；将股东分红作为工资薪金进行列支；职工福利费、职工教育经费和拨缴的工会经费超过税法规定标准；将劳务报酬支出计入工资薪金总额作为"三项费用"扣除基数；为员工购买的不符合税前扣除规定的商业保险费用进行税前扣除，佣金、手续费不符合税前扣除的条件或超过5%的比例限制；将应分期销的房屋租赁费一次性计入当期损益；列支与企业取得经营收入无关的其他支出（如手机、烟酒、奢侈品）等。

（4）违规享受研发费用加计扣除税收优惠

为不断创新美容产品，医疗美容行业会从事部分研发活动，相关费用可按规定享受研发费用加计扣除税收优惠。根据相关政策规定，企业应准确归集研发费用。部分企业未按照有关规定进行归集，或将不符合归集条件的项目纳入研发费用，违规进行加计扣除。

（5）隐匿收入

医疗美容行业自然人客户较多、收款方式灵活、销售渠道多元等特点，决定了其隐匿收入的可能性较大。部分企业采取收入不入账、坐支收入以及将其他业务收入或营业外收入不入账等形式隐匿企业收入，少缴企业所得税。

（6）视同销售未确认收入

医疗美容行业企业在日常经营活动中，会发生大量视同销售的情形，部分企业未按照企业所得税有关规定做视同销售，确认收入实现。如用于市场推广或销售、用于交际应酬、用于职工奖励或福利、用于股息分配、用于对外捐赠等，应作为视同销售处理。

（7）列支不符合规定的母子公司之间的费用

大型医疗美容行业往往采取连锁经营模式，跨区域设立子公司从事医疗美容服务。在母子公司之间，部分母公司向子公司收取各种形式的管理费，但无实质服务内容，应做纳税调整。此外，部分医疗美容行业各层级之间母子公司还存在以品牌使用费、咨询费、信息服务费等名目违规列支或转嫁管理费用；列支不属于本企业人员相关费用，列支不属于本企业设备相关费用并在企业所得税税前扣除的行为。

3. 个人所得税方面的涉税风险

（1）少计工资薪金所得

医疗美容行业的人力资本占生产成本的比重较大，医生和护士是机构日常运作的基础、行政服务人员和销售人员是维持日常运作的保障，部分企业在履行扣缴义务时，未将其发放的手术补助、加班补助、奖金和业务提成收入、为员工购买的商业保险、发放各种货币及实物奖励、以培训班、研讨会、工作考察等名义组织旅游等纳入工资薪金，少代扣代缴个人所得税。

（2）拆分工资薪金

医疗美容行业中，部分医生为行业领域专家，其工资薪金较高。部分企业为了适用较低档次税率，采用发放现金、账外发放工资、虚列职工人数、通过第三方劳务公司补差工资、通过发票报销费用、向医生注册的个人独资企业支付咨询费等多种形式，拆分高收入职工的应纳税所得额，降低适用税率，少扣缴个人所得税。例如，医疗美容机构为医生每月申报较低的工资薪金，通常年收入不超过12万元，同时指导医生注册个人独资企业，与医生名下个人独资企业签订咨询服务协议，向医生名下个人独资企业以咨询费名义支付工资，获得咨询费发票计入成本，医生名下个人独资企业则申请核定征收，以较低税率缴纳经营所得个人所得税。这种方式较为隐秘，且医美企业与医生双方共同实现利益最大化。

（3）未代扣代缴劳务报酬个人所得税

医疗美容行业企业会邀请一些医疗整形名医专家前来坐诊、授课，并支付报酬。部分企业在对外支付劳务报酬时，不履行个人所得税代扣代缴义务，或者直接承担该项个人所得税税款，并将其费用进行税前扣除。部分企业邀请境外专家（韩国、日本）参加相关活动，在支付报酬时也未严格履行代扣代缴义务，造成个人所得税少缴。此外，医疗美容行业向专业医美顾问支付的款项也较多，从收入性质来看，该收入应作为医美顾问劳务报酬所得，企业在支付所得时，应代扣代缴个人所得税，部分企业要求医美顾问以企业名义开具劳务费发票结算，规避代扣代缴义务。

（4）市场推广支出未代扣代缴个人所得税

医疗美容行业企业向客户赠送美容疗程、美容产品、礼品等未按规定扣缴个人所得税。在市场推广过程中，以赠送美容疗程作为奖品，对中奖的个人未按规定代扣代缴个人所得税。

（5）混淆支出性质，少缴个人所得税

医疗美容行业在营销活动中，往往聘请流量明星为其做广告代言。在广告代言活动中，部分明星以工作室或其控制的公司的名义对外开具发票，将应属于明星个人劳务报酬的收入作为企业收入。医疗美容行业纳税人在支付相关款项时，未将其作为明星个人劳务报酬代扣代缴个人所得税。

（6）账外分红未代扣代缴个人所得税

医疗美容行业企业股东多为自然人，且盈利能力较强，部分企业账上未分配利润金额较大，未发生分红情况。但是其以往来款项、提供咨询服务、借款等名义，将企业利润套出账外进行分红，少缴个人所得税。

（7）股权转让少缴个人所得税

部分医疗美容行业企业股东在转让企业股权时，账面上低价甚至快速转让股权，实际转让价格远高于申报价格，部分股东在发生股权转计时，不主动申报股权转让所得，造成税款少缴。部分被投资企业在股权发生变动时，也未按规定向主管税务机关报送股权变动相关资料。

（二）医疗美容行业稽查面临困难

1. 账外收入渠道广方式多核查难

由于金融支付领域的技术发展与创新，各种支付方式日新月异，既为部分医美企业隐匿收入提供了便利，也对税务稽查技术形成挑战。医美企业可以通过微信、支付宝、POS机、网上支付等多种第三方电子支付平台隐匿收入，税务稽查部门在检查中难以掌握企业所有的第三方电子支付平台收款渠道，且对第三方电子支付平台的调查取证仍存在程序性、配合度等难题。同时部分企业具有较强的反侦查意识，会将收款的第三方电子支付平台账户与公司账户、法人账户、实控人账户收支完全隔离，单从公司、法人、实控人等人的账户很难发现企业账外收入，更进一步增加了核查账外收入的难度。

2. 个人消费来源散金额低取证难

医疗美容行业是典型的B2C行业，服务对象基本是个人，由于业务的特殊性，单个客户消费金额较低、客户十分分散、开票率低、核实难度大。为了逃避税务稽查与卫生主管部门的监管，部分医美企业销毁、隐匿账外收入销售记录或者不登记医疗记录，造成取证困难。即使掌握了账外资金记录，也由于缺少销售记录和医疗记录匹配，无法形成完整证据链。

3. 工资薪金转换收入性质定性难

整容医生作为高收入人群，为规避劳务、工资所得高税率，通过将个人独资企业、核定征收等税收洼地，将个人劳务所得、工资薪金所得转换为经营所得，降低适用税率，达到逃税目的。打击转换收入性质的逃税行为，是近年来个人所得税征管的重点，但是如何认定转换收入性质，缺少政策口径方面的明确依据，实务中更多的是靠纳税人及代扣代缴义务人的主动承认和相关证据的关联性，来认定转换收入性质。

4. 医美企业混淆服务性质分辨难

部分医疗美容企业故意或非故意混淆免税收入，将非手术类的轻医美服务和非医疗服务混淆为免税收入，或将与医疗美容无关的增值服务，与医疗美容服务打包成整体项目开具发票，将其统一纳入免税范畴的行为核算，造成了少缴税款风险。由于医疗美容企业客源分散、消费频次高，对免税项目划分认定的核查量巨大且需要具备一定的医学专业知识，再加上医疗美容企业可能销毁、隐匿相关服务记录，所以对医疗美容企业混淆服务性质的核查具有一定难度。

五、医疗美容行业稽查方法的优化建议

（一）提升案源选取的科学性和准确率

一是搭建稽查大数据研判平台，开发具备数据采集、网上追踪和统计分析功能的稽查综合研判系统，提高税收风险的分析研判能力。二是提高信息获取和分析能力，充分借助互联网、大数据，注重通过多种渠道搜索第三方涉税信息，增强发现税收违法问题的敏锐性。三是搭建风险识别模型，从"行业规模—涉税指征—外部数据"三个层次入手，抽取相关财务报表、申报记录、资金流水等，对企业的经营数据开展风险分析，通过高、中、低等级的风险判别，筛

选风险企业，增强案源选取的科学性和精准性。

（二）厘清行业运营模式规范制度管理

税务部门及医疗美容行业相关主管部门应对医疗美容行业背景、产业特征、企业特点、业务流程、运营模式进行深入研究，从"个案"到"行业"，摸清行业特征和趋势，挖掘梳理医疗美容行业相关税务问题及应对方法，做好定性定量分析，形成具有普遍参考意义和专业研究价值的分析报告，指导相关案件的税务检查和处理，提升处理案件检查的专业水准，以点带面提升新效能。并针对业务流程风险点制定相应的风险防范措施，形成规范管理制度，规范医疗美容行业合法合规运营。

（三）强化部门协作提升信息数据利用率

强化部门协作监管。税务部门在税务检查过程中，发现涉及其他部门职责的涉嫌违法线索，建立健全线索问题移送转办等工作机制，及时转送相关部门核查处理，提升信息数据利用率；涉及多部门监管职责的，及时组织开展协同核查处置，开展联合研判、联合会商、联合检查。构建医疗美容行业风险隐患发现处置机制，为精准识别、快速打击医疗美容行业重大违法行为提供有力支撑，形成持续纵深、多跨协同、税务牵头的监管合力。

同时应当优化税务信息数据路径，查处税务违法案件，第三方信息往往是重要的突破口，需要多部门协作才能让其为办案所用。随着信息技术的发展，近年来税务违法手段越来越复杂隐蔽，有效打击和防范此类税务违法行为，已经不能单靠税务机关一己之力，需要建立完善税务与公安、海关、人民银行、外汇管理、金融监管等部门以及电信、第三方支付机构等单位的常态化协作，建立快速信息查询和共享机制。

关于加强稽查案件全过程管理的思考

李 俊 张 婧

一、无锡稽查案件查处效率现状

改革开放以来，我国经济和社会发展取得瞩目成就，与此同时税收违法犯罪数量也高速增长。特别是近年来经济下行压力增大，企业经营面临困境，在税收方面更容易铤而走险，故税收违法犯罪数量高位运行，税收违法犯罪手段不断翻新，税收违法犯罪形势总体严峻，给税收工作特别是稽查工作带来了更大的挑战。

同时，税务部门内部对稽查工作的管理愈加规范，根据《税务稽查案件办理程序规定》（国家税务总局令2021年第52号）第四十七条规定："稽查局应当自立案之日起90日内作出行政处理、处罚决定或者无税收违法行为结论。案情复杂需要延期的，经税务局局长批准，可以延长不超过90日；特殊情况或者发生不可抗力需要继续延期的，应当经上一级税务局分管副局长批准，并确定合理的延长期限。"这要求一般的稽查案件90天以内结案，存在特殊情况或不可抗力的案件经过履行延期手续后需在180天以内结案。这对稽查案件的查处效率又提出了高要求。

以无锡为例，笔者收集了2019—2022年该地区立案的稽查案件数据，统计如下表：

表1 2019—2022年无锡地区立案的稽查案件数据

立案所在年度	当年立案且至2023年10月4日已结案案件总数	90天以内结案数	占比	180天以内结案数	占比
2019	1393	479	34.39%	925	66.40%
2020	903	284	31.45%	641	70.99%
2021	684	228	33.33%	469	68.57%
2022	796	257	32.29%	573	71.98%

注：立案时间为当年1月1日至当年12月31日；案件取数范围：无锡稽查条线；案件状态：在执行、执行完毕。结案天数为立案日期至执行登记日期（出具两书日期）的天数。

由上表可以看出，近几年来无锡地区的稽查案件在90天以内准期结案的，占当年立案数的30%~35%；特殊情况延期90天后在180天内结案的，占当年所立案件的70%左右。与《税务稽查案件办理程序规定》的要求相差甚远。如何提升稽查案件的查处效率，缩短案件的结案天数，成为稽查部门值得思考和亟待解决的问题。

二、案件查办时间长的原因分析

（一）税收违法行为的隐蔽性给传统的稽查检查手段带来挑战

信息化、网络化助力了经济发展，也为税收违法犯罪提供了更加便捷、高效的条件。当前的税收违法案件普遍存在组织严密、手段智能等特点，一些违法犯罪人员还具有较高的税收、财务会计和法律知识和较强的反侦查意识，这些因素都给案件的查办带来了阻碍，客观上增加了检查的时间。

（二）稽查检查力量与稽查案件数量不匹配

按照每个案件90天内结案测算，每组检查人员理论上每年的合理案件数为4件；笔者选取2023年10月30日实时无锡稽查条线一线检查人员的数据，为135名（每年有一定的变动，但总体数据稳定），2019年至2022年这4年的年人均案件数为7件；再考虑到每个案件必须由至少2名检查人员查办，且重大疑难案件需团队应对，很明显实际人均案件数量远高于合理的人均案件数量。

（三）各环节衔接不畅造成行政效率偏低

稽查案件检查过程包含内部环节为案件选案—检查—审理—执行各部门的流转；外部环节为资金、物流等数据的获取。部分环节审批手续烦琐，资料要求较多，耗时久，效率偏低。

（四）稽查取证程序的严密性带来检查工作的严谨

稽查案件对证据的要求较高，货物流、发票流、资金流等各方面的证据资料需相互关联、互相印证，形成证据链的闭环。这对检查人员的取证提出更高的要求，自然也更加耗时。

（五）目前对稽查案件的管理仅停留在《税务稽查案件办理程序规定》等总局层面的制度性文件上

目前案件结案时间的规定针对的是从立案检查至执行这期间的时间，涉及案源（包含举报中心）、检查、审理、执行等多个部门，对其中各个环节的用时没有明确规定，这会导致在实际案件处理中各部门响应不及时，拖延案件的查结。

三、针对以上问题的建议

（一）进一步完善发票协查分类处理工作机制，健全发票协查案源管理与风险管理衔接

根据最高人民检察院、公安部印发的《关于印发〈最高人民检察院 公安部关于公安机关管辖的刑事案件立案追诉标准的规定（二）〉的通知》"第五十六条　［虚开增值税专用发票、用于骗取出口退税、抵扣税款发票案（刑法第二百零五条）］虚开增值税专用发票或者虚开用于骗取出口退税、抵扣税款的其他发票，虚开的税款数额在十万元以上或者造成国家税款损失数额在五万元以上的，应予立案追诉"规定，根据案件的性质、违法程度等进行分类处理。将风险管理部门处理的确定虚开类受托协查事项中，涉及增值税专用发票协查单户单次涉及总税额调整为10万以下（不含10万），提高稽查部门查处发票案件的立案标准。

（二）进一步加强检查人员的业务学习，提升稽查检查的能力和效率

根据案件的轻重缓急采取对应的检查方式，上游确定虚开案件所涉增值税专用发票税额 20 万元（含）以下，增值税普通发票票面金额 100 万元（含）以下的发票协查案件适用简易处理流程；对预计查办难度大、耗时久的发票协查案件采用一般程序处理流程；对重大案件，通过实施项目化运作、团队化管理，抽调骨干力量成立专案组集中攻坚。

（三）进一步规范稽查局各业务办理程序，制定案件全过程管理制度

加强案源、检查、审理、执行环节的有效衔接，防范执法风险，对稽查各环节制定明确的工作时间节点和任务要求，提高稽查质效。

1. 案源管理部门应做好各类案源信息登记，强化案源分析，在完成立案审批程序后 2 个工作日内下达检查任务并移交案源资料。在接到检查部门的资金查询要求后，在系统反馈结果后 2 个工作日内通过内网邮箱向检查部门反馈查询结果。根据案件查处进展情况，实时组织案件听案会。

2. 检举管理部门在检举事项受理之日起 15 个工作日内拟定分级分类处理意见，经审批后在 2 个工作日内交案源管理部门分配，检查部门实施处理。

3. 检查部门应强化稽查案件时效管理，在接到检查任务 2 日内完成对案件的分析和预案制作工作，分配检查任务。检查人员必须在 60 日内完成调查取证工作，移交审理部门审理。对退审的一般案件要求在 10 日内完成补正或者补充调查流程。对疑难案件提出层层递进的解决路径。可制定"每周例会"类的常态化汇报、讨论案情的机制，针对疑难问题，通过部门内讨论解决、提请审理部门政策请示、提前介入、提请案源管理部门组织听案等递进式方案进行解决与推进。

4. 审理部门应在接到送审案件之日起 7 日内提出审理意见，经部门负责人审核后，做出退回补正或补充调查、同意报批、提请稽查局集体审议、提请市局集体审议等处理。涉及行政处罚的，审理人员在审理报批后 2 日内，制作处罚告知文书，送达当事人听取陈述申辩意见。审理人员在审理工作完成后 2 日内，制作相应决定性文书，移交执行部门执行。

5. 执行部门在接到两书之后，7 日内向相关企业送达，按照规定程序对欠缴税款实施追征。

（四）进一步完善部门协作机制，提升稽查办案效率

加强稽查部门与人民银行、外管、公安、法院、检察、海关等部门的协作共治，进一步提升部门合成办案水平和作战能力，通过运用各类涉税案件数据化办案思路及平台工具，完善部门协作机制，优化纳税人银行资金交易流向，诉讼案件等关键节点的第三方信息查询的电子化、便捷化，推动稽查案件查处由单兵作战向协同共治的兵团作战转变。

（作者单位：国家税务总局无锡市税务局稽查局）

关于推进管查互动扩围提升的实践与探索

张 毅

国家税务总局北京市税务局第四稽查局持续探索"管查互动"工作模式，积极推进跨区域稽查局与辖区税务局扩大合作，进一步深化税收征管改革。本文总结了"管查互动"实施过程中的好经验、好做法，剖析尚存的问题，并结合稽查工作实际，提出有针对性的意见建议。

一、"管查互动"工作实践

（一）"管查互动"工作的内涵与意义

税收征管与税务稽查的"管查互动"，是指在现行税收管理体制下，税收征管与税务稽查部门通过组织保障、搭建平台，充分运用信息化手段，优化管理流程，加强信息沟通与交流，强化工作协调和配合，共同构筑以查促管、以管助查的税收管理格局。探索"管查互动"工作模式不仅是深化税收征管改革、深化主题教育的具体表现，也是立足工作实际，高质量推进首都税收现代化的重要举措。"管查互动"工作模式的有效推进，不仅有助于提升跨区域稽查局工作质效，发挥辖区税务局数据集成优势，而且有利于持续深化"三个打造"、强化"两个支撑"，创建北京税务特色品牌。

（二）"管查互动"工作的经验做法

一是健全工作机制，强化协调落实。2021年年初，国家税务总局北京市税务局第四稽查局（以下简称"第四稽查局"）与辖区税务局签订了"管查互动"工作方案，首创提出建立定期联席会议、稽查提前介入、风险纳税人管控、稽查建议反馈、"管查互动"协作"五位一体"机制。2022年7月，拟定"管查互动"实施办法（试行），新增案源联合研判、组收互助、多部门协调配合、联合调研机制。通过持续探索，从制度层面畅通了税务稽查和税源管理联动渠道，打通了信息壁垒，为"管查互动"良好运行打下了坚实基础。

二是搭建协作平台，凝聚协同合力。与辖区税务局共同设立"管查互动"联合办公室，为调查取证、案源分析及信息交流提供平台及办公等硬件保障，为北京市远郊区纳税人在属地办理涉税事项提供极大便利，亦成为探索精细服务的重要举措。统筹做好减税降费和组织收入重点工作，携手辖区征管部门，充分发挥稽查震慑作用，切实堵塞征管漏洞、夯实征管基础，2022年协助北京市密云区税务局实现组收入库2亿多元。坚持风险管理导向，拓展管查协同范围，2023年在案件查办中发现房产税涉税线索，初步梳理涉及房产税约3700万元，线索已移交北京市通州区税务局，进一步共同研判处置。截至目前，与辖区税务局组织召开联席会议60余次，对58户纳税人企业开展涉税核实，特别是在某建筑工程企业、医疗机构企业等具体案件查办过程中加强成果转化，形成管查成效2亿多元。

三是创新执法方式，提升工作效率。强化与辖区税务局在检举事项、协查事项、风险应对任务事项、涉嫌虚开以及偷税逃税骗税抗税等方面的紧密合作，联合制定《提起维护和解除风险纳税人事项工作方案》，对风险纳税人事项进行共同管理，在违法类型、危害程度、资料交换等方面强化信息共享。审理部门定期把检查中发现的征管问题形成稽查建议，及时向辖区税务局反馈，进一步提升税收征管质效。联合辖区税务局开展专项座谈，研究重点税源企业检查方案，通过稽查提前介入，发挥稽查利剑作用，通过辅导自查、政策讲解和业务指导，降低企业纳税成本，提高企业纳税遵从度。截至目前，已与辖区税务局沟通解决稽查提前介入机制模式查办案件100余件，运用"说理式执法"辅导某生物制品公司查补税款滞纳金近3亿元，协助企业建立税务风险管理有效性审核机制，进一步优化了税务风险管理流程，赢得企业一致好评。

四是推进协同共治，维护经济秩序。加强与辖区政府、属地公安机关、检察院、法院在信息共享、联合办案等方面的协同共治。截至目前，与北京经济技术开发区税务局、大兴公安局，密云区税务局、密云公安局签订税警三方合作机制，形成"上下联动、快速运转、分工协作、捆绑作战、协同执法、精确打击"的税警合成作战新模式。辖区税务局向第四稽查局精准推送骗取留抵退税可疑企业名单3批次，查实骗取留抵退税企业5户，挽回税收损失1000余万元，此外税警双方交换数据10万余条。根据北京市检察部门转来线索，首次"公检税"三部门联动，成功查办北京市首例民营加油站偷税案，督促北京市通州区某民营加油站累计补缴税款2100万元。联合北京市海关破获某科技有限公司虚开增值税专用发票案件。

二、"管查互动"实践过程中发现的问题

当前，"管查互动"体制机制建设虽已较为完善，但在案件查办质效、促进行业治理和人才队伍建设方面，仍存在一些不足。

（一）案件查办质效有待进一步提升

目前部分辖区税务局征管所、风控部门和稽查部门对同一协查案件存在三方同查、已查再查的重复查案情形，使纳税人产生抵触反感情绪。同时，稽查部门协查案件的特点为案件数量多、案情较单一、完成时限短、查补税款入库效果不明显，难以发挥稽查的打击震慑成效，而该类案件的查办占据了检查人员大量的时间和精力，导致检查人员缺乏足够时间深入挖掘大案、要案线索，在一定程度上限制了跨区域稽查局查办大案、要案的能力。此外，部分案件还存在着辖区税务局无有效检查手段、跨区域稽查局无有效管控手段等潜在风险。

（二）行业治理增值作用有待发挥

现有的"管查互动"查办案件仅仅解决了某个案件的涉税问题，对案件检查过程中发现的行业性、普遍性和典型性问题未能进行常态化分析交流，并形成稽查建议反馈给辖区税务局，案件查办成果未及时有效转化。对于征管薄弱环节、制度性漏洞和税收政策缺陷未进行全面、深入的分析，开展常态化调查研究，发现问题、总结经验、解决问题的能力有待进一步提高，调研成果未完全转化到稽查案件查办过程中。

（三）人才队伍联合办案能力有待增强

当前，"管查互动"仍更注重案件查办的实质结果，通过"管查互动"，发挥征管、稽查人才优势，提升业务骨干综合素养，在联合办案过程中发现人才、培养人才、运用人才，打造高素质人才方阵的附加作用还未完全体现。跨区域稽查局与辖区税务局人才培养计划需进一步完善，业务骨干缺乏常态化交流研讨机制，对解决征管和稽查工作过程中遇到的重难点问题缺乏全方位、多角度剖析，举一反三、以点带面、综合运用能力有待进一步提升。

三、推进"管查互动"扩围提升的意见和建议

深化"管查互动"，加强跨区域稽查局与辖区税务局的统筹联动，下好北京税务系统管理、组收、服务、稽查工作"一盘棋"，无论是提升稽查工作效能，还是发挥行业治理增值作用，抑或是强化人才队伍建设都需持续发力。

（一）聚焦资源优势，提升案件查办质效

一是实行分类处理，提高案件查办效率。针对当前增值税普通发票核查由辖区税务局处理、专用发票核查由跨区域稽查局处理的现状，由北京市税务局稽查局与相关处室共同从源头筛选重复案源，切实做到"一事不二扰"，提高纳税人的办税体验感。针对由跨区域稽查局查办处理的涉及增值税专用发票的企业，非正常、税款过追征期情形的，探索辖区税务局先行"核实模式"，分级分类及时反馈。同时，畅通跨区域稽查局案源部门与辖区税务局风控部门的沟通渠道，一方面，对跨区域稽查局未立案案件查办过程中发现的非主观故意轻微违法行为的纳税人，及时交由风控部门自查补税；另一方面，充分发挥辖区税务局数据集成优势，组建案源分析研判团队，共同开展案源分析、筛选工作，选取区域内重点行业、重点企业及时推送至案源部门，提高选案质量。

二是完善体制机制，强化风险应对能力。进一步优化稽查提前介入和风险纳税人联合管控机制实施细则。一方面，针对辖区税务局处理检举事项、协查事项或风险应对任务过程中发现企业不配合、涉嫌虚开偷税等情形，及时向跨区域稽查局提请稽查提前介入，统筹安排检查科开展企业约谈、案情分析等相关工作，提出解决方案，协助辖区税务局积极应对。另一方面，对于在稽查案件查办过程中发现企业不配合、存在虚开风险情形的，由跨区域稽查局向辖区税务局发起协助管控申请，辖区税务局根据实际情况适时采取风险纳税人管理、双零限制等相关措施。

（二）加强成果转化，促进行业健康发展

一是做好"管查互动"成果转化，提升案件查处结果增值运用。强化"管查互动"案件查办增值作用，建立跨区域稽查局与辖区税务局税收违法走势分析和常态化稽查建议制度，对于稽查工作中发现的不同行业征管薄弱环节，以及征管工作中发现的不同行业税收违法趋势进行定期沟通交流。对于发现的行业性制度性漏洞、税收政策缺陷，及时通过《稽查建议》等相关途径提出征管建议，最大程度规范行业行为，促进行业健康发展。

二是促进调查研究成果转化，推动调研成果服务行业发展。与各辖区局开展常态化联合调研工作，运用主题教育创新理论研究新情况、解决新问题、总结新经验。根据重点工作任务、

工作推进和落实情况，深入基层开展调研，聚焦"管查互动"工作中发现的行业特点、涉税风险及趋势性、苗头性问题，在一定范围内组织开展"解剖式"调研，根据调研情况进行深入分析，提出破解之策，形成高质量的调研成果，更好地服务行业发展，服务税收工作大局。

（三）强化人才支撑，增强联合办案能力

一是强化干部教育培训，提高税务干部业务素养。加强联合办案过程中人才队伍建设，制定并完善人才培养计划，灵活组织线上、线下业务培训或其他形式的学习活动，进一步提高案件查办、调查询问和政策适用能力，提高稽查干部业务水平。定期开展案件交流分析研讨，以案说法、以案学法，分别从征管、稽查多角度、多维度分解剖析案件内容，促进培训、交流、运用一体化推进，切实提升干部履职水平。

二是加大干部培养力度，提升绩效考核激励效果。建立良性激励机制与奖励机制，探索年轻干部培养路径，推动年轻干部在联合办案过程中迎难而上、冲锋在前，激发青年干部干事创业热情。对在"管查互动"工作中取得良好成效的稽查、征管人员予以肯定，为想学愿干的干部提供提升个人素质的机会，为跨区域稽查局储备征管业务人才，确保跨区域稽查局在新老更替过程中的"稽查尖兵"不断层。

（作者单位：国家税务总局北京市税务局第四稽查局）

关于在税务稽查中深化税收大数据共享应用的研究与思考

刘艳阳　李莹

一、稽查工作税收大数据共享应用的现状

"金税三期"数据大集中后，稽查部门持续深化税收大数据的应用和挖掘，深化运用"四室一包"新型稽查工具，不断丰富数据来源、挖掘数据内涵、加强数据应用。通过大数据共享，形成税务风险预警体系，风险管理部门通过各项数据比对进行大数据分析，筛选出存在异常比对数据的企业，其中高风险预警直接推送至稽查局，稽查办案的全面性和决策指挥的精准性不断提高。另外，随着税收征管改革的不断深入，税务稽查机关积极推进与联合惩戒部门的信息共享机制，拓宽公开税收违法信息渠道，为社会创造良好、公平的税收法治环境，为推进社会信用体系建设保驾护航。

二、稽查工作中税收数据运用存在的问题

（一）数据冗杂利用难，数字模式显欠缺

在利用税收大数据进行稽查实战的过程中存在诸多问题。

1. 数据全面性不足。目前的稽查实践中，受单位体制机制、数据录入口径和数据共享平台等客观因素制约，税务部门与其他政府部门之间的数据共享交换水平还有较大提升空间。目前稽查检查过程中采用的主要信息仍是纳税人在税务机关自主申报的信息项和单独的经营信息，数据种类较为单一，如需调取外部门的信息仍需要通过纸质函调的形式去手动调取相关涉案信息，沟通时间长、协调效果差、调取数据可用性低，直接影响了税务稽查的速度和精度，难以对发现的涉税问题开展进一步内外部原因剖析和关联分析，对后续的稽查造成了极大困难，同时也纵容了更多的税法不遵从行为。

2. 数据准确性不高。大数据背景下，税收数据主要集合了纳税人的发票数据、申报数据、财务数据以及简要的第三方数据，其中发票数据由纳税人自主录入，申报数据、财务数据主要依靠纳税人、缴费人自行申报，在实际的办理涉税业务过程中，底层数据申报的准确性、真实性都相对较弱，办税服务岗位的人员没有时间和能力去逐项校对数据的准确性，导致税收基础数据的底层信息较为薄弱，在实际稽查过程中经常发生因为初始数据录入的准确性不足从而影响稽查检查的情况。

3. 数据比对性不强。数据的真伪辨别、关联分析仅靠人工操作不但效率低下而且准确性不高，目前虚开团伙往往通过超长的链条进行资金回流，大体量数据的清分、归集和应用缺乏现代信息技术手段的加持，即使拥有海量的数据资源也无法梳理出有用的资金回流链条，无法发现、使用、固定有效证据，导致诸多稽查案件无法查办。

（二）复杂案件定性难，数据共享不充分

目前，税务稽查各环节的主要流程均通过"金税三期"管理系统流转，已经初步实现税务稽查工作的标准化、规范化和痕迹化的管理，但在实际工作过程中，复杂案件分析难、处理难的现象时有发生。

1. 数字经济时代下违法手段的升级。数字经济具有虚拟性、流动性、复杂性等特征，使得以互联网为主要销售载体的纳税人可以克服地域、空间的交易障碍，实现数字产品和服务瞬时、远程完成交易。复杂的数字经济形势使税务稽查部门难以掌握供、产、销每个阶段的运行情况，更无法清晰界定每一笔交易的交易形式、金额和时间，使得旧有的稽查模式无计可施。

2. 执法口径的差异。对于同一种税收违法行为，不同稽查执法主体对法律法规规章、税收规范性文件使用的理解往往不尽相同，这直接导致对处理处罚口径和适用法律法规依据出现差异，从而导致同类型案件处理方式有所不同。

3. 稽查"判例"尚未有效应用。税务稽查有着丰富的案例资源，但是长期以来税务稽查案例通常仅仅被用于展示、宣传和学习，海量的税务稽查案例数据资源未能被充分利用，对税务稽查案件定性处理工作尚未发挥"判例"作用。

（三）检查环节分析难，数据情报成需求

1. 数据前置作用不明显。目前跨区稽查局案源管理部门主要的工作为案源的接收及推送，在推送至检查环节之前并没有对案源做案头分析，《税务稽查项目书》中往往只列明案源信息，并没有分析并列明明显的问题，查处方向不明确会使纳税人所涉及的疑点以及工作的重点把握不准确，直接影响检查质效。在稽查检查环节，检查人员为找准检查切入点、明确检查方法往往需要耗费大量时间精力去对企业基础信息、关联信息等进行调取和核实，这无形中增加了检查人员工作的压力，占用了宝贵的检查时间。

2. 数据使用效果不明显。稽查实践过程中经常会发现由于各部门、各单位的数据都是基于各自行业系统产生的，存在不同的标准和不同的侧重点，这为稽查人员对数据进行加工、处理和应用带来现实困难，常常会发生"数据能获取但不能应用""能应用但不能整合"的尴尬局面。

3. 数据防范成效不明显。巨额的利益催生了发票虚开团伙，他们深入了解税务部门的管理机制，掌握税务日常管理中存在的瑕疵，通过长期精密布局，利用网络化方式领取发票，并采用"打时间差"的方式，用较短时间大量虚开后立即走逃失联，为税务稽查带来极大困难。

三、关于税务稽查中深化税收大数据共享应用的思考

（一）强化数据基础，提升数据支撑

大数据共享应用，数据是基础，要从涉税数据采集、加工归集、质量控制、分析应用、共

享交换等方面，进一步规范和优化数据基础，发挥大数据应用的几何效应。

1. 提高涉税数据采集获取能力。依托最新的金税工程，全面采集纳税人的基本情况、收入来源、经营盈余、消费支出、存款增减等涉税信息，推进全国范围内跨区域纳税人涉税信息的共享互通，畅通各省税收数据交流。同时加强与外部门的沟通协调，打造数据共享交换平台，让数据真正聚合有利、博纳广汇。

2. 推进税收数据标准化建设。规范税收数据标准，统一数据归集、存储、处理的规则和流程，推动数据标准化、规范化，实现对税收数据全生命周期的管理和使用。持续提高数据申报质量，扩大基础数据预填报范围，使纳税人尽可能少地进行手工填报，减少手工信息对系统算法的干预。持续强化数据质量监控，加强基础数据源头管理，健全数据质量校验规则体系，完善数据质量评估、反馈和纠错机制，增强数据可用性。

3. 加强税收数据集成关联。根据数据关联性的要求，按照"一户式""一人式"集中归集，精简重复数据，优化有效数据，将相关度较高的税种数据自动关联，减轻纳税人填报负担的同时简化数据获取路径，确保基础数据统一。打造横向跨税种的指标数据集合、纵向跨主体的数据链条，实时管理第三方有效数据的关联模式，深化数据之间的有限关系，提高税种数据的准确性、实时性、可用性。

（二）强化数据共享，推进标准建设

1. 依托"两库"作为基础。"两库"分别是电子案例库和政策法规库，从规范税务行政裁量权、实现税务执法处理处罚口径统一出发，以两个数据库为基础，对相关应用进行升级改造。一是建立结构化的税务稽查电子案例库，对文字版的税务稽查案例库进行结构化改造，提取其中的违法行为、处理处罚的决定以及适用的法律法规依据，形成标准化、标签化、可检索的结构性数据库；二是借助功能强大的政策法规库，实现对税务稽查处理处罚依据提供全部信息支持，从而达到用信息化手段进一步规范税务稽查执法，进一步实现税收数据共享的应用与延伸。

2. 设置稽查数据中心，提升疑点识别能力。建议通过打通数据通道，以税收征管软件为依托，建立涉税数据综合平台，利用大数据技术，实现对财政、工商、房管等部门提供的第三方涉税信息，以及征管系统巨量企业涉税数据的快速、综合应用。在此基础上分行业建立风险指标体系，形成行业数据，实现对辖区行业涉税数据的定向分析，与风险部门无缝衔接，实现迅速锁定疑点，对重点行业如房地产、工业、金融业等行业建立指标模型，对特定重点行业的运营活动实施风险疑点分析。

3. 健全数据共享机制，重点数据分类共享。打破部门间的数据壁垒，常态化共享数据资源和指标模型，实时更新，提升数据的时效性和准确性。集中对内搜集申报、发票、退税、风险等信息，对外搜集资金、人员、出口等信息，通过系统梳理，组成"大数据"仓库。拓展跨区域税收数据推送共享机制，规范数据共享流程，织紧跨区域税收风险防控网络，强化风险阻断机制，利用系统算法，对涉及已存在问题的下游企业在发生涉票业务时及时进行风险预警，并通过多种形式进行及时询问，对可能存在风险事项的涉票纳税人进行风险阻断，减少税款流失；对重大涉税违法犯罪案件，依法从严查处曝光并按照有关规定纳入企业和个人信用记录，共享至全国信用信息平台，持续加强纳税人的税法遵从度。

(三)强化数据体系,促进共享共治

1. 优化内控管理防范执法风险。建立健全数据应用的标准,固化数据应用模式,减少人为的干预,弱化自由裁量权带来的执法风险。科学设置全国统一数据、统一口径的内控指标,形成行为全面数据留痕、内控实时监控提醒、绩效联动量化的管理体系,依托税收大数据加强内控考评,防范税务管理过程中的廉政风险和执法风险。

2. 筑牢数据安全底线。在管理方面,要明确涉税数据采集方、使用方和中间技术方数据管理职责边界,定期进行数据安全风险提醒,加强数据安全培训,从源头保证数据安全。在系统保障方面,要建设数据安全态势感知平台,对相关信息进行集中处理和关联分析,实时跟踪数据流动和用户使用情况,监控数据拷出泄露等异常情形,预测并提前防范数据安全风险,堵塞数据安全管理漏洞。在制度建设方面,要建立健全专人专岗负责、事前授权、最小化权限等工作制度,多管齐下守住数据安全底线。

3. 打造数据应用团队。要从人才选拔、人才培育、人才管理、人才使用等多维度,培养云计算专业技术人才、业务和技术复合型人才,增加专业人才储备,强化队伍专业能力,为以数治税防风险提供强有力的智力保障。对难度大、涉及面广的复杂事项,组建跨层级、跨部门、跨区域风险应对专业化团队,实施"专业化+跨区域"团队式应对,在实战中提升本领、锻炼干部。借助第三方机构的风险报告信息分析,精准识别有偷税、骗税等行为的企业、深挖违法犯罪团伙。借助互联网企业、新技术企业的专业人才优势,通过专家咨询、人才联训、项目共建等方式,拓宽人才成长渠道。

(作者单位:国家税务总局哈尔滨市税务局第三稽查局)

因势利导，齐抓共管 综合治理虚开发票行为

李国庆 刘少芳 张艳伶

近年来，虚开增值税专用发票行为持续高发，存在不同程度的蔓延式、井喷式增长态势，特别是重点区域的税收风险防控一时间显现愈加严峻的局面，且已成为我国目前涉企经济类犯罪领域的打击重点。

一、问题梳理

（一）虚开发票的界定

《中华人民共和国发票管理办法》中，规定了三种虚开发票的情形，分别是：

1. 为他人、为自己开具与实际经营业务情况不符的发票。
2. 让他人为自己开具与实际经营业务情况不符的发票。
3. 介绍他人开具与实际经营业务情况不符的发票。

现实中，"虚开"的表现形式：一是未发生交易而开具发票。没有货物、不动产、无形资产购销，提供或接受应税劳务、应税服务而为他人、为自己、让他人为自己、介绍他人开具增值税专用发票。二是发生交易但数量或金额不真实。有货物、不动产、无形资产购销，提供或接受应税劳务、应税服务但为他人、为自己、让他人为自己、介绍他人开具数量或者金额不实的增值税专用发票。三是发生交易但销售方与开票方不一致。进行了实际经营活动，但让他人为自己代开增值税专用发票。

发票具体分为增值税专用发票和普通发票两大类，因此虚开既包括虚开增值税专用发票以骗取出口退税、虚抵进项税款等行为，也包括虚开普通发票以虚列成本、少缴企业所得税等行为。

（二）虚开发票的手段

1. 财务方面

（1）虚拟购货，签订假合同或根本没有采购合同；
（2）没有入库单或制造假入库单，且没有相关的收发货运单据；
（3）进、销、存账目记载混乱，对应关系不清；
（4）在应付账款上长期挂账不付款，或资金来源不明；
（5）从银行对账单上看，资金空转现象较为明显，货款打出后又转回；
（6）与客户往来关系单一，除"采购""付款"，无任何其他往来；

（7）与某个客户在采购时间上相对固定和集中，资金进出频繁；

（8）采购地区相对集中。

2. 形式方面

（1）"空壳企业"成为虚开发票主要载体；

（2）虚开企业进行虚假纳税申报或不进行申报而简单粗暴地对外虚开成为虚开主要方式；

（3）"走逃失联"成为逃避打击主要方法；

（4）"配单配票"成为骗取出口退税主要手段。

（三）虚开发票的特点

其虚开发票的特点表现为：一是数量增长较快，违法金额渐大；二是暴力虚开盛行，违法周期缩短；三是互联网+虚开，违法手段隐蔽；四是制造犯罪团伙，违法链条延伸；五是敏感行业走高，违法风险加大；六是与多种经济犯罪复合，案情更为复杂。这从历年国家税务总局曝光的"虚开"案件中得到了证明。

（四）虚开发票的后果

一是税款补征，二是行政处罚，三是刑事处罚，四是列入黑名单，五是纳税人信用评为D级。

二、原因剖析

税收实践中，如果税务部门监管缺失、责任淡化，那么税收质量就无从谈起。只有加大征管力度、完善税收管理手段、强化政策宣传辅导，才可使税收政策落实到位、化解税收风险、堵塞税收漏洞。缘何滋生"虚开"税收违法行为，从以下方面浅析。

（一）税收理论层面

众所周知，中国是"以票控税"的征管制度，且该制度为税收事业做出了有目共睹的巨大贡献。增值税发票有四大抵扣（扣除）功能：一是可以抵扣增值税；二是可以作为出口退（免）增值税的凭证；三是可以作为企业所得税扣税凭证；四是可以作为抵扣消费税凭证。其功能往往就代表着"真金白银"。因此面对如此巨大利益的诱惑，犯罪分子会利欲熏心，胆大妄为。

（二）税收管理层面

通过税收管理系统大数据的数字比对，对存在的"虚开"问题进行抽丝剥茧、刨根问底，找出税收管理上存在的诸多漏洞，问题梳理为：

1. 大数据捕捉风险点不够及时。例如：A 公司 2015—2022 年 4 月购进大量货物，却无大量销售，存在接受虚开发票、隐匿销售收入的嫌疑。但由于有关税收监控系统没有适时提醒，此疑点到企业申请发票增量时才被发现。

2. 税务人员执法权限受到制约。例如：甲市税务机关发现 A 公司开票进销金额差异较大的疑点后，由于受到发票查询权限的限制，无法及时查询乙市 B 公司的开票状态及与 A 公司其他业务往来的开票链条走向，一定程度上延长了查证 A 公司与上下游企业之间虚开发票链条的时间。

3. 疑点指标的预警提醒周期过长。由于基层人员调取纳税人辅助信息不够便捷，导致税务人员在日常管理中很难第一时间发现涉税疑点，尤其对于复杂隐蔽的"团伙式""跨区域"作案，基层税务机关除非直接调查检查，否则仅利用税收大数据分析很难及时识别与应对。

4. 稽查方法和手段有待完善。通过多起"虚开"案例可以看出，盲目稽查、草率定性情况时有发生。实际中，应该采取分级分类方法去筛选管理与稽查。对非主观故意违规的企业，约谈提醒、警示教育，促其整改；对恶意制造"虚开"的企业，依法从严查办，按规定将其纳税信用直接降为 D 级，采取限制发票领用、提高检查频次等措施，同时依法对其近 3 年各项税收缴纳情况进行全面检查，并延伸检查其上下游企业，涉嫌犯罪的，移交司法机关。

5. 税务机关内部追责力度不够。个别税务人员在应对失控发票风险任务时敷衍塞责、简单应付，工作不严谨，采取措施不到位，或是只在核查报告中列明了采取的应对措施，但在实际工作中没有将相关措施落到实处。究其原因，在于基层税务机关、税务人员对失控发票风险应对工作重视程度不够，内部监督和责任追究力度有待进一步加强。

（三）纳税人层面

税收实践中，部分纳税人虚开增值税专用发票的目的不完全是抵扣税款、偷逃国家税款，还有更为深层的目的就是提升自己在商业竞争中的地位。或是恶意"虚开"，钻税收政策的空子，玩擦边球，直接对抗法律；或是善意"虚开"，法律意识淡薄，被人蒙骗，间接违法。无论基于哪种"虚开"，其结果均造成铤而走险"触红线"、临危不惧"踏雷区"。

三、风险防范

从全国各地众多"虚开"案例中可以看出，犯罪分子的作案手段层出不穷，令人眼花缭乱。面对一个个大案，作为税收管理部门不能等闲视之、束手无策，而要积极作为、迎难而上。要善于通过现行的税收政策将发票违法问题对号入座，通过现代的监控管理系统进行分析研判，让现有的技术管理人才开动脑筋，以此来锁控一个个难点问题。既要保持事前预防、事中监控、事后打击一系列动作的连续性，又要将虚开增值税发票违法行为关口前移，把事先防范作为税务部门的重中之重，加紧从源头上扼杀其违法苗头，使其违法案件由发散型转化为收敛型。

针对如何防范和打击骗取留抵退税行为，一方面要在"防"上下功夫，依托税收大数据，防范税收风险；严格对留抵退税申请的审核，既要应退尽退，又要堵塞漏洞。另一方面要在"打"上出重拳，做到露头就打、及时曝光、纳入失信名录，充分发挥常态化打击虚开骗税工作机制作用，形成工作合力，依法严厉打击。

（一）政策引领，运用好"导航仪"

工作中，管理人员要学习好政策法规，掌握好各类文件的变化，以此指导实践。一是学习税收法律。对"刑法"有关虚开发票的条款要了如指掌，对《税收征管法》要学懂弄通，对有关发票管理的系列文件更要得心应手。二是做到学以致用。对新出台的政策要了解背景、精准对号，对作废、修改的政策要及时跟踪，准确把握。三是学习相关"一案双查"的有关规定，树立税务职业道德，促进职业规范，建起税务干部违纪的"防火墙"。

（二）应用软件，掌握好"大数据"

工作中，要善于利用各类税收软件对大数据进行分析，这也是互联网+搜索引擎的具体运用。一是利用数据挖掘和数据图形学等技术，实现发票数据、基础征管数据、增值税纳税申报数据和企业财务报表等数据信息的有效整合；二是对发票数据的地域流向、行业流向、关联企业等开展多维度分析，能够做到事前及时预警、事中风险筛查、事后有效打击，解决增值税发票虚开虚抵这一难题；三是依据软件系统为每个企业建立商品购、销、存明细台账，进行案头分析，及时发现纳税人变换品名、购销不符的现象。所以，挖掘好、利用好"云数据"，不但能够精准打击虚开虚抵的不法行为、提高管理者自身发现问题和解决问题的能力，还能够对管理工作起到事半功倍的作用。

（三）快速反应，掌握好"遥控器"

工作中，税务部门要在风险管理的框架内，实施多层次防控机制、叠加式效应办法，来防范虚开发票潜在风险。一是实名验证。一些犯罪分子为了逃避法律制裁，通过骗取、盗用他人身份信息或使用假身份证，异地幕后遥控指挥，大肆领取、虚开专用发票，一有风吹草动，就"玩失踪"，逃避问题。二是实时监控。目前，虚开发票呈现虚开行业集中、地域集中、法人类型集中、团伙作案、户数多、金额大等显著特征。正因如此，我们要善于梳理涉税风险点、从中搜寻其规律，对新办企业名称相近、信息雷同、企业名称具有一定相似性和规律性的要通过模型监控，扫描识别涉嫌虚开增值税专用发票的纳税人。三是快速响应。要采取发现风险即时推送、及时应对的快速响应机制，如有问题，或迅速停供发票、纳税评估等管控措施，或移交稽查，公安介入进行深入调查。

（四）科学稽查，运用好"灭火器"

进一步规范打击骗取留抵退税的检查程序和方法，提升税务稽查的有效手段。一是查资金流。重点看企业银行流水的合理性，可以借助公安部门的资金流穿透技术，检查开票企业之间的资金往来是否合法合理，判定是否存在资金回流。二是查货物流（服务流）。重点查开票企业之间货物交易的真实性，特别是对诸如钢材销售、建筑等重点行业企业，不仅要查看其存货场地，还要看其运输发票，如果运输量大但没有运输发票，就可判断其涉嫌虚假交易。三是查发票流。重点查开票企业之间进销货物的一致性，看应税货物或劳务名称、规格型号、单位、数量、单价、银行账号等是否相符。四是查合同流。合同流是税务管理中最基本也是最重要的流程，它包括确定有关税款负担方以及税收优惠权利等事项，同样是稽查重点，要认真审核，不可掉以轻心。

（五）税企共治，要下好"一盘棋"

纳税服务人员，欲将风险管理常态化，监督监控纳税人在发票管理中的"风吹草动"。企业财务人员在日常工作中力争做到：一要事前防范、未雨绸缪。企业在货物采购时，一定要提高防范意识。建议企业在交易前对供应商做必要的了解，通过对经营范围许可、经营规模、企业资质、经营门面、仓储管理、供货流程等相关情况进行考察和分析，评估相应的风险。二是事中预防，胸有成竹。首先要注重合同签订规范及现金流把控的规范性，其次要进行发票联的信息核对，不仅如此，在收货过程中，核对供应商送货单、运输单等资料的完整性，避免采用"张冠李戴"模式上当受骗。三是事后复查，万无一失。首先核查项目采购留存交易往来谈判的其他信息资料，财务付款后发票、合同及其他收货单资料齐全，避免损失；其次核查企业在购进货物时要重视取得和保存有关的证据，一旦对方故意隐瞒有关销售和开票的真实情况，恶意提供增值税专用发票，给自身造成经济损失，可以依法向对方追偿由于提供虚开发票而带来的经济损失。

（六）部门联手，要打好"组合拳"

一是强化部门内部协作，形成纵向互动。针对虚开发票风险，税收风险管理联合税收分析形成管理团队，共同抓好初筛、核查、分析等环节，尽量做到风险不遗漏，保障税款安全。税务稽查与纪检监察组成检查组，一方面打击"虚开"税收违法行为，另一方面警醒警示税务干部，以防以权谋私、徇私舞弊等违纪行为发生。二是强化部门外部协作，形成横向联动。为加强虚开发票风险打击力度，积极配合公安经侦、人民银行等部门，开展打击虚开专项工作，形成多部门合力协税治税、严查重打发票违法行为的专项整治联动机制。

（七）勇于亮剑，使用好"杀手锏"

工作中，对于虚开增值税专用发票的税收违法行为要认真分析问题的成因，固然纳税人不遵纪守法，但是税务部门监管不力的失职渎职行为也不容忽视。一要加大内部监督问责力度。按照相关规定，对税务干部的不作为、慢作为、乱作为行为，特别是对内外勾结、通同作弊的违法违规等行为，要通过督察内审、监察、巡察等方式深入开展"一案双查"，依法依规严肃处理。以此引起基层税务机关的高度重视，提高失控发票风险的应对质量。二是加大对违法分子的处理力度。按照相关规定，对虚开发票案件当事人实施联合惩戒、列入"黑名单"、将所经营企业的纳税信用等级降至 D 级以及取消享受增值税税收优惠政策等措施。对虚开纳税人，在经营、投融资、取得政府供应土地、进出口等方面进行限制或禁止，使其"一处失信"而尝到"处处受限"的苦果滋味，其中的侥幸心理也同时被消灭。随着国家诚信建设制度化的不断推进，"褒扬诚信、惩戒失信"的社会氛围越来越浓厚，纳税人要增强诚信经营、依法纳税意识，提高税法遵从度，优化营商环境。

实际工作中，我们将认真贯彻落实国家税务总局、公安部、最高人民检察院、海关总署、中国人民银行、国家外汇管理局六部门联合打击骗取留抵退税工作推进会精神；进一步发挥六部门联合打击机制作用，聚焦形式多样、复杂多变的骗取留抵退税等违法犯罪行为，要睁开"税眼"，利用"慧眼"，以零容忍的态度坚决予以打击。要对伸向"虚开"的黑手，及时采取早发现、快处置、聚合力等一系列狠打举措，确保稳经济、促发展重要目标的实现。

（作者单位：河北省廊坊市税务学会）

浅谈税务稽查智慧办公平台建设

孙为民　丁　乙

智慧办公平台建设是政府机关加强行政管理和推动行政改革的重要抓手，有助于推进行政工作精细化管理，实现行政管理数字化，帮助达到"提质增效"的目标。我们通过实地调研辖区内高科技企业，借鉴企业的经验，收集问题、整合意见建议，以期为税务稽查智慧办公平台建设略尽绵薄之力。

一、智慧办公平台定义

智慧办公平台是一种集成了多种办公功能和服务的信息化平台。它利用云计算、大数据、人工智能等新兴技术手段，构建统一的大数据基础设施，实现办公流程的优化和效率的提升。它具有一体化集成、智能化管理、高效协作、移动性、数据安全等特点。

二、智慧办公平台对税务稽查工作的意义

（一）增强团队管理能力

智慧办公平台从各方面增强团队管理能力：将智慧理念融入日常工作，形成"及时交办、随时监督、协调处理、快速反馈、闭环管理"的工作机制，推动内外部事项线上集成化办理；为各部门提供高效的协作工具，使沟通更便捷，反馈意见更及时。

（二）提升干部履职能力

智慧办公平台不仅打破了数据割据的局面，简化了烦琐的工作流程，提高了稽查办案效率，也激发了干部的创新能力，提高了信息获取与分析能力，增强了数据意识、服务意识，从而全面提升了干部履职能力。

（三）加强干部廉洁自律

智慧办公平台以"标准化"为核心，全方位监督管理，将廉政融入稽查工作各环节，减少人为因素对行政管理以及案件办理的干预，避免廉政风险。智慧办公平台可以有效提升稽查办案规范化、标准化，防止自由裁量权过大，减少"同案不同判"、处罚尺度不统一的现象发生，促进干部自身廉政建设。

（四）提高纳税人满意度

智慧办公平台规范执法流程，有利于纳税人合法权益的保护。在技术上实现管查联动，提

升稽查工作质效，给纳税人带来便利。例如，天津市税务局第三稽查局探索推出的"智慧税务平台"，打破税务稽查与征管的业务壁垒，纳税人在稽查局领取完税务处理决定书后当场就能缴税并打印完税证明，不用在稽查局和办税大厅之间奔波，受到好评。智慧办公平台使"严执法"与"优服务"双向发力，提高了纳税人对税务稽查工作满意度。

三、当前办公平台存在的问题

（一）系统集成能力不足

随着科技的进步，各类办公软件应时而生。但我们在使用中发现一些问题：技术层面各大系统独立运维，增加财政开支；使用层面需设置多人多岗进行操作，费时费力；办理一项业务需登录不同系统，影响效率；部分软件使用不流畅，查看页面无法直接打印，十分不便。现有办公平台无法集成管理。

（二）智能化程度有待加强

办公平台依赖人工操作，易产生疏漏。例如，使用内网邮箱发布重要通知，容易造成滞后甚至遗漏。我局创新实行案件分级分类管理制度，对案件实行精细化管理，但无平台支撑，仍是传统台账管理模式。

"智慧平台"智慧度不足。金税三期税收管理系统新上线的"智慧稽查辅助系统"模块，给税务稽查工作带来便利，但该模块的智能化仍有不足。例如，一批协查案件经系统自动筛选后，自动归入风控模块或稽查模块。由于不够"智慧"，同一企业不同批次的案件可能被分别归入不同模块，企业需同时接受风控部门和稽查部门检查的状况时有发生。

（三）协同能力不足

无论在税务系统内部，还是与外单位，平台信息缺乏有效的整合和协同，系统割裂导致信息无法同步共享、及时更新，形成信息孤岛。例如，查办税务稽查案件需全面收集企业信息，由于数据割据，需开介绍信去工商部门调取工商相关信息。"天眼查"等软件公开的信息不够准确，有些企业早已完成税务注销，但工商迟迟没有注销，给税务稽查工作带来不便。

（四）信息安全存在隐患

当前，微信、钉钉很大程度上满足了移动办公需求，传达日常通知、召开在线会议等十分便捷，但该类软件安全性较低、功能受限。通过加强监管可以降低安全风险，但无法杜绝信息泄露的隐患。政务协同的信息安全问题至关重要，目前的办公平台在数据保护、身份认证、访问控制等方面存在漏洞。

四、建设智慧办公平台的建议

（一）实现办公平台智能化集成管理，为稽查工作提质增效

建设智慧办公平台，实行集成管理，将行政审批、数字人事、绩效管理、档案管理、财务管理、内网管理、公文处理等行政管理类软件与"金税系统""异地协查系统""发票认证系统""大数据管理平台"等税收管理类系统进行整合，实现单点登录。将日常工作从布置、实施到办结、反馈等重点环节，统筹到智慧办公平台中。实现稽查案件智能化、精细化管理，人

工智能算法辅助人工操作，避免错误。加强数据整合，一键登录完成案件相关信息的查询、对比、分析。智慧办公平台的一体化集成管理，维护成本更低，适配性更高，使用更稳定、更高效、更流畅，为稽查工作提质增效。

（二）开启智慧协同办公模式，助力稽查工作创新发展

通过信息化技术，创建信息共享、实时沟通的智慧协同办公平台，推动稽查工作创新发展。智慧移动办公平台具有可移动性、实时性的优点，是协同办公平台的一种形式。"钉钉"开创了智能移动办公新时代，为大众带来便利。我们可以探索创建稽查工作所需的移动办公平台，以手机、PAD等终端为载体实现移动信息化，使办公突破时空限制。优化通信功能，如音视频通话、即时通信、多媒体会议等，为税务稽查工作创新赋能。

远程办公平台也是智慧协同办公平台的一种形式。"疫情"时期，稽查干部使用微信等视频聊天工具远程询问税务稽查对象，但无法形成有效证据，很多案件不得不延期办结。公安系统的"法度视证通"，依托人脸识别技术，实现在线调查取证。远程询问、文书制作传输、电子签名等环节均可远程完成，并且全程自动同步录音录像，确保法律效力。我们可以探索开发税务稽查专用远程询问取证系统，解决案多人少、外出取证成本高等难题，推动税务稽查现代化发展。

（三）打造自主可控的办公平台，切实保护信息安全

习近平总书记强调：要重视"发展安全"。建设智慧办公平台过程中要密切关注信息安全。在调研中科方德软件有限公司的过程中，我们发现该公司聚焦在军方的操作系统完全自主可控，安全性能强大。税务系统可尝试建立一套自主可控的系统，从底层操作系统到数据库中间件等基础软件，再到上层的WPS、OA等办公系统，采用定制化加密策略，确保涉密信息不外泄。平台可使用人脸识别、指纹识别等技术手段来进行实时身份验证、访问控制，全面保障信息安全。

（作者单位：国家税务总局北京市税务局第三稽查局）

强化稽查监管　进一步深化税收征管改革

胡　颖

2024 年是实现"十四五"规划目标任务的关键一年，也是全面深化改革，进一步落实中办、国办印发《关于进一步深化税收征管改革的意见》提升之年。

党的十八大以来，习近平总书记结合我国改革发展的伟大实践，深刻阐释了税收的本质属性、税收法治、公平正义等一系列重大问题。胡静林局长在 2024 年全国税务工作会议上提出，要聚焦"一条工作主线"、突出"六个着力强化"，高质量推进中国式现代化税务实践。

税务稽查作为税收监管"最后一道防线"，在税收治理和国家治理中发挥着维护国家税收安全、维护经济税收秩序、维护社会公平正义的重要作用。我们要深刻学习领会习近平总书记关于税收工作的重要论述以及关于加强税收监管和税务稽查的一系列重要指示精神，提升站位、找准定位，紧紧围绕新征程税收现代化目标任务，进一步强化和提升税务稽查，打击涉税违法、维护税收安全、防范重大风险、促进税收治理的职能作用，为服务高质量发展和国家治理现代化贡献稽查力量。

一、目前税收稽查监管现状

近年来，全国税务稽查部门在总局党委坚强的领导下，坚决贯彻党中央、国务院决策部署，聚焦主业、担当作为，2023 年，全国稽查累计和户均查补、入库税款均创机构改革以来历史新高，为税收现代化服务中国式现代化保驾护航。主要呈现以下四方面特点：

（一）以政治统领为标

各级税务稽查部门坚持党的领导，强化政治机关建设。通过强基固本，一体化设置党的基层组织，全国 17 个省共 850 个稽查机构（占 80.26%）实现稽查局与同级跨区稽查局在所有地市全覆盖，基层党组织功能作用发挥更加坚强有力；将稽查积案清理纳入主题教育专项整治之一，全年积案清理率达到 89.16%，超时超进度完成目标任务；进一步深化完善稽查体制机制，制发《关于进一步加强和改进税务稽查工作的若干措施》，守正创新、完善拓展稽查职能职责；坚持抓机关带条线，制发《稽查条线党建和业务深度融合工作指引》，全面加强稽查条线党建工作，形成稽查党业融合形成新局面。

（二）以人民至上为尺

坚决贯彻党中央、国务院决策部署，护航税费优惠政策落实。认真落实"五措并举"留抵退税工作策略，出重拳、发准力，坚决防止优惠政策"红包"落入不法分子"腰包"。狠打骗退护航留抵退税,创新"七必选、五必查、四必报"战法。在政策落实过程中,始终坚持一手抓优惠政策落实落细落稳,一手抓严打骗取优惠违法行为,针对骗取或违规享受增值税加计抵减、研发费用加计扣除等五方面14项重点风险,扎实做好防范和打击工作,护航各项税费支持政策落快落准、落稳落好。

(三)以法治公正为基

聚焦"假企业、假出口、假申报"涉税违法行为,组织七部门联合常态化打击虚开骗税工作机制,2022年以来,累计检查虚开骗税企业32万户,认定虚开发票1229余万份,挽回出口退税损失175亿元,高质量完成上级交办重大专项案件,切实维护国家政治安全、经济安全和税收安全;深入推进风险导向下"双随机、一公开"检查,协同联动查"双高",运用"五步工作法"优化执法方式,通过查劝结合督促一大批网红、明星自查补税,持续不间断曝光典型案件,有力发挥"查处一起、震慑一片"的警示教育作用。

(四)以精业专业为要

坚持严管厚爱,通过举办税务稽查"实战讲堂"、青年干部"青砺讲堂",选拔培养稽查方向领军人才,以训筑基提升专业能力;强化科技驱动,持续完善稽查指挥管理应用系统,打造"稽比析""税务稽查月报"等拳头分析产品,在功能一体化、数据集成化、应用智能化、成果可视化等方面取得新突破;强化内控机制建设,动态更新《税务稽查执法风险目录》,扎实开展"一案双查",制发稽查干部日常行为负面清单,不断深化以案促治,稽查干部队伍呈现新面貌。

二、税收稽查监管中存在的问题

在肯定成绩的同时,我们也要清醒看到,稽查工作面临日益复杂多变的内外环境和诸多新挑战,当前我们税务稽查监管工作还存在不少短板和不足。一是服务大局上还有差距。个别稽查干部在坚持和加强党的全面领导方面不够有力,贯彻落实习近平新时代中国特色社会主义思想特别是习近平总书记关于税收工作的重要论述不够到位,政治机关建设有短板,从政治上把大局、看问题、想事情的站位和自觉性不够,在大局下谋划一域有欠缺,主动谋划还不够;开展税收征管、税务稽查、税费服务方面存在差距,推进税收法制化建设有欠缺。二是专业能力亟待进一步提升。稽查干部队伍专业结构不够优化,能够独立办理大案要案或带领团队攻坚克难的骨干人才较缺乏;深化税收征管改革有不足,防范化解风险存在弱项。面对涉税违法日益呈现的团伙化、职业化、网络化等趋势特征,稽查执法手段不够有力,风险分析和发现问题线索的能力亟待增强;斗争精神还不够强,对部分重点行业、重点领域、重点人群的违规违法行为,主动出击精神还不强,还没有完全做到统筹安排、合理摆布,有的还存在瞻前顾后、畏首畏尾的情况;在稽查执行中,若被执行人有意逃避缴纳税款,则会存在被执行人财产难找、协助执行人难求、被执行人规避执行处理难、被执行财产变现难,甚至被执行人难寻等执行难题。三是纪律规矩有待进一步严明。履行全面从严治党主体责任不够严实,稽查干部违规违纪违法行为仍时有发生,重点领域存在廉政风险,领导班子自身建设不足,破解难题还有差距;对干部日常教育监督管理不够严格,基层党组织建设存在薄弱环节,有的干部纪律规矩意识淡薄、自我要求不严,也反映出稽查条线廉政风险防控还存在薄弱环节等。

对于上述问题，我们要高度重视，科学研判，精准把握四个时期，采取有效措施，下好先手棋、打好主动仗。一是改革攻坚期。虽然我们稽查监管组织体系等改革已基本完成，但稽查体制机制内部还需顺应"合成"要求进一步完善，稽查和相关部门的协同配合还需不断加强，智慧稽查还需依托"金四"建设进一步深化，要充分提升挖掘大数据海量信息，服务稽查执行工作相关能力，从总局稽查局层面设置获取有效的接口和访问权限，设立专门的稽查执行大数据监控与分析平台，为基层稽查局提高大数据采集、分析和使用能力，打造坚实的基础。二是业务精进期。随着税收监管理念、方式、方法的不断改进，违法犯罪分子偷逃骗税的手段也不断翻新，在稽查选案、检查、审理、执行四个环节中，带来新挑战，需要我们持续改进和进一步修订完善。尤其在稽查执行环节，如遇查补税款、滞纳金及行政罚款执行入库困难，则应依法采取纳税担保、税收保全、强制执行、行政复议、行政诉讼、向公安机关移送、布防阻止出境等相应措施。三是队伍优化期。当前和未来一个时期，稽查条线正处在新老交替关键时期，队伍年龄结构和专业结构优化、干部业务素质和专业能力提升、稽查执法风险和廉政风险防控等，还需投入更大精力、下更大气力去加强改进。四是舆论敏感期。税收工作涉及经济活动的方方面面，税务稽查案件往往复杂敏感，涉税舆情触点多、燃点低，需要我们以"时时放心不下"的责任感，用大概率思维应对小概率事件，把工作做细、把风险防好。

三、强化税收稽查监管举措

深刻认识当前稽查监管工作面临的形势任务，自觉对标党的二十大精神和中央经济工作会议部署，努力在服务党和国家事业发展大局中做好"四者"职责。

（一）做党中央权威的忠诚捍卫者

坚持加强党对税务工作的全面领导，坚持完整、准确、全面贯彻新发展理念，紧紧聚焦"以习近平新时代中国特色社会主义思想为指引，高质量推进中国式现代化税务实践"工作主线，着力强化政治统领，着力强化依法治税，着力强化改革创新，着力强化管理增效，着力强化服务提质，着力强化风险防范，坚持一张蓝图绘到底，持续完善"抓好党务、干好税务、带好队伍"工作体系，以建强政治机关为首要责任，以服务高质量发展为首要任务，以聚财生财并举为首要担当，以优服务强监管为有力抓手，以智慧税务建设为有力支撑，以全面从严治党为有力保障，引领保障中国式现代化税务实践行稳致远。

（二）做推动高质量发展的高效执行者

站位全局谋发展，扛牢依法依规组织税费收入主责，精准高效落实结构性减税降费政策，持续深化税收征管改革，着力加强和改进税收监管，进一步夯实征管基础，积极发挥八部门常态化打击涉税违法犯罪工作机制作用，加强对高风险重点领域靶向整治，深入推进精准监管和以查促治。通过会商机制，实现与当地公安、房产、车管、海关、土地、信用办、银行、证券等部门的密切配合，定期向法院通报企业欠税情况，构建起覆盖面更细更实的数据联通机制和协税护税网络，确保税款优先受偿权，切实把税务铁军风范旗帜鲜明地体现到坚决维护党中央权威上来。

（三）做纳税人、缴费人的倾情服务者

牢记宗旨惠民生，坚持以人民为中心的发展思想，围绕"高效办成一件事"，持续开展

"便民办税春风行动",以"事实清楚、证据确凿、定性准确、处罚适当、程序合法"为目标,探索柔性执法方式,通过事前释法、事中说理、罚后释疑,帮助企业正视处罚结果,取得企业的理解和认同,做到"以理服人",促进企业自动履行处罚决定并及时改正违法行为,建立稽查执行案例库制度,促进执行案例成果总结、推广,提高企业税法遵从度,进一步优化税收营商环境。

(四)做经济社会秩序的坚定维护者

在当前和今后一个时期,要强化对《税务稽查工作规程》的学习研究,坚持问题导向,采取"随机抽查+全面排查"方式,进一步规范税务稽查执法行为,加强税务稽查风险内部控制,强化执行环节对案件查办环节协同、制约和监督作用,把执行工作适当前置到检查环节,密切关注纳税人动态,在建立相关预警机制的同时,把握最佳执行切入点,确保税款及时入库,减少税务稽查成本,降低执法成本,通过以查促管,起到"查处一起、震慑一片"的警示教育作用,在为守法者提供优质服务的同时,有力发挥税务稽查打击涉税违法、维护税收安全、促进税收治理的职能作用,更好地在服务中国式现代化中展现担当作为。

(作者单位:国家税务总局商洛市税务局第二稽查局)

税务稽查过程中检查取证存在的问题与相关建议

杨忠云　赵圣卓

自 2018 年税务稽查改革以来，通过不断的实践探索，深知税务稽查的核心便是调查取证环节，如何高效、全面、无遗漏、无死角地进行调查取证工作，是确保税务稽查案件顺利完成的关键。各类稽查案件，从案源环节到执行完毕，能否做到从头到尾案件事实清楚、证据确凿、定性准确，在于税务稽查检查环节中取得的各种证据是否支持最终的行政处理结果，简而言之就是取证环节是否周密、翔实、稳妥、可靠。如果在调查取证环节取不到有效证据，必然导致涉税违法线索无法查证，相应的税收违法行为也无法进行有效查处。当前，市场经济不断发展，群众普法意识普遍增强，随之各种利益、矛盾不断涌现，行政执法部门在最终做出行政处理决定前，如没有真实、合法、有效、可靠的证据做依据、支撑，极易甚至必然导致行政复议及行政诉讼，并在行政复议、诉讼过程中处于被动的地位，让税务稽查部门面临巨大的执法风险。

一、税务稽查过程中检查取证存在的问题

（一）税务稽查调查取证没有统一的执行标准

在实际稽查取证过程中，被查对象不设置账簿，或虽设置账簿，但核算混乱，账外设账逃避税务机关监管十分常见。然而账簿、凭证是开展税务稽查工作的主要对象与载体，是确定纳税人、扣缴义务人是否正确履行相关纳税义务的重要依据。

（二）税务稽查部门的取证标准与公检法等司法部门取证标准存在巨大差异

如果被查对象拒绝提供相关涉税资料，甚至隐匿、销毁账簿，税务部门作为行政机关执法手段十分有限，简单的行政处罚对企业来说不痛不痒，助长了其对抗检查的嚣张态度。尤其在实际稽查工作中，更多的情况为相关单位对稽查检查采取迂回抗拒手段，以法定代表人不在家、账簿资料丢失等借口，拒绝配合相关检查。

（三）税务稽查检查人员业务素质亟待加强

检查人员业务素质亟待加强。跨区稽查局成立时间并不长，检查人员年龄偏大，固化思维严重，而现行政策法规不断与时俱进，实时更新，如检查人员对相应现行法规不熟悉，必然导致收集证据的合法性与充分性存在瑕疵。

（四）对第三方取证存在巨大困难

《税收征管法》虽然规定有关单位和个人有义务向税务机关如实提供有关资料及证明材料，但税法仅对银行和其他金融机构、车站、码头、机场、邮政企业及其分支机构明确了不配合、拒绝税务机关依法进行调查的相应法律责任。

二、税务稽查过程中检查取证存在问题的原因解析

（一）关于取证标准问题

稽查实践中很多纳税人根本不设账或者账外设账，给税务稽查取证带来了困难，不同的检查人员对于这类情况具体应当收集哪些证据、取证到何种程度存在不同的理解，是进行核定还是纳税调整，在检查中往往凭借检查人员的个人理解、喜好和相关执业经验，造成各跨区稽查局、各检查科、各检查组之间调查取证千差万别、标准不一，造成纳税人的不满，使身处税务稽查一线检查人员的业务素质、办案能力、办案经验遭到社会各方面的质疑，也伴随了巨大的执法风险。

（二）税务稽查与司法部门取证标准差异问题

税务稽查检查人员在取证时穷尽手段，但往往也只能通过对合同、账簿、凭证、申报数据的逻辑对应关系得出涉税行为是否存在违法的客观认定。而公安、检察院、法院等司法部门还往往对当事人的主观意识、情节认定等方面的取证存在要求，从而导致税务稽查案件移送后，被退回、不予受理、不予立案的情况时有发生。在税务稽查过程中，往往发现很多案件极有可能被认定为涉嫌刑事犯罪，但税务机关作为行政机关，以行政手段确认刑事违法行为，在实际取证中，普遍存在不易为及不可为的情况。

（三）税务稽查检查人员业务素质的短板问题

实践工作中税务稽查检查人员的教育背景各不相同，举例来说，针对税务案件证据的书证、物证、视听资料、证人证言、当事人陈述、鉴定结论、勘验笔录、现场笔录八种证据形式，理解各不相同。如果任凭自己的理解和认知办理，不但证据的合法性得不到保证，而且相关性、准确性、充分性、关联性也会存在各种问题。但是，现阶段来看，这种问题必将长期存在。

（四）第三方取证的问题

在税务稽查第三方取证过程中，不论是政府机关、事业单位还是民间组织，有时会出于与被查企业关系的各种顾虑，拒绝接受税务机关的调查，甚至刁难税务稽查执法人员，由于对其部门采用的操作系统并不了解，又没有其他专业成员的帮助参与，税务稽查检查人员在案件调查中，在第三方取证环节受阻就不难理解了。

三、针对税务稽查过程中检查取证存在问题的相关建议

（一）规范取证标注

尽快通过立法完善现有的税务稽查调查取证制度，明确调查取证的方法、范围、程序，在全国税务稽查系统统一调查取证工作的标准和尺度，通过成型的文件与典型案例使检查人员在实际调查取证工作中有所参照、有标准可循。同时为了便于操作与提高实战效率，针对不同行

业、性质的案件要有不同的取证标准，对达到移送标准的参照刑事诉讼证据标准使用最严格的调查取证制度，而对于一般行政处理案件，为提高办案效率，可在法律框架内相对简化。同时笔者也真诚希望，要通过人大立法赋予税务机关搜查权，使不法纳税人无法拒绝现场检查，第一时间取得税收违法行为的关键证据，让涉案人员无法轻易隐匿、销毁账册及有关涉税资料，改变现行行政机关取证无力的现实状况。

（二）逐步向司法部门取证标准看齐

对税务稽查人员理论知识、取证程序加强培训。凡事预则立，不预则废。税务稽查部门应与法院、检察院、纪检、监察、公安局等相关部门加强交流，成立关于取证环节的联合专家组，定期交流，并相互派遣有办案经验的人员，交流讲解与培训，提高税务稽查人员从宏观层面取证工作的认识和水平。同时组建或聘请专业律师团队，在法律层面对税务稽查工作提出切实可行的专业意见，规避执法风险，提高税务稽查检查人员的综合素质。在此笔者认为，组建自身的税务稽查法律团队不但十分有必要，而且条件成熟可行，从哈尔滨市税务稽查系统来看，条件得天独厚，不但拥有了大量考取法律从业资格证的一线稽查人员，而且大部分都是在税务工作岗位上考取的，所以对税法与司法的结合不存在实质障碍。

（三）加强税务稽查相关人员的业务培训

提高整个税务稽查工作的信息化水平，将数字化稽查手段运用到实际工作中。当前各种电算化财务软件广泛应用、网上交易成为主流，企业的各种交易信息普遍分布于各种交易平台，进一步加强稽查检查人员的计算机、电算化软件的操作培训刻不容缓，可通过专项培训，提高稽查人员取得、处理、检查、比对电子信息的能力，避免检查人员在遇到电子账时无从下手，只见树木不见森林。针对规范检查人员取得、使用证据的标准进行培训，为其配备相应的高端设备，健全调查取证的手段，使所取证据更加科学和有效。

（四）强化对第三方取证的政策支持

从立法上践行税收的强制力，建议在保证稽查人员职业素质的前提下，赋予稽查机关更大的检查权以及侦查权。检查权不应只局限于车站、码头、金融机构以及纳税人的生产经营场所和货物存放地等，应延伸到一切与纳税有关的人和地点。要从法律上明确各相关部门配合税务稽查部门调查取证的法律责任，使其有所忌惮，不敢包庇纳税人的税收违法行为。

（五）创新税务稽查工作观念与流程

1. 建立一线法治专业队伍，提高依法行政能力和文明执法水平。随着经济的不断发展，整体法治水平的不断提升和纳税人维权意识的不断增强，税务稽查部门应采取相应措施应对执法环境和司法环境的变化。

即在各稽查局成立执法监督办公室，由局长办公室直接领导，选派在职律师及有法律职业资格证书的工作人员3~5人，必要时可由非不相容岗位兼职，在日常工作中深入一线，在检查及执行等容易产生执法风险环节全程参与，深入贯彻《中华人民共和国税收征收管理法》和《中华人民共和国行政强制法》等相关法律法规，总结经验，归纳问题，规避执法风险。

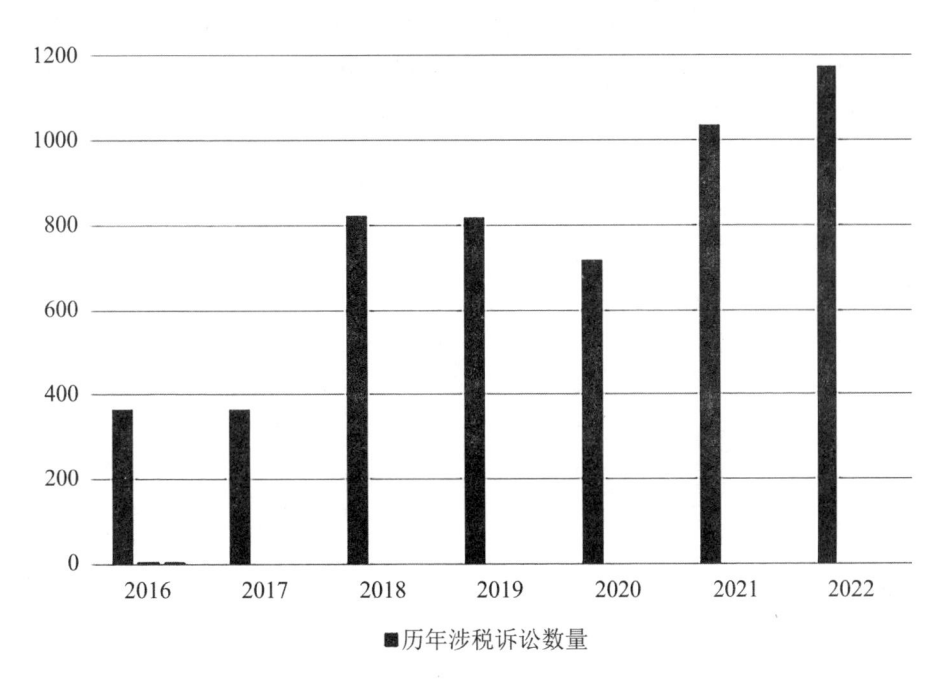

图 1 税务行政诉讼 2016—2022 年数量变化

表 1 税务行政诉讼 2016—2022 年数量变化 单位：件

年份	2016	2017	2018	2019	2020	2021	2022
行政诉讼数量	367	366	822	817	718	1037	1174

注：数据取自中国裁判文书网及历年国家税务总局法治政府工作建设情况报告。

数据特点：2016 年起，我国税务行政诉讼案件持续、大幅增长，2021 年后趋于稳定，但考虑到"疫情"的影响，可见其呈现持续增长态势（截至 2024 年 5 月，暂无 2023 年相关数据）。

2. 特业检查专项管理。所谓特业管理，就是针对某些行业的特殊性质，如房地产开发、医药行业、教育行业、机械制造行业等，适用特业稽查的专项方法，特殊对待，不能用一般行业的稽查方法，要制定专门的检查标准与细则，要优先分配高质量的稽查资源，加强特业稽查相关培训，形成各个级别（包括本跨区稽查局小范围内）的特业专家组，提高稽查的效益与效率。特业管理意义深远，随着各行各业生产经营模式的不断改变，税务稽查将会面临越来越多的新问题、新情况，税务稽查人要有长远的眼光，做到特业有分工，检查有专人。

3. 检查思路广益法。检查部门面对形形色色的不同案件，千头万绪，难免遇到难解问题，古语有云，三个臭皮匠赛过诸葛亮，要善于汇集大家的智慧，各单位可以形成定期交流的制度（如一个月一次），召集案源、检查、审理、执行、综合等部门相关人员，召开"头脑风暴论坛""稽查小诸葛""献策大会"等形式的研讨会，让大家知无不言言无不尽，在灵光闪现之间捕捉闪耀瞬间，抓住其中闪光的东西形成课题，深入研究，应用实践。

4. 成立省一级的稽查专家组。针对稽查面对的各项棘手问题抽调专门人员成立省一级的专家团队，可专职亦可兼职，对特定时期特定事项也可以成立临时性团队，成为为税务稽查工作服务的智囊团。比如，行政诉讼专家组、行政复议专家组、行政强制专家组、房开建安专家组等，各省一级的专家组要定期进行全国性的交流与协作，并为本省税务稽查工作出谋划策，并进行相关问题的指导与解答，使税务稽查工作流程更加顺畅。

（作者单位：国家税务总局哈尔滨市税务局第二稽查局）

涉外税收

我国非居民企业机构场所税收管理探讨

——基于北京市的调查

北京市税务学会调研组

深化税收征管改革为税收服务中国式现代化擘画了前景和路径,即建设以服务纳税人、缴费人为中心,以税收大数据为驱动力的智慧税务,深入推进精确执法、精细服务、精准监管、精诚共治,大幅提高税法遵从度和社会满意度,明显降低征纳成本,充分发挥税收在国家治理中的基础性、支柱性、保障性作用,为推动高质量发展提供有力支撑。

在国际税收管理中,从事跨境经营活动的非居民企业是指依照外国法律设立的外国企业。按照收入来源地税收管辖权原则,设立机构、场所的非居民企业在收入来源地负有纳税义务。在税收征管实践中,非居民企业税收居民身份的特殊性、跨境经营活动的灵活性和隐蔽性都给非居民企业机构、场所税收管理带来了挑战,考验着一国税务部门的税收征管能力。过去一段时间,因税收信息化水平不高和部门间数据共享不足,我国税务部门对在境内从事经营活动的非居民企业征管力度偏弱,未能充分维护我国税收权益。随着我国综合国力和国际地位的提升,国际税收管理进入"引进来"和"走出去"并重的时代,现代信息技术的飞速进步也为税务部门进一步加强非居民企业机构、场所税收管理创造了有利条件。北京市税务学会调研组通过实地走访、发放调查问卷等方式,实地调研了北京市非居民企业机构、场所税收管理的现状和存在的问题,在借鉴部分发达国家非居民企业机构、场所税收管理经验的基础上,对非居民企业的税收管理开展深入探讨和分析,对完善我国非居民企业机构、场所税收管理提出了建议。

一、非居民企业机构、场所税收管理现状和存在问题

非居民企业机构、场所是税收国内法的概念,与之对应的是税收协定中的常设机构。目前,我国实施的关于非居民企业机构、场所税收管理的法规主要包括:2009 年印发的《非居民承包工程作业和提供劳务税收管理暂行办法》(国家税务总局令第 19 号),2010 年印发的《外国企业常驻代表机构税收管理暂行办法》(国税发〔2010〕18 号,部分条款于 2018 年修改)、《非居民企业所得税核定征收管理办法》(国税发〔2010〕19 号,部分条款于 2018 年修改)等。这些税收法规从税务登记、申报征收、税收优惠、后续管理等环节对非居民企业机构、场所管理做出了基本要求。依据非居民企业机构、场所税收管理规范性文件,一般将设立机构、场所的非居民企业分为两大类:一是外国企业常驻代表机构;二是从事承包工程或提供劳务等经营活动的非居民企业。此外,非居民企业委托营业代理人从事生产经营活动的,该营业代理人视为非

居民企业在中国境内设立的机构、场所。

（一）非居民企业机构、场所税收管理现状

据统计，近年来，国家税务总局北京市税务局实际管辖的非居民企业机构、场所中，外国企业常驻代表机构约占三分之二，承包工程或提供劳务等经营活动的非居民企业约占三分之一。北京市税务局对外国企业常驻代表机构实行集中管理，在实践中摸索出行之有效的管理办法，形成了非居民企业机构、场所管理的首善特色，有效维护了国家税收权益。具体做法是，根据代表机构行业类别、账簿设置、会计核算、成本分摊或收入分配等情况，实行分类分级管理。对于有经营性收入的代表机构如会计师事务所、律师事务所代表处等采用据实征收。对于按收入总额核定且长期零申报的经营性代表机构以及长期零申报或长期亏损的代表机构，由税务机关按经费支出换算收入核定征收，等代表机构年度汇算清缴结束后，再由主管税务机关分类开展后续管理。

外国企业常驻代表机构须办理商事登记和税务登记，整体而言税收管理比较规范。相较之下，大多数承包工程或提供劳务等经营活动的非居民企业因入境信息不完备、经营场所不固定、账簿设置不健全等因素，主管税务机关只有在企业合同备案时才能准确掌握税源，只能采取"指定扣缴、核定征收"等方式保证税收收入按时足额入库。即使是长期来华从事经营活动、具备核算能力的非居民企业，也采取同样的征管方式。

为深入研究北京市从事经营活动的非居民企业普遍采取"指定扣缴、核定征收"的原因，调研组设计调查问卷并通过电子税务局发放给全市承包工程或提供劳务的非居民企业（或指定扣缴义务人）。本次调查在纳税人端开展，调研结果显示北京市从事经营活动的非居民企业普遍采取"指定扣缴、核定征收"方式，主要有以下三方面原因：一是多数纳税人不清楚非居民企业税务登记的相关规定，说明相关税收政策宣传、执行还不到位；二是"指定扣缴、核定征收"方式多数由税务机关推荐，说明基层税务干部对相关政策的理解存在偏差；三是指定扣缴义务人普遍认为目前的核定利润率合适，且倾向于继续实行"指定扣缴、核定征收"，说明核定征收方式下纳税人实际税负偏低。

（二）非居民企业机构、场所税收管理存在的问题

通过总结调研结果，调研组结合工作实践，将非居民企业税收管理存在的问题总结如下：

1. 税务登记缺失、征收方式单一。税务登记号码是纳税人的唯一身份证明，而承包工程或提供劳务非居民企业大多没有办理税务登记，也没有办理临时税务登记，税务部门仅采集了临时登记信息以便在税收征管系统中完成扣缴申报，且征收方式主要采取指定支付人扣缴、核定征收。而没有税务登记，容易造成同一个非居民企业在征管系统中生成多个组织临时登记代码，导致非居民企业身份不确定，不利于开展非居民企业"一户式"管理。此外，同一类型项目核定利润率"一刀切"或各主管税务机关核定利润率高低不一，是近年来纳税人诉求的重点。比如，某中外合作办学项目，外方不认可主管税务机关统一的核定利润率，在了解了非居民企业相关税收规定后，办理了税务登记并自行申报、自核自缴。

2. 申报内容简单、不便后续管理。指定扣缴申报与法定源泉扣缴申报、非居民企业自行申报一样，同样适用《中华人民共和国扣缴企业所得税报告表（2019年版）》，目前申报表内容

比较简单，除了采集扣缴义务人和纳税人基本信息，只需填列核定利润率水平，年度终了无须进行汇算清缴。税务部门主要依赖境内发包方办理合同备案时提供的基础信息和合同资料获取信息。国家税务总局令第19号第十三条规定，非居民企业进行企业所得税纳税申报时，应当如实报送纳税申报表，并附送工程作业（劳务）决算（结算）报告或其他说明材料，参与工程作业或劳务项目外籍人员姓名、国籍、出入境时间、在华工作时间、地点、内容、报酬标准、支付方式、相关费用等情况的书面报告，以及财务会计报告或财务情况说明等材料。但在实务中，无论非居民企业还是境内发包方都未能严格遵照执行，税务部门难以有效收集非居民企业的纳税申报、协定待遇、关联申报、汇算清缴等各类数据，无法准确判断机构、场所的利润归属，更不必说按照税基侵蚀和利润转移（BEPS）行动计划开展转让定价分析，导致后续管理缺失。

3. 实名认证、跨境缴税仍存障碍。北京市电子税务局全面应用实名办税系统。根据实名办税要求，只有境内居民通过实名认证后才能登录电子税务局。非居民企业无法通过人脸识别、手机验证等方式完成在线认证，需要委托境内代理人前往办税大厅窗口进行人脸采集完成认证才能登录电子税务局，这在一定程度上增加了纳税人办税负担，降低了纳税人的办税效率和服务体验。在税款缴纳环节，自行申报非居民企业纳税人跨境缴税存在困难。实践中，非居民企业一般未在境内开设银行账户，无法签订三方协议、完成线上缴纳税款。因此，目前的做法是，非居民企业纳税人从境外汇款进入税务机关待解缴税款账户，再前往办税服务厅开具六联税票完成税款缴纳。缴税过程不仅环节多、流程长、手续烦琐，还面临汇率变化带来的税款不足风险，增加了非居民企业纳税人办税负担和基层税务机关的工作量。

二、非居民企业机构、场所税收管理国际经验借鉴

发达经济体如美国、英国、德国、澳大利亚等都有明确的外国公司（non-resident corporation）常设机构利润归属原则，在税务登记、簿记要求、纳税申报和税收征管方面也都做出详尽的政策规定，这在一定程度上为我国加强非居民企业机构、场所管理提供了借鉴。

（一）较为完备的登记制度

美国、英国、德国和澳大利亚对在本国开展生产经营活动的非居民企业均要求履行登记义务，通过强制登记，对在本国的非居民企业形成唯一身份识别，以便税务机关开展后续征管工作。除了设立较为完备的登记制度，德国还规定，对于改变法律形式、变更经营管理场所或注册办事处以及解散等情形，非居民企业要在事件发生后一个月内向主管税务机关报告。

（二）明确的财务报表编制要求

一般情况下，美国、英国、澳大利亚等国均要求非居民企业按照本国的会计准则，在本国单独设立账簿进行财务报表编制，包括资产负债表和损益表，如实反映非居民企业在本国的运营情况和盈利情况。美国明确规定：境外企业在美国开展生产经营活动时，应据实申报企业所得税，按规定计算各项收入、损益、扣除项及税收抵免；除符合规定的小型企业，其他企业必须按照权责发生制原则进行会计处理和编制财务报表。

（三）分类的税收征管举措

英国、澳大利亚按照规模大小将非居民企业分为大中型企业和小型企业两类进行税收管理，

明确其负有不同的纳税申报义务。英国对于大中型的非居民企业，要求其纳税申报方式为"全年预期税负，分四个季度等额缴纳"；而对于应纳税所得额小于150万英镑的小型企业，则放宽缴纳期限，要求其在会计年度结束后9个月内缴纳税款即可。澳大利亚则规定，大中型企业的纳税申报及缴纳截止日期为财务年度次年的1月15日，小型企业的相应时间则延长至次年的2月底。美国依据非居民企业在本国是否设立机构、场所进行划分，规定设立机构、场所的非居民企业通常应在其纳税年度结束后第4个月的15日之前进行纳税申报，未设立营业场所的则延长至纳税年度结束后第6个月的15日之前进行纳税申报。

（四）便捷的纳税申报方式

随着现代信息技术的不断发展，在美国、英国、德国、澳大利亚等国家，非居民企业通常以电子方式进行纳税申报，只有少数企业通过邮寄申报表的形式进行纳税申报。对于申报主体，非居民企业可选择自行申报，也可以通过经注册的代理机构代为申报。德国规定，如果委托税务师进行纳税申报，纳税申报的期限通常比自行申报的期限适度延长。此外，多样且便捷的缴税方式也有利于创造良好的营商环境，比如，纳税人可以通过线上转账、现金、支票支付等方式灵活缴纳税款。

三、非居民企业机构、场所税收管理的建议

随着来华从事经营活动的外国企业越来越多，企业的经营方式也更趋灵活，税务部门要做到精准管理，才能防止税收流失。加强和完善非居民企业机构、场所税收管理，虽然只是国际税收管理的"小切口"，税务部门仍应按照深化税收征管改革要求，从"四精"维度进行全方位考量。

（一）精确执法，加强登记管理

非居民企业机构、场所进行税务登记或者临时税务登记是未来做好非居民企业"一户式"管理的基础。《商事主体登记管理条例》规定，在中华人民共和国境内以营利为目的从事经营活动的外国公司分支机构应"依照本条例办理登记"。《税务登记管理办法》（国家税务总局令第48号）第八条规定："境外企业在中国境内承包建筑、安装、装配、勘探工程和提供劳务的，应当自项目合同或协议签订之日起30日内，向项目所在地税务机关申报办理税务登记，税务机关发放临时税务登记证及副本。"《企业所得税法实施条例》第一百零六条规定了三种"可以指定扣缴义务人的情形"，本意是为了防范非居民企业税收流失。"指定扣缴"是税务机关的"兜底"征收方式。与自行申报、据实征收相比，虽然"指定扣缴、核定征收"的方式更便于税务机关进行操作，但因无法获取非居民企业的收入、成本费用等具体经营情况，不利于税务机关开展后续管理。综上，建议加强对非居民企业机构、场所的登记管理。一方面，税务部门应加强对非居民企业或其代理人的税法宣传和政策辅导，使其充分了解在中国的纳税义务，比如，应在合同签订30日内到税务机关办理税务登记，而不是在非居民企业境内合作方发生对外支付时才到税务机关进行"指定扣缴"。税务机关应严格按照《企业所得税法实施条例》第一百零六条规定的三种情形加以判定，不能随意扩大"指定扣缴"的适用范围。为引导非居民企业纳税人据实申报，税务机关需要进一步加强税法宣传并加强对基层税务干部的培训，逐渐改变目

前纳税人"指定扣缴加核定征收是常规征税方式"的认知。另一方面，税务部门应与市场监管部门加强沟通联络，定期交换外国企业商事登记信息。当税务部门发现承包工程、提供劳务非居民企业没有进行商事登记时，不应直接组织临时登记，而应先进行临时税务登记，进一步加强税务登记管理。

（二）精细服务，便利全球办税

一方面，税务部门应利用官方网站、电子税务局等渠道大力宣传非居民企业机构、场所税收管理规定，鼓励纳税人选择自行申报或者委托代理人申报，还责还权于纳税人。从北京市税务局税源管理现状看，从事中外合作办学、物业管理、酒店管理等类型的非居民企业，因在境内设有固定经营场所，且经营活动期限较长，可以考虑率先推行据实申报。另一方面，税务部门应以纳税人应用为中心，在电子税务局中助力非居民企业便捷办税缴税。比如，当非居民企业纳税人登录电子税务局时，只需选择身份"我是外国企业"后，便可按照业务类型导引进入相关功能模块，快速查询相关政策，准确判断政策适用。目前，电子税务局已经实现了非居民企业跨境缴税应用场景，但仅适用于非居民企业股权转让。未来应持续扩大非居民企业实名认证、电子缴税的应用场景，满足包括非居民企业机构、场所在内的非居民纳税人的跨境办税需求。随着区块链和人工智能（AI）等现代信息技术的进步与应用拓展，应逐步实现非居民纳税人在全球任意地方都能在线认证、申报纳税和开具电子完税凭证。

（三）精准监管，深挖以数治税

税务部门应深入挖掘税收大数据，对不同类型的非居民企业机构、场所进行精准画像，按照合同类型、合同金额、经营时限、是否开具增值税专用发票等维度划分税源企业，有针对性地实行分类分级管理。对于经营时间在一年以上、合同金额超过一定数额（大于或等于5000万元人民币）的大中型项目，或者非居民企业机构、场所被认定为增值税一般纳税人的，可实行重点监管，要求其企业所得税据实申报，按纳税年度计算、分季预缴，年终汇算清缴，并在工程项目完工或劳务合同履行完毕后结清税款。对于经营时间在一年以内或合同金额较小（小于5000万元人民币）的零散项目，企业所得税可实行核定征收，由税务机关按收入总额、成本费用或经费支出换算收入等方法核定其应纳税所得额，并在项目完结时采取一次性申报征收的简易做法，以进一步优化非居民企业的办税体验。

（四）精诚共治，实现协同管理

税务部门应与商务、教育、市场监管、外汇管理等部门建立信息共享机制，及时掌握监管部门审批非居民企业入境从事经营活动的相关信息，以及境内合作方对外支付状况，通过各部门协同共治，对非居民企业机构、场所开展税源管理。同时，鼓励非居民企业委托专业化代理机构开展涉税业务，降低涉税风险。

长期来看，完善非居民企业机构、场所管理还要加强顶层制度设计。首先，非居民企业机构、场所在我国取得的是积极所得，为此，应进一步细化非居民企业机构、场所的企业所得税申报表，尽可能全面采集非居民企业在我国境内经营活动的涉税信息，并在年度汇算清缴时提供按照中国会计准则编制的资产负债表和损益表，为税务机关实施后续管理和转让定价分析打下基础。其次，要结合税收协定中常设机构的利润归属原则，进一步明确国内法关于非居民企业机构、场所利润归属的规定。比如，中外合作办学企业在境外院校取得的学费收入是否应归属该非居民企业机构、场所，在实践中仍存在争议，应进一步明确利润归属。最后，在推行非居民企业机构、场所据实申报的同时，应鼓励合并多税种申报，简化征管流程，减少纳税人申报次数，提升纳税人的幸福感和获得感。

调研组组长：吴新联
调研组成员：李　捷　马丽娜　韩倩妮
　　　　　　孔　泰　龚　洁
执　笔　人：李　捷　马丽娜　韩倩妮

关于健全出口退税服务监管新机制的探索

国家税务总局广州市税务局第二税务分局课题组

一、研究背景

前期,广州市局承接了总局健全出口退税服务监管新机制技术方案等工作,取得了阶段性成效,获得了总局谢文司长的肯定性批示。为落实国家税务总局健全出口退税服务监管新机制智慧监管的工作要求,按照将"五措并举"打法和机制复制推广到出口退税管理中的批示指示精神,发挥进出口、货劳、征管和数风等部门在出口退税管理方面的优势,谋求利用现代信息技术从根上治理而且是悄无声息治理的路径,特开展本研究。

二、出口退税管理现状及存在问题

(一)出口退税管理现状

1. 货物出口业务流程

按照海关、外汇管理及出口商检相关规定,出口企业货物出口操作流程,如图1所示:

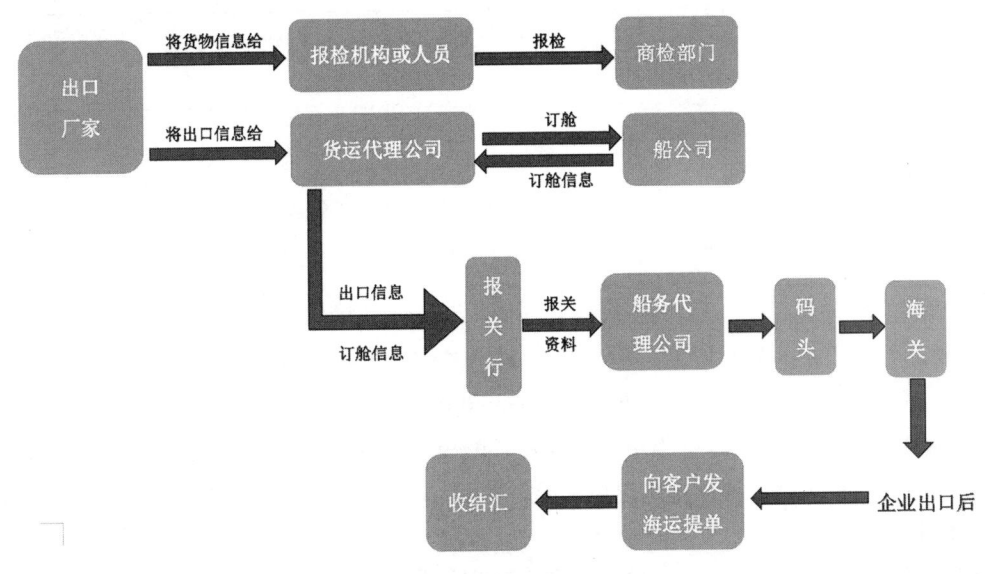

图1 货物出口业务流程图

2. 出口退税管理流程

按照全国税务机关出口退（免）税管理工作规范（2.0版）相关规定，出口企业货物出口流程，如图2所示：

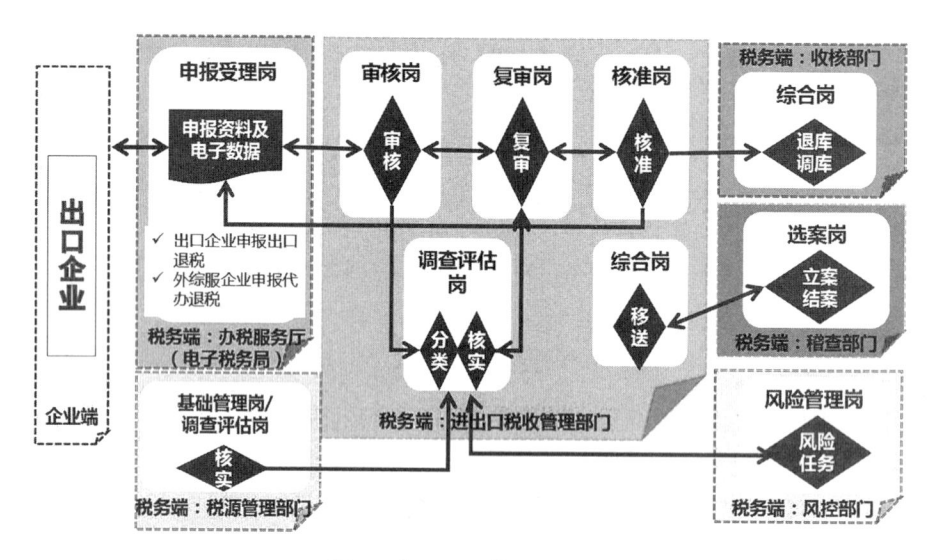

图2　出口退税管理流程图

（二）出口骗税常见手法

常见的出口骗税手法包括"买单配票"和"道具出口"。二者均涉及虚假发票流和资金流，但"买单配票"手法虚构货物流，"道具出口"则存在真实货物流，因此常规的物流溯源能精准打击"买单配票"违法行为，但对"道具出口"违法行为效果有限。

表1　出口骗税常见手法比较表

骗税手法类型		虚假发票流	虚假货物流	虚假资金流
配单配票		√	√	√
道具出口	以次充好	√	×	√
	循环出口	√	×	√
	道具出口	√	×	√

1. 买单配票

"买单配票"手法的核心在于"配"字，通过套用他人业务虚构资金流、货物流和发票流骗取退税。主要包括三个环节："买单"是指非法获取套换骗税企业名称的其他真实货主无法申请退税或者不需要退税的出口货物单证信息；"配票"是指非法取得虚开的增值税专用发票；"换汇"是指通过地下钱庄换汇虚构出口资金流。

2. 道具出口

"道具出口"手法的核心在于"演"，存在真实的货物流，但虚构了资金流和发票流，其在"配票""换汇"上与"买单配票"手法高度雷同，但存在真实的货物流转。"道具出口"具体

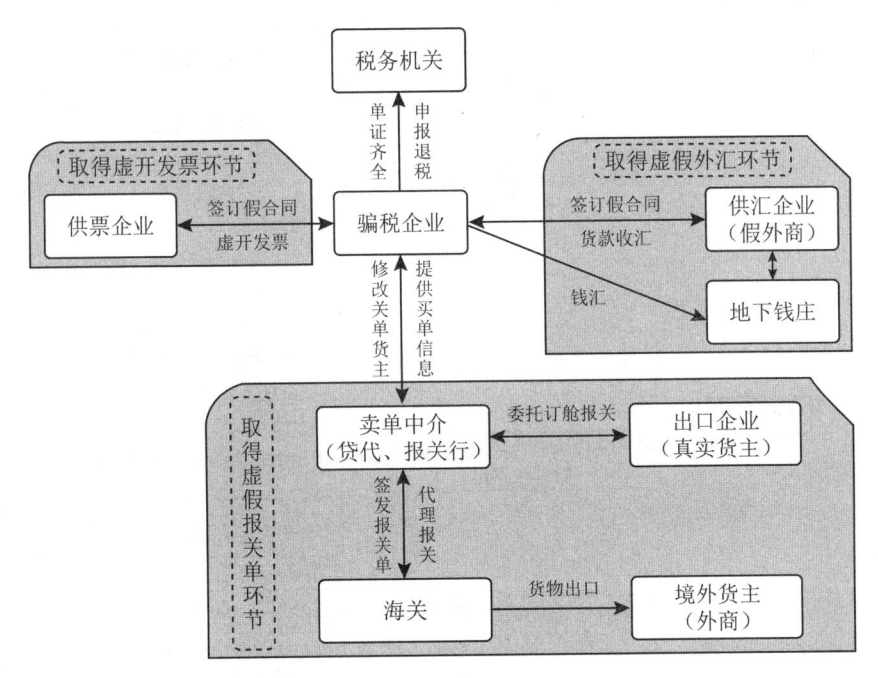

图3 "买单配票"手法流程图

包括以下形式：

以次充好，通过高报超出实际出口商品的价值骗取出口退税，常见商品主要涉农产品，如茶叶、中药材、毛发制品等；

循环出口，是将高值货物出口后走私夹带入境实施循环出口，这一行为涉及走私和骗税两种违法行为，常见循环出口商品包括品牌相机、品牌手机等高价值、小体积商品；

道具出口，主要有两种形式，一种是伪报品目，如将不可食用的下脚料伪报为香菇粉出口，另一种则是将"道具"商品与其他不可退税或低退税率的物品组合为另一种退税商品用以骗税的方式，如常见的将金、银等贵金属与道具商品组成诸如金皮带、金手表等出口等。

（三）出口退税管理主要问题

在出口退税事前管理、事中审核、事后评估等环节中存在以下"三多三不足"问题。

1. 事前管理有效数据量多但共享程度不足

事前管理数据共享问题主要体现在以下五方面：一是虚开票流信息尚未接入金三审核系统，导致出口退税审核中无法对虚开发票信息自动开展事前预警和拦截；二是集装箱号、收货人信息、货主单位地区、货物标志唛码等关键报关信息尚未充分共享；三是资金流数据完整性不足制约风险分析，特别是缺失付款人信息及对于重点收汇国家（地区）资金流难以开展有效监控；四是出口行为海关行政处罚信息尚未及时进行传递；五是对于已出口但未申报退税业务监控不足。

2. 事中审核需查阅系统多但信息穿透性不足

事中审核信息穿透性不足主要包括日常审核强度大但审核系统集成化水平不足；出口供货

```
                              ┌─ 虚开票流信息
                              ├─ 异地报关信息
            ┌ 事前管理有效数据量多但共享 ├─ 资金流数据
            │     程度不足            ├─ 海关行政处罚
            │                        └─ 未申报退税数据
            │
 三多三不足 ─┤                        ┌─ 系统集成化水平不足
            ├ 事中审核需查阅系统多但信息 ├─ 出口供货企业涉税数据有限
            │     穿透性不足           └─ 审核系统疑点库指标固化
            │
            │                        ┌─ 出口备案单证管理存在数据壁垒
            └ 事后评估需核实疑点多且大数 └─ 现行政策对于其他出口退税
                 据运用程度不足              违规行为处罚力度弱
```

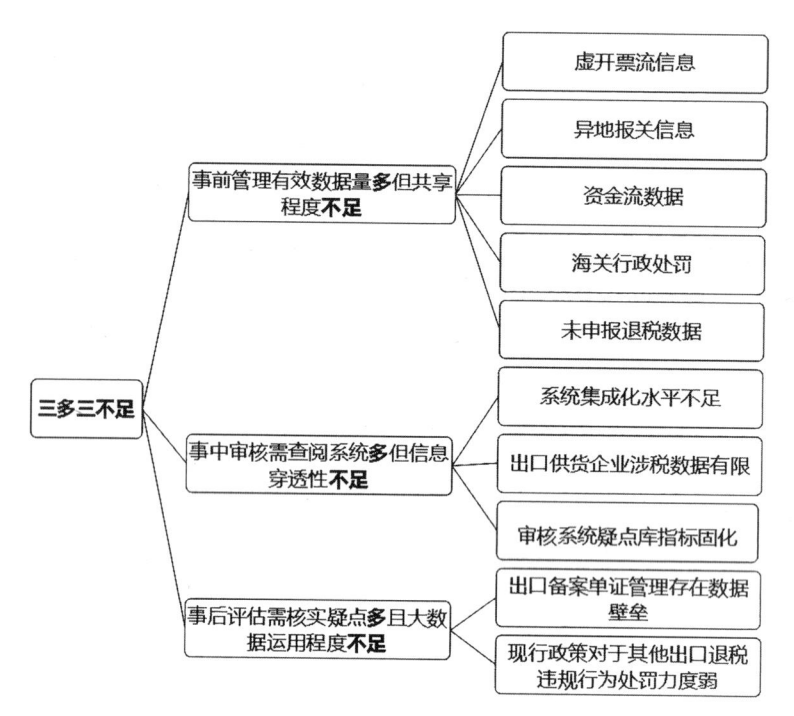

图 4　出口退税事前管理、事中审核、事后评估管理问题一览

企业涉税数据有限，无法准确预判出口供货风险；审核系统疑点库指标相对固化无法应对变化。

3. 事后评估需核实疑点多且大数据运用程度不足

事后评估存在的问题主要涵盖了以下两个维度：一是出口备案单证管理存在数据壁垒，即使电子化管理亦难形成大数据管理并有效运用；二是现行税收政策对于其他出口退税违规行为处罚力度弱，尚未达成有效社会震慑效应。

4. 问题根源研究

对上述"三多三不足"问题，其问题根源主要可以归纳为以下四方面：

（1）监管主体间联防联控程度不高

一方面，内部虚开票流信息、出口供货企业涉税数据不畅，亟待税务机关内部强化衔接和防控协同；另一方面，异地报关、资金流、海关行政处罚等数据需要进一步推动外部监管能力的融合。

（2）出口退税执法体系建设有待加强

现行法律法规对于部门间和企业数据开放数据共享缺乏法律支撑，出口退税违法惩戒刚性不足，制约了税务机关对出口退税风险开展精准打击。

（3）缺乏深度数据源和高效分析工具

对于海关报关单、进口专用缴款书、税务凭证等可直接对接税务系统，使用率较高的"热数据"，税务机关可以获取相关数据；但对于货运物流信息、资金交易信息等共享机制不到位、调取难度较大、真伪难以鉴别、格式相对多样的"冷数据"，基层税务部门缺乏数据源头，只能通过个案的外调取证、发函申请外部门协查等手段取得一些碎片信息。同时，系统集成化水平不足、审核系统疑点库指标固化也制约了税务机关对数据实现高效运用。

（4）对报关行、运输企业等实体缺乏全业态治理

当前现有的出口退税管理机制侧重于对出口企业、出口供货企业开展监管，缺乏对于出口链条中报关行、运输企业、货运代理企业等实体进行税收治理，如相关实体未能依法依规就取得服务收入开具发票，影响税务机关对日常出口备案单证的监管。

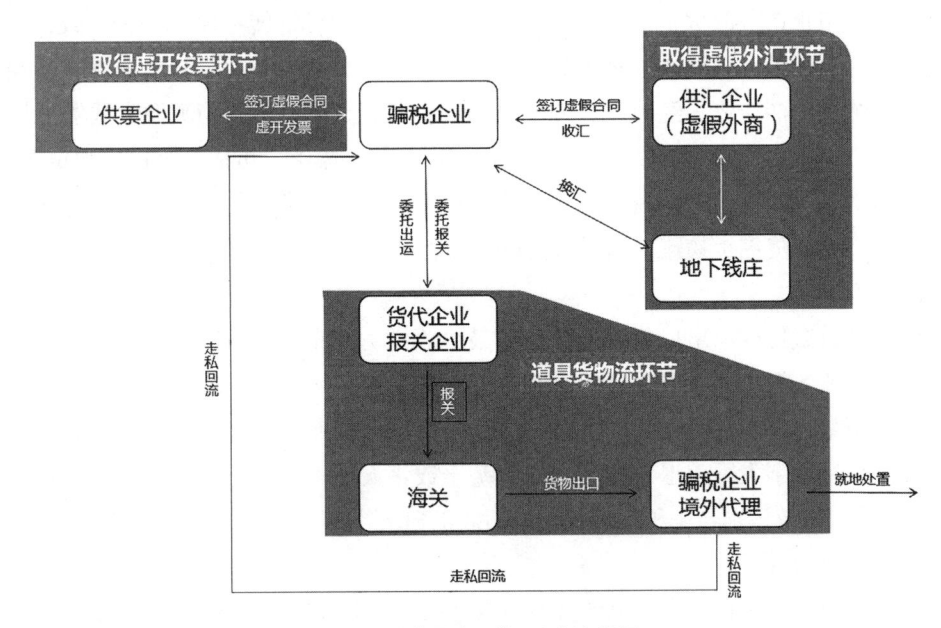

图5 "道具出口"手法流程图

综上，单一凭借物流溯源只能打击"买单配票"类型的骗税违法行为，对于"道具出口"手法还需在联防联控、执法法规、全生态业务监管等方面发力。

三、建立出口退税服务监管新机制设想

（一）体系目标

以实现企业责任"自行担"、正常业务"机器审"、疑点业务"人机断"、涉骗业务"风险查"为目标，利用新技术充分发挥税收大数据驱动作用，分类分级开展服务、执法和监管，推动健全出口退税服务监管新机制，建立良好的出口退税业务全生态。

（二）数据支撑

为实现"自行担""机器审""人机断""风险查""联合惩"的五大体系目标，数据支撑是基础，以发票流、货物流、资金流、单证流为数据源开展追溯，构建出口退税管理的"数据湖"，通过引入新的数据技术，推进数据赋能优化出口退税服务监管。

1. 发票流穿透体系

在目前金税三期税收管理系统一户式查询已实现发票流信息分析的基础上，建议完善检索功能，丰富发票查询功能，对原材费、加工费、材料费、运输（物流服务）费单一项目发票数据流向进行筛查，以发票数据为线索，串联货物流通、生产加工等信息，追溯出口货物的流转

轨迹，"一竿子"多层穿透到货物生产这一"初始端"，对出口货物生产企业的场所、设备、进销项、人员、能耗等生产经营基本要素校验分析，进一步挖掘发票信息，校验企业经营生产的真实性、合理性。

2. 货物流溯源体系

以出口商品码、运输单据、检验检疫等外部信息为线索，多角度多维度追溯、佐证报关出口的货物信息与申报退税的货物信息从生产到出口全流程的货物转移轨迹是否一致，是否存在冒用、造假。目前，税务机关通过海运提单对货物流进行溯源的方式已日渐成熟，从船东、层层货代最终追溯到生产企业、经销企业或外商等货物所有权持有方，但溯源方式需外调检查实现，存在检查耗时长、成本高、回复率偏低等问题。在此基础上，可以考虑以区块链等新技术，丰富外部数据的采集共享，挖潜商品码、检验检疫、机身码等货物信息，以数据记录货物所有权转移痕迹，多途径追溯货物流，加强对出口退税货物的流向监控。

3. 资金查证体系

分别以境外资金付款和出口货物生产企业最终收款为"起点"和"终点"，借助外汇管理部门和银行资金流数据，串联资金从境外流入、经出口企业、供货企业等银行账户流转的痕迹，追溯出口货物资金运作轨迹。目前广州市对数字人民币退税业务已经进行了有益尝试，下一阶段应积极探索推动数字人民币退税业务普及，基于数字人民币区块链、云计算等特点优势，追溯"资金回流"，高效识别与骗税形影相随的假收汇违法行为。

4. 单证流校验体系

以企业出口业务全过程产生的单证资料为数据源，多形式接入"机器审""人工断""风险查"等环节的指标校验，实现对出口业务单证之间数据的逻辑稽核。

通过企业授权、部门共享等方式采集电子化、数字化出口业务单证数据，在数据清洗和统一标准格式后，智能化自动校验，输出疑点内容。目前，广州税务在"单一窗口"开发备案单证"云端备"系统，为单证流校验提供基础平台，在组合"单一窗口"的通关、货运等数据的基础上，进一步丰富数据来源接入，打造单证数据的智能化校验。同时，研发备案单证电子识别小程序，提升审核速度，依托备案单证电子化，搭建应用场景，"一键扫描"检验规范完备，推动快捷审核单证。通过"数据建模"丰富指标维度，已收集四类共 90 份国际运输单据模板、600 余户外贸企业 1000 余份备案单证电子样本，提炼优化 5 项关键指标、39 项钩稽关系，全方位搭建备案单证素材库，利用"AI 识别"实现精准辨伪，核心比对内容识别正确率 95%以上。

（三）驱动体系

针对上述出口退税四大问题根源，结合出口退税"自行担""机器审""人机断""风险查""联合惩"的五大体系目标，从货物流追溯、单证流校验和资金流查证入手，提出健全出口退税服务监管新机制所需的四大驱动。

1. 多元主体联防联控体系

（1）转变征管方式，进一步形成税务内部管理合力

为解决当前出口退税监管工作中存在的急迫问题，把"四个有人管"充分运用到出口退税管理工作中，应着手转变征管方式，以现有管理制度、岗责流程为基础，围绕出口退税业务新

变化新趋势,把征收、退还、风险、内控等环节一体考虑,进一步形成税务内部管理合力,主要包括两方面的工作:一是统筹调度风险应对资源,推进各条线风险管理任务资源整合,促进风险防控工作有序衔接;二是建立出口退税事项清单职责制度,厘清出口退税事项业务标准和岗责。

(2) 深化监督协作,进一步推动外部监管能力融合

对外贸易涉及多个环节,由不同监管部门分段监管执法,出口退税是国际贸易的其中一环,要实现出口贸易的有效监控,要求税务机关进一步密切与地方党委政府及其相关职能部门的沟通协作,强化对重大税费风险的联防联控、协同治理力度。

同时,也要推动社会组织群体〔货运(代理)代公司、报关行〕参与出口退税风险的协助治理,形成社会共治合力。

2. 出口退税执法规范体系

以促进税收遵从、防范退税风险为目标,以精确执法为导向,进一步健全出口退税法律法规和规章制度保障,规范出口退税执法标准,细化出口退税执法事项操作指引,强化出口退税执法风险内控监督。

(1) 推动健全法律法规和规章制度保障

一是加强部门数据共享制度保障。参照与海关总署、外汇管理局签署《关于实施信息共享开展联合监管的合作机制框架协议》和《关于推进信息共享事实联合监管合作备忘录》的模式,在总局层面继续拓展数据共享和信息协作部门,争取与商品溯源、物流溯源涉及的市场监督、交通运输等部门达成类似的合作框架协议,积极获取商品 GTIN 码、出口货物承运工具物流等关键信息。以试点方式鼓励有条件的地区围绕重点数据项目先行先试,逐步推进。

二是强化企业数据开放的政策激励导向。对于无行政强制要求的数据项目(如 GTIN 码),尝试以部门规章或规范性文件的形式,对已申请 GTIN 码并自愿将其应用于通关、退税事项的企业,适当提高信用"积分"或级别,并可在通关、质检、退税方面享受相应便利服务,增强企业自觉参与和报验相关数据的"获得感",引导更多企业主动参与数据共享和应用。

(2) 推进出口退税执法规范化标准化建设

一是修订完善《出口退(免)税管理工作规范》。根据《全国税务机关出口退(免)税管理规范(2.0版)》(以下简称规范2.0)2018年发布以来出口退税相关政策法规、信息系统调整升级的情况,梳理修订相关岗位的执法事项和工作规程。根据近年来加快出口退税进度、推进出口退税便利化措施的工作要求,增加出口退(免)税服务章节内容。根据金三、金四数据集成情况及进出口税收管理部门与稽查、数风、税源管理等部门协同的需求,增加部门协作方面的内容,如结合发票异地协作任务整合工作,在保障复函时效的基础上,推进出口函调与其他入户核查工作融合。根据"四个有人管"的精神,增加出口退(免)税内控管理方面的岗位职责、任务事项和具体要求。

二是规范出口退税执法全流程税务文书及工作底稿。对于需要送达纳税人的出口退税相关税务文书,目前暂无全国统一的格式、内容要求,一定程度上存在漏用、混用、错用、依据和口径不一的情况。此外,对于出口退(免)税实地核查、风险应对、函调管理等关键执法事项,规范2.0要求应形成工作底稿,但对工作底稿应包含的基本要素未予明确,各地存在要求不一、

格式各异的情况，带来执法风险隐患。建议针对出口退（免）税全业务流程、全环节事项梳理相关税务文书和工作底稿应用需求，最大程度地统一和规范相关文书和工作底稿的适用场景、格式、依据、基本内容，提高出口退（免）税服务管理和执法的规范性、严肃性。

三是细化工作规程和操作指引。在通过出口退税工作规范明确做什么、谁来做的基础上，进一步围绕相关事项编制细化工作规程和操作指引。根据出口退（免）税管理的新情况新需求，动态更新完善2022年已编发的《出口退（免）税审核指引》《出口退（免）税风险防控指引》《出口退（免）税督察工作指引》，并继续围绕出口退（免）税管理重点环节、重点事项，编制《出口退（免）税函调管理工作指引》《出口退（免）税实地核查工作指引》《出口退（免）税异常业务后续处理工作指引》，为基层进出口税收管理部门精确实施出口退（免）税执法行为提供充分的业务指导和统一规范的执行口径。

（3）完善出口退（免）税执法风险内控风险监督机制

一是强化数据系统内生化功能对执法风险的事前防范。重点针对现行工作规范中需由相关岗位"发现"并依职权处理的工作事项完善系统功能（如函调或风险核查发现的异常业务后续处理、因涉骗立案或纳税信用降级需动态调整出口分类、因稽查定骗需办理出口退税停权处罚等）实现数据自动调取、校验并自动形成工作任务，避免因人工疏漏甚至舞弊产生的执法风险。

二是完善系统对出口退（免）税管理业务全过程信息记录和事中监控。尤其在出口退税风险管理环节，如按"一户式""一体式"要求由风控部门归口采集并下发风险应对任务，自动关联相关信息要素同步形成《出口退（免）税评估建议表》《出口退（免）税评估工作情况表》等工作表单。实现任务来源有记录、过程进度可跟踪、工作质效可追溯。

三是加强事后质量监控和执法风险监督。以出口退税"一局式"数据监测为依托，分别以总、省、市、县税务局为单位，按管辖范围汇总归集出口退（免）税管理业务数据，监测本级及下级税务机关退税服务、风险防控、内部管理等工作实况，促进各级进出口税收管理部门自我监督、对下监督，逐级压实责任。如按风险指标命中、风险任务下发、稽查立案等风险情形触发频次，结合高风险企业、商品、地区等信息进行风险监测排序；按出口退（免）税办理时间、按时复函率、风险应对质效等指标情况进行质效监测排序；对出口退（免）税管理内部风险设置事后监控指标，根据指标触发情况对重点地区、重点事项、重点岗位提起关注、加强督导，为开展自查检查和整改完善提供依据。

3. 多源智数赋能云计算体系

（1）区分出口退税数据"热"与"冷"

根据业务性质和发生频率，对于出口退税数据开展分类。将如海关报关单、进口专用缴款书、税务凭证等能直接对接税务系统，使用率很高归类为"热数据"；将货运物流信息、资金交易信息等共享机制不到位、调取难度较大、真伪难以鉴别、格式相对多样的数据归类为"冷数据"。

（2）借助"区块链+数据湖"用好"冷数据"

出口退税业务特点决定了对其全流程、全生态的监管可能横跨较大时间、空间维度，事后追溯获取准确数据存在较大困难。目前针对"热数据"已经建设了较为完备的全链条管理机制，但"冷数据"的使用因为涉及大量外部门及企业内部信息，共享协议谈签难度大。因此，可以考虑先行谈签一部分非实时历史数据，将这部分利用率低的"冷数据"存放于具有信任基础的政府机构中，依托税务总局"金四"总体规划和"税务区块链基础平台+可信数据服务+云端应用"总体目标，借助低成本的大数据存储的"数据湖"模式、同时结合区块链技术防篡改特性，可以探索建立"区块链+数据湖"的可信存储技术方案，加强不同部门间异构格式数据的存储与共享。

（3）围绕根源数据建立"税环"联合监督管理防线

通过建立"区块链+数据湖"的数据存储模式，可以把"热数据"与"冷数据"之间的壁垒打通，在日常申报、风险应对等高频业务中调用税务、海关等部门的实时"热数据"建立监管"第一防线"，同时围绕外汇管理、货物运输、行业资讯等"冷数据"的数据湖建立"监管环"，环上设立外部数据分析、历史记录比对、大数据处理等监管机制。数据提供方"环湖而聚、各取所需"，实现监管机制间的信息互通，在"第一防线"后建立悄无声息的"第二防线"，更加从容面对外部数据环境的变化更迭。

（4）以"税眼"监控打破货物流监管时序时空桎梏

税务机关可以探索打造"税眼"货物流追踪体系，根据出口货物离开工厂、境内运输、报关出口、国际运输的时间顺序开展路径比对和分析，通过对发票信息、车辆轨迹、高速公路、口岸、出口单证等信息的综合研判和交叉比对，实现对出口物流全环节的数据监控，提高出口骗税物流环节造假成本。

4."全生态"出口业务保障机制

全生态出口业务管理机制，旨在在前述多源智数赋能云计算体系的基础上，形成链路反应机制实时自动化监控，依托信息技术，强化数据赋能，进行智能化的出口退税管理。

（1）构建"1+5"风险防控模式

进出口税务部门要加强信息智能化建设，应用大数据标签画像技术，有效地进行数据的整合，充分归集出口企业的基础信息、发票信息、财务信息、申报信息、进货信息、运输信息、出口信息、收汇信息、风险信息等，探索出一套"1+5"出口退税风险防控模式，围绕一个目标"形成全生态出口业务管理机制"，通过采取利用区块链技术，建设全链条快速反应机制，实施"差异化"管理、规范内部管理、实施精诚共治五大措施，力争肃清出口骗税等违法行为。应用内外部数据池信息库，对出口企业采购货物原材料环节、出口企业生产环节、货运（代理）企业物流运输环节、报关行报关出口环节和外商客户付汇环节进行全流程的监控，通过大数据分析处理中心，建立出口退税数据库及风险疑点指标体系，进行数据对碰，实现疑点问题的自我推送和下发，形成全链条的电子化精准监管，实现动态预测，精准研判，提高速度，做到事前预测预防，精准锁定短板和目标开展有针对性的监管。

（2）建设链路反应机制，实现分级分类监管

以自营出口企业和链条上的供货企业为核心，从源头入手抓好监管，建立健全自营出口企业和供货企业自身涉税风险、各类税收监管主题库，依托金三系统全景一户式相关数据和企查查、天眼查等平台（相关平台可以查询除基本信息外，包括关联企业、债权信息、失信人信息、司法案件信息、裁判文书等负面信息，以及进出口信用、行政许可、荣誉资质等正面信息），获取、聚合出口供货企业和自营出口企业主要生产设备方面、工人工资方面、能耗方面、原材料

和产成品方面、货物流方面、资金流方面、仓储等信息数据，对同比增长和环比增长、收汇率、新增出口国别数、本期月出口额最大与最小比值、连续出口月份、新办出口企业等指标进行赋分，当链路上一个基点发生涉税风险，根据不同的风险分值权重，对链路上所有基点进行风险传导，同时触发自营出口企业风险分析应对，解决出口退税复合式骗税风险。分级分类做好企业管理，实现第一时间精准识别高风险目标，排除风险管控死角，有效阻断可疑风险。

课题组组长：罗得力
课题组成员：陈志清　邓耀全　胡　烨
　　　　　　龙颖韵　答郁芳　林　蓊

从离境退税业务看北京国际消费复苏
入境消费市场潜力需持续挖掘

国家税务总局北京市税务局第二税务分局课题组

境外旅客购物离境退还增值税（以下简称"离境退税"）政策的实施，呼应了国内消费与国际消费统筹发展的要求，在消费环境培育和服务升级中坚持品质提升与规模发展并举，成为国际消费中心城市建设中重要的税收支持手段之一，同时也是境外旅客入境消费的"温度计"和"晴雨表"。为主动服务国际消费中心城市建设，本文从离境退税视角开展分析，反映入境消费复苏态势，对北京市离境退税业务面临的问题进行剖析，并提出入境消费市场发展建议，以期为领导决策提供参考。

一、离境退税业务加速复苏，成为刺激国际消费新方向

一是境外旅客在京购买商品带动了17个大类191个商品品类的销售，基本覆盖了全市退税商店在售的商品。从销售额来看，主要退税商品为手提包（袋）、背包、珠宝首饰、高档手表，商品单价高的奢侈品占所有销售额的90.1%。从销售数量来看，老字号同仁堂的植物饮片成为旅客购买最多的退税商品，销售数量占全部退税商品的53.66%，吴裕泰、瑞蚨祥为代表的茶叶、丝绸等老字号特色产品数量占比逐步提升，国产的新科技产品如小米、大疆等电子科技产品的热度逐渐攀升，北京老字号与国产高新科技产品越来越受到境外旅客的青睐。

二是离境退税红利吸引了部分高消费水平购物客群。2015年以来，离境退税购物旅客涉及160个国家和地区共3万余人次，其中港澳台旅客人数最多，占比达27%，其次是美国和加拿大旅客，与入境旅客数据基本一致。对境外旅客消费行为进行分析显示，离境退税红利明显凝聚了一批消费力高的购物客群。全市平均每份退税申请单销售额4.8万元，其中41%的旅客多次办理离境退税业务，平均每单销售额达8万元，比全市平均每单销售额高出了3.2万元。多次办理离境退税业务的旅客以港澳台旅客为主，平均每单销售额达10万元，平均消费水平高于其他游客。

三是退税商店培育助力了重点购物商业街区升级。在培育离境退税商店的多元化发展过程中，紧扣商业规划助力街区升级。在政策推行之初，以拓展退税商店为契机，帮助红桥、秀水等特色市场疏解个体工商户、向商场模式转型；紧盯国内国际消费导向，离境退税商店覆盖冬奥主题场所、环球影城公园、三里屯商业区，打造商业街区沿"线"消费场景，增强消费集群国际竞争力；紧密契合四个国际消费体验区进行改造提升，深挖CBD和三里屯、王府井×西单×

前门、环球影城×大运河、丽泽×首都商务新区四个国际消费体验区潜能，发展商户三百多家，占全市商店的三成，离境退税销售额占比高达九成，全市进一步扩大商圈品牌集聚优势，激发区域发展活力。

四是离境退税服务推动了北京旅游环境进一步与国际接轨。对标首尔、新加坡等退税商店千户规模以上的国际旅游城市，面向王府井、西单、CBD等影响力强、品牌集中的重点商圈，推动14家大型综合性商场升级离境退税"即买即退"服务；在现金、银行转账退付方式基础上扩展电子退付方式，上线微信、支付宝、云闪付、电子人民币等退付渠道；在退税口岸24小时窗口服务的同时，率先上线离境退税自助终端，旅客持护照和退税申请单可自助办理实时退税。离境退税服务有力凸显了首都国际消费中心城市国际化特色，不断提升境外旅客退税体验，推动北京旅游服务环境进一步与国际接轨。

二、当前离境退税业务中存在的问题

整体来看，北京的离境退税业务处于起步阶段，仍面临一些发展不成熟的问题，主要体现在以下几方面。

（一）离境退税业务发展不均衡

一是商店之间业务发展不均衡。目前全市的离境退税商店中只有不到两成开具过离境退税申请单，在开过单的商店中，累计开单10笔以上还不足一半；开单量排名前10的退税商店开单量合计占全市的67%，销售额占全市离境退税销售额的62%，其中业务量最大的北京华联（SKP）百货有限公司开单量占全部开单量的37%，销售额占全市离境退税销售额的50%，可见北京大部分离境退税商店活跃度不高，业务量高度集中。

二是国外品牌与本土品牌之间发展不均衡。在离境退税业务中，境外旅客购买物品多为国外奢侈品牌，对国内的本土品牌仍较为陌生。开单量排名前10的退税商店中，除大型综合商场外，均为爱马仕、高雅德、路易威登等国际知名品牌，开单量前20名的退税商店中，仅有同仁堂、瑞蚨祥2个本土品牌。这一方面是由于奢侈品牌知名度、美誉度较高，且有全球统一的服务体系，游客对其比较了解，而本土传统品牌国际知名度相对较低，且经营场所多数以街区门店形式分布，如亨得利钟表、内联升等，较少开设于购物中心和综合商场，与国外游客多在商圈内商场消费的习惯有差异；另一方面是由于许多本土传统品牌单价相对较低，没有满足离境退税500元起退点的条件，未纳入离境退税消费统计。

（二）对入境消费和离境退税的激励力度仍需加大

目前北京大力刺激消费的方向主要针对国内消费，当前的各种消费季活动以境内游客为主，对境外旅客入境消费的关注还不够，在境外的消费宣传中较少将离境退税服务作为推介内容。从离境退税数据可以看出，一是大部分旅客消费享受退税的意识不强，从文旅部门统计的境外游客数量来看，同期全市开具离境退税申请单人数占比只有0.3%，申请离境退税的旅客中，港澳台旅客占比近四成，可以看出还有相当大一部分境外旅客未享受离境退税红利，同时非港澳台地区的境外旅客还有很大的潜力需要挖掘，离境退税业务还有很大的增长空间。二是业务发展滞后的退税商店普遍存在推介意识不强、服务不到位的情况，通过实地调研发现，当前部分退税商店存在标识不明显，商店宣传中没有提及离境退税服务，购物过程缺少退税提醒，店员对离境退税相关政策不够了解，开具退税申请单时不够熟练等问题。三是离境退税宣传还需加强，目前对离境退税的宣传主要依靠政府部门发力，而行业协会、商业企业、广大自媒体在消费活动推介和文旅推介时鲜少提及离境退税服务，宣传场景和覆盖面仍有较大局限。

（三）离境退税消费与文化和旅游规划需进一步融合

北京境外旅客旅游路线与商业消费布局的契合度还需提高。除在市中心的王府井、大栅栏和前门步行街配套商业比较密集，旅游和退税融合程度较高外，受境外旅客欢迎的故宫、天坛、长城、南锣鼓巷等景区周边仅有小型纪念品商店，不符合离境退税商店的条件，配套的购物商业综合体较少，未形成与旅游结合的特色商圈，因此以旅游为目的客群很少能享受到离境退税消费红利。数据显示，在北京四个国际消费体验区中，文化旅游客群较多的王府井×西单×前门商圈离境退税开单量占全市的11%，而以商务、公务客群为主的CBD和三里屯商圈离境退税开单量占全市的66%。反观上海，其商业街区与各旅游景点结合密切，例如南京西路、淮海中路、陆家嘴及豫园等景点都形成了配套设施完整的购物商圈，退税商店与主要景点融合度高，游客可以一站式满足吃、住、行、游、购、娱等需求，无论是文化旅游客群还是公务商务客群均方便进行可退税消费。

三、持续推动首都国际消费发展的建议

（一）加强部门协同，加大对入境消费的关注

在市政府的统筹下，整合各方资源，着力提升境外卡移动支付、离境退税等入境消费服务的水平，商务、文旅、税务、海关等各部门健全联系机制，细化责任分工，既各司其职又密切配合，持续做好消费政策宣传、退税商店拓展、服务质效提升、商品开发推广等基础工作。同时调动代理机构、行业协会、商业企业的积极性，形成多方合力，积极参与消费利好政策的宣传、实施和运营，为入境游客提供与国际接轨、更加便利的服务。继续扩大对入境消费的激励，加强与境外平台和组织的协作，用好境外资源开展国际传播，利用好国际展会、赛事等场景，面向境外旅客开展消费品牌策划和推介活动，同时强化对离境退税、144小时过境免签等利好政策的利用和宣介。

（二）发挥北京文化底蕴深厚的优势，使入境消费与旅游产业更紧密结合

北京受境外旅客青睐的景区如长城、故宫、颐和园等，大多属于名胜古迹，虽然不适宜大规模配套商业，但可以将零散的小型商店整合升级为有文化体验、有文创产品、有餐饮服务、享受离境退税的古都特色消费综合体。同时深入挖掘北京世界文化遗产、非物质文化遗产、中轴线文化遗产等优势资源，开发文化深度旅游线路，设计富含首都文化特色、匠心技艺的旅游产品，将历史文化、老字号、非遗项目的传播和沉浸式体验与消费综合体的布局相结合，既有利于解决景区周边商店小而分散、不成体系的问题，又促进旅游文化的消费转化，进而促进入境消费。

（三）借鉴世界级商圈的发展经验，提升对境外旅客的吸引力

关于全球各大标杆级商圈发展的研究表明，世界级商圈存在高端全时消费、多元业态融合、

强辐射影响力、城市名片展示等共性特征，北京的商圈各有特色但尚未兼具以上优势，需要在不断丰富商圈的业态和功能、构建多元多层次消费新场景的基础上，提升辐射影响力。如将承办高能级赛事节会、著名文化艺术活动、高能级论坛的举办地与消费高地相融合；又如，在重点商圈形成"商业综合体+商业大道+商业后街"的多层次布局形态，满足不同人群消费需求，扩大辐射面。同时在新建国际化商业项目规划时，要从入境旅客需求出发，提前统筹离境退税商店、免税店的布局，积极向境外旅客传导消费激励信号。

（四）加大对本土国际品牌的培育力度

当前我市高度重视本土品牌的发扬光大，致力于擦亮老字号本土品牌的"金字招牌"。基于前文分析，结合境外旅客的消费习惯，提出北京老字号推向国际视野的三点建议。一是挖掘产品文化内涵，通过创新产品设计、品牌联名、文化活动等形式讲好品牌故事，讲好中国故事；二是支持老字号本土品牌的数字化转型，为品牌和跨境电商平台、直播购物平台、海外短视频平台牵线搭桥，帮助本土品牌"触网出境"；三是老字号传统品牌既要有聚集区，也要有辐射面，要加强在现代化时尚商圈里的布局和融合力度，既保留传统特色，又加入时尚元素，从店铺设置到产品开发，更好地契合境外旅客的消费审美和购物需求。

课题组组长： 王红雨
课题组成员： 邢　浩　吴莹慧

国际碳税实践经验及对我国碳税政策体系构建的思考

江苏省淮安市国际税收研究会课题组

一、国际碳税发展历程

"碳税"是以减少二氧化碳排放为目的,对化石燃料(如煤炭、天然气、汽油和柴油等)按照其含碳量或碳排放量征收的一种税。不同于其他温室气体减排机制,"碳税"是通过税收手段,将因二氧化碳排放带来的环境成本转化为生产经营成本,所需管理成本较低,可补充碳排放权交易系统无法覆盖的管控范围,在短时间内实现大幅减排。因此,国际上"碳税"发展的理论和实践及其演进的自身逻辑和内因,对于推进我国"碳税"制度的设计与落地实施具有重要价值。

(一)碳税国际发展过程

通过众多文献参考,由于"碳税"开征期限较短,因此对于"碳税"发展阶段的划分争议不大,主要包括初始阶段、争议阶段和发展阶段三个阶段。

1. 初始阶段。"碳税"的历史仅有30多年,北欧国家是"碳税"制度的最早实践者。芬兰在1990年即已开征"碳税",随后挪威和瑞典迅速引入,丹麦则紧跟步伐,于1992年成功实施"碳税",再往后瑞士等欧洲国家相继开征。从1990年至21世纪初是"碳税"的引入期,该时期的主要特征是制度单一,征收范围小,税收优惠力度大。

2. 争议阶段。2005年,欧盟建立了碳排放权交易体系(EU-ETS),推动了"碳税"与碳交易并行的"复合"模式,自此,对于碳减排机制的缺陷及其完善机制争议不断。即使仅就"碳税"而言,从国际实践来看,其制度引入和实施也并非易事,不少国家在引入"碳税"时都颇费周折。以澳大利亚为例,作为人均碳排放量居高不下的国家,澳大利亚政府在2012年7月正式实施了"碳税"法案,规定对该国前500家污染企业强制征税,这一举措迅即遭到企业的强烈反对,"废除碳税"甚至成为选举宣传的"利器",该税种仅维持了两年就被宣布废止。除了"碳税"是否开征、"碳税"与碳交易等其他碳定价机制是否并行、两者孰为主导机制孰为补充机制外,其他争议还体现在如何处理"碳税"和现行其他税种(如消费税、环境税)之间的关系,"碳税"应作为独立税种还是作为其他税种的一部分,目前已开征"碳税"的国家多数采取后者。

3. 发展阶段。随着国际协议的推进和国际共识的达成,不仅发达国家,一些发展中国家也纷纷加入开征"碳税"的行列。2019年6月,经过多年多方协调,南非"碳税"法案成功生效,这使南非成为非洲第一个引入"碳税"的国家;新加坡也从2019年起征收"碳税",成为东南亚首个引入"碳税"的国家。截至2021年5月,全球已实施的"碳税"制度有35项,征收方案涉及27个国家、8个地区,遍布欧洲、北美洲、非洲、亚洲等地。

(二)国际碳税不同发展方向

1. 税率高、具有成熟的"碳税"制度（芬兰为代表）。芬兰在国际上最早对"碳税"进行实践,经过不断摸索和完善,历经三次改革,"碳税"体系已趋于完善:一是征税覆盖面广,计征对象基本涵盖所有的化石燃料;二是税率调整采取"渐近式"模式,刚推行时设置较低税率,待市场适应后再逐步提高税率;三是遵循税收中性原则,允许"碳税"用于抵扣其他税收,实现税负总体平衡,也可用于低碳技术发展和节能环保投资或用于补贴低收入家庭,增加社会福利;四是制定税收优惠政策措施,如对高耗能产业实施税收减免、对节能项目进行补贴等。

2. 税率较低、目前处于探索完备（以日本为代表）。2007年,日本开征"碳税"以环境税的名称独立征收,税率为2400日元/tCO_2。2011年,日本进行"碳税"改革,将"碳税"作为石油煤炭税的附加税征收,税率降为289日元/tCO_2。此次"碳税"改革的主要原因:一是避免重复征税以及减少征收成本;二是降低征税阻力和经济负效应。2020年12月,日本政府公布《绿色增长战略》,提及引入单一"碳税"抑制企业二氧化碳排放量,促进低碳技术创新。

3. 实施"碳税"制度遭遇失败（以澳大利亚为代表）。澳大利亚"碳税"制度的失败主要有三方面原因:一是缺乏科学的成本收益分析;二是国内复杂的公共和政治意见;三是产业巨头和民众的强烈反对。2013年9月,澳大利亚新当选政府要求起草废除"碳税"制度。2014年7月,"碳税"法案正式废除,并取消原定于2015年建立碳排放权交易系统的计划。澳大利亚"碳税"征收仅实施两年,成为全球首个取消"碳税"的国家。澳大利亚实施"碳税"的失败经验说明不合时宜的"碳税"制度,可能会增加政治风险,引发社会动荡,导致经济衰退。

二、目前国际碳税的主要模式与内容

(一)国际碳税主要模式

总体来看,目前国际"碳税"课征的方式,有的是采取独立税种的方式,有的是采取原有能源税或消费税的方式,还有的是直接取代了之前的燃料税。归纳起来,主要有以下三种模式。

1. 由低到高累进性模式。以全球最早实施"碳税"的芬兰为例,1990年开征,但税率非常低,2003年以来,芬兰政府才逐步提高了"碳税"定价,2022年达到59美元至85美元。在提高"碳税"税率的过程中,制定了详细的累进性措施,其中对穷人的税负轻,对富人的税负重,而且对工业企业也未采取优惠政策。这样实施的好处,可以有效减少"碳税"开征阻力,同时还可避免经济受到较大的冲击。

2. 高税率多优惠模式。以瑞典为例,1991年瑞典在下调原有能源税税率的同时,开始征收独立的"碳税"。此后,瑞典的"碳税"税率逐年提高,2022年达到130美元。同时出于保护本国企业竞争力,对工业企业采取了一系列的"碳税"优惠政策,如减半征收工业企业"碳税"、免征高耗能工业企业"碳税"、免除制造业、商贸园艺企业能源税等。这些税收优惠政策,降低企业税收负担,提高国际竞争力,但同时加重了瑞典家庭的"碳税"负担。

3. 非独立"碳税"模式。以英国为例，政府并未设置单独"碳税"，而是通过征收化石燃料税、气候变化税的方式，达到激励企业碳减排的目的。1990年，英国政府引入化石燃料税，对能源类税种课税对象以外的，以及税率低于"碳税"税率标准的化石燃料征收化石燃料税；2001年，政府又引入气候变化税，对非家庭部门使用的电力、天然气、液化石油等燃料的含碳量，征收相应的税费，其税率由低到高，2022年达到99美元。实施此种征收模式，可有效地保障企业总体税务基本不变，但对不同的工业部门将会产生不同的影响。

（二）国际碳税包含内容

从国外"碳税"的实践看，推行"碳税"涉及纳税人、征收对象、计征依据、"碳税"税率、优惠政策和收入应用等六方面内容。

1. 纳税人。国际"碳税"的纳税人主要分为两类：一类是开采与加工含碳能源的工业部门；另一类是除消费与使用含碳能源的居民家庭无需缴纳"碳税"外，几乎涵盖了家庭和企业。其中家庭是主要"碳税"纳税者。这一点与发达国家较高的人均收入、完善的社会福利是密不可分的，他们认为个人有条件承担更重的税赋，同时这类措施是为了保障本国的经济发展。

2. 征收对象。国外的"碳税"征收对象几乎包含了所有的化石燃料，但主要集中在石油及石油类能源产品，包括柴油及各类成品油、天然气、煤炭和电力。以挪威为例，1991年挪威政府开始对石油、天然气征收"碳税"、硫税，1992年增加了煤、焦炭的征税，1998年又新增了对商用柴油的征税。又如，丹麦1992年起对家用能源、工业用天然气收"碳税"，1996年开始对二氧化碳、二氧化硫的所有能源产品实施征税。这样的优势在于，有利于国家全面掌握各领域各行业的碳减排情况，从而推动整个国家经济社会绿色转型发展。

3. 计征依据。从理论上看，"碳税"应按能源消耗过程中产生碳排放量或当量为税基，实施从量计征。但实践中，芬兰、瑞典、挪威、丹麦、英国等国家，是按能源含碳量和耗能总量估算碳排放量计征"碳税"，只有波兰、捷克等少数国家是直接按二氧化碳的排放量征收"碳税"，荷兰等国家是按能耗及能源的碳含量各半征收"碳税"。无论是按含碳量或排碳量征税，还是按"含碳量+能源含量"征税，都是与该国的碳监测技术水平的提高与碳核算方法的完善分不开的。

4. "碳税"税率。国外"碳税"国家一般都是依据二氧化碳排放量或当量比例征收，但各国之间的税率水平差距较大，从1美元至137美元不等，如2022年，乌克兰"碳税"价格仅为1美元，而乌拉圭则高达137美元。总体来看，亚洲、非洲国家的税率相对较低，而欧盟、美洲国家税率相对较高。尽管各国税率差别较大，但税率发展趋势还是比较统一的，即从低起步，逐步提高。这样的优势在于，给予家庭和工业部门调整和适应时间，以推动其逐步树立减排观念，改善传统行为方式与完成企业的技术创新。

5. 优惠政策。在"碳税"政策方面，除芬兰等少数国家无特殊税收条款，国外绝大多数的国家均制定实施相应的"碳税"减免、返还等优惠措施，主要是对本国支柱产业、高能耗产业等给予一定的"碳税"减免优惠，对密集型产业给予一定的差别税率或收入返还等。如挪威、荷兰、德国等国，都对本国的捕鱼业和农业实施一定的税收优惠，对高能耗产业例如造纸、航空、钢铁等行业，还享有税收豁免权，这样优势在于减少"碳税"对本国经济的影响，保护这些行业的国际竞争力。还有部分国家如德国、英国等国政府与企业签订减排协议，如企业完成其承诺减排，也可获得税收减免。此外，瑞典、英国等国还对可再生生物能源免征"碳税"，以此达到引导和推动可再生能源的开发与利用的目的。

6. 税收使用。在"碳税"收入应用上，国外大多数国家都遵循税收中性原则，除了将"碳税"收入作为一般的财政收入外，主要有两种重要的使用方式：一是专款专用，如建立环境项目基金，投资环境保护工程，补贴耗能设备更新改造，用于清洁能源技术研究等；二是用于对受"碳税"影响较大的企业和居民的经济补偿，其对象包括能源密集型企业、国家能源战略储备、低收入者、失业人群等。如芬兰、瑞典、挪威等国，都将"碳税"所得收入用于降低个人所得税、企业社会保险税与劳动税，同时还用于对农业和碳汇工程、高能耗企业、低收入者的税收返还等。

三、我国与碳税相关的税种及实践

我国作为发展中大国，积极应对气候变化，统筹经济发展和生态建设，制定并实施了一系列方案。目前，我国现行税制中不乏与化石燃料、减少温室气体排放以及环境保护相关的税种，如资源税、成品油消费税、环境保护税，三者与"碳税"存在一定的交叉关系，但对二氧化碳减排和节能调控上均不明显。

1. 资源税和成品油消费税。目前，我国对原油、天然气、煤炭等资源产品征收资源税，对成品油征收消费税，这些能源税种和"碳税"相互联系。比如，征税范围方面，均对化石燃料征税；征收效果方面，均具有一定的二氧化碳减排、节约能源、环境保护等作用。同时，也存在一定程度上的区别。比如，征收目的方面，"碳税"的二氧化碳减排征收目的更为明确；征收范围方面，"碳税"的征收范围更小，仅针对化石燃料征税；征税依据方面，"碳税"以化石燃料的含碳量或碳排放量进行征收，而资源税和成品油消费税则是以能源消耗数量进行征税；征税效果方面，对于二氧化碳减排，"碳税"效果优于资源税和成品油消费税。

2. 环境保护税。环境保护税，一般指为实现特定环境保护目的，或筹集环境保护资金、调节纳税人环境保护行为而征收的一系列税收的总称。相比之下，环境保护税的外延更大。2013年7月，国务院根据有关专家和部门的意见，在提交环境保护税立法送审稿中，新增二氧化"碳税"目，即"碳税"。但当时考虑到我国国情、发展阶段和国际责任等因素，二氧化碳被排除在《环境保护税目税额表》和《应税污染物和当量值表》外。随着我国气候问题日渐凸显，为保护和改善环境，减少污染物排放，我国从税收层面围绕促进环境保护和节能减排开展实践。2018年1月1日起，《中华人民共和国环境保护税法》施行，标志着我国环境保护税正式开征，在全国范围对大气污染物、水污染物、固体废物和噪声等四大类污染物共计117种主要污染因子进行征税。

四、国际碳税经验对我国碳税征收的启示及对策

（一）碳税政策的国际经验

综上所述，"碳税"政策实施的国际经验主要包括以下三方面。

1. 融入型"碳税"是"碳税"征收的主流方式。目前实施"碳税"政策的国家，其征收方式主要分为两种。一种是开征独立型"碳税"。如挪威于1991年开征"碳税"，征税范围涵盖汽油、矿物油和天然气等能源。另一种是开征融入型"碳税"。如英国的气候变化税对电力、煤炭及焦炭、液化石油气、天然气四种能源征收，并将二氧化碳排放量作为税率设计的重要依据。德国主要利用生态税控制二氧化碳的排放，生态税主要包括能源税和机动车税。其中，能源税主要对电力、汽油、柴油、轻质燃料油、重质燃料油、液化气、天然气、煤炭等征收。芬兰的"碳税"作为能源消费税的单独子目征收，主要征税对象包括电力、汽油、柴油、甲醇、轻质燃料油、重质燃料油、天然气、液化石油气、航空汽油、煤炭以及甲基叔丁基醚、乙基叔丁基醚等有机化合物。瑞典的"碳税"依附于能源税进行征收，计税依据为不同燃料的含碳量和发热量，征税对象涉及众多上下游产业。

2. 基于本国国情设置"碳税"税率。无论是发达国家还是发展中国家均未对"碳税"制定统一的税率标准，且不同国家的"碳税"税率存在较大差异，但其税率变化均遵循渐进式提高的规律。从1990年至今历时三十余年，芬兰"碳税"税率一直保持小幅提升态势，以减少实施过程中的阻力。与之相反，荷兰虽然在1988年就推行"碳税"改革，但由于最初将税率定在较高水平，导致"碳税"在推行过程中受到重重阻力。此外，采用差别税率是大多数国家的做法，基本原理是对二氧化碳排放量较高的征税对象适用较高税率，反之适用较低的税率，并根据经济与环境等因素对税率进行及时调整。如英国的气候变化税税率每年随通货膨胀率的增加而上调。芬兰"碳税"税率和瑞典"碳税"税率均经过多次调整，渐进式分阶段提高。

3. 通过"碳税"政策发挥收入再分配和产业引导的作用。英国政府主要通过三个途径将气候变化税的收入返还给企业：一是如果企业缴纳了气候变化税，那么其为雇员缴纳的国民保险费率可以减少0.3个百分点；二是通过"强化投资补贴"项目鼓励企业投资节能和环保的技术或设备；三是成立碳基金，为相关产业与公共部门的能源效率咨询提供免费服务、现场勘察与设计建议等，并为中小企业提高能源效率方面提供贷款，支持短期能源效率的提升。芬兰将取得的"碳税"收入用于弥补个人所得税税收减免和社会福利保险开支。瑞典在建立"碳税"制度的同时，降低了个人所得税税率，"碳税"收入主要用来弥补所得税税率下调所造成的政府财政损失。

（二）对我国开征碳税的建议及对策分析

近年来，中国经济快速增长、能源消费需求急速飙升，二氧化碳排放量也随之攀升。"碳税"作为实现节能减排的有力工具，在减少碳排放和能源消费转型方面具有其他经济手段难以替代的作用，不仅能适应当前的环境保护形势，弥补绿色发展理念欠缺、部分政策覆盖有限等问题，而且能够积极应对国际气候变化的巨大压力。因此，"碳税"符合我国绿色税制改革的总体方向，但"碳税"政策的设计和推行是一个复杂的系统工程，需分析借鉴国际"碳税"经验，设计适合我国国情的"碳税"政策体系，选择适当的"碳税"实施方案。

1. 明确限定征税范围。"碳税"征税对象主要是企业或个人活动中向大气排放的二氧化碳。因此，"碳税"征收范围可以相应确定为：向大气直接排放二氧化碳的企业事业单位和其他生产经营者。开征"碳税"的初期在某种程度上会对居民生活水平造成一定影响，为避免可能带来的负效应，日常生活所必需的煤炭和天然气，可暂不征收"碳税"。此外，在我国碳排放权交易市场先行建立的背景下，为避免对同一企业既实施碳交易又征收"碳税"，造成企业双重负担，应明确将纳入碳排放权交易系统的企业排除在"碳税"的征收范围之外。

2. 合理选择征税环节。从国际经验来看，"碳税"有两个主要征税环节，即生产环节和消费环节。从理论上来说，在消费环节采取价外税方式征收"碳税"，更有利于促使企业降低能源消耗、提升节能减排的意识，但此种方式对税收征管水平有较高要求，实施起来存在一定困难。因此，结合我国实际情况，建议将"碳税"征税环节设在生产环节，即"碳税"的纳税主体主要是化石燃料的生产商、进口商和加工商。目前，我国经济发展仍主要依赖于能源密集型产业，能源利用效率并不高，而将征税环节设在生产环节可更大程度上确保"碳税"的有效征收，减少税收征管成本，实现源头控制碳排放量的目标。

3. 科学选择计税依据。国际上"碳税"的计税依据主要有两种：一是按二氧化碳的实际排放量为计税依据；二是以化石燃料的含碳量为计税依据。这两种方式都各自有其优缺点。前者要求直接反映二氧化碳的准确排放量，技术不易操作，实施成本较高；后者更易于实现，二氧化碳的排放量与所燃烧的化石燃料间有相应的比例关系，且化石燃料的使用数量便于统计，故通过消耗量则能折算出二氧化碳的排放量。因此，在"碳税"开征初期，可以化石燃料按含碳量折算的二氧化碳排放量为计税依据，未来随着征管能力的提高和监测技术的成熟，则可根据二氧化碳的实际排放量来作为"碳税"计税依据。

4. 低税率起步，差别税率并行。税率是"碳税"制度设计中的重点及难点。"碳税"税率的确定，既要考虑碳减排目标，也要考虑经济可持续发展和结构调整，同时还应最大限度地反映二氧化碳减排的边际成本。过低的税率很难切实有效达到"碳税"实施目的，而过高的税率会让民众产生抵触情绪，打击企业生产及减排的积极性，不利于我国经济平稳发展与运行。因此，我国"碳税"税率的设计不仅要考虑到碳减排目标的实现，又要确保实施的可行性，开征之初实行较低税率，促使企业逐步调整能源消费行为，增强自身适应力和竞争力。与此同时，应结合我国能源价格和产业结构，对不同能源行业实行差异化税率。在此基础上，建立动态税率调整机制，根据"碳税"实施情况，逐步提高税率引导企业改进生产技术、提高能源利用效率、增强产业竞争力。

5. 明确税收收入用途。从"碳税"国际经验来看，"碳税"收入用途主要有三方面：一是用于节能减排和新能源技术的投资研发；二是用于增加社会福利，如重点行业以及企业退税、补贴低收入家庭以缓解"碳税"的累退效应；三是用于防治二氧化碳排放所造成的环境污染。从强化我国财政管理角度出发，可以考虑将"碳税"收入纳入预算，重点用于节能环保支出，既能有效发挥"碳税"收入的作用，又能强化税收收入的管理。"碳税"不仅对我国经济增长和行业发展产生影响，还涉及国际协调合作等问题，因此建议"碳税"可作为央地共享税。

6. 制定多种税收优惠。基于中国当前的能源消费结构，征收"碳税"将对能源密集型和高耗能行业产生较大影响。在"碳税"制度框架内设立税收优惠，不仅是兼顾环境保护与经济发展的需要，而且能减少"碳税"政策推行的阻力。根据国际经验，并结合我国实际情况，在开征"碳税"时可采取形式多样的税收优惠政策。对影响较大的能源密集型和高耗能行业实行税收返还政策；对积极进行节能降耗技术研发和创新的企业实施税收减免；免除碳排放权交易系统覆盖主体的"碳税"义务，以减少相关纳税主体负担。

"防止双重不征税"的税收实践与思考

苏 剑 汪 霞

一、"防止双重不征税"的概况

(一) 背景简介及原因

从税收协定的发展进程来看，无论是在1963年OECD范本草案之中，还是在2017年之前的历次OECD范本和UN范本之中，双边税收协定的名称和前言都仅仅明确了其目的是避免对所得和财产双重征税。但适用双边税收协定有时还会产生双重不征税结果，究其原因，主要有：

1. 从居民国角度——居民国享有独家征税权，但不予征税。作为居民国虽然根据协定获得了独家征税权，但国内法规定对该收入不予征税，导致纳税人的收入在来源国和居民国都未被征税。

2. 从来源国角度——居民国适用免税法的同时，来源国不予征税。一些税收协定规定居民国采用免税法来避免双重征税，但此时若来源国国内法规定不对该笔收入征税，就会导致双重不征税结果。

(二) "防止双重不征税"条款的产生

2016年11月24日，OECD发布了《实施税收协定相关措施以防止税基侵蚀和利润转移的多边公约》（以下简称《BEPS多边公约》），其中第6项行动计划通过在税收协定中加入反避税条款，来打击纳税人以择协避税或其他滥用协定的方式获取正常情况下无法获取的税收优惠。

(三) 条款签署及执行现状

《BEPS多边公约》第六条给双边税收协定赋予了一个新目的——防止双重不征税。由于该规定是为了落实BEPS项目第6项行动计划（防止税收协定优惠的不当授予）的最低标准成果，所以大多数《多边公约》缔约国（包括我国）都采纳了该条款。由此，双边税收协定的理论研究和实务操作重心可能会从如何消除双重征税转向如何防止协定滥用行为，其中首先面临的挑战就是如何解释和适用该"防止双重不征税"目的。对此，无论是《BEPS多边公约》、2017年OECD协定范本、2017年UN协定范本，还是BEPS项目第6项行动计划成果报告，都未予以十分明确的说明。

二、基层调研实例及其思考

(一) 案例介绍

香港C公司将其持有的境内D公司的部分股权予以转让，转让后仍持有境内D公司部分股

权,股权投资架构图如下:

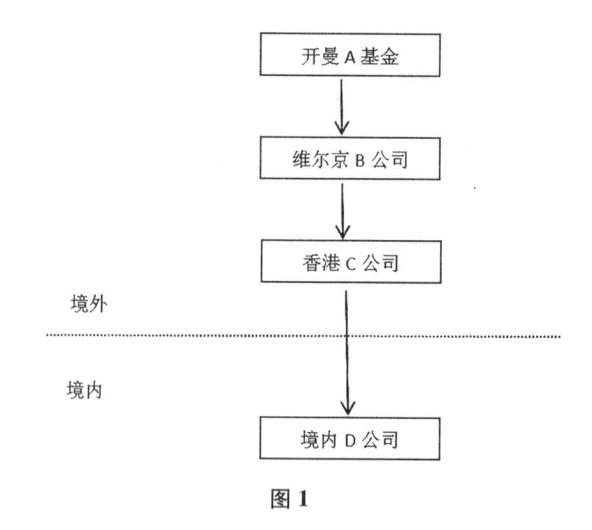

```
开曼 A 基金
    ↓
维尔京 B 公司
    ↓
香港 C 公司
─────────────── 境外
                境内
    ↓
境内 D 公司
```

图1

根据《内地和香港特别行政区关于对所得避免双重征税和防止偷漏税的安排》(以下简称《安排》)第十三条"财产收益"条款,香港C公司自行判断、申报享受《安排》待遇,理由如下:

(一)已出具相应年度的香港税收居民身份证明;

(二)转让前三年持有的境内D公司股份价值的50%以上并非直接或间接由位于中国的不动产组成;

(三)转让前以及在本次交易发生前十二个月内持有的境内D公司的股份比例均未达到25%。

(四)最终持股方的税收居民国均与中国签订了税收协定,且就财产转让所得规定了在满足一定持股比例和其他条件下的优惠待遇。

(二)案例分析

疑点1:"双重不征税"与《安排》有关条款宗旨不符,存在择协避税嫌疑。

本案中,香港C公司虽满足申报享受《安排》第十三条财产转让所得条款的形式要件,但经确认,香港地区对其多笔财产收益不征收所得税,纳税人享受《安排》待遇导致出现"双重不征税"的情形。

针对双重不征税情形,BEPS第6项行动计划建议将"防止双重不征税"加入税收协定,对此,我国在《内地和香港特别行政区关于对所得避免双重征税和防止偷漏税的安排》第五议定书第一条进行了明确,内容如下:

> 第一条取消安排序言,用下列表述代替:"内地和香港特别行政区,为进一步发展双方的经济关系,加强双方税收事务合作,亦为消除对所得的双重征税,并防止通过逃避税行为造成不征税或少征税(包括通过择协避税筹划取得本安排规定的税收优惠而使第三方税收管辖区居民间接获益的情况),达成协议如下……"

且在第六条增加了"主要目的测试条款"的规定，内容如下：

> 第六条取消《安排》第四议定书第四条，并在《安排》中增加下列规定："第二十四条（附）享受安排优惠的资格判定虽有本安排其他条款的规定，如果在考虑了所有相关事实与情况后，可以合理地认定任何直接或间接带来本安排优惠的安排或交易的主要目的之一是获得该优惠，则不得就相关所得给予该优惠，除非能够确认在此等情况下给予该优惠符合本安排相关规定的宗旨和目的。"

根据该条款内容，在本案中，虽然香港C公司自行判定其可享受《安排》待遇，但从股权投资架构图分析，仍存在限制因素：

（1）从境外中间层来看，间接持股人是BVI公司，而BVI与中国没有签订税收协定待遇；

（2）从最终持股方来看，虽然企业主张最终持股人与中国签署了协定，但运用最终持股方与中国签订的协定时，纳税人仍需要在其居民国缴税，不会导致双重不征税。

疑点2：纳税人可能不具备经营实质，存在搭建股权投资架构进行避税的疑点。

据了解，香港C公司的主要业务为对境内D公司进行股权投资及管理，其商业行为和经营内容围绕这一目的展开，公司组织架构单一、人员配置较少，可能没有经济实质，存在搭建股权投资架构以获取税收利益为唯一目的或者主要目的的嫌疑。

由于目前我国经济实质主要适用于税收协定中受益所有人资格的判定，并不包含财产收益条款，本案存在适用经济实质的判定限制。而依据一般反避税规定，税务机关应当以具有合理商业目的和经济实质的类似安排为基准，按照实质重于形式的原则实施特别纳税调整。在实务中，对于间接股权转让，按照国家税务总局2015年7号公告的要求，需要整体考虑相关的所有安排，综合判断其合理商业目的；对于非居民企业直接股权转让，在税收协定后续管理工作中，是否可以参照2015年7号公告的有关规定，对转让方是否存在经营实质进行分析和判定，对境外公司设立的合理商业目的进行综合判断和分析，还有待探讨。

三、有关研究成果及实务处理

（一）国际组织政策建议——以OECD为例

OECD建议采用不同方法来应对不同的协定滥用，如在税收协定中引入利益限制条款（Limitation on Benefits，以下简称LOB条款）。LOB条款，是通过判断享受协定利益的实体与其所在国是否具有足够的关联，来决定是否给予其享受协定利益待遇。判断的依据一般包括纳税人的法律性质、所有权结构及经营活动等。在具体应用上，可以分为客观测试和主观测试。客观测试主要是测试纳税人的某些实际情况，包括合格居民测试、所有权和税基侵蚀测试、上市公司测试以及衍生利益测试；主观测试关注的是纳税人进行经济活动的动机和目的，包括积极商业测试和税务局裁量。

（二）区域联盟出台举措——以北欧多边协定为例

《北欧国家关于避免对所得和资本双重征税的协定》规定了一项征税权分配规则转换机制，即当来源国对某项收入有独家征税权或首要征税权，但根据其国内法不征税时，则征税权就会转换给居民国，由居民国对该笔收入进行征税。该征税权分配规则转换机制对于被涵盖税收协定缔约国适用"防止双重不征税"目的具有一定的借鉴价值，当缔约国一方不履行协定分配的独家征税权时，则马上将征税权转换给缔约国另一方，这样至少能保证有一个缔约国将对纳税人的收入征税。

（三）国内税收法规应对——以美国 BEAT 为例

2017年，美国在其国内税制改革中新设立了"税基侵蚀与反滥用税"（Base Erosion and Anti-abuse Tax，BEAT）这一税种。BEAT是针对美国企业以及在美国从事跨境业务的外国公司所征收的一种最低税。将BEAT与国际税收治理趋势进行比对，其主要体现了以下几个原则：

（1）税不重征原则。包含两层含义，一是纳税人仅需对其跨境收入缴纳一次所得税。二是一笔所得至少缴纳一次所得税。（2）受益原则。受益原则贯穿于国际税收规则发展的全过程，是在居民国和来源国之间划分征税权的基本原则，主张纳税人应为其从税收管辖区内获得的利益支付对价。

四、政策建议

（一）进一步优化反避税相关规定

鉴于跨国企业的避税新动向和国际反避税的新进展，应进一步完善反避税有关政策内容，比如将实质性要求确立为反避税规则的核心标准，出台实质性要求专项管理办法，满足实际工作需要，应对跨境税源监管的新挑战。

（二）进一步完善BEPS落地政策

积极推进税收协定的谈签和修订，视情况采用防止协定滥用的规定，同时对国内法规定做出相应调整，适时出台相关解释性文件，有效防止跨国纳税人对税收协定的滥用。积极参与应对BEPS行动计划，推动重塑国际税收新规则的进程，进而推动国际经济治理体系改革完善。

（三）进一步提升跨境税源监管水平

积极参与国际税收征管协作，开展情报交换，从多渠道获取信息，以大数据运用为基础，利用关联技术整合"全球一户式"信息。充分利用《多边税收征管互助公约》以及"一带一路"税收征管合作机制，多管齐下，及时解决企业跨境投资经营面临的税收争议。

（四）进一步完善税收协定相关制度设计

借鉴其他国家和地区的有益做法和制度设计，例如近期香港为回应欧盟新出台的FSIE（Foreign Source Income Exemption）制度，进一步完善实质经济活动标准、主要目的规则、反滥用规则等具体政策，有效应对企业搭建境外股权架构谋取税收优惠，避免"双重不征税"的发生。

（作者单位：国家税务总局北京市通州区税务局）

全球最低税对我国"引进来"企业的影响与应对

江苏省淮安市国际税收研究会课题组

税收主权是国际社会最难协调的国家主权之一，GloBE 规则的出台触及了各国税收利益，无疑会对国际经济价值分配领域产生一定影响。2024 年，许多国家和地区开始实施全球最低税或加快国内立法步伐，其在全球范围内落地将是大势所趋。我国作为全球最大的外资输入国之一，15% 的全球最低税将会对"引进来"企业产生何种影响，如何应对税基侵蚀并保持税制竞争力，正是本文所要研究探讨的问题。

一、全球最低税的规则设计

全球最低税规则旨在规避各辖区"税率逐底"的有害税收竞争，确保达到门槛的跨国企业集团在不同税收管辖区的最低有效税率不低于 15%，否则其集团最终母公司（Ultimate Parent Entity，UPE）的所在国（母国）有权征收补足税。为此，OECD 设计了全球反税基侵蚀（Global Anti-Base Erosion，GloBE）规则、应税规则（Subject to Tax Rule，STTR）和合格国内最低补足税（Qualifying Domestic Minimum Top-Up Tax，QDMTT）。

GloBE 规则包括两项规则，一是"收入纳入规则"（Income Inclusion Rule，IIR），IIR 赋予最终母公司或中间母公司所属的辖区优先征税权。无论相关低税率成员实体所属的辖区是否签署了 GloBE 规则，一旦辖区内成员实体的有效税率低于 15%，最终母公司或中间母公司辖区将征收补足税。二是"低税支付规则"（Undertaxed Payment Rule，UTPR），作为 IIR 的补充规则，如果低税收入尚未被 IIR 涵盖，则低税率成员实体所在辖区可以通过限制扣除或其他等额调整的方式征收补足税。GloBE 规则将与各辖区企业所得税制度并行，形成一条全球无差别的税率底线。

"应税规则"（STTR），基于税收协定设定，允许所得来源国对原本适用税率低于 9% 的某些特定跨境关联支付进行优先征税。"合格国内最低补足税"（QDMTT）是计算补足税的一个关键部分，可以被各辖区用来主张对目前低于最低有效税率 15% 的超额利润的优先征税权。包容性框架成员尚未就 QDMTT 和 STTR 的实施方式达成一致。

（一）适用范围

《支柱二立法模板》明确 GloBE 规则适用于最终母公司合并财务报表年收入在受测财年之前的四个财年中至少有两个财年为 7.5 亿欧元或以上的跨国企业集团成员的成员实体。其中，政府实体、国际组织、非营利组织、养老基金、作为最终母公司的投资基金或房地产投资工具被排除在外（以下简称"排除实体"）。

此外，如果集团位于某个辖区本财年和前两个财年的平均 GloBE 收入低于 1000 万欧元，且平均 GloBE 所得或亏损为负或低于 100 万欧元，成员实体可以选择适用微利排除，适用排除后本财年免征补足税。

除上述规定外，在计算有效税率和补足税时，《支柱二立法模板》还界定了一些特殊的排除规则，如国际海运所得排除（International Shipping Income Exclusion），即对于拥有国际海运收入的跨国企业集团，每个成员实体的国际海运所得和合格附属国际海运所得不计入 GloBE 所得或亏损。基于实质的所得排除（Substance-based Income Exclusion，SBIE），即允许非投资实体的成员实体的合格的工资成本和有形资产成本（5%，过渡性规则设想的初始扣除率为工资成本的 10% 和有形资产成本的 8% 逐年递减）从 GloBE 所得或亏损中排除。

可以看出，排除规则对规模小、利润低及处于初期阶段的跨国公司进行一定程度上的保护，使各国跨国公司处于相对公平的竞争地位。

（二）计算逻辑

按照 GloBE 规则设计，对符合条件的跨国企业，其成员实体所在辖区的有效税率低于最低税率时，对在该辖区内产生的利润征收补足税。

第一步：确定 GloBE 所得或亏损。取成员实体在最终母公司编制合并财务报表时所确定的财务会计净所得或损失，对净税收费用、排除的股息等权益性投资收益、不允许扣除的费用、非对称汇兑损益等项目进行调整。

第二步：确定经调整的有效税额。以当期税收费用为起点，对部分税会差异进项调整，确定成员实体为其在特定管辖区的活动所支付的合格税款。

第三步：计算有效税率（Effective Tax Rate，ETR）及补足税（Top-up Tax）。跨国企业集团在一个辖区的有效税率等于位于该辖区的每个成员实体经调整有效税额的总和除以该辖区该财年的净 GloBE 所得。如果辖区有效税率低于 15%，则该辖区为低税辖区，需要计算确认补足税，补足税率为 15%。补足税只对辖区的超额所得（EP）征收。超额所得相当于排除"基于实质的所得"（SBIE）后剩余的 GloBE 净所得。

辖区补足税 = 补足税比率 × 超额所得 - 合格国内最低补足税

最后，以成员实体的 GloBE 所得为分配要素，将低税辖区补足税分配至该辖区内的成员实体。

二、全球最低税对我国"引进来"企业的影响

（一）作用机理分析

从影响主体看，全球最低税并非对我国所有"引进来"企业都会产生影响。根据全球最低税规则，以下类型的"引进来"企业在实施全球最低税后不会受到影响：一是各类排除实体及收入未达 7.5 亿欧元适用门槛的跨国公司在我国的成员实体。二是收入虽达到门槛，但在我国成员实体的 GloBE 收入低于 1000 万欧元且平均 GloBE 所得低于 100 万欧元或亏损的微利排除企业。三是处于国际活动初始阶段的跨国公司，满足在不超过六个辖区拥有成员实体，且位于参

考辖区以外所有辖区的所有成员实体的有形资产净值总和不超过5000万欧元的跨国公司,其补足税减计为零。因此,全球最低税的实施仅会对大型跨国公司在华设立的较为成熟且利润丰盈的公司造成影响。

从影响路径看,补足税受GloBE所得、有效税额、SBIE和QDMTT四个因素共同影响。一是通过GloBE所得影响。根据补足税计算规则,在有效税额确定的情况下,GloBE所得越大,有效税率越低,当有效税率低于15%,产生补足税。但GloBE所得以财务会计净所得为起点,仅在会计核算的基础上做了部分调整,应对空间有限。二是通过有效税额影响。一般来说,有效税额越低,有效税率越低。有效税额受法定税率和税收优惠政策共同影响,对我国而言,企业所得税法定税率为25%,从理论角度全球最低税改革不会对中国产生任何影响。但为鼓励投资,我国制定较多的普惠性、行业性和地域性企业所得税优惠政策,尤其是免税或税率式减免政策直接降低了企业的实际税率。一旦有效税率低于15%触发补足税机制,我国为跨国企业提供的税收优惠不仅无法发挥实效,所减免的税款还将被其他辖区征收,从而对我国的征税权与竞争力产生双重负面影响。三是通过SBIE影响。根据补足税计算规则,当企业有效税率低于15%,且存在超额所得时,才有可能缴纳补足税。而超额所得通过SBIE实现调整,提高合格工资成本和有形资产成本可以达到降低补足税的目的。四是通过QDMTT影响。通过国内立法优先征收补足税,在跨国公司母公司所得国征税前将税款征收,避免税款流失。

就本质而言,全球最低税制度在某种程度上保护了实质性经营,遏制了各国纯粹利用税收优惠进行逐底竞争。根据上述分析,全球最低税的实施并不会对我国所有"引进来"企业造成负担,但对部分符合条件的企业而言将会产生复杂的影响。税负直接提高引起的税收成本及规则复杂度提高引起的合规成本,将最终影响到跨国企业对华的投资决策。

(二)对我国"引进来"企业的影响——基于微观数据

1. H市"引进来"企业概况

截至2024年5月,H市注册登记的外商投资企业共855户,其中2022年财务报表净利润为正数的企业共278户,净利润最大值7.14亿元,均值1775万元;企业所得税汇算清缴申报营业收入企业共510户,营业收入最大值为161亿元,均值为1.45亿元。鉴于GloBE规则以全球营业收入为门槛,且采用辖区汇总法计算有效税率,目前H市有盈利的"引进来"企业都有可能受到全球最低税的影响。故本部分在不考虑适用门槛的前提下讨论支柱二对"引进来"企业的影响。

2. 有效税率及补足税测算

本部分以2022年净利润为正数的278户"引进来"企业为样本,以企业财务会计净利润为GloBE所得,以实际缴纳的企业所得税额为有效税额,以资产负债表中固定资产加使用权资产的年初年末平均账面价值为合格有形资产,以企业所得税年度纳税申报表A105050职工薪酬支出及纳税调整明细表中账载金额的合计值为合格工资支出。

表 1 H 市"引进来"企业有效税率及补足税测算　　　　　　　　　　单位：户数

纳税情况	有效税额>0						有效税额=0
企业所得税税率	25%		15%		小微企业所得税优惠（2.5%、5%）		
SBIE	无	有	无	有	无	有	
样本数	8	89	0	17	16	62	86
有效税率 ETR≥15%	6	76	0	12	0	0	
有效税率 ETR<15%	2	13	0	5	16	62	86
其中：超额所得 EP>0	2	11	0	4	16	45	50

根据上表测算结果，H 市净利润为正数的 278 户"引进来"企业，有效税率小于 15%且超额所得大于 0 的共 128 户，占总户数的 46%，即在不考虑适用门槛的前提下，46%的"引进来"企业在全球最低税实施后会受到影响。其中，影响户主要集中在享受小微企业所得税优惠政策和未纳税企业。适用 25%法定税率、15%优惠税率且有入库税款的企业受影响程度有限，分别只有 13%、23%的企业可能会征收补足税。

未实际纳税的 86 户企业中，超额所得 EP 大于 0 的共 50 户，按照最低税规则，这 50 户均需按 15%的税率征收补足税。50 户中有 15 户企业所得税未申报营业收入，即利润来源主要为投资收益和营业外收入，政府补助居多。剩余 35 户中有 8 户存在免税、减计收入及加计扣除，其中 7 户在考虑免税、减计收入和加计扣除后，纳税调整后所得为负数；5 户存在所得减免，其中 2 户为农、林、牧、渔业项目免税，3 户符合"三免三减半"优惠政策，导致实际缴纳税额为 0。未享受优惠政策的有 27 户，纯粹为以前年度经营亏损。

表 2 无入库税款企业享受税收优惠统计

优惠政策	户数
符合条件的居民企业之间的股息、红利等权益性投资收益免征企业所得税	1
综合利用资源生产产品取得的收入在计算应纳税所得额时减计收入	1
研究开发费用加计扣除	7
安置残疾人员所支付的工资加计扣除	3
其他加计扣除	2
农林牧渔业项目免税	2
符合条件的环境保护、节能节水项目	3

享受小微企业所得税优惠的样本企业共 78 户，其中无合格的工资成本和有形资产成本的企业 16 户，有效税率均低于 15%，全部存在超额所得。有合格的工资成本和有形资产成本的企业 62 户，其中存在超额所得有 45 户，17 户因为本身净利润较低，按照比例扣除工资和有形资产成本后，超额所得为负数，不涉及缴纳补足税。

适用 25%法定税率且有 SBIE，计算得出 ETR<15%且 EP>0 的企业共 11 户，具体数据如下。

5 户存在免税、减计及加计扣除或所得减免,其中 4 户直接影响到 15%有效税率的计算,若剔除优惠政策影响,有效税率将达到 15%以上。

表 3 25%法定税率样本企业补足税计算明细 单位:万元

企业	A	B	C	D	E	F	G	H	I	J	K
有效税额	5380	116	316	74	49	74	46	103	64	15	2
GloBE 净所得	38914	892	2564	672	470	901	1593	4775	3340	2925	3213
ETR	14%	13%	12%	11%	10%	8%	3%	2%	2%	1%	0%
补足税率	1%	2%	3%	4%	5%	7%	12%	13%	13%	14%	15%
SBIE	2190	497	27	372	242	186	0	4312	8	1	2388
补足税	432	8	68	12	11	48	193	59	436	424	123
免税、减计及加计扣除	23155	351		10							
所得减免								4375			3372

根据测算结果,得出几个看法:一是全球最低税的实施对我国"引进来"企业的影响整体是有限的,在不考虑适用门槛的前提下,只有不到一半的"引进来"企业在全球最低税实施后会受到影响,如果考虑适用门槛,这一比例会更低。二是享受 15%优惠税率的企业,如高新技术企业,虽然人们普遍认为名义税率等于 15%,实际有效税率就会小于等于 15%,也就相应地极有可能需要缴纳补足税。但测算发现,由于税会差异等因素,享受 15%优惠税额实际有效税率很大可能会大于 15%,加上工资和有形资产等排除,受支柱二影响补税的可能性较小。三是即使有效税率低于 15%,也不一定会涉及补足税。根据补足税计算公式,当超额利润为 0 时,企业同样无需缴纳补足税。测算发现,通过提高合格有形资产与工资成本可以达到降低补足税的目的。四是部分税收优惠政策,尤其是一些免税、加计扣除、投资收益不征税等税收优惠政策确实会受到全球最低税影响。

三、应对全球最低税的政策建议

全球最低税一定程度上挤压我国的税收主权空间,不利于维护我国的税收利益,将在一定程度上降低我国税制的国际竞争力,对中国持续吸引外商投资带来了现实挑战,但同时也为我国系统性审视和完善企业所得税制度带来了新的机遇。我国应客观认识全球最低税对我国税制带来的不利影响,审慎评估自身的税收优惠制度,并采取相应的应对举措。

(一)积极引入合格国内最低补足税

虽然我国企业所得税法定税率是 25%,但通过部分税收优惠政策的叠加享受,某些企业的有效税率可能低于 15%。引入 QDMTT,我国对跨国企业成员实体的超额利润优先征税,既能把征税主动权牢牢掌握在本国手中,防止税款流失到境外辖区,也能全额抵减支柱二 GloBE 规则产生的补足税,给国内税收优惠安排提供了更为广阔的空间。但 QDMTT 也存在一些现实问题:一是合规性管理的额外成本。这些在华企业在享受了各类减免企业所得税后,又需要向中国缴纳QDMTT，将有效税率提升至15%。在此过程中，这些企业不仅无法实际享受到税收优惠的利益，还会产生额外的合规成本。二是中央和地方如何分享税收的不确定性。三是本国和外国企业持有成员实体的所有者权益不一致的情况下，决定由辖区中哪个或多个成员实体缴纳税款较为复杂。因此，要平衡好对接国际税收规则与实现既定财税改革目标的关系，在满足《GloBE规则立法模板》中对于QDMTT"合格"的前提下，设计好规则。

（二）优化完善企业所得税优惠政策

第一，对免税、研发费用加计扣除等直接受"全球最低税"影响的政策，可考虑将上述税收优惠转化为合格可退还的税收抵免或财政补贴的形式。按照GloBE规则，在4年内以现金或现金等价物的形式进行支付，并借鉴发达国家经验设定抵免限额。但在执行时，需注意世界贸易组织和相关国际经贸协定中的非歧视原则和反补贴规则对于财政补贴的约束。

第二，转变优惠政策方向。加大对受全球最低税改革影响较小企业所得税优惠政策的应用力度，如固定资产加速折旧政策等仅仅会产生税会差异的优惠政策，放大人员工资、有形资产成本等基于实质的排除的影响，做好所得税优惠向其他税种优惠转变的政策储备，如增加完善技术成果转让的增值税优惠，给予高端人才个人所得税的税收优惠，通过强化其他税种优惠力度来替代一些激励效应不显著的所得税优惠。

第三，探索扩围参股免税制度。目前试行的参股免税制度具有较高的门槛，严格限制了适用主体、持股比例和所得类型。扩大参股豁免税收政策的适用范围：取消仅限新增境外直接投资的规定，将存量境外直接投资纳入免税范围；适时进一步扩大适用的行业类型。将现行海南自由贸易港和横琴粤澳深度合作区参股豁免政策持股比例门槛由20%降低至10%，并增加最低持股时间1年的规定，为避免企业利用参股免税政策避税，参股免税的扩围需排除管理受控外国企业时调增的境外股息所得。

（三）提高非税因素的重要性来改善资本配置

税收因素固然是跨国投资决策的一大重要因素，但其他政策环境、营商环境、配套措施等同样重要。我国应在从税收角度应对全球最低税冲击的基础上，坚定通过制度型开放，进一步放宽准入限制，提振外商投资信心，为大型跨国企业投资营造稳定、公平、透明、可预期的良好环境，依法促进各类生产要素自由流动，切实降低GloBE规则带来的制度性交易成本。进一步强化基础设施、提高供应链配套能力，放大优势，形成更加明显的综合竞争优势。

以基层视角浅谈新形势下出口退税专业化人才队伍建设

陈 芳 苏 晓

当前全球经济增长低迷态势仍在延续，"逆全球化"思潮和贸易保护主义倾向愈演愈烈，俄乌战争对全球经济和地缘政治带来的影响逐步深化，特别是美西方反华势力对我国持续极限打压，外部环境更趋复杂严峻。从国内环境来看，国民经济持续恢复向好，高水平开放深入推进，稳外贸政策及时有效，为外贸发展创造了更多有利条件。新形势对各级税务部门贯彻落实出口退税政策、优化出口退税服务提出了新的目标，也对基层加快培养适应新形势新需要的出口退税专业化人才队伍提出了更高要求。因此，笔者在围绕当前某X市税务机关出口退税人才培养实际进行了深入调查研究，就如何进一步建强出口退税人才队伍提出了参考建议。

一、出口退税专业化人才队伍建设的现实意义

加强出口退税专业化人才队伍建设是新形势下提升税收治理能力和治理水平、落实国家决策部署和发展战略、助推开放型经济高质量发展的"三重需要"。

一是提升税收治理能力和治理水平的必然需要。新时代税收现代化建设要求税务人必须拥有全局性站位、前瞻性眼光和创造性思维。2016年3月，为适应税收现代化建设需要，国家税务总局实施了素质提升"115工程"，多举措推进"人才强税"战略，着力提升税收治理能力和治理水平。当下，对外贸易已成为国民经济不可或缺的重要组成部分，经济可持续发展也必然离不开出口退税专业化人才队伍的有力支撑。

二是落实国家决策部署和发展战略的迫切需要。2019年长三角地区正式被纳入我国国家战略规划，区域发展已进入融合发展的深度阶段。X市作为长三角区域一体化的核心带动城市之一，领跑高质量发展的目标必然对税务部门的纳税服务和依法行政能力提出更高要求。特别是面对当前复杂严峻的外贸形势，要贯彻落实好外贸保稳提质的工作任务，加强出口退税专业化人才队伍建设显得更为迫切。

三是助推开放型经济高质量发展的长远需要。近年来，X市外贸产业发展势头迅猛，2023年全市以退（免）税方式申报的出口额达511亿美元。2020年10月底，党的十九届五中全会将"更高水平开放型经济新体制基本形成"列入了"十四五"时期经济社会发展主要目标，并提出"全面提高对外开放水平，推动贸易和投资自由化便利化"的要求，为我们加快发展更高层

次开放型经济提供了遵循。作为外贸经济宏观调控的重要政策工具，出口退税工作也面临长期艰巨的任务，必须持续不断地加强出口退税专业人才建设。

二、当前基层出口退税人才队伍建设中的不足及困难

1. 人才队伍规模相对较小。据了解，由于出口退税业务专业性较强，大部分地区税务部门重视程度不高，出口退税岗位人员呈"小众"状态，较地方外贸行业规模不相匹配。以 X 市为例，截至 2020 年 10 月底，全市出口退税备案企业已达到 18684 户，较 2017 年年底的 14164 户新增 4520 户，平均每年增加 1500 多户。而目前 X 市税务系统出口退税专职人员仅 42 名，人均服务企业户数约 445 户出口企业，日常工作业务量较大。

2. 岗位干部梯队发生断层。进出口税收牵涉政策范围较广、政策调整更新频率较快，业务学习难度较大导致专业人才培养周期较其他岗位更长，加之基层对出口退税人才梯队建设不够重视，造成人才年龄断层现象较为普遍。以 X 市为例，目前从事出口退税岗位工作超过三年的有 57 人，其中 23 人已超过 50 岁，近几年出口退税岗位退休人员呈递增趋势，但新生力量成长仍需时间。

3. 干部能力水平参差不齐。首先，由于日常工作需要不同，专职、兼职岗位人员的能力水平就有着较大的差异，特别是兼职人员由于要面对多个条线的工作，在出口退税业务学习方面还不够深入、能力提升缓慢。其次，目前出口退税干部队伍还缺乏较强的稳定性，岗位人员跨类别调整或提拔较多，导致整体能力素质不够稳定。最后，随着税源专业化管理的不断推进，出口退税有关业务也逐步从专业化部门向纳税服务、风险应对、税务稽查等其他部门延展，但这些部门对出口退税业务学习掌握还不够，导致相关服务、应对等工作质效不够明显。

4. 专业培训效果存有局限。首先，由于培训内容较广、专业性较强，传统的理论性、灌输式培训已不能满足岗位人员实际需要。同时基层出口退税专业师资力量的欠缺也是制约培训质量的一大因素。当前 X 市税务系统出口退税师资以基层业务骨干为主，岗位实践经验较丰富，但业务视野还不够广，在融会贯通经济税收政策理论、讲透讲活出口退税实务方面的能力还有所不足。其次，由于出口退税业务复杂，除具备扎实的理论基础外，还需要较长时间的岗位实践才能熟练掌握实操业务、强化综合能力。但目前基层在出口退税实践教学方面的有效手段和创新方法还不够丰富，干部往往因忙于岗位日常工作，在交流经验、研讨课题方面投入精力较少，经验积累速度相对迟缓。

三、出口退税专业化人才队伍建设的发展方向

为更好适应经济社会发展新形势新要求，建议围绕"高素质、专业化、复合型"目标着力提升出口退税专业化人才队伍的四种能力。

1. 着力提升依法行政能力。近年来随着依法治国的深化推进，税收政策法规变化频繁，需要基层岗位人员及时适应法治建设、税制改革的需要，不断更新税收政策知识，在熟练掌握增值税、出口退税有关政策和管理规定的基础上，强化依法行政意识和能力，切实保障国家税收政策规范高效落实到位，迅速精准发挥作用。

2. 着力提升宣传辅导能力。当前外贸经济发展还面临着企业数量持续递增与企业税法遵从度和财务水平普遍不高之间的矛盾，主要原因在于出口退税业务相对复杂，外贸企业特别是中小外贸企业不够重视、退税经办人员配备不到位、能力素质不够。这就需要出口退税岗位人员在吃透政策、精通操作的前提下提升有效宣传、精准辅导的能力，进一步打通政策落实"最后一公里"。同时基层也要建立政策辅导"专家团"，善于运用大数据、云技术等掌握企业需求，综合线下线上等多种宣传渠道优化出口退税辅导，有效保障外贸经济高质量发展根基。

3. 着力提升经济分析能力。当前我国社会经济发展已进入新常态，但国际形势给外贸经济发展带来的不确定性不稳定性仍不容小觑。出口退税岗位干部还需要提升政治站位、拓宽经济视角，不断增强政治经济敏锐性和分析研判能力，充分用好用活"大数据"强化经济税收调研分析，及时预判外贸经济发展面临的重大机遇或挑战，为国家决策和宏观调控提供参考。

4. 着力提升风险应对能力。随着科学技术和外贸新业态的发展，对外贸易的多元性、隐蔽性增强，出口骗税风险仍需引起高度重视并创新手段加以防控和应对。因此，出口退税及其他相关岗位人员还需要提升风险敏感度，利用大数据、信息化手段，将经济税收数据同工作经验有机结合，运用新技术新手段不断增强出口退税风险分析预警、快速反应、联动应对等能力，严厉打击骗税行为，切实捍卫国家税收安全、维护公平公正的税收环境。

四、加强出口退税专业化人才队伍建设的几点建议

一是提高思想重视，培养综合性人才。要充分认识到出口退税工作是促进外贸稳中提质的重要举措，进一步加强对出口退税专业人才队伍建设的重视程度，综合区域外贸经济发展形势和岗位工作需要，合理调配能力强且经验丰富的骨干力量从事出口退税工作，并及时充实青年力量，搭建"传帮带"平台、强化梯队建设，促进出口退税专业化人才队伍可持续发展。同时要注重纳税服务、风险应对、税务稽查等条线人员的出口退税业务培训，将出口退税基础知识和专业化内容纳入有关岗位人员的"必修课"，让出口退税业务从"小众"到"普及"转变，整体提升出口退税工作水平。

二是学习实践结合，强化实用性培训。重点围绕"四种能力"加强专业人才系统培训锻炼：一方面，提升传统集中培训质效，充分利用现代多媒体教学方式，探索新颖、高效的学习形式，并结合案例教学、实践锻炼、专题研讨等方式提升岗位人员的实务操作能力；另一方面，利用"学习兴税"、微信等网络平台创新互动式教学形式，使学习不再局限于实景课堂，学习内容广泛涵盖政治、经济、税收政策、业务等方面，最大程度共享学习资源，促进专业人才加快提升岗位技能。

三是整合外部资源，拓宽感知性体验。积极同商务、外汇、海关等与外贸经济发展密切相关的部门或组织加强相关政策及业务的交流研讨，多角度了解外贸经济发展情况、经营模式以及相关业务办理程序，促进对实际出口退税业务的掌握；同时选取具有一定规模和代表性的出口企业作为专业人才孵化实践基地，组织专业人才"走出去"，深入企业驻点学习出口业务运营模式和财务管理机制，强化感性认知，丰富工作经验。

四是完善激励机制，激发主动性内核。完善以绩效考评为主、其他激励方式为辅的奖励激

励机制,充分结合当下出口退税人才队伍的个体差异、年龄断层、发展需求细化考核指标,在把握好人才心理和实际需要的基础上完善激励措施,健全科学可行、效果明显的奖励激励机制,实现出口退税干部工作积极性与出口退税岗位吸引力"双提升",促进出口退税专业化人才队伍建设健康持续发展。

(作者单位:国家税务总局无锡市税务局第二税务分局)

税收法治建设

关于开展非强制性执法方式的调查研究

——以税务行政执法为例

陈 曦

本文主要研究税务行政执法中的非强制性执法方式，旨在探究非强制性执法方式在税务管理中的作用及问题。通过对现有研究及案例等进行分析归纳，认为采取非强制性执法方式能够起到有效促进纳税人自觉遵守税收法规等作用，但非强制性执法在目前仍存在一些问题。因此，税务机关在实施非强制性执法方式时应具体情况具体分析，灵活运用，强化措施针对性，以此提高纳税人合规性和自觉性。最后探究非强制性执法在税务管理中的运用以及存在的问题，并给出改进建议，以求通过非强制性执法方式达到更好的执法效果。

一、税务行政执法中的非强制性执法方式

非强制性执法方式在理论上尚无明确定义，只是相对于强制性执法提出的一个概念，是一种区别于传统执法理念的创新变革，它强调在整个执法过程中围绕"非强制"展开，体现"以人为本"的执法理念。非强制性执法方式是一种"理性、平和、文明、规范"的执法，具体来讲是指在法律法规规定的范围内，执法主体采取非强制性、更具人性化和灵活性的手段来实施行政执法活动。主要是对包括行政指导、行政合同、行政协商、行政奖励在内的一系列不具有法律法规强制力、可以给行政相对人自由选择的新型行政执法方式的总称。

税收是国家财政收入的重要来源之一，对于维护国家政治、经济和社会的稳定发展起着重要的支撑作用。税收管理的核心在于保持税收稳定，提高税收合理性，防止出现失信现象。在税收管理的实践中，强制性执法方式和非强制性执法方式都起着重要作用。

税务行政执法中的非强制性执法方式指的是在税务管理工作中，不采取强制手段，而是以宣传、教育、引导、信用评价等方式引导纳税人自觉遵守税收法律法规，达到化解矛盾、改善税收秩序、维护稳定的目的。

二、税务行政执法中的非强制性执法方式调查研究现状

（一）相关理论分析

目前，有关税务管理中的非强制性执法方式的研究还比较少。但在税收征收管理法、行政处罚法等法律法规文件中，也存在着非强制性执法的相关规定。对于非强制性执法方式的研究，

部分学者认为，非强制性执法方式可以引导纳税人树立合法纳税意识，促进税收合规，从而推动经济社会稳定发展。

（二）典型案例

税务行政执法中的非强制执法方式已经初步取得了不错的成果，对于税务非强制性执法方式的探究与实践提供了参考。2021年，国家税务总局发布了两批共14项"首违不罚"清单，即对纳税人初次发生、危害后果轻微并及时改正的程序性违法行为给予"首违不罚"，这就是一种直接有利于纳税人的非强制性执法方式。在具体行政执法中，"首违不罚"主要应用在涉及纳税申报、资料报送及票证管理等方面的轻微税收违法。对纳税人首次发生清单所列事项，且在税务机关发现前主动改正的不予行政处罚，在"首违不罚"全面推行后，该制度带来的积极社会效应正在逐步显现。

除此之外，税务部门在具体税收工作中也有所行动。例如南昌市税务局采用非强制性执法方式，在纳税信用评价中引导纳税人自觉遵守税收法律法规，并对评级为A级及以上企业给予税收优惠、政策扶持等非强制性激励措施，达到了促进企业发展、维护税收秩序的重要作用。

三、税务行政执法中非强制性执法方式的作用

非强制性执法方式体现了更多的人文关怀，执法过程中税务机关的态度更加柔性，对纳税人的税收风险，更多地选择提示、告知、辅导、帮助手段，减少了纳税人风险控制成本，纳税人办理税收事项更加准确、方便快捷。

《关于进一步深化税收征管改革的意见》要求税务机关创新行政执法方式，有效运用说服教育、约谈警示等非强制性执法方式，让执法既有力度又有温度，做到宽严相济、法理相融。近年来，为更好地服务纳税人缴费人，税务机关推出了许多的措施和办法，营商环境、满意度、遵从度持续改善。在税务执法方面，已形成了执法与服务并重的格局，并更加注重服务、疏导、教育等非强制性执法手段，预防和化解涉税矛盾纠纷。非强制性执法方式，是让执法既有力度又有温度的重要方法，是优化税务行政执法方式的有益实践。

（一）促进纳税人自觉遵守税收法规

采取"先宣传、后执法"的方式，使广大纳税人理解税收法规的重要性，自觉遵守税收法规，在源头上最大程度避免了违法失信行为的发生，从而保障了国家财政的稳定。以深圳税务局的税收宣传为例，该局推出《系统化建设深圳市税收信用"系统+服务"平台》等税收优惠政策，使得广大纳税人遵守税收法律法规具有了更强的自觉性。

（二）维护税收秩序和稳定

采用非强制性执法方式，可以通过讲解税收政策和政策引导的方式，引导纳税人主动对税收法律法规进行了解和理解，树立合法纳税意识，从而加强遵从税法的自觉性，维护税收秩序，维持税收稳定。

（三）打造税收服务品牌

推动非强制性执法方式发展，拓展税务行政管理的服务功能，强化税收服务理念，充分体现了税务部门以推动纳税人合规为目的的服务意识，有效提高了纳税人对税务部门的满意度和

信任度，进而提升了税务部门的形象，有助于打造税收服务品牌。

比如在税务机关已经实施的非强制性执法中，受到纳税人欢迎和评价较高的有各项税收政策针对性辅导、违法风险提醒、风险核查、风险评估等。税收政策针对性辅导、违法风险提醒及时有效地消除了纳税人因政策理解不到位、疏忽大意而违法的风险，税法遵从度显著提高；已形成完整体系的风险核查、风险评估，税务机关通过对纳税人各项涉税数据进行风险分析，对涉税风险按高、中、低进行分级，采取不同的应对方式，低风险向纳税人发出提醒，中风险提请纳税人自查，高风险（包括部分中风险）由税务专业人员开展风险核查、风险评估，会同纳税人查找风险原因，向纳税人提出风险消除建议，由纳税人根据自身的情况开展。

四、税务行政执法中非强制性执法方式面临的实际问题

税务行政执法中非强制性执法，是一种行之有效的管理方式，它可以引导纳税人自觉遵守税收法律法规，收获了广泛的社会效益和经济效益。各地税务部门在税务非强制性执法上做了许多有益的探索，也取得了较好的效果，但其上层设计有待完善，系统性、规范性的理论总结和制度支持与限制较少，各地实践中的非强制性执法还存在着一些问题，需要进一步探究和完善，提高其实效性和有效性，进而实现税收管理工作的整体升级和提升。

（一）规范性不足

非强制性执法方式与强制性执法方式不同，存在缺乏明确的规定、法律支持及预防措施等问题，规范性不足，容易受到社会和行业环境等非可控因素影响，引发违法失信现象，甚至会威胁到税收管理的公正性、有效性和权威性。

制定和实施税务管理领域非强制性执法方式的制度，应遵循税收法定的原则。非强制性执法方式并不能免除纳税人违反税法行为应当承担的法律责任，在实际工作中要防止滥用非强制性执法方式或主观随意执法。

（二）引导效果不佳

由于税收法律法规的复杂性及个别纳税人的"得过且过"心态，加之一些地方的社会环境、行业因素等因素的影响，非强制性执法方式并不总能奏效，引导效果不佳等现象依然存在，给税收管理带来一些困扰。

（三）缺乏有效的考核标准

在使用非强制性执法方式时，与强制性执法方式相比，缺乏一定的监管约束力和统一标准。对于非强制性执法方式的评估及效果的监测、考核也欠缺相应标准和指标体系，影响了它的实际效果和连续性。

五、完善税务执法中非强制性执法方式的建议

非强制性执法方式在税收管理工作中的作用不可小觑，但也存在一些实际问题。因此，税务机关应在实施非强制性执法方式时，根据不同情况运用灵活多样的手段和措施，同时我们可以对存在的问题进行改进和完善，以求非强制性执法方式能够达到最好的效果。

第一，突出个性化服务，强化交流与沟通。针对不同行业、规模和特点的纳税人，税务机

关应提供个性化服务。根据纳税人的需求和实际情况，精准推送税收优惠政策，提供专业的咨询和辅导，帮助纳税人理解和适应税收法律法规。税务机关应加强与纳税人的沟通与交流，听取纳税人的建议和意见，及时答疑解惑。通过定期组织税企交流座谈会、征求意见和举办研讨会的方式，加强与纳税人的互动，增强纳税人的参与感和归属感，促进合作与共赢。

第二，加强引导和实践，开展针对性的税收宣传和教育，深化宣传内容，切实提升纳税人合法意识和合规意识，从思想上接受非强制性执法方式的理念。针对纳税人群体，提高纳税人的税收合规意识。通过定期举办税收知识培训、发放宣传资料、开展税务咨询活动等方式，普及税收政策和法律知识，使纳税人深入了解税务管理要求，增强自觉遵守税收法规的意识。

第三，健全信用评价体系，充分利用现代科技。发挥税收信用评价的作用，将纳税信用等级评价结果与非强制性执法相结合，以实现对纳税人的激励和约束。具体而言，对于信用较好的纳税人，可以给予税收优惠、政策支持等激励措施；对于信用较差的纳税人，可以加大税务检查力度，进行合规教育和约谈等措施，促使其改善信用状况。

第四，加强非强制性执法的制度建设，建立科学健全的税务非强制执法体系。加强对非强制性执法规范的制定和完善，确保其权威性、合法性和可操作性，为税务部门更好地开展工作提供法律支持。实施非强制性执法，制度建设是非常关键的一环，新的理念和新的执法手段要得到落实，有赖于系统化的制度予以保障。当前税务机关非强制性执法的手段措施很多，但大多散落在"点"上，需要整合定型，建议收集国内外非强制性执法的先进经验做法，让柔性执法有法可依，有章可循。

具体而言，非强制性执法制度建设应该达到如下标准：关于具体执法措施的制定，对内要做到措施明确、易操作、责任明确，对外要把纳税人是否能够接受、执法过程是否会引起新的征纳矛盾、是否会损害纳税人利益等因素考虑在内；建立柔性执法实施过程的适时反馈机制，对柔性执法实施过程中的经验和不足及时反馈，以便有针对性地加以改进；实施效果评价机制，即对反馈的信息加以综合评价，对某项非强制性执法措施实施质效进行考量，以便合理取舍或查缺补漏；建立对内的监督考核机制，以保证各项措施得以高效有序地执行落地，达到预期目的。

税务非强制性执法体现宽严相济的原则，通过教育、提醒等人文关怀的方式，防范涉税风险。它可以引导纳税人自觉遵守法律法规，在运用得当的情况下能带来较好的社会效益。在未来，我们仍需进一步努力探究和完善税务执法领域非强制执法方式的运用，以此进一步提高纳税人满意度、获得感的同时实现税收管理工作的整体质效提升。

（作者单位：国家税务总局哈尔滨市税务局）

多样化税务司法协作同向发力

——推动税收执法改革和优化税收营商环境研究

伊彩红

经过持续推进,陕西省汉中市汉台区通过税务司法协作高效破解涉税难题:国家税务总局汉中市汉台区税务局与汉中市中级人民法院、汉台区人民法院、汉台区人民检察院、汉台区司法局,围绕执法和司法实践中发现的疑难涉税问题,建立制度化协作机制,联合推动问题解决,联合进行风险防控,联合维护税务和司法的公信力。

一、共建制度

精诚共治,强化税收司法保障,是中办、国办印发的《关于进一步深化税收征管改革的意见》提出的要求。为全面加强税务与法院、检察院等司法部门的精诚共治,汉台区税务局大力推动建立税务司法协作机制。

一方面,建立"税""院"合作新机制。依托与汉中市中级人民法院签署的《涉税合作备忘录》,汉台区税务局联合区法院建立"税务+法院"长期协作机制。根据该机制,双方建立联席会议、信息共享、执行对接、专人联络等制度,充分整合司法行政资源和涉税法律服务资源,组建"税务骨干+法律顾问"协作团队,定期交换诉讼、企业破产、执行中的涉税信息,研讨交流涉税复杂问题。通过运行该机制,税务部门实现对破产、执行程序的全面介入,大大促进司法拍卖、执行等环节涉税难题的解决,消除多起案件的税款流失风险。统计显示,该机制运行以来,汉台区税务局已协助市、区两级法院高效办理6起破产案件,及时征收税费1771.58万元。

另一方面,开启"税""检"合作新模式。汉台区税务局与汉台区人民检察院签订《加强税检合作工作协议》,在部门协作、执法联动、信息共享、办案会商、人才交流等方面进行密切协作。双方通过开办税检业务知识课堂、税检同普法、互聘业务骨干等合作形式,进行常态化业务交流。目前,双方联合开展普法宣传2次;检察机关已从税务机关聘请1名业务骨干担任"特邀检察官助理"、1名业务骨干担任听证员,并提供涉税线索3条;税务机关迅速根据线索进行调查,及时向检察机关反馈涉税信息,合力打击税收违法行为。

二、同破难题

从营造公平公正的税收法治环境、解决纳税人缴费人急难愁盼问题出发,汉台区税务局联合汉台区人民检察院、汉台区司法局到企业走访调研，针对发现的涉税痛点、堵点、难点，联合多部门采取措施，推动问题"一站式"解决。

了解到很多问题是由于纳税人对有关税法规定不清楚后，汉台区税务局联合区人民检察院、区司法局增强普法宣传的针对性。三方组建"法·税普法小分队"，到企业开展税法讲解。与此同时，普法队伍通过电话咨询、微信沟通、问卷调查等形式，广泛征集企业的法律问题需求，将普法形式由"讲什么听什么"变为"需要什么讲什么"，然后对症开方。目前，"法·税普法小分队"已通过以案释法等形式，对企业关心的多个问题进行详细讲解、答疑并提醒风险，内容包括劳动用工、合同履行等方面的税务处理，以及税费优惠政策适用、申请退税的条件等。

为促进问题解决，汉台区税务局以创建"枫桥式"税务局为契机，探索建立税费矛盾争议多元化解联动机制，建立一支由税务业务骨干、法学专家、公检法司业务骨干及调解经验丰富的街道办事处、社区居委会主任组成的调解团队，分类分级及时响应、化解涉税矛盾争议。今年以来，该局依托该调解团队已及时化解税费争议39起。

针对虚开发票等影响税收营商环境的问题，汉台区税务局积极发挥税检协作机制优势，与汉台区人民检察院共同组成合规考量评估小组，开展汉中市首起小微企业涉嫌虚开发票涉税犯罪合规考量评估。根据评估结果，汉台区税务局、汉台区人民检察院举行听证会，依职权做出政策解答，并对两户涉案企业提供10余条整改建议。检察部门确定企业合规整改符合要求后，对涉案企业依法作出相对不起诉决定。税检两部门合力，有效督促企业合规经营。

三、联控风险

在征管实践中，税务机关在征收环境保护税、耕地占用税等税款时，由于缺少相关行政部门的涉税数据支撑，存在漏征税款的风险。汉台区税务局通过税检合作机制，向汉台区人民检察院提供涉案线索。汉台区人民检察院依职责向区生态环境、自然资源、水利等部门制发行政公益诉讼诉前检察建议书，督促各相关部门履责，向税务部门提供涉税数据和信息，与税务部门建立涉税信息共享机制，从源头上堵塞国家税款漏征风险。

在涉税案件执行中，针对一些房地产开发企业存在的因欠税而过户难等问题，汉台区税务局通过前期与区检察院、区法院开展执法协作，采取"事前审核反馈税费计算方式，事中核算反馈税费明细，事后办理税款入库、协助办理产权过户"等措施，加强涉税风险管控，有效解决了资产难处置、拍卖难过户、监管缺闭环等问题。此外，在民事执行涉及的税费征缴过程中，与法院密切衔接配合，形成"案件信息告知书—协助征收税费函—依法划转款项—开具完税凭证"的闭环工作流程，确保涉案税费应收尽收。2023年，依托该工作流程，汉台区税务局与汉中市中级人民法院、汉台区人民法院联合开展6起民间借贷案利息所得税费征缴工作，有效避免了有关税款流失的风险。

（作者单位：国家税务总局汉中市汉台区税务局）

基层税务机关破解同级监督难题的思考

董李冬

在基层实际工作中,"一把手"被赋予最高的决策权、执行权与监督权,如何破解对"一把手"和同级监督难题,是加强党内监督过程中面临的重大挑战,也是新时代全面从严治党的重大课题。党的第十九届中央纪律检查委员会第四次全体会议上,把对"一把手"和同级监督提到议事日程。从基层税务部门监督来看,长期以来"上级监督太远、同级监督太软、下级监督太难"的问题依然突出,如何有效破解监督难题成为塑造部门政治生态环境的关键。

一、强化对"一把手"监督和同级监督意义重大

(一)加强监督是中国共产党的历史传统

中国共产党历来十分重视加强党的监督,从党的一大到党的四大,党纲和党章当中都明确体现党的纪律建设,并规定党的纪律要通过十分严格的监督来保证执行。党的五大正式设立了党内第一个专门监督机构——中央监察委员会。新中国成立后,党内监督工作不断创新,极大增强了党的凝聚力,提高了党的战斗力。党的十八大以来,以习近平同志为核心的党中央强调要从顶层设计把监督体系构架好,不仅要加强党的自身监督,而且要强化国家监督机器。我们党对纪检体制进行深化改革,坚持标本兼治,一体推进不敢腐、不能腐、不想腐,完善党和国家监督体系。

(二)推进全面从严治党关键是管住"关键少数"

习近平总书记指出:"反腐倡廉建设,必须从领导干部特别是主要领导干部抓起。"[①] 一方面党的重大决策部署能否贯彻与落实,主要取决于"一把手"的重视程度和落实程度。只有在强化党内监督的过程中首先抓好对于一把手的监督,才能上行下效,带动党风的不断改善与党内政治生态的净化,推动全面从严治党的深入进行。另一方面,"一把手"集决策权、执行权与监督权等权力于一身,很容易出现腐败问题。一旦"一把手"自身出现问题,会直接影响整个党委领导班子甚至整个部门的政治生态,产生的危害要比一般的党员违纪更加严重。因此强化党内监督、推进全面从严治党,必须要管住"关键少数"。

---

① 如何加强和改进对主要领导干部行使权力的制约和监督 [EB/OL]. 共产党员网,2014-01-19.

二、当前对"一把手"监督和同级监督面临的挑战

（一）制约与监督机制不完善

1. "一把手"权力界限模糊。民主集中制是党的根本组织原则，按照党章规定，重大决策应由党委共同讨论决定，但在现实中，权力往往集中于"一把手"，从而造成"一把手"独断专权现象。权力过于集中容易导致腐败，在个别税务部门"一把手"违法案件中，就或多或少存在"一把手"决策过程不够透明、违规插手基层税收执法等权力界限模糊的现象。

2. 对"一把手"的监督机制尚不完善。长期以来基层税务部门同级监督机制不够完善，对于"一把手"的监督收效不大，一些理想信念丢失的"一把手"走向腐败深渊。表现为党委纪检组在同级党委领导下监督"一把手"时常是心有余而力不足；同级领导班子成员由于不敢得罪等原因，不愿或不敢监督"一把手"；而下级即便有监督的意愿，也由于缺少对"一把手"权力运行情况的了解而无法进行监督。

（二）主动接受和开展监督意识薄弱

1. "一把手"主动接受监督意识薄弱。部分"一把手"的权力意识比较突出，主动接受监督的意识薄弱，把公权力当作私权，不愿意接受监督。正如许多"一把手"在被查处之后所说，在担任"一把手"期间忽视了理论学习，理想信念逐渐丧失。在公开场合上讲领导干部要主动接受监督，私底下却漠视甚至抵制、对抗监督，成为实实在在的"两面人"。

2. 纪检部门主动监督意识不强。当前，基层纪检部门在人事任免调动、办公经费等方面受制于同级党委。正如习近平总书记所指出的："大家在一口锅里吃饭，很难监督别人。"① 一方面，纪检组长一般与同级党委成员十分熟悉，往往存在"你好我好大家好""互不得罪"的观念，较少会主动监督同级党委成员和"一把手"；另一方面，不监督又违背党的组织原则和工作纪律，在不敢监督和又不得不监督面前，纪检部门在左右为难。

（三）同级监督权威不足，监督合力尚未充分构建

一方面，基层纪检部门除承担党风廉政建设和反腐败主责之外，还要承担一些非主责的工作，减弱了监督效果。另一方面，纪检干部的自身综合素质和能力不足，与新形势下深化税务系统纪检监察体制改革的要求之间存在着较大差距，履职监督能力还有欠缺。同时监督合力还未形成，对于同级党委和"一把手"的监督，不能仅仅依靠同级监督，上级党委监督、基层党员群众监督的配合与支持不可或缺。

二、破解"一把手"监督和同级监督难题的对策

（一）完善权力运行制约与监督机制

1. 科学配置权力，完善权力运行机制。"一把手"集人、财、物权力于一身，很容易变成"一霸手"，破解监督难题，需要在权力配置上下功夫。首先，要建立"一把手"权力清单和权

---

① 中共中央纪律检查委员会，中共中央党史文献研究室. 习近平关于党风廉政建设和反腐败斗争论述摘编[M]. 北京：中央文献出版社，中国方正出版社，2015：59.

力"负面清单",明晰权力界限,使"一把手"依法依规行使权力。同时,探索将"一把手"手中的部分决策权分给其他党委委员,"一把手"更多在顶层设计方面统揽全局。其次,要加强民主集中制建设,在"三重一大"决策方面要坚持班子成员一人一票、共同决定的原则,切实实行"一把手"末位表态制,对"一把手"插手干预重大事项进行记录并制定处理办法,坚决防止"一把手"独断专行、"一言堂"现象的出现。

2. 强化上级"一把手"对下级"一把手"的监督。习近平总书记指出:"上级对下级尤其是上级一把手对下级一把手的监督最管用、最有效。"[1] 上级"一把手"应及时了解下级"一把手"的思想、工作等实际情况,及时提醒,抓早抓小;此外,还要完善监督机制。例如,要健全"一把手"个人有关事项报告制度,着重完善决策流程公开等制度;同时完善"一把手"问责机制,对于在重大事项决策过程中用权不当等情况要严肃处理甚至是终身问责。建立干部轮岗交流制度。对在一个岗位工作满5年的干部原则上都要轮岗交流,避免和防止"一把手"在干部工作上任人唯亲。

(二)加强思想教育,强化监督意识

1. 增强"一把手"主动接受监督的意识和责任。首先,要加强"一把手"的党性教育,树立服务意识和责任意识,始终坚持秉公用权。其次,要加强廉洁教育与警示教育。强化"一把手"主动接受监督意识,改变过去抵触监督、被动监督、"监督是对自己的束缚"等错误做法与观念,主动接受来自各方面的监督,筑牢"一把手"拒腐防变的思想防线。

2. 强化同级监督意识和责任。打铁必须自身硬,因此纪检人员要在思想上逐渐摆脱不敢监督、不愿监督的意识,消除思想顾虑,明确职责所在,加强日常监督和对"一把手"八小时之外的监督,敢于在同级党委成员出现问题后及时批评指正,使其"红脸出汗",把纪律挺在法律前面。同时,不断强化政治监督、充分运用政治画像、班子成员履职报告等制度,持续做好民主生活会自查问题整改的跟踪落实,对相关问题要督促检查到位,对表销号,力求整改实效。

(三)提高同级监督权威,充分构建监督合力

1. 持续深化税务系统纪检监察体制改革。首先,要进一步深化纪检监察体制改革,不断细化机关纪委和监督组工作职责,推进专责监督向纵深推进,努力克服同级监督独立性不足的问题。其次,探索试行扩大纪检职能与权限,使纪检地位不低于同级党委,纪检与同级党委共同决定党内监督重大事项。逐步探索基层纪检部门的人事编制、经费开支等方面直接由上级纪检负责,提升基层纪检部门的独立性。

2. 整合监督资源,充分构建监督合力。对同级党委的监督,要充分构建监督合力,打造监督网络。首先,要借上级监督之力。实践证明,在党内监督中,自上而下的组织监督最管用、最有效。在基层纪检部门监督执纪过程中遇到问题要及时向上级纪检汇报与请示,获得上级的支持,增加监督的权威性。其次,要协同地方纪委监督之力。基层税务纪检部门要加强与地方纪委监委之间的信息与线索沟通,汇集各方面的信息,使同级监督更加有力。最后,要整合社

---

[1] 李中军. 更有力有效监督一把手 [EB/OL]. 中央纪委国家监委网站,2021-05-13.

会监督之力。要广泛听取社会监督意见与反馈,充分发挥群众监督、舆论监督、媒体监督之力,丰富举报渠道,提高社会监督的积极性。

(作者单位:国家税务总局扬中市税务局)

基于深化税收征管改革环境下对提升税务执法水平的研究

蓝 绽

一、基层税收执法工作中存在的问题及主要影响因素

本篇论文以税务机关这一管理者的角度在税收执法、执法监督、纳税人遵从度等方面去分析税收执法中存在的问题并提出对策建议。从基层税收执法工作环境本身来看，影响基层税收执法水平提高的因素包括客观与主观两方面。

（一）客观方面

虽然本次调研将基层税收"执法"过程作为基础，但在客观角度分析，基层税收执法质量的影响因素不仅仅体现在"执法"这个单一的环节之内。由于税收执法的合法性本身来源于权力法定，因此执法水平的考量也必然跳不出法律运行的整体环境。接下来，我们将从法的运行角度逐一分析基层税收执法的客观存在环境对其执法水平的影响。

一是立法。立法是执法的基本，为执法提供了法律依据，是税务部门进行执法的前提。但目前税收相关立法环境存在几个问题：层级低，稳定性较差，经常处在增补、修改和变动之中，税收法律法规与相关法律衔接不够，尤其是《中华人民共和国税收征收管理法》与《中华人民共和国行政处罚法》《中华人民共和国行政诉讼法》等部门法律之间的部分条款存在内涵不明、规定出入等情况，给实际操作造成了难度；税收法律法规本身做出的某些规定含义模糊，缺乏缜密性，造成个人操作空间较大。

二是执法。主要是基层税务部门依照税收法律法规政策设置的规定不适应税收实际执法工作。执法管理体系存在缺陷，在执法程序中容易出现差错的环节上量化的标准和具体时限不明确，同时，执法监督机制尚需完善。

三是司法。从行政诉讼角度分析来看，司法实践与税收实践在税收法律法规等相关政策的理解与认定方面存在着一定的差距，司法实践部门往往基于传统理论性法律解释与分析角度来对涉税法律纠纷事实进行认定或对税务执法部门具体行政行为做出所依据法律条款的合法性、合理性进行判断。而从税务实践角度来看，税务执法人员多以财务分析角度结合税法规定对案件事实进行判定和处理，在思维方式上与司法机关存在较大差异，且由于缺少司法实践参与机会及学习交流途径，这一思维"代沟"的跨越并不容易。

四是守法。从当下整体法治氛围来看，目前在依法治国的法治理念下，部分地区仍然有人

情关系复杂、法治环境难以维护的情况，使税收执法效果遭到消减。而从税收征收的过程来看，由于税款的征收实际上是国家无需支付对价而对纳税人利益进行转移的过程，使税收执法过程中的双方当事人处于利益的对立面。

（二）主观方面

"人"作为基层税收执法的主体、税收执法水平的承担主体与评价主体，在基层税收执法水平的提高过程中发挥着举足轻重的作用。

从基层税收执法部门人员来看，随着税务部门公务员招录规模的不断扩大，系统内执法人员年龄两极化差异逐渐加大，税收执法能力高、经验丰富、行事成熟的执法人员缺乏。当下税法违法成本与非法所得之间存在的非对应关系导致了大量税收违法行为的存在，庞大的税收违法案件与基层税务执法机关有限工作资源之间的矛盾，亦为影响基层税收执法水平的因素之一。

二、基层税务机关提高税收执法水平的对策建议

（一）完善内部权责体系

为更好地推进执法过程管理，必须进一步健全基层税务机关的岗责体系，在已确定的业务流程基础上，补充完善定岗定责工作，对每个岗位的权利运行进行分析，厘清环节关系和岗位联系，并用文字描述或图片描绘示意等形式予以固定。在完善岗责体系的前提下，确定执法风险管理主责部门和辅助部门，科学确定各自职责和同其他业务部门的管理联系，形成完整组织架构。

（二）优化外部制约环境

1. 健全制度提高税务执法水平

基层税务部门并没有权利修改税法，但是加强税收政策的执行情况研究，从实际工作经验及需要出发，为法治建设提供有效意见及有实践基础的参考依据同样具有重要意义。同时，应积极地向上级汇报沟通和提出意见和建议，促进税制和税收政策的科学和完善。

2. 统一规范税务行政处罚裁量基准。

一是包容审慎促遵从，保护税务行政相对人权益。按照过罚相当的原则，根据不同违法情节由轻及重划分违法程度，鼓励税务行政相对人积极改正违法行为。此外，继续深入贯彻落实"首违不罚"，体现"执法目的不是为了处罚而是促进遵从"的鲜明导向。二是依法行政防风险，压缩税务机关的裁量空间。增加对危害性较小的违法行为采取定额罚的情形，同步减少幅度罚，减少"可处"的表述，减少"类案不同罚"等情况的发生。三是简明易行好操作，便于税务人员理解和适用。适应现行的征管系统，删除需要人工计算核对的条件判断，保持裁量基准各事项在"违法程度""违法情节""处罚基准"等方面设置的规律性，方便一线执法人员理解适用和操作。

（三）健全风险内控机制

1. 完善税收执法风险防控机制

第一，要提高风险识别能力。这阶段需对尚未发生的、潜在的各种税收执法风险进行系统的识别、分析和分类。要进一步依托现行税收征管业务系统以及其他税收软件，加强信息资源

的整合和利用,关键在于建立执法风险信息库,并据以开发一套预警系统,对相应的执法人员进行预警提示。

第二,要增强风险评估能力。为了风险管理工作趋于精细化,提高准确性,就必须对识别出的风险进行科学评估。在对风险评估的主体、程序和标准进行制度确定后,应积极尝试建立有效的风险评估模型,对收集到的内部和外部信息进行归集和系统分类,按照权力运行层次、主观干扰、自由裁量、客观制度、损失危害等影响因素等对风险点进行综合评估,并按照一定量化规则予以可比量化,区分不同的风险级别,进行分程序风险预警或推送,分为低、中、高三个等级,相应推送执法人员、风险管理主责部门进行对应处理。

第三,要重视风险处理反馈。成立执法风险专门或兼职的分析反馈组织,开展风险处理反馈及正向运用挖掘工作,是风险管理持久化的保证,努力实现风险管理全过程紧密联系且头尾呼应,不断完善的闭环。反馈组织应及时对风险管理经验进行总结,出具处理反馈意见书,有针对性地完善制度体系、加强工作培训、积极引导全体税务干部将风险防范意识贯穿于税收日常工作之中,增强自我发现、自我纠正、自我完善和持续改进的能力。

2. 探索建立风险识别推送化解全流程平台

促进内部控制与业务管理的融合,将内部控制与风险防控的措施嵌入税务机关拥有版权的应用软件之中,实现内部控制信息化、自动化。以岗位风险信息库为抓手,在对税收执法风险防控机制的研究基础上,开发风险识别推送化解全流程的硬件系统,降低执法风险,杜绝税务人员以权谋私、失职渎职等违法违纪问题,保障权力在阳光下运行,实现"信息管税""系统管权"的目标。

依托系统建设,努力实现对各个岗位的精准风险管理,完成风险识别、推送、化解全流程,即希望在具体操作中将各项业务描述用文字及指标的形式导入风险管理系统,依靠系统呈现出各项业务应该如何规范操作;提供可能发生的违规操作而导致偏离规范执法轨道产生的执法风险;风险发生后会进行何种责任追究程序等。如此一来,便能依托硬件系统在前期大量工作的基础上,实现执法行为事前的预防、事中的管控和事后的处理清晰且完备的管理流程。

(四) 加强执法队伍建设

1. 构建科学的执法培训体系

要转变执法思维方式。用风险理念知识改变传统工作思维,防止追求速度而忽视程序的执法现象,大力减少执法随意性。要强化税收业务培训。营造浓厚学习氛围,鼓励干部学法用法。创新培训形式,结合执法常见过错开展案例式培训和情景模仿等,尽快丰富执法人员法律法规知识储备,提高税收执法水平,增强工作责任感,防范执法风险。通过岗位轮换、岗位实战练兵、业务技能比武、典型案例分析会、工作经验交流研讨会等方式,把理论学习真正结合到实际工作中去。鼓励干部报考注册会计师、注册税务师和律师等职称类水平考试,还应定期进行执法能力测试,公布成绩奖优罚劣,倒逼干部主动提高工作水平,减少执法出现偏差的可能性,降低税收风险。

2. 完善执法监督考核体系

首先,要建立健全税收执法考核系统,根据税收执法活动的具体环节,合理分配到各个部门和各个岗位。通过考核系统，让每个人员都可以直观地掌握每个执法环节的业务要求、考核指标和处理反馈等。同时，科学有效的执法监督考核也有助于管理人员更好地掌握全局执法情况及个人成绩，知晓过错发生节点和责任人员，更好地进行风险管理和人力物力调配等工作。

其次，要落实执法过错责任追究制度，真实让执法人员感受到执法错误的危害以及需要付出的代价，根据过错情节、大小、危害范围等标准执行相应责任追究，避免处罚标准随意或弹性大的现象。同时要注重宽严相济，通过教育方式积极改正执法人员错误认识，达到引导个别，教育一片的效果。

最后，要形成部门监督合力。探索建立各监督部门之间协调配合的机制，政策法规部门要发挥牵头组织作用，纪检监察、税政征管等其他有关部门协调参与，主动进行监督信息共享，共同探讨执法风险案例，积极转变多头监督的高成本为合力监督的最优化联动模式，提高监督效果，更好地降低税收执法风险的发生。

3. 不断深化廉政执法教育

首先，要筑牢职业道德防线。引导税务干部树立正确的价值观，通过"廉政教育基地""道德讲堂"等媒介，采用"以案说法"、多种培训等形式，切实加强税务文化建设，引导干部职工培养积极向上的业余兴趣，坚守高尚道德操守快乐工作快乐生活，杜绝走歪路谋私权等不当行为。其次，要提高执法风险意识。教育税务干部正确对待和行使法律赋予的权利，树立法治观念，杜绝违法违纪的侥幸心理，做到警钟长鸣，严格依法行政。最后，要探索整合内控预防机制建设考核与其他如党风廉政建设责任制考核、目标管理考核、税收执法责任制考核等，减少重复劳动，优化完整的、可操作性强的、注重定性和定量相结合的内控预防考核评价体系。同时要注意根据影响考核指标变动因素，适时调整内控预防工作方向、风险重点及防控措施等，不断修正以适应税收工作及外部形势新变化。

（作者单位：国家税务总局梅州市梅县区税务局）

浅谈税务机关在企业破产中的涉税实务

马 凯 周 宇 武 剑

税务机关在企业破产程序中,既是民商法体系中的债权人,又是法院裁定宣告破产前的税务行政主管机关。本文往返于《中华人民共和国企业破产法》《中华人民共和国税收征收管理法》等法律法规之间,求索于涉税实务工作薄弱环节问题焦点之中,从基层税务机关处理企业破产涉税实务的角度,浅谈破产程序中新产生的纳税义务、税款滞纳金引发的债转股清偿、破产司法拍卖的若干涉税实务等几方面的问题。

一、破产程序中新产生的纳税义务

所谓破产程序中新产生的纳税义务主要是指管理人在人民法院受理破产申请后至其裁定宣告破产前,依据法定职责在实际负责破产企业管理期间,代债务人应履行的纳税义务。

《国家税务总局关于税收征管若干事项的公告》(税总〔2019〕48号)规定:"在人民法院裁定受理破产申请之日至企业注销之日期间,企业应当接受税务机关的税务管理,履行税法规定的相关义务。破产程序中如发生应税情形,应按规定申报纳税。"《关于推动和保障管理人在破产程序中依法履职进一步优化营商环境的意见》(发改财金规〔2021〕274号)规定企业在破产程序中应当接受税务机关的税务管理。由管理人负责管理企业财产和营业事务的,管理人应代表破产企业履行法律规定的相关纳税义务。

基于以上文件的规定,管理人和税务机关在涉税实务中总是更多关注于法院受理破产之日前税款债权的申报,而相对忽视破产程序中新产生的纳税义务。破产程序中新产生的纳税义务,从实务层面大致可分为四类:第一类是继续经营产生的纳税义务。例如,在破产重整期间,管理人因履约待执行合同而相应产生的纳税义务。第二类是处置债务人财产过程中产生的纳税义务。第三类是与财产行为税相关联的纳税义务。财产行为税是指以纳税人拥有的财产数量或者财产价值为征税对象或是为了实现某种特定目的,以纳税人某些特定行为为征税对象的行为税类税种,比较典型的如房产税、土地使用税和车船税等。第四类是在破产重整中因把债务豁免视为企业重整所得而产生的纳税义务。可详见财税〔2009〕59号,本文不再赘述。

对于前两类纳税义务,部分省级人民法院、省级税务机关以"规程""意见"等形式相继明确,并规定其为"破产费用"需随时清偿。其合理性可以概括为前两类纳税义务都产生了某种意义上的"经营"行为,对债务人而言总的方向为资金流入,使债务人具备了申报和履行纳税义务的客观能力。而对于第三类纳税义务,其往往是最容易被忽视或产生歧义的,多数债务人由于资不抵债，对于长期申报的房产、土地税等纳税义务已无实际偿还能力。这类纳税义务，发生在法院受理破产之前的部分应由税务机关按欠税处理进行税款债权申报；发生在法院受理破产之后新产生的部分，更应引起管理人和税务机关的高度重视。这里需要明晰的是，第三类纳税义务偿付能力的"根源"是相应财产的"处置"情况，而在《中华人民共和国房产税暂行条例》《中华人民共和国城镇土地使用税暂行条例》中并未有涉及破产期间的减免政策；至于重整、和解方式，由于债务人是存续的，在破产程序中该类纳税义务的必要性更是跃然纸上。为妥善解决该类问题，管理人应与税务机关积极畅通沟通，深入研究各相关税种的减免政策，并在法定期限内补充因债务人原因而疏于享受的减免政策申请。

二、税款滞纳金引发的债转股清偿

在企业破产重整程序中，通过债转股方式清偿债务因具有以少量现金支付和合理股权对价挽救企业困境、实现企业战略转型、化解债务危机和社会矛盾等优势在实务处理中得到了广泛应用。

因企业进入破产重整程序，客观上具备了一定的资产实力和回血功能，在《中华人民共和国企业破产法》相关规定下，一般在税款债权的清偿上能够以现金的形式支付。但是在税款滞纳金的偿还上，按照《最高人民法院关于税务机关就破产企业欠缴税款产生的滞纳金提起的债权确认之诉应否受理问题的批复》（法释〔2012〕9号）规定："破产企业在破产案件受理前因欠缴税款产生的滞纳金属于普通破产债权，与其他普通债权处于同等地位，按照比例进行分配受偿。"也就是说，税款滞纳金被认定为普通债权。在企业破产重整的程序中，税务机关在税款债权组、普通债权组两个表决组进行表决。在普通债权组表决中按照《中华人民共和国企业破产法》中表决规则，往往意见的有效性受限。因而在实务工作中，依照"同债同权"的理念，企业《破产重整计划》中通过的"小比例现金支付加大比例债转股方式受偿"的方式支付滞纳金对于税务机关滞纳金的后续管理造成了一定困扰。

根据国家相关规定，行政机关不能以自己的名义，直接投资企业，也不能以入股的形式投资企业，禁止党政机关经商办企业。《中国共产党纪律处分条例》《中华人民共和国企业国有资产法》等相关法律法规均有具体明确规定。依据上述相关规定，税务机关通过滞纳金受偿而得到企业股份是不恰当的。

如前所述，一般行政机构不能直接持有股权，尤其是税务机关作为履行税收征管的行政部门，其行政属性先天就与出资持股相矛盾。在债转股安排中，实际上税务机关一般不会被管理人在制定重整计划时作为接受债转股方案的持股人。反而会面临因债转股而产生的特殊性税务处理，根据《财政部 国家税务总局关于企业重组业务企业所得税处理若干问题的通知》（财税〔2009〕59号），涉及履行接受备案和审查义务。

对于此类问题在规章制度尚未完善的前提下，提出两种处理建议：一是调整重整计划。取得人民法院、管理人、其他利益相关债权人的普遍认可，对于税款滞纳金以现金方式清偿。二是采取政府联席会议的机制，由本级政府统筹具备持有企业股权的职能部门持有企业股权，并在合法合规合理的价格区间内抛售股票，偿还欠缴的税款滞纳金。

三、破产司法拍卖的若干涉税实务

在司法拍卖实践中，拍卖公告常由买受人承担全部税费。其原理是在不改变纳税人纳税义务的同时，引进了实际负税人，由实际负税人以纳税人的名义实际缴纳税款。此种方法貌似解决了一定层面的税款缴纳问题，但同时伴随着如实际负税人代缴纳的税款能否进行企业所得税、土地增值税扣除等问题，产生了各种新困扰。

伴随着《关于人民法院网络司法拍卖若干问题的规定》（法释〔2016〕18号）的出台，相关问题得到了一定规范，该司法解释颁布以来，对过去"转嫁税款"事项予以了否定，也对在实际工作中的各级法院和税务机关指引了工作方向。拍卖财产的转让方、承受方按照各税种所明确的纳税人、纳税义务依法依规申报、缴纳税款。法院执行部门通过与税务机关不断完善沟通机制，确保在执行款中优先偿付转让方的税款。

目前虽然一般的司法拍卖否认了"转嫁税款"的约定条款，但是依据《最高人民法院关于人民法院网络司法拍卖若干问题的规定》第一条规定："本规定所称的网络司法拍卖，是指人民法院依法通过互联网拍卖平台，以网络电子竞价方式公开处置财产的行为。"管理人处置破产财产系破产财产拍卖，而非司法强制拍卖，不适用前述规定（详见最高法民申〔2020〕5099号案例）。

细言之，破产拍卖与司法拍卖有诸多不同。

1. 法律依据不同。破产拍卖系管理人依据《中华人民共和国企业破产法》第二十五条之规定，履行管理和处分债务人的财产职责。司法拍卖系人民法院以拍卖方式处置财产，主要依据《中华人民共和国民事诉讼法》《最高人民法院关于人民法院网络司法拍卖若干问题的规定》等规定。

2. 实施和监督主体不同。破产拍卖由管理人作为处置主体，债权人会议和法院行使监督权，司法拍卖的处置主体为人民法院，系因执行申请人申请强制执行产生。

3. 行为性质不同。破产财产拍卖行为本质上属于民事法律行为，遵从各方意思自治，而司法买卖系司法强制执行行为。

4. 处置平台不同。仅以实践中应用量最大的网络拍卖为例，破产买卖并无对管理人选择拍卖平台的限制，而司法拍卖依法应当在最高人民法院建立全国性网络服务提供者名单库中选择拍卖机构。

因此在实践中，管理人往往还是在破产拍卖《竞买公告》和《竞价须知》中约定"标的物过户所涉及的一切税费由买受人承担"等条款。

鉴于破产拍卖与司法拍卖的不同，为保持破产拍卖与司法拍卖的一致性，部分法院出台关于破产网拍的规定，否定了破产财产拍卖中买受人承担全部税费的做法。如北京高院于2019年4月发布的《关于破产程序中财产网络拍卖的实施办法（试行）》第十九条规定："买受人应根据拍卖公告将拍卖价款支付至管理人账户或审理破产案件的人民法院账户。须由出卖人负担的相关税费，管理人应当在拍卖款中预留并代为申报、缴纳。"

重庆高院于2019年12月发布《关于破产程序中财产网络拍卖的实施办法（试行）》、上海高院于2021年6月发布《关于破产程序中财产网络拍卖的实施办法（试行）》，各地法院之所以发布此类规定，除了有为了保持与司法拍卖一致性的原因外，还有为了规范破产拍卖程序之义。毕竟承担全部税费的规定，降低了意向买受人的竞拍积极性，增加了管理人履行职务的风险，还可能引发不必要的诉累，延误破产案件的完结。从实质上看，这类规定让买受人承担全部税费这一做法并不能实现破产财产处置价值的最大化。

2023年8月黑龙江省税务局与黑龙江省高院发布的《关于加强联动进一步优化不动产司法拍卖涉税事项办理工作的通知》中提出根据实际情况从拍卖价款中依法扣除被执行人应承担的税费并缴入税务机关制定账户，同步通知被执行人申报缴税等规定，对实务工作提出了新的指引。但如发生被拍卖财产社会认可度低、流通性差，在两次流拍后由债权人依法取得财产进行抵债的情况，因拍卖交易过程没有产生现金流，亦存在无法优先扣除相应税款的窘境。理论的创新规范非一蹴而就，实务的思考求索永远在路上。

党的二十大报告指出："充分发挥市场在资源配置中的决定性作用，更好发挥政府作用。"国家发展改革委、最高人民法院等十三部委印发《加快完善市场主体退出制度改革方案》提出，要"以促进资源优化配置和提高资源使用效率为目标，按照市场化、法治化原则，建立健全市场主体退出制度，提高市场重组、出清的质量和效率"。作为税务机关，特别是基层税务机关，我们应始终关注上级政策文件的指引动态，始终关注涉税实务工作的发展变化，不断提升政治站位和业务水平，以更加清醒的认识、法治的思维和全局的高度在企业破产涉税实务工作中踔厉奋发、勇毅前行！

[作者单位：国家税务总局哈尔滨市香坊区税务局，北京市盈科（哈尔滨）律师事务所]

税务人员"八小时之外"监督困境及对策研究

——以丹徒区税务局为例

浦陆燕　谭　珍

近年来,丹徒区税务局聚焦"八小时之外"监督短板弱项,坚持疏堵结合,以教育防范为基础,以制度管理为保障,多头延伸监督触角,切实筑牢"八小时之外"监督防线。2019年以来,丹徒区税务局共收到信访举报和问题线索2起,均涉及"八小时之外",经查,均无问题。

一、"八小时之外"监督主要做法

第一是在制度建设上织密"防护网"。制定《进一步加强税务干部"八小时之外"监督管理意见》,明确"八小时之外"行为规范,建立健全重大事项请示报告、干部监督抽打电话等制度,细化监督范围和监督流程,确定责任部门,以制度完善保障"八小时之外"监督有的放矢。

第二是在长效机制上筑牢"防火墙"。一是建立"三级联动谈话"机制。通过纪检组组长与各分局(所)、股室主要负责人谈,支部书记与支部党员谈,监督组与重点人员谈,形成纪检组长抓总体、支部书记抓全面、监督组抓重点的"点、线、面"联动谈话机制。谈心谈话重点关注干部"八小时之外"生活圈、社交圈和朋友圈的苗头性、倾向性问题,及时咬耳扯袖,做深做细"八小时之外"延伸时间的摸底提醒。二是建立"纪检委员履职时间"。利用党日活动平台,每月确定廉政学习主题日,由纪检委员担任廉政讲师学廉规、讲廉事,增强廉洁意识教育对"八小时之外"生活的辐射效应。三是架设监督组+纪检委员"双探头"。根据纪检体制改革要求,设立两个监督组,定期深入各支部通过参与支部活动、监督检查、谈心谈话等方式,推动各支部纪检工作落细落实。同时,选派10名政治素质强、作风正派、廉洁自律的副分局长担任兼职纪检委员,将监督力量向基层神经末梢倾斜,利用近距离监督优势,动态掌握干部"八小时内外"思想动态和生活状态,做到早提醒、早预防,防微杜渐。

第三是在监督力量上打出"组合拳"。一是共建家庭税务"廉心桥"。制定《"清风相伴廉洁齐家"家庭助廉活动实施方案》和《宜税清风三年提升行动方案》,拓宽家庭助廉辐射面。组织开展清廉家风"四个一"活动,即"发送一次家庭助廉倡议书、开展一次警示教育活动、进行一次廉政家访、组织一次家属座谈会",融通单位大院与家庭后院的沟通渠道,筑牢防腐拒变家庭防线。二是内外共治织密监督网。建立外部违纪违法信息联动机制,定期走访区纪委监委、公安局等部门,及时收集、获取税务人员"八小时之外"违纪违法信息,争取工作主动性。

三是设立移动"监督哨"。聘请15名行风监督员对税务干部在遵纪守法、廉洁从政、依法行政等方面开展监督，进一步延伸监督触角，推动作风大转变效能大提升。制作《丹徒区税务局工作人员税收执法监督事项告知书》，在执法过程中向纳税人发放，并公布廉政监督电话，多方整合监督力量，形成不能腐的约束。

第四是在监督形式上凸显严管与厚爱。紧扣节日廉政敏感时点，通过节前集体廉政谈话、编发提醒短信，组织学习警示案例、开展廉政专题讲座等方式提醒干部过节不失"洁"；为防止公车私用，引发"车轮上的腐败"，丹徒区税务局在现有的11辆公务车上安装定位设备，全天候监控公务车使用情况；定期组织重点领域、关键环节岗位人员填报《"八小时之外"自查自纠表》，家属同步填写《"八小时之外"情况反馈表》，各单位主要负责人组织进行电话回访并复核确认，以闹钟式提醒督促干部时刻紧绷纪律弦；为丰富税务干部"八小时之外"生活，增进相互交流和联系，组建8类兴趣俱乐部，以丰富的业余生活，健康向上的社会活动，主动占领"八小时之外"阵地。

二、"八小时之外"监督管理中存在的问题

虽然，丹徒区税务局在"八小时之外"监督工作中做了许多有益的探索，但是，在实践中，笔者发现仍然存在一些薄弱环节和难点。

一是监督认识存在误区。在近期开展的税务人员"八小时之外"监督问卷调查显示，有10.5%的受访者认为加强干部"八小时之外"监督没有必要，且有19.6%和12.56%的受访者在主动接受"八小时之外"监督态度上呈现出不愿意和无所谓。从统计情况看，一方面仍有部分税务人员认为"八小时之外"监督是对隐私权的侵犯，是对个人的不信任和私生活的干扰；另一方面部分干部对"八小时之外"监督存在价值上认同和思想上抵触的矛盾心理，归根结底还是对"八小时之外"监督认识不够深刻，理解不够到位。

二是监督重点不够清晰。在问卷调查中，认为应加强对各单位"一把手"、各单位重点岗位、有一定实权的副职和中层干部监督的比例分别为85.43%、70.85%、72.86%。而目前丹徒区税务局对"八小时之外"监督更注重面上监督，缺乏针对重点人、重点岗的精准防范和具体监督举措。因此，需要在对关键人、关键岗，关键节点上细化监督，确保监督能够管住关键人、管在关键事。

三是监督措施不够有力。从目前的实际情况看，对干部"八小时之外"监督手段主要是通过自查自纠、谈心谈话、重大事项报告和家庭助廉等形式，存在监督措施效果不突出和创新性不足的问题。如重大事项请示报告制度，仅停留于被监督人员的报告表收集，对报告真实性的核实未跟进。家庭助廉活动氛围不够浓厚，任务式应付现象普遍，对税务干部家属的纪法教育和沟通频次缺乏有效性。

四是监督责任难以落实。由于税务人员"八小时之外"生活具有接触对象广、行动自由、活动隐蔽等特点，导致各方监督作用难以发挥。此外，监督者与被监督者之间存在千丝万缕的利益关系，也往往导致监督责任难以落实。主要表现在上级监督资源虽丰富，但往往鞭长莫及、不易监督；基层纪检部门虽有近距离监督优势，然而受时间、空间限制，对所属人员"八小时以外"监督情况难以做到全面及时掌握，导致监督存在滞后性，往往违纪违法行为发生才知晓。

另外，对单位主要负责人的监督难落实，由于一把手掌握着纪检干部的政治生命，导致部分纪检干部在对一把手监督时责任虚化，容易在监督的效果上打折扣。

三、加强"八小时之外"监督管理的建议

"八小时之外"监督管理，对预防违法违纪行为，营造风清气正的良好政治生态具有重要意义。因此，笔者建议应从以下几方面着手：

一是要加强教育引导，增强自律意识。要切实把教育作为实施监督的基础性工作来抓，通过廉政党课、专题讲座、参观廉政基地、警示案例教育等多种形式的教育活动，大力宣传"八小时之外"监督的意义和规定，引导税务干部主动接受"八小时之外"监督。在调查中，有77.5%的税务干部认为，加强"八小时之外"监督最有效的措施就是增强自律意识。因此，税务干部在接受外部监督的同时，要不断提升自我素质修养，把廉洁自律作为一种价值信仰和基本道德操守，无论是八小时内还是八小时外都要守住廉洁底线，算好政治账、经济账、家庭账。

二是突出精准监督，抓住关键重点。要抓住关键少数、关键领域、关键节点。基层税务部门的一把手、中层干部和重点岗位人员就是精准监管的"关键少数"，他们手中掌握着人、财、物等权力资源，极易被不法分子拉拢腐蚀。要重点关注这类"关键少数"的"八小时之外"动向。基层税务机关从事税款征收、风险应对、增值税发票管理、土地增值税清算、企业所得税等税收管理的"关键领域"，也是"八小时内"权力引发"八小时外"贪腐的高发"地段"，因此，要加强对这类"关键领域"的事中、事后监督，强化对权力的约束。逢年过节、婚丧嫁娶、职务晋升等往往是吃喝风、送礼风频发的"关键节点"，要紧盯这几个时间节点，一方面加强廉政教育，保持警钟长鸣；另一方面要加强同纪委监委及行风监督员的联系合作，在节假日期间深入酒楼、私人会所、高档歌舞厅等休闲娱乐场所开展明察暗访。

三是完善监督机制，内外协同共治。要进一步完善重大事项报告制度、立家庭助廉机制和谈心谈话机制。有的干部认为婚丧嫁娶是小事、私事、家务事，无须向组织说明或报告，或者即便报告了，也是遮遮掩掩，避重就轻，导致报告事项"水分太多"。因此，要落细落实重大事项报告制度，对税务干部提交的重大报告事项内容要联合房产、公安、车管所等部门进行抽样核查，有条件的情况下可考虑实地检查。要依靠干部家属发挥监督的作用。通过定期召开家属助廉座谈会，不定期深入干部家庭访谈等形式，增强干部家属的纪法意识，不断传递从严治党的震慑力，从而成为干部"八小时之外"监督的助力者。谈心谈话是党的优良传统和政治优势，也是强化干部"八小时之外"监督的重要手段。谈心谈话要坚持目标导向，做到"五必谈"，即人员调入集中谈、情绪波动立即谈、考核处分深入谈、家庭变动酌情谈、苗头倾向及时谈；达到"五清楚"，即家庭情况清、性格爱好清、主要诉求清、社会关系清、健康状况清。为"八小时之外"风险打好"预防针"。

四是压实监督责任，提高监督实效。要细化监督责任。明确党委纪检监督组和纪检委员以及基层党支部、主要负责人的监督职责和责任，真正使"八小时之外"监督管理工作处处有人问、事事有人管。要强化监督检查。要把"八小时之外"监督管理落实情况作为常规监督任务，并纳入绩效考核指标，通过调研、约谈、查阅相关资料等形式开展督查，对检查情况进行点评和通报，推动监管责任落地落实。同时，要严格监督问责。在严格查处违纪违法行为的同时，

深究"八小时之外"监督责任落实情况，对应当发现而没有发现，或发现后没有及时制止，甚至帮助隐瞒欺骗组织的，要严肃追究相关责任人的监督管理责任，以问责倒逼责任落实。

五是加强廉洁文化建设，发挥成风化人功效。廉洁文化是中国特色社会主义文化的重要组成部分，是实现干部清正、政府清廉、政治清明、社会清朗的基础所在。要挖掘中华优秀传统文化廉洁思想，因地制宜在办公楼规划建设廉洁文化场所和景观，创新方式方法，丰富廉洁文化优质产品和服务供给，采用群众喜闻乐见的方式，如动漫、摄影、绘画、短视频等，将廉洁文化可视、可听、可感，营造处处见廉、人人思廉的浓厚氛围。通过廉政文化的吸引力、感染力、影响力，把"八小时之内"的廉洁思想教化转化为"八小时之外"的行动自觉。

（作者单位：国家税务总局镇江市丹徒区税务局）

税种联动

——监控防范涉嫌接受虚开发票税前扣除风险

李义祥

税收作为国家的重要经济来源和调控工具，对于维护国家经济稳定和发展具有至关重要的作用。发票风险管理作为税务机关一项重要管理内容，直接反映税收管理质量的高低。发票主要是指企业和个体在开展各项经济活动时所开具和索取的法定收据，是会计入账的法定凭据，也是税务机关执法检查的重要凭证。它具有合法性、真实性、时效性、可传递性等特质，也是税务机关控制税源、征收税款的重要依据。

一、虚开发票的概念及现状

虚开增值税发票是指在实际经营开发票过程中，相关市场主体没有根据法律的要求开票，开票缺乏真实性，且不存在真实的交易环境或者没有按照真实交易情况开票，比如商品购买的数量和价格失真、企业的名称失真、开票日期失真等。虚开增值税发票主要包括四种，一种是应客户的要求，为客户虚开发票；第二种是自身利益需求为自身虚开发票；第三种是作为虚开发票的中间方介绍他人虚开发票；第四种是让对方为自身虚开发票。

虚开增值税发票违法行为对国家税收收入造成了严重侵害，虚开发票大案要案中的发票金额动辄上亿元，即便各级税务机关在工作中将发票当做不能触碰的高压线，各级税务稽查部门将"打虚"工作列入重点，仍无法杜绝虚开增值税发票行为的频发。针对虚开发票案件的时有发生，怎样去防控虚开风险一直是税收风险管理关注的重点问题。随着金税工程的上线，税务机关在增值税专用发票的管理上愈加重视和严格，尤其在"互联网+税务"不断发展的今天，不法分子虚开专票存在一定的难度，同时"营改增"后，增值税普票的需求不断加大，不少不法分子将主意打到普票上来。

二、虚开发票的内外因

高压态势下，虚开发票仍屡禁不止，原因有以下几点。

（一）发票相关制度不够完善

改革开放以来，我国所沿用的增值税发票相关政策法规还是于1993年颁布的《中华人民共和国发票管理办法》，而且其中只是对发票管理进行了框架式的规定，并未有详细细则，虽然后续出台了多条规范性文件及补充文件，但是依旧没有达到充分完整，尤其是增值税普通发票方面，只有部分规定，一直未进行充分补充，而因为不按规定造成除规定以外的其他行为该如何处理，在执行处罚中却缺乏依据。这样在立法上的欠缺，给管理工作带来很大难度以及诸多不便。同时，在操作应用上因没有具体的实施措施，税务部门执行时把握的标准难以统一，对于发票犯罪的判断也存在歧义。

（二）税务部门管理职能弱化

在税源管理领域我国现存的主要问题是管理职能弱化，税务机关与纳税人之间严重脱离。主要表现为：（1）对于已经办理完税务登记的相关企业，税局内部的管理责任难以做到权责明晰，责任到人，加强责任职责的落实，促进内部监管人员能够严格按照职责落实规定的要求。（2）税务管理人员很少对纳税企业进行实地摸底考察，对于一些动态指标难以实现实时有效的监测。税务机关的纳税服务缺位极易产生以下不良后果，一是难以确定所管辖企业的真实数目和相关有效信息；二是很难判断纳税企业的申报材料是否据实填写，同时也很难推断企业的纳税义务是否完全履行。

（三）相关部门协作不足

《中华人民共和国发票管理办法》第四条规定："国务院税务主管部门统一负责全国的发票管理工作。省、自治区、直辖市国家税务局和地方税务局（以下统称省、自治区、直辖市税务机关）依据各自的职责，共同做好本行政区域内的发票管理工作。财政、审计、工商行政管理、公安等有关部门在各自的职责范围内，配合税务机关做好发票管理工作。"由该项条款可知，我国的税收征管工作不单单是由税务部门一个地方来处理所有问题，还需要其他各个单位共同协作完成，由于各个单位职责分工所对应的领域不同，在发票监管上难以达成一致是必然的，有各单位各行其是的现象也是必然的。目前国家已经建立了税警联络机制，但合作打击效果不突出。一是税务机关在案件移送过程中无论是涉及重大涉税违法线索的事前移送和检查处理完毕的事后移送存在有大量的案件无法顺利移送；二是这些虚开增值税发票的案件，公安机关虽然介入了，但是对这些犯罪团伙并没有形成强烈的打击，犯罪团伙也对公安机关没有强烈的害怕心理；三是税务银行信息的交换存在盲点，在案件查办中反映出与银行沟通的渠道不畅通。

三、摸索税种联动监管模式

不少县域经济最传统的模式是供销员经济，通过供销员走南闯北，争取订单，为本土企业带来大量的产能和效益，县域经济的发展离不开供销员的付出。但供销经济的发展，企业需支付给供销员一定的报酬和返点等，同时材料成本等也有一部分是由供销员本身提供，成本及费用凭证的短缺以及供销员报酬返点的涉税问题成为企业纳税遵从度的一大挑战，部分企业通过大量虚设各类安装服务部、加工服务部、钢结构安装部等，达到虚增企业成本费用发票，结转供销员报酬返点的目的。

增值税的进销项与企业所得税的收入成本费用息息相关。增值税进销项不匹配的特征，结合企业所得税申报数据能更好地判断企业是否存在虚开的行为。重点展开对各类安装服务部、加工服务部、钢结构安装部等数据分析及监管。通过增值税进销项匹配以及企业所得税申报数据比对，发现异常企业，建立相对应的风险监管模型。结合企业正常经营特征，挖掘2022年度小规模纳税人中开具的销项发票金额和接受的进项发票金额差额在三百万元以上共有户数。结合这部分纳税人2022年度企业所得税汇算清缴数据可以看出，发现绝大部分户基本不交或交很小金额的企业所得税，成本费用与其接受的发票金额严重不匹配，虚开嫌疑较大。深入分析发现，绝大部分企业还存在其他典型涉嫌虚开特征：发票点对点开具、一次性大量开具后即注销等。通过增值税与企业所得税的联动监管，拟对筛选出的高风险户数进行专项核查应对，打击虚开企业。

同时重点核查年度应放在2022年度，一是因为国家税务总局2022年15号公告的出台，对小规模纳税人适用3%征收率的应税行为，免征增值税。可能会导致成立的咨询、服务类等皮包公司为其他企业开具3%免税发票列支所得税成本的情况增加。二是2022年度也是企业所得税核改查工作完成的年度，对一些风险特征较明显的在取消核改查虚增成本费用后，问题也会暴露出来，这也是我们需要重点关注的。

不法分子利用减税降费政策作为牟利点，利用对小微企业的普惠性减税政策，以及增值税对季度销售额不超过一定标准的免税，配套政府"放、管、服"方针，通过成立多家空壳虚开经营部、安装部等，卡着免税额度虚开发票，逃避真实经营活动正常税率，虚构不实的供销业务，达到较低的成本来获取自身的经济利益目的。

由此增值税与个人所得税的联动也成为有效管理防范虚开的重要内容，通过核查虚开资金流走向，对资金流向企业老板或供销员等自然人的情形，对其申报个税情况进行重点核查，对利用此方式逃避个人所得税的做法，做到通过联动个人所得税核查执行的方式，遏制虚开打击虚开。税种联动管理，不仅可以用于防范虚开风险，也可以用于征管当中，加强企业日常管理，提升企业纳税遵从度，规范企业经营行为。

四、防范虚开风险的建议意见

（一）强化税收宣传机制

税务机关是国家政策法规的强力执行者，是国家颁布的法律法规与纳税企业之间的沟通桥梁。税务机关对税法的宣传是否到位，直接关系到纳税企业是否能按要求切实履行纳税义务。同时，税法的宣传工作对于现阶段的税收工作能否顺利开展、能否实现和谐税收都具有不可忽视的重要意义。税务机关应该以税收宣传为主要契机，加大力度对税法进行全方位宣传，加强对纳税企业的教育辅导，提升自身辨别重大风险点的预知力，以此来减少或者避免虚开增值税发票的行为。

（二）建立多部门协作机制

各级部门要充分发挥职能作用，共同防范、打击虚开骗税违法犯罪行为。在地方招商引资过程中，建议听取税务部门意见，引入涉税违法风险分析机制，时刻警惕统一代办登记、经营不建账、简化注销程序等"假企业"；市场监管部门、银行机构、税务部门紧密协作，在不增加市场主体负担的前提下，把实名办证、实名办税真正落到实处，阻断冒用他人身份开设"假企业"的行为。税务机关各职能部门要加强对企业各项税收数据的挖掘和分析，在分析研究以及对比的基础上加强职能的建设。

（三）完善相关法律法规

在当前现有的税务相关法律体系中，虽然有发票管理办法以及其他各项法律及暂行条例的法律保障，也有各种相应的实施细则，但是，一线税务工作人员在处理具体的发票相关业务过程中，仍旧缺乏更为细化的处理问题标准以及符合当前社会现状的相关法律条文。因此，全国人大及国家税务总局应将有关的法律法规抓紧时间制定完善，让税务机关工作人员在执法过程当中有法可依，秉公执法。

（四）加快"以数治税"转变，推行电子发票

"以票控税"在当前经济条件下所遇到的瓶颈主要是税务部门与纳税义务人之间的征管税收信息不对等。由此，当前经济市场急需引入一种新的征收管理模式。而"以数治税"在坚持"以票控税"的前提下，充分利用现代互联网相关的技术和手段，以解决税务部门与纳税义务人之间的征管税收信息不对等的问题为重点，配以税务风险管理的科学理念，将税务信息管理的有关机制不断完善优化，加强纳税人管理体系的不断健全充实，加强税收业务与信息技术的有机融合，进而提高税收征管水平。

对增值税发票的管理不仅依赖于国家和有关机关的打击和查处，同时还依赖于我们每一个人，通过国家层面、企业层面以及社会各界群众层面的共同努力，降低增值税发票违法行为的出现；借助大数据这一强有力的武器，各税种联动管理，齐抓共管，严厉打击增值税发票违法犯罪行为。

（作者单位：国家税务总局扬中市税务局）

职工队伍建设

中国式现代化目标下推动税务系统离退休干部工作高质量发展研究

国家税务总局北京市税务局联合课题组

一、研究背景及意义

应对老龄化问题给经济、社会等层面带来的压力和挑战，是中国式现代化历史进程中绕不开的难关。受老龄化影响，我国离退休干部队伍日益庞大，管理问题日趋复杂。应对好这些新情况、新挑战，是离退休干部工作高质量发展的当务之急，对推进中国式现代化具有重要意义。

中国式现代化进程中，如何进一步加强党建引领作用，服务和管理好日益庞大的离退休干部群体，真正使他们老有所依、老有所得、老有所为，让老同志共享改革发展成果的同时，发挥出税务系统离退休党员干部政治觉悟高、党性观念强、实践经验丰富的优势，助推税收现代化和服务中国式现代化，是新形势下做好离退休干部工作面临的重要问题。

二、中国式现代化目标给离退休干部工作带来新机遇新挑战

党的十八大以来，以习近平同志为核心的党中央高度重视离退休干部工作，强调"老干部是党执政兴国的重要资源，是推进中国特色社会主义伟大事业的重要力量"[1]，"希望广大老干部不忘初心、牢记使命、坚持老有所为、继续发光发热、弘扬党的优良传统、赓续红色血脉，讲好党百年奋斗重大成就和历史经验的故事，积极为实现第二个百年奋斗目标和中华民族伟大复兴贡献智慧和力量"[2]。同时，党的二十大提出"以中国式现代化全面推进中华民族伟大复兴"。中国式现代化的"中国特色"决定了离退休干部工作必须坚持以习近平总书记关于老干部工作的重要论述为根本遵循，紧紧围绕"人口规模巨大""物质文明和精神文明相协调""人与自然和谐共生"等重大挑战和重要目标去推动和落实。

坚持党建引领是离退休干部工作高质量发展的第一要务。离退休干部工作现代化是中国式现代化的重要组成部分，这决定了它在党领导下的自然属性。因此，离退休干部工作的核心是政治工作，坚持和加强党对离退休干部工作的领导是助推离退休干部工作服务中国式现代化的核心，是离退休干部工作面向第二个百年奋斗之路必须坚决把握的基本原则。

中国式现代化的五个特征指引离退休干部工作应向五大方面协同发力。要积极应对离退休

---

[1] 人民日报评论员. 老干部是推进中国特色社会主义伟大事业的重要力量［EB/OL］. 人民网，2019-12-17.
[2] 习近平对全国老干部工作作出重要指示［EB/OL］. 中国政府网，2021-12-21.

干部群体规模增长，创新服务管理方式，提升服务管理质效。要助力实现共同富裕，不仅要满足共性需求、兜底基本需求，同时也要重视离退休干部群体中的特殊困难群体。要注重离退休干部文化建设，及时把握离退休干部群体心理和思想上的变化。要践行传播绿色发展理念，加强对离退休干部绿色低碳生活方式的教育和肯定，带动和传播勤俭持家、绿色生活的优良家风。要夯实和平发展理念，教育引导离退休干部始终拥护党和国家的和平发展道路，积极传播和推广中国特色文化与和平发展理念。

三、对以离退休干部工作高质量发展更好服务中国式现代化的意见建议

（一）全面加强党的领导，进一步发挥党建引领作用

做好离退休干部工作，涉及家庭、社区、社会等方方面面，必须发挥党总揽全局、协调各方的领导核心作用。按照社会嵌入理论，离退休党员干部需要始终嵌入一个社会网络中，这是党的组织力得以发挥的天然驱动因素。要更好地凝聚和运用党的力量关键在于科学地组织，更有效地发挥出党组织强大的政治功能和组织功能，使离退休干部始终保持与党组织的紧密联系，更有利于离退休干部老有所养、老有所依、老有所为。

1. 加强和创新党组织建设

要把贯彻落实党的二十大精神与贯彻落实中共中央办公厅《关于加强新时代离退休干部党的建设工作的意见》、国家税务总局《关于加强新时代税务系统离退休干部党的建设工作的若干措施》紧密结合，持续提升离退休干部党建工作质量，督促各级党委切实履行离退休干部党建工作主体责任，与其他领域党建工作同部署、同推进、同落实、同考核。应本着有利于教育管理、有利于发挥作用、有利于参加活动的原则，进一步合理规划设置基层离退休干部党组织，打破原任职单位限制，加强统筹协调，提升基层党组织的战斗堡垒和凝心聚力作用。同时按照相关文件要求，提高党组织活动经费保障力度，加强对离退休党组织活动的关怀与支持。

2. 加强思想政治建设

做好首都税务系统离退休干部工作，要始终坚持政治建设的统领地位，坚持把"看北京从政治上看""旗帜鲜明讲政治"贯穿离退休干部工作始终。要以党支部为单位，坚持"三会一课"基本制度，定期组织、长期坚持政治理论学习。引导离退休干部全面把握习近平新时代中国特色社会主义思想的世界观、方法论和贯穿其中的立场观点方法，深刻领悟"两个确立"的决定性意义，自觉在思想上政治上行动上同以习近平同志为核心的党中央保持高度一致。

3. 加强管理监督

无规矩不成方圆，做好离退休干部工作，必须坚持"服管并重"理念，推动服务与管理融合互促，在服务中规范管理，在管理中优化服务。要坚决贯彻落实全面从严治党要求，牢固树立注重强化离退休干部党员管理，进一步增强离退休干部党员的党性观念和规矩意识。不断提升各项规章制度执行力度，特别是引导离退休干部严格遵守党中央关于讲座、论坛、出版、接受采访以及在企业和社会团体兼职、继续从业、出国（境）审批等方面的纪律规定。对苗头性倾向性问题，要及时谈话提醒；对违规违纪行为，严格按照党的纪律和工作程序及时处理上报。

（二）坚持以"让党委放心、让老同志满意"为目标，切实做好服务保障工作

中国式现代化是全体人民共同富裕、物质文明和精神文明相协调的现代化，充分体现了以

人民为中心的发展思想。离退休干部为税收事业的发展壮大做出过重要贡献，做好离退休干部工作承载着继承光荣传统、关心爱护老同志、助力税收事业发展的重要使命，具有特殊重要的地位。因此，要进一步牢记离退休干部工作的照护、关爱属性，将离退休干部满意不满意作为首要评价标准。要在工作的各环节、各层面、各领域体现党对离退休干部的关心、关爱，精准落实离退休干部多元化、个性化的需求，让离退休干部从组织中获得的归属感更有保障，不断提升离退休干部的获得感、幸福感和安全感。

1. 加强组织领导

进一步加强党委对离退休干部工作的领导，健全完善离退休干部工作领导责任制，强化对离退休干部工作全局性谋划和系统性指导，将其作为领导干部考核的重要内容。着力推动离退休干部工作的顶层设计，不断完善离退休干部家庭养老、社区养老、机构服务等管理服务配套法规，建立健全养老、医疗、休养、服务经费增长等制度体系，进一步发挥市场作用，逐步形成全社会多层次管理服务供给保障体系。

2. 创新服务机制

随着离退休干部人数不断增加，离退休干部对服务多样性和精细化的期待越来越高，传统的服务机制越发难以适应。要创新工作方式，充分发挥离退休干部工作领导小组的作用，加强与人事、党建、财务、后勤等部门的密切配合，集思广益，整体联动，形成合力。例如，在离退休干部监督工作有关问题自查自纠的统计报送工作中，人事部门负责牵头组织，离退休管理部门负责收集整理老同志的自查自纠登记表，极大提高了工作效率，保证了工作实效。

3. 完善养老服务

随着经济社会发展，传统的家庭养老功能在家庭结构小型化、人口流动扩大化的背景下逐渐弱化，要拓宽和完善新时代"家庭+税务"养老助老机制。要加强离退休干部子女亲属信息采集，建立沟通联系机制，通过亲属及时掌握离退休干部状况，推动离退休干部分级分类服务管理更加精准、及时。要着力推动现有社会养老服务资源与离退休干部需求的精准对接，稳步推进社区驿站、老年公寓等社会养老资源和传统养老模式的融合，引导离退休干部逐渐提高"购买服务"的接受度和使用率。

（三）加强舆论引导，激活凝聚银发先锋力量

尊重离退休干部就是尊重党和税收事业的发展历史，关爱离退休干部就是关爱党和税收事业的宝贵财富。离退休干部工作要问计问需于离退休党员干部，充分挖掘他们的政治优势、经验优势、威望优势，用心用情滋养他们不忘革命的初心使命，激励他们发挥优势所长，为中国式现代化建设贡献银发力量。同时，加大宣传引导力度，积极弘扬离退休干部群体为党和国家税收事业无私奉献的朴素情怀，使老同志的宝贵精神财富得以传承，激励广大党员干部群众以奋进的姿态建功新时代。

1. 认真做好离退休干部工作宣传

大力加强离退休干部文化建设，鼓励老同志继续发光发热。深入挖掘离退休干部先进事迹，充分利用报刊、新媒体、报告会等途径，广泛宣传在服务大局、奉献社会、发挥作用、助力首都改革发展稳定等方面有突出作为的离退休干部，营造老有所为、崇尚先进的浓厚氛围。定期

组织开展离退休干部评先树优活动，加大表彰力度，组织引导离退休干部积极参与道德模范、最美家庭等荣誉争创活动，树立税务系统离退休干部良好形象。

2. 注重发挥离退休干部的独特优势

税务系统离退休干部具有丰富的人生阅历和工作经验，他们对国际动态、社会政治、经济发展具有更高的敏感性和更成熟的判断力。因此，要引导离退休干部积极参与到首都税收现代化、中国式现代化建设中来，把学习宣传贯彻党的二十大精神与习近平总书记关于税收工作重要论述结合起来，紧扣新时代首都高质量发展，引导离退休干部用历史的眼光、切身的感受、身边的事例、通俗的语言把党的政策文件讲清楚、讲明白。引导离退休干部积极参与基层治理、社区志愿服务、文化教育等事项，打通服务群众"最后一步路"，为首善税务机关建设贡献银发力量。

3. 加强离退休干部学习活动阵地建设

一方面，离退休干部工作部门要认真研判当前工作形势，做好前瞻性研究，在老干部活动中心、老年大学、网络学习平台等活动阵地建设中做到"线上与线下相结合""建设与管理相衔接""重点与特色共发力"，实现活动阵地全员覆盖、布局合理、独具风格、功能明显。另一方面，加强属地社区联动配合，探索多元共治，优化拓展阵地布局。发挥首都政治中心优势，积极协调整合税务系统外的涉老资源，与其他行政部门、社区组织加强学习活动阵地共享，尝试联合共建，形成工作合力。

课题组组长：刘　浩
课题组副组长：邓荣华　廉　清　李　然
课题组成员：冷文娟　李广生　赵永鑫　伏礼刚
　　　　　　　　范　婕　吴文姣　余　松　时丕彦
课题执笔人：范　婕　时丕彦

推动政治能力建设向基层延伸的思考与实践

——以广州税务系统为例

国家税务总局广州市税务局课题组

党的二十大报告指出,"全面建设社会主义现代化国家,必须有一支政治过硬、适应新时代要求、具备领导现代化建设能力的干部队伍"。党的十八大以来,习近平总书记站在新时代推进中国特色社会主义伟大事业的战略高度,对提高党的执政能力和领导水平提出了一系列新理念新思想新要求,反复强调全党同志要不断提高实现伟大目标迫切需要的各种能力,其中排在第一位的是政治能力。

广州税务系统有五百余个基层党组织,处于税收执法和税费服务第一线。推动政治能力建设向基层延伸,是更好服务纳税人缴费人、锻造忠诚干净担当的新时代税务干部队伍的必然要求和现实需要。近年来,广州税务系统各级党组织深入学习贯彻习近平总书记在中央和国家机关党的建设工作会议上的重要讲话精神,在加强政治机关建设、提高党员干部政治能力上进行了实践探索,取得了明显成效。但课题组通过深入基层一线驻点蹲点、座谈交流、深度访谈、问卷调查等多种调研方式,结合政治巡察、政治生态评价等工作情况,发现基层税务部门政治能力建设还有一些薄弱环节,基层党员干部存在政治素养有待提高、政治历练不足等问题,需要采取有效措施加以解决。

对此,课题组坚持大抓基层的鲜明导向,在实践中总结出广州税务部门政治能力建设向基层延伸的做法及成效,即强化问题导向、系统思维、顶层设计,落实落细"市局主抓、县局主建"的工作要求,通过建立健全责任传导、监督约束、党业融合、教育激励"四大机制",切实增强基层党组织政治功能和组织功能,提升基层党员干部的政治能力,引导党员干部在高质量推进税收现代化征程上扛起政治责任、展现使命担当。

第一,建立健全责任传导机制,强化责任意识,推动政治机关建设。牢牢牵住责任制这个"牛鼻子",紧盯基层党组织书记、委员这个责任落实的关键主体,通过进一步细化工作清单、明确工作要求,推动压力层层传导,责任环环相扣。一是围绕重点工作确定"书记项目"。坚持"书记抓、抓书记"。党委书记认真履行第一责任人职责,在"机关党建助力城中村治理行动"中,实施"税费护航康'健'之'鹭'"书记项目,作为加强政治机关建设、以学促干谋发展的"样板",发挥示范引领作用,推动党建工作优势和活力转化为推动高质量发展的效能。二是建立"必做台账"和"履责清单"。建立县级税务局党委深化政治机关建设"必做必落实"事项台账,明确具体工作要求,推动各区税务局党委扛牢压实政治责任。建立"纪检委员履责清单"，进一步明确党支部纪检委员职责任务和落实要求，推动纪检委员"前哨"作用发挥、纪律作风建设举措落实到位，进一步在支部层面厚植严的氛围。三是建立示范点联建机制。组织开展"四强"党支部建设优秀案例及"廉洁税务"示范点评选工作，统筹落实基层党组织建设和党风廉政建设相关要求，通过联动评选，及时总结推广有效做法，以点带面、整体推进政治能力建设。四是建立党组织书记委员履职培训机制。定期举办党建干部示范培训班和政治能力提升专题培训班，对新任党组织书记和委员及时进行培训指导，围绕政治能力建设向基层延伸、提升青年干部政治能力等主题进行交流研讨，帮助提升履职能力水平，确保对职责任务和标准规范做到心中有数、落实有方。

第二，建立健全监督约束机制，强化监督管理，常态化做好"政治体检"。充分发挥基层党组织特别是党支部"管到人头"的优势和作用，推动政治建设和政治监督融入日常、严在经常，通过常态化监督预警，及时发现和纠正苗头性倾向性问题。一是建立职能监督与基层党组织日常监督清单制，推动监督到位不走样。压实党建部门一体化综合监督统筹责任，将监督责任分解到各职能部门和党支部，细化工作任务，促进各类监督主体明责、履责、尽责，增强监督工作合力。同时定期进行跟踪问效，收集推送需关注的风险点，做到信息共享、问题共治。二是加强巡察监督与纪检专责监督及部门职能监督贯通融合，推动监督成果共享。推动专责监督向基层延伸，制定《广州市税务系统纪检员工作管理办法》，明确九大监督职责和履职考核相关规定，在全系统配备纪检员队伍，充分发挥常态化监督"探头"作用。在强化纪检机构和组织人事部门日常监督责任的基础上，巡察部门通过组建整改专职辅导员队伍、对口联系整改、细化巡察组整改评审指引、固化巡察整改交流座谈机制等方式，凝聚督责问责合力，帮助基层党组织及时发现政治建设方面的短板弱项，以查促改强化政治能力建设。三是探索建立"政治素质档案"，推动监督成果运用。坚持把干部政治素质摆在队伍建设的突出位置，探索构建多视角、多维度、全覆盖的政治素质档案体系，细化干部政治素质核心评价指标，为客观评价干部政治素质建立可行标准。人事部门协同考核考评、党建、纪检等部门汇总档案内容，并加大日常分析研判力度，对日常管理监督结果进行扎口归集和风险扫描，探索建立干部政治素质档案审查结果风险点清单，对干部政治素质方面表现出的苗头性、倾向性问题及时进行谈话提醒，打好"预防针"。

第三，建立健全党建与业务深度融合机制，强化引领保障，增强"战斗堡垒"的政治功能。充分发挥税务系统"纵合横通强党建"机制制度体系优势，丰富拓展广州税务"党性锤炼+为民服务"党建与业务深度融合长效机制，具体细化税费征管、纳税服务等线条党建与业务深度融合的实际举措，精心培育打造新时代"枫桥式"税务所和办税服务厅及廉洁税务示范点，引导基层党组织和党员干部立足税收岗位、结合广州实际，在学习贯彻习近平新时代中国特色社会主义思想中寻求破题之策、解题之方，在为群众排忧解难中强化政治责任和担当。一方面，围绕办税缴费的难点堵点，打造党建与业务深度融合品牌。加强税收共治，积极与地方党委政治及其工作部门党组织结对共建，推动打造"社会保险费征缴争议联合处置""不满意，请找我""家门口党群智税圈"等党建与业务深度融合品牌，引导党员干部全力解决纳税人缴费人的急难愁盼问题。社保费争议联合处置机制入选广东省"枫桥经验二十周年"实践案例库，列为广州市2023年十件民生实事、100项可推广可借鉴的为民服务改革举措；打造家门口党群智税圈工作得到全国妇联领导肯定;"不满意请找我"品牌在全省税务系统推广。另一方面,围绕推动发展的重点项目,打造党建与业务深度融合品牌。紧扣高质量发展首要任务,打造"税收服务广交会""青年创新创业税务服务工作站""税爱志愿""税惠助农"等党建与业务深度融合品牌,组建"党员先锋队""青年突击队""青年助企团"等多队伍,围绕中心工作任务开展主题党日活动,切实发挥基层党组织战斗堡垒作用和党员干部先锋模范作用,全力服务地方经济社会发展大局。"税爱"志愿项目入选广州机关党员志愿服务10年十佳项目。

第四,建立健全教育激励机制,强化忠诚担当,增强党员干部的政治历练。坚持党建引领、文化润心,注重用品牌建设固化工作机制,在基层一线持续营造实干担当的浓厚氛围。一是打造导学领学品牌与共学共享平台。建立"税·阅空间""先锋领学""党员学习超市"等品牌,广泛开展主题联学、荐书交流等活动,推出"精品党课""青年思政课"等系列融媒体视频,用党员干部喜闻乐见的形式提升理论武装质量,推动学懂弄通做实,引导党员干部始终保持理论上的清醒和政治上的坚定。二是打造创先争优、建言献策系列品牌。针对党员和青年群体,打造"穗税先锋""青税智汇"品牌,定期发布"先锋人物榜""先锋品牌榜",举办榜样说、青年说等活动,强化榜样引领。围绕攻坚项目,建立"揭榜挂帅"青年创新项目培育机制、"金点子"建言献策平台、"税务工匠杯"技能大赛擂台,广泛搭建比学赶超舞台,激发党员干部的责任感、使命感和参与度、获得感,强化政治执行的工作能力和责任担当。三是打造经常性思政工作和税收文化品牌。积极建设思想政治工作室(站),开展基层思政工作示范点创建工作,及时总结提炼有效做法,提升思想引领的精准度和实效性。持续丰富"羊城税月"税收文化品牌,建设"虎门税馆""红色税站"等税史教育基地,推出《羊城税月》系列纪录片,引导党员干部传承红色基因,赓续精神血脉,牢记初心使命。四是打造"穗税平安"品牌。一方面,紧盯"两权"运行,保持高压震慑。开展反面案例解剖式调研,通过以案促改督促完善内控、健全制度,填补管理漏洞和监督盲区。另一方面,坚持教育引导,注重正本清源。加强新时代税务廉洁文化建设,推动党支部落实"纪检委员时间",持续开展警示教育、家庭助廉等工作,组织党规党纪学习、典型案例通报剖析等,树牢基层税务党员干部的纪法意识、廉洁意识。

课题组成员: 黄嘉颖 张 喜 曹红丽 肖俊洁
何俊明 刘孟实 王一帆

新时代推进西部地区税务干部能力素质提升的路径研究

——以巴彦淖尔市税务系统实践为例

张培森

育才造士，为国之本。习近平总书记在二十大报告中提出"建设堪当民族复兴重任的高素质干部队伍"，为新时代干部队伍建设提出了根本遵循。深入推进西部地区基层税务干部队伍建设，需要在全面把握干部队伍整体情况的基础上，通过有效制度引领，建强"培育选用"完整链条，助推税务人才"育树成林""化茧成蝶"，打造一支政治过硬、德才兼备、堪当重任的高素质基层税务铁军。

一、西部地区税务系统干部队伍建设存在的主要问题

随着国家公务员体制改革的持续深化和"人才兴税"战略的稳步推进，西部偏远地区税务系统，以巴彦淖尔市税务局为例，在队伍建设方面虽取得一些成效，但也仍面临诸多问题和挑战，一定程度上制约了税务系统的可持续发展。

（一）年龄结构整体偏大，专业人才相对短缺

巴彦淖尔市税务系统正式职工1531人，其中公务员1426人、事业人员67人、工勤人员38人。队伍整体年龄偏大，平均46岁，其中40岁以下税干仅占27.5%，老龄化问题较为严重。与东部经济发达地区相比，人员整体素质存在较大差距，具体表现为"两多两少"：一般院校毕业生多，在职学历中管理类专业多；来自"双一流"院校的高层次人才少，税收及法律等急需的专业人才少。近五年来，全市税务系统共招录公务员116人，其中双一流院校仅9人，难以满足当前税收现代化对精细化管理的高要求。

（二）新进人员占比较小，后备力量补充不足

受招考分配总量限制，西部地区税务局新进人员占比较小，导致30岁以下的年轻人数量不足。近五年来，巴彦淖尔市税务系统新录公务员仅占全自治区税务系统新录公务员的5%。目前，全市税务系统30岁以下的年轻人仅181人，占比11.82%，约为全市税干总人数的十分之一；平均每个旗县局仅有20人，每个部门只有1~2人。而内蒙古自治区税务系统近五年来新进人员，也只占江苏省税务系统新录公务员的68%，年均少录300余人。西部地区新进人员占比小，导致后备力量明显不足，难以适应税务系统长期发展的需要。

（三）青年税干流失较多，基层队伍不够稳定

由于地区经济不发达、环境艰苦，西部地区的青年税干思想不够稳定。虽然其在入职时签订了5年服务协议，但期满后，许多人选择通过各种途径离开基层。近五年来，全市税务系统共有92名年轻人通过遴选、调动、辞职等方式离开，其中不乏研究生、业务标兵等核心骨干，且大多来自基层旗县局，导致基层年轻力量显著减少，人力资源出现断层，影响了整个税务系统的稳定和可持续发展。

综上所述，西部地区税务干部队伍面临的问题和挑战不容忽视。为了实现税务工作的可持续发展，必须采取有效措施加强队伍建设，提升队伍素质和能力，最大限度盘活现有人力资源。

二、构建高素质专业化税务干部队伍的实践与成效

税务干部队伍作为税收工作的核心力量，其素质和能力直接关系到税收的质量和效率。因此，构建高素质专业化干部队伍，是当前税务部门的重要任务。巴彦淖尔市税务局经过深入探索与实践，构建了"1234"干部能力提升工作机制，形成了一套全面且系统的能力提升策略体系，旨在激发全员的学习热情，提升工作主动性和积极性，对于推动税收现代化进程具有重要意义。

（一）坚持战略引领：牢固掌握思想政治的导向

税务干部队伍建设必须坚定不移地坚持政治引领，确保税务工作始终沿着正确的方向前进。巴彦淖尔市税务局高举中国特色社会主义伟大旗帜，以习近平新时代中国特色社会主义思想为指导，以总局素质提升"2271"工程为方向，锚定"新时代人才兴税"这一总体目标，深入推进"能力大提升行动"，全面提升税务干部的政治素质、综合实力和能力本领，确保队伍建设始终沿着正确的方向前进，为税收事业发展提供坚实的人才支撑和智力保障。

（二）强化制度建设：全员能力提升机制的实证分析

推动税务干部能力提升，制度建设是不可或缺的关键基础。为确保制度能够切实有效地驱动提升行动，巴彦淖尔市税务局从一个目标、两个方面进行了有效探索。

首先，制定了两个相辅相成的落实方案，即"制度+机制"和"职责+考核"双轮驱动策略。通过制定《能力提升实施方案》，明确具体路径措施，并建立由一把手任组长、分管领导牵头抓总、局内科室主抓落实、旗县各局上下联动的闭环工作机制，合力推动能力提升的有序开展。同时，建立定期调度、常态督导推进机制，明确20项具体措施，在一级抓一级、层层抓落实中高效开展。此外，出台《能力提升绩效考评方案》，突出日常考核和分类考核，并细化量化18项赋分规则，从干部选任、职级晋升、评先评优、遴选调动等方面出台6条激励举措，全方位驱动税干持续进行能力提升。

其次，推出三年行动规划，按照"一年夯实基础、两年推进提升、三年完善巩固"的务实举措，统领全局能力提升工作。在规划中，明确设定"三个目标"，即建起覆盖全局的"线上—线下—测试—比武—实战"五维学习培训模式，形成涵盖"学历资质提升、优先选拔晋升、绩效工资挂钩、新人系统培训"的选育激励矩阵，构建囊括各条线"专家、能手、骨干"的三级人才梯队。通过这些目标的实现，以期在2024年年底前，实现专家型、高素质人才占比大幅提升，税务干部解决问题、服务指导纳税人能力显著增强。

（三）构建提能体系：系统化推进策略的实证研究

干部队伍建设应坚持系统观念，为此巴彦淖尔市税务局实施"培—育—选—用"四步工作法，精准把脉干部成长的关键点，闭环构筑能力提升链，握紧"加速器"赋能前行。

1. 坚持教育培训，强化精准赋能

教育培训作为固本强基的重要链条，在队伍建设中占有重要地位。为此，巴彦淖尔市税务局努力为干部提供全面系统的培训，构建立体化的学习体系，为成长奠定坚实基础。例如实施"走出去"精准培训。紧密围绕税务工作中的短板弱项，共举办 3 期 190 余人的专题培训，靶向破解工作难点堵点。立足"小课堂"精准滴灌。开辟"税收夜校""青年讲堂"，激励 300 多名税干"人人上讲台、个个当教师"。打造"小阵地"精准赋能。构建"三厅+两角"文化阵地，强化思想浸润，营造"人心思齐、人心思进"的浓郁氛围；搭建"职工书屋"，建成 10 个机关"图书室"，其中市局和 2 个基层局分获"自治区优秀职工读书组织"和"职工书屋建设优秀组织单位"。通过上述举措，有效提升教育培训效果，为税务工作的固本强基提供有力支撑。

2. 坚持系统培育，优化人才培养

习近平总书记强调"国家发展靠人才，民族振兴靠人才"。人才是税收现代化发展的战略性资源，巴彦淖尔市税务局注重体系化人才培育，在实践锻炼和能力培养中推进人才的递进成长和薪火相传。例如在业务提升方面，积极实施党委关爱机制，鼓励 33 名年轻人在"党委理论学习中心组"上授课，锻炼和发现人才；晋级师徒结对模式，推出"党建+业务"双师共育，助力党业融合提升；强化"三师"培养，免费提供教材和网络课程，鼓励年轻人考取"三师"。在实践锻炼方面，推出"三个当"机制举措，即业务骨干当书记、年轻干部当先锋、青年领袖当老师，全面压担赋能，在实战中锻造岗位"精兵"；创新公职律师"5+2"统筹培养机制，在跨层级、跨地域深度使用中，实现科学化、常态化培养；搭建人才实践营地，通过市县两级"青年工作站""涉税争议咨询调解中心"平台的实践锻炼，助枫桥经验落地生根；强化攻坚团队建设，选拔 402 名中青年组建 90 个攻坚小团队，通过参与专项工作、承担重要任务、解决实际问题等方式，让人才在实践中不断锻炼和提升，实现递进成长。

3. 拓宽发现渠道，做好选拔储备

人才选拔和储备，是人才梯队可持续发展的重要内容。巴彦淖尔市税务局注重拓宽渠道选拔人才，出台《专业人才库管理办法》，通过考试选拔储备 5 个条线 289 人的专业人才库，拓宽发现储备人才的渠道。加强师资建设，通过"现场试讲+专业评审"，选拔 45 名市级兼职教师和 2 名自治区级兼职教师，建成覆盖全业务领域的兼职教师团队，提供有力的师资支持。突出专家骨干评选，实施"7 个一"常态练兵模式，即通过一季一考一评、一条线一团队、一年一表彰等机制，有效促进各部门至少培养 1 名全业务精通型专家、每个岗位至少培养 2 名业务精通型能手、每个条线至少培养 10 名骨干目标的实现。2023 年全系统共 2 人入选总局人才库，9 人入选自治区局头雁人才，合计 67 人取得三师资格，72 人入选自治区局人才库，税干的能力素质快速跃升。

4. 加强提拔使用，实现人尽其才

习近平总书记指出，"党的干部是党和国家事业的中坚力量"。必须坚持新时代好干部标准，

强化政治历练和实践锻炼，加速干部成长成才，推动工作整体提升。为此巴彦淖尔市税务局加大挂职锻炼力度，推荐和选派干部到不同层级单位学习；强化头雁人才培养，提拔关键人才至重要岗位，确保人才资源的最优配置；加强干部梯队建设，大胆选拔任用科级干部，特别是90后青年干部提拔21人，科级干部平均年龄降到42岁，降幅达6.7%，年龄、专业、学历结构显著改善。最后，通过结构性、培养性和适岗性交流139人，为干部成长提供更多途径、平台和空间，有力地促进了干部队伍的整体优化和发展。

三、建设高素质专业化税务干部队伍的路径构想

干部队伍素质是税收工作的核心支撑。西部地区的税务部门要站在更高起点，以更宽视野、更大力度推进税务干部"高素质专业化"建设，全面深化"能力提升"行动，税务干部依法治税能力才会更强，服务地方发展效果才会更好。

（一）以"教育培训"为抓手，持续深化学习提升

针对干部在实践中遇到的能力短板，要搭建"多形式多渠道"培训体系。利用"学习兴税"等平台开展线上培训，邀请专家线下授课，确保培训深入人心。发挥兼职教师作用，精准开展条线培训，并设置结业考试，保障培训效果。同时全面推行"领导干部上讲台"制度，以身作则提升干部能力素质。

（二）以"综合培养"为导向，持续加强人才培育

坚持多样化、体系化、专业化的人才培养路径。通过挂职、跟班、轮岗等方式，能够有效为干部提供实践机会。完善人才协同作战机制，综合提升团队作战能力。同时，建立各条线人才库，优先选派青年干部到先进地区和高校培训学习，汲取先进经验。

（三）以"练兵比武"为引擎，持续强化实战提能

每年举办两次比武，上半年选拔、下半年考核业务人才。推进分级测试，形成赛马机制，严格成绩通报，驱动学习提升。运用比武选拔领军人才、专业骨干，高效建立人才库和兼职教师团队，打牢税收改革的人才基础。

（四）以"结果运用"为杠杆，持续增强机制保障

强化结果激励，奖励优秀、约谈落后。各类人才尤其是领军人才和业务标兵优先选拔晋升，比武优胜者在绩效中兑现奖励，以学习树新风、促实干。强化激励职级干部，对切实发挥作用的在评优评先中优先推荐，激发退岗干部的工作新动能。

（五）以"留得住人"为根本，持续优化管理策略

针对基层留人难、无人用的困局，要优化措施举措，加强机制激励，用制度、用事业、用感情将人才留下来。建立公正考核评价机制，营造良好用人环境。运用容错纠错机制，解决工作差异问题，让能者上、庸者下。关心关爱税干，重视、尊重人才，帮助解决职工实际困难，用情留住人才。

（作者单位：国家税务总局巴彦淖尔市税务局）

遴选青年干部现状分析及培养对策研究

——以第二稽查局遴选青年干部队伍为例

国家税务总局上海市税务局第二稽查局课题组

根据课题调研工作的进度安排，课题组通过问卷星平台对我局遴选青年干部进行了题为"第二稽查局遴选干部思想状况问卷调查"的无记名调查，共收到有效问卷30份。同时，课题组召开了2个场次的专场座谈会，并进行个别访谈，通过面对面互动交流的方式，排摸存在的现实问题，为加强遴选青年干部的培养和管理提供参考和指导。

一、我局遴选青年干部基本情况分析

根据总局、市局"三定方案"等机构改革相关文件规定，作为上海市税务局派出机构，我局内设9个职能科室、8个检查科。截至2023年7月底，我局干部人数共计152人。2020年、2022年、2023年，我局分别遴选干部19人、7人、12人。经2021年机构调整，我局现有40岁以下遴选青年干部32人，占全部干部人数的23.00%，占40岁以下青年干部（1983年1月1日及以后出生）人数的46.00%，已成为我局青年干部队伍的重要力量，也将是未来较长一段时间我局青年干部的主要来源。遴选青年干部的逐年加入，促进了我局干部队伍平均年龄下降。在开展遴选工作之前，2019年年底我局干部队伍的平均年龄为45.7岁，目前我局干部队伍的平均年龄已降至42.8岁，有力加速了我局干部队伍的年轻化。

（一）年龄性别结构

从我局遴选青年干部的年龄结构整体情况来看，遴选青年干部平均年龄31.2岁，最低年龄为27岁，遴选干部在遴选进入我局前，均具备一定年限的税务工作经验。其中，36岁至37岁的人数为5人，占遴选青年干部人数的16.00%；29岁至35岁的人数为18人，占遴选青年干部人数的56.00%；28岁及以下的人数为9人，占遴选青年干部人数的28.00%。

从性别结构整体情况来看，女性共计18人，男性共计14人，女性比例略高于男性。从各年龄段比例来看，36岁至37岁的人中男性1人、女性4人，女性人数占比大，其他年龄段男女比例基本平衡，29岁至35岁的人中男性、女性分别为8人、10人，28岁及以下的人中男性、女性分别为5人、4人。

36岁至37岁
5人
占比16.00%

28岁及以下
9人
占比28.00%

29岁至35岁
18人
占比56.00%

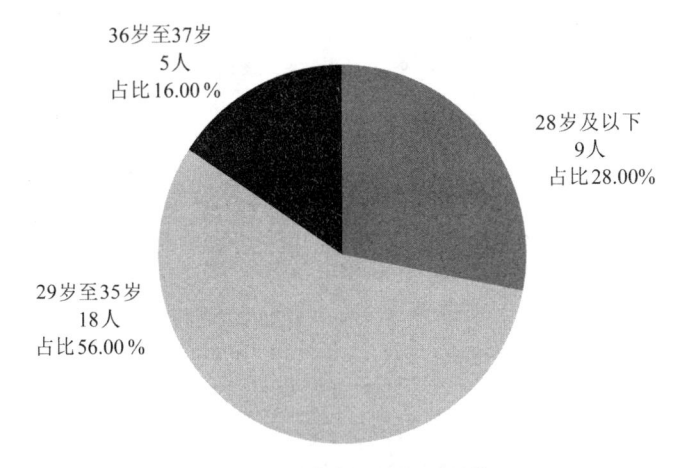

图1 遴选青年干部年龄结构

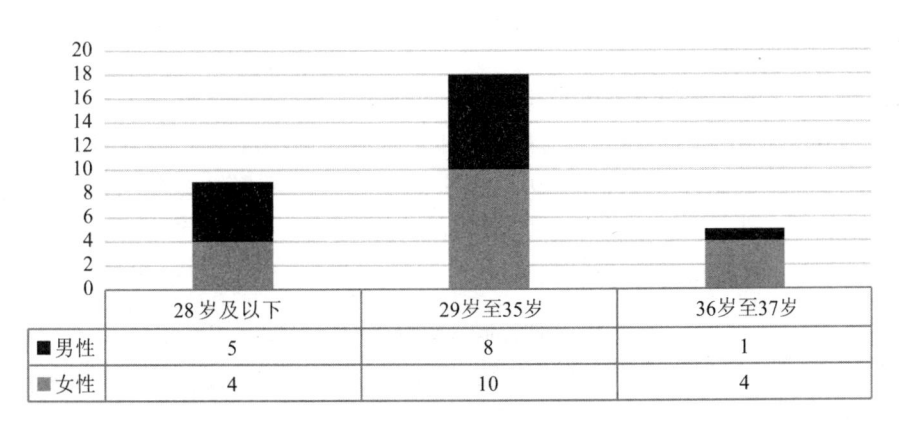

	28岁及以下	29岁至35岁	36岁至37岁
男性	5	8	1
女性	4	10	4

图2 遴选青年干部各年龄段性别人数

（二）学历知识结构

因为近年来录用的公务员主要通过国家公务员统一考试招录公务员，而学历均要求大学本科及以上，因此，我局遴选干部的学历均为大学本科及以上，并以本科学历为主，人数28人，约占总数的88.00%，拥有研究生学历或学位人数6人，约占总数的12.00%。遴选青年干部证书取得情况中，取得相关执业资格人员共计12人次、9人，占遴选青年干部人数的28.00%（其中有1人同时取得注册会计师、税务师、律师职业资格，1人同时取得税务师、律师职业资格）。

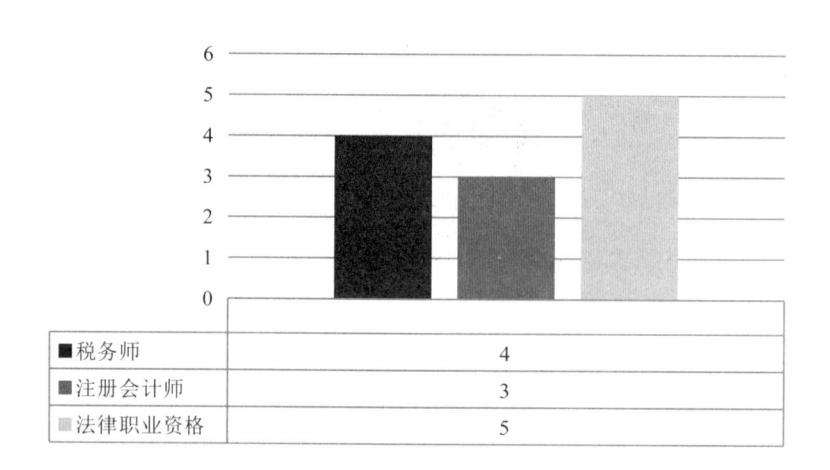

■税务师	4	
■注册会计师	3	
■法律职业资格	5	

■税务师　■注册会计师　■法律职业资格

图3　遴选青年干部取得相关执业资格人次

（三）岗位经历情况

我局遴选青年干部的来源为各区局和市局派出机构，均拥有一定年限的税务工作经验。目前，拥有6至10年税务工作年限的遴选青年干部人数为22人，11至15年税务工作年限人数为10人。在进入我局后，结合个人岗位经历、业务专长等情况，我局对遴选干部进行递进式培养，畅通职能科室和检查科室、行政和稽查业务双向双线，培育复合型税务稽查人才。目前，我局已有6名遴选干部由检查科室轮岗至职能科室，占遴选干部总人数的19.00%。

表1　遴选青年干部岗位分布情况表

税务工作年限	行政科室	业务科室	检查所	合计
6~10	2	2	18	22
11~15	1	1	8	10
总计	3	3	26	32

（四）职务层次结构

目前，我局遴选青年干部中，一级科员17人，四级主任科员12人，三级主任科员1人，副科级领导干部2人。其中，有9名遴选青年干部在进入我局后获职级晋升。2名副科级领导干部均是在我局获职务晋升。

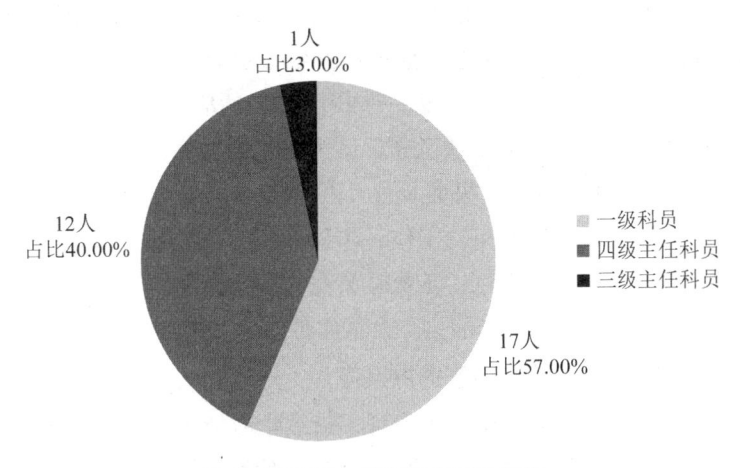

图 4　遴选青年干部职级层次结构

一级科员　17人　占比57.00%
四级主任科员　12人　占比40.00%
三级主任科员　1人　占比3.00%

二、遴选青年干部职业及能力状况

（一）职业态度较积极，有职业目标

遴选青年干部的工作作风和精神状态方面，27人表示非常积极，精神状态饱满，工作富有热情，占比90.00%；3人表示能较好完成本职工作，占比10.00%。16人认为税收职业是毕生追求的事业，立志在税收事业中建功立业，占比53.33%；13人认为有一定的自豪感，愿意投入大部分精力，占比43.33%；1人认为是一份稳定工作，不会考虑"跳槽"，占比3.33%。对于人生价值最重要的标志，14人认为是对党和国家及社会做出贡献，占比46.67%；6人认为是在税收工作中和本职岗位上得到认可，占比20.00%；8人认为是自身能力作用得到充分发挥，占比26.67%；2人认为是个人和家庭的幸福感满足感，占比6.67%。在业余时间，积极学习税收政策和业务占比达83.33%，积极学习党的理论和路线方针政策占比63.33%，准备税务系统"岗位大练兵、业务大比武"等比赛占比46.67%，培养业余爱好、让生活过得更充实占比33.33%，积极备考"三师"等资格证书占比30.00%，积极准备提升学历学位占比6.67%。以上选择说明我局遴选青年干部大都工作态度积极，精神状态向上，积极利用业余时间学习业务和理论知识，以建立一定成就的税收事业为职业目标，有为党和国家做贡献的大局意识。个别干部则选择以个人家庭生活为重心。

（二）职业规划多样，多致力税收领域

在职业规划的选择方面，成为本领域的"大拿"，得到领导倚重、同事尊重，占比80.00%；走上领导岗位，占比36.67%；争取晋升职级，占比63.33%；选择去基层建功立业，占比3.33%；争取到地方政府发展，占比3.33%；没有什么规划，占比3.33%。无人选择离开体制内，去其他单位或行业发展。可见，遴选青年干部大都是选择体制内发展，而成为领域内的专家为职业规划首选，职级晋升的选择比例高于职务晋升。也有个别干部选择对于职业没有规划。

（三）对自身能力较为认可，有进一步提升意愿

根据调查，有10位往年的遴选干部已经担任过检查案件的主查任务，占往年遴选干部总数

的 50.00%。对于在目前岗位个人能力发挥情况，14 人认为得到了充分发挥，个人能力非常匹配当前的岗位，占比 46.67%；10 人认为能力能够满足当前的岗位，想做一些更富挑战的工作，占比 33.33%；6 人认为能力尚有不足，还需进一步提升，以适应岗位，占比 20.00%。14 人愿意参加上级机关人才库选拔和参与各类专项工作，认为是提升能力的好方法，非常愿意参加，占比 66.67%，10 人认为个人能力有限，很难入选，占比 33.33%。可见，大多数遴选青年干部对自身能力有较强信心，能够做好当前岗位工作，并且有相当数量的干部寻求工作上的挑战，愿意通过人才库选拔和参加专项工作来进一步提升自身能力。同时，有一部分遴选干部还处于岗位适应阶段，近期主要目标是提升工作能力，及早满足岗位工作要求。

（四）能力提升需求广泛，希望单位提供渠道

在对自己最需要提高哪些能力的调查中发现，持续学习能力、抗压调适能力和创新创造能力排名前三位，分别占比 56.67%、46.67% 和 40.00%，后续依次是执行落实能力、应急处突能力、团队协作能力、组织领导能力、拒腐防变能力，说明遴选青年干部基于岗位转换，对于持续学习的重视和需求。当前工作也较为繁重，对于抗压和创新能力也提出了较高要求，从干部的选择中也反映了这一点。这也对应了遴选青年干部在调查中对举办读书班或脱产培训、心理健康辅导和青年理论学习小组集中学习的旺盛需求。

在对提高遴选干部能力最有效方式的调查中发现，选择"部门领导、师父前辈、业务骨干的'传帮带'"占比 70.00%，高居第一位，后续依次是通过专家讲座等方式进行辅导；通过党支部"三会一课"、青年理论学习小组等方式加强经常性学习教育；基层实践、上挂下派、跨系统交流等多岗位锻炼，参与重大改革攻坚任务或调整到重要岗位，增加工作挑战性；参加系统性的学习培训、接受高等学历教育等；参加业务能力、领导胜任力等考试测试。

对于希望单位在哪些方面创造条件帮助青年干部成长成才的选择，前三位的选择分别是在政治上多关心，加强理想信念教育，提高党性修养，占比 56.67%；提供更多教育培训机会，提升业务能力，占比 50.00%；加强对青年干部的选拔任用，占比 33.33%。说明遴选青年干部普遍政治理论学习热情高，政治素养较高，并渴望通过教育培训提升自身能力，在干部的选拔任用方面也有较高期待。

三、遴选青年干部的激励保障需求情况

（一）心理健康急需重视，工作生活有压力

通过对遴选青年干部心理和身体健康情况的调查发现，13 人选择"心态积极乐观，心理非常健康"，占比 43.33%；9 人选择"心态比较平和，心理比较健康"，占比 30.00%；5 人选择"有时情绪低落，心理健康情况一般"，占比 16.67%；3 人选择"情绪起伏不定，心理不太健康"，占比 10%。可见，虽然大多数遴选干部心态较健康，但是仍有 8 人认为自己心态一般，甚至不太健康，这也呼应了遴选干部对于提升抗压调适能力、心理健康讲座等的需求。工作压力则主要来源于工作节奏快，任务急难繁重（占比 43.33%）；角色转变慢，岗位转型难（占比 40.00%）；工作责任大，执法风险大（占比 26.67%）；督导检查多，考核压力大（占比 26.67%）。生活上的困难主要是住房压力大（占比 46.67%）、工资薪酬低（占比 40.00%）、子

女教育难（占比33.33%）。

（二）舒压方式多元，自主缓解压力为主

在对缓解压力的有效方式选择中，通过运动、旅行、阅读、娱乐、购物等方式自我解压，向家人、朋友倾诉，找领导汇报思想成为前三位的选择，选择占比分别为60.00%、46.67%、23.33%，其次是向同事"吐槽"、寻求专业心理咨询师、心理医生的帮助，有2人选择"没有减压方式，憋在心里"。可见，大多数干部认为自我解压和倾诉是缓解压力的最有效方式，但是仍有干部选择不采取缓解措施，自我积压压力。

（三）诉求高度集中，问题现实具体

在"最希望单位帮您解决的问题"调查中发现，提高工资福利待遇占比70.00%，高居第一位，其次是拓宽职务职级晋升渠道，占比63.33%，后续依次是减少不必要的测试、考评，工作分配更加合理，避免"能者多劳"、苦乐不均，定期组织开展丰富多样、喜闻乐见的文体活动，帮助解决子女入托入学等问题以及多开展一些青年联谊活动，帮助解决婚恋问题。这也对应了遴选青年干部工作和生活压力主要来源的调查，说明在大都市工作生活的各类成本对于青年干部来说压力较大，影响了心理健康。

四、遴选青年干部培养中的不足及成因

遴选青年干部拥有一定税务工作经验，并通过层层选拔进入我局，整体年龄较轻、素质较高，为我局注入了新生力量。但是，通过调研，我们也发现了遴选青年干部群体的不足，以及我们平时教育培训、人员管理等工作中的欠缺。

（一）遴选青年干部方面

1. 持续开展高阶学习的主观能动性不强

根据调研结果，尽管大部分遴选青年干部利用业余时间开展了政治理论和税收政策的学习，但是仍可以看出，多数遴选青年干部缺乏考取资格证书、提升学历学位的意愿，对具有相当难度的高阶学习的主观能动性不强。只有30.00%的遴选青年干部选择利用业余时间积极备考"三师"等资格证书，6.67%的遴选青年干部选择积极准备提升学历学位。但同时，成为本领域的"大拿"，得到领导倚重、同事尊重又是80.00%干部的职业规划。成为专家"大拿"的普遍愿望与低比例的高阶学习选择成了一对矛盾体。由此可见，多数遴选青年干部有在职业道路上成长成才的远大理想和美好愿望，但是缺乏有效的实际行动，满足于一般的政策业务学习，在高阶学习方面思想较为懈怠，热情不高，缺乏深入钻研、挑战自我、提升能力的勇气。

2. 在税收职业生涯不断进阶的事业心不强

有遴选青年干部将遴选作为晋升职级、转换工作环境的渠道，本身的事业心和责任感不够，对稽查工作缺乏热情，满足于原有的工作经验，觉得工作渐渐失去了新鲜感和挑战性。陷入职业"倦怠期"，"抱着铁饭碗，过'躺平'的日子"，没有目标，安于现状。面对艰苦的岗位、急难险重的任务，缺乏勇挑重担、冲锋在前的责任担当。同时本身又面临教育、医疗、就业、消费等诸多社会问题，家庭负担重，困难多，工作、家庭两方面都疲于应付，有力不从心的感觉，进而产生不求有功、但求无过、得过且过、混得过去的想法，对自己的职业生涯没有规划。

3. 心理抗压调试能力不强

由于遴选青年干部因转岗时间较短，工作环境发生变化，在稽查实际业务操作时难免出现捉襟见肘的情况。遇有一些突发性事件，应变能力不强。待人接物的社会经验较为欠缺，与接受检查的纳税人、缴费人的沟通还不是很顺畅。对自我和环境的评价不能完全客观，不善于沟通协作。心理承受能力和抗压力较为脆弱，情绪不够稳定，缺乏一以贯之的坚持和勇气。有部分干部因各种各样的原因，自身价值难以实现，或离预期目标相差较远，或合理需求不能实现，充斥着现实的挫败感和无奈感，从而产生焦虑、抑郁、恐慌等症状。加之遴选青年干部来自系统内各个单位，本身就有一段适应现单位工作氛围、适应现岗位的过渡过程。再者现在的青年干部个性鲜明，自我意识较强，兴趣爱好广泛，在工作团队内加强沟通交流、快速融入集体的意识相对较弱，归属感不强，遇到问题不主动寻求帮助，工作压力、生活压力没有化解渠道，不能及时释放，导致心态不健康。

（二）相关机制实施方面

1. 考核激励机制有所制约

目前公务员激励机制主要以年终考核评先评优和晋升职务职级为主。年终考核受到名额限制，往往集中于少数人，而且激励时限较短。职务职级激励受到职数的限制，晋升人数有限，带来的收入增幅和激励作用有限，干部福利待遇也不高。随着税收事业的发展，税务干部工作要求日益提高，付出的较以往更多，但干部的工资福利变化不大，付出与收入不成正比。

2. 教育培训中实训偏少

"学习兴税"平台的建成及应用为税务系统网络培训的开展提供了专属线上渠道，大大扩充和丰富了教育培训资源，为税务干部的教育培训和业余学习开辟了便利途径。但是，线上培训较难长时间吸引干部的专注力，培训效果也难以检验。同时，受到"疫情"影响，近几年实训形式的教育培训偏少，组织干部赴实训基地培训受到制约，邀请外地专家师资授课、赴上级税务学校脱产学习的机会相较之前也相应减少，课堂直接面对面授课、实务操作培训的缺乏对培训效果打了不小的折扣。遴选青年干部恰恰是自 2020 年逐批进入我局，其中的大部分干部在"疫情"期间没有机会接受有效的线下培训和实训，对其高效提升业务能力和实操水平有不利影响。

3. 支持干部参加资格考试和学历学习的手段欠缺

一方面，我局一直以来鼓励青年干部积极参加"三师"等资格类考试，但是干部的学习以利用业余时间自学为主，需要干部自身有较强的自律性和学习主观能动性，还需要投入大量的业余休息时间，因此，考取资格证书是一项要付出极大耐心、细心和恒心且极具挑战性的工程。由于种种因素影响，近年来我局无法提供资格考试的学习资料和针对性培训。"学习兴税"平台近年开始上线税务师的辅导视频，但是培训内容有限，学习方式只限在线观看，也无法下载视频和讲义等资料。缺少了组织方面对于资格考试的实质支撑，青年干部很难依靠个人自学坚持数年，直至完成资格考试的全部科目考试。另一方面，近年来，我局青年干部参加在职学历学位提升的考试学习大都是自主报名考试并开展学习，以往由单位支付学费的委托学位班不再开办，鲜有系统内的税务学历提升项目，如有开办，项目难度大大提升，需与全国税务系统内参考干部竞争屈指可数的学习名额。这也给青年干部进一步深造、获取更高学历学位设置了高门槛。

五、遴选青年干部培养的措施建议

（一）建立科学合理的激励机制

一是以内部晋升机制激励向上。坚持党管干部原则，抓好后继有人大计，注重年轻领导干部"孵化"，内部依托数字人事"一员式"信息数据，外部引入部门负责人、党团负责人等评价机制，一体绘制青年干部成长"雷达图"，为选人树人提供有力支撑，同时科学实施职级晋升工作，进一步激发遴选青年干部内生动力，让有志向有能力有实绩的干部看到成长的目标、希望和方向。二是以"四位一体"凝聚向心力。筑起青年干部成长"蓄水池"，构建先进典型"生态圈"，持续开展各类评优评先、业务大讲堂、写作大擂台、职考比武竞赛等活动，并进行通报表彰，营造见贤思齐、健康向上的良好环境和氛围。三是以人才强税建设助推成才。切实落实青年培养、人才强税相关制度规划，以"2271"工程和人才库建设为依托，鼓励遴选青年干部持续提升能力，为遴选青年干部指明发展方向，规划发展前景，为组织挖掘岗位能手、后备干部等各类人才。四是以干部轮岗制度增强活力。科学执行轮岗制度，结合个人岗位经历、业务专长等情况，有计划有目的地对新进遴选干部进行递进式培养，纵向畅通职能科室和检查科室双向培养渠道，横向打通综合行政和稽查业务双线融合平台，使干部在不同的岗位得到锻炼，开阔视野、积累经验、提高水平、增强活力，成长为新时代复合型税务人才。

（二）更新教育培训的内容手段

一是以青年理论小组坚定理想信念。高度重视青年意识形态教育，将加强理论武装作为培养青年的头等大事。引领青年心怀"国之大者"，提升思想境界，培育家国情怀，以"青年理论学习小组"为重要载体，通过开展思享汇、大讲堂等形式多样的理论学习活动，坚定遴选青年干部听党话、跟党走的信心和决心。二是以精细化培训夯实事业基石。持续开展分类分级分层培训。青年干部培训以增强政治素养和专业能力为重点，以"基础培训+实战练兵"为内容，以提升岗位胜任力和行政水平为目标，精心设计丰富的"培训菜单"，推动干部培训工作从"套餐式"向"点餐式"转变，精准助力遴选青年干部成长成才。三是以个性化导师库打通事业节点，健全带教导师库。建立"1+1"导师负责制，聘请具备过硬业务知识、丰富岗位经验和综合素质出众的领导干部、业务骨干作为成长导师，发挥政治、业务双引导，完善个人素养提升、业务培训、导师辅导、任务实践的闭环带教模式，根据干部岗位、专长等，个性化配备带教导师，帮助遴选青年干部顺利开启税收职业生涯，尽快融入税务稽查集体，加速职业发展。四是以重点工作强化岗位实训效果。围绕全年重点工作，把承担急难险重任务作为遴选青年干部培养的重要途径，鼓励遴选青年干部在重要任务中"挑大梁""唱主角"，根据各自业务特长，将优秀遴选青年干部纳入青年突击队、业务智囊团等专业队伍，实施"蓝剑"稽查尖兵战略，积极为青年干部成长成才想法子、搭台子、压担子，阻断"躺平"思想，努力做到关键时刻冲得出去，顶得上去。五是以针对性培训支撑能力提升阶梯。建立"送出去、请进来"培训机制，推荐遴选青年干部中的业务骨干赴培训基地、税务学校等参加脱产业务培训，邀请案件稽查、大数据技术分析等专业的专家来单位授课；持续鼓励遴选青年干部积极报名参加"三师"等资格考试以及学历学位提升的考试学习，通过专家讲解、考研信息宣讲、组建学习小组等为青年干部的进阶学习助力打气，建立常态化学习支持体系。

（三）培育关爱遴选青年干部的文化氛围

一是以严管厚爱护航健康成长。坚持严有标准，爱有温度，加强遴选青年干部"八小时之外"的监督管理，量身定制"青廉套餐"，通过开展常态化谈心谈话、暖心家访等活动，引导督促遴选青年干部扣紧廉洁从税"第一粒扣子"，护航遴选青年干部健康成长。二是以常态化问需问计支持事业起航。定期组织青年干部座谈会。积极听取遴选青年干部心声，了解遴选青年干部所思所想，帮助遴选青年干部化解难题，协助遴选青年干部申请入住公租房，春节假期为留沪青年干部送去组织关怀，让遴选青年干部感受到税务集体的温暖；鼓励遴选青年干部就我局推进青年工作献言献策，引导遴选青年干部珍惜"税务人"身份，以"税务人"身份为豪，激发干事创业活力。三是以文明创建凝聚人心。强化遴选青年干部宗旨意识教育，打造"稽·锋360"品牌，通过建强宣教阵地，成立"光合"宣讲室，办好青年刊物，组建"初心"志愿服务队，为遴选青年干部提供展示才干的广阔平台，增强遴选青年干部对税收事业和单位的认同感、归属感、荣誉感。四是以税务文化建设调节身心。通过将广大干部职工喜闻乐见的文艺、体育、美术、书法、摄影等形式作为税务文化建设的有效载体，将文化建设作为锻炼身体、陶冶性情、凝聚人心、鼓舞士气的重要阵地，定期邀请心理专家为干部开设心理讲座、提供心理咨询，缓解遴选青年干部的心理压力，调动工作热情，培养大家的集体荣誉感和集体主义精神，牢固树立正确的世界观、人生观和价值观。五是以人文关怀解决实际困难。生活上认真落实工资和福利政策，充分发挥党支部、工会、妇委会的组织作用，在财力政策允许的情况下努力改善生活待遇和工作环境，帮助遴选青年干部解决实际困难，激发工作热情。

持续加强县级税务局政治机关建设的探究和思考

刘 玮

建强政治机关，是坚持和加强党对税收工作的全面领导、推进全面从严治党向纵深发展的固本之举，也是税务部门完整、准确、全面贯彻新发展理念、以"抓好党务""干好税务""带好队伍"为路径，高质量推进税收现代化建设的坚强保障。

一、做法与成效

第一，聚焦统筹有方，发挥主抓作用，答好健全机制"先行卷"。在市局层面，构建思维导图，推行"1+N"工作模式，确立了走在前、作表率，建设"忠诚、为民、实干、清廉"政治机关建设目标，精心编撰《实践手册》，先后制发《建设标准（1.0版、2.0版）》，制定涵盖222个标准点的工作路径和操作指引。在实际推进中，对照并全面承接总局、省局主要任务，提出了"统一+特色"抓建思路，统筹考量不同单位的基础水平、特色特点、体量规模等情况，鼓励快干速推、树立示范样板，积极打造政治机关建设先行快走示范县局。

第二，紧扣指导有力，层层压实责任，答好同抓共建"落实卷"。坚持从小处着手，往深处抓实，将政治机关建设列为"一把手"工程，挂帅成立政治机关建设领导小组，形成了抓机关、促系统、带基层的生动局面。统一抓建方法，构建"专班+专员+专报"和"日必办、周必督、月必清"抓落实机制，通过清单化管理、图表化推进、手册化操作、机制化落实的四化联推，"党建直连、需求直问、效果直达"的党建指导员派驻模式，手把手帮助各县级局依托自身禀赋，从"小切口"入手深挖政治机关建设的"大内涵"，建立一套既符合上级要求又贴合基层实际的特色打法，让基层既有方向，又有标准。

第三，着眼推进有序，建强支部堡垒，答好因地制宜"精品卷"。紧紧抓住党支部这个基本单元，以提升基层组织力为抓手，编制《基层党组织标准化建设手册》，大力开展"五星级党支部创建""四强"党小组评比，制定"品牌提炼、品牌塑造、品牌深化"三步走方案，持续深入推进"一支部一品牌"创建，做实网格化教育管理，一以贯之加强基层党支部建设和基层基础设施建设，全面"提升两功能、发挥一作用"，不断巩固提升党支部标准化建设成效。广泛开展"书记说、党员说、青年说"政治机关大讨论活动，摆脱思维定式、凝聚全员共识和攻坚合力。

同时，立足自身资源优势，以加强新时代税务文化建设为轴，集成整合、迭代升级"蒲城税史、富平法治、合阳文化、华阴廉政""一轴四点"党员和青年干部思政阵地、实践基地、青训营地建设，特别是高度重视将红色资源融入思政教育，依托蒲城县兴镇税务分局保存的 10 万余份税史资料和老物件，在做好基础保护的基础上，将工作重点集中到转化"兴镇税月"思政教育的政治属性上，从深挖红色内涵、整合红色资源、拓展教育方式三个维度入手，通过系统性构建和品牌化培育，着力打造了以"馆剧书片课"为载体，贯通线上线下、内容鲜活、体系完整的"兴镇税月"红色"思政课"，常态化开展"沉浸式"思政教育，为干部职工打造一个"不打烊"的精神家园。

二、问题与短板

为更好推进政治机关建设蓄能增压、提质增效，经过回头审视、全面评估、认真分析，特别是对照党中央、总局、省局的新要求，归纳总结了当前全市系统政治机关建设工作存在的三方面问题。

一是思想认识"浅层化"，存在认识不深、合力不够的问题。政治机关建设是一项系统工程，涉及方方面面、诸多要素，在我们党的建设、税收业务中起到统领作用。调研发现，个别基层局党委对政治机关建设思想认识不够到位，没有将政治机关建设提升到应有的政治高度来认识、部署和推进，主观上缺乏动力驱使、客观上缺乏能力支撑，片面认为政治机关建设是党建部门的事、不是全局性工作，相关部门参与其中的积极性不高，存在党建部门"一头热"、业务部门"比较冷"的问题，导致工作中出现党建部门"单打独斗"的被动局面，存在"上热中温下冷"的"温差"现象。同时，一些单位四平八稳、工作被动滞后，干部精神状态不够饱满，党的基层组织建设还不够规范健全，呈现一定的"破窗效应"。

二是目标定位"片面化"，存在定位不准、路径依赖的问题。加强政治机关建设，就是要牢牢把握政治机关建设的本质要求，聚力打造"讲政治、守纪律、负责任、有效率"的模范机关。调研发现，个别县区局党委对政治机关抓什么认识不一，方向不明确、重点不突出，一定程度上存在思维上的定式、路径上的依赖、手段上的匮乏，导致政治机关推进效果不明显；部分单位仅满足于机械化贯彻落实上级总体要求及主要任务，没有紧扣政治建设的本质内涵和根本要义，没有结合自身实际细化具体要求，导致特色亮点不够突出，"两张皮"问题亟待破解；个别单位仅根据日常工作进度来推进政治机关建设，有的甚至把模范机关创建等同于中心工作，中心工作抓什么，政治机关建设也就抓什么。

三是推动方式"程式化"，存在总结不够、转化不足的问题。政治机关建设不是阶段性工作，不能有"到头"思想，需要绵绵用力、久久为功，使政治机关建设成效成为提升党建质量、破解新老难题、推动税收高质量发展的强大动力。调研过程中，笔者发现个别县（区）局把政治机关建设仅仅看作一项活动，满足于完成规定动作、实现既定目标，特别是对政治机关建设系统研究谋划不够，从全局上牢牢把握政治机关建设和税收工作长远建设发展还不够深入，导致政治机关效果未能充分发挥。在工作推进过程中，大多数单位"只顾埋头搞建设、不知抬头捋经验"，对于形成了一些指导实践、解决问题的经验做法和成果，没有及时总结提炼推介，导致运用其指导实践的能力和水平还不够高。

三、思考与举措

政治机关建设是一项政治任务，也是一块"磨刀石"和"试金石"。作为市级税务局"一把手"，必须从讲政治高度抓好政治机关建设，进一步强化责任担当、凝心聚力、严密组织，抓机关带系统，努力把县级税务局建成政治属性更加鲜明、政治信仰更加坚定、政治功能更加突出、政治生态更加清朗、政治本色更加彰显的政治机关。

第一，聚焦"第一属性"，坚持把"讲政治、顾大局"摆在首位。思想是行动的先导，理论是实践的指南。推进政治机关建设首先要深化理论武装，强化政治机关意识，牢记"第一属性"是政治属性、"第一职责"是为党工作。要旗帜鲜明讲政治，严守党的政治纪律政治规矩，把对党忠诚体现在坚决贯彻党中央决策部署上，体现在严明政治纪律、严守政治规矩上，不断增强政治意识，提升政治站位，教育党员干部善于用政治眼光看问题，不断提高政治"三力"。要深入学习贯彻习近平新时代中国特色社会主义思想，进一步深刻领悟"两个确立"的决定性意义，不断增强"四个意识"、坚定"四个自信"、做到"两个维护"，始终在政治立场、政治方向、政治原则、政治道路上同党中央保持高度一致。

第二，突出"第一要务"，坚持把"打基础、固基本"落到实处。夯实基层党组织各项工作，建设坚强有力的基层党组织，发挥好战斗堡垒作用，是加强政治机关建设的重要环节。要进一步加强基层党组织规范化建设，深入贯彻《中国共产党支部工作条例》，突出政治功能，严格党的组织生活制度，进一步规范基层党组织生活。要持续加强基层党组织战斗力建设，通过"三会一课""主题党日"等形式有效激活基层党组织"神经末梢"，让党员干部接受全面深刻的政治教育、思想淬炼、精神洗礼。要进一步加强基层党组织的引领力建设。深入开展"践行三个表率、建设模范机关"创建活动，积极开展"五星级党支部""五好党支部""四强党支部"等评比创建工作，选树一批示范引领作用显著的基层党组织；积极探索、深化拓展党建业务深度融合，教育引导各级党组织和党员干部在服务大局、攻坚克难上体现先进性，以党建引领推动税收改革发展、税务政策落实、优化税收服务等重点工作。要用好精神文明建设抓手，持续扩大"一局一品""一支部一特色"集群效应，充分发挥各级工青妇团的桥梁纽带作用，开展喜闻乐见的特色文化活动，打造"拴心留人"的家文化，汇聚"爱税如家"的思想认同，增强干部队伍的凝聚力和向心力。

第三，紧扣"第一标准"，坚持把"抓主业、优服务"贯穿始终。将政治机关建设与落实税收主责主业紧密结合，引导税务干部以实干实绩将政治机关建设融入税收、见诸行动。要坚持将政治机关建设与落实税收主责主业紧密结合，注重从政治上审视税收工作，在税收业务中彰显政治属性，在谋划、部署、落实、考核重点税收工作中打好"政治机关建设牌"。要紧扣民心这个最大政治，把坚持以人民为中心的发展思想贯穿税收工作始终，以群众满意为第一标准，以服务地方经济社会高质量发展为己任，在税收业务工作中，组织开展承诺践诺、岗位建功、技能比武、墩苗育苗等实践活动，健全"高效办成一件事"长效机制，做优做实"一把手走流程""税务管家""税务+N"等品牌，真正为纳税人缴费人办好"关键实事""暖心小事"。

第四，落实"第一责任"，坚持把"守规矩、严纪律"融入日常。坚持从"税务机关首先是政治机关"的性质、地位、特点入手，始终自觉做到讲政治、顾大局、守规矩、明纪律。严格执行党内规章制度，真正把党内政治生活严起来、实起来，推进全面从严治党、加强党风廉政建设。结合省委深化"三个年"活动，持之以恒落实中央八项规定及其实施细则精神，不断纠正"四风"，培育"勤快严实精细廉"的作风。全力支持纪检机构发挥监督专责作用，聚焦政治责任，盯住"关键少数"，突出重点领域，精准规范开展问责。推动上级一把手抓好下级一把手，加强重点岗位、关键环节的风险防控，使监督和被监督成为常态。同时，深入落实网格化教育监督和思想政治教育体系，织密"人盯人、责连带"的监督网，全面落实省局党委"八廉护税"廉洁文化品牌，努力营造风清气正的政治生态。

（作者单位：国家税务总局渭南市税务局）

从"实战化"角度看税务稽查人才培养

肖 俊

税务稽查承担着打击涉税违法犯罪的重要使命,是税务管理的最后一道防线,是税收制度有效执行的重要保障,也是社会各方面高度关注的执法工作。税务稽查人才培养是人才兴税战略的重要组成部分,也是稽查现代化的关键支撑。本文结合实战化培训的理念和稽查职业特点,探讨"实战化"视角下稽查人才培养的实践和思考。

一、实战化培训与税务稽查

(一)实战化培训的新要求

近年来,总局省局均对开展实战化培训加快人才培养提出了新的要求,要求各级税务部门试行"线上学习、线下集训、实战锻炼、复盘总结"四位一体的实战化培训模式,举办实战化培训项目,形成实战化模版,打造可复制、可推广的实战化培训标杆。笔者认为,实战化培训与传统培训模式的最大差别是突出了"实际实用"和"亦战亦训"的导向。"实际实用"就是培养理念和培训内容更贴近税务工作的需求和真实情境,传授知识、技能和方法更侧重实践操作性,做到能用、好用。"亦战亦训"就是要将税收业务实操与培训更紧密融合,整合线上线下资源,在学中干、在干中学,打破"坐而论道"的局限,通过复盘与反馈形成理论与实践的良性循环,解决实战与培训相对割裂的问题。

(二)税务稽查人才培养的实战化导向

实战化培训的导向体现了新时期税务人才培养方式上的新思路,而这一思路同税务稽查工作的实践高度契合。从工作性质上看,税务稽查战斗在打击涉税违法犯罪的第一线,查处各类偷逃骗税等违法行为,实战是税务稽查最鲜明的职业特点。从职能履行上看,稽查工作面对不确定性的案源,查处税案的分析、检查、取证、审理都以实践能力为最根本的依托,查处结果和成效取决于检查人员的实战能力的高低。从干部培养目标看,实战型人才是稽查队伍的稀缺资源。在无锡税务稽查条线的培训需求全员问卷调查中,近六成的干部最希望接受的培训项目为稽查办案技巧(137人,占比59.3%)、特定行业检查指南(117人,占比50.6%)、稽查案例剖析(109人,占比47.2%),远远超过其他理论性的培训项目。对标落实"四精"要求、对自身业务能力短板的认知上,干部选择排名前两位的分别是不同税种实务掌握深浅不一(152人,占比65.8%)、案件快查快结压力较大(112人,占比48.5%)。

（三）税务稽查人才培养存在的几个突出矛盾

1. 从稽查人才的成长周期看，存在长与短的矛盾。成熟的稽查干部和业务骨干需要在日常的办案实践中逐步摸索成长，往往需要10年以上甚至更长的成长周期。但面对涉税违法的新形势和日益繁重的工作，新进人员和年轻干部又必须能尽快上手查案，尽可能缩短从跟班见习到挑梁担纲的周期。

2. 从稽查队伍年龄结构看，存在多与少的矛盾。仅以无锡稽查条线为例，平均年龄46岁，较机构改革时降低0.3岁。但50周岁以上人员占比为40.0%，35周岁以下人员占比为13.0%，经验丰富的老稽查骨干多、年轻干部少，检查实践经验的传承面临断层的危险。

3. 从能力培养的实际看，存在量与质的矛盾。常规性的教育培训项目和通用能力培养对干部能力提升起到了基础性的支撑作用，但稽查业务特点实践性较强，从实际情况看优秀的稽查讲师和实战性的稽查课程比较稀缺，部分课程的设计初衷和实际效果还有一定差距，内部师资的培养还需要一定周期。

二、"战训一体、专精结合"人才培养的实践探索

（一）实施"雁阵计划"搭建平台

以"雁阵计划"为载体，进一步完善人才梯队培育微创新。以年度重点稽查任务和难点工作为主攻方向，组建青年专家团、智慧战队、深研战队、利剑战队、崇法战队等"一团四队"。将45周岁以下稽查青年按照专业背景、个人兴趣双向选择编入专业团队，由分管带队，骨干挑梁，选择1~2个工作难点堵点实施重点攻坚。累计组织专题研讨34次，参与疑难案件会诊研判40余次，完成专题稽查分析12篇，开展团队分享、风采展晒20余次。在攻坚信息化战法、典型案件通用模板、精准监管风险模型、法治规范化建设等重点工作中发挥了骨干作用。

（二）推动"岗位微训"夯实基础

制定落实《新稽查清单化微训计划》，以清单化形式，确定了检查、审理、执行、通用等四个岗位的实训内容，以政治能力为引领，梳理明确了税政能力、查账能力、法制审核能力、信息化能力、沟通能力等15项能力，分别制定了具体考察内容和考察标准，以满足不同层次青年干部的成长需求，为加速推进稽查干部队伍梯队建设。通过清单化微训、导师制辅导、团队式带训、促进新进稽查干部快速融入、勇挑大梁，为形成群雁争鸣、群英竞秀的生动局面，拓宽了新思路，搭建了新舞台。

（三）打造"两个课堂"提升能力

打造"阳光课堂"强基，围绕年度重点工作项目，推进岗位达标、改革新政、线上实务、知识更新四个专题内容的全覆盖，形成双月有课堂、人人都参与的特色培训模式。共组织专家授课、研究分享、网络直播、过关测试等实战化培训25次，骨干入围省局稽查人才库、市局师资3人次，切实提升了稽查干部业务储备和综合素质。拓展"实战课堂"优能。以稽查案件指挥中心为实战基地，探索建立了稽查智能电子档案，制定推广了票案检查分类模板，推进信息化战法案件试点5个，成功分析识别重大团伙虚开发票案件，涉案企业达80余户次，金额超10.5亿元。

（四）扩展"蓝焰讲堂"展示交流

组织优能讲堂，业务骨干结合稽查办案流程和行业检查特征，从查案思路、数据分析、线索追踪、调查取证、现场约谈等方面讲经传宝，年内交流展示优秀案例12件，通过互学互鉴提升了案件查办能力。组织共治讲堂，使之成为七部门常态化打击虚开骗税协作机制重要载体，对虚开骗税案件线索开展联合研判、讲评交流，研判虚开增值税发票犯罪团伙线索3条、骗取出口退税犯罪团伙线索2条，涉案金额35亿元，连续两年进入全省"砺剑"大比武决赛并取得佳绩，有效发挥了各部门执法协同"乘数效应"。

三、深入推进实战化人才培养的思考

税务稽查人才队伍建设是人才兴税战略的重要组成部分，也是有效发挥打击涉税违法、维护税收秩序职能作用，实现稽查现代化目标的关键支撑。下一阶段，要将实战化导向真正融入稽查人才培养的实践还应从以下几方面着力。

第一，能力提升要实现清单化。稽查干部成长的核心在于能力培养，第一步就是要在基层税务工作中突出执行能力和落实能力的培养。要将抽象的能力根据组织定位和岗位角色，分解细化为有标准、有实体的任务清单，形成一个岗位—能力—任务—周期—标准—资源的清单指导培养计划的推进。具体来说就是要做实两个清单，一是"技能包"清单，将实战化的操作要求浓缩归纳为数据分析技能、查账突破技能、询问调查技能、流程运用技能、法制规范技能等类型，根据学员岗位、经历和兴趣有侧重的给予关注，在培养全过程中促进学员技能的提升。二是"知识点"清单，根据能力类型梳理关键知识点，通过针对性地培训按期分解明确，并通过随堂测试、课前课后提醒督促学员预习、复习，做到及时跟进学、纵深拔高学，提升学习效果。

第二，经验传承要突出导师制。经验传承是干部队伍新老交替期需要重点关注的课题，税务稽查又是特别强调经验积累的岗位，通过新时期多样化的师徒传帮带能够有效缩短干部成长成熟周期，使稽查实战实践经验更好地留存并发扬光大。一是要建立政治思想工作的导师制。青年干部处于成长的拔节孕穗期，需要加强新时期政治思想的引导，确保方向不偏、根正苗红。要选好"引路人"，关心年轻干部的所思所想，及时纾解困惑，切实防范执法风险和廉政风险。二是拓展业务导师制内涵。既要发挥传统师带徒、传帮带的作用，又要加强导师制的科学管理，灵活运用课堂讲授、案例剖析、分组研讨、头脑风暴、模型演练、专题测试等多种形式，定期考察、定期反馈，在"导学、督学、研学、互学"上做文章，对导师—学员学习表现和培训效果进行写实画像和积分评价，纳入人才培养的考评体系。

第三，成长锻炼要凸显团队化。近年来涉税违法犯罪呈现跨区域、网络化、团伙化的趋势，传统意义上的单兵作战无法应对复杂多变的虚开骗税新形势，稽查工作的团队属性将越来越凸显。要突破重大疑难案件，各具特长的稽查骨干组建团队将成为常态，跨越多个执法部门的联合协同作战将成为常态。这些都要求稽查干部既要在业务岗位中锻炼，更要在专业团队中锻炼，打破部门界限，定期开展线上线下交流研讨。特别要将青年干部纳入专业团队、党员先锋队，鼓励揭榜挂帅、攻坚重点工作、突出团队互动，开展线索研判、课题研究、案例研讨，在合作中碰撞火花、提升能力。要运用专业团队育人，在提高税收政策水平、财会分析能力、查账技能、约谈技能的基础上，有针对性地培养一批信息化查账能手、行业检查能手、法治审核能手。

第四，学习培训要侧重实战性。税务培训是人才培养和能力提升的重要方式，要精心设计推广"实际实用""亦战亦训"的实战化培训，完善"线上学习、线下集训、实战锻炼、复盘总结"的过程管理。一是要探索建立稽查实践基地，充分运用税务稽查"四室一包"，多部门联合研判基地等载体开展稽查实战练兵比武，组织稽查干部应用信息化稽查分析工具，依托"互联网+监管"，从不同经济行业领域、不同视角维度，对虚开发票、骗取出口退税、骗取留抵退税等突出违法犯罪进行上追下拓、分层研判、多层归类，以查处成果评先比优，在竞赛中磨炼技能，在实战中增长才干。二是要强化稽查案例增值应用，建立稽查典型案例库、行业指南库，定期组织开展案卷、案例评比展示，定期开展解剖麻雀式的案例分享教学，以案为镜、以案促查。三是要融合不同学习模式，强化"地毯式""菜单式""多棱镜式"学习模式的结合。对基础知识、基础流程、基础技能以"地毯式"学习模式为主，突出应知应会全覆盖，必学必练全覆盖。对专业化技能、行业性模型、岗位化任务以"菜单式"学习模式为主，根据个人岗位和兴趣凸显共性与个性化相结合，建立完善自选菜单，充分提升专业实战能力。对于创新性、拓展性、延伸性的知识技能以"多棱镜式"学习模式为主，在课程设计中强化多专业、多税种、多岗位视角和技能的融合，促进稽查执法能力的跨界提升。

（作者单位：国家税务总局无锡市税务局稽查局）

以"未病先防，即病防变"的中医理念谈"四种形态"的力度和温度

马 达

每一个违法违纪的干部，其行为不但给国家、社会和他人利益造成了损失，损害了公职人员形象，同时也损害了奋斗多年、乘风破浪才成就的自己。无数个可恨可叹的结局，如果在最初将病未病、显现端倪的时候就被发现、被提醒、被拉一把，本不至于病痛折腰、病入绝路；而"发现、提醒、拉一把"，在党风廉政建设惩前毖后、治病救人过程中的作用，充分体现了中医"治未病"的理念。

中医讲"上医治未病"，最好的医生擅长"未病先防，即病防变"，以较小的代价阻击"大病"的产生；而中国共产党和党的纪律检查机关就是这样擅长"治未病"的上医、监督执纪"四种形态"就是纪检部门"治未病"的医疗手段。本文就从"未病先防，即病防变"的中医理念，谈一谈"四种形态"的力度和温度。

一、从历史沿革谈"四种形态"的力度和温度

（一）习近平总书记在十八届中央纪委六次全会上指出，"全面从严治党，要把纪律和规矩挺在前面，坚持纪严于法、纪在法前，实现纪法分开"，并在讲话中强调"监督执纪'四种形态'是全面从严治党的具体举措"。

纪严于法、纪在法前，简要来讲就是管党治党必须把纪律挺在法律的前面。在全面依法治国条件下，管党治党要靠党章党规党纪。党的先锋队性质、执政地位和历史使命决定了，对党组织和党员必然要有更高标准、更严要求，党规党纪严于国家法律，党员严格执行党规党纪，才有可能模范遵守法律法规。违纪违规既是组织涣散、纪律松弛的具体表征，也是党员滑向犯罪深渊的开始。全面从严治党，不能只盯着极少数严重违纪违法的党员干部，9900多万党员光靠办几个大案要案是管不住、治不好的。只有用党的纪律衡量党员、干部的行为，把管和治更多体现在日常，让党内政治生活严肃起来，真正管住绝大多数，才能实现管党治党"全面"和"从严"的有机统一。

（二）党的十九大以来，"四种形态"写入了党章、列入了新修订的《中国共产党纪律处分条例》。十九届中央纪委四次全会上，习近平总书记用"四个坚持"深刻总结新时代全面从严治党的历史性、开创性成就和全方位、深层次影响，将"四种形态"作为全面从严治党的政策策略，是对全面从严治党理论的深化。

全面从严治党重在严明纪律。"四种形态"从严明党的纪律切入，综合运用多种方式层层设防，无论监督执纪还是监察执法，其核心要义都是纪严于法、把纪律挺在前面。在中央纪委六次全会上，习近平总书记把党章规定的纪律检查的三项主要任务和五项经常性工作，概括归纳为"监督执纪问责"六个字，而"四种形态"就是依纪监督、执纪问责的标尺和手段，既抓早抓小、防微杜渐，体现对党员、干部的真正关心和爱护；又对引起严重后果、给党和人民事业造成损害的行为严肃问责，体现高压和震慑。

（三）党的二十大党章修正案在第四十条第二款，将"按照错误性质和情节轻重，给以批评教育直至纪律处分"，修改为"按照错误性质和情节轻重，给以批评教育、责令检查、诫勉直至纪律处分"，增写"责令检查、诫勉"的内容。

作出这样的修改，一是体现了党中央从严管党治党、强化日常管理监督的重要要求。习近平总书记指出，"这些年来查处的典型腐败案件，都有一个量变到质变、小节到大错的过程。如果在刚发现问题时组织就及时拉一把，一些干部也不至于在错误的道路上越滑越远"[①]。批评教育、责令检查和诫勉都属于监督执纪的第一种形态，有助于纠错改过，把惩前毖后、治病救人方针落到实处。二是对运用监督执纪"四种形态"特别是第一种形态成功实践的经验总结。党的十九大以来，各级党组织在监督执纪中运用第一种形态的人次占比逐年上升，从2018年的63.6%增至2022年的70.2%。实践证明，深化运用监督执纪"四种形态"，在用好第一种形态上下功夫，对于及时发现问题、纠正偏差，真正对党员、干部负责具有重要作用。

二、从适用情形谈"四种形态"的力度和温度

随着实践的发展，"四种形态"已形成一个环环相扣、严密完整的逻辑体系，既贯通"纪法"、连接"不敢、不能、不想"，又兼顾治标治本，囊括教育警醒、惩戒挽救和惩治震慑功能。

其中第一种形态：经常开展批评和自我批评约谈函询，让"红红脸、出出汗"成为常态。

中央纪委《纪检监察机关监督执纪"四种形态"统计指标体系（试行）》明确第一种形态处理的12项措施，我局党委纪检组在监督执纪实践中，常见适用情形主要有提醒谈话、批评教育、责令做出口头或书面检查、通报（通报批评）、诫勉（诫勉谈话），用这五种方式来灵活处理党员干部存在的苗头性、倾向性和轻微违纪问题。

（一）提醒谈话。依据党内监督条例第二十一条规定，主要适用有思想、作风、纪律等方面苗头性、倾向性问题的，或者核查难度较大，但有基础证据证明存在轻微违规行为，需要引起注意的问题。如多人反映行为人与管理服务对象不当交往，虽然行为人予以否认，核实后难以认定，但需从"有则改之、无则加勉"角度予以提醒。

（二）批评教育。主要适用具有一定的违规行为，但情节相对较轻，未达到违纪违法程度，不需要给予处分的行为。如因疏忽导致的一般性工作偏差。

（三）责令检查。主要适用违规性质明显，或思想认识不够到位，经综合考量又不宜给予处分的行为。如违规收受小额礼品等行为。具体分为书面检查和公开检讨。

（四）通报（批评）。主要适用造成一定的不良影响或警示意义较强的，需要消除影响、公

---

① 习近平. 习近平著作选读：第一卷［M］. 北京：人民出版社，2023：528.

开事实、开展警示教育的行为。如对舆情关注、典型性较强的事故、事件，需要公布事实、问责追责等情况。具体分为内部通报和公开通报。

（五）诫勉（谈话）。依据党内监督条例第二十一条规定，主要适用轻微违纪行为，接近应给予处分程度；或本应给予处分，但具有从轻、减轻情节，可按第一种形态处理的行为。如收受他人礼品本应给予处分，因具有主动交代问题、积极配合审查等减轻因素可给予诫勉。

在上述措施中，根据影响、后果、公开程度等因素，惩戒教育轻重程度递增，即提醒谈话<批评教育<责令做出检查<通报<诫勉。上述处理措施可单独适用，也可合并适用，比如，给予诫勉的，可同时适用责令做出检查、通报。考虑到轻重匹配和效果，诫勉后不必同时给予明显较轻的提醒谈话、批评教育措施。

第二种形态：党纪轻处分和组织处理要成为大多数。

党纪处分，是指党内警告、严重警告、撤销党内职务、留党察看、开除党籍这五种处分决定。其中的党纪轻处分是指党内警告和严重警告两种。组织处理是指停职、调整、免职三种。

比如，中央纪委国家监委驻总局纪检组上半年发布的"通报6起违反中央八项规定精神典型问题"，其当事人均受到警告或严重警告。这就是党纪轻处分，旨在抓早抓小、防微杜渐。

第三种形态：对严重违纪的重处分、做出重大职务调整应当是少数。

第四种形态：严重违纪涉嫌违法立案审查的成为极少数。

因时间关系，这两种形态就不展开说了，市局警示教育大会上的反面典型教育片，其中大多数都是第四种形态，极个别是第三种形态。

三、从根本目的谈"四种形态"的力度和温度

很多干部对提醒谈话、批评教育、诫勉谈话存在一个思维误区，认为这些是对自己工作的否定，是对自己的一种惩罚。然而通过刚才的介绍，大家应该可以认识到，"四种形态"，特别是占"绝大多数"的第一种形态，"惩治并不是目的，帮助和教育才是根本"。

其一是对日常管理监督中发现的苗头性问题进行帮助教育。比如，党员干部放松政治理论学习，理想信念淡化"四个意识"不足，自律意识不强；工作上事业心、责任感不足，精神懈怠，推卸责任，贯彻上级部署调门高、行动少，抓工作不重实效重形式等。

其二是对专项治理检查中发现的苗头性问题进行帮助教育。比如，在巡视巡察、专项治理中发现对问题整改不彻底、边整边犯或前清后乱情况的；在查阅干部档案材料中发现个人事项报告不及时或有漏报现象而情节较轻的等。

其三是对信访线索中发现的苗头性问题进行帮助教育。比如，来电来访反映党员干部工作方式简单粗暴，对群众利益不够重视，并已查证核实，或者经案件调查，涉及但尚不构成纪律处分的情况。

十九届中央纪委六次全会在介绍过去一年运用"四种形态"总体情况时，使用了"批评教育帮助和处理"的表述，"帮助"二字充分说明，无论是惩处严重违纪违法甚至涉嫌犯罪的极少数，还是抓早抓小、关口前移、防微杜渐，出发点都是帮助教育党员干部少犯错误或及时纠正错误。即便对于已经犯了严重错误的审查调查对象，也要通过深入细致的思想政治工作，真正做到教育人、挽救人、感化人，使其深刻认识到自己背离理想信念宗旨、背离党和人民所犯

的错误，心服口服地纠错改错、洗刷心灵，回到相信组织、依靠组织的正确轨道上来。

"四种形态"既有力度又有温度，是"惩前毖后、治病救人"方针的具体化，其目的是防止小病拖成大病，体现了组织上对干部的严管厚爱。纠小错，是为了防止大错晚矣；鸡蛋从外部打破意味着毁坏，但从内部打破，往往意味着新生。

（作者单位：国家税务总局哈尔滨市税务局稽查局）

党建引领税收高质量发展的实践研究

王春生　任　强

加强基层党的建设，发挥党建对税收事业高质量发展的引领作用，是基层税务机关面临的重大现实课题，本文通过对丹徒区税务局党的建设工作进行经验总结，在分析取得成绩的同时，找准问题并提出对策建议，从而推动机关党建工作水平进一步提升。

一、基层税务机关党建工作引领税收工作的具体实践

丹徒区税务局秉持围绕中心抓党建，抓好党建促发展的理念，把提高党的建设质量要求落实到各项税收工作之中，准确把握党的建设和税收现代化建设的结合点、着力点，为"十四五"时期税收高质量发展提供重要保证。

（一）理论武装凝心铸魂，政治建设引领航向

区局党委牢固树立政治机关意识，以政治机关建设为统领，以党的创新理论武装为抓手，深入推进学思用贯通，知信行合一，从而进一步统一思想，凝聚合力。

一是深学细悟抓创新理论武装。区局党委坚持把学习习近平新时代中国特色社会主义思想作为党委会"第一议题"、党委理论学习中心组学习和党员干部教育培训"第一主题"、青年理论学习"第一任务"，把贯彻落实习近平总书记重要讲话和重要指示批示精神作为"第一要事"，切实用以武装头脑、指导实践、推动工作。探索建立区局党委、党支部、党员干部、青年理论学习小组四级联动学习机制，做到分层分类，持续抓好理论武装。

二是落实落细抓政治机关建设。深入学习贯彻习近平总书记"7·9"重要讲话精神，把坚决做到"两个维护"作为首要政治任务，把旗帜鲜明讲政治贯穿管党带队治税全过程，牢记税务机关首先是政治机关，坚定税务机关政治属性，全面强化政治机关建设，不断擦亮政治底色，扎实推进党建高质量发展。

三是凝心聚力抓党内集中教育。近年来，从"不忘初心、牢记使命"主题教育，到党史学习教育，再到学习贯彻习近平新时代中国特色社会主义思想主题教育，全区税务党员干部经历灵魂洗礼，思想淬炼，宗旨意识和为民情怀不断强化，党内集中教育成果持续转化为为群众办实事、解难题的具体行动。2023年的学习贯彻习近平新时代中国特色社会主义思想主题教育，更加强调理论学习、调查研究、推动发展、检视整改一体推进，切实做到"以学铸魂、以学增智、以学正风、以学促干"。

（二）纵合横通强党建，筑堡垒强基固本

没有高质量党的建设，就没有高质量的税收现代化。区局党委狠抓基层党组织建设，让党旗高高飘扬在税收事业改革攻坚一线。

一是健全组织体系。发扬"支部建在连上"的光荣传统，将机关党支部建在股室，设立1个党总支，20个党支部，调整充实党务干部并实体化运作，实行支部书记、科室负责人一肩挑。加强党对群团组织的领导，实现组织覆盖到基层、党的领导辐射到末端。深入落实"四强"党支部建设，积极争创"五星"党支部，规范党员领导干部双重组织生活、三会一课、组织生活会、民主评议党员等工作，每月督促指导各支部开展主题党日活动。充分运用"党建云平台"月提醒、季检查制度，规范各支部党建工作。

二是健全责任体系。坚持上下联动，层层传导工作压力，制定税务系统"两个责任"清单和党的建设工作规范，通过清单式明责、精细化履责、全方位督责，明确区局党委、党委书记、党委委员、党建工作部门等各类责任。强化"一岗双责"，区局党委书记认真履行机关党建第一责任人职责，压紧压实党委班子领导成员党建责任，结合分管工作切实做好监督指导，做到党建工作与税收业务同研究、同计划、同部署、同落实。

三是加强条块协同。税务系统党的组织关系在地方，区局党委充分发挥"块双重"优势，主动接受地方党委领导，主动对接党建工作任务，主动服务地方经济社会发展大局，积极走访汇报情况，争取地方党委对区局党的建设和党员教育管理监督、群团组织建设、精神文明创建等工作的指导。

（三）党建业务融合共进，双轮驱动促进发展

面对税收改革发展任务，区局党委始终坚持把党的全面领导贯穿全过程各方面，抓党建促业务，以党的建设质量水平不断提升引领保障税收事业高质量发展。

一是聚焦主业抓融合。探索党建与业务深度融合的实现路径，推动党建工作与税收业务在部署上相互配合，在实施中相互促进，在税收征管改革、减税降费等一系列重大改革任务中，区局党委成立领导小组，建立健全"一竿子到底"抓落实机制，全面提升党建和业务深度融合的整体水平。

二是立足岗位建新功。持续开展"便民办税春风行动"，大兴调查研究，通过开展"一把手走流程""税务体验师"等活动，不断改进办税缴费服务和持续优化税收营商环境。坚持问题导向，从高频事项入手，解决纳税人缴费人急难愁盼问题；在税费服务一线通过佩戴党员徽章、设立党员先锋岗等方式，党员带头落实"首问责任制""一次性告知"等服务制度，做好税费服务表率，让纳税人缴费人感受到"党员在身边、服务零距离"。

三是服务大局促发展。深入推进"宜诚税悦优服务，非常满意百分百"书记项目，形成党建引领在前、领导做示范、服务助发展的工作格局。依托"组织联建、服务联优、难题联解"的互动共建新形式，持续开展"税企同心 宜（E）路前行"支部共建活动，开创了优势互补、互促共进的党建工作新局面。以"宜心税月"党建品牌为统领，立足单位特点，深挖各支部党建工作特色，打造"宜诚税悦""一起来"等党建特色子品牌。

二、对党建引领税收高质量发展实践的分析

通过对区局党建引领税收高质量发展具体实践的调查研究，笔者发现，党建业务衔接不够、融合不深的"两张皮"难题仍然存在，党建工作一定程度上表面化、边缘化，使党建对税收高质量发展的引领作用弱化、虚化。具体表现如下。

（一）理念认识上仍有偏差

部分党员干部对"政治机关"的职能定位缺乏清晰认知和自觉认同，单纯党建思想或单纯业务思想依然存在。一些干部片面认为税务部门组织收入就是唯一职责使命，抓党建、搞服务，都是务虚的、不必要的。当前，部门主要负责人、支部书记一肩挑，但是部分干部习惯做分局长、股长，不习惯于做支部书记，"第一责任人"意识不够强，重业务、轻党建甚至忽视党建的思想和做法仍然存在。

（二）组织建设上有待提升

基层党组织的组织功能还没有得到有效的发挥。例如，业务部门多专注于承接本领域、条线的具体业务，在探讨党建工作与税收业务的融合上不重视、不主动、缺谋划、欠统筹。有的党务干部特别是支部书记多为业务骨干，"不懂""不会"做党务工作，缺乏系统性培训。同时，党建干部与业务干部交流轮岗较少，干部缺乏复合锻炼的实践历练机会。

（三）考核激励上尚不完善

在当前的考核体系下，党建组织和业务部门两个体系，条块分割，边界分明，考核指标的内嵌转化程度较低，最终以较为粗犷的加减乘除、简单叠加得出考核结果，难以体系化处理。比如，党组织考核指标设置大多是以"是与否"为特征的"质"的定性，如"是否落实党中央决策部署"。同时，党建与业务融合质量、党建引领推动中心工作成效未直接出现在组织或个人绩效考评相关选项当中，一定程度导致了部门负责人（同时是支部书记）忽视了对党建工作和税收业务融合互促上的主观探索，从而影响了党建引领税收高质量发展的效果。

三、对党建引领税收高质量发展的建议

结合基层党的建设工作探索和实践，笔者认为应当以"纵合横通强党建"机制制度体系为总抓手，以党的创新理论为指导，聚焦政治机关建设，进一步提升领导力、融合力、组织力，持续推动新时代党建引领税收事业高质量发展。

（一）突出政治性，进一步提升党对税收工作的全面领导力

党的政治建设是党的根本性建设，党的领导是战胜一切困难和风险的"定海神针"，必须是全面的、整体的。在思想认识上，要抓住领导班子这个关键少数，充分发挥党委理论中心组学习示范带动作用，建立"党委理论中心组、'三会一课'党业融合、青年小组理论研学"联动机制，自上而下提升理念认同。在全局统领上，要以"县级局政治机关建设"为抓手，着力构建"县局主抓、支部主创、小组主动"工作局面，增强县级局政治机关建设的针对性和实效性，推动基层党组织建设提质增效，政治功能和组织功能进一步增强。在更好服务地方经济社会高质量发展上冲在前、勇担当，在更好服务广大纳税人缴费人上出实招、办实事、求实效。

（二）突出实效性，进一步提升党建工作和税收业务的融合力

坚持党建工作与税收业务"一肩担当"，不断探索党建与业务深度融合的实现路径，以组织生活为载体，聚焦党建工作和业务工作重点难点，开展多层次、多频次党课活动，发挥党建工作对部门业务能力提升的促进作用，充分利用党支部战斗堡垒载体锻炼党员干部。要坚持支部工作与重点工作"一体运行"，全面探索推行"主题党日"党建业务双融双促机制，切实推进税收重点工作。要坚持业务骨干与党员干部"一并培养"，双向培养推动干部党业双优。一方面，将党务工作岗位作为培养锻炼干部的重要平台，党务干部和业务干部结对互助，着力帮助业务干部成为党建与业务深度融合的行家里手。另一方面，探索建立党务干部与业务干部双向交流通道，加强党务干部的素质培养，帮助党务干部拓宽职业发展路径，助推党务干部实现党务能力和业务能力双提升，努力向专业性、复合型人才靠拢。

（三）突出创新性，进一步提升基层党组织的组织力

组织力是组织生命力的具体体现。要以支部为载体，探索建立多级联动的组织体系，纵向上"辖市（区）局、基层分局、街道（村社）、企业"四级联动，横向上，联合财政局、司法局、银行、税务师行业协会等经济领域职能相近、资源互补的党组织，打造党建共同体。要全面完善健全标准化建设基础，积极开展"四强"党支部、五星党支部创建活动。要发挥堡垒作用，紧扣中心工作和重点任务，设立党员示范岗、党员责任区，组建先锋工作室、党员突击队、青年先锋队，立足"双线"联动，线上以收集实时需求、解决共性问题为着力点，打造"党员直连"工作模式，"全天候"为纳税人缴费人提供精细化、智能化、个性化的服务。线下以发现问题、解决个性难题为着力点，深化税收大数据在助企服务中的多元化运用，开展针对性走访辅导，提供个性化业务支持，充分发挥党员干部先锋模范作用。

（作者单位：国家税务总局镇江市丹徒区税务局）

对基层税务部门绩效管理改进的思考

杜 宏

为响应党的二十大发出的"以中国式现代化全面推进中华民族伟大复兴"伟大号召，结合总局党委提出的"绩效管理抓班子、数字人事管干部、人才工程育俊杰、选贤任能树导向、严管善待活基层"机制，基层税务部门切实发挥绩效管理"指挥棒""风向标"作用，为税收现代化服务中国式现代化奠定坚实基础。

大数据时代下，税收工作不断走向智能化、科学化和精准化，绩效管理也应随着时代的变革而变革，基层税务部门是税务系统的最小"单元"，本文聚焦基层税务部门绩效管理问题，为绩效管理在新发展阶段税收现代化中更好发挥效用从微观视角提供改进意见。

一、基层税务部门绩效管理存在的问题

（一）绩效意识有所淡化

经过十多年的实践，基层税务干部对绩效管理重视程度有所减轻，认为绩效管理只是考核手段，放大了绩效管理考核评价功能，忽视了改进提升功能；认为绩效管理结果只体现在年度评选先进单位，对个人而言激励意义不大。这些负面思想一定程度折损了绩效管理成效，使得绩效管理在基层部门效用逐渐淡化，为绩效管理发挥作用产生了反向阻力。

（二）指标设置不合理

一是指标设置完全承接。虽然每年基层税务部门都会结合工作实际修订绩效管理考评规则和指标体系，但也为了确保能够完全承接上级工作，规则和指标"随大流"，在上级指标基础上简单修改，缺乏创新性。二是考核结果套用上级。指标完全承接上级引发考评结果以上级考核结果为准，上级考评扣分，本单位延伸扣分，缺乏本级考核主动性和客观性。三是本级考评重视不够。指标完全承接上级也会导致过度重视上级考评指标忽视本级考评指标的情况，让本级绩效考评指标失去考评效力。

（三）管理过程不严谨

绩效管理"战略—目标—执行—考评—改进"的完整链条中重点应为改进，但就目前基层税务部门绩效管理现状而言，忽视了绩效沟通以及结果反馈形成的考核结果对实际工作的改进效果，绩效分析以及绩效改进并未引起高度重视，停留在形式层面，降低了绩效管理的积极作用，使绩效考核并没有达到预期的效果。

（四）信息化手段需要加强

部分考评指标需要线下建立台账，尤其是配合类指标，需要通过系统外打分审核后录入系统，不能直接通过系统完成操作，"线上+线下"方式需要改进。领导评价指标和群众测评指标的实施需要通过线下测评统计后录入系统，绩效系统缺少测评功能。

二、其他国家税务部门绩效管理经验

（一）美国绩效管理

分为五个步骤：战略规划、绩效计划、绩效预算、执行和表现、评估和改进。每五年更新和修订一次战略规划，每年根据战略规划制订绩效计划、编制绩效指标、评估工作表现，年末形成年度绩效报告。每年向白宫和国会提交年度绩效计划和年度绩效报告，作为部门预算和申请拨款的主要依据。

（二）日本绩效管理

历经十余年实践形成了以"目标—指标"为二元结构的法定型目标管理考核体系，即通过立法规范明确税收行政任务，并以法定化的税收行政任务作为实绩评价目标与指标设置的根本依据与内容来源，建立了"立法规范—税收任务—评价目标—测定指标"的关联关系。

（三）荷兰绩效管理

其组织绩效管理分为对部门和团队的绩效管理，主要通过契约的管理来完成。1. 部门绩效管理根据每年上下沟通确定的下一年度预算细化工作任务和目标形成契约，并于次年初开始契约的管理执行，年终根据契约执行情况对部门绩效予以评定。2. 团队绩效管理主要是通过团队承接工作任务，依据任务目标、流程、期限等具体内容与领导层达成共识建立契约，领导层对团队工作成果进行绩效评估。

三、基层税务部门绩效管理改进建议

（一）加强绩效文化建设

相较荷兰绩效管理突出"以人为本"的做法我国税务的绩效管理注重抓"关键少数"，瞄准的工作任务落实情况，是一个"以事为中心"的管理体系。据此，建议加大绩效管理文化建设，凝练绩效管理文化体系和价值体系，提升干部的参与度和积极性，持续丰富绩效文化建设，激励引导干部职工树立正确的绩效理念，纠正认知偏差，形成绩效管理的认知自觉和行为自觉。

（二）改进指标设计

相较于美国"服务型"税务以突出纳税人需求满意、员工满意和运营成果三者平衡关系建立绩效体系，我国税务绩效更注重政治性机关建设，同时以第三方评估考评纳税人满意度突出考评公正性。但是基层税务部门在工作中除完全承接上级安排的工作外，还受地方政府考核，同时因为目前基层税务部门考核奖励多来自地方政府，工作中也经常发挥"以税资政"作用，因此，基层税务部门的绩效管理体系建议引入地方考评指标和员工满意测评，建立"上级考评+地方考评+干部满意测评"三元结构，更大程度上发挥绩效管理"指挥棒"作用，将地方考评奖励作为绩效管理结果运用的一部分，充分调动干部工作积极性，同时借鉴美国经验引入干部满意度倒逼税务部门行政管理效能提升。

（三）完善信息系统

建议完善绩效管理系统功能，同时搭建绩效管理系统与数字人事系统数据共享平台，建立信息共享共用机制。一是在绩效管理系统中引入配合指标考评模式，对配合类指标及时通过系统分解责任部门及任务权重，由主责部门负责对配合部门进行按期考评，考评委员会通过系统审核确定。二是在绩效管理系统添加测评功能，通过系统发起领导评价和群众测评，减少线下测评工作量和非公正性。三是在数字人事系统引入组织绩效指标，将组织绩效指标任务层层分解结果对接数字人事个人绩效，利用组织绩效考评的指标结果作为个人绩效考核的参考依据，真正做到目标任务到人、指标分值到人、核验督查到人、结果运用到人。四是在数字人事个人自拟和领导推送中强调绩效考核指标任务，让领导实时掌握绩效指标完成情况，以便于改进和提升，同时将指标任务完成情况作为数字人事的领导评鉴环节的重要参考依据，提升领导评鉴的客观性。

（四）强化绩效监控

日本税务部门绩效管理以立法规范为制度建立的出发点，使得日本绩效管理体现出制度刚性，因此，建立了相对稳定的评价体系。相较日本而言，我国绩效管理以《全国税务系统组织绩效管理办法》为制度依据，法律效力低，制度约束性相对较弱。建议完善绩效管理考评指标对绩效运转的考评标准，强化税务干部对绩效运转环节的重视，充分发挥绩效监控、分析讲评、绩效督导、沟通反馈对绩效管理的引导和改进作用，进一步提升税务工作水平，推进新发展阶段税收现代化建设。

（作者单位：国家税务总局铜川市新区税务局）

高素质税务人才培养模式探索与实践

胡永华　管　震　笪　靖　何　瑶

习近平总书记在党的二十大报告中提出，人才是第一资源，培养造就大批德才兼备的高素质人才是国家和民族长远发展大计。高素质税务人才是税收事业发展的重要基础和保障，也是推进国家治理体系和治理能力现代化的重要力量。站在新的历史起点上，面对深化税制改革和提高税收征管水平的新任务，培养一支高素质、专业化、创新型的税务队伍，是税务系统必须担当的历史责任，为此，本文通过丹徒区税务人才队伍建设情况的分析，找出人才培养工作存在的问题，提出人才培养的路径和对策。

一、丹徒区税务人才队伍建设的总体情况

（一）干部队伍基本情况

截至2023年年底，丹徒区税务局共有在编干部职工209人，其中男性134人，女性75人。人员平均年龄45周岁；40岁以下青年干部67人（男22人，女45人），占总人数的32.0%；现有本科及以上学历190人，占总人数的90.9%，但其中超过半数干部为函授在职文凭。可以看出，丹徒区税务局青年干部职工占比偏低，存在老龄化趋势。

（二）人才队伍现状

在任职方面，担任副股级及以上领导职务的共51人，占总人数的24.4%，其中男性33人，女性18人；最高学历为大专3人，本科40人，研究生8人。在年龄方面，40岁以上领导干部有40人，占比达到78.4%，任职年龄相对偏大。在专业技能方面，取得"三师"资格证书者共33人，占全局干部的15.8%，其中拥有2个及以上资格证书的5人。

（三）人才考核和激励情况

依托"数字人事"进行干部考核评价。每年组织"两测"考试，以允许跨档报名参加业务能力升级测试的方式，鼓励干部参加更高层次学历教育、获取与税收工作相关的高级专业技术职务任职资格、资格证书，以及参加领军人才选拔，推动形成能者上、优者奖、庸者下、劣者汰的正确选人用人导向。目前全局有15人获得"岗位能手"称号、7人获得"专业骨干"称号、2人获得"优秀选手"称号，3人入选为2023年省局青年才俊。

二、税务人才培养中存在的问题

（一）培养模式不合理

1. 人才培养缺乏长远规划

税务干部平均年龄较大，"老中青"的稳定干部结构已经失衡，经验丰富的干部已经退休，承上启下的中坚骨干屈指可数，年轻的干部还不能独当一面，干部队伍建设出现断层趋势，税务人才培养的压力较大。

2. 人才进步空间狭窄

机构合并后，人员编制锐减，导致领导干部消超基数大，职务职级并行使职级人员相对集中，干部提拔和晋升双通道均狭窄，同时，由于税务机关垂直管理，人事工作与地方党政接触不多，税务系统的优秀人才与地方交流任职相对困难，导致税务干部提升能力的愿望不强、学习劲头不足，干事热度不高。

3. 人才利用有待提升

对人才的岗位分配受到主观意志的影响，出现哪个部门缺人往哪个部门安排的情况，忽略了人才专业优势以及岗位匹配度，缺乏对个人发展路线的持续跟踪。由于受岗位和职数限制，有的干部长时间在单一的业务岗位上工作，成长积累缓慢、人才优势发挥不足。

（二）人才培训工作不到位

1. 培训内容的更新和优化还不够及时和全面

高素质税务人才培养模式，存在重理论培训、轻实际操作，重分层分级培训、轻分岗分类培训的现象，难以做到因人制宜、因材施教。培训内容虽然涵盖了税收政策、业务技能、法律法规、信息化应用、服务理念等方面，但在一些新领域上还缺乏及时的跟进，如在数字经济、跨境电商、环境保护税等知识和技能方面的培训还需要进一步优化和更新。

2. 培训师资的选拔和培养还不够科学和规范

培训的师资虽然是由选拔的优秀业务骨干或邀请外部专家组成，其师资水平和能力有了较大的提高，但还存在培训师资的数量和结构不够合理、培训师资的评价和激励机制不够完善、培训师资的更新和交流机制不够畅通等问题，还不能完全满足全方位、复合型人才培训的需求，难以培养学员的学习兴趣。

3. 培训效果的转化和应用还不够深入和广泛

在培训过程中，对培训效果的评估方法较为单一，停留在书面考试、学员问卷、分析报告等初级层面，这种表面化、形式化的评估手段，影响教育培训的效果和持续改进。培训效果未与干部的考核、奖惩、职业规划等挂钩，不能很好地激励税务干部将所学知识和技能转化为工作实绩。

（三）人才考评激励措施不完善

1. 考核评价未发挥效能

目前，绩效管理和数字人事系统已经日趋完善，通过个人绩效打分、领导评鉴、现实表现测评等折算考评分数、进行划段，但容易受到主观因素的影响，且分数形成过程并不公开透明，评优指标受到数量的限制，对于政治素养高、专业能力强、持续做出贡献的税务人才，考核结果不能真实有效地呈现其工作质效,进而影响其评先评优和晋升提拔,使考核激励作用难以发挥。

2. 激励措施运用不足

对于税务人才来说,保障工资福利待遇是最有效的激励措施,直接关系到干部的切身利益。但工资薪金与职务级别相挂钩,受限于体制机制原因,高素质人才的"提成"工资得不到落实,比如对取得"三师"资格或者获得"专业骨干""岗位能手"等称号的人才,没有针对性的激励措施,物质激励无法得到保障,同时精神激励很难"委以重任",使人才的价值难以体现。

3. 人文关怀欠缺

随着征管体制改革、非税职责划转,税务部门承担的职责越来越重,税收政策更新的速度越来越快,税务工作也变得越来越繁杂,更多的工作任务向有能力的人才倾斜,高强度的工作让高素质的人才精神压力增大,在这种情况下,组织人文关怀不到位、不及时,很少开展集体性的文体活动,即使有时组织开展了某项活动,很多的业务骨干忙于工作也无法参加。在沟通机制上,谈心谈话流于形式,缺乏针对性,使得干部个人学习工作的需求难以得到满足,产生职业倦怠感。

三、高质量税务人才培养的路径和对策

(一)掌握探索"用才"模式

1. 长远规划,整合人才资源配置

要制定短期和中长期高素质税务人才的培养规划,从考录开始形成个人成长档案,通过试用期的入职培训和岗位实训,细化人员分类,针对性地制订培养计划,提前做好人才传递,避免出现年龄断层、青黄不接的情况。同时要建立人才管理库,对人才库的干部进行科学、合理的分配使用,加大实践工作力度,丰富知识应用储备,充实业务工作经历,不断完善有进有出、动态调整、跟踪管理、定期评估的人才管理机制。

2. 择优选拔,扩宽干部晋升通道

在干部选拔、职级晋升、人才交流工作中引入规范、透明的竞争机制。利用好现有职级配额,在竞争选拔股级干部的过程中,既要看资历和经历,又要看能力和潜力,优先使用综合素质突出、实绩显著、群众公认的税务人才。对有培养前途、德才兼备、能力出众的股级干部,可推荐为科级职务的后备人选。同时加大与地方党委政府的对接沟通,拓宽税务干部的培养和使用渠道。

3. 统筹协调,明确岗责流程体系

设置科学、合理的岗责流程体系既能提升工作效率,又能有效避免推诿扯皮的现象发生。应明确全部岗责,形成职责清单,避免出现有的干部加班加点,有的干部无事可做。同时适当调整岗位分工,将不需要复杂的系统操作岗位和任务分配给年龄较大的干部,避免将压力过度倾斜到年轻的税务人才身上,实现老中青干部之间工作量的平衡。

(二)优化赋能"培才"机制

1. 按需培训,提高培训的针对性

树立"按需培训"理念,围绕税收中心工作,突出个人需求和岗位需求,事前开展调研,

制订年度培训计划。坚持分类培训原则，以提升岗位专业技能和培养业务能手为重点，扎实有序组织各类培训。

2. 创新方式，提升培训的灵活性

创新培训方式，要在传统讲授式基础上，加大研讨式、案例式、模拟式、体验式等教学方法比重。对于理论性比较强的内容，在讲授式、研讨式等方法上下功夫；对于实践性比较强的内容，在案例式、体验式等方法上下功夫；对于情境性比较强的内容，在模拟式等方法上下功夫。实现教学相长、学学相长，不断增强培训的吸引力和感染力。

3. 跟踪改进，提升培训的实效性

建立健全以约束、考评、激励为主的评估体系。健全由教育培训管理部门、项目委托单位、参训学员等共同参与的评估机制。培训结束前，对培训内容安排、时间设置、教学效果等进行意见采集，培训结束后，进行相应的业务考试、岗位技能比拼等竞赛活动，检验培训效果。并对干部重返工作岗位后的能力变化、工作绩效变化、示范效果等信息进行持续跟踪，实现学习积分考核办法，将其与干部考核、岗位调整、评先选优等相挂钩。

（三）营造良好"留才"生态

1. 完善数字人事考核评价体系

秉持着公开化和透明化的模式，让干部了解自身考核过程中具体的打分情况和结构，避免出现因为领导个人喜好或者人际关系等问题而产生不公正的评分。数字人事在核定最终年度考核得分之前，应设置本部门内人员可见的公示阶段，在形成内部评价的同时，积极接受外界的评价，保障考核评价的科学性、有效性。同时，数字人事系统的评优指标不应受到数量的限制，应根据掌握的税务干部工作量情况以及工作质效来分配指标，真正体现"干与不干不一样，干多干少不一样"思路，充分反映税务干部综合能力水平。

2. 丰富税务人才激励方式

落实绩效工资，打破工资的"均等化"，根据工作质量、数量和业绩等进行绩效考核，实行工资的动态调整。放宽人才激励标准，鼓励税务人才积极参与到各项活动，就其贡献程度设置奖励机制。注重精神激励，对青年才俊、专业人才、业务标兵及时颁发荣誉证书，对在练兵比武、执法考试中取得优异成绩的人才，可联合总工会、团委、妇联等部门，授予"五一劳动奖章""三八红旗手""青年岗位能手"等荣誉称号，开展表彰活动，树立先进典型，发挥人才示范引领作用。

3. 加强关怀交流建设

人本关怀是激励机制中的重要组成部分，良好的文化氛围和精神风貌能为税务人才建设注入"一汪春水"。应丰富干部文化生活，利用好区局阅览室、活动室、解压室，开展读书分享会、趣味运动会、书法绘画等活动，营造宽松和谐的工作环境。通过户外活动、心理讲台、谈心谈话等形式，畅通交流和反馈渠道，促进双向沟通交流，了解掌握干部尤其是青年干部的健康状况、生活情况及工作需求，让税务干部切实感受到职业自豪感和幸福感。

（作者单位：国家税务总局镇江市丹徒区税务局）

关于对数字人事个人绩效的探索研究

——以北京经济技术开发区税务局办税服务厅为例

韩 明 刘雪芯

一、调研的目的和意义

开展个人绩效管理工作，是推动贯彻落实习近平总书记重要指示批示精神和党中央、国务院决策部署的重要抓手，是推动广大税务干部提高制度执行力和治理能力的重要途径，是完善担当作为激励机制的重要举措。在运行过程中，个人绩效指标编制、领导评价打分等方面存在一定的难点和问题，因此，本调研根据办税服务厅干部岗位职责和人员分组情况，制定可量化、可比性强的个人绩效指标库。组织同业务组内横向对比，实行分类分组评价考核，是贯彻落实好《关于优化数字人事制度有关内容的通知》（税总党委办发〔2024〕10号）中提高个人绩效指标中量化指标占比的有效尝试，实现个人绩效指标编制有据可依，领导评价有规可循，提升考核评价客观性，充分发挥好个人绩效的"助推器"作用。

二、北京经济技术开发区税务局办税服务厅的个人绩效指标考核现状

（一）干部数量越来越多

干部数量大幅增加，随之而来的队伍建设的难度逐年上升。因此，一个有效的个人绩效管理一方面可以对干部进行约束，以干部自身内生驱动力促进办税服务厅的工作越来越高质量发展；另一方面，可以将干部工作完成效果以更直观可视化的方式呈现到领导面前，让干部能力充分得到展示，通过分析干部的个性特点和特长，发掘潜力，尽可能地将干部放到最适合的岗位，帮助其进行职业发展规划，促进干部自身职业发展。

（二）岗位设置越来越细

根据不同的业务分为了不同的业务组，包括综合组、发票组、申报组、社保组、股转组和网厅组，每个业务组的工作内容也不尽相同，很难用统一的标准评价各组干部的工作情况。因此，一个可以量化考核每位干部的个人绩效指标库就显得尤为重要。

三、个人绩效量化考核指标的初步设想

结合当前个人绩效应用实际和办税服务厅的发展需要，通过实地调研、收集意见，初步形

成目标明确、指标规范、贴合实际、操作性强的"三类、六项、九成"个人绩效管理体系,"三类"是指根据办税服务厅实际工作情况,将干部分为三类人群;"六项"是指六项量化考核指标;"九成"是指只针对排名后10%的干部进行扣分(取数来源于市局10%差异化率的工作要求)。

(一)明确考评对象及指标

1. "三类"人员

首先是对现有的岗位职责进行完整梳理,根据办税服务厅实际工作情况,将干部分为三类人群。

一类人员:窗口税务干部,不承担或者只承担很少的其他行政类工作,包括综合组、发票组、申报组、社保组、股转组和网厅组。

二类人员:业务组组长、副组长。

三类人员:内勤、导税人员等以行政、咨询类工作为主的干部。

2. "六项"考核指标

经过分析研究,试运行阶段针对办税服务厅干部的个人绩效共性指标包含六项指标,每项指标分值20分,可视实际情况进行调整,分别为:

(1)业务量指标(以"L"代指);

(2)业务效率指标(以"X"代指);

(3)纳税人满意度指标(以"M"代指);

(4)业务质量指标(以"Z"代指);

(5)综合管理指标(以"G"代指);

(6)其他事项指标(以"Q"代指)。

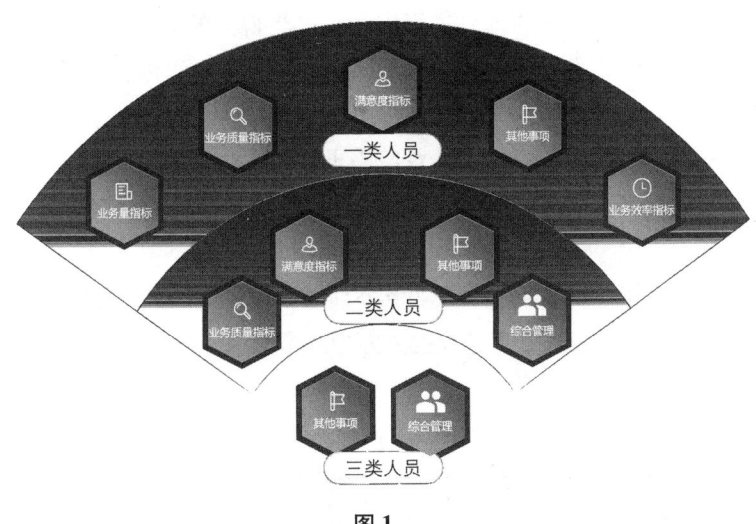

图1

3. "三类"人员的个人绩效指标

(1)一类人员个人当期个人绩效为 L+X+M+Z+Q。一类人员日常以办理业务为主,不承担或者只承担很少的行政类工作，特别是同一组内的工作内容和工作实质相对同质化、可比性较强，因此编制可量化的个人绩效指标更便于比较，主要从业务量、业务效率、业务质量、纳税人满意度等方面进行考评。

（2）二类人员个人当期个人绩效为G+M+Z+Q。二类人员为各组组长和副组长，除了办理实际业务外经常处理复杂的业务，还承担管理职能，因此不对业务量和业务效率做考核。考核纳税人满意度、业务质量等业务指标，也考核领导交办的其他任务及综合管理指标。

（3）三类人员个人当期个人绩效为Q+G。三类人员日常不办理具体税收业务，因此仅对此类人员考核领导交办的其他任务及综合管理指标。

（二）明确个人绩效量化指标评分标准

1. 业务量指标的定义与考核方法

业务量指标考核的难点在于怎样准确、真实、客观地反映被考核窗口干部的业务量，并产生正面的激励效果。一是干部忙闲不均，相同工作时间并不能表明完成的工作量是一样的；二是干部工作效率存在差异，无法体现干部实际的工作能力；三是基本无法区分复杂业务和简单业务。通过统计分析，认为采取叫号数量加权计算业务量更具真实性与客观性，具体指标如下：

考核干部在考核期间的季度工作量，根据实际工作量计算，结合业务办理具体难易系数科学设置权重，叫号数量加权计算得出干部的季度工作量。对业务量排名在后10%的干部扣0.5分。

$$干部的业务量 = 业务A*权重 + 业务B*权重 + 业务C*权重 + \cdots$$

2. 业务效率指标的定义与考核方法

业务效率考核的难点在于各业务组内每名干部的工作内容不完全相同，难以直接进行对比。因此，结合调研成果和办税服务厅工作实际，将业务组内每名干部通办业务的平均办理时长分别进行排名，再将不同的通办业务的排名进行求和，最终得到的数据为干部的业务效率综合排名（数值越小业务办理越快，数值越大业务办理越慢），对每个组内排名后10%的干部进行扣分，具体指标如下：

考核干部在考核期间的季度业务效率，对组内干部通办的业务办理的平均办理时长进行排名，多项业务集合形成干部最终业务办理效率的排名分，对各组内排名位于后10%的干部扣0.5分。

$$干部的业务效率综合排名 = 业务A业务办理效率排名 + 业务B业务办理效率排名 + 业务C业务办理效率排名 + \cdots$$

具体如下表：

表1

干部名称	业务A排名	业务B排名	业务C排名	综合排名
干部甲	1	1	2	4
干部乙	2	5	3	10
干部丙	3	2	5	10

续表

干部名称	业务 A 排名	业务 B 排名	业务 C 排名	综合排名
干部丁	4	4	4	12
干部戊	5	3	1	9

因此，此项指标对干部丁业务效率综合排名位于后10%，故本季度此项个人绩效指标扣0.5分。

3. 纳税人满意度指标的定义与考核方法

纳税人满意度指标考核是通过外部评价衡量办税服务厅干部办税情况的重要指标。提高纳税人缴费人满意度对优化税收营商环境有着重要意义，经过研究，具体指标如下：

考核干部在考核期间的纳税人满意度评价情况，包括办税服务厅评价器满意度评价、在线导办、办税服务厅对外咨询电话、12366投诉、12345投诉等。对不满意或非常不满意的情况，由组长进行核实。情况属实，则每一条扣0.5分，最多扣该项指标分值的50%；若纳税人的评价严重偏离客观事实时，可以提出复评的要求，经办税服务厅主要负责人复核后，维持原评价结果或作出新复评结果。

4. 业务质量指标的定义与考核方法

业务质量指标是对窗口干部在办理业务过程中违反征管规定、产生业务差错的行为进行考核。加强业务质量考核，增强税务干部操作合规性，是防范操作风险、强化内部控制的重要内容，具体指标如下：

考核干部在考核期间的季度业务质量，对干部在办理业务过程中违反征管规定、产生业务差错的行为进行考核。在发现季度按次数扣分，每次扣0.5分，不重复扣分，最多扣该项指标分值的50%；未发生问题的，该项指标得满分。扣分项目主要包括征管质量考核（5C）出现非系统原因的错误、操作错误需报市局运维处理的问题、税务系统内部控制监督平台内税收执法过错责任追究核实后的人为过错、在各类专项检查中被发现问题并负有责任的、其他过错。

5. 其他事项指标的定义与考核方法

其他事项指标是通过领导评价衡量干部对于领导交办事项完成的情况。将这些任务纳入量化考核指标可以通过分数的形式将干部的实际表现记录下来，为领导选拔其他人才，如计算机人才、党建人才、纪检人才等提供数据参考，经过研究，具体指标如下：

考核干部在考核期间承担的其他非业务类工作情况，无故缺勤、未按要求遵守相关规定、完成相关任务的，扣0.5分；出现重大问题或者造成不良影响的扣不少于1.5分。主要包括深入学习贯彻习近平新时代中国特色社会主义思想、学习教育、党组织活动、勤政廉洁、遵规守纪、完成交办工作。

6. 综合管理事项指标的定义与考核方法

综合管理指标是通过领导评价衡量干部的综合治理能力。包括但不限于管理能力、工作能力、工作态度等考核指标。此项业务与考核其他干部的指标相关联，对于组长而言，如果组内干部出现业务质量问题、出现纳税人满意度扣分的问题，相应的组长会在此项考核上进行扣分，经过研究，具体指标如下：

考核干部在考核期间的综合管理工作情况，包括但不限于管理能力、行政工作能力、工作态度等。称职为满分，一般扣0.5分，不称职扣1分。主要包括工作作风创先争优、团结协作、爱岗敬业、管理能力、行政能力等。

以上就是结合基层意见建议，实地调研结果以及办税服务厅工作实际而编制的"六项"量化考核指标。

（三）办税服务厅个人绩效指标考核实施成效分析

2023年下半年对办税服务厅进行跟踪测算，2024年实施实践，得到以下成绩。2023年三季度个人绩效得分满分64人，扣0.5分的12人，扣1分的1人，差异化率为16.88%；四季度满分65人，扣0.5分的12人，差异化率为15.58%；2024年一季度满分62人，扣0.5分的12人，差异化率为16.22%。

本调研坚持突出重点，坚持简明客观，坚持差异考评，是贯彻落实好《关于优化数字人事制度有关内容的通知》（税总党委办发〔2024〕10号）中提高个人绩效指标中量化指标占比的有效尝试。通过测算验证，能够较为客观地体现出干部的工作能力、努力程度等情况，能够更具体、更客观、更直接反映干部工作实绩，促进考准考实考精，减轻干部负担。充分利用差异化绩效评价结果强化正向激励和负向约束，实现干部精准培养，营造真抓实干、比学赶超的优良风气。这样以个人绩效管理为媒介，把组织利益与个人利益有机结合起来，以个人的不断进步促进组织的持续发展，实现组织发展与个人进步的双提升。

（作者单位：国家税务总局北京经济技术开发区税务局）

关于开展"督考合一"工作的思考和实践

北京市税务局考核考评处、北京经济技术开发区税务局课题组

北京市税务局紧密围绕"三个打造、两个支撑"工作目标，不断探索提升考核考评工作质效的载体和抓手。近期，市局在开发区局试点开展督查督办和考核考评相融合，以"督考合一"为抓手，压实领导班子责任，进一步增强指标编制的科学性、考核考评的差异性、工作运转的顺畅性。

一、开展"督考合一"工作的目标和意义

开展"督考合一"，就是将督查督办和考核考评有机结合的管理模式。一方面，充分利用督查督办工作的权威性和时效性，加强过程管理，将任务落实到部门、落实到人，确保考核考评达到既定目标；另一方面，切实发挥考核考评"指挥棒"作用，将督查督办工作的质效转化为具体量化的考评成绩，使工作业绩一目了然。

（一）"督考合一"是提升管理质效的有效抓手

基层税务机关是实现税收现代化的"最后一公里"，我们深刻感受到考核考评抓班子、促落实、推动高质量发展的重要作用。但实践中，一些基层部门可能对绩效原理的理解还不够深入，考核考评手段还不够丰富，更侧重对已有结果的评价，而忽略了事前、事中监管。这往往会造成在推进重点工作落实方面存在一定滞后性，对具体工作责任压实到组织、压实到个人方面出现一定梗阻。

推行"督考合一"，发挥督查督办抓过程管理的优势，突出重点中心工作，针对性开展监督检查，实现过程管理与考核考评更好融合。通过以督促考、化督为考、融考于督，使"督"的结果成为年度综合考核重要事实依据，让"考"的过程为完成督查事项提供坚强保障，有效解决日常督查与考核考评结合不紧密，"督"缺力度、"考"而无据的"两张皮"现象，变"单打独斗"到"联合作战"，有效提升税务系统管理质效。

（二）"督考合一"是压实责任的重要手段

党的十九届四中全会提出"健全强有力的行政执行系统，提高政府执行力和公信力"。税务系统层级多、分布广、战线长，上级班子直接抓下级班子存在不小难度。"督考合一"推动"一竿插到底"抓落实，建立健全督查督办和考核考评联动的"督考合一"机制，坚持目标导向、过程导向、结果导向相统一，更好实现事前定标准、事中有提醒、事后严考评，形成抓常抓细抓长的常态化机制。

"督考合一"有利于进一步压实责任到组织、到部门，强化落实重大决策部署的快速响应。年初围绕税务系统重点工作及特色亮点工作任务全覆盖，及时纳入考核考评。"督考合一"有利于进一步压实责任到岗位、到个人，将对组织考评向个人考评延伸，突出关键指标，体现个性指标。通过督办通知单将指标穿透到人，突出责任落实，确保权责一致，实现组织与个人共成长。

（三）"督考合一"为税收现代化提供坚实保障

税务总局提出了税收现代化"六大体系""六大能力"建设目标任务，把税收现代化落到实处，需要"督考合一"赋能。通过将"六大体系""六大能力"分解为可考评可落实绩效指标，督查督办与考核考评融合推进，压实党委书记第一责任人的主体责任和班子成员抓分管领域指标的直接责任，形成了"一把手"统帅，分管领导根据工作分工领取绩效任务。打破部门壁垒、根据职责划分建立"横向到边、纵向到底、任务到岗、责任到人"的格局，形成抓基础、抓日常、抓落实的"督考合一"体系，保证各项指标承接到位，日常督办到位，工作责任压实到人，形成了坚不可摧的战斗堡垒体系，推动各项改革任务落地见效。

二、基于基层的工作实践

开发区局探索实践的主要思路是从树立理念入手，将督查督办与考核考评流程相互嵌入，共同推进，形成管理闭环，实现"督考合一"。

（一）统一认识，明确"督考合一"共进理念

"督考合一"的先决条件一定是从事督办工作和考核考评工作领导干部理念和导向的合一。这两者在开发区局分属不同部门、不同人员管理，全局上下均习惯于督办事项由党委办公室负责，考核考评由考核考评部门负责，已经形成固有观念、固定流程、固定看法，形成了路径依赖。这种固有思维理念是对推行"督考合一"的最大障碍，为更好推进工作，开发区局从理念开始改变。

一是树立"督考合一"理念。开发区局党委办公室和考核考评部门从督查督办和考核考评实际出发，不局限常规定式，勇于创新打破部门藩篱，围绕中心、服务大局，确保重点工作推进到哪里，督查督办就要跟进到哪里，同时，将工作完成情况纳入考核考评，更好发挥考核考评"指挥棒"作用，引导各部门、广大税务干部抓工作、重实绩，营造比学赶超的良好氛围。

二是加强调查研究。为认真查找推行"督考合一"过程中的问题和困难，确保达到预期效果，开发区局积极开展调查研究，通过实地考察、召开座谈会等形式，研究推行"督考合一"的可行性做法。其间，调研组走访了开发区管委会，学习成功经验做法。多年来，开发区管委会坚持推行"督考合一"工作，积极引入数字绩效新模式。其一是机构合一，将督查督办与考核考评在同一部门同一个领导统筹下开展工作；其二是任务合一，实现督查督办事项绩效指标化，减轻基层负担，提高工作效能；其三是流程合一，统一督查督办与绩效管理信息系统平台，将绩效指标自动列入督查督办事项，将督查督办结果直接计入绩效评分成绩，真正实现机生机汇机考。相关做法，为我们开拓了思路，提供了借鉴。

三是反复研讨论证。在税务系统面临各项重点任务较多，改革创新压力较大的情况下，不

一定能得到所有人的理解和支持。为此，开发区局组织开展了多次"头脑风暴"，反复统一思想，逐渐认识到推行"督考合一"的必要性和重要性，即使短期工作压力会增加，但是从中长期看，工作机制成熟后，将会极大减轻基层工作负担，促进工作效能提升。目前，按照"合理念、共立项、建机制、通个人"的工作思路，已选取部分项目先期开展工作。

（二）实践探索，设计"督考合一"工作流程

目前，督查督办的工作流程为"立项—转办—跟踪—提醒—反馈—审核—办结"；考核考评的工作流程为"战略—目标—执行—考评—奖惩—改进"。从两项工作各自流程上看，相关之间存在联系，但以往的督查督办和考核考评相互融合方式仅仅是将督查督办结果作为考核考评的依据，而没有真正意义上将各自流程进行融合。目前，开发区局通过精准立项，明确共同目标，建立日常运行机制和过程管理，既对过程进行督考，又对完成情况进行督考。

1. 精准立项助推考核考评年度目标实现

开发区局党委办公室与考核考评部门将考核考评年度目标与督查督办立项工作同步推进，确定考核考评年度目标后，对影响年度目标实现的重大事项进行精准立项，并逐一纳入督查督办。

2. 强化跟踪考评建立日常管理机制

开发区局在组织绩效中设置"督考合一"专项考评指标，明确督查督办事项考核标准，将督查督办与考核考评纳入同一轨道，变为同一推进主体，对全局各部门完成时限、完成情况由党委办公室和考核考评部门进行联合考评。

决策部署——将上级重大决策和重要工作部署纳入年度绩效考评指标，从"落实"两字着手，从时限进度、主体责任等多维度，明确具体的评价标准，实现承接组织任务、引领工作导向、推进重点工作的管理要求。

督查督办——将上级部署会议议定事项和重点工作任务列入督查督办，明确预期成效、完成时限等，责成相关部门不折不扣落实。

节点监控——加强过程监控和预警提醒，及时发布平时考核结果，通过日常监管工作不足，提出改进意见，使基层单位在执行过程中更加有的放矢、集中发力，激励和倒逼工作干劲。

统筹实施——通过专题会议汇报工作机制，更加便于局领导掌握最新工作进展，精准指导绩效工作开展，从而以督办工作的落实，有效推进全局工作的开展，促进重点工作的高效落实。

信息反馈——对各部门完成的督查督办事项定期反馈，绩效分析讲评会时专题通报，推动日常督查督办与考核考评工作的深度融合，为领导科学决策提供重要依据。

3. 持续改进提高形成管理闭环

"督考合一"工作在开发区局的探索实践仍处在初始阶段，还需要持续优化改进升级。目前，开发区局正在不断优化督查考核结果共享共用机制，将日常督查、实地督查形成的督查结果，作为平时考核的重要依据，量化得分纳入年度考核评价体系。将考核考评失分点作为督查的重点对象，对明显滞后的指标作为督查的重点事项，用好用活督查"利剑"和考核"助推器"作用，形成合力，进一步提升行政管理水平，提高工作质效。

三、进一步推进"督考合一"工作的建议

一是打通部门壁垒，实现督考合一。由于省局及以下单位督查督办与考核考评职能分属于党委办公室和考核考评部门，不同部门对"督考合一"认识程度不完全一致，对"督考合一"工作环节、工作重点侧重不同。因此，容易导致推行过程中沟通效率不高，形成合力不强，需要进一步磨合，完善各自工作职能，建立顺畅的沟通配合制度。

建议督查督办与考核考评领导统一，日常管理机构合一。由统一机构，负责编制年度考核考评工作方案及相关考评细则，负责年度工作任务梳理、分解，负责组织开展部门绩效考核指标设置工作，负责组织开展部门绩效的日常督办考核、察访核验、年度考核评价工作，负责部门绩效考评实施中的统筹协调、推动落实和过程管理工作，这样就能促进推进"督考合一"自然而然、水到渠成。

二是完善制度体系，实现流程合一。需要完善督查督办与考核考评制度，建议在考核考评管理制度内加入督查督办相关事项的内容，如为实现将督查督办与考核考评同步推进，可将部分重要的绩效指标作为督办单的内容来源，而不仅限于将督查督办结果运用到考核考评中。进一步与个人绩效建立关联，这样每项工作都能直观地在单位、部门和个人三者之间形成钩稽，依托督查督办实时推进，依托考核考评进行客观评价。

三是强化数据支撑，实现自动考评。目前，税务系统督查督办的公文系统，组织绩效的绩效管理信息系统，个人绩效的数字人事（个人绩效）信息系统，各个系统各自为战，未实现互联互通。因此，针对各个系统对接的问题，继续做好需求分析，探索更好运用信息化手段提高数据采集和分析的准确率、规范性和统一性，力争实现督查督办事项自动生成、提前提醒，督查督办结果自动推送到组织绩效系统、数字人事（个人绩效）信息系统，作为考评打分的参考依据。

关于强化基层税务干部思想政治能力建设的探索

王 军　丁子昂　王 勇

习近平总书记在二十大报告中提到，全党要把青年工作作为战略性工作来抓，用党的科学理论武装青年，用党的初心使命感召青年。要做青年朋友的知心人、青年工作的热心人、青年群众的引路人。在致全国税务系统广大青年干部的信中，国家税务总局局长寄语广大青年倾情倾力把广大税务干部的"点点星光"，汇聚成照亮税收现代化前行之路的"熊熊之火"，让广大青年干部"在新征程税收现代化的广阔舞台上绽放青春精彩、成就人生价值"。强化青年干部的思想政治教育，是培养青年干部成长成才的重要环节。近年来，国家税务总局金湖县税务局持续关注青年干部的成长，逐步建立起对青年干部全方位、多层次、立体化的思想政治能力建设的框架。

一、青年税务干部的管理现状

截至2024年6月，从年龄组成看，金湖县税务局全体干部职工共计188人，其中45周岁以下青年干部共有74人，35周岁以下青年干部62人。从党群比例看，在188名干部职工中，党员137人，其中45周岁以下青年党员43人，35周岁以下青年党员34人。从岗位职责看，在74名45周岁以下青年干部中，从事涉税业务的青年干部有57人，从事非业务的青年干部有17人。

二、加强青年税务干部思想政治能力建设的重要意义

（一）全面从严治党的必然要求

目前，45周岁以下青年税务干部大多在2000年以后参加工作，繁荣的经济社会环境难免会给青年干部的工作带来一定的诱惑，尤其是从事税务稽查、风险管理、税费征缴业务的税务干部，面临的挑战更为突出，同时叠加工作压力、生活状况、家庭环境等因素，一旦缺乏坚定的理想信念和严格的纪律约束，一定程度上增加了在工作中发生违法违纪情况的概率。近年来，在国家税务总局通报的各类典型案例中，关于贪污挪用税款案例时有发生，部分涉案人员是"80后""90后""95后"，在风华正茂的年纪，走上违法犯罪的道路，实在令人惋惜。有些涉案人员还是临聘人员，但同样应该引起我们的警觉，推动全面从严治党在基层向纵深推进，对青年干部的思想政治教育容不得半点马虎。

（二）建设高素质专业化税务队伍的关键

近几年，税务系统内"60后"税务干部逐渐退休，"70后""80后""90后"的税务干部

逐渐走上重要岗位，开始承担更多的责任，越来越多的"00 后"大学毕业生也陆续加入税务队伍。要建设高素质、专业化的税务干部队伍，必须紧紧抓住"80 后""90 后""00 后"这个重要群体中的一批青年干部，他们大多接受了高等教育的洗礼，也见证了我国 21 世纪以来日新月异的变化，他们更富有朝气与活力，更富有创新精神和蓬勃斗志，是干部队伍里不可或缺的重要力量。做好青年一代税务干部队伍的建设，加强对青年一代的思想政治教育，才能为推进税收治理体系和治理能力现代化提供丰厚的人才储备。

（三）推动青年税务干部实现人生价值的重要路径

习近平总书记曾指出："青年一代有理想、有本领、有担当，国家就有前途，民族就有希望。""中华民族伟大复兴的中国梦终将在一代代青年的接力奋斗中变为现实。"[1] 做好青年税务干部的教育工作，才能在组织建设、税费执法、新征管体系建设等重大工作任务中，充分发挥青年干部的聪明才智。随着大数据在税务系统的广泛应用，青年干部尤其是计算机、财经类专业的青年干部也将有更广阔的施展空间；线上办税逐渐普及，税费征缴新系统不断上线，青年干部也更容易学习和掌握。今年，做好对青年干部的党纪学习教育，按照党纪学习教育的部署和要求，强化青年干部敬畏之心，提升自我约束能力，为青年税务干部走正道保驾护航、明确方向，助力青年干部坚定信念、凝聚力量，为青年干部实现人生价值提供重要保障。

三、青年税务干部思想政治能力建设中存在的主要问题

（一）对青年税务干部的思想情况掌握不到位

刚入职的应届毕业生从校园直接走上工作岗位，角色的快速转变可能让青年干部在思想上有短期的困惑或迷茫。由于缺乏工作经验，对在办税服务厅窗口一线，或者从事税源管理的青年干部来说，直接面对纳税人，缺乏高效的沟通技巧，可能引起纳税人的不满而导致工作失误；非财经类专业的青年干部，一时难以满足从事税收业务的能力要求，对自身定位可能出现偏差。另外，当工作实际与内心的期望不符时，同样会产生较大的心理落差。以上情况，集中反映了对青年税务干部的思想状况缺乏及时有效的了解，做好青年税务干部思想工作的水平还需要进一步提高。

（二）对青年税务干部开展思想教育的力度不足

日常的培训教育中，对青年税务干部的培养更多着眼于税收业务能力水平的提高，对党性教育则采取的是和其他党员干部齐抓共管的方式，单独针对青年干部的思想政治教育明显不足。针对青年干部进行的党性教育培训，学习内容相对零散，不具有系统性、完整性，部分学习教育内容缺乏深入分析讲解，很难让青年干部对党的相关知识形成系统的知识体系。从培训形式来看，多是采取集中授课的方式，通过案例分析、研讨互动等形式的教育较少，且部分培训内容不能有效解决青年税务干部实际面临的困惑和问题。

（三）青年税务干部自身的思想政治意识有待提高

一些青年税务干部对党的政治理论学习不系统不深入，在工作中对自己的工作要求不高，

---

[1] 习近平. 决胜全面建成小康社会夺取新时代中国特色社会主义伟大胜利：在中国共产党第十九次全国代表大会上的报告 [EB/OL]. 人民网，2017-10-18.

存在"完成任务即可"的思想。部分青年税务干部担当进取意识不足，对一些复杂的工作任务存在畏难情绪，遇到棘手问题绕着走。入职后的青年干部，长时间从事日常工作后出现惰性，满足于做好自己的本职工作，在某种程度上放松了对自己的要求，在学习新理论、新政策方面缺乏主动。部分青年党员没有充分发挥模范作用，在所在党支部的工作中没有展现出敢担当、肯吃苦的政治自觉。党风廉政教育更多面向中层以上干部，对青年干部尤其是非党员青年的教育不够，在部分工作检查中，也发现有青年干部出现迟到早退、工作纪律松散的情况。

四、强化青年税务干部思想政治能力建设的实践

（一）扎实开展"三个学习"，提升青年税务干部的思想政治站位

一是学习政治理论。办好理论"主课堂"，定期邀请县委党校教师、退休老党员开展讲座，带领青年干部深入学习习近平新时代中国特色社会主义思想，牢固树立"四个意识"，坚定"四个自信"，做到"两个维护"。组织新招录公务员到党建部门跟班学习，重点加强党的基本知识、全面从严治党、党风廉政建设等教育。设置自学"分课堂"，实施青年理论学习提升工程，把每名青年干部都编入青年理论学习小组，充分利用"学习强国""学习兴税""复兴壹号"微信小程序等新型学习平台丰富青年干部党建学习载体。

二是学习先进榜样。通过开展讲座、举行研讨会、观看《榜样》系列作品等形式引导青年干部学习"恩来精神"。利用线上资源在内部网站更新优秀党务工作者、优秀党员、优秀公务员等榜样的先进事迹，并在线下开展表彰会宣讲优秀榜样事迹，鼓励青年干部向身边的业务能手、先进党员学习，提高思想认识，进一步提高纳税服务水平。

三是学习经典文化。打造"小时光 税研社"精品团委品牌，按月组织社团活动，大咖定期授课、分享交流心得，适时展开头脑风暴；结合"学习型"机关建设要求，打造精品职工书屋，丰富职工业余文化生活，营造全员阅读的氛围。不断推进"楼、道、廊、园"文化设施建设，组织"税阅人生"主题读书征文活动，开展"重温红色经典 传承红色精神"诵读活动及党纪学习教育辩论赛，以此带动青年税务干部自觉对党纪知识体系的建设以及红色文化的学习，不断增强文化自信，提升内在精神境界。

（二）持续推进"三个建设"，展现青年干部奋斗有为的新形象

一是加强党建品牌建设。金湖县税务局紧密结合税收中心工作，创建以优势党建为引领、以高效征管为目标、以优质服务为抓手的"湖城税锋"党建品牌，着力培养一支勇于担当、善作善为的青年力量。以"税务管家"为依托，组织青年税务干部走访调研各类企业，问需求、听建议、优服务。以访民情、解难题、暖民心为落脚点，强化青年干部的社会责任意识，进一步为青年干部坚定"为人民服务"的宗旨。

二是加强文化建设。建设优良的文化环境，让青年干部保持积极作为的势头，是金湖县局近年来一项重要工作。金湖县局作为文化环境建设的主导者与守护者，从氛围营造、活动组织两大主题出发，结合"三个学习"的开展，在全局上下打造了学知识、学业务、学党建、学榜样、学经典的文化环境。文化环境的建设成果十分显著，在理论上保证了青年干部"软实力"与"硬实力"的共增长，也让青年干部在工作中始终保持自我革新的精神状态。

三是加强团队氛围建设。组织青年干部积极参加县助力人才发展的各类活动，加速青年干部之间建立起信任、友爱的良好人际关系，更让青年干部感受到组织对其成长的关心与呵护。通过兴趣小组，为青年干部提供与其他同事互相熟悉、充分交流的平台，提升青年干部的职业认同、情感认同，在心灵上真正融入税务大家庭。

（三）稳步实施"三个注重"，做好青年税务干部的思想教育工作

一是注重对青年干部的红色教育。红色景点承载着赓续革命传统、激扬时代精神、增强文化自信、塑造社会主义核心价值观的使命；红色经典也是一个常学常新的生动课堂，蕴含着丰富的政治智慧和道德修养，具有不可比拟的教育宣传功能。定期组织青年干部前往红色景点接受革命传统教育，学习革命先辈的奉献精神、爱国精神，让青年干部在压力面前坚定理想信念，用老一辈革命家的精神指引自己不断进步，更好地投入开启税收现代化的新征程中。

二是注重引导青年干部参与志愿活动。金湖县税务局积极推进志愿服务制度化、常态化，形成了自上而下、由点到面、全员参与的志愿活动方式，并着重把青年干部放在志愿服务的突出位置。通过"税收童行志愿者""文明交通志愿行""疫情时刻最美逆行者"、新春佳节送温暖等志愿活动，让青年税务干部亲身体验社会生活，以"奉献、友爱、互助、进步"的志愿精神勉励自己，为今后在纳税服务、税费执法等工作一线克服困难压力、敢于挑战自我提供精神支撑。

三是注重关心青年税务干部的思想变化。面向"十四五"，总局进一步完善拓展新发展阶段税收现代化"六大体系"具体目标内容，青年税务干部必将在这一重要时期发挥重要作用。金湖县税务局始终关心青年税务干部成长中的点滴变化，及时通过座谈了解青年干部在工作一线面临的困难以及工作诉求；始终把作风纪律建设等抓在手上，确保青年干部在艰难险重任务和各种诱惑面前坚定理想信念，以昂扬的姿态为"十四五"守好局、稳前行贡献青春力量。

（作者单位：国家税务总局金湖县税务局）

涵养廉政生态 践行税务精神
不断厚植新时代税务廉洁文化根基

李云鹏

党的十八大以来，以习近平同志为核心的党中央把廉洁文化建设摆在更加突出的位置。在二十届中央纪委三次全会上，习近平总书记指出，要加强新时代廉洁文化建设，深入开展党性党风党纪教育，传承党的光荣传统和优良作风，激发共产党员崇高理想追求。推进新时代税务廉洁文化建设，主体是税务干部，载体手段是文化，根本目的是廉洁。我们要站在勇于推进自我革命、保持党的先进性和纯洁性的高度，充分发挥廉洁文化教育引导、激励浸润作用，着力提升廉洁文化的吸引力、感染力、影响力，为税收现代化服务中国式现代化厚植廉洁土壤、营造清正氛围。

一、贯通古今，坚持继承和发展相统一

盖文化之力，无形且有质。廉洁自古以来就是中华优秀传统文化中鲜明的价值取向，《周礼·天官冢宰》有云："以听官府之六计，弊群吏之治。一曰廉善，二曰廉能，三曰廉敬，四曰廉正，五曰廉法，六曰廉辨。"《晏子春秋·内篇》载："廉者，政之本也；让者，德之主也。"这些论述都深刻揭示了廉洁在治国理政中的核心地位，体现了中华民族崇尚廉洁的优良传统。在绵延五千年的文化传承中，中华民族将廉洁的价值取向深深烙印进了血脉之中，并在历史的继承和发展中，将长期以来关于廉的思想与时代新的需求不断结合、不断创新，形成了中华文明所独有的"廉洁文化传统"。

自古以来的"廉洁文化传统"不仅为新时代廉洁文化建设提供了理论和实践基础，还是我们号召和引领税务干部廉洁从税的精神源泉。因此，充分挖掘继承"廉洁文化传统"，是建设税务廉洁文化的必然要求。涵养廉洁文化，就要坚定理想信念，始终坚持政治引领，持续用党的创新理论凝心铸魂，把学习贯彻习近平新时代中国特色社会主义思想作为首要政治任务，在学懂弄通做实上下功夫，不断提高政治判断力、政治领悟力、政治执行力。实践中，要通过挖掘历史文献、文化经典、文物古迹中记载的廉洁故事，整理古圣先贤、清官廉吏的嘉言懿行，汲取崇德尚廉、廉为政本、持廉守正等价值观念，涵养克己奉公、清廉自守的精神境界。同时，要坚决落实好习近平总书记重要讲话精神，"让收藏在博物馆里的文物、陈列在广阔大地上的遗

产、书写在古籍里的文字都活起来"①，要深入挖掘中国老一辈革命先烈在廉洁操守上以身作则、率先垂范的事迹，焕发出清廉的时代新声，实现廉洁文化古今交融、廉洁思想代际传承。

二、丰富内涵，坚持深化和结合相统一

"廉者，民之表也。"税收是国家财政收入的主要来源，税收征管的公平性和正义性直接关系到国家的稳定和发展。深化税务廉洁文化，一方面有利于防止税务干部权力滥用和腐败行为的发生，确保税收征管过程的不偏不倚、公正无私，维护税收征管的公平与正义，进而塑造税务部门良好的社会形象，提升整个税务部门的公信力；另一方面，税务廉洁文化能够营造风清气正的工作环境，激发税务干部的工作积极性和创造力，促进税务干部自觉遵守行为规范，提高工作效率和服务质量，引导税务干部树立正确的法治观念，自觉遵守税收法律法规，严格依法征税、应收尽收、坚决不收过头税费，为税收法治建设提供有力保障，推动税收征管工作顺利开展。

习近平总书记强调："加强新时代廉洁文化建设，涵养求真务实、团结奋斗的时代新风。"② 身处向第二个百年奋斗目标进军的新征程上，我们必须更加深刻把握税务廉洁文化建设的重要意义，并将其与新时代税务系统的使命任务有机结合，以习近平新时代中国特色社会主义思想为指引，深化践行"忠诚担当、崇法守纪、兴税强国"的中国税务精神，大力营造以文化人、以文润德、以文养廉的浓厚氛围，通过潜移默化的文化熏陶，把对税务干部的软约束，转化为税务干部的内在自觉，以廉洁文化正心修身、固本塑魂，淬炼公而忘私、甘于奉献的高尚品格，培育为政清廉、秉公用权的文化土壤，涵养克己奉公、清廉自守的精神境界，厚植新时代税务廉洁文化根基。

三、锐意进取，坚持创新和实践相统一

文化润其内，养德固其本。中共中央办公厅《关于加强新时代廉洁文化建设的意见》指出，要"引导领导干部明大德、守公德、严私德。持之以恒锤炼政德，把政德教育贯穿党内政治生活、教育培训中，修好对党忠诚的大德、造福人民的公德、严于律己的品德"。新时代，我们要充分抓好税务廉洁文化的创新与实践，以创新为实践的指导，以实践为创新的源泉，让"无形"的廉洁文化转化为"有形"的工作力量，让"政德教育"成为滋润税务干部的政治营养和精神钙质，做到常抓不懈、久久为功，润物无声、入脑入心，通过创新与实践打造平台、打造特色、打造品牌，让廉洁文化更加贴近实际、贴近工作、贴近生活，不断彰显清廉之美、放大清廉之效、形成清廉之治。

一方面，要创新形式载体，增强廉洁文化传播力吸引力、感染力。要打造廉洁文化阵地群和系列活动，通过参观廉政教育基地、开展廉政主题征文比赛、举办廉政知识竞赛等，以寓教于乐的方式，增强税务干部的参与感和体验感，使廉洁文化深入人心；同时，要借助互联网、大数据、人工智能等现代信息技术，将廉洁文化"线下"教育与"线上"教育充分结合，通过

---

① 张贺，王珏. 让收藏在博物馆里的文物活起来 [EB/OL]. 人民网，2023-05-18.
② 学习语｜把不敢腐、不能腐、不想腐有效贯通起来 [EB/OL]. 人民网，2023-01-16.

视频课程、在线测试、互动讨论等多种形式，提高廉洁教育的覆盖率和实效性，引导税务干部自觉接受熏陶、汲取养分，让清风正气真正地融入头脑、规范言行。

另一方面，要积极探索适应新时代要求的廉政监督方法，通过打造"四个时间"的具体实践做到守土有责、守土负责。要坚持抓好"讲廉时间"，主要是盯重点、抓教育，深入开展党性、党风、党纪教育，把廉洁文化建设的典型案例与日常监督、提醒、教育相结合；要打造廉政"专题时间"，主要是解难点、促融合，从业务工作中汲取全面从严治党的新鲜经验和做法，不断丰富和发展全面从严治党的理论和实践，力求在实践中实现业务工作和廉洁文化建设的相互促进、相得益彰；要形成干部"关怀时间"，主要是疏堵点、解心结，把身边鲜活的典型案例与谈心谈话相结合，将警示教育直抵干部"神经末梢"；要持续完善"延伸时间"，主要是扫盲点、移关口，将监督职能延伸到"八小时之外"，零容忍整治突出问题，引导干部永葆清廉本色。

四、凝心聚力，坚持严管和厚爱相统一

严管是廉洁文化建设的基石，是队伍战斗力和凝聚力的保障；厚爱是廉洁文化发展的动力，是队伍向心力和创造力的基础。严管为厚爱提供了制度保障，确保税务干部在工作中不越轨、不违纪；而厚爱则为严管提供了人性化关怀，让税务干部在感受到约束的同时，也能感受到组织的温暖和支持。只有坚持严管和厚爱相统一，确保严管和厚爱互相补充、互相促进，形成良性循环，才能推动廉洁文化在税务系统走实走深，才能保障税务干部既做到心有所畏、言有所规、行有所止，也做到行有所为、尽忠职守、负责担当。

廉洁文化建设中，我们既要强化全方位管理和经常性监督，激发不敢腐的震慑力、不能腐的约束力、不想腐的感召力，也要正向激励、容错纠错、关心关爱、排忧解难，彰显组织柔性与温度，激励担当作为、踔厉奋发。对于税务干部，我们既要从严教育、从严管理、从严监督，严肃查处不作为、慢作为、乱作为等问题，也要及时通过谈心谈话、深入沟通来关心关怀他们的思想和工作情况，使其能够始终保持思想清醒、保持行动自觉；既要及时发现、宣传、重用那些敢于负责、勇于担当、善于作为、实绩突出的干部，也要及时教育鞭策那些稍有欠缺的干部，继续给他们干事创业的机会平台。只有使每个干部都能感受到组织的关心爱护，才能真正让廉洁文化成为税务干部不敢腐、不能腐、不想腐的思想基础，才能持续锻造忠诚、干净、有担当的"税务铁军"。

文化似水，润物无声。廉洁文化既不断浸润着税务干部的底色，也为税收事业发展凝聚着磅礴力量。新时代新征程，税务系统要持续推动廉洁文化建设实起来、强起来，充分营造崇廉尚廉、踔厉奋发的浓厚氛围，引导税务干部胸怀"国之大者"、把握"时之要事"、扛牢"税之重任"、办好"民之实事"，在服务党和国家发展大局中进一步把握好税务职责定位，为高质量推进中国式现代化税务实践做出新的更大贡献，彰显税务担当。

（作者单位：国家税务总局朝阳市龙城区税务局）

基于结果深度应用加强绩效智慧考评的思考

嵇立勋　徐亚军

税务绩效管理作为一种有效的现代管理手段,能够对税收征管、纳税服务、组织收入等工作进行全面评价,但在绩效管理结果深度运用上仍然存在不足之处,在当前深化征管改革背景下亟须引起足够的关注与思量,要充分考量绩效管理结果深度应用的导向引领作用,利用智慧考评实时、同步的效果,不断激励干部职工改进不足,挖掘其潜能,进一步提升工作绩效,增强税务机关活力和团队执行力。

一、当前影响绩效管理结果深度应用的制约因素

绩效管理作为一项激励机制,是当前税务机关加强管理、树立良好形象的重要抓手,但在结果深度运用中存在一些不足,具体表现如下:

1. 绩效管理结果深度应用顶层设计前瞻性不强。目前,还没有构建起税务绩效管理系统对结果深度应用、适时应用的整体框架,绩效管理系统与征管、综合应用等系统相互独立,绩效考评主要依靠其他系统已经产生的结果手工传输、人工匹配。因而,缺乏顶层和创新思维,没有从全局的高度和长远的视角顶层谋划、全盘设计涵盖征管、综合应用等方面统一的绩效管理系统,实现数据间、结果间实时互传互用,避免人工传输时差、延迟而影响结果实时深度应用。

2. 绩效管理结果与税务管理未形成有效闭环。绩效管理与当前税务管理联系紧密度不强,过多地关注累积性结果,对税收征管、纳税服务等过程中阶段性实时结果关注度不高,未能在出现阶段性结果时,及时传输信息数据,加强提前预判执法风险、征管风险,忽视平时税收征管、纳税服务、组织收入等过程监控,与当前高度重视风险应对不相适应。容易出现考评时效动静失衡,强调年度与平时考评相结合,但实际操作中年度考评结果不全面、不准确,与税务管理联系紧密度不强,不能为结果的深度应用提供基础支撑。

3. 绩效管理结果与考评周期未同步直接影响深度应用。周期性绩效考评的结果时间节点明显落后考评周期终点,不能实时将结果反馈给被考评组织和个人;考评信息与被考评组织、个人关联度不强,改进提升与被考评组织、个人同频共振效果不凸现,与绩效考评初衷有一定差距。亟须围绕结果深度应用、改进提升目的,不断完善和优化智慧绩效考评方式方法,实现税务系统管理水平提档加速,推进构建绩效管理考评体系具有一定的前瞻性、智慧性、系统性、规范性。

4. 绩效管理结果深度应用意识淡薄。目前,有些单位对绩效管理结果的深度应用缺乏足够

的认识，存在一些模糊认识，认为绩效考评是过去的事情，存在事过境迁的意识，未能有效加以分析利用，以解决税收征管、重点工作中的瓶颈、难题；有些认为绩效管理无非是排序，陷入唯绩效分数论的误区，以考评分数多寡作为衡量标准，一切以分数为中心，重结果、轻过程，重量化指标、轻质效分析；甚至有些认为考评是例行工作，与其他税务管理联系不紧。因此，认识上的偏差，容易导致基层税务机关在绩效管理中违背本应遵循的原则，甚至容易片面地执行考评结果，不仅难以调动广大干部职工的积极性、创造性，更会引起干部职工的消极情绪，影响干部队伍精气神和税收工作的整体战略。

5. 绩效管理结果深度应用缺乏难以持续改进的配套机制。当前，在绩效考评后，仅仅公布考评结果，就开始执行与绩效考评结果相挂钩的制度措施，忽视结果沟通与绩效改进，以及考虑基层组织、个人的反应不足，没有建立一个良好的沟通和反馈机制。考评者和被考评者缺乏良好的反馈沟通，为了完成考评而考评，导致有些工作上存在的问题，流程中存在的缺陷等仍然没有得到有效解决，绩效结果深度应用没有起到应有的作用。较为完备的信息公开制度、激励约束机制和沟通复议机制等保证绩效结果的有效落实和深度运用，但结果深度应用体系缺乏强有力的配套措施。绩效信息收集机制、责任落实机制、沟通申诉机制等方面配套机制不足，由此容易导致基层消极应付绩效评价，绩效管理结果深度应用较多地体现在形式上。

二、基于结果深度应用加强绩效智慧考评的对策建议

绩效管理的结果深度应用是税务机关绩效管理核心目的和动力之源。绩效管理结果的深度应用是在考评过程、环节、结束等时间节点，全周期、全流程的应用。因而，要确立大绩效管理思维，将纳税服务、税收征管等各项工作涵盖其中，并充分利用大数据的作用，实现数据自动汇入、实时考评、结果实时传输，被考评组织和个人对照绩效管理结果，找准绩效管理结果与目标偏差的定位，实时修正、实时提高，使基层税务机关、个人、上下层级、全体干部聚焦绩效管理目标共同参与、共同努力、共同循环上升过程，结果来自过程，结果亟须再运用到过程中不断提升绩效。

（一）基于统筹顶层设计，构建智慧绩效考评系统

创新绩效管理系统建设。全盘谋划、统筹考虑建设绩效管理系统，突出结果深度应用和实时、同步应用，突出与深化税收征管改革、税收工作等要求的一致性，突出智慧型标准，从税收征管流程角度、数据流向维度，实现征管纵横向应用需求；突出强化任务推送、事项报送，节点管理、环节监管，由以推送分配为主向推送、能动、可视转变；在强化任务推送和派单制的同时，更加注重岗位根据深化征管改革、纳税服务、风险应对等实际工作需求主动作为和各岗位互动互补。

构建流程信息化智慧考评系统。组织和个人在税收征管、纳税服务、风险应对、土地增值税清算等征管中入库税款、疑点清除数等征管质效情况自动汇入绩效管理系统；对不能实时流入、查询的事务性工作，建立自动传输接口，利用数字人事、综合办公等系统进行组织和个人行政、业务等流程推送的实时记录，实时汇入绩效管理系统，由系统根据指标评定标准、要求自动生成考评结果，实现在线实时考评；避免考评时差、统计口径不一致、人为扣分等因素影

响，节省考评时间和人力，体现智慧考评的机动、灵活、零延误等特性。

（二）源于绩效管理实时提升愿景，构建智慧监管考评路径

加强绩效考评过程智慧监控。突出绩效监控路径构建，采取线上+线下模式，强化对绩效考评过程中出现的不足、短板、问题进行监控，由考评系统根据指标事前、事中对结果的比重、分值定性、定量分析，对难以分值化指标，系统根据考评指标设置时间、节点、质效等情况，结合考评个别谈话、随机访谈等方式，全方位了解掌握短板弱项和需求；在此基础上，对监控中发现指标异常、不按节点完成、不达预期、超预期等方面进行分门别类，实时予以监控，利用有度、钉钉群、QQ群等载体及时予以提醒，针对性弥补不足。

强化监控与过程补正并重。根据考评过程中监控情况，推进督办事项"亮灯台"，依据事项通知、督促提醒、督查通报等内容，建立督促台账，发现问题实时通知，逐项分析问题原因，督促被考评人员实时予以完善、补正，找差距、定方案、抓整改，形成督促检查、跟踪监控的完整链条。加大事中考评问责力度，明确规定职责权限，对于明显偏离考评指标方向、离心度较大等情况及时予以制止，倒查其是否存在执行不力、疏于管理和不作为等问题。坚持事前与事中相结合的原则，加大个别提醒谈话与严肃问责的机制，对于作风散漫、征管力度不足等方面干部进行个别谈话和严肃问责。同时，明确问责范围、问责责任划分、问责种类、问责程序和问责时限等，推进问责制度化和规范化，切实解决问而不责、问而轻责现象；并明确书面说明情况并提出绩效更正计划，最大限度地使绩效考评沿着绩效管理目标的方向推进。

（三）基于结果深度提升目的，强化绩效管理智慧分析改进

绩效管理结果深度运用是绩效管理目的所在、动力之源，围绕绩效改进提升目的，配套设计完整的绩效智慧分析机制，持续改进绩效管理，确保绩效管理体系有效运行。

加强绩效管理结果智慧分析。要突出绩效考评事后即在新的绩效管理周期之前，必须对前期绩效管理情况进行科学智慧分析。绩效管理系统根据指标完成情况、相关职责分析前后期组织目标和个人目标偏差度，以及绩效管理指标或数值化结果建立指标模型，客观公正诊断分析绩效管理结果的走向、趋势，明晰制约绩效深度应用制约因素，挖掘绩效管理深度结果应用更深层次的原因，提出有价值的综合性绩效改进意见，按照绩效管理流程转交相关部门督查督办，从客观、有针对性的角度制定绩效结果深度应用改进计划，针对管理制度问题的及时提出制度修改意见，针对人员素质技能方面问题提出具体的培训计划。

推进绩效管理智慧沟通。针对考评后的绩效管理结果，及时将前期绩效管理结果实时推送给被考评组织和人员，使其正视自己在本期主要的工作成绩与不足的同时，客观地反映前期结果应用中的短板，通过在线辅导、讲解、答疑、沟通等方式告知，使被考评部门、人员及时发现日常工作中的不足，把上级的决策部署、要求、希望改进提升的方面等清晰地传递给被考评部门和个人，清晰其努力方向，使之能够准确理解自己在税收大局中所处的位次，进而区分轻重缓急，把握先后次序，做到心中有数，掌握工作主动权。

（四）终于思维理念聚合，激活绩效管理文化路径

绩效管理结果深度应用是税务机关管理的核心目的和前行驱动力。绩效管理结果来自过程，结果亟须再运用到过程中不断提升绩效，在绩效管理中大力培育绩效管理文化，必须引导干部正确理解、充分了解、积极参与绩效管理，努力构建追求成功的"绩效文化"，使干部职工更加重视绩效管理结果的深度应用，对照绩效结果，通过沟通交流反馈，找准定位绩效管理结果与目标偏差，确定绩效管理结果深度应用与路径指向，改进和推进绩效管理目标的实现，逐步形成竞争向上、争先创优的激励氛围。

确立绩效终于持续深度应用的理念。绩效管理在循环往复、逐步上升过程中，亟须确立持续深度应用绩效结果的理念，将绩效管理结果与深度应用一味分裂割裂，将绩效结果不加以应用束之高阁，必将绩效结果与绩效深度应用成为貌合神离的两张片，必将减弱绩效管理实际效应。因此，必须在基层税务机关开展全员绩效管理深度应用理念培训，让基层干部认识到绩效结果深度应用理解和认同，从正反两方面助于消除绩效考评是形式、走过场、问题仍没有效解决等各种误解和抵消情绪，视绩效结果深度应用作为干部追求高层次绩效的手段。

确立绩效结果深度应用围绕责任激励并举的理念。绩效考评目的并非故步自封、寸步不行，而是在原有基础上提升绩效，需要在新起点上新发展、新超越，在绩效管理提升的进程中亟须提高绩效结果深度应用程度，就需要从责任和激励上把握，分清职责和责任，厘清岗位和环节，正能量激励典型塑造，反面经验教训总结提炼，把做好绩效考评结果深度运用工作当作对干部实现自身价值和提高组织绩效的有力促进，在实现税务工作发展目标的同时，提高干部职工工作主动性、积极性、创造性，提升满意度和忠诚度，最终达到组织和个人发展的"双赢"。

（作者单位：国家税务总局淮安市淮安区税务局）

加强人才队伍建设，推动稽查高质量发展

张　皓　查婷婷

百年大计，人才为本。习近平总书记在党的二十大报告中指出："深入实施人才强国战略……坚持尊重劳动、尊重知识、尊重人才、尊重创造……完善人才战略布局……加快建设世界重要人才中心和创新高地……着力形成人才国际竞争的比较优势……把各方面优秀人才集聚到党和人民事业中来。"① 新形势下，党和国家更加重视人才的优势和发展。加强新时代人才工作是贯彻落实国家税务总局党委"人才兴税"战略的重要抓手，是高质量推进人才队伍建设、助力首都税收现代化的重要举措。税务稽查干部作为国家税务稽查职能的实施者，其思想、行为关系到国家的形象，加强人才队伍建设，为稽查队伍凝聚人才，充分发挥人才作用，是关乎稽查队伍发展的关键环节，且需要通过一系列科学合理的管理方法，实现对人才的储备、人才作用的发挥、人才力量的壮大，特别是注重青年人才队伍的培养，高效释放人才效能，充分激发人才的潜能。

本文将主要运用理论研究的方法，从人才队伍建设存在的现实问题角度出发，指出人才队伍建设的不足之处，为新时期税务稽查人才队伍建设提出合理科学的对策建议，全面优化稽查队伍人才结构，汇集人才力量发展要素，凝聚积极向上的良好氛围。

一、税务稽查队伍建设的现状分析

一是人才结构合理性不足。人才结构的合理性程度直接影响人才队伍建设质量，在合理进行人才配置的前提条件下，人才结构将会为稽查工作开展提供有力支持，促进人才队伍发挥自身协同优势，推动人才发挥作用。然而，从实际的人才结构情况来看，人才梯队未能形成科学合理的机构，高层次、复合型人才相对短缺，后备人才补充不足，人才老龄化和断层问题明显，打造强力的业务骨干力量存在困难，对整个人才队伍的建设升级产生消极的影响。

二是培育体系完善程度不高。培训模式仍停留在常规性培训，针对业务型岗位开展针对性培训较少，与人才队伍建设的总体定位不相适应，教育培训无法与时俱进，没有适时进行理念更新。在人才培训机制方面存在着"短视"的问题，依照短期岗位需求对培训活动进行组织，欠缺整体性和系统性，对干部的业务技能和素质的提升作用有限。

---

① 习近平：高举中国特色社会主义伟大旗帜 为全面建设社会主义现代化国家而团结奋斗：在中国共产党第二十次全国代表大会上的报告［EB/OL］．中国政府网，2022-10-25．

三是归属感与认同感仍有提升空间。根据需求层次理论，个人需求是激励机制的出发点和前提。公务员作为自然人和社会人，不仅有包括工资、奖金、补贴等的物质需求，还有政治需求、工作的成就感、领导和同事的认同感和自我价值的实现等方面的精神需求。目前来看，不少领导干部和普通干部忙于日常工作，在干部生活和个人发展等方面的沟通交流较少，干部对工作岗位的归属感和个人工作价值的认同感仍有较大的提升空间。

二、构建高素质税务稽查队伍的对策分析

针对以上四类税务稽查人才队伍建设中存在的问题，下面从人才的"管育用留"方面进行对策分析。

（一）育才

培养一支素质优良、结构优化、作用显著的首都税收人才队伍，提高稽查队伍综合素质离不开学习培训。有计划地开展稽查专项业务培训，持续开展分级分类培训，进一步强化党组织领导，是充分贯彻落实党中央的决策部署、落实发展目标的必然要求。

1. 建立培训体系全覆盖

制定科学系统的业务培训计划和人才培养规划，根据不同岗位特点，有指向性、针对性地进行梯次培训，依据入职时间、知识储备、业务能力等情况实行分岗分级培训。坚持税种基础知识、财务会计内容、稽查实务处理同步学习、同向发力，同时积极拓展"互联网+"新课堂，着力实现教育培训数字化升级，建立涵盖源头培养、跟踪培养、全程培养的素质培养体系，不断提升干部培训质效。

2. 实现政治定位高起点

以习近平新时代中国特色社会主义思想为指引，引导税务稽查干部掌握唯物辩证法的根本方法，不断增强辩证思维的能力，提高驾驭复杂局面、处理复杂问题的本领，既能从整体上通盘理解新思想的核心要义，又能从细节上找准稽查工作的操作要领。从政治高度确保各项稽查工作部署落地生根、开花结果，切实做到以"全视角"部署工作。

3. 转变培训方式实战化

稽查培训贴近实际，有助于强化工作能力；立足本岗，有助于学以致用。通过举办稽查案件"比武练兵"等实战化培训，重点开展针对提升税收政策水平、查账技能等的各类培训，定期开展法律讲座及考试，让稽查干部熟练掌握《中华人民共和国行政处罚法》《税务稽查规范》等法律法规。通过总结提炼稽查办案理念，交流经验做法，展示查办成果，提升稽查实战能力。

4. 实现教育机会多样化

鼓励稽查干部考取注册税务师、注册会计师、律师等资格证书，优化知识结构和能力结构。设立激励机制鼓励干部持续学习和应用新的技能和知识，提供形式多样的学习机会，如研讨会、内部讲座等。坚持走出去、引进来的方针，安排外出考察、学习等，借鉴同行业的先进经验，进一步开拓视野活化思维，做行业的领军者和排头兵。

（二）用才

1. 科学合理地配置人才结构

优化各类专业人才组合，提升人才队伍建设的综合实力，有效推动系统发展。在对人才结构组合进行优化的过程中，必须全面盘点，摸清底数，详细掌握人才队伍的实际发展现状，结合岗位需求和发展目标需求、创新需求，设置最优的人才结构。

2. 充实人才队伍的后续力量

人才力量的储备主要是青年人才的储备，应立足长远发展需要，提前筹划，用战略性思想和前瞻性眼光，做好青年人才储备。在现有青年干部中选拔政治素质强、文化程度高、价值观正确、建功立业意愿较强、具备开拓创新精神、可塑性强的干部进行重点培养，充实后备力量。

3. 完善人才流动机制

打破部门之间人才流动壁垒，确保干部能够结合自身优势以及系统内部的岗位需求，自主提出换岗需求，以此实现对干部岗位的合理分配。对于年轻干部，制订专项发展计划，让干部在改变和发展中保持活力。对于老干部，设立"经验传承"项目，让老年干部成为导师，充分发挥其经验和技能优势，将知识和技能传授给年轻一代。

（三）留才

根据需求层次理论，人在满足物质需求的前提下，需要实现自身的精神需求，包括工作的满足感、领导的认可和表扬、尊重、信任、友谊、亲密关系等。这就需要通过对资源的合理分配，充分激发公务员的聪明才智和工作热情，从而留住人才。

1. 注重人文关怀，营造优良的工作和生活环境

为增强人才向心力和凝聚力，在生活方面，主动关心干部身心健康发展，并给予一定的帮助扶持，合理解决干部在生活中遇到的实际困难。从工作层面，切实关注人才的成长和发展，使人才感到在岗位上有用武之地、有晋升空间，激发其工作热情，全心全意服务。定期组织团队建设活动，增进干部之间的沟通和合作，认识到自身对组织的重要性，从而对组织产生归属感，提高人才黏度，缓解人才流失问题。

2. 重视精神激励，加强对优秀稽查干部宣传力度

人才队伍建设的一个关键目标是激发人才的潜能，让人才的主观能动性和创造力得到充分释放，进而不断为社会进步贡献力量。精神激励是调动人才主动性和创造性的有效方式，通过宣传动人事迹，树立先进典型，增强干部创先争优意识。积极开展形式多样、生动活泼的宣传活动，形成长效机制，用文化激发动力，用精神汇聚力量，传播税务稽查正能量，树立稽查干部好形象。

（四）管才

公务员管理归根结底是为了实现公共管理职能，实现国家的社会、政治、经济发展目标。公务员激励机制的目标主要是在充分尊重公务员的个人目标的基础上，将其融入组织目标，有效减少资源浪费，最大程度地提升工作积极性，实现组织目标与个人目标的有机统一。

1. 建立完善激励机制，保障人才队伍的高效活力

为了促进人才队伍的整体进步，必须保障人才队伍的高效活力。建立符合稽查工作特点的

稽查办案立功奖励办法，明确相应的条件、标准和规则，加大对稽查办案干部和集体的奖励激励力度。通过建立健全绩效、考核、薪酬、奖励等制度，完善激励机制，培养人才，打造高素质的人才队伍，在管理中高效释放人才效能。

2. 坚持正确用人导向，建立良好的用人机制

以德能勤绩廉等方面的考察作为人才队伍建设的重要标准，建立一支优质的人才队伍。建立公平的竞争机制，避免人才的恶性竞争问题，在提供足够多的锻炼机会的同时，使人才能够在日常工作中展示自身才华，并在良性竞争中获得更强的动力。进一步健全和完善操作性强的岗责体系，通过严格的内部规章制度和纪律约束，确保各项工作有据可依，有章可循。

3. 加强作风建设，切实提高稽查干部的政治素养

以"忠诚担当、素质过硬、作风优良、执法公正"为要求，对稽查干部实行高标准、严管理。严格办案管理，严格案件信息保密，禁止跑风漏气，防止请托、说情等干扰办案或其他影响案件公正处理的情形发生，对违规干部要根据规定严肃追究责任。坚持法治思维，充分运用法治思维和法治方式，促进严格规范公正文明执法，提高依法行政能力，确保稽查执法和管理工作在法治的轨道上运行。

三、结论

在新的发展形势下，应该充分认识到人才的重要性，切实加强人才队伍建设工作，以高素质的人才队伍为支撑，提高自身的核心竞争力，发挥税务稽查维护经济税收秩序、国家税收安全和社会公平正义的重要作用，推进治理能力和治理水平现代化。人才队伍建设是一个长期性系统性的工作，不可一蹴而就，需要在对存在的问题进行分析的基础上，采取切实有效的措施和手段，提升人才队伍建设的有效性，为自身的发展奠定坚实的人才基础。

在稽查干部中坚持树立正确导向，以"忠、勇、智、服、廉"为要求，凝聚队伍力量，鼓励干事创业，激发动力活力，以"训、学、赛、练"为手段，大力提升稽查干部整体素质，加强稽查业务培训和人才培养。在建设高质量人才队伍的过程中，必须继续坚持党管人才原则，有效地引进、培养和管理人才，建设一支高素质、高能力的人才队伍。

（作者单位：国家税务总局北京市税务局第三稽查局）

聚焦青年思想引领　凝铸税收奋进力量
——关于新时代加强和改进青年思想政治工作助力税收现代化高质量发展的研究

张之乐　张晓华

新形势下，加强对青年税务干部的思想政治教育工作尤为重要。国家税务总局北京市密云区税务局（以下简称密云区税务局）现有40岁及以下青年干部210名，约占全局总量的40.50%。随着新老交替的不断进行，未来青年干部的占比将可能突破50%。2023年，密云区税务局以线上问卷形式，对当前青年干部思想政治状况和意见诉求进行了调查研究。调查对象涵盖全局31个单位的40岁以下青年干部，最终获得164份有效问卷，占比78.10%。本文在总结既有经验、成果基础上，针对调查中发现的问题和不足进行深入分析并提出对策，力求完善青年思想政治工作方法。

一、密云区税务局青年思想政治工作现状及成果

（一）推进思想政治建设，筑牢青年培养根基

一是健全制度，思想政治工作有章可循。党委统筹，高度重视，成立思想政治工作领导小组、青年工作领导小组，加强和改进青年思想政治工作。调查结果显示，有50.00%的青年干部认为本单位现有工作机制很健全，有利于青年人才脱颖而出；45.12%的人认为还算有利，了解一些制度和措施；仅有4.88%的人认为缺少相应机制。这也充分印证了密云区税务局在青年工作机制方面取得的成效。

表1　问卷调查第10题　您认为本单位现有工作机制，是否有利于青年人才脱颖而出？［单选题］

选项	小计	比例
有利于，各项机制很健全	82	50.00%
还算有利，了解一些制度和措施	74	45.12%
缺少相应机制（提出合理化意见）	8	4.88%
本题有效填写人次	164	

二是深学笃行,加强思想政治工作建设。制定区局税务青年工作高质量发展三年行动计划。每月下发学习活动安排,将思想政治学习常态化。建立青年座谈交流机制,每季度围绕不同主题,邀请优秀青年干部分享交流履职尽责的先进典型事迹,在相帮共勉中激发青春斗志。

三是先学先行,提升思想政治工作温度。2023年,在税务总局团委、北京市税务系统团委指导下,开展主题教育"五四"特别活动,得到税务总局主要领导的肯定性批示,并被国家机关青联官方微信公众号刊载宣传。与中国税务杂志社开展主题党日联过,为过"政治生日"的党员赠送贺卡,引导青年传承红色基因,坚定理想信念。

四是与时俱进,发挥思想政治工作作用。创新开展"每月一题"党日活动,由支部纪检委员领学党规党纪、通报典型案例、开展警示教育。联合密云区人民法院搭建"纪法课堂",组织党支部书记和青年税务干部走进法院庭审现场,现场感受"零距离""沉浸式"警示教育,推动廉政教育从传统说教转变为全程体验。

(二)坚持思想政治引领,擦亮密云税务特色品牌

一是以思政工作擦亮党建品牌,力求"纵合横通"更进一步。充分激发基层党组织战斗堡垒作用和党员先锋模范作用,在组织收入、减税降费、深化税收征管改革及创建全国文明城区、乡村振兴等重点工作中建立党员先锋岗、青年突击队,党建引领作用不断强化。

二是以思政工作擦亮少年税校特色品牌,助力普法教育再创佳绩。连续2年参加全国税收宣传月启动仪式,被中央电视台《新闻联播》等50余家媒体宣传报道。开发3条特色研学路线,凝聚起司法、教育、团委、志愿服务等多方力量,区域税法遵从度得以显著提升。

三是以思政工作擦亮青年品牌,激发青年岗位建功活力。开展"税务青年领学行动""税收知识小课堂"等学习活动,打造党务、业务、政务三位一体的青年学习格局。创新设立"青锋服密"志愿服务项目,精准宣传讲解税收优惠政策,荣获2023年北京市"团建百强"品牌项目。擦亮"青"字号品牌,第一税务所(办税服务厅)获评"二星级全国青年文明号",成为全密云区唯一获此殊荣的单位。

二、当前青年干部思想政治教育工作中存在的问题及原因分析

(一)活动载体有待丰富

近年来,尽管密云区税务局在不断拓宽思想政治教育方式,但是当前思想政治学习仍以党支部"三会一课"、青年理论学习小组等理论学习为主。调查问卷中设置了"您更希望以哪种形式进行思想政治理论学习"的问题(多选题),结果显示青年干部更希望以参观、访问等实践活动(占比79.88%)、电影大课堂(占比65.85%)等形式开展思想政治理论学习。当问及"本单位青年思想政治工作还存在哪些问题困难"时,诸如"理论学习多,实践活动少""活动形式不够丰富"的回答出现很多。这反映出当前的思想政治教育方式和活动载体需要进一步丰富,以满足青年干部的需求。

表2　问卷调查第12题　您更希望以哪种形式进行政治理论学习？[多选题]

选项	小计	比例
先进人物经验交流	87	53.05%
集中学习	52	31.71%
电影大课堂	108	65.85%
开展交流研讨座谈	47	28.66%
开展谈心和善意批评	40	24.39%
参观、访问等实践活动	131	79.88%
其他	2	1.22%
本题有效填写人次	164	

（二）压力疏导有待加强

调查结果显示，有65.85%的青年干部认为税务工作存在压力。其中很大一部分青年干部的压力来自"能力不足、本领恐慌和工作任务繁重"。究其原因，一是在思想政治与业务学习的互融共促方面比较薄弱，对青年干部工作能力提升的指导帮助还需加强。二是窗口服务的特殊性质和繁忙的工作导致很多青年干部无法抽身参与区局组织的各项解压活动、文体活动和心理疏导讲座。三是与青年谈心谈话不足，思想情况关心不够。

表3　问卷调查第8题　面对当前工作，您的精神状态是？[单选题]

选项	小计	比例
精神饱满，工作游刃有余	56	34.15%
工作有压力，但有能力和决心顺利完成工作	79	48.17%
工作很累，压力很大，有精神、能力透支现象	26	15.85%
有时会有崩溃感	3	1.83%
本题有效填写人次	164	

表4　问卷调查第9题　在您的工作中，压力最主要来自？[多选题]

选项	小计	比例
同事间的竞争	16	9.76%
能力不足、本领恐慌的压力	83	50.61%
工作任务压力	102	62.2%
协调复杂的人际关系	41	25%

续表

选项	小计	比例
不断创新工作的压力	72	43.9%
其他	10	6.1%
本题有效填写人次	164	

（三）工学矛盾较为突出

在调查问卷中，当问及"您对团组织开展思想政治教育活动的态度是？"时，有91.46%的青年表示会积极主动参与活动。由此可见，青年干部对于思想政治教育活动并不排斥。但是，当问及"本单位的青年思想政治教育工作中还存在哪些问题或困难？"时，很多青年干部回答："工作繁忙，参与活动机会不多""工作性质造成无时间开展部分活动"。不可否认的是，青年干部在各部门都承担着大量工作任务，闲暇时间少，所以在日常工作与思想政治理论学习、实践活动之间存在着较为明显的"工学矛盾"。这也是长期以来困扰基层青年思想政治教育工作的一大难题。

表5　第16题　您对团组织开展思想政治教育活动的态度是？[单选题]

选项	小计	比例
死忠粉，积极参加	43	26.22%
自己感兴趣的积极参加	43	26.22%
时间不冲突的尽量参加	64	39.02%
总是被动参加	14	8.54%
本题有效填写人次	164	

（四）交流资源供给不足

部分青年干部在调查中反映了"参与市里其他部门活动少""区县之间交流较少"的问题，其本质为"交流资源供给不足"。主要体现在内部不同部门之间的青年学习交流较少，外部与密云区其他行政事业单位、北京市税务局其他兄弟单位之间的联学联建机会较少。由于密云区地理位置较为偏远，经济发展体量较小，国际国内重大政治经济活动也较少，与市区其他兄弟单位相比，实践平台或机会较为缺乏。加之与其他单位的交流机会也较少，所以在青年干部思想政治教育工作的先进经验学习借鉴方面存在欠缺。

三、加强新时代青年党员干部思想政治教育的思考建议

（一）以把握规律为基础，创新青年党员干部教育方式

一要创新教育载体。增强学习吸引力，让思政工作既"有意义"又"有意思"。可以通过知识竞赛、青年论坛、电影大课堂等活动，让青年在愉快的环境中体会理论学习的乐趣。充分利用周边资源，积极开展体验式、情景式、案例式教育，寓教育于亲身体验、参观访问、联学

共建等丰富多彩的活动之中,提升思想政治教育的吸引力和感染力。二要完善教育内容。以"一支部一特色一品牌"创建活动为抓手,丰富和创新思想政治教育学习实践活动,打造党建文化品牌,探索建设党建墙、红书房、税务角等思想文化阵地。在抓好思想政治学习和党性教育的基础上,坚持业务工作与党建工作相融合,深入挖掘提炼蕴含的思想政治教育价值和元素,结合实际不断赋予新的时代内涵,完善思想政治教育体系。三要开展互助教育。坚持定期开展青年座谈交流会,围绕重点学习内容,采用学习成果交流会、青年专场等方式,加强学习研讨交流。引导青年相互谈心得、讲经验。探索"以老带新"机制,适时邀请思想政治素养高、经验阅历丰富的老干部与青年干部开展座谈交流、以多讲"微故事",善借"活教材"的形式,提升思想政治教育质效。

(二)以职工之家为依托,关爱青年党员干部身心健康

一是完善帮带制度。推广"双导师"帮带制度,为青年干部配备政治导师和业务导师,落实包保责任,"二对一"开展针对性帮带指导,在帮助青年干部明晰职业规划、提升业务水平的同时及时准确掌握青年干部的思想、工作、作风等情况,主动帮助解决各方面的困惑和难题。针对重点人群的思想动态,注重人文关怀和心理疏导。对出现的苗头性问题,及时提醒,督促改正。二是努力破解工学矛盾。实施"分段式教学"新模式,比如,将原需较长时间的理论培训,改为多周期的分段式教学,再结合网络学习、工作交流等方式完善学习。探索多时段分批次组织开展趣味性活动。各单位根据活动时间和个人意愿,合理安排青年干部轮流参与思想政治实践活动、解压活动等,在不影响工作的前提下,最大限度保证每名干部都有参与机会。

(三)以交流学习为手段,丰富青年党员干部从税经历

一是岗位交流,搭建历练平台。建立健全青年干部交流轮岗机制,适时组织党务干部与业务干部进行学习交流,促进党建业务一体融合。创造机会让青年干部多循环、多流通,在不同岗位上经历大事、要事、难事的锻炼,促进其不断成长、成熟。二是拓宽渠道,提供成长沃土。根据工作实际,有计划地选派青年干部赴区直单位、其他兄弟单位等挂职锻炼或联学共建,帮助其开阔眼界、增长知识、经受历练,提升岗位能力和素质。引导或组织青年干部走出机关开展现场调研、驻地扶贫等实践活动,坚持在人民群众中了解社情、民情,激发奋斗精神,提高工作能力。

(作者单位:国家税务总局北京市密云区税务局)

试论税务领导干部的亲和力

王晓刚

亲和力,是"新质生产力"的重要组成部分,深刻影响着中国式税收现代化建设的进程和税务事业发展的高度。一代伟人毛泽东在总结历史上战争胜负的规律时得出一个结论,"决定战争胜负的主要因素是人心的向背""得道多助,失道寡助"。一代明君李世民从历代王朝的兴衰更替中省悟出"得民心者得天下""水可载舟,也可覆舟"。一个当代的税务领导干部需要具备多方面的知识和才能,但有能力并不代表都能够成为好领导,更不能代表成功。其根本差别不全在于领导水平的高低,而在于是否与人民群众打成一片,得到广大纳税人的认可和拥戴。因此,税务领导干部成就事业需要凝心聚力、众志成城,更需要自身成为一块具有吸引力的磁铁,以及围绕磁核形成的强大磁场。这就是本文试图论述的税务领导干部亲和力,供大家商榷。

一、税务领导干部的亲和力是中华传统美德与现代文明实践的熔炼结晶

税收伴随着国家的产生而发展,税收兴则国力强。收好税,不仅需要税务领导干部具有坚定正确的政治思想水平、高超的科学知识和卓越的实践能力,而且需要崇德向善的品格和魅力。换句话说,税务领导干部的亲和力就是以领导干部个人为载体,以自己的高尚品德和人格魅力联系和带动周围群众和纳税人,向四周辐射而产生的影响力和组织效能,从而在下属和纳税人中产生发自内心的信任和拥戴。亲和力是单位形象和团队精神人格化的代表,是领导素质和思想道德由内而外的具体体现,是领导艺术和领导方法的独特表现形式,是领导才能得以充分发挥和事业成功的重要密码之一。主要表现如下:

亲和力是中华民族优秀文化与伦理的传承美德。亲和力属于传统文化的范畴,与亲民思想互为因果、互相依存。在中华民族五千多年文明史中,"国以民为本,民以食为天"的民本观由来已久,最终成为诸子百家中占主导地位的儒家思想及历代政治家追求和实践的目标之一。亲民、爱民、民为贵的朴实亲和思想,以及与之关联的仁、义、礼、智、信,是中国古代文明的伦理基础和治国安邦之基,历代有建树开明的帝王以此为戒者大多政通人和、清明盛世,与此相违背者则民怨沸腾,社稷不保。革命先行者孙中山提出的"天下为公""民族、民权、民生"三民主义思想也源出于此,其思想凝聚了中华民族亿万同胞推翻帝制的力量,成为旧民主主义革命胜利的旗帜。

亲和力是全心全意为人民服务宗旨的根本体现。中国共产党从成立到执政的100多年间,忠实地代表了最广大人民群众的根本利益,把全心全意为人民服务作为始终如一的宗旨。以毛

泽东、邓小平、江泽民、胡锦涛、习近平同志为核心的党中央一以贯之、初心不改。"立党为公、执政为民""权为民所用、情为民所系、利为民所谋""鞠躬尽瘁，死而后已"，成为新一代领导人和全体共产党员共同的目标追求。正因如此，中国共产党成为领导中国特色社会主义事业走向民族复兴的核心力量，成为团结带领各族人民努力奋斗的先锋队，这种亲和力是其他任何政党不能取代的，也是党的各级领导干部在长期革命、建设、改革伟大实践中与人民群众休戚与共形成的互信互爱的优良品行。

亲和力是东西方文化思想交锋形成的先进理念。人类社会经过千百年的发展演变，从农业经济、工业经济、知识经济到数字经济，历经多次社会化分工以及东西方文化的激烈碰撞，但人们仍然能够联系在一起，命运一体，同生共存，并逐渐产生了全新的管理理念——人性化管理，成就了一大批政治家和企业家，维系这种关系靠的也是亲和力。媒体披露，排名全球500强前列的英国壳牌集团最大的成功之处就是尊重他人、理解他人、倾听对方意见，并把不同意见综合成大家比较满意的结果，从而成为领导企业、跨越自己、影响他人的力量。美国著名成人教育家戴尔·卡耐基认为，社会上的每一个人个性各异，与这些独特的个人交往必须倾注满腔的热忱和诚意，唯有自己表现出坦荡和真切的品质，对方才能相信自己，合作共事。在这里，亲和力已不仅仅是个人品德和领导艺术，而是一种"新质生产力"，现代管理理念和事业成功之路的动力源。

二、税务领导干部的亲和力在推动中国式税收现代化建设中占据独特位置和作用

古往今来，人们习惯把"天时、地利、人和"视为事业成功的"三要素"，而又有"天时不如地利，地利不如人和"一说，把"人和"明显放到了首要位置。三国时期政治家诸葛亮在著名的《隆中对》中，与"三顾频烦天下计"的刘备纵论天下大势，尽管当时刘备兵微将寡，但诸葛亮断定三分天下有其一。其依据，就是处于汉室宗亲地位的刘备拥有"人和"的优势。因此，税务领导干部的亲和力在中国式税收现代化建设进程中，起码发挥四个作用。

凝炼班子团结的固化剂。凝心聚力带队伍，一心一意谋发展，是新时代各级税务领导班子的共同愿望。团结出战斗力，团结出生产力。既是普通的道理，也是普遍的要求。但是达成团结的目标光凭道理不行，光凭愿望更不行，关键在于领导班子的整体素质和领导干部亲和力。一个亲和力强的领导班子，尤其是班长，人们往往感情上容易接近，心理上容易接受，工作上容易依靠，这种油然而生的敬意和志同道合的奋斗目标一旦结合，就会产生血浓于水的友谊、信任和谅解。税收组织收入原则、民主集中制、集体议事规则、批评与自我批评的传统，有了落实的人文环境和思想基础，一个口径对外，一个声调做事。

密切干群关系的黏合剂。水乳交融的干群关系是党的执政地位和国家政权稳固的基础。密切党和群众的血肉联系，不仅是党和政府、领袖和首长的事，同样是各级领导和全体共产党员的事。"亲""清"税收关系是各级税务领导班子的工作目标和追求。而各级税务领导干部尤其是基层领导干部整天生活在群众之间、纳税人之间，与人民群众和纳税人保持最经常最直接的联系，在群众和纳税人心目中就是党和政府的形象和化身。各级税务领导干部都能以"为官一任，造福一方"的亲民思想，勤政为民，务实作风，必然得到群众和纳税人的真心拥戴。这样大到社会主义现代化事业，小到税务部门和单位的工作目标，就有了顺利实现的可能和群众基

础，出现"心往一处想、劲往一处使"的工作局面。

促进矛盾转化的催化剂。在税收日常征管工作和减税降费落实中，矛盾无时不有、无处不在，解决矛盾、处理问题是各级税务领导干部的主要工作任务。但矛盾的产生过程往往错综复杂，解决矛盾比开会布置工作显然要困难得多，这里就需要较高的税务领导艺术和灵活的工作方法。其中，重要的一点就是亲和力。亲和力强的税务领导干部因与纳税人关系密切，因而也容易接近和沟通；亲和力强的干部因在纳税人中有较高威信，因而说话也有分量和影响。因此，有了亲和力，税收征纳之间的误会和隔阂就容易化解。矛盾的顺利解决和安定团结大好局面的形成就有了相应的感情基础，矛盾化解自然举重若轻，化繁为简。

保持良好心态的净化剂。税收现代化事业需要一代代人长期艰苦卓绝地努力，在前进的道路上，难免有这样那样的困难和障碍。保持良好心态的税务领导干部尽可能减少前进道路上的挫折和失误，既不被暂时的困难吓倒，也不被一时的胜利冲昏头脑。亲和力尤其强的领导，心态平和，群众观点强、人际关系好；关爱别人，乐于助人，个人患得患失少；心胸开阔，志向远大，植根于人民群众这片沃土，善于倾听纳税人的呼声和要求，乐于接受纳税人的批评和建议，困难时有纳税人的支持，胜利时有纳税人的劝告。有了社情民意基础，时刻保持清醒头脑，把握工作决策主动权。

三、新时代提高税务领导干部亲和力的根本路径和修养选择

税务领导干部亲和力是其综合素质的集中反映，是领导艺术、道德修养和人格魅力的集中体现，与其学历层次和技术等级的明显区别在于，既不能靠一两次的教育培训来提升，又无法用考核指标来量化，而是需要经过长期的修养和锻炼。因此，我们每一个有作为的税务领导干部，都要以习近平新时代中国特色社会主义思想、文化思想为指导，树立"为国聚财、为民收税"的远大抱负，加强中华传统文化、伦理、道德学习，深化新时代文明实践，持续改进领导艺术方法，最大限度地提高在人民群众和纳税人心目中的亲和力。

学会尊重和包容。中国共产党人一贯强调，"尊重知识、尊重劳动、尊重人才、尊重创造"，其实质，就是尊重人民群众、尊重纳税人。这是党的群众路线的重要体现，也是一切税收工作的出发点和归宿。也只有尊重人民群众、尊重纳税人，才能最终得到人民群众的尊重、赢得纳税人的信赖。作为税务领导干部，首先要时刻牢记自己是人民的公仆，为人民收好税、用好权是自己应尽的职责，淡化权力意识，避免官僚主义作风，从而让人感到可亲、可爱、可敬，而不可畏。要始终把自己当成人民群众的一员，站在平等的地位，与群众多交流、多沟通、多协商，把下属当作同一战壕的战友，给予无微不至的关心和爱护。要充分尊重人民群众的首创精神，给予信任和支持，并提供广阔的空间让其施展才华，成就工作任务。要有举贤过己的胸怀，海纳百川的雅量，宽容大度地对待一切持不同意见者，为各种人才的脱颖而出创造宽松的环境。要真心实意地关心爱护干部，不护短，不揭短，不一棍子打死。同时，要学会历史地、全面地看问题，客观公正地评价每个下属的功过，既要看到弱点、缺点和不足，更要看到优点、长处和发展。要选好千里马，用好老黄牛，扬长避短，各展所长。

学会诚实和信用。诚实守信既是传统美德，也是社会公德、职业道德、家庭美德的外在表现。税务领导干部要想得到人民群众和纳税人的拥护和爱戴，取信于民至关重要。因此，要把

诚信作为立身之本，言出必行、守信如玉。市场经济是信用经济，现代社会是信用社会，廉明政治是信用政治。而建立信用经济、信用社会、信用政治，需要各级税务领导干部带头讲信用。朱镕基同志曾经指出，要"切实加强社会信用建设，逐步在全社会形成诚信为本，操守为重的良好风尚。①这不仅是对建立市场经济新秩序、促进"国内国际经济双循环"的要求，也是对税务领导干部诚信操守的根本要求。要从党和国家前途命运的高度，从税务事业、经济发展、社会稳定的高度，从建立税务先进文化和带领人民群众和纳税人高质量共建和谐社会的位置带头讲诚信、守信用，做诚实守信的模范。要把诚信与税务干部的党性修养联系起来，牢固树立正确的世界观、人生观、价值观，力戒夸夸其谈、哗众取宠的浮躁作风，求真务实为纳税人、缴费人办实事、脚踏实地干事业。要牢记唯物主义的历史观、群众观，牢固树立民主意识和服务观念，争做诚实守信的道德模范。

学会自律和垂范。严于律己、率先垂范是共产党员的政治品质。火车跑得快，全靠车头带。榜样的力量是无穷的。"差之毫厘、谬以千里"。乱了方寸、错了步调，人民群众和纳税人就会迷失方向、无所适从。因此，税务领导干部要发挥排头兵、引路人的作用。作为税收工作的领头雁，针对税务工作对象和受众，又处于众人瞩目的焦点，其示范作用就是无声的命令，一言一行势必影响和带动一大批人，其错误言行也可能误导人民群众和纳税人，盲动冒进，给税务事业造成极大的损失。如果自身的模范作用不强，对下属工作就不可能有亲和力和影响力。要加强党性自律，始终保持清正廉洁的党风、勤政为民的政风、忠厚淳朴的民风、艰苦奋斗的作风，与人民群众保持最密切的联系，尽可能使自己成为纳税人心目中的主心骨，才能得到人民群众的赞成和纳税人的拥护。要为纳税人谋发展，用自己的实际行动忠实履行为人民服务的宗旨，当群众和纳税人迷惘的时候给予希望，当群众和纳税人困惑的时候给予光明，当群众和纳税人困难的时候给予温暖，当群众和纳税人庆贺胜利的时候献上鲜花、掌声和美酒。

综上所述，税务领导干部的亲和力是领导科学的核心，是前沿的领导理论，是领导艺术、领导方法和领导技巧的综合运用。当前，税务领导干部一定要加强亲和力的修养，不断提高亲和力。这既是税务领导干部自身发展的需要，也是新时代税收现代化建设的需要。

（作者单位：国家税务总局连云港市税务局）

---

① 朱镕基. 政府工作报告：2002年3月5日在第九届全国人民代表大会第五次会议上［EB/OL］. 中国政府网，2002-03-05.

顺义区税务局党建引领"接诉即办"向"未诉先办"转化的实践与思考

王庆祥

一、背景情况

党的十八大以来,"人民对美好生活的向往就是我们的奋斗目标"成为各级党和政府遵循的基本宗旨。2019年,北京市建立了"接诉即办"工作机制,这是践行初心使命的生动实践,是坚持党建引领基层治理、服务群众的有效举措。四年多来,接诉即办改革经历了三个阶段,从最初的"吹哨报到"延伸到"接诉即办",然后在此基础上向"主动治理、未诉先办"转化。未诉先办既是改革的目标,也是一种重要的治理机制,强调的是以点带面,有所预判,在日常的工作中发现问题、解决问题,是向前一步的超前管理思维,使问题初露矛头时就能得到及时化解。当前,税务部门服务几千万企业纳税人和个体工商户、数亿自然人纳税人和十多亿缴费人,是离市场主体最近、为老百姓服务最直接、与人民群众打交道频次最高的政府部门之一,在推动社会治理和经济建设中发挥着重要作用。顺义区税务局将"解决纳税人缴费人急难愁盼问题"作为主题教育的出发点、着力点和落脚点,进一步把解决群众问题的关口前移,变"接诉即办"为"未诉先办",变"被动治理"为"主动治理"。

二、"接诉即办"向"未诉先办"转化的实践探索

顺义区税务局积极发挥党建引领作用,坚持系统思维,将治理端口前移,不断拓展未诉先办发现问题的渠道,推动"接诉即办"向"未诉先办"转变。

(一)认真分析研判,从诉求集中高发点入手

定期整理汇总群众反映问题较为集中的诉求点,举一反三,用一个工单带动一类问题的解决。例如,针对停车费发票开具不及时的问题,在实地调研基础上,引导相关企业设置安装开票二维码,并成功推广至辖区10余个商超停车场;针对餐饮企业开票难题,联合顺义区餐饮协会对总部餐饮企业、重点商圈开展系列活动,通过多媒体播放系列微动画、发放张贴开具发票提示贴纸、向全区3078户餐饮行业纳税人发送倡议书等举措做好正向引导,实现了对餐饮发票诉求量增加"季节性、周期性"问题的提前预判和提醒。

(二)深入一线排查,从人民群众关注点入手

及时发现并先行协调解决其中可能引发纳税人缴费人诉求的问题,超前解决,破解难题。

比如，针对保障性住房转商业务骤然攀升，区局党委班子掌握分析最新情况后，第一时间研讨制定应急预案，优化调整人员设置，增加初、复审岗位人员配备，安排专人做好现场辅导，同时推出"不打烊"的延时服务与"全天候"的周六服务，把矛盾化解在起始，将问题解决于萌芽，用新时代"枫桥经验"妥善做好不动产交易工作。

（三）综合分类施策，从工作潜在风险点入手

聚焦新业态新模式发展带来的新情况新问题，研究解决寄送快递、网约打车等开票难题。聚焦风险稳控，采取信息联动提前化解重点诉求人风险隐患。例如，帮助诉求工单频发的快递企业完善内部管理，进一步简化快递企业开票流程，同类诉求数量与年初相比下降94.12%；妥善处理了涉及系统内多部门的银行系统企业、大型销售企业等一人多诉问题及涉及80余名业主的某房地产企业引发的多人同诉152件，严防各类矛盾交织叠加，最大限度把矛盾解决在基层、解决在属地、解决在初始阶段。

三、"接诉即办"向"未诉先办"转化中遇到的问题

从调研情况看，顺义区税务局在"接诉即办"向"未诉先办"转化过程中开展了诸多有益探索。然而，在工作中也发现了"接诉即办"向"未诉先办"转化过程中需要关注和改进的一些问题。

（一）"未诉先办"的思维能力有待进一步强化

通过典型案例分析和召开座谈会发现，一是部分单位对"未诉先办"的意义缺乏深刻认识，思维能力还有待强化，在实际工作中着眼于妥善解决当下问题和前瞻谋划应对未来挑战的主动意识还不明显。二是部分单位在推进"未诉先办"工作的积极性和能力还有所不足，在提前主动解决群众共性问题、提高服务质量和治理水平方面还有较大进步空间。

（二）识别发现问题的渠道有待进一步拓展

通过调研发现，目前"未诉先办"主要是从诉求集中高发点、人民群众关注点和工作潜在风险点入手，但随着社会经济发展和诉求数量的不断增多，普遍化的"大服务"与个性化的"小需求"共生交错，纳税人缴费人的诉求更加复杂和多元，现有的工作方式方法还不能完全适应"未诉先办"的需要，存在识别发现问题的渠道不够宽的问题。

（三）协调联动的配套机制有待进一步完善

通过对问卷数据分析，34.38%的受访者在开放性问题中都提到了"建议完善'未诉先办'配套机制"（如图1所示）。调研发现，一是目前处于"未诉先办"改革的初始阶段，虽然制定了大框架方案，但"未诉先办"工作方法和配套工作机制仍有待细化落实，尤其是发挥网格力量、每月一题机制等还有待建章立制。二是"未诉先办"考核难以量化，承办单位付出大量辛苦努力却难以有效考核，影响基层的积极性。三是相关保障激励机制不够健全，在典型宣传、容错机制等方面还需优化，从而长效推进工作。

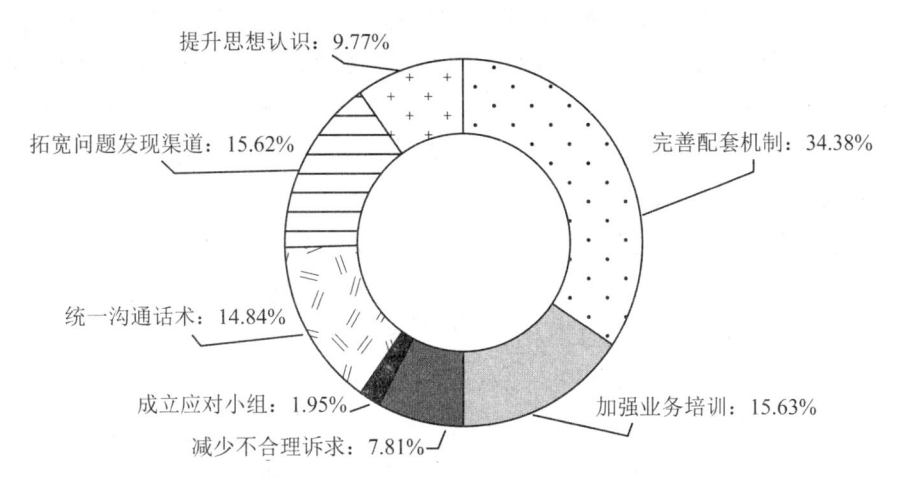

图1 调查问卷结果

（饼图数据：完善配套机制：34.38%；加强业务培训：15.63%；减少不合理诉求：7.81%；成立应对小组：1.95%；统一沟通话术：14.84%；拓宽问题发现渠道：15.62%；提升思想认识：9.77%）

四、党建引领"接诉即办"向"未诉先办"转化的思考

基于以上顺义区税务局的经验做法，以及对问题的分析，为推动党建引领"接诉即办"向"未诉先办"转化，可以从问题出发，总结提炼出以下几点思考，以期以小见大、由点带面，提高工作的针对性，推动"接诉即办""未诉先办"工作提质增效。

（一）突出"着力点"，以思维转换引领"接诉即办"向"未诉先办"转化

一是加强党委统筹调度，进一步激发党建活力，充分发挥党支部战斗堡垒作用，通过召开"未诉先办"工作会，进一步提升全局干部职工对"未诉先办"工作的思想认识，正确看待"未诉先办"是检验基层治理能力和治理水平的有效标识，妥善解决当下问题和前瞻谋划应对未来挑战是提升治理质效的必然要求。

二是做好系统梳理归纳，及时总结未诉先办做法突出的案例，整理有关"接诉即办常用场景沟通话术"，分层分级分类开展"未诉先办"业务培训，推动主动解决共性问题、提高服务质量。

三是树立系统思维能力，定期多维度、精细化分析研判热线数据和接诉工单，为基层治理决策提供有效支撑，通过制定特色预案、专项个案、特情特案等，推动普遍性问题治理解决、突出问题整治解决、民生难题改革破解。

（二）拓宽"渠道口"，以有效方式引领"接诉即办"向"未诉先办"转化

一是锚定重点工作，先手解决"未诉性"问题。建立科室研判机制，在重点工作开展前，提前统筹政策科室及各承办单位开展风险研判，分析、排查可能性和潜在性问题。横向比对其他单位出现的问题，动态研判问题趋势，梳理答复口径，加强问题引导，让更多潜在矛盾解于萌芽、止于未诉。

二是聚焦日常工作，先手解决"重复性"问题。发挥好税费咨询"风向标"作用，依托小呼中心拓宽了解纳税人的需求，挖掘高频问题和高发区域，提前向各部门提出《"接诉即办"诉求风险点及应对建议》。精准把握特定时间节点的诉求类型特征、演变规律，对年度内轻微违

法举报累计 3 次及以上企业，开展精准监管，有效降低轻微违法投诉举报数量。

三是紧盯潜在风险，先手解决"疑难性"问题。对受理频次高、群众关注度大的疑难问题，组建应对小组，统一应对、尽快分流、及时反馈，避免引发群体性事件，从源头治理实现提质降量。针对缠诉缠访，引进公职律师，对工单办理全流程进行法制评估，引导帮助其通过法律途径解决，做到理法结合、争取化解。

（三）找准"突破口"，以配套机制引领"接诉即办"向"未诉先办"转化

一是建立网格服务机制。充分利用"网格员"提升监管或服务的灵敏度，在履职过程中进一步延伸触角，在问题未真正形成前或矛盾未爆发前、民众未投诉前就主动捕捉到问题隐患、投诉苗头，及时进行预防、规范和化解，理顺有关权利义务关系，"抢答"民众诉求，避免后续问题产生。

二是用好"每月一题"机制。针对跨部门、跨层级等高频难点问题，加强统筹协调、研究会商，制定"每月一题"任务清单，厘清工作职责、明确工作路径、确定工作目标，定期汇总统筹调度工作进展情况，推动基层决策水平与能力提升。

三是完善考核机制。优化"未诉先办"考评细则，强化对主动治理任务的跟踪问效，将诉求量变化、降量提率、案例推广等纳入考核加分，深化对考评数据的结果运用。开展《接诉即办典型案例库》编写及筛选工作，从典型问题、先进做法、政策依据、后续管理等方面对各部门提供有效指导，切实提升工作质效。

五、结语

"主动治理、未诉先办"是首都治理的新探索，从"接诉即办"向"未诉先办"转化，使诉办关系不断优化和改善，实现的是诉求总量不断下降，是基层治理样态的不断更新与发展，基层治理能力和治理水平的提高是最大意义的"未诉先办"。本次调查研究，坚持实践与理论相结合，以顺义区税务局"未诉先办"典型案例为依托，以诉求问题的特点、规律发现为途径，以重点治理、专项治理、前瞻治理、源头治理、协同治理为手段，以党建引领、网格管理、"每月一题"等机制制度创新为探索，不断丰富落实"从群众中来，到群众中去"的工作方法，推动基层税务治理主动性、精准性、科学性、有效性不断增强，为税收治理体系和治理能力现代化提供重要支撑。

（作者单位：国家税务总局北京市顺义区税务局）

学思悟行新时代　凝聚发展新动能

——以"人才兴税"为服务税收现代化发展提供有力支撑

武　琼

习近平总书记在党的十八大、十九大、二十大上都强调了人才工作，在中央政治局会议、中央全面深化改革委员会、中央人才工作等重要场合，多次就人才工作发表了重要讲话。在中央人才工作会议上，习近平总书记用"八个坚持"作了精辟概括。其中，坚持党对人才工作的全面领导，是做好人才工作的根本保证；坚持人才引领发展，是做好人才工作的重大战略；坚持面向世界科技前沿、面向经济主战场、面向国家重大需求、面向人民生命健康，是做好人才工作的目标方向；坚持全方位培养用好人才，是做好人才工作的重点任务；坚持深化人才发展体制机制改革，是做好人才工作的重要保障；坚持聚天下英才而用之，是做好人才工作的基本要求；坚持营造识才爱才敬才用才的环境，是做好人才工作的社会条件；坚持弘扬科学家精神，是做好人才工作的精神引领和思想保证。这"八个坚持"，是对我国人才事业发展规律性认识的深化，构成了习近平新时代中国特色社会主义思想的"人才篇"，是加快推进新时代人才强国战略的行动指南。这对于加强和改进税务系统人才工作，具有很强的政治性、思想性、指导性、针对性、战略性。我们要将税务系统人才工作，着重从提升政治能力、加强理论指导、躬身创新实践和推动改进提升等四方面，做好加强税务系统人才建设工作。

第一，坚持党对人才工作的全面领导是做好人才工作的根本保证，这从思想认识上为"人才兴税"原则定位确立了党管干部的政治属性。习近平总书记的重要讲话，突出强调了坚持党对人才工作全面领导的根本要求，把坚持党对人才工作的全面领导，作为党对我国人才事业发展"八个坚持"认识的第一条加以强调，并对完善党管人才工作格局、坚持人才工作的正确政治方向提出明确要求，具有重大的政治意义。所以我们要坚持胸怀天下、树立系统观念，进一步提升政治能力，以习近平新时代中国特色社会主义思想为指导，认真学习贯彻党的二十大精神，深入学习贯彻习近平总书记关于做好新时代人才工作的重要思想，牢牢把握"党管人才"总原则，坚持"多梯次布局、多元化培养、多维度发展"来谋篇布局，进一步完善全市税务系统人才培养机制、改进人才管理方式、创新人才培养模式，为全面推进连云港税收高质量发展提供坚强保障和人才支撑。要坚持党委领导、部门联动。建立以党委领导为核心的责任体系，切实把加强党的领导贯穿于人才工作的全过程和各方面，始终确保人才工作的正确方向；坚持全系统上下联动、齐抓共管，各部门各司其职、各负其责，不断凝聚人才工作的强大合力。要坚持系统谋划、资源整合。在总体设计上，要立足事业长远发展，着力构建全方位、多层次的人才体系；在具体落实上，要坚持"选育管用"一体推进，引导形成正确导向和稳定预期；在人选条件上，要将具备较强的政治能力作为人才选用的第一标准。要坚持资源整合、提质增效。统筹好领导班子、干部队伍和人才建设，实现人才工作与干部工作同向发力、同频共振；统筹好事业需要、组织需要和自身发展需要，把人才个人发展融入税收工作大局；统筹好储备人才、专业人才和高端人才建设，有效盘活人才资源；统筹好老中青干部之间的关系，调动各年龄段人才的积极性；统筹好不同地区和不同层级的关系，推动全系统人才相互促进、优势互补、协同发展。要坚持实战标准、务实导向。将实战标准体现到人才管理的全过程、各环节，选拔人才时要看是否具备解决实际问题的能力水平，评价人才时要看在重大攻坚行动中的业绩表现，着力打造一支可堪大用、能担重任的人才队伍。

第二，坚持全方位培养用好人才，是做好人才工作的重点任务，这从理论指导上为"人才兴税"战略制定提供了精准有效的指向。要一以贯之到税务系统，也为制定"人才兴税"战略、加快推动税务人才队伍建设、更好服务国家人才工作发展大局指明了前进方向、提供了根本遵循。近年来，全国税务系统深入学习贯彻习近平总书记关于人才工作的系列重要讲话精神，坚持新时代党的组织路线，紧紧围绕税收现代化发展目标，牢牢把握"党管人才"总要求，大力实施"人才兴税"战略，持续完善"人才工程育俊杰"机制制度体系，坚持"选、育、管、用"一体推进，坚持"战略人才、领军人才、骨干人才、岗位能手"一体培养，坚持"平时、战时、现时、来时"一体抓牢，全面构建税务人才新体系。这就要求我们要坚持人民至上、自信自立，进一步加强理论指导，要从战略和全局的高度，牢牢把握新时代人才强国战略的新部署新布局，出台各类人才政策支持和保障措施，围绕税收现代化培育好人才。一是要立足省局层级，培养输送专业带头人和青年才俊。落实好省局关于专业带头人和青年才俊培养的要求，积极推荐市局优秀干部参评，有计划安排专业带头人和青年才俊到税收执法服务监管一线进行专业训练和岗位历练，为优秀年轻干部搭建成长进步平台。（按照市局党委关于人才工作的决策部署，从战略高度抓好青年人才培养，从今年开始，计划用3年的时间，从市局机关、派出机构、县区局分批选拔40名35周岁以下的"青连优才"按照"党有所需、青有所为"的原则，采取"请进来、走出去"等形式，有计划、有步骤地组织实施各类墩苗、育苗、壮苗培育计划，充分调动青年干部干事创业积极性、主动性、创造性，着力锻造一支政治过硬、勇于担当、素质全面、能力突出的连云港税务青年人才队伍）二是要立足市局层级，扎实开展业务标兵培养和专业带头人培养。落实好总局、省局关于抓好专业人才素质培养的有关要求，将专业人才库成员、专业骨干、岗位能手梳理整合为业务标兵，常态化开展"岗位大练兵业务大比武"活动，逐级选拔各条线各层级业务标兵，着力培养一批能够落实重大税费改革、提升服务监管质效的专业人才力量。从全市税务系统选拔一批具有较高理论和实践水平、较强组织领导能力，能够牵头工作或带领团队具有一定影响力的高端人才。（按照市局党委关于人才工作的决策部署，从今年开始，市局将用3年的时间，有计划、分批次在全市税务系统选用15名具有较高理论和实践水平、较强组织领导能力，主攻不同方向、保障不同方面，牵头工作或带领团队具有一定影响力的科级专业带头人，提供培养平台，搭建使用载体，着力打造一批能够体现连云港税务水平、代表连云港税务形象的税务工匠，积极营造鼓励人才干事业、支持人才干事业、帮助人才成就事业的良好氛围，为高质量推进新征程江苏税收现代化提供重要的人才支撑）

第三，坚持深化人才发展体制机制改革，是做好人才工作的重要保障，这从工作实践上为"人才兴税"体系建设提供了守正创新的方法。以习近平总书记重要讲话精神为指引，坚持把围绕中心、服务大局作为人才工作的根本出发点和落脚点，在及时梳理总结过往成绩，从中提炼好经验好做法的同时，坚持不懈查找短板和不足，并学习借鉴一切有益经验，尽快制定出新时期税务人才发展战略规划，推动税务系统人才工作上台阶并不断取得新的更大成绩。要建立人才培养动态管理机制。细化配套管思想、管作风、管纪律的从严管理机制，构建人才队伍廉洁教育监督体系。另一方面要根据税收现代化需要，对标总局素质提升"2271"工程和省局素质提升"4545"计划，打造连云港税务系统符合税收现代化需要，与税收事业高质量发展相匹配的人才规划。要逐步出台干部管理、交流轮岗、上挂下派、蹲点调研等相关配套制度，进一步加强和改进新时代全市税务人才工作着力在2023年，建立健全市局人才工作机制，创设"青连优才"品牌，由战略领军人才、业务标兵、青年才俊、青连优才和专业带头人组成的人才梯队初步建立，人才支撑税收事业高质量发展的效应初步体现。要着力在2024年，人才选拔更加畅通、人才队伍更具规模、人才结构更加优化、人才配置更加合力、人才素质更加提升、人才作用更好发挥，更富活力和更有竞争力的连云港税务人才工作体制机制趋于成熟。要着力在2025年，连云港税收事业人尽其才、百舸争流的生动局面全面形成，人才优势较好确立，人人渴望成才的良好环境逐渐形成，连云港税务人才广受社会各界尊重。尤其到2025年，全市税务系统重视青年、关怀青年、信任青年的氛围更加浓厚，培养青年、磨砺青年、使用青年的机制更加完善，走近青年、倾听青年、服务青年的载体更加丰富。政治思想进一步增强，"蓝莲花"青年思政课品牌影响力显著提升，青年荣誉创建成效稳居同序列"第一方阵"；青年人才进一步增强，青年才俊、青连优才、骨干标兵的梯队培育效果明显，拥有研究生以上学历学位、获得"三师"等资格证书的青年大幅提升；青年作风进一步增强，廉洁教育激励体系更加完备，齐抓共促青年工作的合力更加凝聚，青年干部主动在重大改革、重点项目、重要任务中挑大梁、当主角，一支可堪大用、敢为善为、勤廉务实的青年干部队伍初步形成。

第四，坚持营造识才爱才敬才用才的环境，是做好人才工作的社会条件，这从问题导向上为"人才兴税"扬优补短拓宽了改进提升的路径。我们要坚持问题导向，进一步推动改进提升。随着税收征管改革不断走向纵深，税收工作日益影响到全社会的方方面面，在执法、服务、监管等工作中因信息化建设带来的"人才短缺"、激励不足带来的"人才流失"、人岗不适造成的"人才荒废"等慵、懒、散问题还存在短板和不足。现在税务系统干部队伍老龄化比较多，青年干部断档现象比较突出，适应现代税收管理要求的税务执法、服务、监管等方面的专业人才不足，迫切需要建设一支熟悉税法和财务会计、懂评估、会查账、能熟练操作计算机的基层业务骨干人才队伍，急需培养一支综合管理能力强、善于解决税收难点问题的管理人才队伍。另外，受体制机制和职数限制，税务干部职务职级晋升空间有限，与干部对职业发展空间的心理预期形成落差，干部内生动力不足，队伍整体活力不够。干部激励机制有待进一步完善，现有的工作绩效考核体系存在一些弊端，干部的工作实绩未能在考核考评中得到充分体现。上述问题的形成，既有主观原因，也有客观因素。既有体制机制的限制，也存在片面强调风险、不干事或者推诿扯皮的情况，影响了干事创业氛围和营商环境建设。这就要求我们：务必从紧盯精准招录用好增量、内部挖潜盘活存量、精心培育提高质量三个维度选好人才。在当前"智慧税务"

建设和税收管理"数治化"转型背景下,着力培养"以数治税"能力突出的人才队伍,注重从源头精准招录,加大对信息化、数理统计、计算机、数据应用、经济金融等专业类别的招考力度,补充更多急需的新生力量;鼓励推动符合条件的干部报考总局、省局、市局各类人才项目。务必从聚焦加强内部交流、坚持借力育才、培育青年人才三个方面用好人才。持续加大各类人才使用力度。在干部选任、职级晋升、遴选、岗位交流中,同等条件下,优先考虑各类人才;建立健全党组织定期联系人才制度,通过座谈交流、组织调研、问卷调查以及谈心谈话等方式,深入了解人才诉求,认真听取意见建议,及时给予组织关怀和帮助支持;牢固树立"以人为本""尊重人才"的观念,营造关心人才培养、支持人才发展的良好氛围。做好人才队伍建设的服务工作,优先推荐人才担任各级工会、共青团、妇联等群团组织相应职务。

(作者单位:国家税务总局连云港市税务局)

党的创新理论"青年化"阐释的价值内涵与税务实践

姜云峰

党的十八大以来,以习近平同志为核心的党中央高度重视青少年思想政治工作,提出一系列明确要求,做出一系列重大部署。立足青年思想政治引领的历史经验、实践基础和规律把握,要加强话语方式创新,增强理论传播的感染力和吸引力,打造兼具思想性、青年性的高质量理论阐释产品。

一、"青年化"理论阐释的重要意义

(一)理论逻辑:"青年化"理论阐释是契合青年思想特点和成长规律的传播方法

2022年4月,团中央印发《新时代加强和改进共青团思想政治引领工作实施纲要》,将"加强'青年化'理论阐释"作为新时代共青团思想政治引领工作的基本方法,强调要"结合具体场景,结合现实事例,结合青少年个人成长"。理论阐释要适应青年认识逻辑和思维特点,根据"听到—听进—认同—践行—坚定"的递进规律,用青年易于理解、易于接受的方式,最大限度赢得青年认同与支持。

(二)历史逻辑:"青年化"理论阐释体现百年来青年思想引领的实践经验

党和国家历来高度重视青年工作。1926年《对于中国共产主义青年团工作议决案》明确提出"青年化"概念,强调共青团"要力求工作青年化,因为没有关于青年切身的工作,团的组织是不会深入青年群众的"。面向青年群体的理论传播既不可千人一面也不能一蹴而就,通过分层分类理念,促进理论"精准"翻译转化,用"青言青语"的方式,教育引导青年坚定不移听党话、跟党走。

(三)现实逻辑:"青年化"理论阐释是与时俱进做好青年思想政治引领的必然要求

随着时代发展与科技进步,青年发展环境发生深刻变化,呈现许多新特点。理论阐释要分析研判青年群体的思想新动态、成长新趋势、发展新期盼,在释疑解惑中增强理论传播的时代感和吸引力,提升对青年群体的针对性和实效性,让青春的航船在正确的人生轨道上行稳致远。

二、"青年化"理论阐释的税务实践

上海市税务局始终把学思践悟习近平新时代中国特色社会主义思想作为青年思政引领的"第一任务",以"五辩共举"举措,推进"青年化"理论阐释的税务实践。

一是注重虚实之辩，推动时代理论与发展成就的活力结合。坚持理论结合实际，把党和人民事业的生动实践成就转化为青年教材。因势而行，深入实施青年理论学习提升工程，成立青年理论学习小组，完成40岁以下青年全覆盖。因事而新，用精准有效的数字、生动鲜活的案例来"翻译"理论，深入挖掘党史资料、典型案例，并融入脱贫攻坚、社会治理等社会热点，精选发布18部思政微课堂。因时而动，抓住当前热点和时机，及时掌握阐释的主动权和话语权。如在机构改革推进过程中组织青年主题分享会等。

二是注重小大之辩，推动宏大叙事与日常生活的张力结合。贴近日常生活，让党的创新理论"破圈"融入青年生活场景，建立起理论与现实生活的共通感。一方面及时掌握青年思想变化，从青年关心、关注、关切的问题入手，通过问卷调查、谈心谈话、走访交流，逐年开展思想状况调查。另一方面发挥朋辈作用，让看得见的身边人、身边事作为理论阐释的现实注脚。以"12项综合指标+现场答辩"形式，选树身边优秀青年典型。每年组织获评省部级以上荣誉的集体和个人组成先进典型宣传团，强化正向激励和标杆引导。

三是注重情理之辩，推动以理服人与以情感人的内力结合。以真诚坦率的交流态度，拉近双方心理距离，使青年在感同身受中受触动、获启发。一方面优化教学模式，改被动灌输为主动探寻，让理论学习更接地气、更有温度。发挥本地红色资源优势，设计50条红色寻访路线，开展重读党章党规、学习讲话精神、研读经典著作、聆听情景党课等。另一方面开展面对面、互动性的宣讲交流，增强共情共鸣的力量。挖掘各历史阶段青年投身党的事业、服务经济社会发展、做出突出贡献的故事，创作并展演互动式思政课。

四是注重形神之辩，推动价值内容与创新形式的魅力结合。对接移动化学习需求，推动传统媒介和新兴媒介融合、线下宣讲和线上宣讲同步发声，形成理论阐释直达青年、广泛覆盖、持久传播的效果。一方面用新媒介开发设计互动式、沉浸式、场景式的理论宣传产品。指导青年制作视频微课，发布在广受青年群体关注的抖音、哔哩哔哩等互联网平台，获得极高的播放量和点赞数。另一方面以直播、视频、小程序和H5等新形式激发学习热情。创建青年微信公众号，陆续开设青年专栏，打造青年理论学习前沿阵地。

五是注重知行之辩，推动学思知识与践悟行动的引力结合。立足岗位实践，让青年"听得进、学得会、用得上"，汲取起而行之的思想养分。一方面开展专项调研，编撰青年职业发展引航手册，推出尖兵实训营、"摇篮计划"等特色项目，打造劳模带教、实训带教、团队带教的立体化"传帮带"模式，分阶段、分步骤、有重点的实现职业生涯"新手—熟手—能手—高手"进阶。另一方面，搭建成长成才的展示平台，举办青年成长论坛，引导青年将学习成果转化为实践成效。

三、加强"青年化"理论阐释的理论思考

（一）提升阐释内容准度，实现"思想指引"与"赋能支持"并重

青年对理论的接受和理解是"由浅及深"的拓展延伸过程，受到自身已有知识、观念、思维方式等框架因素的导向和制约。"青年化"理论阐释的内容不要面面俱到、事无巨细地从零基础开始，而应更尊重青年主体地位，注重纠正、填补青年既有基础与预期目标之间的差距，着

眼"阐释什么内容"，明晰推进分层递进的内在机理，把解决思想问题同解决青年实际问题相结合，精准掌握、及时对接青年群体的既有基础、研习兴趣和成长成才的现实需要。

（二）增强话语转化精度，实现"内容说服"和"形式亲和"并重

随着网络技术的广泛应用，现代信息传播格局发生深刻变化，青年接受习惯也呈现新的趋势和变化。理论阐释不是单向度的传达灌输，而是一种双向互动、循环往复的过程。"青年化"理论阐释既要得力、更要得法，着眼"向谁阐释"，将服务对象可能的解读模式纳入考虑，及时吸收运用青年话语的表达模式和习惯，用青年感到舒服的方式去对话与沟通，让他们既能听得到、听得懂，又要能听得进，在感同身受中受触动、获启发，在春风化雨、润物无声中实现浸润式传播。

（三）检测传播接受效度，实现"知识传播"和"行为感召"并重

理论阐释效果的评判在于青年，目标是让青年加强对党的创新理论的接受、理解、信服和遵循践行。加强"青年化"理论阐释要作为一个实践命题，着眼"阐释的效果"，让青年在现实场景中得到参与、体验和实践，从覆盖面上观测对思想认识的触动效果，从影响面上检测对实践行为的影响作用，并进一步推动既有阐释内容、形式的更替延展，充分调动激发青年主观能动性，将青年自发活动转化为自觉行动，将自我展示平台变成自我教育的契机。

四、加强"青年化"理论阐释的路径方法

"青年化"理论阐释要以更富时代特征、青春特质的阐释方式，回应青年所需、激励青年有为。

（一）化被动为主动，做到眼里"有青年"

"一把钥匙开一把锁"，研究把握青年成长规律和群体特点，推动理论供给端与青年需求端的精准匹配。一是把握青年特点，确定阐释起点。聚焦所思所想、所需所惑，定期调研分析不同年龄、性别和岗位青年的思想状况，分层分众对接，更有针对性地进行理论指引与心理支持。二是强化选题策划，确定阐释内容。选题紧密贴近税务青年工作、学习和生活实际，主动倾听青年的心愿声音，找准思想认识的共通点、观念碰撞的交汇点、化解困惑的切入点，不光要向青年传递是什么、为什么的价值观点，更要讲明白怎么看、怎么办的方法路径，让理论阐释更有温度和获得感。三是促进视域融合，确定阐释视角。结合青年实际需要和特点，将宏大叙事与日常生活相结合，将阐释视角与追溯理论实践的发展轨迹相结合，对抽象理论进行形象化、具象化阐释，把高度凝练的理论知识转为具体生动、真实可感的身边典型案例和成就故事，建立理论与现实的共通感。

（二）从封闭到开放，做到话里"有力量"

"笔墨当随时代"，要推动优质内容和新颖形式相统一，对思想理论资源进行加工、提炼和转化，使理论资源得到立体化呈现、精准化传播和沉浸式体验。一是推动符号层面的话语转向。以换位思考、真诚沟通的交流态度，加强对"青言青语"的编码与转译，通过学理支撑的"深入"和话语表达的"浅出"，让语言内容更契合青年生活感受、更贴近青年话语体系，实现理论宣传的"破壁""出圈"效果。二是推动叙事层面的情感修辞。视觉比语言文字更具有情感上的影响，要增强视觉化表达能力，构建内容结构严谨、形式嵌套紧密、提升情感体验的叙事系统，多创作音乐歌曲、动画海报、H5 页面等喜闻乐见的阐释产品。三是推动互动层面的情景创设。学习总是与一定的"情境"相联系。要对接青年移动化、碎片化、精细化的学习需求，推动传统媒介和新兴媒介融合、线下宣讲和线上宣讲同步发声，以青年熟悉的生活场景和日常话题来拉近距离，激发参与感、认同感。

（三）由静态变动态，做到行里"有成效"

"听其言而观其行"，推动实践检验，让理论阐释的过程同时成为引导青年集体参与、亲身感悟和美好追求的有效方式。一是推动"向上向善"的思想认识。发挥互联网技术在搜集意见、反映诉求方面的优势，通过点赞转发、弹幕评论等行为检测青年接受情况，积极吸纳、展示青年群体的所思所想所悟，转化为线索素材，开发新的内容产品。二是推动"见行见效"的实践行动。搭建历练自我、展现自我、成就自我的青春平台，有意识地安排青年在重点任务、重大项目以及问题矛盾较为集中的领域进行锻炼，既检测青年对理论的学习转化情况，又激发岗位建功的持久动力。三是推动"同向同行"的朋辈氛围。当代税务青年学历高、视野宽阔，既有丰厚理论学习基础，又更能理解把握同辈思想感受。要善于发挥朋辈教育和身边榜样的作用，将工作对象转化为工作力量，通过领学、分享、互动等多样形式，用好盘活青年宣讲队伍和活跃于各个岗位的青年典型。

（作者单位：国家税务总局上海市嘉定区税务局）